PURIFICACIÓN AGUILERA LÓPEZ
HELENA VALENCIA SÁNCHEZ

Tratamiento informático de la información

EDITEX

ÍNDICE

1 Herramientas de apoyo en Windows 10 ... 6

1. Introducción a Windows 10 ... 8
2. Configuración básica de Windows 10 ... 14
Práctica profesional inicial resuelta ... 21
Práctica profesional propuesta ... 22
Operatoria de teclados, novoTyping Editex 8.0 ... 23

2 Aplicaciones ofimáticas ... 24

1. Nociones elementales de internet ... 26
2. Aplicaciones informáticas ... 29
3. Descarga, instalación y configuración de aplicaciones ... 31
4. Desinstalación y modificación de aplicaciones instaladas ... 37
Práctica profesional inicial resuelta ... 39
Práctica profesional propuesta ... 41

3 Imagen digital fija ... 42

1. La imagen digital ... 44
2. Adquisición de imágenes con periféricos ... 48
3. Resolución de imágenes digitales ... 50
SOFTWARE LIBRE. Gimp e Inkscape ... 52
1. Tratamiento de imágenes de mapa de bits. GIMP.. 52
2. Tratamiento de Imágenes vectoriales. INKSCAPE ... 60
Práctica profesional inicial resuelta ... 66
Práctica profesional propuesta ... 68

4 Vídeo digital ... 70

1. El vídeo digital ... 72
2. Guía básica de tratamiento de vídeos. Adobe Premiere Pro CC 2017 ... 74
3. Edición básica de secuencias ... 79
Práctica profesional inicial resuelta ... 82
Práctica profesional propuesta ... 83

5 Microsoft Office 2016. Interfaz y privacidad ... 84

1. Introducción ... 86
2. La cinta de opciones ... 86
3. La barra de herramientas de acceso rápido ... 91
4. Restablecer a la configuración predeterminada ... 93
5. Iniciar sesión y compartir ... 94
6. Privacidad ... 96
Práctica profesional inicial resuelta ... 98
Práctica profesional propuesta ... 100

6 Correo y agenda electrónica ... 102

1. Correo electrónico, tipos y protocolos ... 104
2. Microsoft Outlook 2016 ... 107
3. Calendario o agenda electrónica ... 118
Práctica profesional inicial resuelta ... 124
Práctica profesional propuesta ... 125

7 Procesadores de texto I ... 126

1. Formato de fuente ... 128
2. Formato de párrafo ... 132
3. Configuración de página ... 140
SOFTWARE LIBRE. Apache OpenOffice. Writer I ... 145
1. Introducción a Apache OpenOffice ... 145
2. Versión ... 145
3. Writer. Interfaz y herramientas ... 145
Práctica profesional inicial resuelta ... 149
Práctica profesional propuesta 1 ... 150
Práctica profesional propuesta 2 ... 151

8 Procesadores de texto II ... 152

1. Herramientas y utilidades básicas ... 154
2. Tablas ... 163
SOFTWARE LIBRE. Apache OpenOffice. Writer II ... 169
1. Herramientas y utilidades básicas ... 169
2. Tablas ... 170
Práctica profesional inicial resuelta ... 172
Práctica profesional propuesta ... 173

9 Procesadores de texto III ... 174

1. Insertar ilustraciones y texto de WordArt ... 176
2. Marcas de agua ... 183
3. Tabulaciones ... 184
4. Viñetas, numeración y listas multinivel ... 186
SOFTWARE LIBRE. Apache OpenOffice. Writer III ... 189
1. Objetos: Imágenes, dibujo y Fontwork ... 189
2. Tabuladores y viñetas ... 191
3. Marca de agua ... 192
Práctica profesional inicial resuelta ... 193
Práctica profesional propuesta ... 194

10 Procesadores de texto IV 196

1. Hipervínculos 198
2. Encabezado y pie de página 200
3. Plantillas y formularios 202
4. Macros 207
5. Combinar documentos 209
6. Estilos y tabla de contenido 210

SOFTWARE LIBRE. Apache OpenOffice. Writer IV 213

1. Hiperenlaces 213
2. Encabezamiento y pie de página 214
3. Plantillas 214
4. Macros 216

Práctica profesional inicial resuelta 217

Práctica profesional propuesta 218

Práctica propuesta de bloque. Procesadores de texto 220

11 Hojas de cálculo I 222

1. Introducción a Excel 2016 224
2. Formato de celdas 228
3. Referencias a celdas 230
4. Formato condicional 232
5. Trabajar con varias hojas 234
6. Diseño e impresión de hojas de cálculo 235

SOFTWARE LIBRE. Apache OpenOffice. Calc I 237

1. Consideraciones previas 237
2. Interfaz 237
3. Redimensionar filas y columnas 237
4. Formato de celdas 237
5. Diseño de impresión 238
6. Autorrelleno 238

Práctica profesional inicial resuelta 239

Práctica profesional propuesta 240

12 Hojas de cálculo II 242

1. Series 244
2. Fórmulas y funciones 245

SOFTWARE LIBRE. Apache OpenOffice. Calc II 258

1. Fórmulas y funciones en OpenOffice Calc 258
2. Actividades prácticas 258

Práctica profesional inicial resuelta 260

Práctica profesional propuesta 261

13 Hojas de cálculo III 262

1. Hipervínculos 264
2. Proteger hojas y elementos del libro 265
3. Gráficos 266
4. Macros 269
5. Tablas y gráficos dinámicos 272
6. Plantillas 275
7. Otras herramientas 277

SOFTWARE LIBRE. Apache OpenOffice. Calc III 280

1. Proteger celdas y hojas 280
2. Gráficos 280
3. Macros 281

Práctica profesional inicial resuelta 282

Práctica profesional propuesta 284

Práctica propuesta de bloque (I y II). Hojas de Cálculo 286

14 Bases de datos 290

1. Introducción a las bases de datos 292
2. Modelos relacionales de bases de datos 295
3. Crear una base de datos con Access 296
4. Botones de comando y otros controles 313
5. Panel de control 315

SOFTWARE LIBRE. Apache OpenOffice. Base 318

1. Crear una base de datos 318
2. Creación y configuración de los objetos 318

Práctica profesional inicial resuelta 322

Práctica profesional propuesta 324

15 Presentaciones multimedia 326

1. Presentaciones multimedia 328
2. Introduccion a PowerPoint 2016 329
3. Transición de diapositivas y animación de objetos 330
4. Diseño de diapositivas y presentaciones 337
5. Otras herramientas y comandos 348

SOFTWARE LIBRE. OpenOffice.org. Impress 352

1. Iniciar Impress 352
2. Trabajar con Impress 352

Práctica profesional inicial resuelta 356

Práctica profesional propuesta 358

ORGANIZACIÓN DE LA UNIDAD

El libro de **Tratamiento informático de la información** consta de quince unidades de trabajo.

Cada una de ellas comienza con una **Práctica profesional inicial,** que presenta una situación real o simulada muy cercana al mundo profesional y directamente relacionada con el contenido de la unidad.

Esta práctica profesional inicial la verás resuelta después del desarrollo de los contenidos de la unidad.

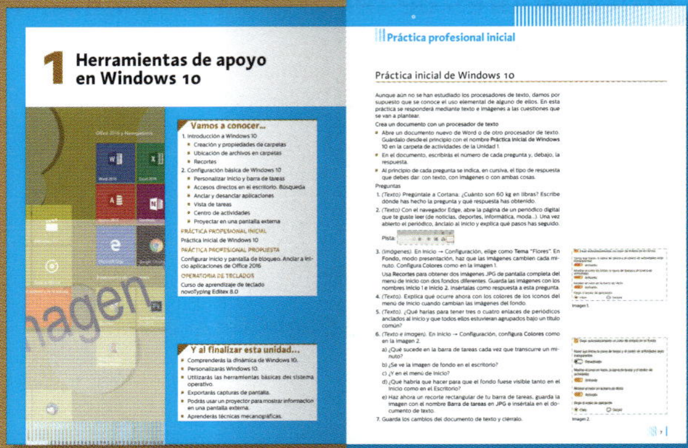

El desarrollo de los contenidos aparece estructurado de forma clara y ordenada.

La filosofía del libro es **aprender haciendo,** por ello dejamos la teoría en los mínimos imprescindibles para que el aprendizaje se haga a través de las **actividades guiadas** y se consolide con las **actividades propuestas** y las **prácticas profesionales.**

Recalcamos la gran importancia que tiene realizar todas y cada una de **las actividades guiadas del libro,** ya que son casos prácticos resueltos paso a paso que constituyen el eje de aprendizaje de la unidad.

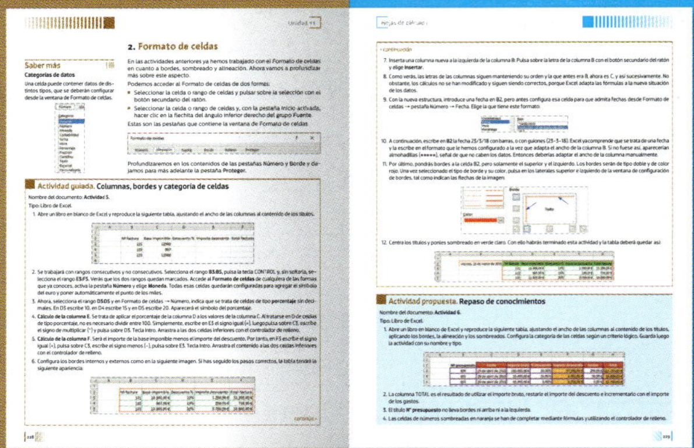

Al final de cada unidad se ha incorporado una sección denominada **Software libre** en la que se desarrollan con este tipo de software prácticamente todos los contenidos tratados en la unidad.

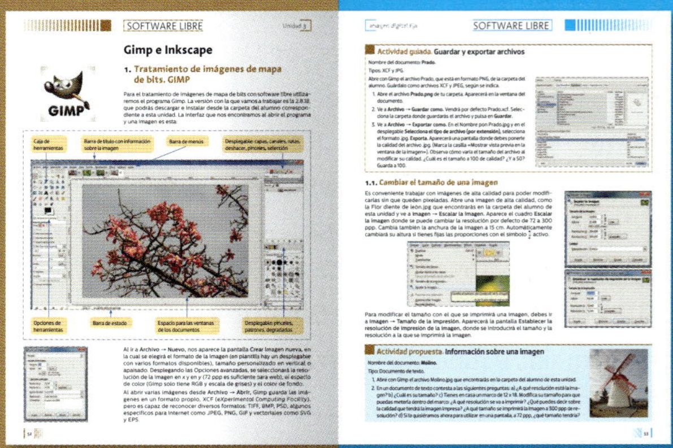

IMPORTANTE: Todas las actividades propuestas en este libro deben realizarse en un cuaderno de trabajo, nunca en el propio libro.

En cada unidad encontramos **actividades propuestas** con contenidos similares a los de las actividades guiadas.

Con estas actividades deberás investigar y tomar decisiones de forma autónoma. Es en ese punto en donde te demostrarás que has asimilado los conceptos y su puesta en práctica.

Para la correcta realización de actividades guiadas y propuestas, es preciso que se haya realizado la instalación completa, con ejecución desde el disco duro, de los programas informáticos correspondientes, a fin de disponer de todas las funciones y herramientas necesarias, principalmente en lo que respecta a Microsoft Office.

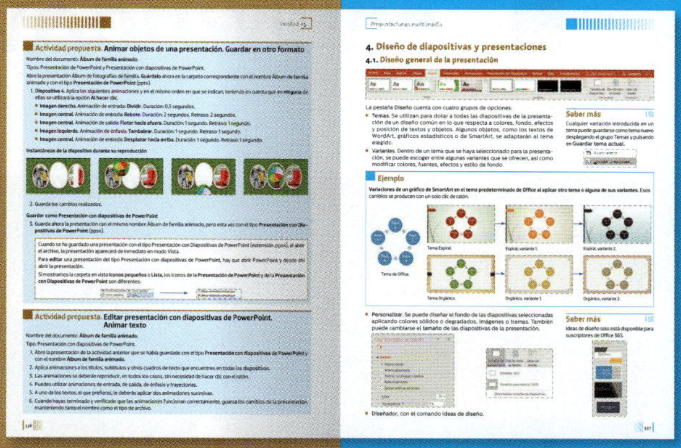

En la sección **Práctica profesional propuesta** te planteamos varios casos prácticos elegidos entre los más comunes que puedes encontrar en la práctica de tu profesión, situaciones reales vinculadas con las unidades tratadas, de modo que puedas ver la aplicación práctica de los contenidos y, al mismo tiempo, tener una visión conjunta de los mismos.

Para el conjunto de las unidades de Procesadores de texto y Hojas de cálculo tienes también unas **Prácticas propuestas de bloque.**

Estas prácticas profesionales representan una síntesis de los **resultados de aprendizaje** que deberás alcanzar al terminar tu módulo formativo.

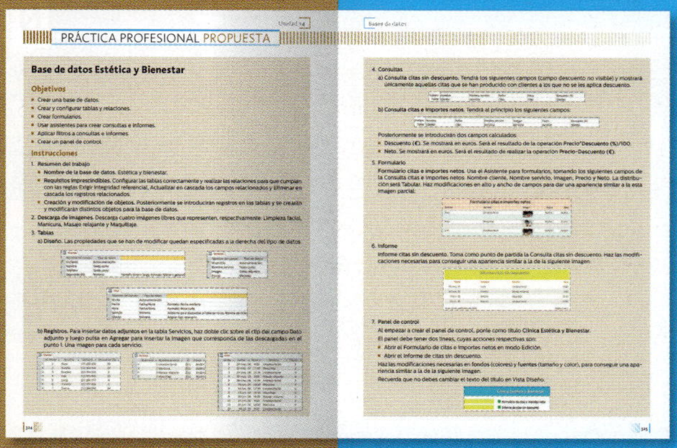

Con este libro te proporcionamos el Curso de aprendizaje de teclado novoTyping en su Versión Student personalizada para Editex. Para descargarlo, regístrate en la zona de usuarios en <www.editex.es>.

Una vez hayas recibido tu acceso entra en la ficha del libro y haz clic en el recurso novoTyping Editex 8.0.

Encontrarás el enlace para descargar el programa en la Guía de instalación.

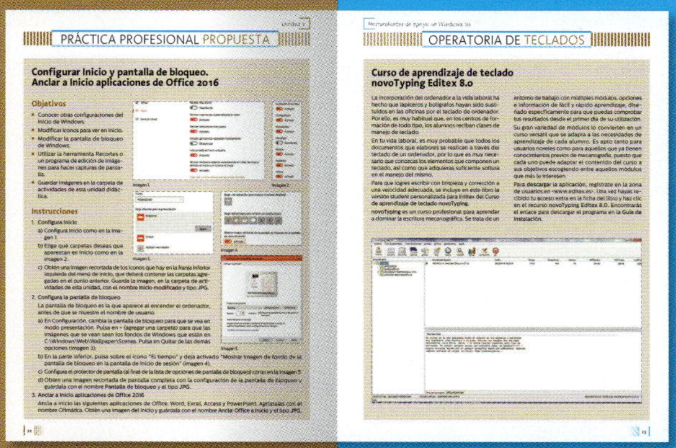

1 Herramientas de apoyo en Windows 10

Vamos a conocer...

1. Introducción a Windows 10
   - Creación y propiedades de carpetas
   - Ubicación de archivos en carpetas
   - Recortes
2. Configuración básica de Windows 10
   - Personalizar Inicio y barra de tareas
   - Accesos directos en el escritorio. Búsqueda
   - Anclar y desanclar aplicaciones
   - Vista de tareas
   - Centro de actividades
   - Proyectar en una pantalla externa

PRÁCTICA PROFESIONAL INICIAL

Práctica inicial de Windows 10

PRÁCTICA PROFESIONAL PROPUESTA

Configurar Inicio y pantalla de bloqueo. Anclar a Inicio aplicaciones de Office 2016

OPERATORIA DE TECLADOS

Curso de aprendizaje de teclado novoTyping Editex 8.0

Y al finalizar esta unidad...

- Comprenderás la dinámica de Windows 10.
- Personalizarás Windows 10.
- Utilizarás las herramientas básicas del sistema operativo.
- Exportarás capturas de pantalla.
- Podrás usar un proyector para mostrar información en una pantalla externa.
- Aprenderás técnicas mecanográficas.

Práctica profesional inicial

Práctica inicial de Windows 10

Aunque aún no se han estudiado los procesadores de texto, damos por supuesto que se conoce el uso elemental de alguno de ellos. En esta práctica se responderá mediante texto e imágenes a las cuestiones que se van a plantear.

Crea un documento con un procesador de texto

- Abre un documento nuevo de Word o de otro procesador de texto. Guárdalo desde el principio con el nombre **Práctica inicial de Windows 10** en la carpeta de actividades de la Unidad 1.
- En el documento, escribirás el número de cada pregunta y, debajo, la respuesta.
- Al principio de cada pregunta se indica, en cursiva, el tipo de respuesta que debes dar: con texto, con imágenes o con ambas cosas.

Preguntas

1. *(Texto)* Pregúntale a Cortana: ¿Cuánto son 60 kg en libras? Escribe dónde has hecho la pregunta y qué respuesta has obtenido.
2. *(Texto)* Con el navegador Edge, abre la página de un periódico digital que te guste leer (de noticias, deportes, informática, moda...). Una vez abierto el periódico, áncalo al Inicio y explica qué pasos has seguido.

   Pista: 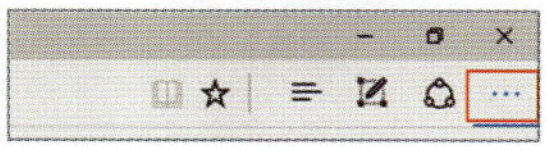

3. *(Imágenes)*. En Inicio → Configuración, elige como **Tema** "Flores". En **Fondo,** modo presentación, haz que las imágenes cambien cada minuto. Configura **Colores** como en la imagen 1.

   Usa **Recortes** para obtener dos imágenes JPG de pantalla completa del menú de Inicio con dos fondos diferentes. Guarda las imágenes con los nombres **Inicio 1** e **Inicio 2.** Insértalas como respuesta a esta pregunta.
4. *(Texto)*. Explica qué ocurre ahora con los colores de los iconos del menú de Inicio cuando cambian las imágenes del fondo.
5. *(Texto)*. ¿Qué harías para tener tres o cuatro enlaces de periódicos anclados al Inicio y que todos ellos estuvieran agrupados bajo un título común?
6. *(Texto e imagen)*. En Inicio → Configuración, configura **Colores** como en la imagen 2.
   a) ¿Qué sucede en la barra de tareas cada vez que transcurre un minuto?
   b) ¿Se ve la imagen de fondo en el escritorio?
   c) ¿Y en el menú de Inicio?
   d) ¿Qué habría que hacer para que el fondo fuese visible tanto en el Inicio como en el Escritorio?
   e) Haz ahora un recorte rectangular de tu barra de tareas, guarda la imagen con el nombre **Barra de tareas** en **JPG** e insértala en el documento de texto.
7. Guarda los cambios del documento de texto y ciérralo.

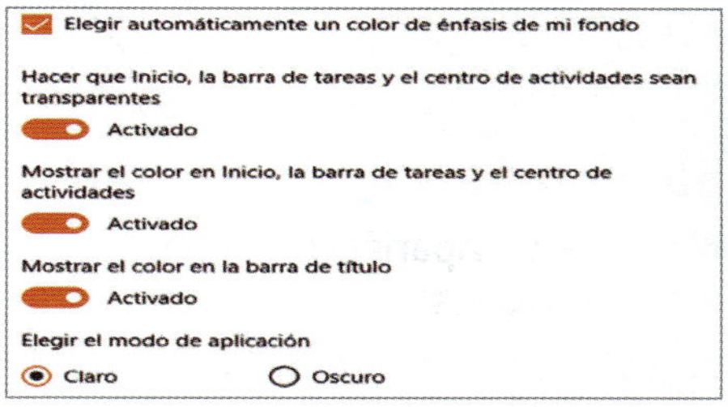

Imagen 1.

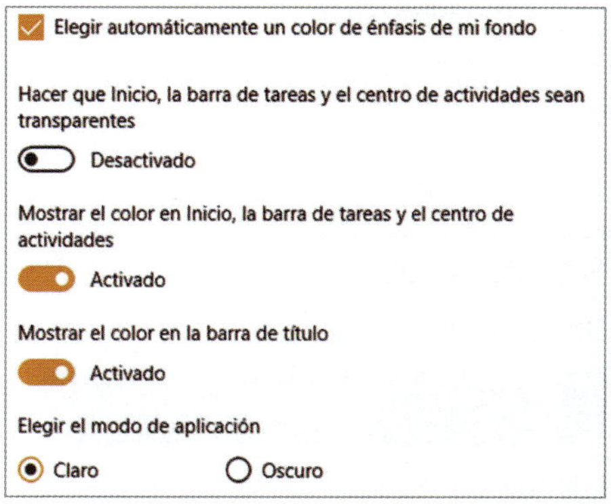

Imagen 2.

1. Introducción a Windows 10

1.1. Objetivos de esta unidad

El principal objetivo que se pretende alcanzar con esta unidad didáctica es que el alumnado adquiera un nivel de destreza aceptable, a nivel de usuario, en el manejo de un PC bajo Windows 10. Las aplicaciones y herramientas que revisaremos serán las que sirvan de apoyo teórico y práctico a todas las unidades de este libro.

1.2. Inicio de Windows 10

Al encender el ordenador y después de pasar por la **pantalla de bloqueo**, se accede al sistema mediante el nombre de usuario y su contraseña, en caso de haberla habilitado.

A continuación se mostrará el **Escritorio**. Basta pulsar en el **botón de Inicio**, en la esquina inferior izquierda de la pantalla, para pasar del **Inicio** al **Escritorio**, y viceversa.

Escritorio de Windows 10. Personalizable.

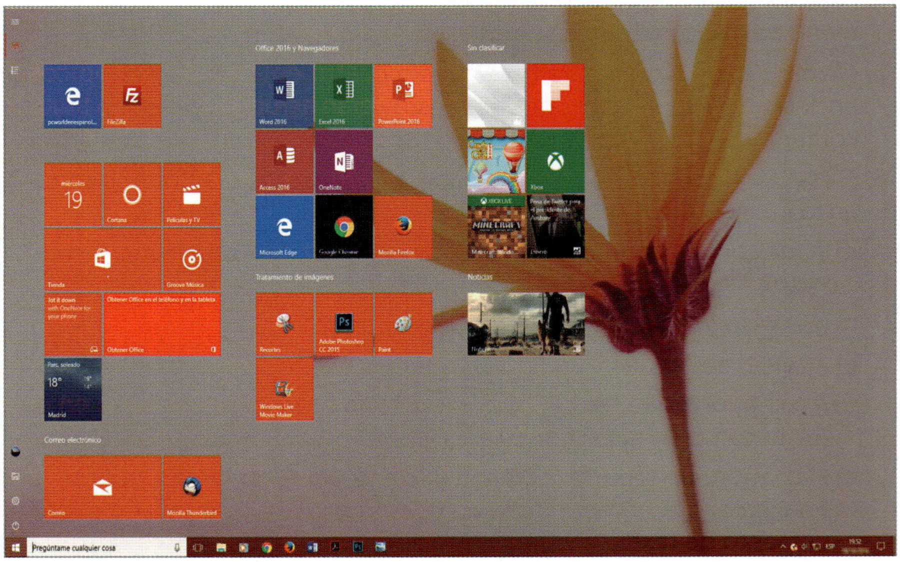

Inicio de Windows 10. Personalizable.

Saber más

Pantalla de bloqueo

Aparece en primer lugar antes de acceder como usuario y se puede personalizar.

Saber más

Botón de Inicio de Windows

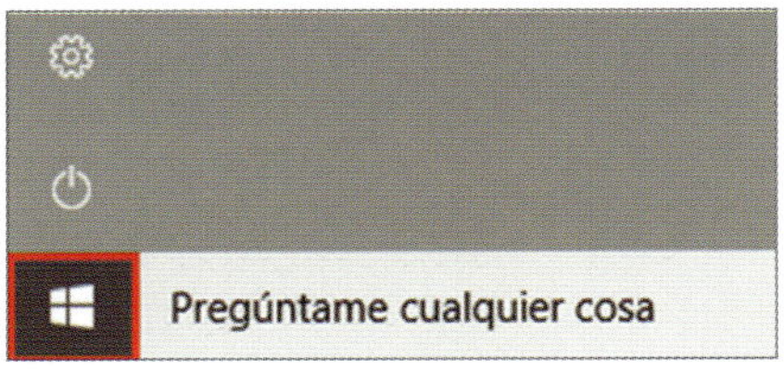

Saber más

Windows 10. Apariencia según actualizaciones

Es posible que, cuando estudies esta unidad didáctica, la apariencia de Windows 10 -o de algunas de sus herramientas- sea ligeramente diferente a como se muestra aquí, pues dependerá de las actualizaciones que se hayan instalado o de la configuración personal.

Saber más

Dispositivos

Windows 10 puede instalarse en PC, tabletas y teléfonos móviles.

1.3. Carpetas

La creación, copia, traslado o eliminación de carpetas en Windows 10 sigue las mismas pautas que en versiones anteriores del sistema operativo Windows. A lo largo de esta unidad, en las explicaciones teóricas y en las actividades, recordarás cómo se crean y qué otros aspectos debes conocer acerca de ellas, para localizar, presentar y gestionar eficientemente la información.

Pestañas de carpeta abierta

Al abrir una carpeta, verás su contenido. En la parte superior hay una cinta de opciones diferentes según la pestaña que esté activa. Por ejemplo, en la imagen siguiente verás las **opciones de la pestaña Vista** correspondiente al Escritorio, considerado como carpeta.

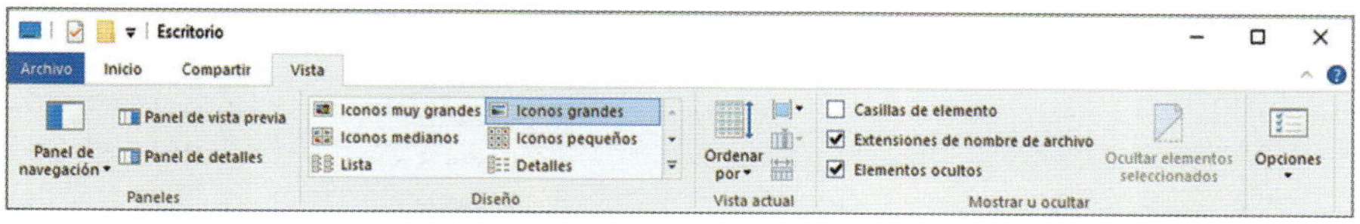

Saber más

Pestaña **Archivo** de una carpeta abierta.

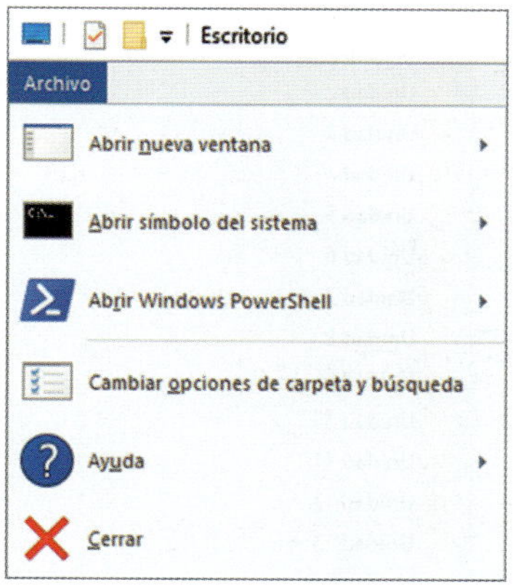

Actividad guiada. Creación de carpetas

Consideraciones previas importantes

En esta actividad y en la siguiente se van a crear una serie de carpetas dentro de Documentos. En tu caso **deberás decidir su ubicación:** en Documentos, en el Escritorio, en una memoria USB... Lo importante es tener en cuenta que utilizarás esta red de carpetas a lo largo de todo el curso para guardar las actividades que se irán generando.

Elegir ubicación de la carpeta

1. Deberás abrir el Explorador de archivos. Puede estar en la barra de tareas (parte inferior de la pantalla) representado por una carpeta amarilla (imagen 1). Ábrelo desde ahí o pulsa en el botón de Inicio de Windows y, después, en el icono que lo representa (imagen 2).

Imagen 1.

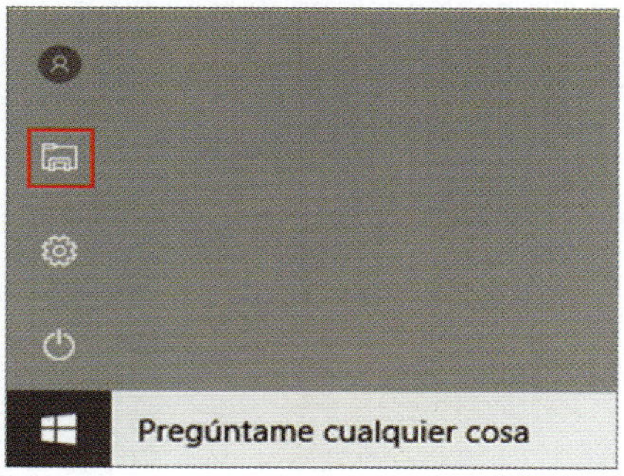

Imagen 2.

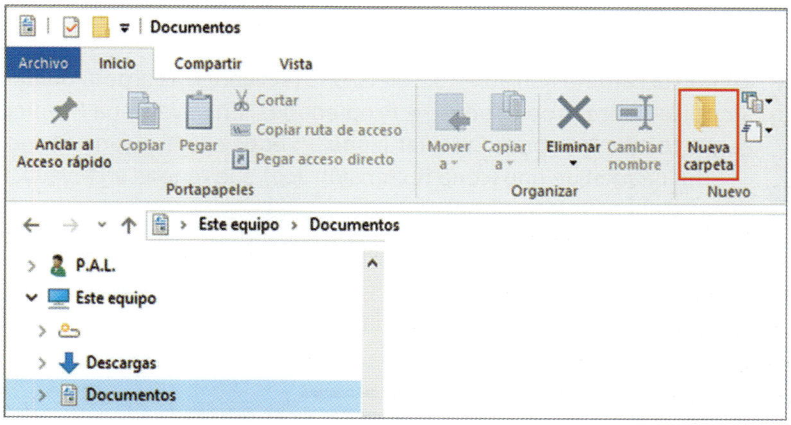

Imagen 3.

2. En la ventana del Explorador de archivos selecciona, a la izquierda, el dispositivo o la carpeta donde vas a colocar tus carpetas y pulsa sobre **Nueva carpeta** (imagen 3).

   Mientras está creada la nueva carpeta con el nombre sombreado, escribe **Tratamiento informático de la información.**

> Recuerda que no es necesario borrar el nombre original "Nueva carpeta" mientras el texto está sombreado, basta escribir encima.

3. Al hacer doble clic en la carpeta creada podrás insertar subcarpetas dentro de ella siguiendo el mismo procedimiento.

Actividad propuesta. Creación de subcarpetas

1. Crea las siguientes subcarpetas dentro de la carpeta **Tratamiento informático de la información** de la actividad anterior.

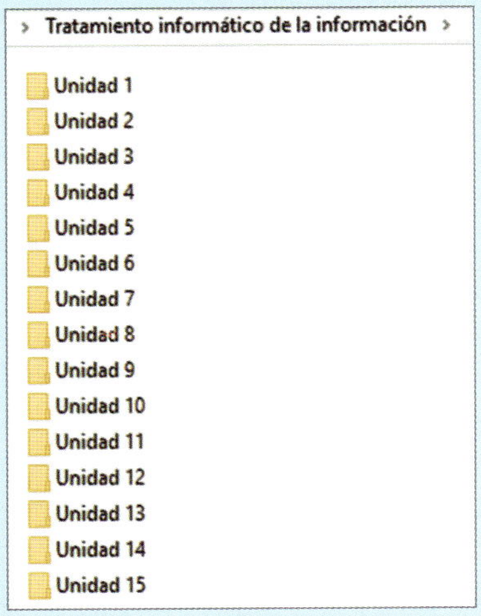

Homogeneidad en nombres de carpetas y subcarpetas

Si observas la imagen del modelo de la izquierda, todas las carpetas comienzan por la palabra Unidad, con la primera letra en mayúsculas, después hay un espacio y el número de la unidad. Se utilizan acentos cuando las palabras deban llevarlos y se escribe correctamente.

A la derecha, las mismas carpetas con los nombres escritos sin seguir un criterio común.

- ¿Es estético?
- ¿Es fácil encontrar una carpeta?

La respuesta a ambas preguntas es NO.

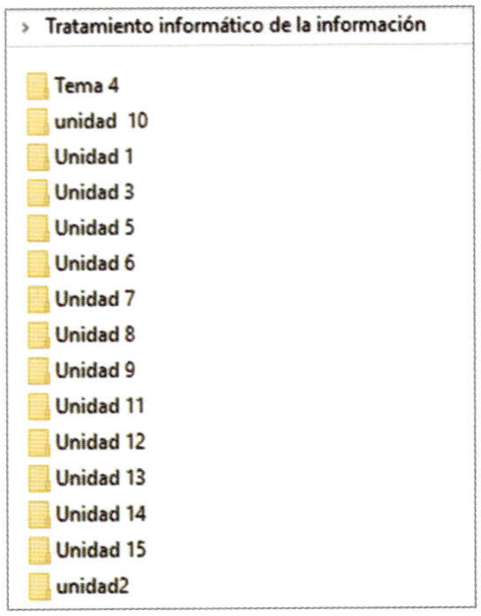

Actividad propuesta. Propiedades de carpetas

1. Abre la carpeta Tratamiento informático de la información. Después, abre un documento en blanco de cualquier procesador de texto, escribe las siguientes preguntas y sus respuestas acerca de la **ventana de la carpeta** (repasa el epígrafe 1.3.). Guarda el documento en la carpeta de actividades de la **Unidad 1** con el nombre **Respuestas sobre carpetas.**
   a) Desde la pestaña **Inicio** de la ventana de carpeta se pueden agregar elementos a la misma mediante la opción **Nuevo elemento.** Indica como mínimo cinco elementos que puedan agregarse.

   ¿Sabes que puedes personalizar el icono de una o más carpetas?

   b) Con la carpeta aún abierta, selecciona (sin abrir) la carpeta **Unidad 1.** Desde la pestaña Inicio (de la ventana Carpeta), pulsa sobre Propiedades → Propiedades. En la ventana Propiedades, haz clic en la pestaña Personalizar y, en la parte inferior, sobre **Cambiar icono.** Puedes elegir alguno de los que vas a tener a la vista en la galería o cualquier otra imagen de tipo icono (extensión .ico) que tengas archivada. En nuestro caso hemos optado por una imagen de las de la galería, un árbol.

   Esta misma operación puede hacerse haciendo clic con el botón secundario del ratón sobre una carpeta y pulsando después en Propiedades.

   ¿Qué imagen has puesto tú para la carpeta Unidad 1?

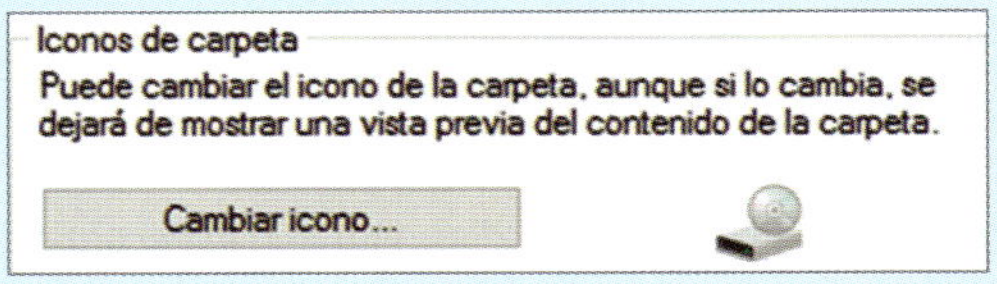

   c) Mientras mantienes abierta la carpeta Tratamiento informático de la información, verás que, a la izquierda, puedes navegar por todas las unidades y carpetas de tu ordenador. Selecciona una carpeta que tenga contenido, por ejemplo, la carpeta **Documentos** o la carpeta **Imágenes.** Activa, en la ventana de carpeta, la pestaña **Vista.** Pulsa sucesivamente sobre Iconos muy grandes, Iconos pequeños, Lista, etc., y observa cómo cambian las vistas. Responde ahora:

   ¿Qué diferencia encuentras entre vista **Lista** y la vista **Detalles?**

   ¿Qué diferencia encuentras en los archivos que hay dentro de la carpeta si marcas o dejas sin marcar la casilla **Extensiones de nombre de archivo?**

1.4. Recortes

La primera aplicación de Windows que vamos a estudiar es **Recortes**. La tratamos en primer lugar porque servirá para realizar muchas de las actividades de esta y otras unidades didácticas, como ya veremos.

Recortes hace capturas de pantalla o de algún área de la misma y ofrece la posibilidad de guardarlas o de enviarlas por correo electrónico desde la misma ventana de la aplicación. También es posible insertar anotaciones a lápiz sobre las capturas realizadas.

Saber más

Las capturas de pantalla se pueden hacer también pulsando la tecla ImprPant y pegando en cualquier editor de imágenes, por ejemplo, en Paint.

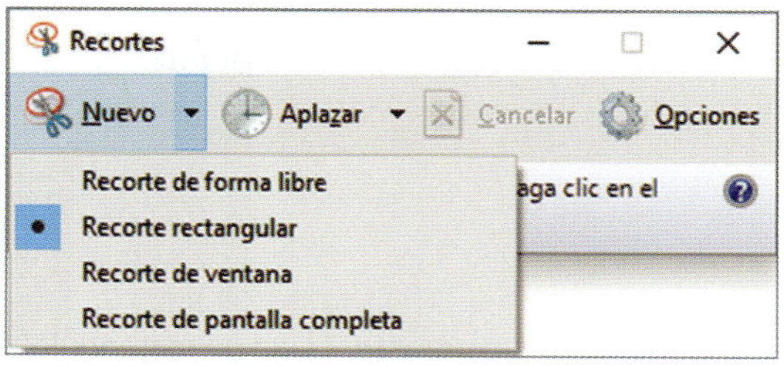

Selección tipo de recorte.

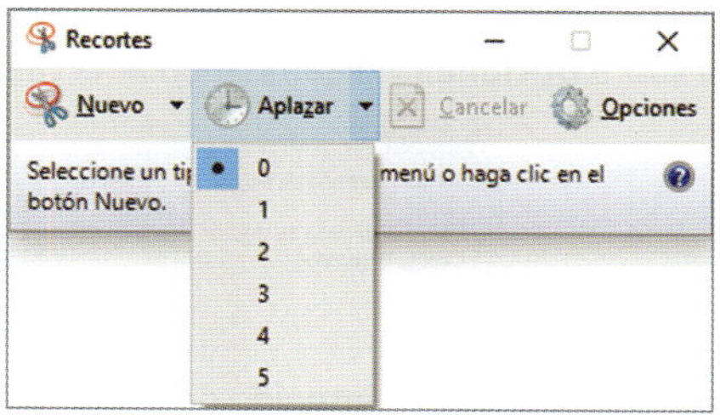

Aplazamiento captura en segundos.

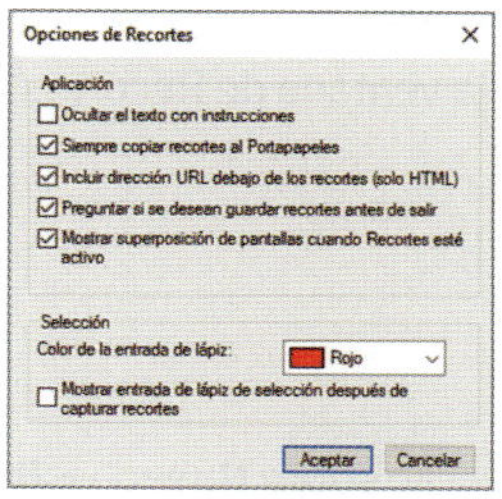

Opciones de Recortes.

Actividad guiada. Usar la aplicación Recortes y anclarla al Inicio

Nombre: **Actividad 1.**

Tipo de archivo: JPG.

Buscar aplicación Recortes y anclarla al Inicio

1. En la esquina inferior izquierda está el cuadro de búsqueda de Cortana. Escribe **Recortes** (imagen 1) y obtendrás una lista de **Mejores coincidencias** (imagen 2). Pulsa con el botón secundario del ratón sobre **Recortes, Aplicación de escritorio** y selecciona **Anclar a Inicio** (imagen 3).

Imagen 1.

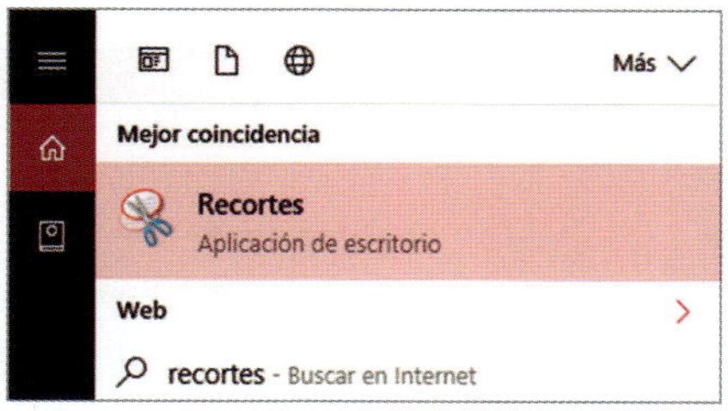

Imagen 2.

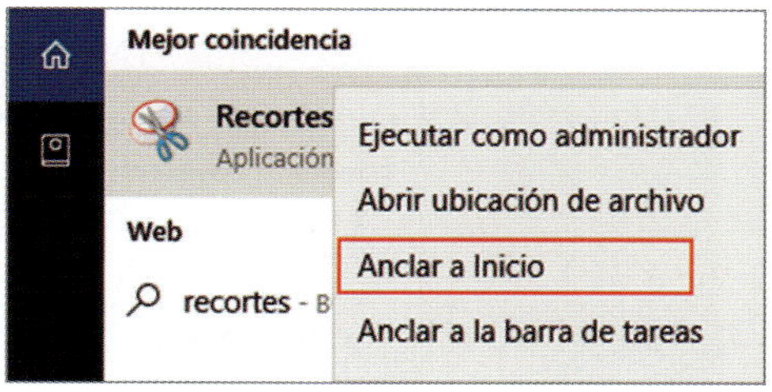

Imagen 3.

2. Cuando una aplicación se **ancla al Inicio,** se está llevando al **menú de Inicio** de Windows. Pulsa sobre el **botón de Windows** y podrás ver **Recortes** en tu menú de Inicio. En la imagen 4 la hemos señalado con borde rojo, aunque no necesariamente lo tendrás en la misma posición que en esta imagen.

Imagen 4.

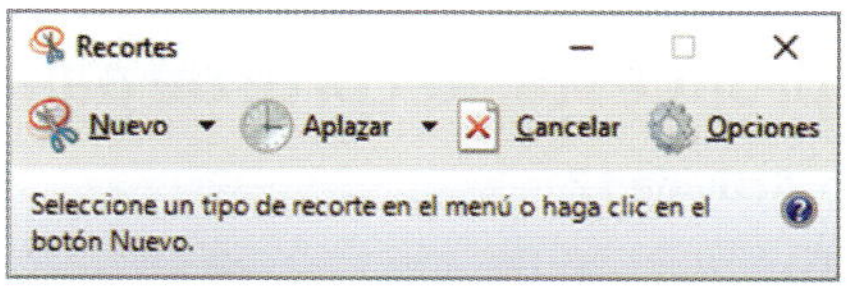

Imagen 5.

3. En el **menú de Inicio** pulsa en **Recortes.** Se abrirá la ventana de la aplicación (imagen 5).

continúa >

> continuación

4. Verás también que el icono de Recortes se encuentra en la **barra de tareas.** Puedes pulsar sobre ese icono para ocultar o visualizar la ventana Recortes.

Los iconos de la barra de tareas que están **subrayados** son aquellos que tenemos abiertos. Los demás simplemente están anclados a la barra de tareas. En la imagen anterior están abiertas las aplicaciones Photoshop, Word, Recortes y una carpeta.

Hacer el recorte y guardarlo

5. En la ventana de Recortes, pulsa sobre **Opciones** y deja sin marcar la casilla Mostrar entrada de lápiz... Pulsa en **Aceptar.**

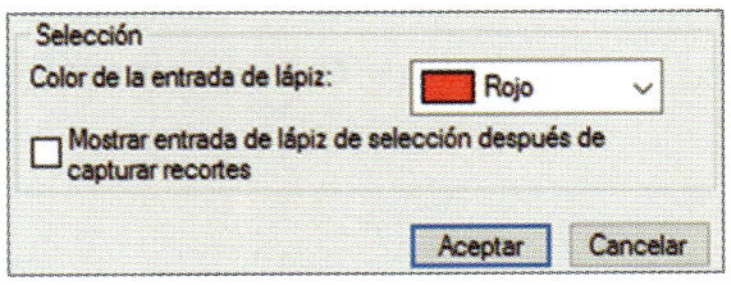

6. Haz clic sobre **Nuevo → Recorte rectangular.** El contenido de la pantalla tendrá ahora menos contraste. Traza un rectángulo que abarque tu barra de tareas de principio a fin. Al terminar de trazar el rectángulo, tendrás la imagen dentro de la ventana de recortes. Pulsa sobre el icono Guardar (con contorno rojo en la imagen siguiente).

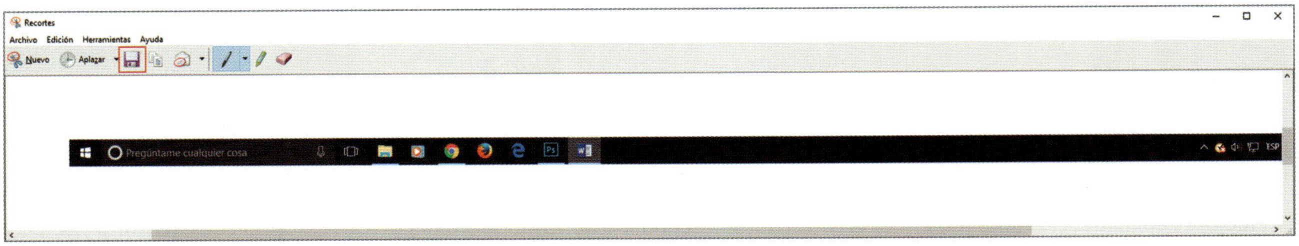

7. Selecciona la carpeta de actividades de esta unidad. Escribe el nombre del archivo (Actividad 1) y el tipo de archivo (JPG). **Guardar.**

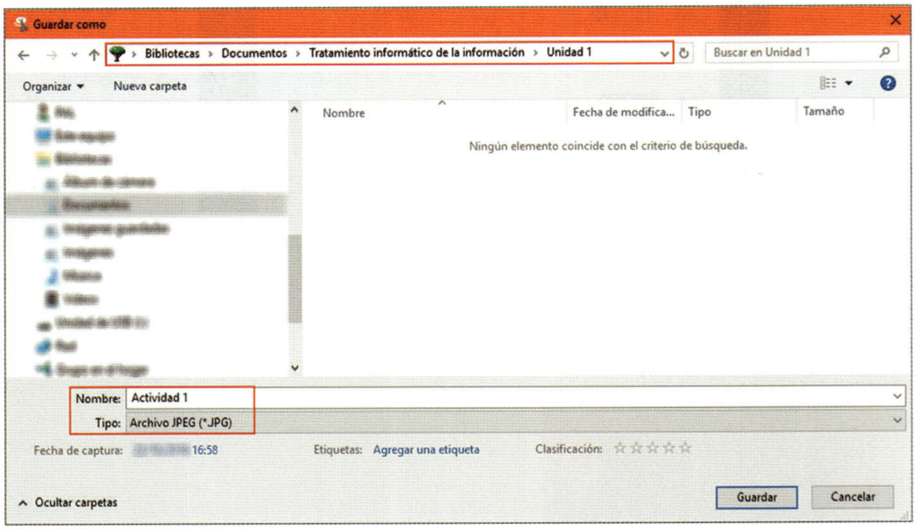

Actividad propuesta. Recorte de pantalla en PNG

Nombre del archivo: **Actividad 2.**

Tipo de archivo: PNG.

1. Utilizando la aplicación Recortes, haz un **recorte de pantalla completa** del contenido de tu pantalla en el momento.
2. Guarda el recorte con el nombre y tipo que se han indicado al principio. No olvides seleccionar la carpeta de actividades de esta unidad para guardar en ella la imagen obtenida.

Actividad guiada. Recorte de pantalla completa con aplazamiento

Nombre: **Actividad 3.**

Tipo de archivo: JPG.

Consideraciones previas

Como se ha visto, cuando se abre el menú **Nuevo** y se pulsa algún tipo de recorte (rectangular, de pantalla, etc.), la pantalla pierde contraste y se espera hasta que se ha hecho el recorte deseado. En ese momento ya no se puede ir a otras ventanas o pulsar algún botón de la barra de tareas. Sin embargo, si previamente se le asigna un **retraso a la captura,** tenemos ese tiempo disponible hasta que la pantalla pierde su contraste y podremos cambiar, mientras tanto, de vista o de ventana. Vamos a verlo en esta actividad.

1. Desde el **menú de Inicio** de Windows selecciona **Recortes.** A pesar de estar en el menú de Inicio, al abrirse la ventana Recortes el Inicio desaparece de la vista. ¡Y precisamente esta actividad va a consistir en obtener una imagen del menú de Inicio!
2. En la ventana de Recortes, selecciona **Aplazar** y fija el tiempo en 5 segundos (imagen 1). Después, pulsa en Nuevo → Pantalla completa (imagen 2).

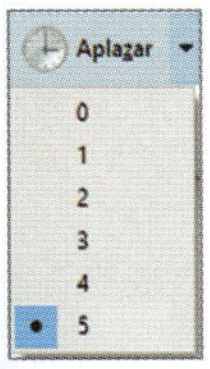

Imagen 1.

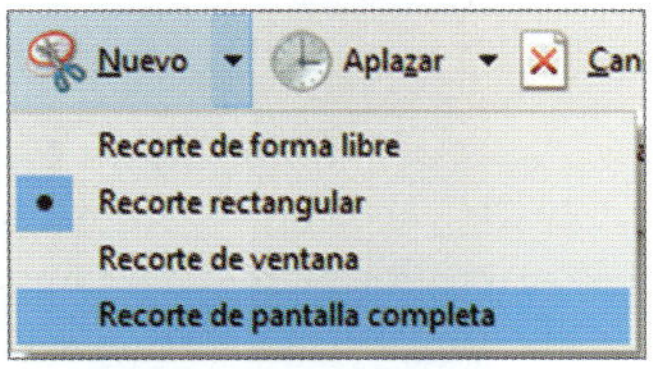

Imagen 2.

3. Pulsa sobre el **botón de Inicio** y estarás viendo el Inicio de Windows. Para esto dispones de 5 segundos. Espera hasta ver que el icono Recortes vuelve a estar en la barra de tareas. Selecciónalo desde ahí y podrás ver la imagen.

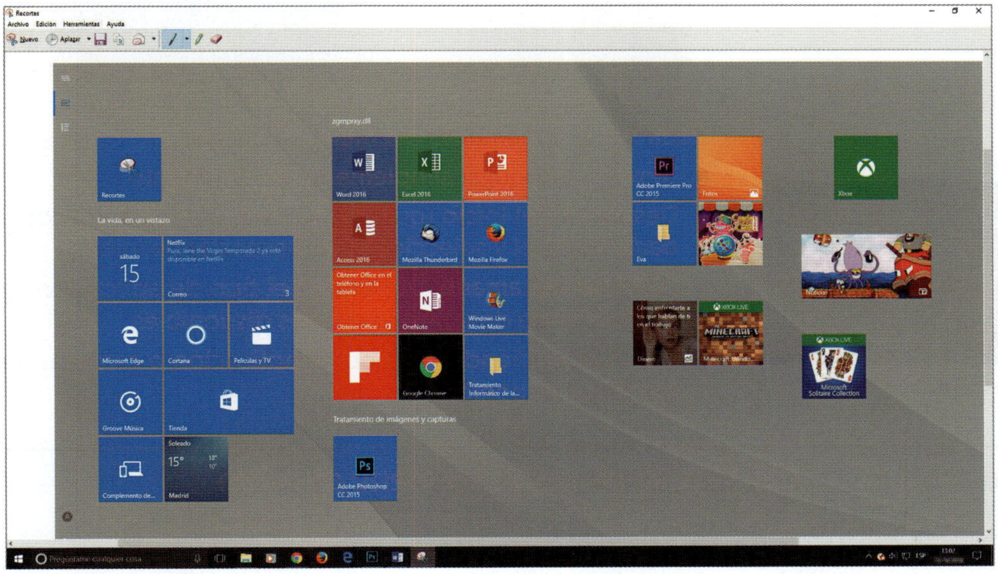

4. Guarda la imagen en la carpeta de actividades de esta unidad con el nombre y el tipo que se han indicado al principio. Cierra la ventana de Recortes.

Actividad propuesta. Recorte de pantalla en GIF

Nombre del archivo: **Actividad 4.**

Tipo de archivo: GIF.

1. Utilizando la aplicación Recortes, haz un **recorte rectangular** de la aplicación Recortes tal y como puedes verla en el menú de Inicio de Windows. Cuando aparezca Recortes en la barra de tareas, haz clic sobre su icono y realiza el recorte.
2. Guarda la imagen en la carpeta correspondiente con el nombre y tipo indicados.

2. Configuración básica de Windows 10

2.1. Organizar el menú de Inicio

Saber más

Menú de Inicio

En él se agrupan aplicaciones, accesos a internet y carpetas.

Funciona de forma similar a una tableta, y los elementos se pueden manejar con un dedo cuando se dispone de un ordenador con pantalla táctil o el sistema operativo se instala en una tableta.

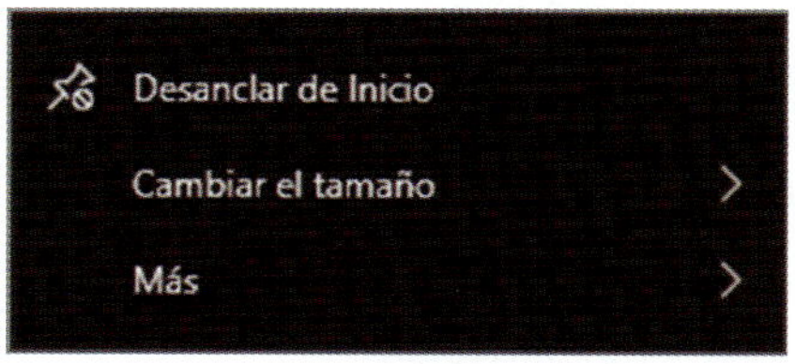

Opciones de los iconos del menú de Inicio.

El **menú de Inicio** de Windows está organizado en grupos de aplicaciones, direcciones web y carpetas. Cada grupo puede tener un nombre predeterminado, elegido por el usuario o aparecer sin nombre.

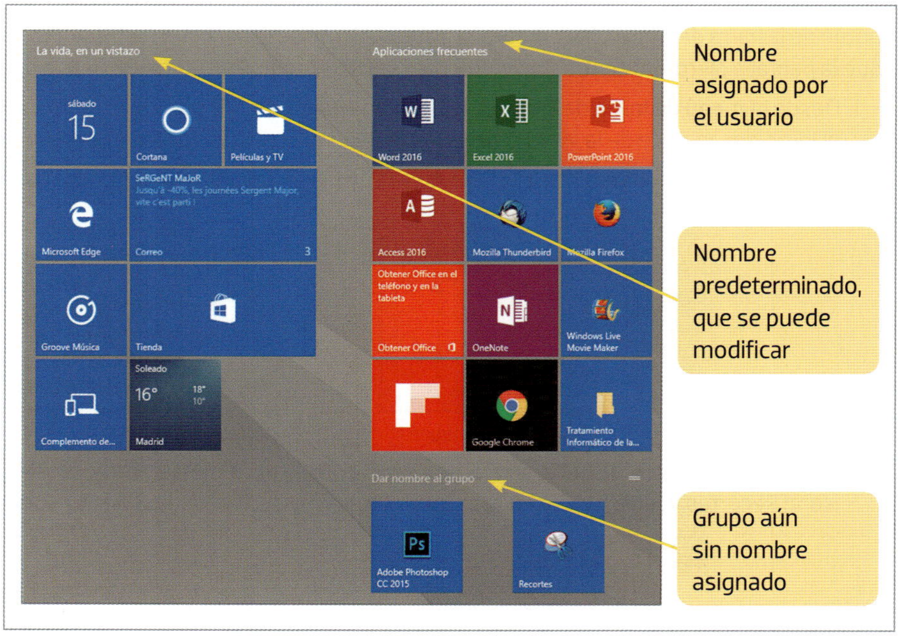

Cada icono o elemento del menú se puede:

- **Mover** a otro lugar simplemente arrastrándolo.
- **Desanclar** del Inicio (quitarlo del menú), pulsando con el botón secundario sobre él y seleccionando Desanclar de Inicio.
- **Cambiar de tamaño.** Depende del tipo de aplicación o carpeta, puede elegirse entre dos o más tamaños disponibles.
- **Más.** Dependiendo del tipo de aplicación o carpeta, puede haber **más opciones disponibles.**

Actividad propuesta. Captura de pantalla del menú de Inicio

Nombre del archivo: **Actividad 5, parte 1.**

Tipo de archivo: JPG.

Utilizando la aplicación Recortes en pantalla completa, guarda en la carpeta de actividades de esta unidad una imagen de cómo está organizado el menú de Inicio de tu ordenador.

Actividad propuesta. Cambiar de lugar y desanclar elementos del menú de Inicio

Nombre del archivo: **Actividad 5, parte 2.**

Tipo de archivo: JPG.

1. Cambia de lugar o de tamaño, según un criterio que te parezca lógico, los elementos del menú de Inicio. Pon nombres a los grupos.
2. Desancla del menú algún elemento que no consideres que vas a utilizar.
3. Con la aplicación Recortes, guarda en la carpeta de actividades de esta unidad la imagen de cómo ha quedado organizado el menú de Inicio.

2.2. Vistas del menú de Inicio

En la esquina superior izquierda del menú de Inicio se encuentran las distintas vistas del mismo:

- **Expandir**. Muestra una barra lateral con el contenido escrito de todos los iconos.
- **Iconos anclados**. Es la vista normal, en modo de iconos o elementos del menú.
- **Todas las aplicaciones**. Ofrece la lista, en orden alfabético, de todas las aplicaciones instaladas y carpetas de aplicaciones. En la parte superior estarán las **más usadas y las sugerencias de Windows**.

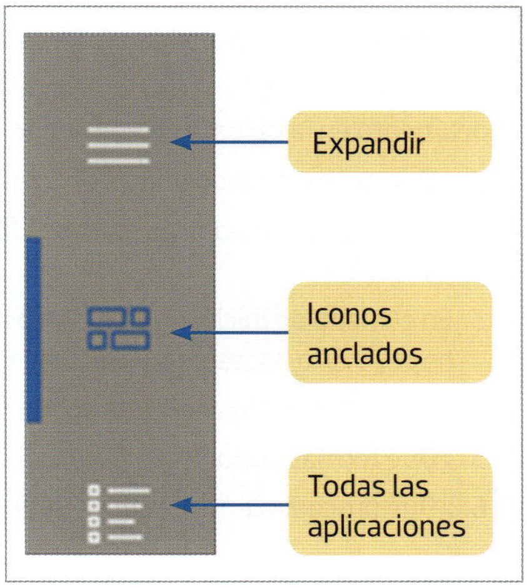

Vistas del Inicio.

2.3. Otras opciones del Inicio

En la parte inferior izquierda encontramos estas opciones:

- **Usuario**. Permite cambiar la configuración de la cuenta, cerrar sesión y bloquear.
- **Explorador de archivos**. Equivalente a la carpeta amarilla de la barra de tareas, permite explorar carpetas y archivos en nuestro PC en el modo tradicional de Windows.
- **Configuración**. Si se pulsa en Configuración, tendremos a la vista un panel de control reducido con múltiples opciones. En la parte superior hay una línea de búsqueda para escribir una palabra o más que nos puedan llevar a la configuración de la parte que deseamos.

Configuración de cuenta de usuario.

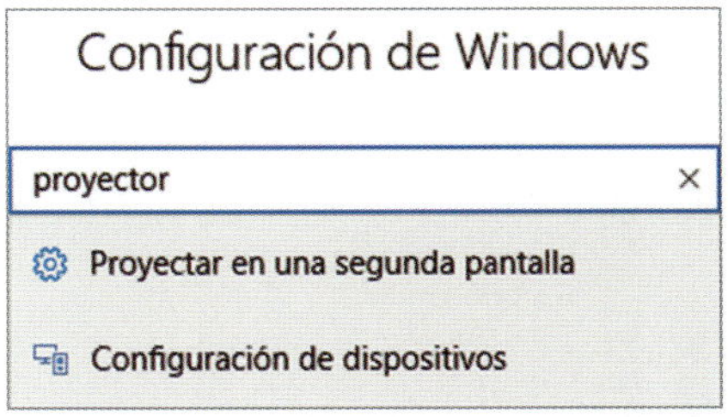

Búsqueda de configuración y resultados propuestos.

- **Apagado**. Al pulsar en Apagado podemos elegir si deseamos **reiniciar** el equipo, **apagarlo** o ponerlo en **suspensión**. Con esta última opción, el ordenador parece quedar apagado, pero estará funcionando en modo de bajo consumo y bastará pulsar el botón del ratón o una tecla para que vuelva a funcionar normalmente, y las aplicaciones que no hubiésemos cerrado seguirán abiertas.

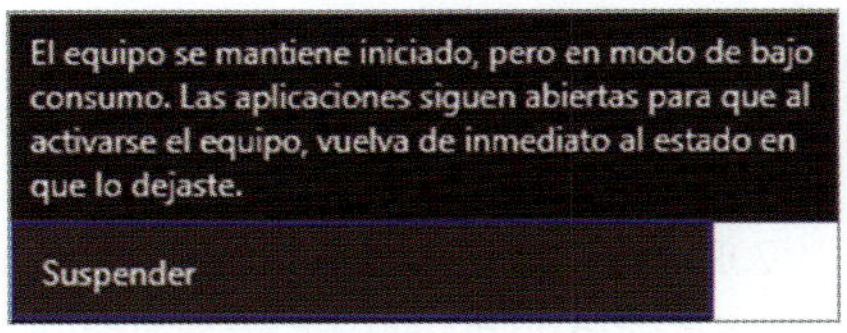

Modo suspensión.

Actividad propuesta. Investiga sobre el menú de Inicio de Windows 10

Nombre del archivo: **Actividad 6. Respuestas sobre el menú de Inicio.**

Abre un documento en blanco de cualquier procesador de textos, escribe las siguientes preguntas y sus respuestas y guarda el documento en la carpeta de actividades de esta unidad con el nombre **Actividad 6. Respuestas sobre el menú de Inicio.**

1. ¿Qué ocurre cuando pulsas en **Expandir,** del menú de Inicio de Windows 10?
2. ¿Qué ves cuando pulsas en **Todas las aplicaciones** del menú de Inicio? ¿Cuáles son las aplicaciones que se muestran como **Más usadas?**
3. En el **menú de Inicio,** en vista **Todas las aplicaciones,** pulsa con el botón secundario del ratón sobre Calculadora. ¿Qué opciones hay? ¿Y si lo haces sobre Deportes?
4. ¿Es posible desinstalar una aplicación en vista Todas las aplicaciones? Comenta lo que hayas descubierto al respecto.
5. ¿Qué formas conoces de abrir el Explorador de archivos?
6. ¿Qué procedimiento deberías seguir para poner o cambiar una imagen en tu cuenta de acceso a Windows?

2.4. Personalización

A partir del panel de Configuración es posible, entre otras cosas, hacer que la apariencia del menú, fondo, barra de tareas, iconos, ventanas o el puntero del ratón, puedan cambiarse según el gusto de cada persona. Trataremos algunas de las opciones de personalización en la próxima actividad.

Actividad guiada. Personalizar fondo y colores

Nombre del archivo: **Actividad 7.**

Tipo de archivo: JPG.

1. Haz clic en **Configuración,** en el menú de inicio. Después pulsa en **Personalización.**
2. A la izquierda, selecciona **Fondo.** En el fondo del escritorio y del menú de inicio podemos optar por ver una **imagen,** un **color sólido** o una sucesión de imágenes, a modo de **presentación.** En el caso de optar por imagen o presentación, se puede elegir el **ajuste en pantalla.**
3. Elige una imagen o un color. En caso de que sea una imagen, elige distintos ajustes hasta dejar el que te parezca mejor.

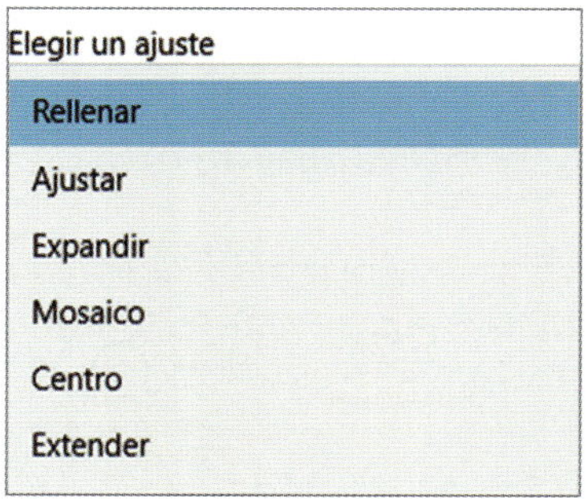

4. Pulsa ahora, a la izquierda, en **Colores.** Si dejas marcada la casilla Elegir automáticamente un color de énfasis de mi fondo, Windows seleccionará el color más adecuado para el fondo que hayas puesto, normalmente azul. **Desmarca esa casilla** y elige un color de fondo.
5. También en **Colores,** deja activadas las opciones **Mostrar el color de inicio, la barra de tareas y el centro de actividades** y **Mostrar el color en la barra de título.** Pulsa en el **botón de Inicio** y observa que los colores de algunos elementos del menú de Inicio se han vuelto de ese color. Observa que también la barra de tareas y la de título han cambiado al color que has elegido.
6. En el menú de personalización, pulsa ahora a la izquierda sobre **Inicio.** Deja desactivado Mostrar más iconos y activado todo lo demás.
7. Por último, cierra el menú de personalización y haz una captura de pantalla completa de tu escritorio. Guarda la imagen en la carpeta de actividades de esta unidad con el nombre y tipo que se han indicado al principio.

2.5. Accesos directos en el escritorio

Hay personas que no se sienten **cómodas si no tienen en el escritorio** accesos directos a elementos tales como Este equipo o Panel de control. Para crearlos, hay que ir a Configuración → Temas → Configuración de iconos de escritorio. Se marcan aquellos elementos que se desean tener en el escritorio.

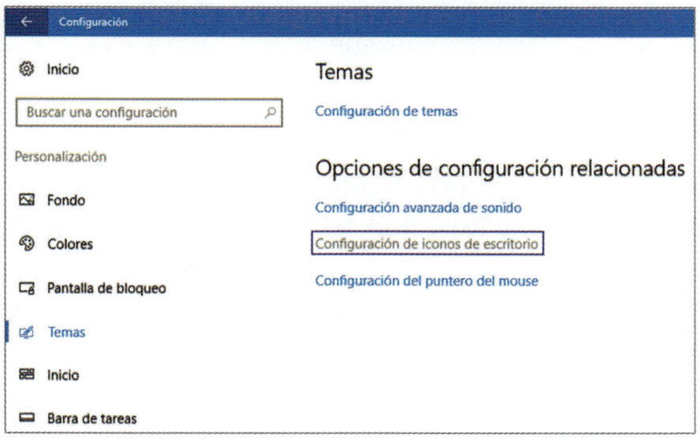

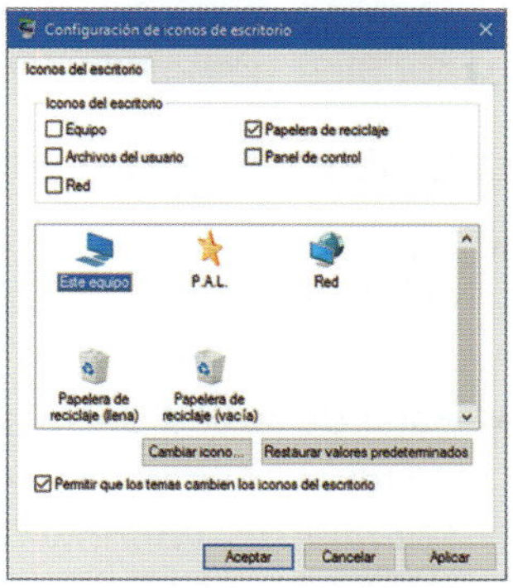

Saber más

Configuración de iconos de escritorio

En esta configuración puede cambiarse el icono de cada uno de los elementos y permitir que los iconos cambien según el tema que se haya elegido.

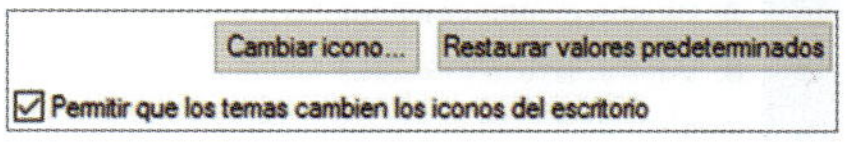

Actividad propuesta. Configuración de iconos de escritorio y Restaurar valores predeterminados

Nombre del archivo: **Actividad 8.**

Tipo de archivo: JPG.

1. Agrega uno o más accesos directos a tu escritorio y cambia el icono de alguno de esos elementos.
2. Obtén una imagen utilizando la aplicación Recortes. Elige recorte de ventana y haz una imagen de la ventana de configuración de iconos de escritorio como haya quedado configurada.
3. Guarda la imagen, con el nombre y tipo que se han indicado al principio, en la carpeta de actividades de esta unidad.
4. Vuelve a la configuración de iconos de escritorio y pulsa en Restaurar valores predeterminados, para dejarlos como estaban antes de los cambios.

2.6. Privacidad

Desde Configuración → Privacidad, damos permiso o limitamos el acceso a nuestros datos personales, a conocer nuestra actividad en internet, los dispositivos que usamos, lista de contactos, etc.

Dejar activadas determinadas opciones permite una mayor flexibilidad en el uso de las aplicaciones (por ejemplo, si utilizamos una aplicación de correo electrónico, es aconsejable abrir el acceso a nuestros contactos), pero también limita nuestra privacidad.

Es interesante leer la Declaración de privacidad de Microsoft, que puedes obtener en la dirección de internet expuesta en el cuadro Navega que se encuentra en el margen de esta página, porque se va actualizando periódicamente.

Navega

Declaración de privacidad de Microsoft

- <https://privacy.microsoft.com/es-es/privacystatement>

Actividad propuesta. Comprobar nivel de privacidad de nuestro equipo

Esta actividad no genera ningún archivo.

1. En el menú de Inicio, pulsa sobre **Configuración** y selecciona **Privacidad.**
2. Comprueba qué opciones tienes activas en los distintos apartados. Deja activadas las de **Contactos, Calendario** y **Correo electrónico,** porque las necesitaremos más adelante.
3. En **Aplicaciones en segundo plano,** desactiva algunas que no utilices ni tengas intención de utilizar.

2.7. Buscar en Cortana

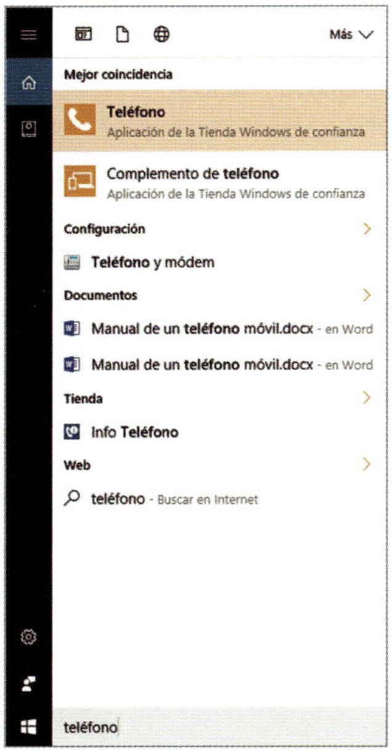

Búsqueda en Cortana.

Para encontrar una configuración, una carpeta, un archivo o una aplicación, se utiliza el cuadro de Cortana, que se encuentra junto al botón de Inicio. Sirve, igualmente, para encontrar información en internet o aplicaciones en la Tienda de Microsoft.

Las búsquedas en internet, por defecto, abrirán el navegador Edge y el buscador Bing, ambos de Microsoft.

2.8. Anclar y desanclar

- **Inicio.** Ya hemos visto anteriormente cómo anclar una aplicación al Inicio de Windows (anclamos Recortes) y también se ha desanclado algún elemento.
- **Barra de tareas.** Del mismo modo se pueden anclar aplicaciones a la barra de tareas y desanclarlas si no hacemos un uso frecuente de ellas.

  Por defecto, Windows 10 viene configurado con una barra de tareas que incluye elementos que probablemente no vayamos a utilizar con frecuencia. Otras, que usaremos frecuentemente, no están.

  Practicaremos el anclado y desanclado de aplicaciones en la barra de tareas en las siguientes actividades.

Actividad propuesta. Captar imagen de la barra de tareas

Nombre del archivo: **Actividad 9. Parte 1.**

Tipo de archivo: JPG.

1. Utiliza la aplicación Recortes para crear una imagen de tu barra de tareas en el momento actual.
2. Guarda la imagen en la carpeta de esta unidad con el nombre y tipo indicados.

Actividad guiada. Barra de tareas: Anclar y desanclar aplicaciones

Nombre del archivo: **Actividad 9. Parte 2.**

Tipo de archivo: JPG.

1. Utiliza el cuadro de búsqueda de Cortana para encontrar una aplicación que no tengas en tu barra de tareas, por ejemplo, **Mapas.** También puedes encontrarla mostrando el menú de Inicio en vista Todas las aplicaciones. Cuando tengas la aplicación a la vista, pulsa sobre ella con el botón secundario del ratón y selecciona Anclar a la barra de tareas (imagen 1).

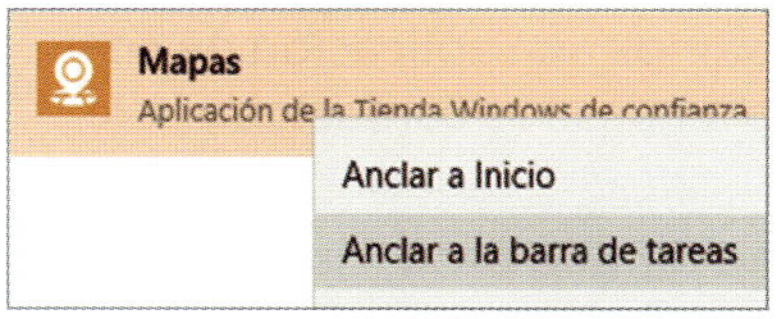

Imagen 1.

2. Desancla de la barra de tareas alguna aplicación que se encuentre en ella, por ejemplo, el navegador **Edge.** Para ello, pulsa en la barra de tareas con el botón secundario sobre ese elemento y selecciona Desanclar de la barra de tareas (imagen 2).

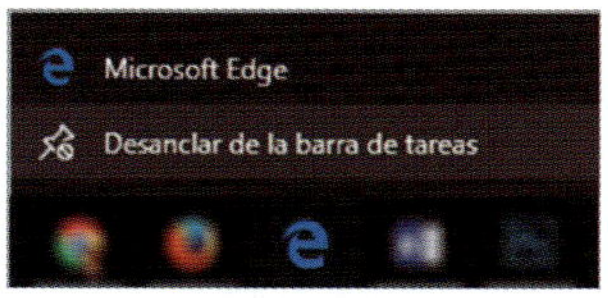

Imagen 2.

3. En la barra de tareas, ancla o desancla otras aplicaciones.
4. Cuando hayas terminado, utiliza la aplicación Recortes para obtener una imagen del estado actual de tu barra de tareas.
5. Guarda la imagen, con el nombre y tipo indicados, en la carpeta de actividades de esta unidad.

2.9. Centro de actividades

En el ángulo inferior derecho de la barra de tareas está el Centro de actividades, que se muestra con un icono de tipo bocadillo o globo. Al pulsar en el Centro de actividades obtenemos, en la parte superior (aunque puede configurarse otra posición), las notificaciones de programas, correo, avisos y sugerencias (imagen 1). En la parte inferior están las acciones rápidas (imagen 2).

Imagen 1.

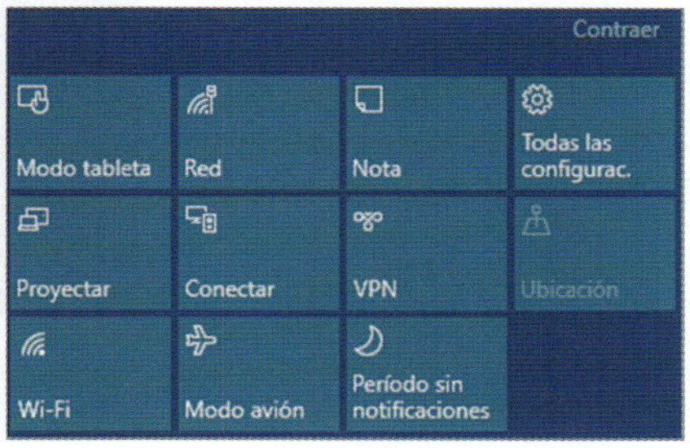

Imagen 2.

Como podemos ver, entre las acciones rápidas hay algunas que es conveniente tener ahí para no perder tiempo buscando, como activar el Modo avión, escribir notas a modo de recordatorios o acceder directamente a la configuración de Windows.

Saber más

Centro de actividades

Icono que representa el **Centro de actividades.**

Si tiene un número, significa que hay tantas notificaciones nuevas como indica dicho número.

La pequeña franja que hay a su derecha es el **acceso directo al escritorio.**

Actividad guiada. Configurar el Centro de actividades

Nombre del archivo: **Actividad 10.**

Tipo de archivo: JPG.

1. Entra en la **Configuración** de Windows y pulsa sobre **Sistema** (imagen 1).
2. A la izquierda, haz clic en **Notificaciones y Acciones** y luego en **Agregar o quitar acciones rápidas** (imagen 2).
3. Deja activadas todas las acciones rápidas disponibles en la lista. Eso no quiere decir que estén activadas, sino que aparecerán en el Centro de actividades, desde donde se podrán activar o desactivar (imagen 3).
4. Pulsa en la flecha hacia atrás para volver a la Configuración. Debajo de las acciones rápidas están las **Notificaciones.** Observa cada una de ellas para saber lo que significan. Deja marcadas las que consideres oportunas.
5. Más abajo aún está **Obtener notificaciones de estos remitentes.** Activa aquellas aplicaciones de las que desees recibir notificaciones y desactiva las demás.

Imagen 1.

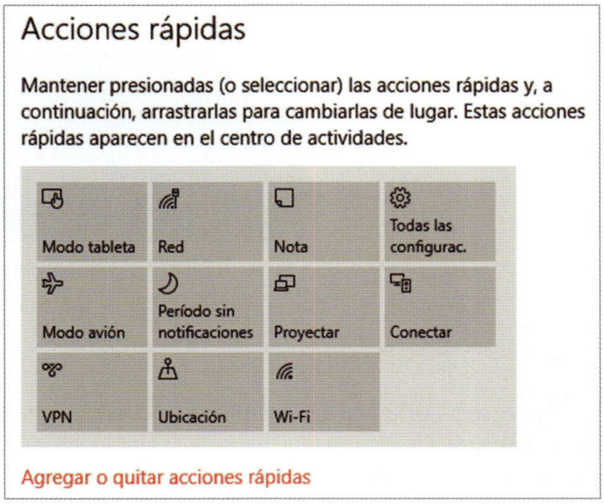

Imagen 2.

Imagen 3.

6. Utiliza Recortes para tener una imagen de tu **Centro de actividades,** desplegado en la barra de tareas, y guárdala en la carpeta adecuada con el nombre y tipo indicados al principio.

Vista de tareas.

2.10. Botón Vista de tareas

Una utilidad interesante es la **Vista de tareas**, que permite mostrar en la pantalla miniaturas de todas las ventanas que están abiertas en este momento y seleccionar, si así se desea, una de ellas para verla en modo normal.

Actividad guiada. Activación y uso de la Vista de tareas

Nombre del archivo: **Actividad 11.**

Tipo de archivo: JPG.

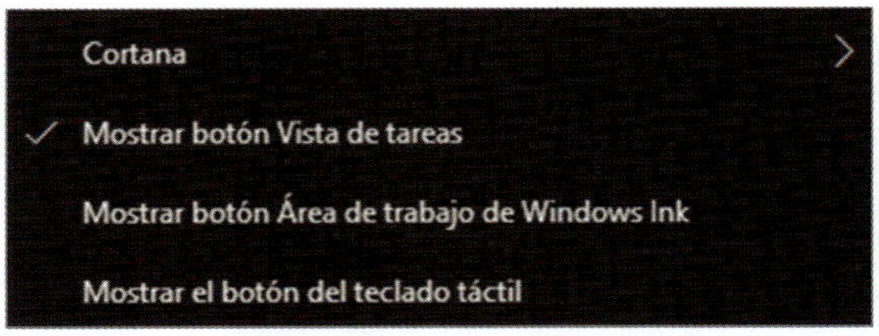

1. Pulsa con el botón secundario en algún lugar vacío de la barra de tareas y selecciona **Mostrar botón Vista de tareas** para que quede marcado.
2. Ahora, en la barra de tareas, haz clic sobre **Vista de tareas.**
3. Comprueba que se muestran en pantalla todas las ventanas que tuvieses abiertas en este momento y que puedes pulsar sobre alguna para seguir trabajando en ella.
4. Utiliza el retardo de Recortes para hacer una captura rectangular de las ventanas abiertas con la Vista de tareas. Guarda la imagen con el nombre y tipo que se han indicado.

2.11. Proyectar a una pantalla externa

Proyectar, en el Centro de actividades.

En primer lugar se realizarán las conexiones entre el ordenador y el proyector. Estas conexiones suelen ser mediante conectores VGA o HDMI. Menos frecuentes, actualmente, son los proyectores que se conectan a través de un puerto USB.

Antes o después de la conexión por cable se instalará en el equipo, o se actualizará en caso necesario, el controlador del proyector.

Cuando lo anterior se ha llevado a cabo, deberíamos personalizar la pantalla desde Configuración de pantalla: Configuración → Sistema → Pantalla, o bien haciendo clic con el botón secundario del ratón sobre el escritorio → Configuración de pantalla.

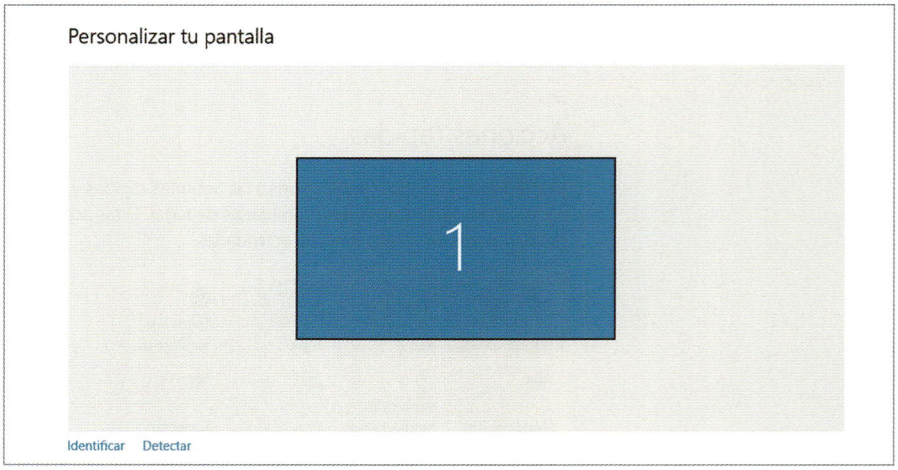

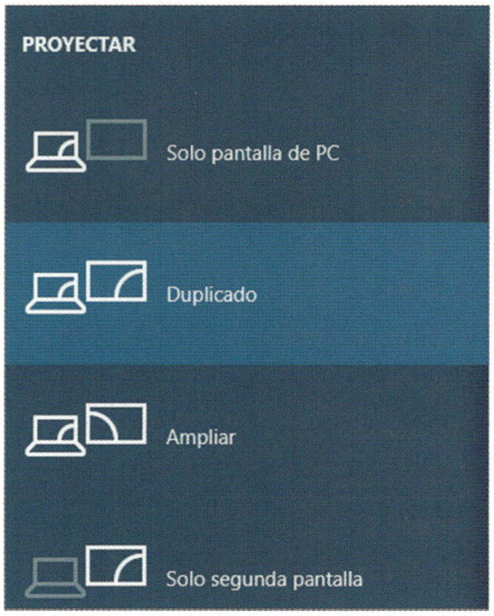

Opciones de proyección.

Si aún vemos una sola pantalla como en la imagen anterior, pulsamos en **Detectar.**

Desde esa misma ventana de personalización de la pantalla puede seleccionarse ver las dos pantallas, la del ordenador y la que recibe la proyección, o una de las dos. En cualquier caso, lo más rápido y fácil es acceder al Centro de actividades desde el ángulo inferior derecho de la pantalla, pulsar **Proyectar** y seleccionar la opción deseada, que con frecuencia será **Duplicado.**

PRÁCTICA PROFESIONAL INICIAL RESUELTA

Práctica inicial de Windows 10

1. Escribe en el cuadro de búsqueda de Cortana la pregunta (imagen 1). En la parte superior se ve la respuesta (imagen 2).

Imagen 1.

Imagen 2.

2. Abre el navegador Edge desde la barra de tareas o buscándolo en Cortana. Busca la dirección web del periódico o escríbela si la conoces. Una vez en la página principal del periódico, pulsa con el botón primario del ratón en la esquina superior derecha de Edge. Haz clic en **Anclar esta página al Inicio** (imagen 3). Verifica que el icono de acceso al periódico se encuentra ya en el menú de Inicio (imagen 4).

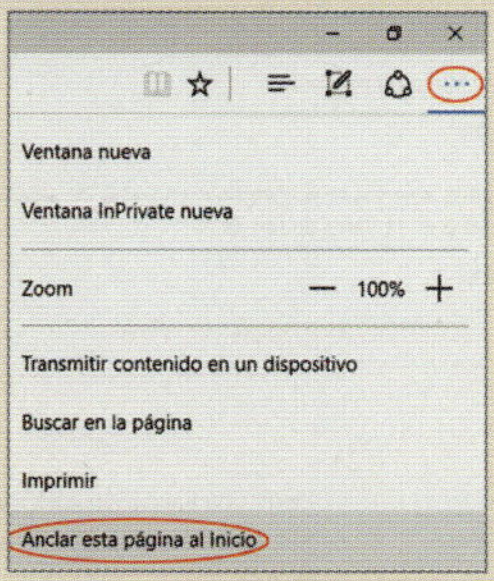

Imagen 3.

Imagen 4. Como ejemplo, hemos buscado la revista PC-World.

3. Para ir a Configuración, haz clic en el botón de Inicio y pulsa sobre el icono Configuración.

   Tema, Fondo y Colores están en la parte izquierda (imagen 5). Se configuran los tres como se ha indicado.

   - Escribe en el cuadro de búsqueda de Cortana la palabra Recortes para encontrar la aplicación o pulsa sobre ella si está anclada a Inicio.
   - Una vez abierto Recortes, pide un **aplazamiento de 5 segundos** y, en Nuevo, selecciona **Recorte de pantalla completa.**
   - Inmediatamente ve al menú Inicio, espera a que Recortes esté en la barra de tareas y lo abres desde ahí. Ya estará en Recortes la imagen del Inicio, que habrá que guardar y posteriormente insertar en el documento de texto.
   - La misma operación se realiza para la siguiente imagen del Inicio.

Imagen 5.

4. Los iconos van cambiando de color para adaptarse a la imagen que hay en cada momento como fondo en el menú de Inicio.
5. Se accede a cada periódico como en la respuesta 2. Tras haber anclado todos los periódicos a Inicio, se deben mover para ponerlos en el mismo grupo. En la parte superior del grupo basta escribir el título (imagen 6).

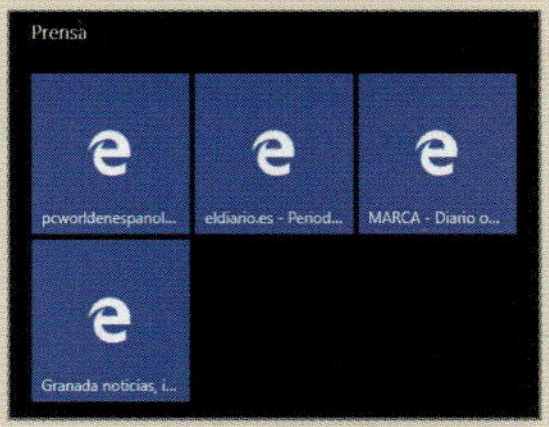

Imagen 6.

6. Sigue las instrucciones para configurar Colores como en la imagen de referencia donde se plantea esta actividad. Las respuestas a las cuestiones son:
   a) Cambia de color.
   b) Sí.
   c) No.
   d) En Configuración → Colores, hay que dejar activado «Hacer que Inicio, la barra de tareas y el centro de actividades sean transparentes».
   e) Se obtiene la imagen usando la aplicación Recortes para hacer un recorte rectangular, sin aplazamiento. Cuando la pantalla queda con el contraste atenuado, se traza un rectángulo en el perímetro de la barra de tareas. Al terminar de trazarlo se guarda la imagen donde se decida. Posteriormente, desde el procesador de textos, se inserta la imagen en el apartado e) de la pregunta 6.

PRÁCTICA PROFESIONAL PROPUESTA

Configurar Inicio y pantalla de bloqueo. Anclar a Inicio aplicaciones de Office 2016

Objetivos

- Conocer otras configuraciones del Inicio de Windows.
- Modificar iconos para ver en Inicio.
- Modificar la pantalla de bloqueo de Windows.
- Utilizar la herramienta Recortes o un programa de edición de imágenes para hacer capturas de pantalla.
- Guardar imágenes en la carpeta de actividades de esta unidad didáctica.

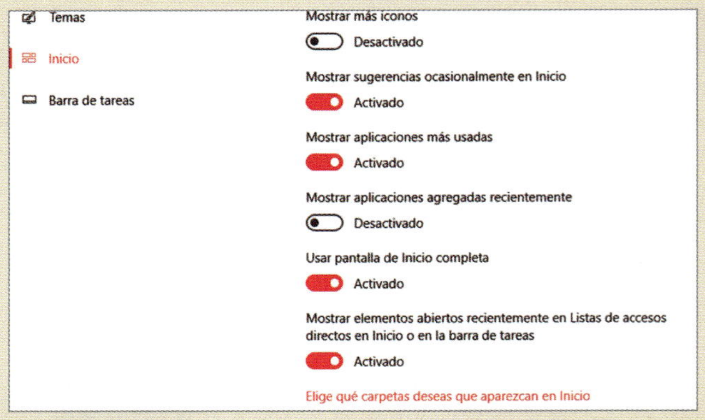

Imagen 1.

Imagen 2.

Instrucciones

1. **Configura Inicio**
   a) Configura Inicio como en la imagen 1.
   b) Elige qué carpetas deseas que aparezcan en Inicio como en la imagen 2.

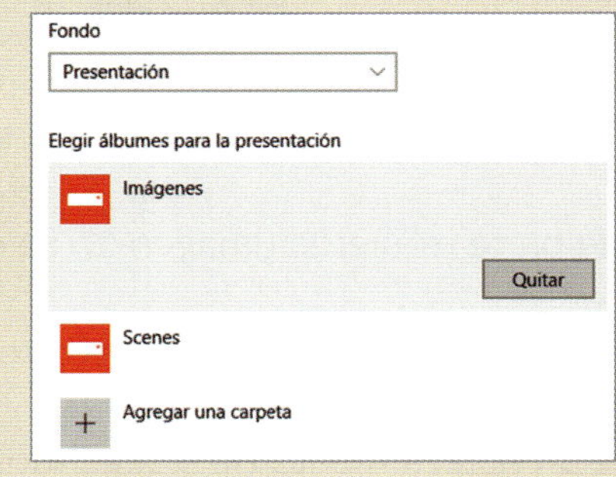

Imagen 3.

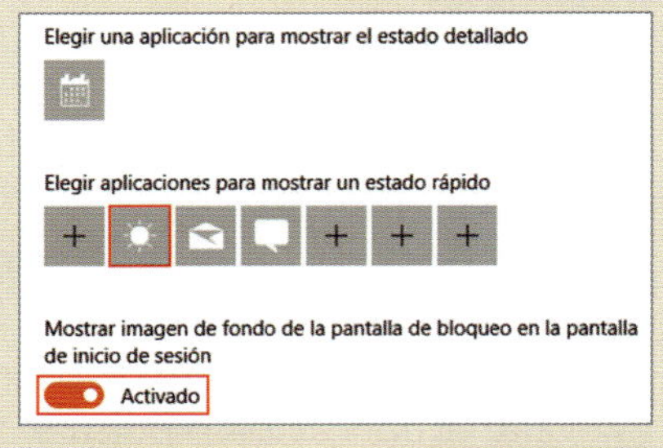

Imagen 4.

   c) Obtén una imagen recortada de los iconos que hay en la franja inferior izquierda del menú de Inicio, que deberá contener las carpetas agregadas en el punto anterior. Guarda la imagen, en la carpeta de actividades de esta unidad, con el nombre **Inicio modificado** y tipo **JPG**.

2. **Configura la pantalla de bloqueo**
   La pantalla de bloqueo es la que aparece al encender el ordenador, antes de que se muestre el nombre de usuario.
   a) En Configuración, cambia la pantalla de bloqueo para que se vea en modo presentación. Pulsa en + (agregar una carpeta) para que las imágenes que se vean sean los fondos de Windows que están en C:\Windows\Web\Wallpaper\Scenes. Pulsa en Quitar de las demás opciones (imagen 3).

Imagen 5.

   b) En la parte inferior, pulsa sobre el icono "El tiempo" y deja activado "Mostrar imagen de fondo de la pantalla de bloqueo en la pantalla de inicio de sesión" (imagen 4).
   c) Configura el protector de pantalla (al final de la lista de opciones de pantalla de bloqueo) como en la imagen 5.
   d) Obtén una imagen recortada de pantalla completa con la configuración de la pantalla de bloqueo y guárdala con el nombre **Pantalla de bloqueo** y el tipo **JPG**.

3. **Anclar a Inicio aplicaciones de Office 2016**
   Ancla a Inicio las siguientes aplicaciones de Office: Word, Excel, Access y PowerPoint. Agrúpalas con el nombre Ofimática. Obtén una imagen del Inicio y guárdala con el nombre **Anclar Office a Inicio** y el tipo **JPG**.

OPERATORIA DE TECLADOS

Curso de aprendizaje de teclado novoTyping Editex 8.0

La incorporación del ordenador a la vida laboral ha hecho que lapiceros y bolígrafos hayan sido sustituidos en las oficinas por el teclado de ordenador. Por ello, es muy habitual que, en los centros de formación de todo tipo, los alumnos reciban clases de manejo de teclado.

En tu vida laboral, es muy probable que todos los documentos que elabores se realicen a través del teclado de un ordenador, por lo que es muy necesario que conozcas los elementos que componen un teclado, así como que adquieras suficiente soltura en el manejo del mismo.

Para que logres escribir con limpieza y corrección a una velocidad adecuada, se incluye en este libro la versión student personalizada para Editex del **Curso de aprendizaje de teclado novoTyping.**

novoTyping es un curso profesional para aprender a dominar la escritura mecanográfica. Se trata de un entorno de trabajo con múltiples módulos, opciones e información de fácil y rápido aprendizaje, diseñado específicamente para que puedas comprobar tus resultados desde el primer día de su utilización.

Su gran variedad de módulos lo convierten en un curso versátil que se adapta a las necesidades de aprendizaje de cada alumno. Es apto tanto para usuarios noveles como para aquellos que ya tienen conocimientos previos de mecanografía, puesto que cada uno puede adaptar el contenido del curso a sus objetivos escogiendo entre aquellos módulos que más le interesen.

Para **descargar la aplicación,** regístrate en la zona de usuarios en <www.editex.es>. Una vez hayas recibido tu acceso entra en la ficha del libro y haz clic en el recurso **novoTyping Editex 8.0.** Encontrarás el enlace para descargar el programa en la **Guía de instalación.**

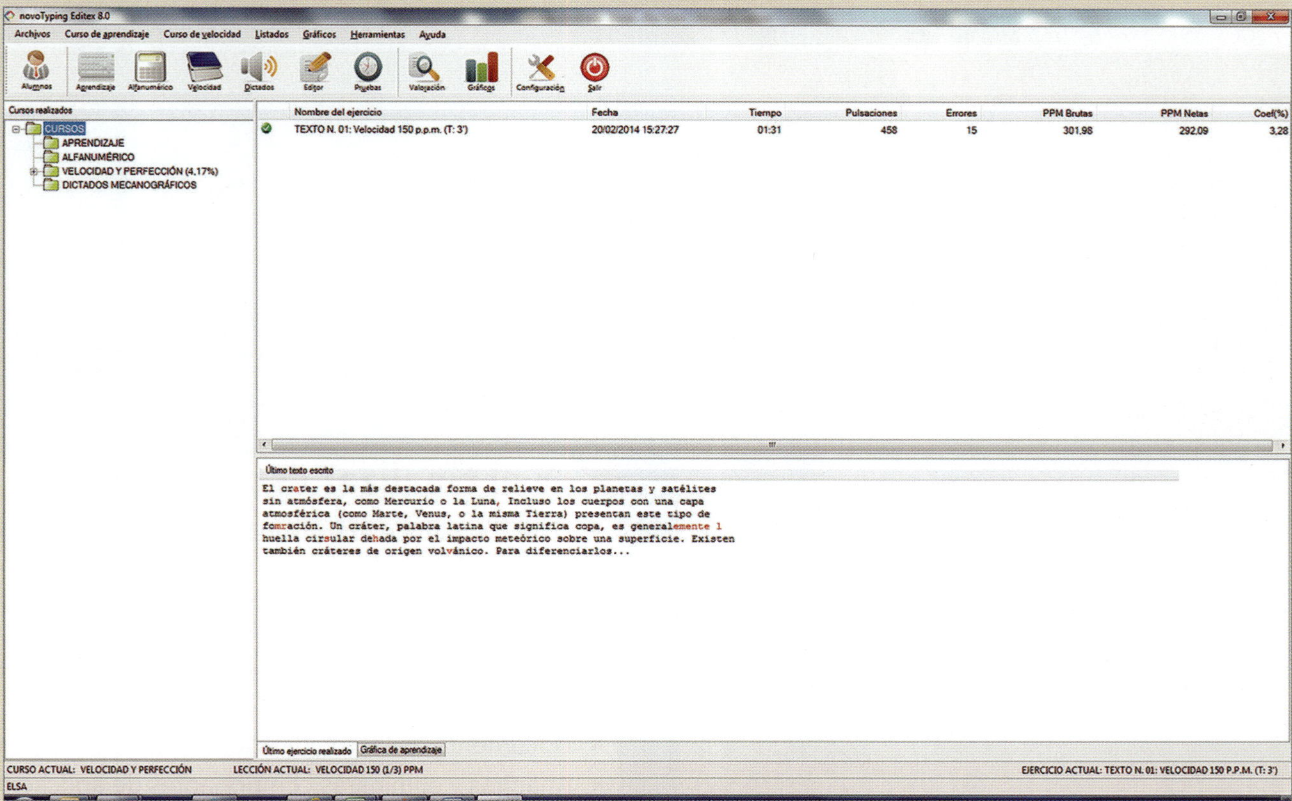

2 Aplicaciones ofimáticas

Vamos a conocer...

1. Internet. Navegación, búsqueda y descargas
2. Aplicaciones informáticas y ofimáticas
3. Descarga, instalación y configuración de aplicaciones
4. Desinstalación y modificación de aplicaciones instaladas

PRÁCTICA PROFESIONAL INICIAL

Búsqueda, descarga e instalación de VLC Media Player. Documentación del proceso e incidencias

PRÁCTICA PROFESIONAL PROPUESTA

Instalar una aplicación en un dispositivo extraíble

Y al finalizar esta unidad...

- Harás búsquedas y descargas en internet con precisión y seguridad.
- Respetarás las especificaciones técnicas del proceso de instalación.
- Configurarás aplicaciones según criterios establecidos.
- Documentarás las incidencias y el resultado final.
- Añadirás y eliminarás componentes de aplicaciones instaladas.
- Respetarás las licencias de software.

Práctica profesional inicial

Búsqueda, descarga e instalación de VLC Media Player. Documentación del proceso e incidencias

Resumen del trabajo que realizarás para esta práctica profesional

- Buscarás una determinada aplicación para reproducir archivos multimedia.
- De la lista de resultados, elegirás el sitio web más seguro, en donde comprobarás las características técnicas del programa y su compatibilidad con tu ordenador y verificarás la licencia del software.
- Descargarás la aplicación y la instalarás en tu equipo informático.
- Por último, realizarás un documento en donde numeres, expliques e ilustres con imágenes los puntos que se indican en las instrucciones siguientes:

Instrucciones

1. Busca en internet la aplicación VLC Media Player, cuyo fabricante es VideoLAN.

Logotipo de la aplicación VLC Media Player.

Logotipo de la organización que produce el software.

2. Comprueba si es compatible con tu sistema operativo.
3. Averigua si es compatible con otros sistemas operativos. ¿Con cuáles?
4. ¿Qué licencia de software tiene el programa?
5. Comprueba el espacio libre en tu disco duro.

   Sugerencia: Para averiguarlo, haz las siguientes operaciones (puede hacerse de otras formas también):

   a) Abre el explorador de archivos de la barra de herramientas de Windows.

   b) Haz clic en **Este equipo** y verás las distintas unidades de tu ordenador. Por defecto, los programas se instalan en la unidad C.

Ejemplo del tamaño de un disco duro y del espacio disponible.

6. ¿Cuál es el tamaño del archivo de instalación de VLC Media Player? ¿Es posible, entonces, descargarlo e instalarlo en tu ordenador?
7. Descarga el archivo de instalación e indica dónde se ha guardado y qué nombre tiene.
8. Instala VLC Media Player y explica todos los pasos de la instalación, ilustrando las explicaciones, cuando sea posible, con las imágenes oportunas. Agrega información sobre las incidencias o problemas que hayas podido encontrar durante la instalación.

1. Nociones elementales de internet

Saber más

Tim Berners Lee (sir Timothy «Tim») fue el creador del lenguaje HTML y del concepto de Word Wide Web.

La idea de conectar varios ordenadores en red para poder compartir recursos ya se empezó a utilizar en la década de 1950, pero la base más firme para el desarrollo de internet, tal como hoy lo conocemos, surgió con la publicación del concepto de web *(Word Wide Web)* a principios de la década de 1990. La web está formada por un conjunto indeterminado de documentos enlazados entre sí mediante hipertexto.

1.1. Navegadores

Un navegador o explorador web es una aplicación, instalada en el ordenador, tableta o móvil, que permite visualizar páginas escritas en distintos lenguajes de programación web. Esas páginas o documentos pueden estar en el propio equipo o en una red local, aunque el uso más frecuente de los navegadores es para acceder a hipertexto y archivos de la red global que llamamos *internet*.

Cada navegador tiene sus peculiaridades, que van cambiando con el tiempo en las sucesivas actualizaciones y versiones o con el añadido de complementos. Todos ellos incorporan herramientas de personalización, configuración de seguridad, navegación hacia atrás y hacia delante, acceso al historial, gestión de favoritos, zoom, etc. Unos gastan más recursos (pueden resultar más lentos) y otros son muy ligeros.

Saber más

Exploradores web más utilizados en el mundo entre 2009 y 2015.

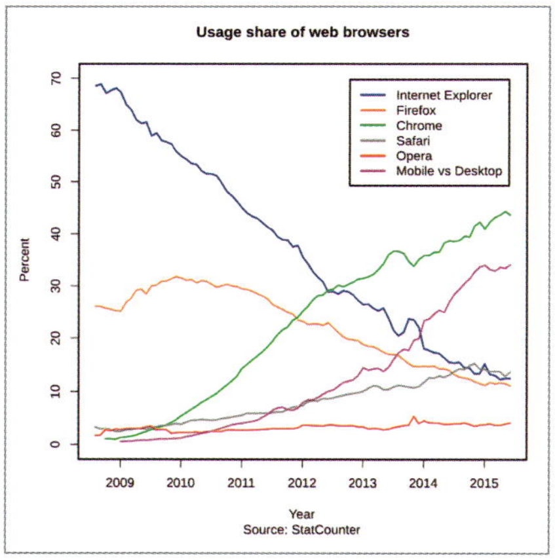

Fuente: Wikipedia

Ejemplos de navegadores

Mozilla Firefox | Google Chrome | Microsoft Edge | Safari | Opera

1.2. Motores de búsqueda

Un buscador o motor de búsqueda es una página web especializada en encontrar información en internet mediante un sistema llamado araña *(spider)*, que consiste en enviar por la red unos programas robots *(bots)* que rastrean en todas las páginas existentes (si tienen permitido el acceso de los *bots*) y van anotando en una base de datos una serie de palabras clave que contienen o que las identifican. Por otra parte, puntúan la importancia de esa página en función de una serie de parámetros, uno de los cuales es el número de visitantes que recibe o si las visitas van en aumento o disminuyen.

Cuando una persona escribe una palabra en la línea de búsqueda de un buscador, se le ofrece una lista de páginas web que la contienen en su título, en su descripción o en su contenido, mostrando en los primeros puestos aquellas que el motor de búsqueda considera más acertadas para la información que se está buscando.

Saber más

Resultados de una búsqueda

No todos los motores de búsqueda ofrecerán, necesariamente, los mismos resultados ni en el mismo orden.

Ejemplos de buscadores

Google bing Ask.com YAHOO!

1.3. Navegación y búsqueda

La información que puede buscarse en internet es tan variada como abarque la imaginación o las necesidades: imágenes, vídeos, música, presentaciones multimedia, prospectos de medicamentos, programación de cine y televisión, periódicos y revistas, espectáculos y otros eventos, etc.

Además de consultas, también se pueden llevar a cabo en internet actividades como juegos en línea, inscripciones y matrículas (en cursos, foros, escuelas...) compras, ventas y descarga de programas, imágenes y otros archivos.

1.3.1. Dirección conocida

Si se conoce la dirección de la página web que se va a visitar, se escribirá en la barra de direcciones del navegador y, de este modo, se tendrá acceso directo a ella.

Al hacerlo de este modo se accede a la web en un solo paso en lugar de recurrir al buscador.

1.3.2. Búsqueda de información

Cualquier palabra o frase, que no sea una dirección web, escrita en la barra de direcciones del navegador, se traducirá en una búsqueda con el buscador predeterminado, lo mismo que si se escribe en el propio buscador.

1.3.3. Precisión en la búsqueda

Para garantizar mejores resultados en una búsqueda se pueden emplear filtros:

- **Por el tipo de resultado.** Una vez escrita la palabra o frase, el buscador proporciona filtros directos: imágenes, vídeos, compras, noticias, etc.

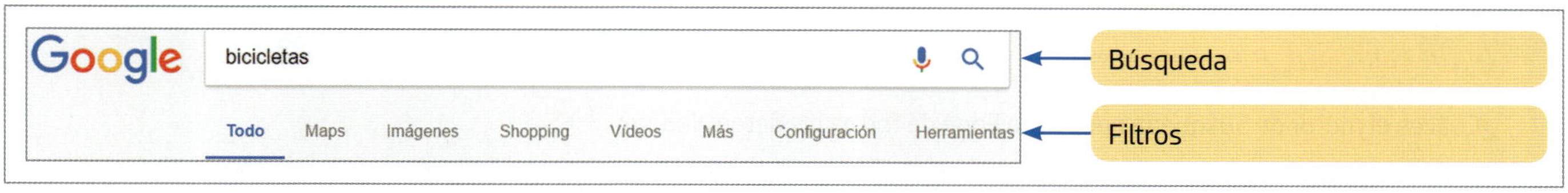

  Algunos tipos de resultado pueden poner a disposición del navegante otros filtros secundarios o herramientas. Por ejemplo, en el caso de las imágenes.

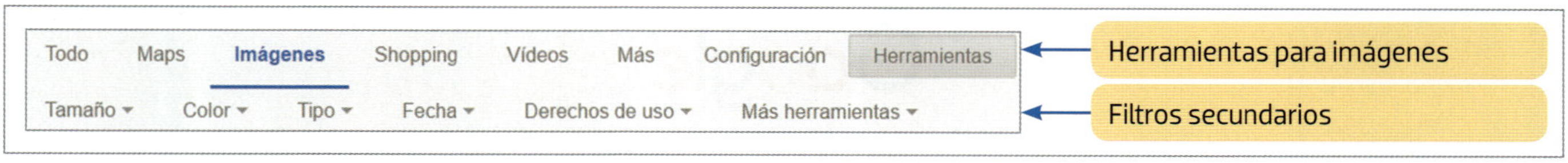

- **Con símbolos añadidos.** Los más comunes y útiles son las comillas y el signo «guion» (-). Las primeras se utilizan para encontrar una frase exacta, y el guion, para excluir palabras de los resultados. Observa los siguientes ejemplos:

Recuerda

Dirección web conocida

Si conoces la dirección web a la que vas a acceder, escríbela correctamente en la barra de direcciones del navegador y entrarás en un solo paso en la web.

Ejemplo: <www.elperiodico.com>

Si escribes en la barra de direcciones **el periódico** se abrirá el buscador y mostrará resultados entre los que estará, probablemente, el que buscas, pero esto requerirá como mínimo dos pasos y también es posible que elijas un resultado que no es el deseado. Esto es comparable a conocer el número de teléfono de una persona y buscarlo en la guía telefónica.

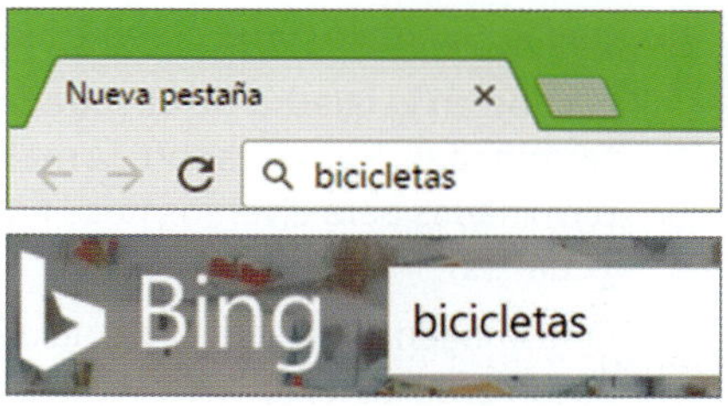

Saber más

Ejemplos de Wikis

- **WikiHow.** Aprender a hacer cualquier cosa.
- **Wikipedia.** Enciclopedia libre.

1.4. Descargar y compartir

Una de las actividades que se llevan a cabo en internet es la descarga de aplicaciones, música, vídeos, imágenes y otros tipos de archivo. Del mismo modo, podemos subir a la red nuestra propia información para ponerla a disposición de otras personas en redes sociales, foros, wikis y blogs.

No todo lo que se descarga de internet puede utilizarse libremente. Existen aplicaciones y archivos que están sujetos a licencias de diferentes tipos o a derechos de autor, como se verá en el epígrafe 2.2.

Sin embargo, hay gran cantidad de información y de archivos que pueden usarse libremente. Un ejemplo son las llamadas **wikis**, proyectos colaborativos cuyo contenido se puede consultar y utilizar sin restricciones en la mayor parte de los casos. Si, además, el usuario está dado de alta en la wiki como editor, podrá eliminar, modificar y agregar información.

Actividad propuesta. Navegadores, buscadores y búsquedas

Nombre del documento: **Actividad 1.**

Tipo: Documento de texto.

Abre un documento nuevo de Word o de otro procesador de texto en el que escribirás las siguientes preguntas y sus respuestas razonadas. Guárdalo con el nombre indicado en la carpeta de actividades de esta unidad.

1. Escribe en el cuadro de búsqueda de Cortana la siguiente frase: **Aplicaciones predeterminadas.** Haz clic sobre la mejor coincidencia. En el listado de aplicaciones predeterminadas para diversos fines encontrarás cuál es tu explorador web predeterminado. ¿Cuál es?

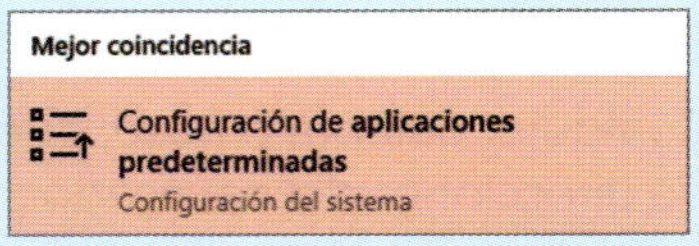

   Crea imágenes debidamente recortadas con explicaciones de los pasos seguidos hasta llegar a la respuesta e insértalas en el documento de texto.

2. Cierra la lista de aplicaciones predeterminadas. A continuación, en el cuadro de Cortana, escribe **Edge.** Haz clic sobre Microsoft Edge y, en la barra de búsqueda, escribe cualquier palabra que desees buscar.

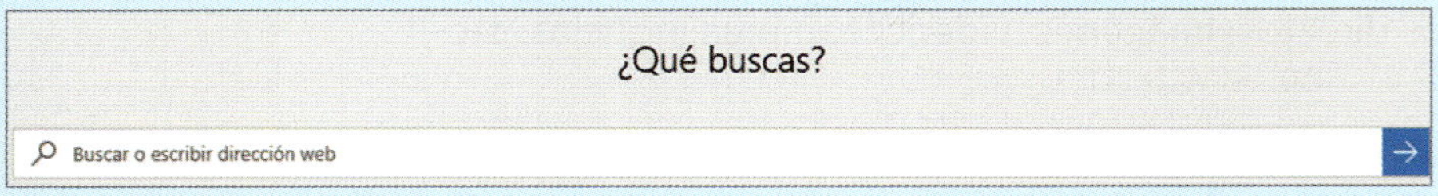

   ¿Cuál es el motor de búsqueda que utiliza Edge de forma predeterminada?

3. Necesitas visitar la web de la empresa «Repuestos Marcel» cuya dirección conoces (www.marcel-garcia.com). Utilizas en este momento Chrome y Google, como ves en la imagen siguiente. ¿Qué escribirás y dónde?

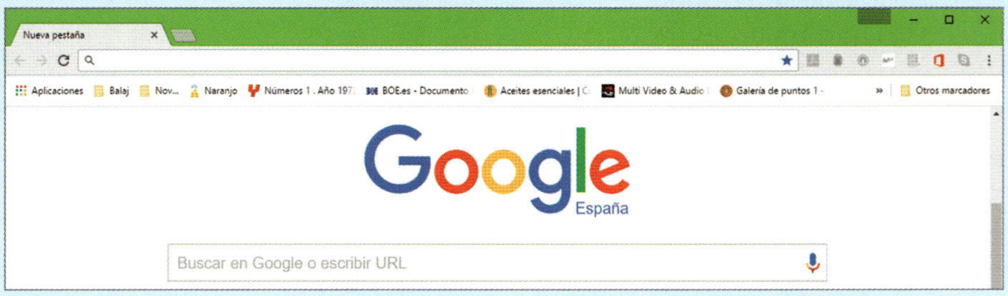

4. ¿Cómo harías para buscar con Google imágenes de casas del tipo dibujo lineal?
5. Deseas buscar en internet regalos de empresa y no quieres que aparezcan resultados que incluyan flores. ¿Qué escribirías en el motor de búsqueda?
6. Usa el navegador predeterminado para entrar sucesivamente en los buscadores Bing <www.bing.com>, Google <www.google.es> y Ask <www.ask.com>. Busca en todos ellos la misma palabra o frase. Haz una captura de pantalla de la primera página de resultados ofrecidos por cada motor de búsqueda. Inserta las imágenes, con tus comentarios y conclusión, en este documento de texto.
7. Guarda los cambios del documento Actividad 1 y ciérralo.

2. Aplicaciones informáticas

2.1. Introducción

Una aplicación informática o programa informático es un software que facilita a los usuarios, normalmente mediante el uso de un ordenador, tareas que de otro modo resultarían complicadas.

Podemos mencionar, por ejemplo, aplicaciones específicas para gestionar restaurantes o cafeterías, agencias inmobiliarias, diseño gráfico o banca, entre otras actividades económicas.

La palabra ofimática es un acrónimo de *of*icina e infor*mática* y, tal como la define el DRAE, significa «automatización mediante sistemas electrónicos, de las comunicaciones y procesos administrativos en las oficinas».

De esto podemos deducir que las **aplicaciones ofimáticas son aplicaciones informáticas dirigidas a la gestión administrativa.**

2.2. Tipos de aplicaciones ofimáticas

La clasificación de las aplicaciones ofimáticas se puede hacer atendiendo a múltiples criterios, algunos de los cuales se exponen a continuación.

2.2.1. Según su propósito

- **Procesadores de texto.** Son aplicaciones que permiten configurar fuentes, párrafos y páginas, insertar imágenes, gráficos y otras ilustraciones, etc. La mayor parte de ellas siguen el criterio WYSIWYG.
- **Hojas de cálculo.** Se utilizan para crear tablas de cálculo de tipo matemático, financiero, estadístico...
- **Bases de datos.** Una base de datos es un conjunto de archivos informáticos organizados y relacionados entre sí.

  Los datos se pueden extraer de uno o varios archivos mediante consultas, formularios e informes.
- **Presentaciones multimedia.** El software específico para presentaciones es capaz de crear conjuntos de diapositivas que se mostrarán en el orden que se establezca y que pueden contener imágenes, vídeos, sonido, texto y efectos de animación y transición.
- **Audio y vídeo.** Dirigidas a la edición o a la reproducción de archivos de audio, de vídeo o de ambos.
- **Imagen y diseño gráfico.** Edición y retoque de fotografías, creación de imágenes, diseño artístico o de arquitectura y delineación.
- **Gestión contable y finanzas.** Realizan principalmente tareas contables y gestión de nóminas, facturas y almacén, como las de Sage y Software DELSOL.
- **Clientes de correo electrónico.** Software para la gestión local del correo electrónico.

  Las aplicaciones más completas para este propósito tienen asociados calendarios o agendas electrónicas cuyos eventos se pueden compartir con otros usuarios mediante mensajes de correo.
- **Navegación.** Software específico para navegar por internet, como ya hemos visto en el epígrafe 1.1.

Saber más

Suites informáticas

Una suite es un conjunto de aplicaciones agrupadas en un mismo paquete. Por ejemplo, Microsoft Office es una suite informática.

Saber más

WYSIWYG

Del inglés *What you see is what you get* («lo que ves es lo que obtienes»), significa que lo que se ve en pantalla es el resultado final del documento, que se mantiene al ser impreso.

Ejemplos

- **Procesadores de texto**

  Pages, Word, WordPerfect, Writer.
- **Hojas de cálculo**

  Excel, Calc, Numbers.
- **Bases de datos**

  Access, dBase, OpenOffice Base.
- **Presentaciones multimedia**

  PowerPoint, Impress, Keynote.
- **Audio**

  Nero Wave Editor, Audacity.
- **Vídeo**

  VLC Video Editor, Windows Movie Maker, Adobe Premiere, iMovie.
- **Imagen y diseño gráfico**

  Photoshop, CorelDraw, GIMP.
- **Gestión contable y finanzas**

  ContaPlus, Contasol, FacturaPlus, Nominasol.
- **Clientes de correo electrónico**

  Outlook, Thunderbird, Opera.
- **Navegación**

  Edge, Chrome, Firefox, Explorer.

Saber más

Erróneamente se da por hecho que un software bajo licencia Creative Commons es equivalente a software libre. No siempre es así y es necesario conocer las cláusulas de los distintos tipos de licencias Creative Commons para saber cuáles son los derechos de uso, modificación y distribución del software.

2.2.2. Según la licencia del software

- **Software libre.** Aquel que puede ser utilizado, mejorado, copiado y distribuido libremente por los usuarios del mismo, para lo cual se pone a disposición de dichos usuarios el código fuente. Suele estar sujeto a licencia gratuita o a precio de coste.
- **Software no libre.** También denominado software de pago. Autoriza su utilización a quienes sean poseedores de la licencia de uso. La licencia es de pago y está sujeto a derechos de autor, por lo que no podrá ser modificado, copiado o redistribuido.
- **Shareware.** Se distribuye para su evaluación, con validez limitada en el tiempo o con solo parte de su funcionalidad. Para obtener el software completo es necesario el pago de la correspondiente licencia.
- **Freeware.** Tiene licencia gratuita y puede ser ejecutado libremente por los usuarios. El código fuente puede ser conocido o no, pero, si lo fuese, los usuarios no tienen autorización para modificarlo.
- **De dominio público.** Se distribuye gratuitamente y sin licencia, para ser utilizado sin ánimo de lucro.
- **Demo o de prueba.** El software en versión demo prácticamente no tiene operatividad, pues se reduce a demostrar cómo sería su funcionamiento en versión completa, cuya utilización estaría sujeta al pago de la correspondiente licencia.

Actividad propuesta. Aplicaciones ofimáticas, propósitos y licencias Creative Commons

Nombre del documento: **Actividad 2.**

Tipo: Documento de texto.

Abre un documento nuevo de Word o de otro procesador de texto en el que escribirás las siguientes preguntas y sus respuestas razonadas. Guárdalo en la carpeta de actividades de esta unidad.

1. ¿Todas las aplicaciones informáticas son aplicaciones ofimáticas?
2. ¿Todas las aplicaciones ofimáticas son aplicaciones informáticas?
3. ¿Qué diferencia hay entre una aplicación ofimática y una suite ofimática?
4. Se dice de la mayoría de los procesadores de textos que siguen el criterio WYSIWYG. ¿Qué significan esas siglas?
5. Escribe el nombre de una aplicación para cada una de las siguientes tareas o propósitos: edición de vídeo, presentaciones multimedia, procesadores de texto, clientes de correo electrónico.
6. En esta imagen se muestran cuatro condiciones o cláusulas Creative Commons. Visita la web de Creative Commons <https://creativecommons.org/licenses/?lang=es_ES>, investiga y responde a las siguientes cuestiones:

a) ¿Qué permite y a qué obliga cada uno de los iconos mostrados en la imagen anterior?

b) ¿Qué condiciones tendrá una obra con la siguiente licencia?

c) ¿Y si la licencia fuera esta?

3. Descarga, instalación y configuración de aplicaciones

3.1. Precauciones mínimas en la descarga de software

Se entiende por descarga de aplicaciones la que se lleva a cabo desde internet al ordenador, tableta o móvil. En este caso nos vamos a referir a ordenadores con un sistema operativo Windows, preferentemente Windows 10.

Es aconsejable seguir estas recomendaciones antes de descargar software de internet:

- Realizar la descarga desde un sitio de confianza. Es preferible hacerlo desde la web del autor de la aplicación o suite. Podemos encontrar el mismo programa disponible en distintas páginas de descarga, algunas de las cuales podrían instalar, paralelamente al programa elegido, otro software no deseado, incluso *malware*.
- Comprobar si el programa que se va a descargar es compatible con el sistema operativo del ordenador.
- Verificar el tipo de licencia que se ofrece en la descarga (ver epígrafe 2.2.2. de esta unidad).

Saber más

Malware

Software malicioso que infecta al ordenador. Puede causar efectos muy distintos y perjudiciales, como robo de identidad y de información o mal funcionamiento del equipo informático y sus periféricos, entre otros muchos.

Actividad guiada. Descarga de Apache OpenOffice

Actividad 3.

Esta actividad no genera ningún documento. Descargarás la última versión de Apache OpenOffice en español, que en las imágenes se trata de la 4.1.3.

1. Con tu navegador, entra en la página de Apache OpenOffice, <http://www.openoffice.org/download/index.html>o, mediante el motor de búsqueda, encuentra la misma web escribiendo **openoffice.org**. Haz clic en el enlace **I want to download Apache OpenOffice** (imagen 1).

Imagen 1.

2. Verifica que son correctos el sistema operativo y el idioma. Es posible que la versión que encuentres sea posterior, pero eso no será inconveniente. Más tarde, cuando trabajes con OpenOffice, no encontrarás grandes diferencias entre una versión y otra de las más actuales. Haz clic en **Download full installation** (imagen 2).

Imagen 2.

3. Tras una espera que dependerá de la velocidad de internet en tu red, encontrarás en la parte inferior del navegador el archivo ejecutable para la instalación (imagen 3) si usas Chrome. Edge solicita permiso para la descarga y se puede cambiar la ubicación por defecto (imagen 4).

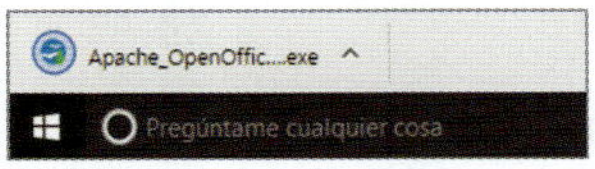

Imagen 3.

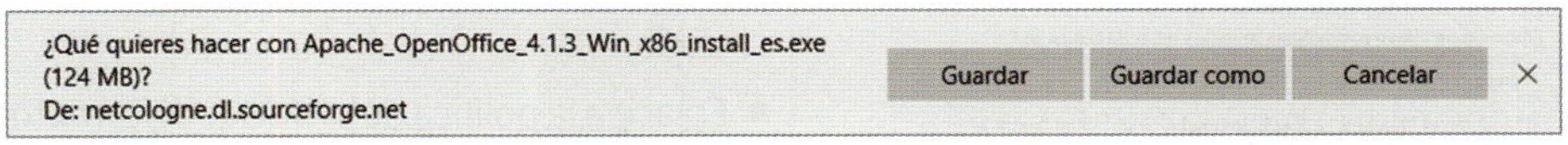

Imagen 4.

También podrás encontrar más adelante el archivo en la carpeta Descargas (o en la que hayas indicado) con un nombre que comenzará por **Apache_OpenOffice.** Recuerda este nombre y ubicación para otra actividad que se realizará más adelante.

Actividad propuesta. Descarga del navegador Opera

Nombre del documento: **Actividad 4.**

Tipo: Documento de texto.

Escribe en el documento el procedimiento seguido para las tres cuestiones siguientes y guárdalo en la carpeta de actividades de esta unidad con el nombre anteriormente indicado.

1. Descarga el navegador Opera.
2. Anota las mínimas precauciones que has seguido para descargar Opera.
3. Recuerda o anota el nombre y ubicación del archivo para localizarlo posteriormente.

3.2. Instalación y configuración

La instalación de aplicaciones no siempre está exenta de problemas secundarios, como el hecho de haber omitido algún componente necesario o agregar otro no esperado, que nuestro hardware o nuestro sistema operativo no sean los que requiere la aplicación o que exista alguna incompatibilidad con otras aplicaciones instaladas.

Para evitar los problemas derivados de una incorrecta instalación o configuración, es necesario **leer los manuales** o, como mínimo, prestar atención a las **recomendaciones y advertencias que se van sucediendo durante la instalación.**

Ejemplo. Instalación o actualización de Java

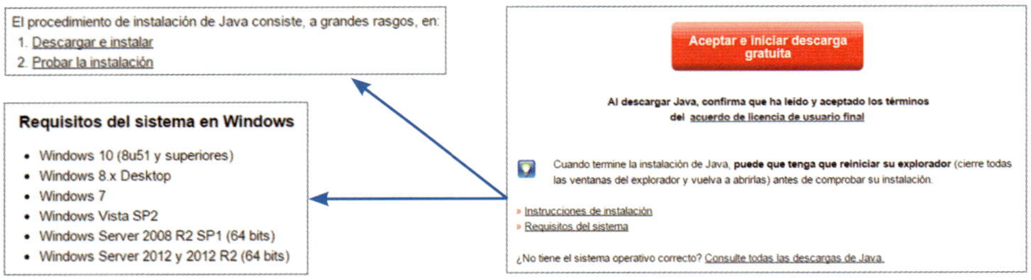

En la primera ventana se advierte de que, al permitir la instalación, se consideran aceptados los términos de la licencia. Asimismo, se puede acceder a las instrucciones de instalación y a los requisitos del sistema en Windows.

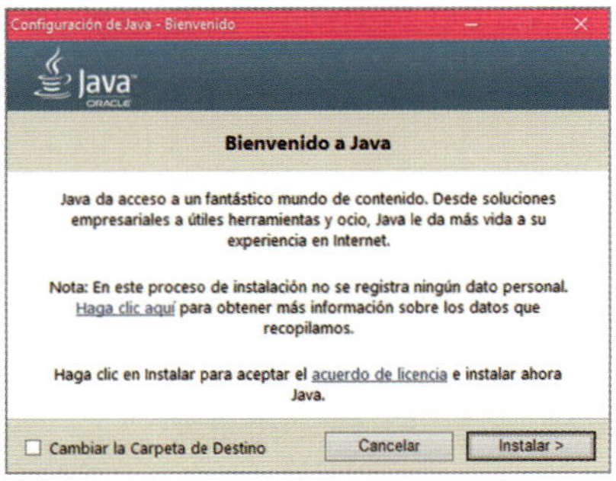

- Información sobre la utilidad de la aplicación.
- Enlace a la información sobre los datos que se recopilan.
- Enlace al acuerdo de licencia.
- Cambiar la carpeta por defecto en donde se instalará la aplicación.
- Cancelar o iniciar la instalación.

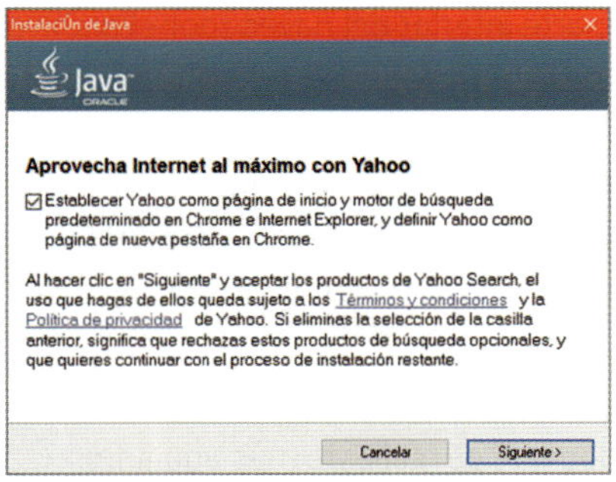

- Por defecto está marcada la opción de establecer como predeterminado un motor de búsqueda. Si no es eso lo que se pretende, se deberá dejar sin marcar.
- Enlace a los términos y condiciones de la licencia del motor de búsqueda que se sugiere.
- Enlace a la política de privacidad del motor de búsqueda.
- Continuar la instalación hasta el final.

3.3. Requisitos del sistema

Los fabricantes de software especifican en el manual los requisitos mínimos, los óptimos y los recomendados que debe tener el sistema sobre el que habrá de instalarse.

Antes de proceder a la instalación o configuración de una aplicación o suite, es necesario verificar que:

- Es compatible con el sistema operativo del equipo.
- Hay suficiente espacio en el disco.
- El equipo dispone de suficiente memoria.
- Se dispone de la configuración de hardware y de software adecuadas.

Ejemplo. Requisitos del sistema indicados por el autor de un software para juegos

ESPECIFICACIONES RECOMENDADAS

- **Procesador a 3 GHz**
- **2 GB de RAM** (Se recomiendan 4 GB de RAM o más para Windows Vista y Windows 7.)
- **12 GB de espacio libre en el disco duro**
- **Tarjeta gráfica GeForce 8800 o equivalente** (GPU dedicada con 512 MB de memoria gráfica (VRAM) o más)
- Compatible con **DirectX v9.0c o superior**
- **Windows XP** con el último Service Pack instalado, **Windows Vista** con el último Service Pack instalado, **Windows 7** con el último Service Pack instalado, **Windows 8.1 o Windows 10**
- La **última** actualización de .NET Framework de Microsoft
- Es necesario disponer de la **última versión de Adobe Air** para conectarse a PVP.net. Adobe Air se incluye en todos los archivos de instalación de League of Legends, pero también se puede descargar desde la página web de Adobe.

3.4. Tipos de instalación

Los diseñadores de cada aplicación o suite especifican cuáles son las posibilidades de instalación, que suelen ser todas o algunas de las siguientes:

- **Completa.** Se instalarán todos los componentes, herramientas y utilidades.
- **Mínima.** Se instalarán los componentes mínimos para hacer operativa la aplicación.
- **Estándar o típica.** Se instalarán los componentes que se consideren necesarios para un usuario estándar.
- **Personalizada.** El usuario elegirá qué aplicaciones de una suite o qué herramientas o utilidades desea instalar.

3.5. Ubicación de la aplicación

Una aplicación, una vez instalada, estará ubicada en alguna carpeta predeterminada, en otra elegida por el usuario o en un dispositivo externo, según se decida durante la instalación.

Ejemplo. Instalación del cliente de correo electrónico ThunderbirdPortable

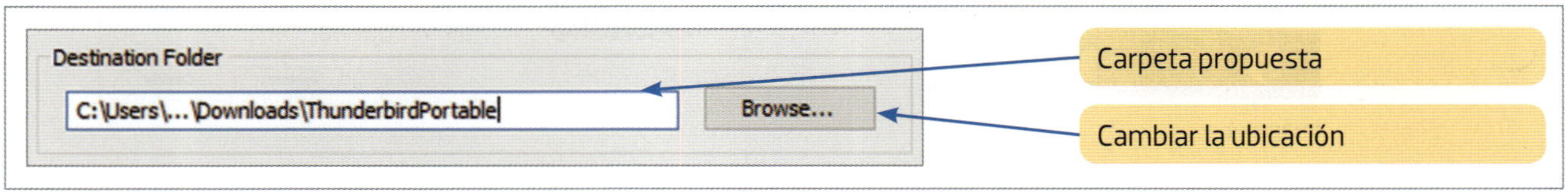

Actividad guiada. Instalación de Apache OpenOffice con análisis de los pasos seguidos

Actividad 5.

Esta actividad no genera ningún documento. Instalarás la suite ofimática Apache OpenOffice descargada en la actividad 3.

1. Localiza el archivo de instalación de Apache OpenOffice, seguramente en la carpeta Descargas, y haz doble clic sobre él (imagen 1, en vista iconos grandes).

Imagen 1.

2. Normalmente recibirás una notificación de Windows pidiendo permiso para que una aplicación haga cambios en el equipo. La respuesta será Sí.
3. Inicio de la instalación. Lee las recomendaciones y síguelas o no según tu conveniencia. A continuación, haz clic en Siguiente (imagen 2).
4. El siguiente paso es elegir el directorio o carpeta donde se colocarán los archivos de instalación de OpenOffice (no del programa en sí mismo). Deja la que viene propuesta. Haz clic en Instalar (imagen 3).
5. Se iniciará la instalación con varias ventanas con barras de progreso.
6. En la barra de herramientas habrá quedado un icono que deberás pulsar para continuar la instalación. En la imagen 4 puedes verlo enmarcado en color rojo. Ahora tendrás a la vista la ventana con el asistente de instalación de OpenOffice. Clic en Siguiente (imagen 5).

Imagen 2.

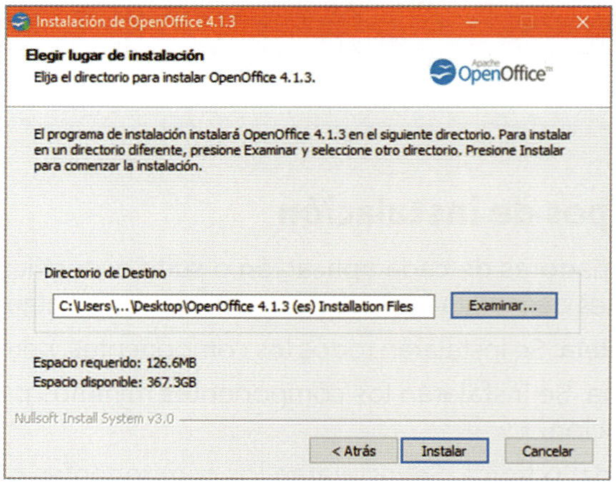

Imagen 3.

Imagen 4.

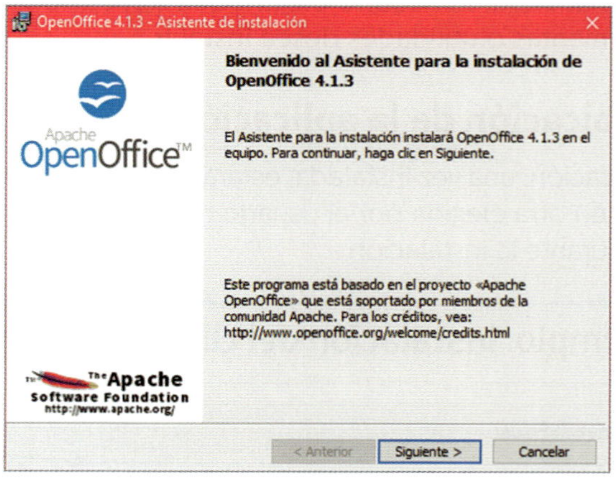

Imagen 5.

continúa >

> continuación

7. Introduce la información de usuario y la organización. Esta última no es imprescindible, aunque se puede escribir el nombre de la empresa o del centro académico al que pertenece el ordenador.

   En cuanto a quiénes podrán utilizar los programas de la suite Apache OpenOffice en el ordenador, es recomendable marcar «Cualquiera que utilice este equipo». Clic en Siguiente (imagen 6).

8. A continuación, el asistente de instalación pregunta cuál es el tipo de instalación que prefieres, la típica o la personalizada. Selecciona la personalizada para poder ver cuáles son las aplicaciones y herramientas que tiene la suite. Clic en Siguiente (imagen 7).

9. (imagen 8) El asistente muestra los módulos o programas de la suite y los componentes opcionales. En unidades didácticas posteriores trabajarás con Writer, Calc, Impress y Base. No obstante, instalarás todo el contenido que muestra el asistente de instalación.

   Por otra parte, puedes comprobar que en la parte inferior de la ventana de la imagen 8 se muestra la ubicación donde se instalará todo lo que se haya elegido. Es aquí en donde se puede elegir un destino diferente si se pulsa en Cambiar. No obstante, dejarás el destino predeterminado. No hagas clic en Siguiente todavía, porque vas a analizar y configurar esta ventana en el punto 10.

10. (imagen 9) Si se hace clic sobre el recuadro izquierdo (que representa un disco duro) de cada uno de los módulos y en componentes opcionales, podrás ver que existen distintas posibilidades de instalación. En este caso elegirás «Esta función y todas las subfunciones se instalarán en el disco duro». Selecciona los dos recuadros enmarcados en rojo en la imagen 9. De este modo, la instalación de los módulos será completa y no será necesario recurrir a los archivos de instalación si en un momento concreto se necesita alguno que no se hubiera instalado. No hagas clic en siguiente todavía.

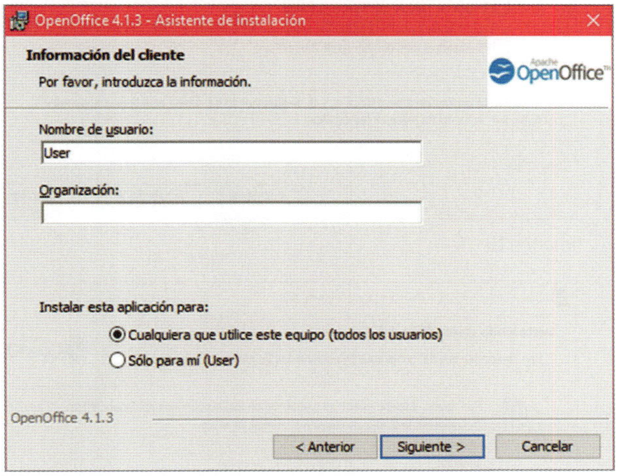

Imagen 6.

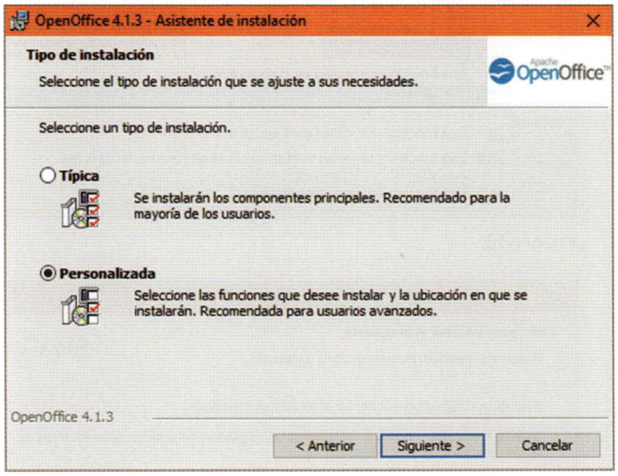

Imagen 7.

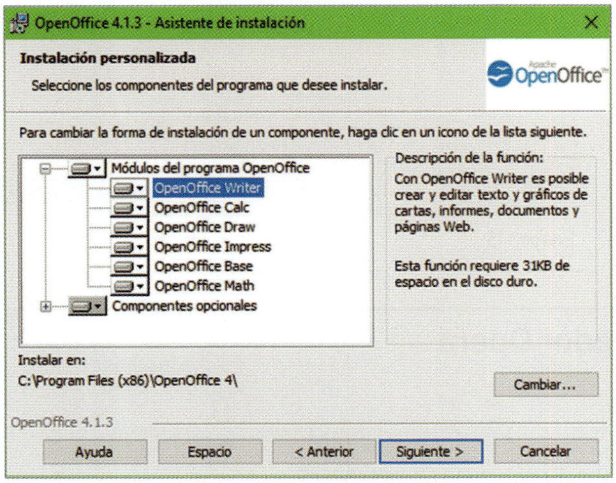

Imagen 8.

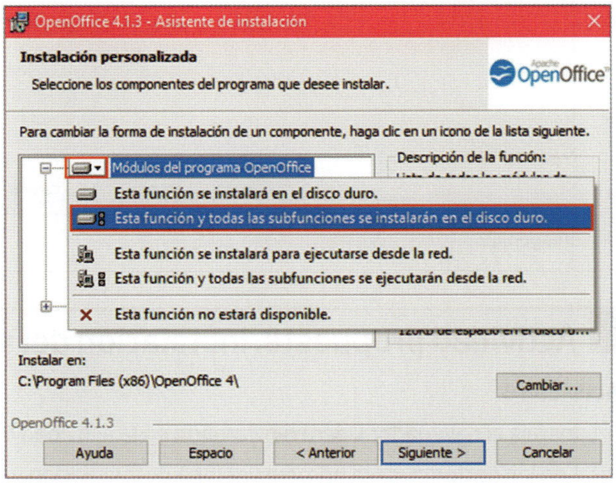

Imagen 9.

continúa >

> continuación

11. Realiza la misma operación del punto 10 de esta actividad, pero esta vez referida a los componentes opcionales. Posteriormente, haz clic en Siguiente (imagen 10).
12. El asistente de instalación pregunta si los documentos de Word, Excel y PowerPoint se abrirán con OpenOffice. Lee el mensaje inferior de la ventana de la imagen 11, que se ha contorneado de rojo. No marques las casillas. De ese modo los archivos que generes con Word, Excel y PowerPoint se abrirán con los programas de Microsoft Office y no de OpenOffice. Haz clic en Siguiente.
13. (imagen 12) Se avisa de que el asistente está listo para instalar el programa. Además, propone crear un enlace de inicio en el escritorio. Sobre esto último, se recomienda dejarlo sin marcar. El objetivo es que el escritorio esté lo más limpio posible evitando llenarlo de accesos directos y archivos que, al final, solo consiguen confundir y que tardes en encontrar lo que necesitas. De todas formas, ya sabes cómo encontrar un programa sin necesidad de accesos directos. Haz clic en Instalar.
14. Cuando termine la instalación, el asistente informará de ello. Haz clic en Finalizar.

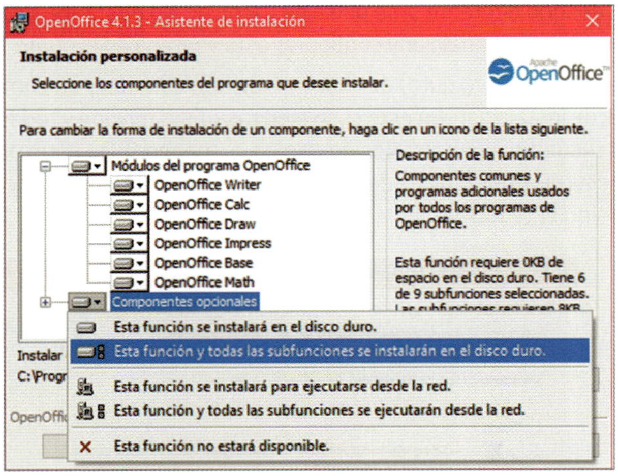

Imagen 10.

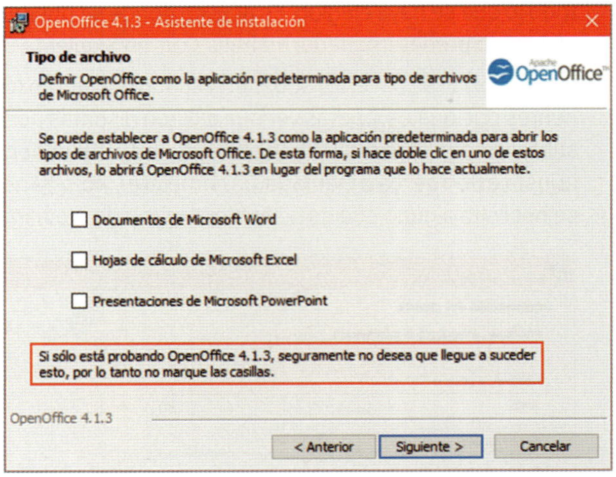

Imagen 11.

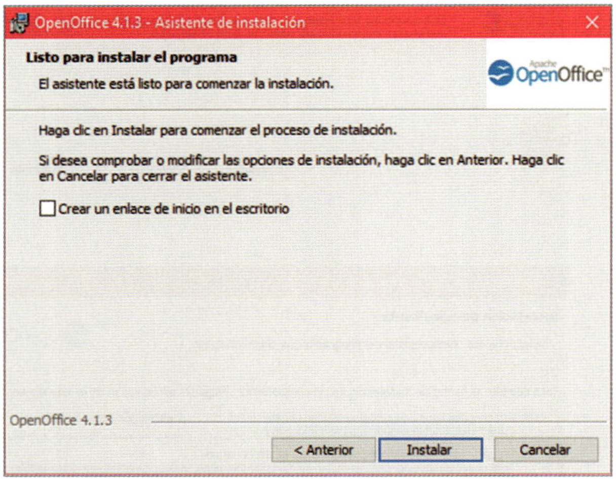

Imagen 12.

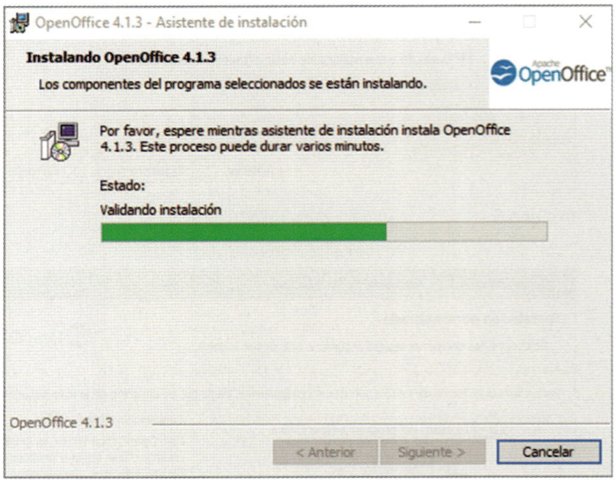

Imagen 13.

Actividad propuesta. Instalación del navegador Opera

Actividad 6.

1. Instala el navegador Opera descargado en la actividad 4.
2. Lee las opciones de la primera ventana de instalación y elige las que te parezcan convenientes.
3. Posteriormente, instala la aplicación.
4. Una vez instalada, ábrela. Si en la pestaña de bienvenida te pregunta si deseas bloquear la publicidad, marca esa opción.

4. Desinstalación y modificación de aplicaciones instaladas

4.1. Desinstalar

Con Windows 10 se puede desinstalar una aplicación:

- Desde el panel de control → Programas. Clic en Desinstalar un programa. Se abrirá la lista de programas. Habrá que seleccionar la aplicación que se va a desinstalar con el botón primario (opción 1) o con el secundario (opción 2) y pulsar sobre Desinstalar.

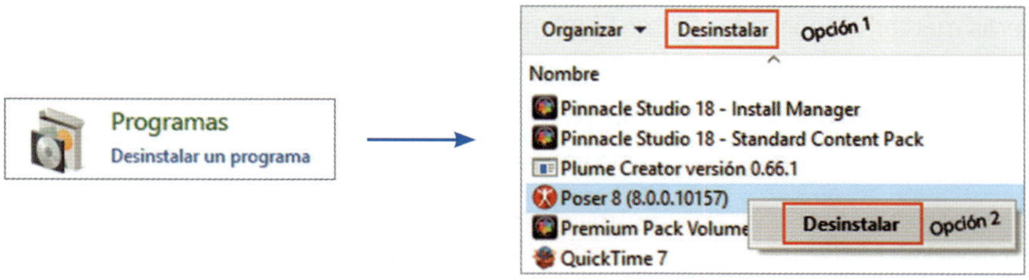

- Desde los iconos anclados al Inicio mediante clic con el botón secundario del ratón (si el sistema permite la desinstalación).

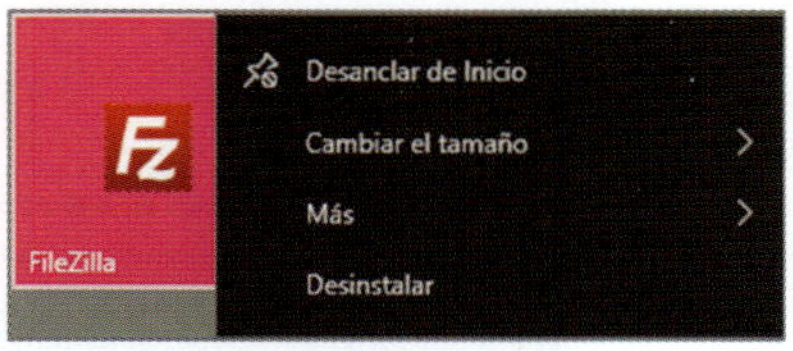

- Desde la vista de todas las aplicaciones del Inicio de Windows, mediante clic en el icono que representa el acceso a las mismas. Al abrirse el listado alfabético, se seleccionará con el botón secundario del ratón aquella que se desee desinstalar.

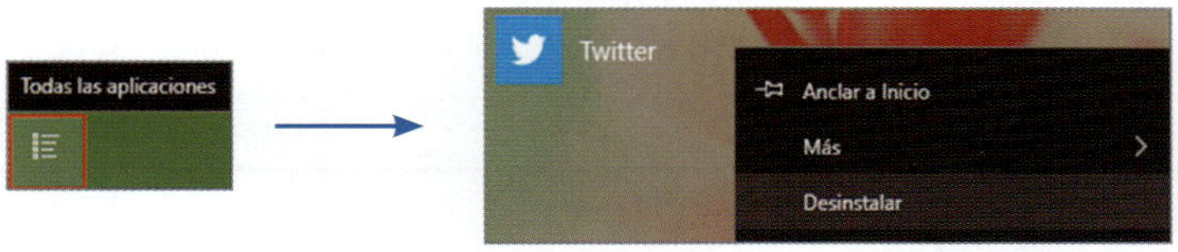

Recuerda

Acceso al panel de control

Una forma de ver el panel de control de Windows 10 es previa búsqueda en el cuadro de Cortana.

4.2. Cambiar o reparar aplicaciones instaladas

En la vista de todos los programas del panel de control es posible eliminar una aplicación así como **cambiarla** (implica elegir entre desinstalar, cambiar o reparar) o **repararla**. No todas las aplicaciones son susceptibles de cambio o reparación, como puedes ver en el siguiente ejemplo.

Ejemplo

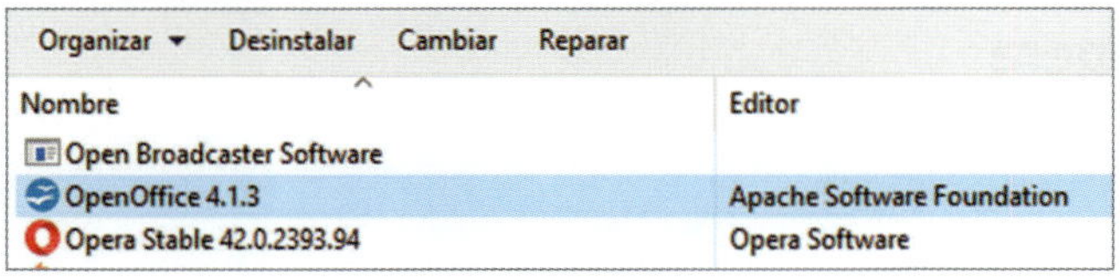

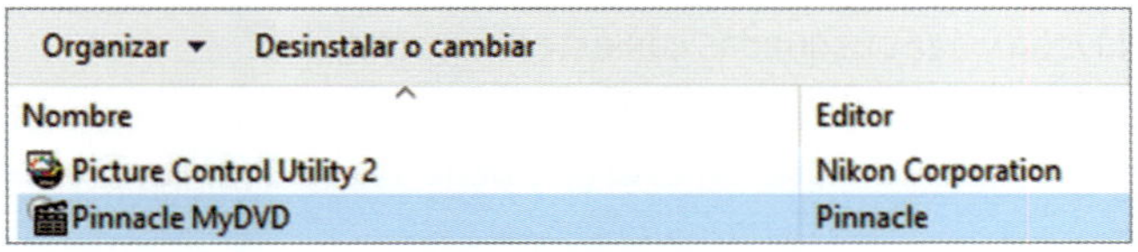

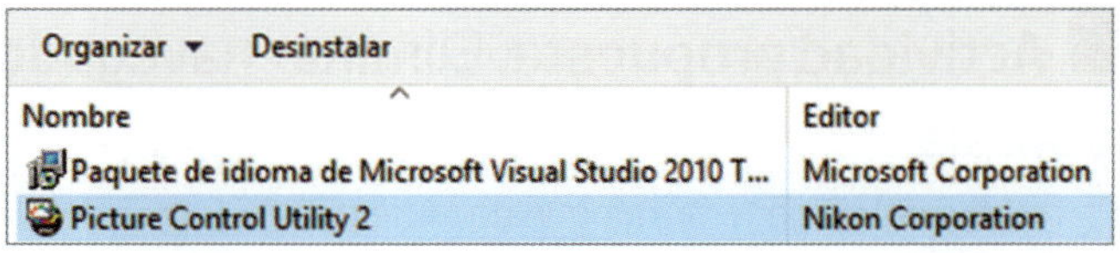

Desde el panel de control unos programas permiten únicamente ser desinstalados. Otros ofrecen más opciones.

Actividad guiada. Quitar módulos de OpenOffice

Actividad 7.

Esta actividad no genera ningún documento. Modificarás OpenOffice para eliminar Draw.

1. A partir del panel de control, en programas, localiza y selecciona OpenOffice. En la parte superior, haz clic en Cambiar (imagen 1).

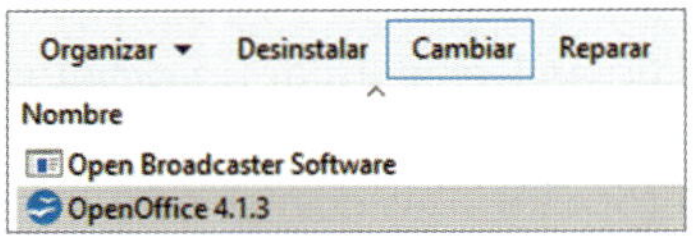

Imagen 1.

2. Se abrirá la siguiente ventana, en la que deberás marcar «Modificar». Clic en Siguiente (imagen 2).
3. Vuelven a aparecer los módulos instalados. Ahora eliminarás el que se llama **OpenOffice Draw.** Selecciónalo y pulsa sobre «Esta función no estará disponible» y quedará marcada con un aspa roja. Clic en Siguiente (imagen 3).
4. Continúa con el resto del proceso como durante la instalación, hasta llegar a la ventana de finalización.

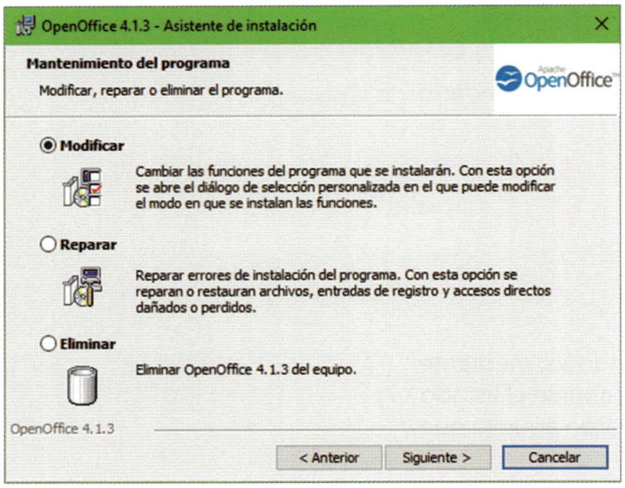

Imagen 2.

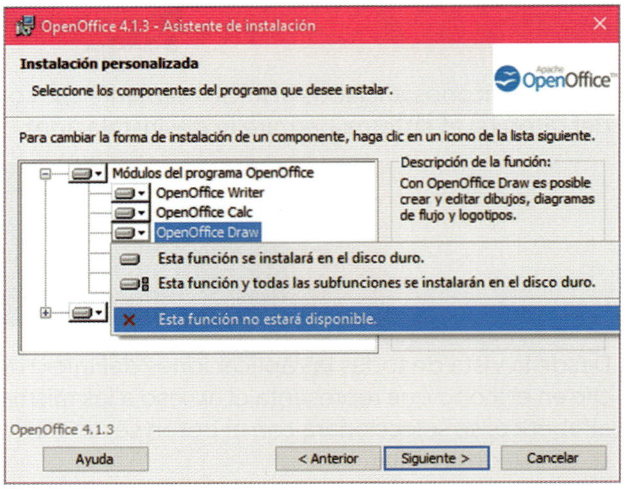

Imagen 3.

Actividad propuesta. Agregar módulos a OpenOffice

Nombre del documento: **Actividad 8.**

Tipo: Documento de texto.

1. Abre un documento de Word o de otro procesador de textos (puedes estrenar Writer, de OpenOffice) y escribe cuál ha sido el proceso seguido para realizar el siguiente punto de esta actividad. Agrega imágenes recortadas que ilustren las explicaciones.
2. Cambia la aplicación OpenOffice desde el panel de control para agregarle el módulo OpenOffice Draw, que se eliminó en la actividad anterior de modo que quede disponible en el disco duro con todas sus subfunciones.

Actividad propuesta. Eliminar navegador Opera

Actividad 9.

Esta actividad no generará ningún documento.

1. Busca el explorador web Opera, instalado en la actividad 6.
2. Ábrelo y prueba sus herramientas y opciones de configuración. Navega y haz búsquedas con este programa.
3. De cualquiera de las formas que has aprendido en esta unidad, desinstala Opera. Si te ha gustado y prefieres conservarlo, más tarde podrás instalarlo de nuevo. Recuerda que el archivo ejecutable para la instalación está guardado y, si no lo estuviera, lo puedes volver a descargar del sitio adecuado.

PRÁCTICA PROFESIONAL INICIAL RESUELTA

Búsqueda, descarga e instalación de VLC Media Player. Documentación del proceso e incidencias

1. Utiliza tu navegador y motor de búsqueda preferidos. Al no conocer la dirección web de VideoLAN, puedes escribir en el motor de búsqueda las palabras **videolan sitio oficial vlc video player.**

   De los resultados obtenidos por el buscador, pulsa sobre el que comienza por <www.videolan.org>

   Al abrir la página comprobarás que se trata del sitio oficial.

2. En la portada de la página puede verse que es compatible con Windows.

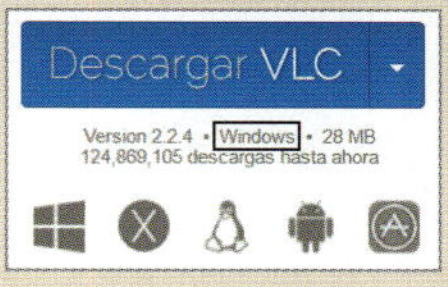

Compatible con Windows.

3. También existen versiones para otros sistemas operativos. Basta desplegar la flecha junto a Descargar VLC para comprobarlo: Windows Phone, Mac OS X, Linux, Android, iOS y otros sistemas. Si se hace clic en este último enlace se verán otros sistemas operativos.

Disponible para otros sistemas operativos.

4. Se trata de software libre de código abierto, tal como aparece en la explicación de la portada.

Licencia: Software libre de código abierto.

5. Hechas las comprobaciones sobre el espacio disponible en el disco duro principal, tiene un espacio disponible de (...) GB.

Ejemplo de imagen ilustrativa de la respuesta.

6. El tamaño del archivo de instalación, según consta en la portada de la web de VideoLAN, es de 28 MB.

   Hay capacidad suficiente en el disco duro para su descarga (será la respuesta más posible, ya que se trata de un archivo relativamente pequeño). La instalación ocupará un espacio que no ha sido indicado.

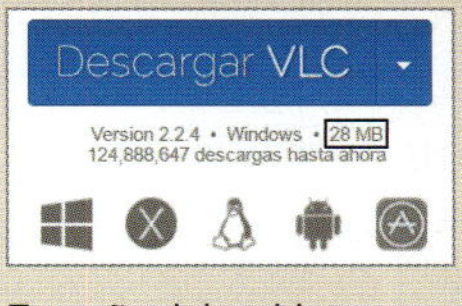

Tamaño del archivo.

PRÁCTICA PROFESIONAL INICIAL RESUELTA

continuación

7. El archivo se ha guardado en la carpeta Descargas y tiene el nombre vlc-2.2.4-win32.exe

Archivo de instalación en vista Iconos grandes.

(Esta respuesta será la más común si no se ha modificado el destino de los archivos descargados. En cuanto a la versión, puede ser posterior a la 2.2.4).

8. Pasos de la instalación del software y posibles incidencias.

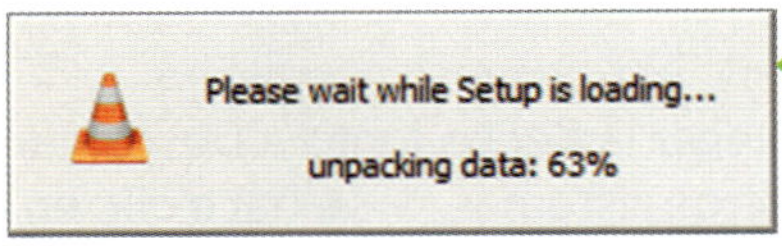

Paso 1. Descomprimiendo los archivos de instalación.

Paso 2. Elegir idioma español.

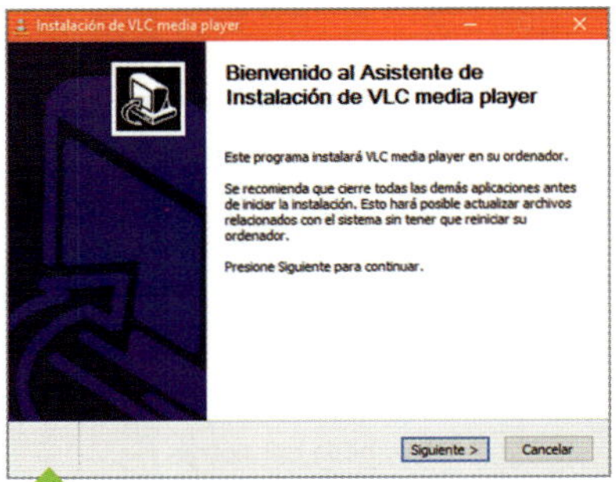

Paso 3. Leer la advertencia y cerrar las aplicaciones que sea posible cerrar.

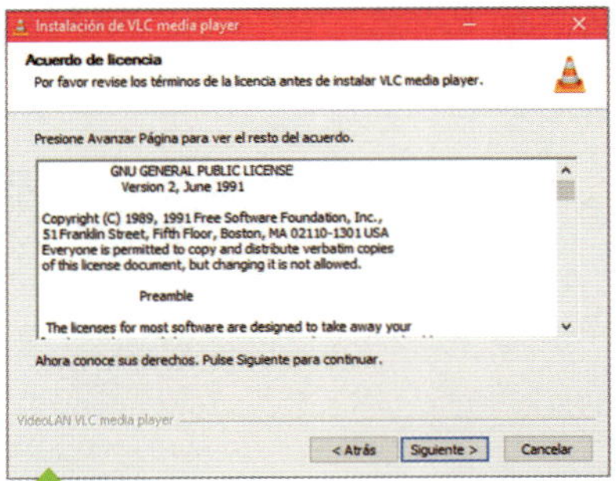

Paso 4. Acuerdo de licencia (GNU General Public License).

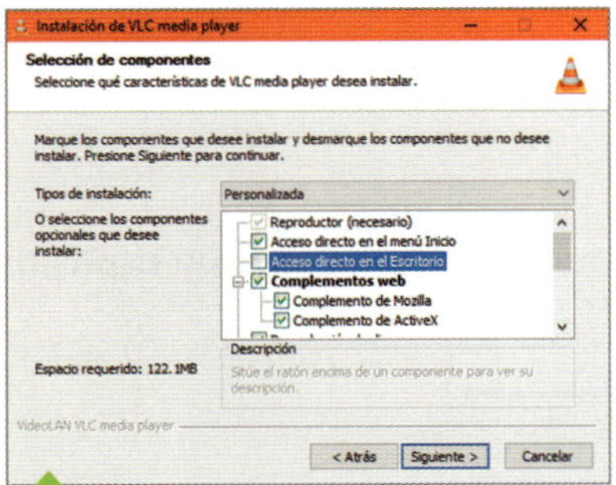

Paso 5. Dejar sin marcar el acceso directo en el escritorio.

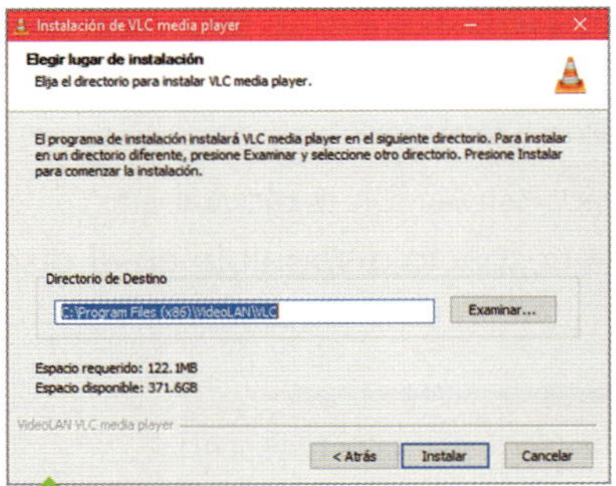

Paso 6. Dejar el directorio por defecto y comprobar el espacio requerido para la instalación y el disponible.

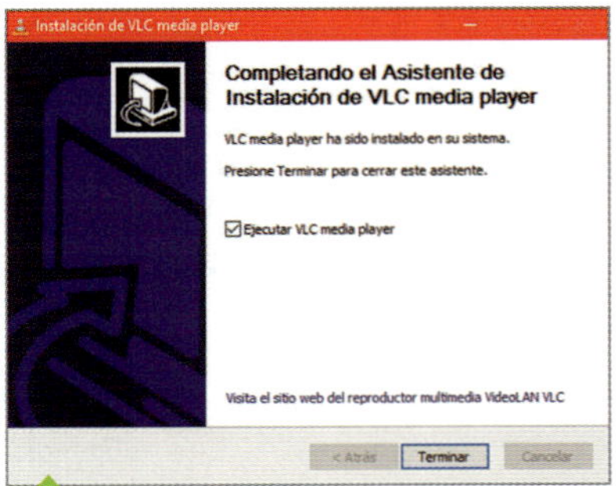

Paso 7. Dejar marcado «Ejecutar VLC media player» para comprobar si el programa funciona correctamente.

El programa se abre correctamente. Se comprueba que carga y reproduce algunos archivos de vídeo y de música que se han seleccionado para la prueba.

La instalación ha finalizado sin incidencias.

PRÁCTICA PROFESIONAL PROPUESTA

Instalar una aplicación en un dispositivo extraíble

Objetivos

- Buscar una aplicación portable.
- Descargarla de un sitio de confianza.
- Instalar la aplicación en una memoria USB.

Introducción y justificación de esta actividad

Los programas clientes de correo electrónico, que se estudiarán en la unidad 6, se pueden instalar en ordenadores, tabletas y móviles, pero hay otra opción interesante que es la de poder tener el programa instalado en un dispositivo extraíble, como una memoria USB. Es una forma de llevar todo el correo (incluso de varias cuentas) en poco espacio y de poder recibir y enviar mensajes y consultar la agenda con solo insertar el dispositivo en cualquier ordenador (conectado a internet) sin dejar huellas en él.

Mozilla Thunderbird es un cliente de correo electrónico potente, seguro y fácil de usar, que incorpora su propia agenda electrónica o calendario y al que se le pueden agregar otros complementos. Es gratis y puede utilizarse como complemento en la unidad 6.

Esta actividad se refiere en todo momento a la versión portable, empaquetada por PortableApps.com.

Mozilla Thunderbird, Portable Edition

Instrucciones

1. Utiliza tu navegador y el motor de búsqueda que prefieras para localizar la aplicación Mozilla Thunderbird Portable.
2. Selecciona el sitio más seguro para la descarga, comprueba la licencia del software y la compatibilidad con tu sistema operativo.

Download Details
Publisher: PortableApps.com (John T. Haller) and Mozilla
Date updated: 2016-12-01
System Requirements: Windows XP/Vista/7/8/10, Wine on Linux/UNIX
License: Free / Open Source (Launcher, GnuPG, Enigmail: GPL; Thunderbird: MPL)

3. Asegúrate de que el idioma sea el español.

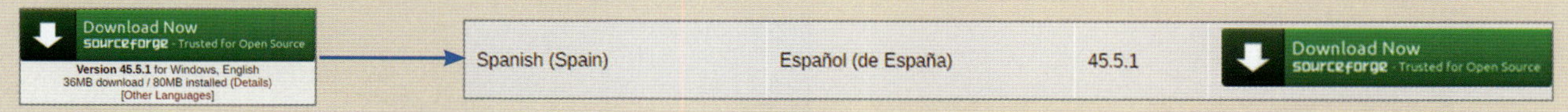

4. Descarga la aplicación en tu ordenador.
5. Introduce una memoria USB en el puerto correspondiente del ordenador.
6. Ejecuta el archivo de instalación y sigue los pasos, teniendo la precaución de seleccionar, cuando llegue el momento, la ubicación en la que se instalará el programa, que será la memoria USB.

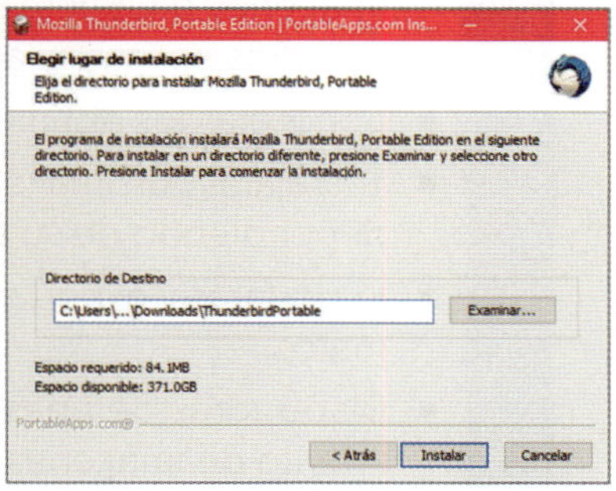

La instalación por defecto se hará en el disco duro. Habrá que tener la precaución de «Examinar» para seleccionar la memoria USB.

3 Imagen digital fija

Vamos a conocer...

1. La imagen digital
2. Adquisición de imágenes con periféricos
3. Resolución de imágenes digitales

SOFTWARE LIBRE

Gimp e Inkscape

1. Tratamiento de imágenes de mapa de bits. Gimp
2. Tratamiento de imágenes vectoriales. Inkscape

PRÁCTICA PROFESIONAL INICIAL

Cabecera de la página web de tu departamento en tu empresa

PRÁCTICA PROFESIONAL PROPUESTA

Imagen para la promoción de un curso en tu empresa

Y al finalizar esta unidad...

- Serás capaz de diferenciar los distintos tipos de imágenes digitales, conocerás sus características y podrás aplicarlas a distintas finalidades.
- Conocerás los distintos tipos de imágenes digitales.
- Trabajarás con imágenes a diferentes resoluciones, dependiendo de su uso.
- Importarás y exportarás imágenes en diversos formatos.
- Dispondrás de unas guías básicas para el tratamiento de imágenes.
- Añadirás textos.

Práctica profesional inicial

Cabecera de la página web de tu departamento en tu empresa

Tienes que crear la cabecera de la página web del departamento al que perteneces en tu empresa.

1. Deberás hacer unas fotografías con cámara digital, a la mayor calidad posible, de tu entorno de trabajo o de alguna característica identificativa del mismo.

   Nota: Si no te es posible realizar las fotografías, puedes descargar las del interior de un supermercado de productos ecológicos que se encuentran en la carpeta del alumno de esta unidad.
2. Modifica la resolución de la imagen para optimizarla al entorno web, es decir, a 72 ppp. El modo de color debe ser RGB.
3. Recorta el área que más te interese para la imagen de la cabecera, a un tamaño de 1025 x 150 píxeles (ese suele ser el tamaño de una cabecera en una página web estándar).
4. Haz una gestión del color del recorte hasta encontrar un efecto adecuado a lo que pretendes que transmita la imagen (profesionalidad, seriedad, creatividad, modernidad, estilo, etc.).
5. Realiza un dibujo vectorial de algo relacionado con la informática (por ejemplo, un *pen drive)* e inclúyelo en la imagen de la cabecera de la página. En el *pen drive* incluirás el texto «Departamento de informática».

6. Incluye un texto en la imagen final que informe sobre la empresa, y en concreto del departamento de informática. En el caso de que hayas elegido las fotografías del supermercado, incluye el siguiente texto en tipo de letra Sans «Verde que te quiero verde» y un subtítulo «El súper ecológico». Utiliza unos colores que destaquen del fondo y que estén en sintonía tanto entre ellos como con la imagen de fondo y con los objetivos de la empresa.

1. La imagen digital

Saber más

Pixel

Un píxel es la unidad mínima de color que se «enciende» en una pantalla para configurar una imagen. Procede del inglés *Picture Element*.

El color de cada píxel de la imagen resulta de la combinación de los tres colores luz: rojo, verde y azul (que en inglés se indican con las siglas RGB).

Existen dos tipos de imágenes digitales:

- La imagen vectorial.
- La imagen de mapa de bits.

Las **imágenes vectoriales** están constituidas por objetos independientes (puntos, líneas, polígonos definidos mediante funciones matemáticas que determinan sus características (posición, curvatura, color...).

Las **imágenes de mapa de bits** se componen de un determinado número de unidades llamadas *píxeles*. Cada píxel tiene asociado un valor de color y de luminosidad. Una imagen de mapa de bits formada por sus píxeles la podríamos comparar en cierto modo con un mosaico romano y sus teselas.

Imagen vectorial. Más ligera y puede ampliarse sin pérdida de calidad

Imagen de mapa de bits. Cuando se amplía, se aprecian los píxeles.

1.1. La imagen vectorial

Una **imagen vectorial** en comparación con las imágenes de mapa de bits:

- A iguales dimensiones, las imágenes vectoriales suelen ocupar menos memoria (bytes), "pesan" menos.
- Son escalables, no pierden calidad cuando se amplían.
- No representan fielmente la realidad como lo hace una fotografía.

Algunos programas de edición vectorial de pago son **Illustrator**, **Freehand** y **Corel**.

En software libre están **Draw** e **Inkscape**, entre otros.

Iconos de programas para la edición de imágenes vectoriales.

Las extensiones de los archivos que utilizan son:

- **AI,** formato de archivo de Adobe Illustrator, es un programa profesional por cuya licencia hay que pagar y con múltiples prestaciones.
- **CDR,** formato de archivo propio del programa Corel Draw, también de pago.
- **SVG** *(Scalable Vector Graphics)* es el formato de archivo propio del programa Inkscape, software libre con bastantes prestaciones, incluida la de crear animaciones.
- **ODG,** extensión del programa Open Office Draw. De gran sencillez y gratuito.

Algunos formatos permiten animación. Esta se realiza mediante operaciones básicas como traslación o rotación y no necesita de gran cantidad de datos, ya que lo que se hace es reubicar las coordenadas de los vectores en nuevos puntos del espacio para las imágenes 3D.

Entre los programas más utilizados actualmente para realizar imágenes y animaciones 3D están **Blender** y **Google SketchUp,** ambos son *open source,* aunque hay muchos más dado el gran auge de la animación 3D.

Aspecto de los paneles de Blender e imagen 3D. A pesar de ser software libre, se utiliza en entornos profesionales.

Imagen vectorial en la creación de personajes 3D.

Imágenes realizadas con Inkscape. Las imágenes vectoriales no son realistas, aunque se utilizan con frecuencia en diversos campos del diseño gráfico, como la creación de logotipos, imágenes corporativas, etc.

Saber más

En la página web de **Blender** puedes descargar la última versión del programa, ver las posibilidades que ofrece y aprender a utilizarlo con los tutoriales.

Saber más

Bits por píxel (bpp)	Número de colores que se le pueden asignar a un píxel
1	$2^1 = 2$
2	$2^2 = 4$
4	$2^4 = 16$
8	$2^8 = 256$
16	$2^{16} = 65\,536$
24	$2^{24} = 16\,777\,216$

Imagen en formato bmp de 24 Mb a escala 30 %.

Imagen jpeg comprimida de 225 kb al 30 %. El ojo humano apenas aprecia diferencias.

1.2. La imagen de mapa de bits

Una **imagen de mapa de bits,** como ya se ha apuntado, es una rejilla de píxeles. Cada píxel contiene información del color de ese punto de la imagen. Las imágenes de mapa de bits se definen por el número de píxeles que integran dicha imagen (altura por anchura en píxeles) y por la **profundidad de color,** o cantidad de bits de información con la que se almacena el color en cada punto, medido en bits por píxel (bpp). La profundidad de color suele tomar valores divisores o múltiplos de 8: 1, 2, 4, 8, 16, 24, 32. Las profundidades de color menores de 8 son tonos RGB indexados, es decir, un índice de colores limitados a un número concreto. Cuanta mayor sea la cantidad de colores admitida en la imagen, mayor calidad tendrá, pero ocupará más memoria.

Photoshop es un programa de edición de imágenes de mapa de bits por cuya licencia hay que pagar, mientras que **Gimp** es libre y **Paint** viene como accesorio con el sistema operativo Windows.

Al guardar las imágenes, los formatos utilizados pueden comprimirlas o no. Siempre que haya compresión, habrá también una pérdida de calidad. Algunos formatos de mapa de bits son:

- **BMP,** muy extendido, introducido originariamente en el sistema operativo Windows. No tiene pérdidas de calidad. Suelen ser bastante comunes los archivos bmp con 24 bpp.
- **JPEG,** uno de los formatos más conocido y usado para fotografías digitales ya que incluye millones de colores. Lo admiten la mayor parte de las cámaras fotográficas y escáneres. Permite distintos niveles de compresión, de manera que a mayor compresión, los archivos son más pequeños pero la imagen pierde en calidad. Se aprovecha de ciertos aspectos de la visión humana, de manera que por eso se utiliza en entornos web, porque comprime sin pérdidas de calidad apreciables, y en ese entorno es importante que los archivos sean más ligeros.
- **GIF** es un formato antiguo que permite solo 256 colores (8 bits), por lo que no es apto para fotografía, pero sí resulta apropiado para dibujos. Con él es posible crear animaciones y transparencias.
- **PNG** admite más colores que GIF (24 bits), y transparencias pero no animaciones. Permite compresiones con pérdida de calidad.
- **PSD** es un formato propio de Adobe Photoshop. Su uso está tan extendido como el propio programa. Admite millones de colores, capas, canales, acciones, etc. No tiene compresión, admite transparencias aunque no es compatible con todos los programas de imagen.
- **RAW,** el formato "en crudo", es decir, contiene toda la información de la imagen tal como se ha tomado, el *negativo digital*. Es el formato admitido por las cámaras profesionales. Al no haber sufrido ninguna compresión, guardan todos los detalles, por eso ocupan mucha memoria.

  Gracias a este formato se pueden extraer las luces, los colores, la exposición, la temperatura, etc., que el fotógrafo quiera (como por ejemplo Adobe cámara Raw). Algunas marcas tienen un formato RAW nativo, como el ARW de Sony.
- **TIFF,** formato para guardar imágenes de alta calidad (48 bits de color), admitido por todos los sistemas operativos y gran cantidad de programas de edición gráfica. No comprime la imagen, por lo que no hay pérdida de calidad.

- **XCF** es el formato nativo de Gimp, un potente editor de imagen de software libre y que estudiaremos con más detalle en esta unidad.

La compresión del JPEG es con pérdidas y afecta a la calidad de imagen. Cada vez que se abre y manipula una foto JPEG en un ordenador, la imagen se degrada al comprimirse y descomprimirse, por lo que conviene no guardarlas en JPEG si se van a modificar.

En este caso es mejor usar TIFF o BMP para editarlas y convertirlas a JPEG al final.

Saber más

Una imagen que va a ir destinada a la web se guardará en formato JPG, en modo RGB, a 72 ppp, como veremos en el epígrafe 3. Si la imagen se va a imprimir, se guardará en formato TIFF, en modo CMYK y a 300 ppp (píxeles por pulgada).

Actividad propuesta. Formato y tamaño de imágenes

Nombre del documento: **Archivos de mapa de bits.**

Tipo: Documento de texto.

1. Descarga en tu carpeta de trabajo actual la carpeta del alumno de la unidad 3.
2. Abre la carpeta Archivos de mapas de bits.
3. Identifica los distintos tipos de archivos de imagen y compara su tamaño (haz clic con el botón derecho sobre el archivo → Propiedades → General).
4. En un documento de texto inserta todas las imágenes. Debajo de cada una de ellas escribe su formato y tamaño.
5. Guarda el documento de texto con el nombre indicado en la carpeta de actividades de esta unidad.

Formato • • • •
Tamaño • • • •

Formato • • • •
Tamaño • • • •

Formato • • • •
Tamaño • • • •

Formato • • • •
Tamaño • • • •

Formato • • • •
Tamaño • • • •

Formato • • • •
Tamaño • • • •

2. Adquisición de imágenes con periféricos

Casi todos los periféricos que podemos utilizar para adquirir imágenes digitales nos proporcionan imágenes tanto fijas como en movimiento. Entre estos periféricos encontramos cámaras digitales, escáneres, cámaras de teléfonos móviles, etc. Vamos a analizar en detalle los más importantes.

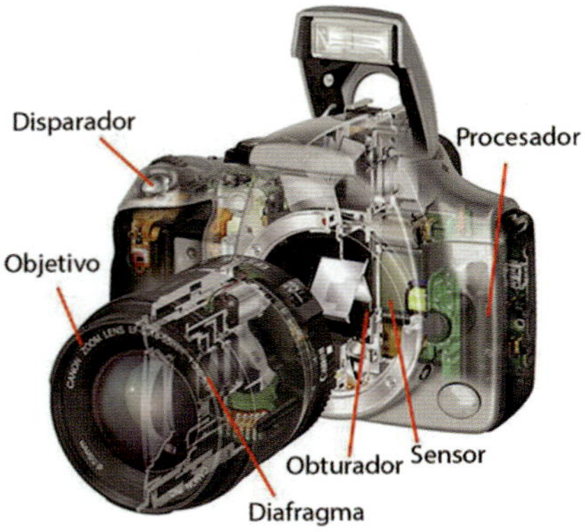

2.1. La cámara digital

Es un dispositivo electrónico utilizado para captar y almacenar imágenes digitales, tanto fijas como vídeo. Su aparición y rápida popularización entre los usuarios ha supuesto una auténtica revolución en la fotografía tradicional, eliminando el carrete de película y ahorrando en costes y tiempo. Una de sus mayores ventajas es que podemos ver el resultado justo después de disparar nuestra cámara.

Si las cámaras digitales han eliminado el carrete fílmico, ¿qué utilizan en su lugar? La respuesta es un sensor electrónico (CCD o CMOS). Este es el corazón de la cámara que marcará la diferencia con respecto a otras cámaras, en concreto, la calidad de las imágenes, que depende, entre otros factores, del tamaño del sensor (*Full Frame* o APSC) y de los megapíxeles de información que sea capaz de registrar.

Otros elementos a tener en cuenta a la hora de valorar una cámara digital son el sistema óptico, la capacidad de almacenamiento, el tamaño y calidad de la pantalla LCD, así como el visor, la autonomía de su batería, su ergonomía y peso, y los ajustes de la cámara. En general, se deben considerar todos aquellos aspectos que nos permitan obtener una mejor fotografía.

Una vez se ha tomado la imagen, para pasarla al ordenador se puede optar por varias opciones:

- A través de un cable que conecte la cámara con el PC, así como de un software que permita el paso y la organización de los archivos de imagen.
- Extrayendo la tarjeta de almacenamiento del interior de la cámara e insertándola en la ranura correspondiente del ordenador.
- Mediante una red wifi. Las cámaras más modernas incorporan una tecnología inalámbrica que permite conectarlas con el PC, el teléfono móvil o incluso subir las imágenes directamente a la web, a sitios como Flickr, Facebook, etc.

Saber más

El sensor de la cámara está construido con un semiconductor de silicio y millones de celdas fotosensibles, tantas como megapíxeles tenga la cámara, (por ejemplo, con 12 Mpx, tendrá 12 millones de celdas fotosensibles). Cuando un fotón entra por el obturador, el semiconductor libera electrones que se almacenan en esas celdas/píxeles. Cuanta más luz entra, mayor es el número de electrones que saltan con información sobre intensidad y color de esa luz.

2.2. Escáneres

Los escáneres son un periférico de entrada de datos que se utilizan para convertir, mediante el uso de la luz, originales (en papel o en negativo) a formato digital para su posterior tratamiento. En la parte que nos ocupa, introducirán imágenes fijas. Los escáneres pueden clasificarse en dos tipos: de sobremesa y de tambor rotatorio.

- **Escáner de sobremesa:** el documento permanece apoyado y fijo, lo que se desplaza es la fuente de luz. Su precio oscila dependiendo de la resolución de la imagen, que va de los 600 ppp a los 5 000 ppp.
- **Escáner de tambor rotatorio:** un rodillo de goma arrastra el documento haciéndolo pasar por la fuente de luz fija (elemento que captura la imagen). Puede alcanzar los 19000 ppp de resolución y su precio es superior al de los de sobremesa.

2.3. Cámara de vídeo

Aunque muchas cámaras digitales cuentan también con la posibilidad de grabar vídeo, se incluye como un apartado independiente, al distinguir entre la imagen fija y la imagen en movimiento. En general, una secuencia de vídeo ocupa más memoria que una imagen fija y su tratamiento es distinto. De esto nos ocuparemos en la siguiente unidad. Para adquirir archivos de una cámara de vídeo, podemos optar por varios métodos:

- Si la cámara cuenta con un cable, se conecta este al PC y se transfieren los archivos.
- Si el dispositivo graba en una tarjeta de almacenamiento extraíble, se introduce en el lector correspondiente para transferir los archivos al PC.

En el ordenador se debe tener instalado el software adecuado para importar y abrir los archivos de vídeo grabados con el dispositivo.

Saber más

Hoy en día las redes sociales están muy presentes en nuestras vidas, y es innegable la presencia y la influencia de las imágenes dentro de ellas: *Facebook*, *Instagram*, *Vine*, *Tumblr*, *Youtube*, etc. Esto ha dado lugar al fenómeno de los *influencers*, quienes, a partir de su imagen, carisma y utilizando las redes sociales como plataforma, presentan diversos productos, marcas o estilos de vida a millones de seguidores.

Puedes encontrar información sobre los *influencers* más importantes de *Instagram* en 2016 en este artículo: <http://mediakix.com/2016/08/top-instagram-influencers-for-2016/#gs.H=WiWa4>.

Actividad propuesta

Accede a los perfiles de *influencers* que llamen más tu atención y comenta en clase las razones, así como lo que supone todo este fenómeno social y comercialmente.

3. Resolución de imágenes digitales

La medida de la calidad de la imagen nos la da su **resolución**, de modo que a mayor resolución, mayor calidad. En imagen digital, la resolución es el número de píxeles en cada cuadrado de una pulgada de lado (ppp).

Sin embargo, cuando estamos considerando imágenes impresas, la resolución es el número de puntos impresos por unidad de superficie, lo que se llama **lineatura** y se mide en líneas por pulgada (lpp o lpi). A mayor lineatura, mayor calidad de la imagen impresa.

En la pantalla del ordenador, la resolución es el número de columnas de píxeles multiplicadas por el número de filas de los mismos. Las más comunes tienen 800 x 600 y 1024 x 768.

Cuanto mayor sea la resolución de una imagen, menor será el tamaño de sus píxeles. Para una misma imagen, cuanto mayor es su resolución, mayor es el tamaño del archivo. Debemos optimizar el tamaño y la resolución de una imagen según su destino. Lo veremos a continuación.

Saber más

Una **pulgada** (*inch*, en inglés) es una medida de longitud de origen anglosajón, que equivale a 2,54 cm.

La medida lpi corresponde a las siglas en inglés *lines per inch*.

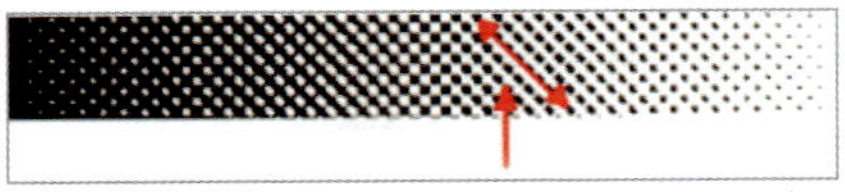

12 líneas por pulgada, 12 lpi. (Imagen reducida).

Actividad guiada. Resolución de imágenes digitales

1. Tenemos dos imágenes impresas, una con una resolución de 300 ppp y otra de 72 ppp. ¿Cuál es la información digital que contiene cada imagen por cada pulgada cuadrada?

Imagen 1.

Imagen 2.

- En la imagen de 300 ppp, por cada pulgada son 300 x 300 = 90 000 píxeles en cada cuadrado de lado una pulgada (o lo que es lo mismo, cada cuadrado de 2,54 cm de lado).
- En la imagen de 72 ppp, para cada pulgada son 72 x 72 = 5 184 píxeles por cada cuadrado de lado una pulgada.

2. Fijándote en las dos imágenes anteriores, que miden 2,54 cm de lado, y sabiendo que una está a 300 ppp de resolución y la otra a 72 ppp, ¿podrías decir cuál es la de 300 ppp?

Es la primera. Al ampliar un 300 % un detalle de ambas imágenes podrás verlo aún mejor:

Puedes comprobar que en la imagen 2, a 72 ppp de resolución, se ven los píxeles.

Recuerda

Las características que afectan al tamaño de una imagen son:

- Sus **dimensiones,** anchura y altura, expresadas en centímetros, milímetros, pulgadas o píxeles.
- La **resolución,** que se expresa en píxeles por pulgada (ppp).
- La **profundidad de bit,** el número de colores distintos o de valores de gris que puede representar un píxel.
- El **modo de color,** RGB tiene tres canales y CMYK tiene cuatro.

Cuanto mayor es el tamaño de estas características, mayor será el tamaño de la imagen

3.1. Optimización del tamaño y resolución de una imagen

Dependerá del destino final de la imagen sobre la que estemos trabajando:

- Si vamos a utilizar las imágenes en la pantalla del ordenador, debemos tener en cuenta la resolución de la pantalla. Con una resolución de 72 ppp será suficiente para ver la imagen a tamaño real si la pantalla tiene una resolución de 800 x 600 píxeles.
- Si vamos a imprimirla, cuanto mayor sea la resolución de la imagen (así como la de la impresora), mejor será la calidad y mayor será el detalle. La resolución aceptada para imprimir imágenes de calidad es de 300 ppp.

Por tanto, no es necesario trabajar con imágenes a máxima resolución. Como ya hemos visto, un exceso de información cuando la imagen va a ir en una página web o como archivo adjunto a un correo electrónico, no aportará nada, al contrario, ralentizará los procesos pues costará más trabajar con ella.

Para decidir la **resolución óptima a la que debe ir una imagen**, se deben tener en cuenta dos aspectos:

1. Dónde va a ir finalmente la imagen.
2. Las dimensiones reales de la imagen final.

Si la imagen final va a ir destinada a la impresión, se suele utilizar la siguiente fórmula: la resolución de entrada de la imagen debe ser el doble del valor de las líneas por pulgada (lpi) que es capaz de imprimir la impresora. De esta forma obtendremos una calidad máxima. Por ejemplo, si nuestra impresora tiene una capacidad de 150 lpi, deberemos escanear a una resolución de 300 ppp.

Resolución de salida de la imagen (ppp) = 2 x lineatura de la impresora (lpi)

Si el método de adquisición de imagen es a través de escáner, y la imagen final va a tener mayor tamaño que la imagen original, necesitaremos mayor cantidad de información al escanear (mayor resolución). Si la imagen final va a ser de menor tamaño, bastará con una resolución menor.

Si escaneamos una imagen de 6 x 4 centímetros con una resolución de 300 ppp y nuestra imagen final será de 12 x 8 centímetros, debemos utilizar una resolución de 600 ppp. Aplicamos esta regla a la inversa cuando la imagen final tenga menor tamaño que el original.

A continuación vamos a trabajar con un programa de edición de imagen de mapa de bits libre sobre aspectos básicos del tratamiento de imagen. Entre estos aspectos trataremos la modificación de la resolución y el tamaño de la imagen.

33 lpi.

53 lpi.

75 lpi.

Gimp e Inkscape

1. Tratamiento de imágenes de mapa de bits. GIMP

Para el tratamiento de imágenes de mapa de bits con software libre utilizaremos el programa Gimp. La versión con la que vamos a trabajar es la 2.8.18, que podrás descargar e instalar desde la carpeta del alumno correspondiente a esta unidad. La interfaz que nos encontramos al abrir el programa y una imagen es esta:

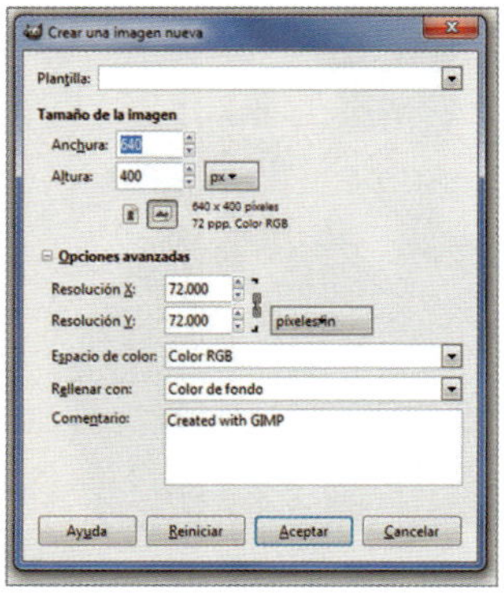

Al ir a **Archivo → Nuevo,** nos aparece la pantalla **Crear imagen nueva,** en la cual se elegirá el formato de la imagen (en plantilla hay un desplegable con varios formatos disponibles), tamaño personalizado en vertical o apaisado. Desplegando las Opciones avanzadas, se seleccionará la resolución de la imagen en *x* y en *y* (72 ppp es suficiente para web), el espacio de color (Gimp solo tiene RGB y escala de grises) y el color de fondo.

Al abrir varias imágenes desde **Archivo → Abrir,** Gimp guarda las imágenes en un formato propio, XCF (*eXperimental Computing Facility*), pero es capaz de reconocer diversos formatos: TIFF, BMP, PSD, algunos específicos para internet como JPEG, PNG, GIF y vectoriales como SVG y EPS.

Actividad guiada. Guardar y exportar archivos

Nombre del documento: **Prado.**

Tipos: XCF y JPG.

Abre con Gimp el archivo Prado, que está en formato PNG, de la carpeta del alumno. Guárdalo como archivos XCF y JPEG, según se indica.

1. Abre el archivo **Prado.png** de tu carpeta. Aparecerá en la ventana del documento.
2. Ve a **Archivo → Guardar como.** Vendrá por defecto Prado.xcf. Selecciona la carpeta donde guardarás el archivo y pulsa en **Guardar.**
3. Ve a **Archivo → Exportar como.** En el Nombre pon Prado.jpg y en el desplegable **Selecciona el tipo de archivo (por extensión),** selecciona el formato .jpg. **Exporta.** Aparecerá una pantalla donde debes ponerle la calidad del archivo .jpg. (Marca la casilla «Mostrar vista previa en la ventana de la imagen»). Observa cómo varía el tamaño del archivo al modificar su calidad. ¿Cuál es el tamaño a 100 de calidad? ¿Y a 50? Guarda a 100.

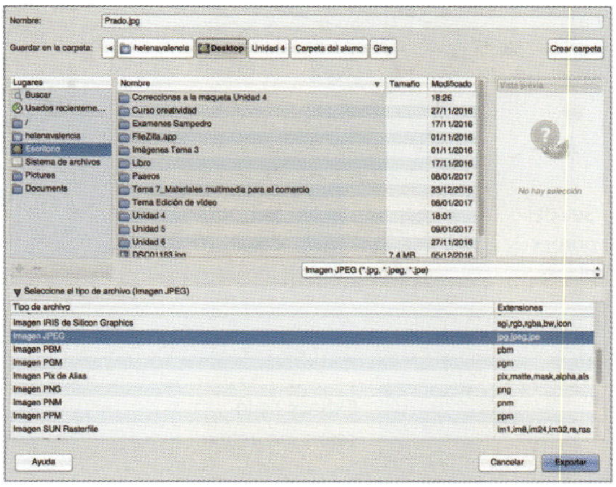

1.1. Cambiar el tamaño de una imagen

Es conveniente trabajar con imágenes de alta calidad para poder modificarlas sin que queden pixeladas. Abre una imagen de alta calidad, como la Flor diente de león.jpg que encontrarás en la carpeta del alumno de esta unidad y ve a **Imagen → Escalar la imagen.** Aparece el cuadro **Escalar la imagen** donde se puede cambiar la resolución por defecto de 72 a 300 ppp. Cambia también la anchura de la imagen a 15 cm. Automáticamente cambiará su altura si tienes fijas las proporciones con el símbolo activo.

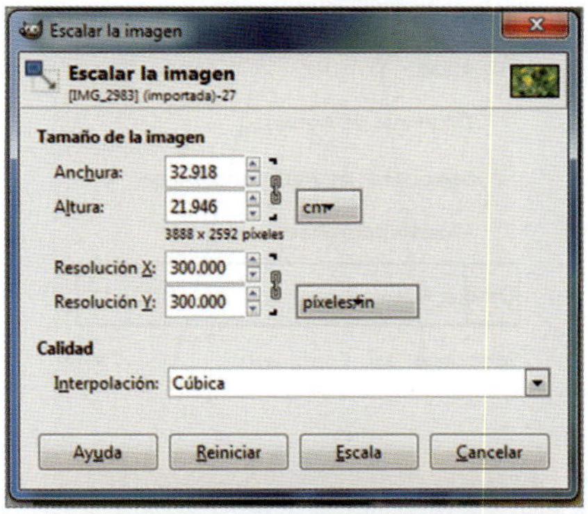

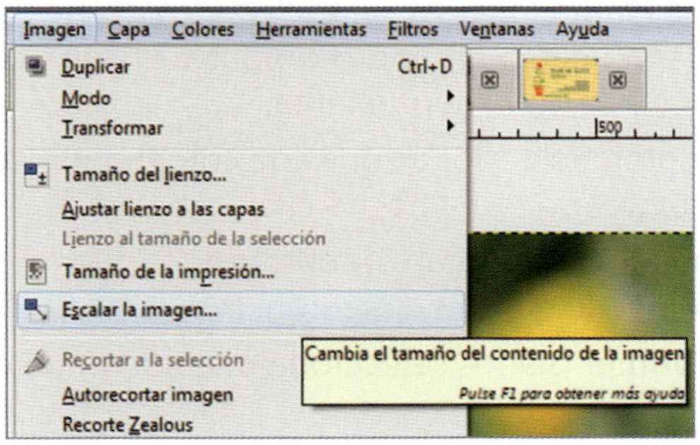

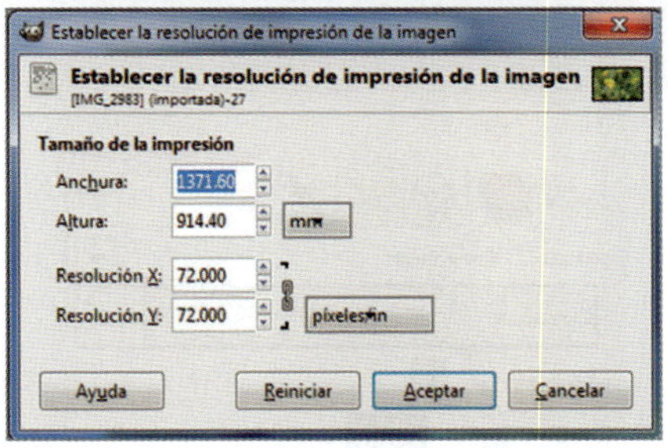

Para modificar el tamaño con el que se imprimirá una imagen, debes ir a **Imagen → Tamaño de la impresión.** Aparecerá la pantalla **Establecer la resolución de impresión de la imagen,** donde se introducirá el tamaño y la resolución a la que se imprimirá la imagen.

Actividad propuesta. Información sobre una imagen

Nombre del documento: **Molino.**

Tipo: Documento de texto.

1. Abre con Gimp el archivo Molino.jpg que encontrarás en la carpeta del alumno de esta unidad.
2. En un documento de texto contesta a las siguientes preguntas: a) ¿A qué resolución está la imagen? b) ¿Cuál es su tamaño? c) Tienes en casa un marco de 12 x 18. Modifica su tamaño para que puedas meterla dentro del marco: ¿A qué resolución se va a imprimir? ¿Qué puedes decir sobre la calidad que tendrá la imagen impresa? ¿A qué tamaño se imprimirá la imagen a 300 ppp de resolución? d) Si la quisiéramos ahora para utilizar en una pantalla, a 72 ppp, ¿qué tamaño tendría?

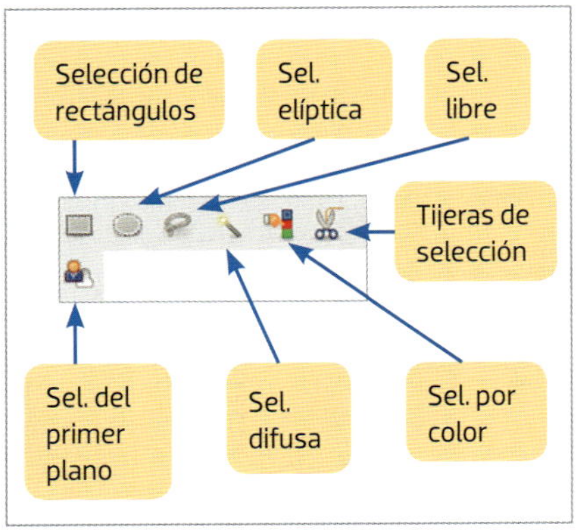

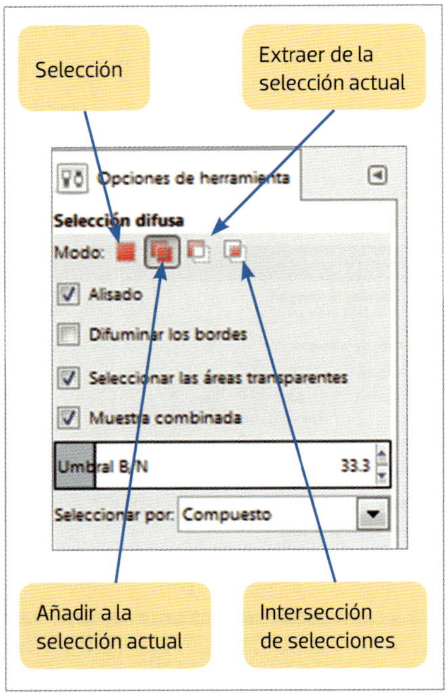

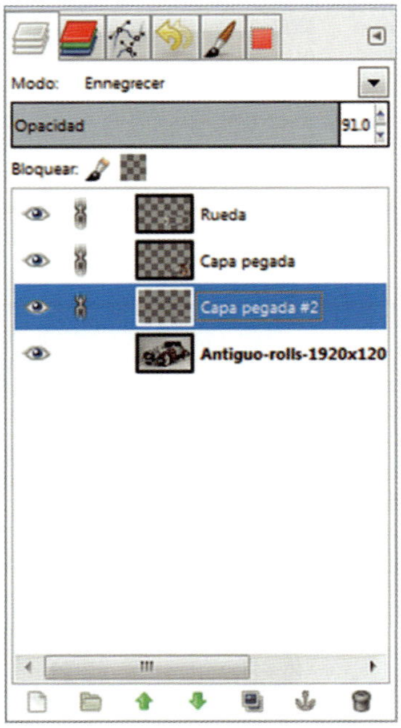

1.2. Selecciones

Con la caja de herramientas se pueden hacer diversas selecciones. Con las opciones de la herramienta, se controla el modo en el que se combinan varias selecciones, también los bordes y el umbral de selección en algunas herramientas.

- **Selección de rectángulos.** Es posible realizar selecciones rectangulares, empezando por una zona de la imagen con un clic y arrastrando. Una vez hecha la selección, aparecen unos rectángulos en las esquinas, y pinchando sobre ellos se puede editar la forma del rectángulo. Fuera de ellos se modifica la posición.

- **Selección elíptica.** Selecciona elipses de forma análoga a la selección de rectángulos.
- **Selección libre.** Realiza una selección irregular desde el punto donde se hace clic, sin soltar hasta el punto final, donde se cierra la selección.
- **Selección difusa** (varita mágica). Selecciona los píxeles contiguos a aquel donde se ha hecho clic. El número de píxeles viene controlado por el Umbral, en Opciones de la herramienta.
- **Selección por color.** Selecciona zonas de color contiguas y no contiguas, similares al píxel donde se ha hecho clic.
- **Tijeras de selección.** Se adaptan al contorno. Se pueden editar los puntos situándose encima de ellos con el ratón.
- **Selección del primer plano.** Selecciona una zona que contiene objetos en el frente.

Para anular la selección, utiliza la combinación de teclas **Ctrl+Mayúsculas+A**.

1.3. Capas

Las capas son como acetatos transparentes que contienen las diferentes partes de una imagen. En Gimp, cada capa puede tener diferente tamaño, en función de su contenido (límites amarillos discontinuos). Se gestionan desde la ventana **Capas (Ventanas→Diálogos empotrables→Capas).**

Las que están arriba solapan a las de abajo. El nombre de la capa se puede cambiar haciendo clic sobre ella.

Los dos iconos que aparecen junto al nombre indican la visibilidad de la capa (ojo) y su vinculación con capas contiguas (cadena). Las capas vinculadas se transforman como una sola (Desplazamiento, Rotación, Cizalla, Perspectiva y Volteo). Con **Bloquear** se bloquean los píxeles (el pincel bloquea los píxeles con color y el icono con cuadraditos bloquea los píxeles transparentes) de la capa en caso de que vayamos a pintar sobre ella. Desde este panel también se controla la **Opacidad** y el **Modo** de fusión de cada capa.

Podemos crear una nueva capa a partir de una selección. Con la selección activa, se copia y pega **(Edición → Copiar, Edición → Pegar).** Aparecerá una capa con el nombre **Selección flotante.** Debemos hacer clic con el botón derecho sobre ella y seleccionar **A una nueva capa.** Se crea una nueva capa con la selección.

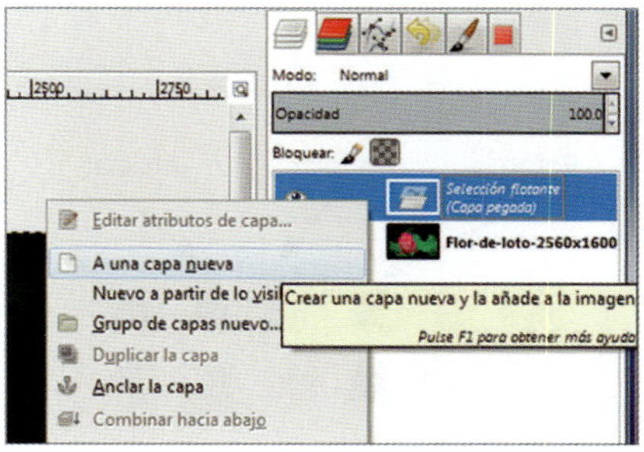

Actividad propuesta. Selecciones

Nombre de los documentos: **Plato y cuchara, croissant, flor de hibisco, templo.**

Tipos: XCF.

Abre los archivos que encontrarás en la carpeta del alumno correspondiente a la unidad. Selecciona con la herramienta que consideres más adecuada lo que indica el nombre de cada archivo.

Actividad guiada. Trabajo con capas

Nombre del documento: **Flor.**

Tipo: **XCF.**

Abre en Gimp el archivo **Flordeloto.jpg** que encontrarás en la carpeta del alumno de esta unidad.

1. Selecciona la flor de la imagen. Como se diferencia bastante del fondo, puedes utilizar la herramienta **Tijeras inteligentes.** Ve haciendo clic en puntos del borde. Si algún tramo no se ajusta bien al borde de la flor, selecciona el punto y modifica su posición. Cuando acabes, haciendo clic sobre el punto de inicio, pulsa **Intro.** En el contorno de la flor aparecerá «La fila de hormigas», nombre con el que se conoce un contorno de selección activo.
2. Crea una nueva capa a partir de la selección (Copia, Pega como Selección flotante que convertirás en una capa nueva). Cambia el nombre de la capa a **Flor de loto.**
3. Abre el archivo **Brotes verdes.jpg** que encontrarás en la carpeta del alumno.
4. Copia la capa Flor de loto (haz clic sobre ella y cópiala; ve al archivo brotes verdes y pégala). Aparecerá como una capa **Selección flotante** (Capa pegada). Si creas una nueva capa (con el botón derecho seleccionando **A una nueva capa** o con el icono **Nueva capa** de debajo del panel **Capas)**, la selección se colocará en una capa independiente del fondo, con la ventaja de que podrás transformarla con independencia de este.

1. Selecciona la capa Flor de loto, ve al panel de herramientas y haz clic en **Escalar.** Modifica el tamaño de la flor. Guarda el archivo con el nombre indicado al principio.

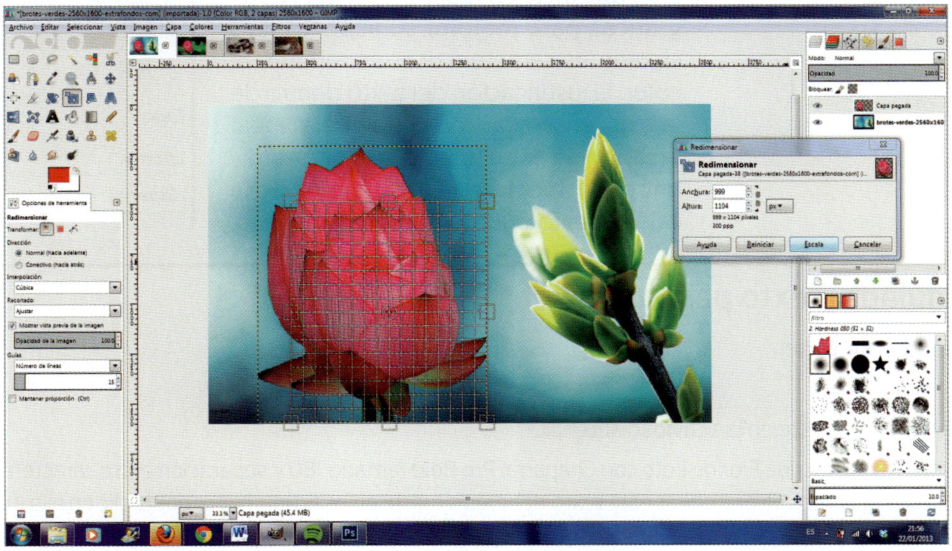

1.4. Herramientas de transformación

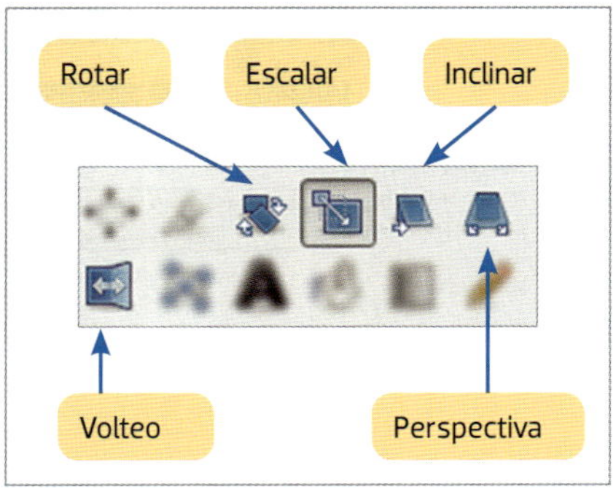

Dentro de la caja de herramientas hay un grupo que permite transformar las imágenes o las selecciones de las mismas:

- **Herramienta de rotación.** Gira en torno al centro determinado por la cruz que aparece al seleccionar la herramienta, haciendo clic sobre la imagen y moviéndola. Ese centro se puede mover.
- **Herramienta de escalado.** Redimensiona la imagen. Para mantener las proporciones, ten pulsada la tecla Ctrl.
- **Herramienta de inclinación.** Cizalla según magnitudes en la dirección del eje *x* y del eje *y*.
- **Herramienta de perspectiva.** Al hacer clic sobre la imagen aparece una malla. Tirando de sus esquinas se dimensiona el plano que la contiene para adaptarse a una nueva perspectiva.
- **Herramienta de volteo.** Da la vuelta a la imagen en horizontal o vertical, según se indique en **Opciones de herramienta.**

1.5. Texto

Para introducir caracteres utilizaremos la herramienta **Texto** . Al hacer clic sobre el lienzo, se abrirá un cuadro donde escribiremos:

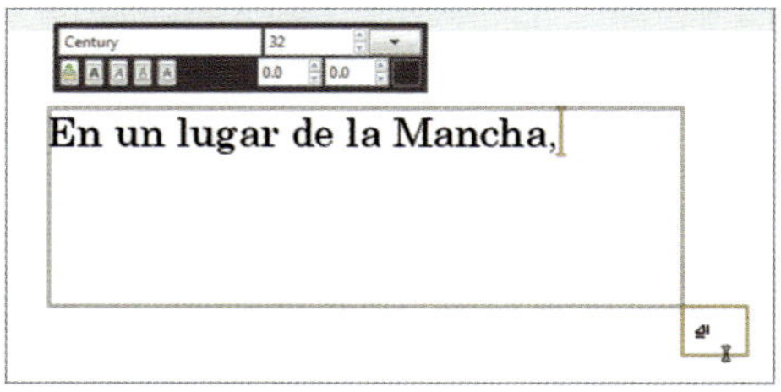

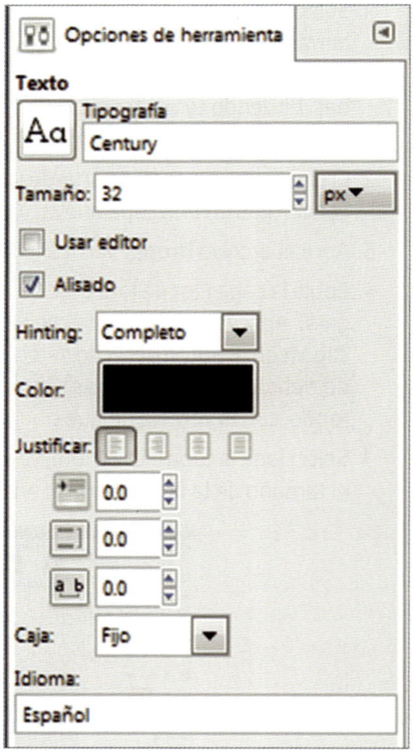

Las **Opciones de herramienta** nos permiten cambiar el tipo de letra y su tamaño. Es posible introducir el texto a través de un editor al marcar la casilla **Usar editor.** Al marcar **Alisado,** se activa el *antialiasing*, que reduce el dentado de los bordes de la tipografía asociado a los píxeles. El **Hinting** es una información que incluyen algunas fuentes tipográficas para mejorar su aspecto. Las siguientes características se refieren al color, la justificación del texto dentro de la caja, el sangrado de la primera línea, la distancia entre las líneas del párrafo y entre los caracteres. El rectángulo de la caja de texto puede ser Fijo o Dinámico.

Actividad guiada. Texto para un cartel

Nombre del documento: **Flor cartel.**

Tipo: XCF.

Abre el archivo **Flor.xcf** que creaste en la actividad anterior.

1. Con la herramienta **Texto,** escribe *Flor de Loto* con Chaparral Pro Bold tamaño 180 y separación entre caracteres 5. Observa que se ha creado una capa. Si quieres volver a editar este texto deberás situarte en esa capa, hacer doble clic en ella y seleccionar el texto.

continúa ›

> continuación

2. Haz clic en el cuadro de color del panel Opciones. Con la herramienta **Cuentagotas,** selecciona un color rosa fuerte de la imagen de la flor (asegúrate de estar en la capa adecuada). El color aparecerá en la caja de herramientas como **Color de primer plano.** Haz doble clic en él, se abrirá el panel **Color del texto.** En la ventana **Actual** aparece el color que has seleccionado. Al pulsar en el botón con la flecha, se añade al historial de colores. Una vez allí, selecciónalo y acepta.
3. Ve a la capa de texto del punto 1, haz doble clic sobre ella y selecciona el texto para editarlo. En sus opciones, haz clic en el cuadrado de color **Cambiar el color del texto seleccionado.** Se abre el cuadro de diálogo correspondiente. Selecciona la muestra de color que añadiste anteriormente y acepta. El texto tomará este nuevo color.
4. Repite los pasos anteriores para poner debajo del texto anterior Floristería, en Chaparral pro Italic, a tamaño 130, en un tono de verde que tomarás de la rama de los brotes verdes. El resultado final debe parecerse a la imagen:

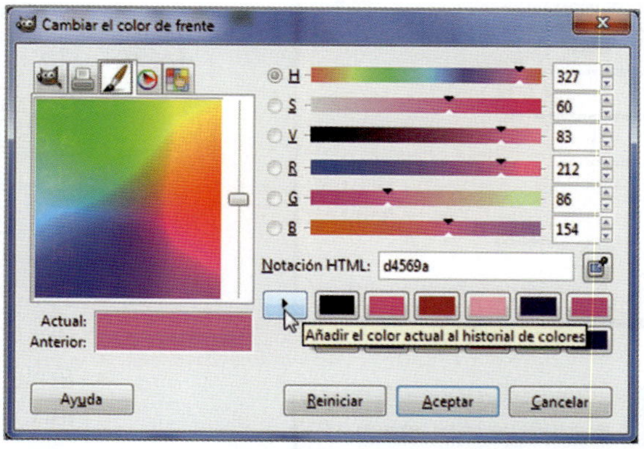

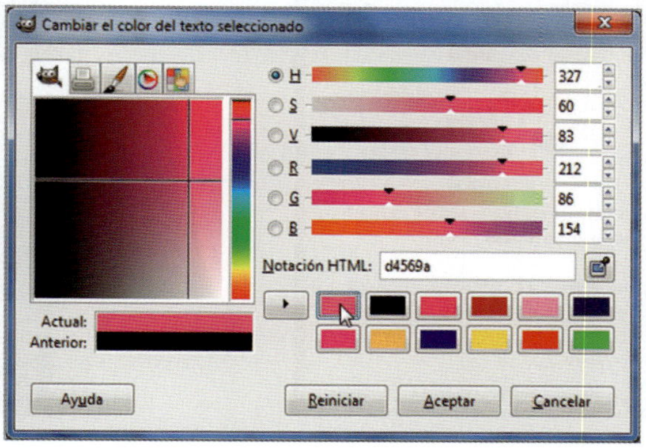

1.6. Gestión del color

En muchas ocasiones es imprescindible tratar el color de una imagen destinada a publicidad. Vamos a ver algunos de los ajustes que nos permite hacer Gimp en el color de una imagen.

En primer lugar, los **ajustes automáticos**, en **Colores → Auto,** pueden mejorar rápidamente algunas imágenes (cuidado porque no sirven para todas).

- **Ecualizar.** Es un ajuste muy potente que potencia los tonos más frecuentes en la imagen aplanando su histograma. En algunas ocasiones mejora el contraste.
- **Balance de blancos.** En ocasiones mejora la luminosidad de la imagen.
- **Estirar HSV.** Redistribuye los colores homogéneamente. Actúa de forma similar a **Balance de blancos.**
- **Normalizar.** Asigna el color blanco al píxel más claro y el negro al más oscuro, desplazando el resto de los valores. Resuelve el problema de imágenes demasiado claras u oscuras.

Saber más

En los catálogos donde aparecen alimentos, es muy importante que estos tengan una apariencia saludable, que den sensación de frescura y que, por tanto, parezcan apetecibles. El color es el elemento clave en este caso.

Saber más

El ajuste del color se aplica a la capa activa o a la selección de la imagen activa en el momento de realizar el ajuste.

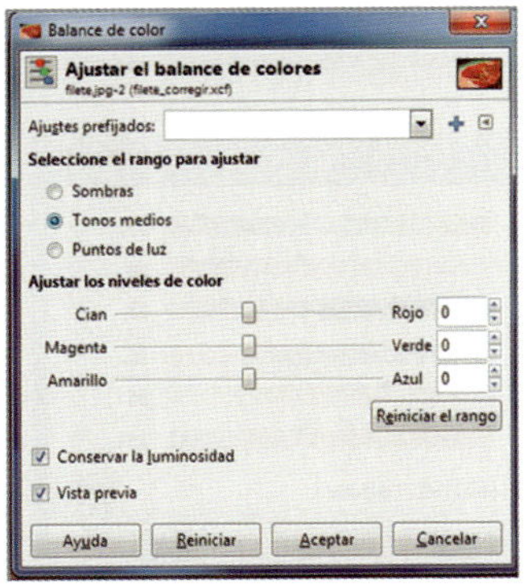

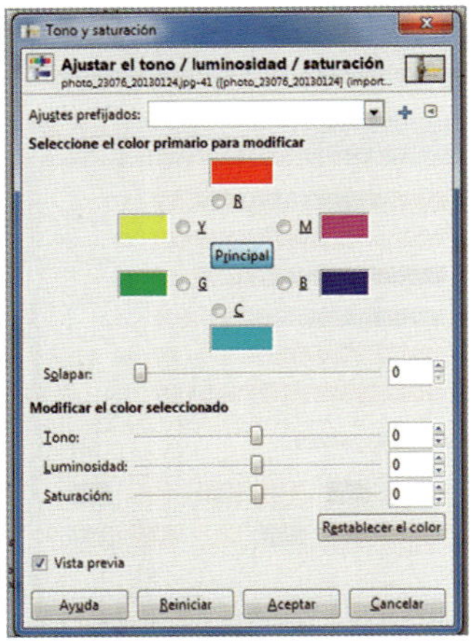

- **Realzar el color.** Aumenta la saturación de los tonos (colores más vivos).
- **Reducir el contraste.** Amplía el contraste para que cubra el mayor rango posible.

De los ajustes **no automáticos** vamos a destacar dos:

- **Balance de color.** Modifica el color de la imagen o selección acercándola a determinados tonos. Es muy útil para modificar la dominante de color de algunas fotografías. Por ejemplo, una imagen con dominancia del azul por haberse realizado con luz de ese color, puede corregirse desplazando el balance hacia su complementario, el amarillo.
- **Tono y saturación.** Cambia los valores de tono, saturación y luminosidad del color de una imagen o de un color determinado.
- En la siguiente imagen se ha seleccionado la manivela. Al mover el regulador del tono, el color de esta ha pasado de amarillo a rojo.

Actividad propuesta. Corrección de color

- Nombre del documento: **Pez.**

  Tipo: XCF.

  1. Abre el archivo **Pez.xcf** de la carpeta del alumno.
  2. Realiza los ajustes automáticos de color que permite Gimp y guarda el resultado en archivos distintos (pez_ecu.xcf; pez_bal.xcf...) en la carpeta de actividades de esta unidad.
  3. ¿Cuál es según tu criterio el ajuste que ofrece el mejor resultado para esta imagen?

- Nombre del documento: **filete_corregir.**

  Tipo: XCF.

  1. Abre el archivo **filete_corregir.xcf** de la carpeta del alumno.
  2. Selecciona una parte del filete. Aplícale un ajuste de balance de color. Observa cómo cambia el aspecto de la carne cuando se ajusta a verde, a rojo, etc. Guarda el resultado que te parezca más apropiado con el mismo nombre y tipo en la carpeta de actividades de esta unidad.

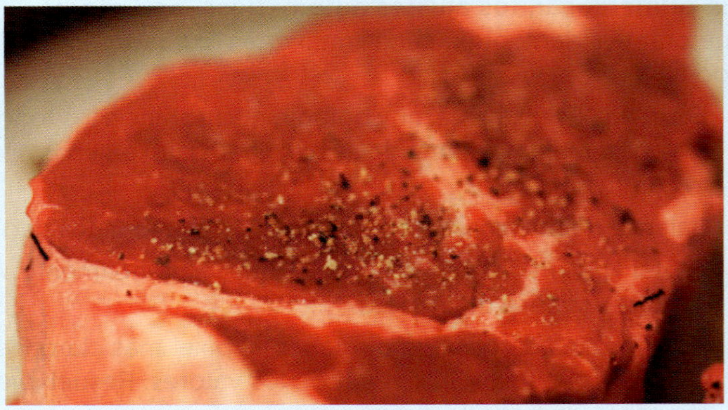

Actividad guiada. Estampación de una imagen en una camiseta

Nombre del documento: **Estampación.**

Tipo: JPG.

Realiza la estampación simulada de una imagen sobre un tejido para ver cómo quedaría en una campaña publicitaria de tu empresa.

1. Abre las imágenes camiseta.jpg y autostop.jpg que encontrarás en la carpeta del alumno correspondiente a esta unidad.
2. Comprueba el tamaño de ambas imágenes en **Imagen → Tamaño del lienzo.**

   Asegúrate de que las dos fotografías están a la misma resolución.

   En nuestro caso, la imagen de la camiseta a 72 ppp tiene un ancho de algo más de 32 cm, mientras que autostop tiene 111 cm de ancho a la misma resolución.
3. Para que la imagen del autoestopista se ajuste a las dimensiones de nuestra camiseta, debemos reducirla.

   Ve a **Imagen → Escalar la imagen** y cambia el ancho a 12 cm manteniendo la resolución.
4. Copia la imagen del autoestopista (Ctrl+C) y pégala en la de la camiseta (Ctrl+V).

   En el panel **Capas,** haz clic con el botón derecho del ratón sobre **Selección flotante Capa pegada** y elige la opción **A una nueva capa** en el menú que se ha desplegado.
5. Si fuera necesario, modifica de nuevo el tamaño de la capa en el menú **Capa → Escalar capa.**

   Con la herramienta **Mover,** sitúa la imagen en el lugar que va a ocupar en la camiseta.
6. Para que quede más realista, ve a la capa de la imagen del autoestopista y cambia el modo a **Multiplicar.**

   Reduce la opacidad de la capa para que se vean las arrugas de la tela.
7. Puedes añadir un texto que aparecerá como una nueva capa.

   Modifica el modo de fusión a **Multiplicar** y la opacidad.
8. Guarda el resultado con el nombre y tipo indicados anteriormente.

2. Tratamiento de Imágenes vectoriales. INKSCAPE

Logotipo de Inkscape.

Para la edición de imágenes vectoriales vamos a utilizar la versión 0.91 del programa de código abierto Inkscape. Podrás descargártela desde la carpeta correspondiente a esta unidad.

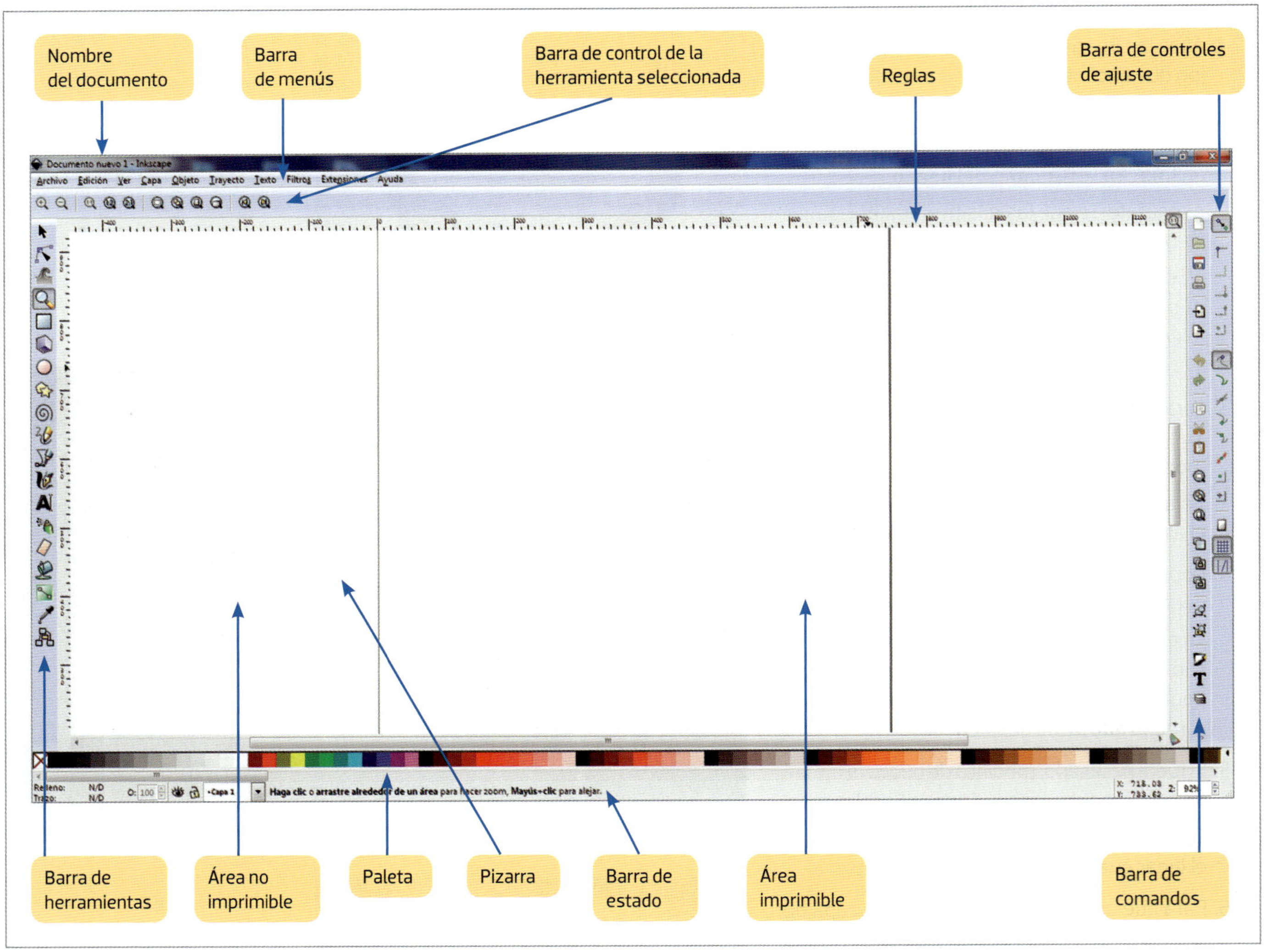

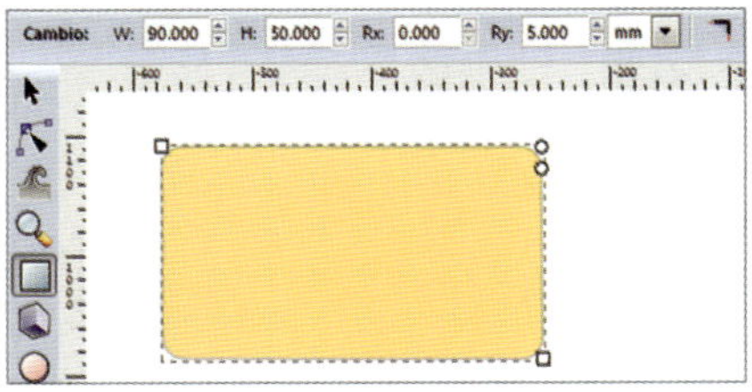

El formato en que se crean las ilustraciones de Inkscape es **SVG** *(Scalable Vector Graphics)*.

2.1. Dibujo de rectángulos, círculos, elipses, estrellas y polígonos

Para dibujar rectángulos utilizaremos la cuarta herramienta: **Crear rectángulos y cuadrados** . El cursor cambiará a un rectángulo. Haz clic y arrastra hasta obtener la forma adecuada. Para editar el tamaño, tira de los cuadrados de las esquinas.

En el caso de querer un rectángulo de medidas predeterminadas, habrá que introducirlas en las opciones de la herramienta, que aparecen debajo de la barra de menús: W para la medida en anchura, H para la altura. Rx y Ry modifican la curvatura de las esquinas, igual que arrastrar el círculo superior derecho. Para volver al ángulo recto, pulsa en el botón **Afilar esquinas** .

Para dibujar círculos se procede de manera análoga, con la herramienta **Crear círculos, elipses y arcos.** Para dibujar un círculo, arrastra el cursor mientras mantienes pulsada la tecla Mayúsculas. Los cuadrados modifican la forma elíptica.

La herramienta **Crear estrellas y Polígonos** también se comporta de la misma manera. En sus opciones hay que introducir el número de vértices que va a tener.

2.2. Relleno y borde

Una vez creada una forma, podemos editar su color de relleno y del trazo haciendo clic sobre el color correspondiente en la paleta que aparece debajo del área de dibujo (clic + Mayúsculas para modificar el color del trazo).

Para un mayor control, utilizaremos el comando **Editar objetos** que se encuentra en la barra de comandos. Se abrirá el panel **Relleno y borde.**

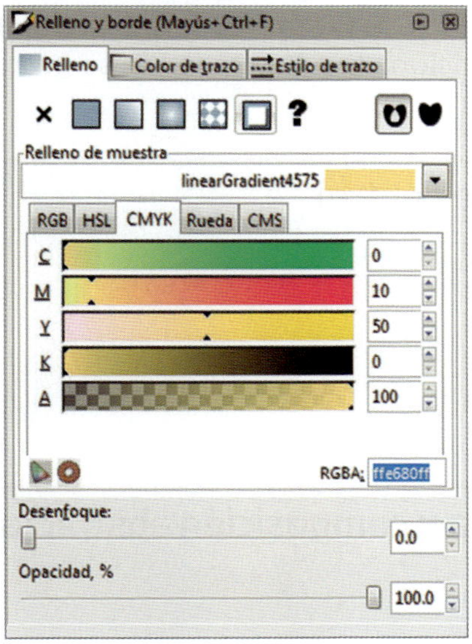

Observa que en él hay tres pestañas: **Relleno, Color de trazo** y **Estilo de trazo.** En la primera de ellas, selecciona el botón **Muestra** que se encuentra arriba a la izquierda (el botón que está activado en la imagen). De las pestañas que indican el sistema de color utilizado (RGB, HSL, CMYK, Rueda y CMS), selecciona RGB si la imagen está destinada a una pantalla o CMYK, si se va a imprimir. En el caso de tener un código para el color, este se introducirá en el campo RGBA. Por ejemplo, el código para el color crema del ejemplo es ffe680ff.

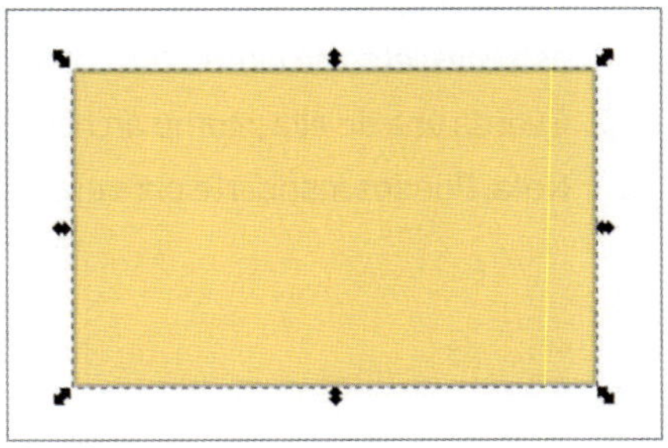

En la pestaña **Estilo de trazo** es posible cambiar el grosor, el estilo, las uniones, etc.

2.3. Edición de objetos

La forma que se ha dibujado (y coloreado) puede editarse de dos maneras posibles con la herramienta **Seleccionar y transformar objetos** :

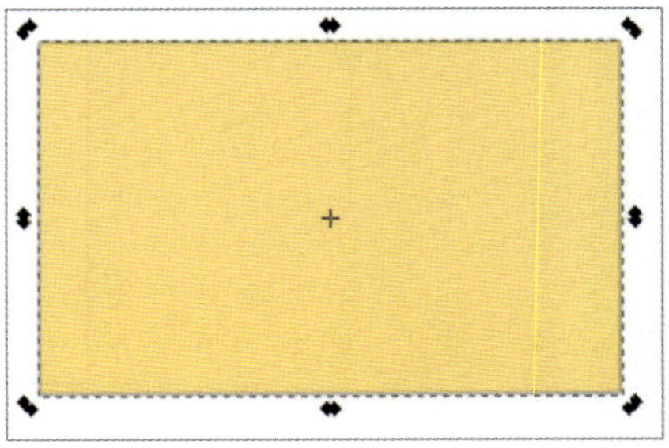

- En el modo **Edición de objeto,** al que se accede haciendo clic sobre el objeto. Aparecen alrededor de este unas flechas, los transformadores, que al ser arrastradas con el ratón modifican las dimensiones del objeto.
- Con otro clic más sobre la forma se entra en el modo **Edición de tiradores,** con unos nuevos transformadores que permiten rotar e inclinar el objeto respecto del centro marcado por la cruz.

También con esta herramienta puedes mover el objeto simplemente arrastrándolo con el ratón.

Podemos ir más allá en la edición de objetos editando incluso su forma. Para ello, selecciona el objeto, ve al menú **Trayecto → Convertir objeto a trayecto**. Con la herramienta **Editar nodos de trayecto o tiradores de control**, haz clic sobre la forma. Vuelve a hacer clic sobre un cuadrado del contorno. Aparecerán unos tiradores a los lados. Pincha en los círculos de los extremos para modificar la forma.

2.4. Guardar archivos

Una vez creado el archivo, para guardarlo, tenemos dos posibilidades:

- Se puede guardar como un formato de código abierto en **Archivo → Guardar como,** nos aparece una ventana en la que seleccionaremos la ubicación donde se guardará el archivo, su nombre y un formato (svg, nativo de Inkscape), con o sin compresión.
- Exportar a un png, desde **Archivo → Exportar mapa de bits,** aparece una pantalla donde se seleccionará el área de exportación (Página/Dibujo/Selección/Personalizado). Se elige el **Nombre del archivo,** y en **Examinar,** se selecciona la carpeta donde se guardará. Por último, haz clic en **Exportar.**

Actividad propuesta. Edición de tiradores de control

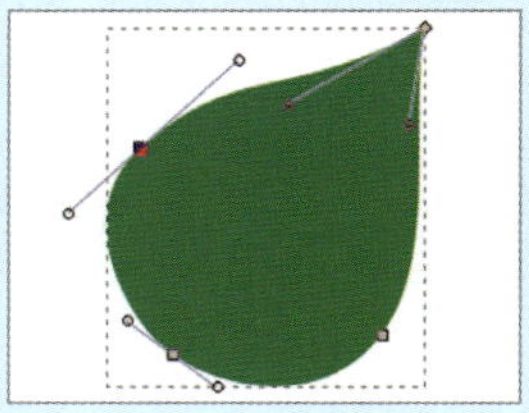

Nombre del documento: **Hoja.**

Tipos: SVG de Inkscape y PNG.

1. Partiendo de un círculo, modifica su forma para crear una hoja.
2. Guarda el resultado como Hoja.svg y Hoja.png

Actividad propuesta. Composición figurativa y composición abstracta

Nombre del documento: **Composición.**

Tipos: SVG de Inkscape y PNG.

1. Dibuja dos composiciones, una figurativa y otra abstracta, con diferentes figuras geométricas (rectángulos, elipses, polígonos estrellas, etc.) de diferentes colores, estilos de trazos y tamaños, en un formato DIN A4.
2. Guarda una de ellas como archivo SVG y otra, como PNG.

   Nota: Puedes inspirarte para este ejercicio en las obras del Pintor ruso Wassily Kandinsky.

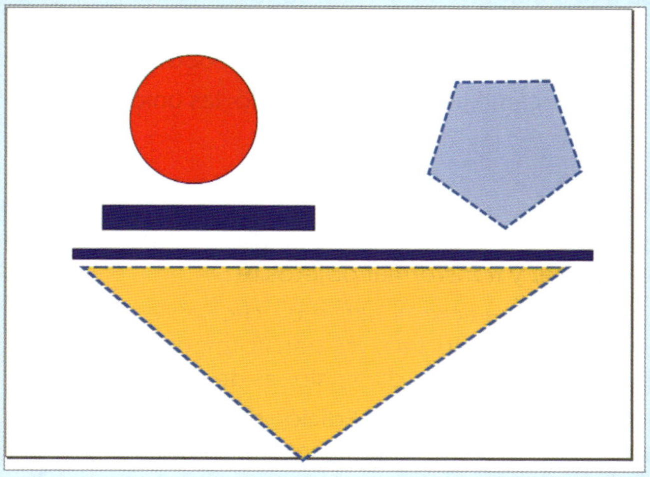

2.5. Trabajo con capas

Trabajar con capas tiene el sentido de ordenar los elementos en un dibujo. Es imprescindible en ilustraciones complejas, por lo que es importante que te acostumbres a su utilización. A la larga te facilitará el trabajo.

Con el objeto seccionado, ve a la barra de comandos y haz clic sobre **Ver Capas**.

Aparecerá el panel **Capas,** con la Capa 1, que se crea por defecto activa (resaltada en gris). Esto quiere decir que el objeto que hemos seleccionado está en esa capa.

Además aparecen un ojo abierto, que indica que la capa está visible, y un candado también abierto, porque no está bloqueada.

Para cambiar el nombre de la capa y hacer así identificable su contenido, haz clic sobre Capa 1, y cuando aparezca editable, escribe el nombre de tu capa (por ejemplo, Rectángulo, Círculo, Fondo, etc.). Pulsa Intro al final.

Para añadir una nueva capa, desde el panel Capas pulsa en el botón **Crear una nueva capa**, ponle el nombre en el cuadro de diálogo que aparece y pulsa Añadir.

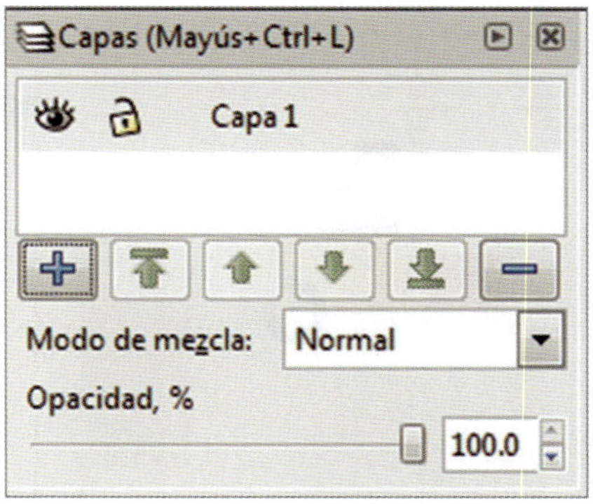

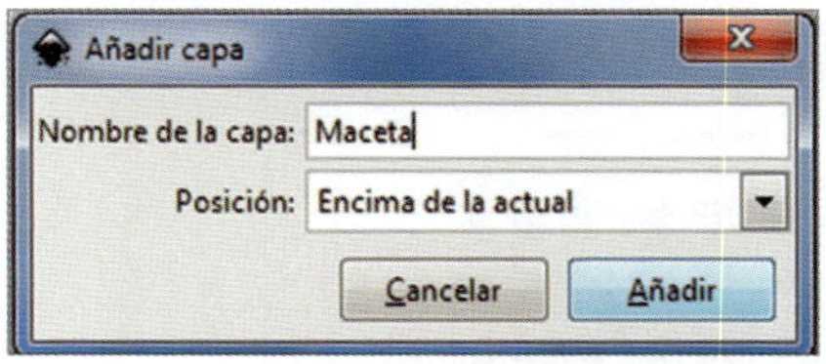

Actividad guiada. Realización de la huella de un lince

Nombre del documento: **Huella.**

Tipos: SVG de Inkscape y PNG.

A partir de la imagen Huella lince.tif que encontrarás en la carpeta del alumno de esta unidad, reproduce en Inkscape la huella de un lince con las herramientas **Crear círculos, elipses y arcos** y **Dibujar curvas Bézier y líneas rectas**.

Con esta última puedes crear formas más orgánicas de forma similar a como dibujaste la hoja. Ten en cuenta:

- Organiza el trabajo por capas. Coloca la imagen huella abajo y crea una capa nueva para tu dibujo. A esta última puedes bajarle la opacidad para ver lo que hay debajo.
- Sitúa los nodos con un clic del ratón en los puntos donde la forma cambia su curvatura y no sueltes el botón para que, arrastrando, puedas darle la inflexión adecuada.
- Si mantienes pulsada la tecla Mayúsculas, puedes mover solo el manejador de la derecha, y así adaptarte mejor a la tangente de la siguiente curva.
- Para acabar el trazado deberás cerrarlo con un clic en el nodo inicial. Puedes editar algún nodo por separado y suavizarlo con las opciones de la barra de control de la herramienta **Edición de nodos.**
- Guarda el resultado como Huella.svg y Huella.png.

2.6. Degradados

Podemos dar una apariencia de volumen a nuestro dibujo utilizando esta herramienta. Selecciona el objeto y con la herramienta **Crear y editar degradados** selecciona el botón **Crear Degradado lineal** o **Crear Degradado radial** (según la forma del objeto) en su barra de control. Haz clic en un punto donde quieras que empiece el degradado, y arrastra en la dirección hacia la que se encuentra la zona donde la luz es más intensa en el objeto (blanco). Suelta al terminar.

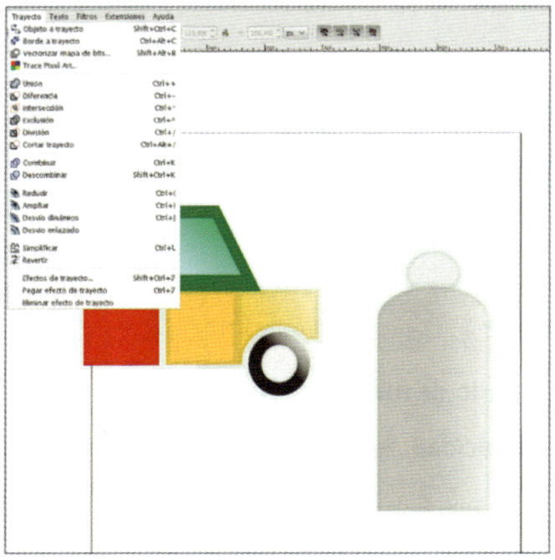

Puedes editar el degradado pinchando y arrastrando los extremos de la línea del degradado.

2.7. Combinar objetos

A veces interesa sumar, restar, intersectar formas para convertir las básicas de rectángulo, círculo-elipse y polígono-estrella, en otras más complejas. En ese caso, se seleccionan los objetos que se vayan a combinar. En el menú **Trayecto** encontrarás varias opciones: **Unión, Diferencia, Intersección, Exclusión, División** y **Cortar Trayecto.** Cada una de estas acciones se las hace la segunda forma seleccionada a la primera. Por ejemplo, al seleccionar Diferencia, se resta la segunda forma a la primera.

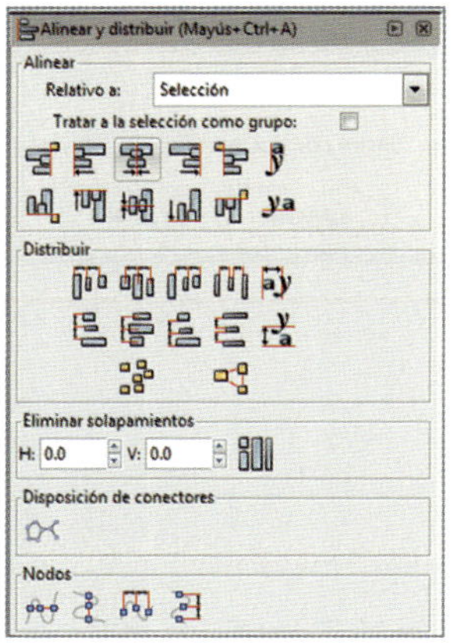

2.8. Alinear y distribuir objetos

Selecciona los objetos que quieras organizar y ve al menú **Objeto → Alinear y distribuir.** Aparece un panel donde se presentan varias opciones para organizar los objetos seleccionados (centrar vertical, horizontalmente, alinear a izquierda o derecha...). Elige las opciones que necesites.

2.9. Texto y tipografía

Para introducir texto, se utiliza la herramienta **Crear y editar objetos de texto** A.

Arrastra con el ratón para crear un cuadro de texto. En la barra de control de la herramienta podrás elegir el tipo de letra y la justificación del texto. Para un mayor control, saca la ventana Texto y tipografía (Mayúsculas + Ctrl + T).

Puedes cambiar el color de la letra seleccionando la caja de texto y pulsando sobre un color de la misma.

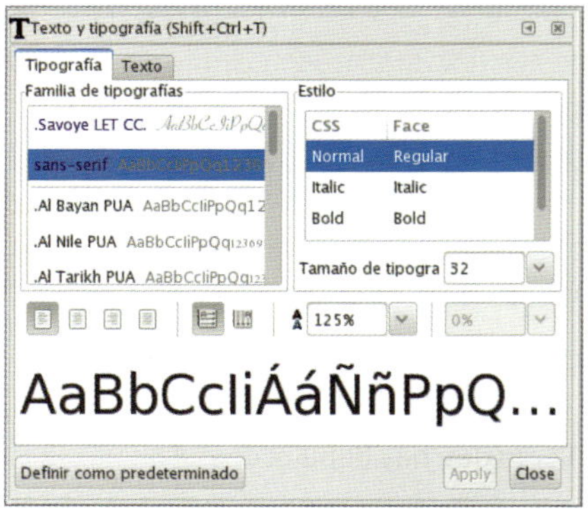

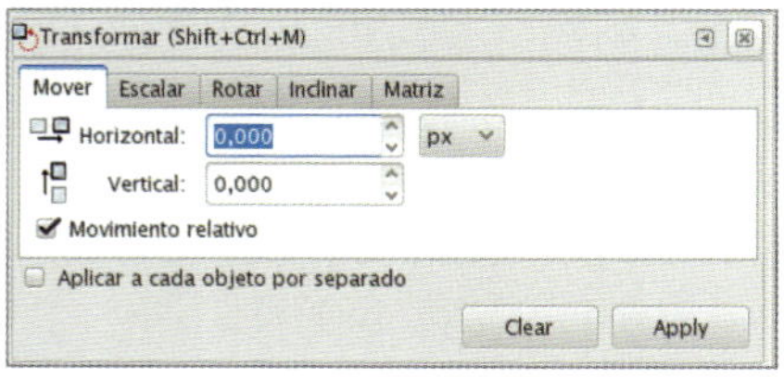

2.10. Transformaciones

Una vez seleccionado un objeto, desde el menú **Objeto → Transformar** podemos modificar dicho objeto moviéndolo horizontalmente, verticalmente, escalándolo, rotándolo, inclinándolo o según una matriz, todo ello desde el panel **Transformar.**

Actividad propuesta. Dibujo de espirales

Nombre del documento: **Espirales.**

Tipos: SVG de Inkscape y PNG.

Dibuja una espiral y haz una composición con la misma forma y distintas transformaciones de ella, simulando una reja, un azulejo, un estampado, etc. Gusrda como espirales.svg y espirales.png.

Nota: una espiral se dibuja con la herramienta del mismo nombre, modificando sus parámetros en las opciones de la herramienta.

Actividad guiada. Dibujo de formas complejas

Nombre del documento: **Champú.**

Tipos: SVG de Inkscape y PNG.

Dibuja un bote como el de esta imagen, para la página web de una tienda de productos de cuidado personal.

1. En una capa a la que llamarás **Frasco,** dibuja un rectángulo y una elipse con la misma anchura. Pon la elipse encima del rectángulo de modo que coincidan. Puedes asegurarte de que encajan seleccionando los dos y alineándolos verticalmente al centro **(Objeto → Alinear y Distribuir → Tratar a la selección como grupo → Centrar en el eje vertical).**
2. Con ambos seleccionados, ve a **Trayecto → Unión.** Tenemos la forma del bote que ha tomado el color del rectángulo. Lo cambiaremos a azul. Para ello ve a **Objeto → Relleno y borde→ Relleno,** e introduce en **RGB** el código 92cfd0a2. Duplica el objeto seleccionándolo y pulsando Ctrl+D. A este nuevo bote le pondremos color 7498d0ff. Aplica un degradado lineal como el que aparece en la imagen. Centra en el eje vertical y horizontal de nuevo por si se nos ha movido algo en el proceso. Por último, selecciona ambos objetos (arrastra el ratón hasta incluirlos a los dos) y agrupa, Ctrl+G.
3. Para el tapón dibujaremos en una nueva capa, a la que llamaremos **Tapón,** un rectángulo y encajaremos una elipse en la parte de arriba como en el punto 1. Únelos y aplica también un degradado. Agrúpalos.
4. La etiqueta será también un rectángulo, que irá en una nueva capa de nombre Etiqueta. Puedes duplicar los rectángulos para la etiqueta y jugar así con efectos de color para el degradado, como en el punto 2.
5. Vuelve a duplicar el rectángulo de la etiqueta y modifica el tipo de trazado en el borde. Cambia su color. Ve a **Objeto → Transformar** y en la pestaña **Escalar,** marca **Escalar proporcionalmente** y reduce el tamaño a un 85 %.
6. Escribe el texto de la etiqueta. Pon un texto principal y otro secundario, utilizando diferentes colores.
7. Puedes hacer modificaciones respecto al bote original, en distintas capas que es posible ocultar o hacer visibles, según el resultado que quieras.
8. Guarda el archivo en formato svg y expórtalo a formato png.

Actividad propuesta. Logotipos

Nombre de los documentos: **Fútbol** y **Remo.**

Tipos: SVG de Inkscape y PNG.

Abre un nuevo archivo de Inkscape y reproduce cada uno de estos logotipos de deportes. Utiliza rectángulos redondeados y círculos, editando su posición y tamaño.

PRÁCTICA PROFESIONAL INICIAL RESUELTA

Cabecera de la página web de tu departamento en tu empresa

Vamos a resolver el caso con las imágenes que tienes en la carpeta del alumno, aunque la práctica es abierta y puedes tomar fotografías de otros entornos profesionales a los que tengas acceso y dispongas de permiso.

1. Abre la carpeta del alumno correspondiente a esta unidad y selecciona una de las imágenes que se encuentran en la carpeta Práctica profesional inicial. Ábrela con Gimp.
2. Vamos a modificar la resolución de la imagen a 72 ppp, como corresponde a las imágenes cuyo destino es internet: ve a **Imagen→ Escalar la imagen.** En la ventana que aparece, modifica la **Anchura** de la imagen a 1025 px y la Resolución X e Y a 72 ppp.

   Como la imagen puede haber quedado muy pequeña, vamos a ampliarla con la lupa para ver los detalles.
3. Utiliza la herramienta de recorte, introduce el tamaño 1025 x 150 px en las opciones de la herramienta y selecciona un área que te parezca adecuada para la cabecera.

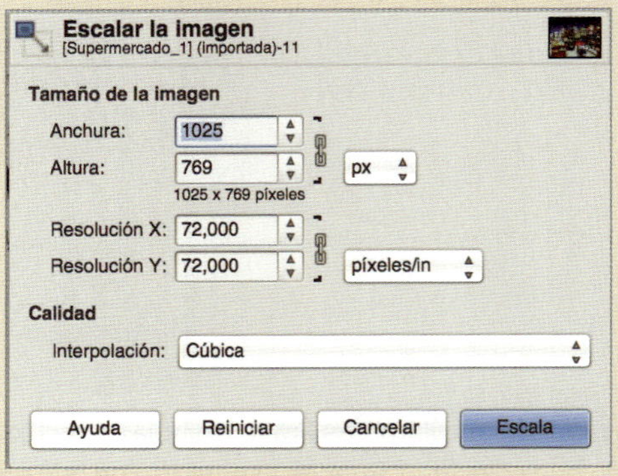

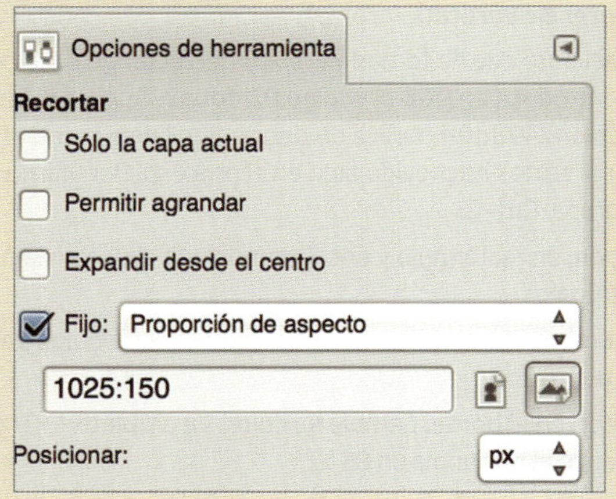

4. Ahora realizaremos la gestión del color. Ve al menú **Colores** y prueba diferentes ajustes del Balance de color, Tono y saturación, Colorear, Brillo y contraste, etc., hasta encontrar una configuración que te guste. En este caso, se ha hecho un ajuste automático, en **Colores → Automático → Ecualizar.** El resultado es una imagen más clara.
5. Queremos la imagen aún más clara, por lo que iremos a menú **Capa → Capa Nueva;** en la ventana emergente selecciona tipo de relleno de la capa *Blanco*. El tamaño debe ser 1025 x 150 px. En el panel capas comprueba que el modo de fusión es Normal y reduce la opacidad al 58 %.
6. De momento vamos a dejar **Gimp** a un lado y abrimos **Inkscape.** Vamos a dibujar el *pen drive*.

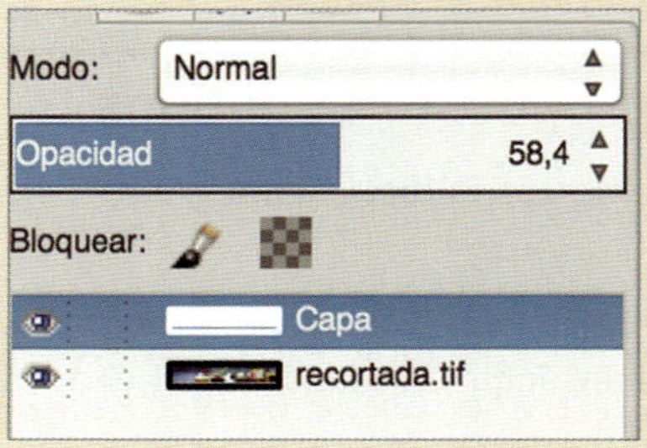

7. Dibuja un rectángulo de bordes rectos e introduce los valores de tamaño 2,935 cm de ancho por 6,263 cm de alto. Rellénalo de color azul cuyo código RGBA es 000080ff. Dibuja otro nuevo rectángulo de tamaño 2,510 cm de ancho por 6,211 cm de alto y redondea las esquinas Rx = 0 y Ry = 18,825 px. Rellénalo de color RGBA 808080ff. Aplícale un degradado lineal desde arriba hasta abajo. Alinea centrando vertical y horizontalmente ambos rectángulos.

8. Podemos dejar ya así esta parte del dibujo, pero si queremos dar más volumen al *pen drive*, deberemos añadir a cada lado un rectángulo de medidas: ancho 6,522 px, altura 211,951 px, Rx 0 y Ry 12,550 px. Aplícale un degradado. El que se ha puesto en el ejemplo es el 5000 (a elegir en la opción **Seleccione** de la barra de opciones de la herramienta **Degradado**) y la dirección que se ha aplicado es la de la figura. Finalmente, selecciona el rectángulo estrecho que acabas de dibujar y duplícalo con la herramienta seleccionar (Ctrl+D). Sitúa la copia al otro lado del *pen drive*.

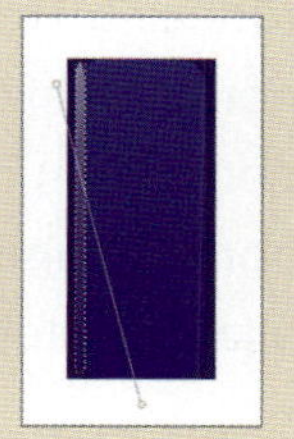

9. Crea un nuevo rectángulo de dimensiones W 74, 627; H 50,172; esquinas rectas, es decir, Rx y Ry 0. El estilo de trazo tendrá un ancho de 1,677px y Unión recta. El color de trazo es RGBA 808080ff. Para el relleno, elige degradado lineal 4167, como se ve en la imagen de la izquierda.

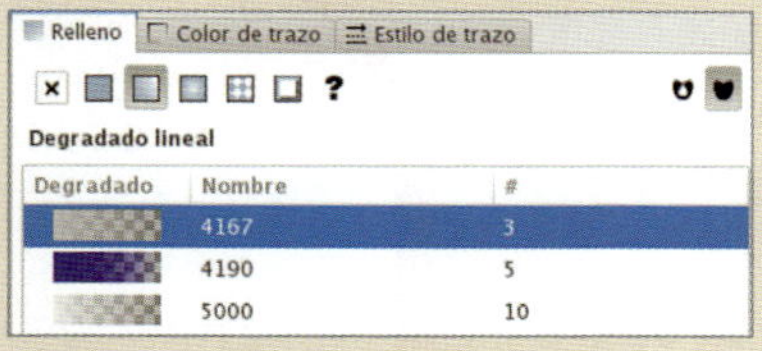

10. Añade finalmente los huecos con dos formas cuadradas de bordes redondeados (los agujeros de abajo) y otras dos formas resultantes de la unión de una elipse y un rectángulo (los dos agujeros de arriba). Es recomendable hacer estos aparte, en grande, y luego reducirlos hasta adaptarlos a la escala del *pen drive* y su posición. El color de relleno de estas formas es el negro. Alinea y distribuye convenientemente las formas y agrúpalas para no perder esa disposición.

11. Sitúa tanto el rectángulo del punto 9 como los agujeros del punto 10 alineados al centro y en su posición.

12. Dibuja una caja de texto en la que escribirás Departamento de Informática, en tipo de letra Sans sheriff, tamaño 17.17 bold, alineación centrada y espacio entre líneas 1,25. Elige un color para la letra. En el ejemplo se ha utilizado el RGBA ffff00ff. Sitúa el texto dentro del *pen drive* en su posición. Alinea convenientemente. Puedes dibujar opcionalmente también la tapa. Es muy similar al cuerpo del *pen drive*.

13. Para guardar la imagen en tu carpeta en mapa de bits: **Archivo → Exportar imagen PNG.**

14. Vuelve a Gimp. Abre el archivo PNG que acabas de guardar. Se abrirá en un nuevo archivo, como una capa. Selecciónalo todo mediante **Ctrl+A**. Copia y pega en el archivo donde tienes la imagen de la cabecera. Aparecerá como una selección flotante. Haz clic sobre esa selección en el panel capas con el botón derecho y elige la opción **A una capa nueva.** Dale el tamaño y la posición adecuados con las herramientas **Escalar, Posición y rotación.**

15. Con la herramienta texto, modificando el tamaño y el color al espacio disponible, incluye los textos «Verde que te quiero verde» y «El súper ecológico».

16. Ve a **Archivo → Exportar como** y guarda el archivo con el nombre Cabecera Supermercado en tu carpeta, seleccionando como tipo de archivo Imagen JPEG.

PRÁCTICA PROFESIONAL PROPUESTA

Imagen para la promoción de un curso en tu empresa

Objetivos

- Crear imágenes vectoriales combinando diferentes elementos y utilizando varias herramientas.
- Introducir texto en imágenes vectoriales y de mapas de bits.
- Exportar archivos vectoriales a mapas de bits e introducirlos en este último tipo de imágenes.
- Dimensionar un archivo de mapa de bits con su correspondiente tamaño y resolución.
- Importar imágenes, realizar selecciones y trabajar con ellas en capas.
- Realizar ajustes de color.

Instrucciones

Tu empresa ha organizado un curso sobre *Creatividad y pensamiento crítico aplicado a la resolución de problemas*, y te han encargado que realices los carteles para publicitarlo.

Como el curso trata de creatividad, vas a demostrar tus dotes realizando un cartel innovador y atractivo, y para ello deberás aplicar tus conocimientos sobre las imágenes.

Debes incluir las fechas, lugar de realización y los nombres de los ponentes, en un tamaño A4.

1. Busca información sobre el tema del curso para tener una idea más clara del contenido del cartel. En internet encontrarás una gran cantidad de información al respecto, pero dado el tema del curso, trata de ser lo más original posible.
2. Abre un nuevo documento de Gimp en tamaño A4 y con resolución 300 ppp. De momento, Gimp no permite trabajar en modo CMYK, por lo que tendrás que crear la imagen con los colores del entorno web, es decir, en modo RGB y luego con algún otro programa de imagen que permita la conversión, pasarlo a modo CMYK para imprimir. Si vas a imprimir el cartel en blanco y negro, puedes utilizar la opción de Imprimir en escala de grises.

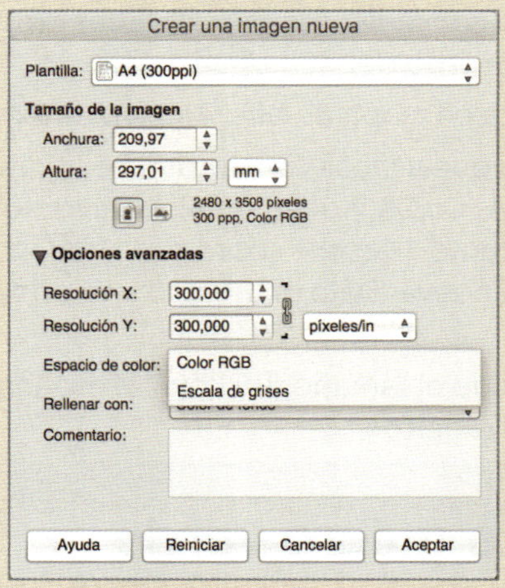

3. A partir de fotos que realices de tu entorno de trabajo o estudio, selecciona elementos de las mismas (ordenador, mesa, sillas, etc.) e inclúyelos en un fotomontaje en tamaño A4 (300 ppp), con un fondo y otros elementos que encontrarás en imágenes libres de derechos.

Algunas de las webs donde puedes encontrar estas imágenes son:

- <http://freerangestock.com/>
- <http://www.sxc.hu/>
- <http://www.public-domain-photos.com/>
- <http://www.morguefile.com/>
- <http://www.unprofound.com/>
- <http://www.flickr.com/creativecommons/>

Haz las transformaciones de tamaño, perspectiva, etc., para que las formas se integren bien en la composición.

En nuestro caso hemos creado un fotomontaje con imágenes de frutas y verduras para publicitar el curso de creatividad en el supermercado ecológico. Tienes estas imágenes en la carpeta de esta unidad. Es conveniente que tengan suficiente calidad y que hagas una gestión de color de cada imagen que incluyas en el fotomontaje, para que ninguna desentone en color o luminosidad respecto al resto.

4. Incluye dibujos relacionados realizados en Inkscape (como la bombilla de la página anterior) que exportarás como mapa de bits y que incluirás en el cartel final en diferentes capas.
5. Introduce el texto explicativo de la actividad, los datos requeridos y alguna frase de reclamo para animar a tus compañeros a que participen.
6. Haz los ajustes de color pertinentes que permitan que la imagen cumpla los fines para los que la has concebido. Comenta en un archivo de texto independiente cuáles son estos fines.
7. Guarda la imagen en formato TIFF, para poder imprimirla con calidad, así como en JPEG para subirla a la intranet.

4 Vídeo digital

Vamos a conocer...

1. El vídeo digital. Conceptos básicos. Formatos y códecs
2. Guía básica de tratamiento de vídeos. Adobe Premiere Pro CC 2017
3. Edición básica de secuencias

PRÁCTICA PROFESIONAL INICIAL

Edición de un vídeo para un reportaje

PRÁCTICA PROFESIONAL PROPUESTA

Edición de un vídeo promocional de una propiedad

Y al finalizar esta unidad...

- Dominarás la terminología propia del vídeo digital.
- Conocerás los formatos de vídeo más utilizados y sus códecs.
- Controlarás el espacio de trabajo de Adobe Premiere Pro y podrás editar secuencias de vídeo de forma básica: recortando clips, incorporando efectos, editando el audio, incluyendo títulos, etc.
- Exportarás la secuencia ya acabada y la incluirás en plataformas de vídeo de internet.

Edición de un vídeo para un reportaje

Al periódico digital donde has empezado a trabajar han llegado unos vídeos y unas fotos que hay que montar para publicar en la web un archivo en formato vídeo sobre la época del año en la que os encontráis, el otoño, y las actividades al aire libre que se pueden realizar en esa época. El vídeo se llamará **Paseo en Otoño.**

1. El montaje debe contener un título al principio que ponga "Paseo en Otoño", alguna imagen fija y varios clips de vídeo, que encontrarás en la carpeta de la Práctica inicial correspondiente a esta unidad.
2. Habrá una música de fondo que no ocultará el sonido ambiente (agua, personas hablando...). El archivo de audio es un archivo libre de derechos y lo encontrarás en la carpeta de la Práctica inicial de esta unidad.
3. No será una edición al corte, ya que se quiere que entre los clips se incluyan transiciones que suavicen el paso de uno a otro, por lo que insertarás un efecto de transición suave como el de **Disolución cruzada.**
4. Finalmente, exportarás el vídeo editado en formato H.264 a una resolución YouTube de 720p.

Medios importados.

Título con transición a foto.

Fotograma con un título como comentario.

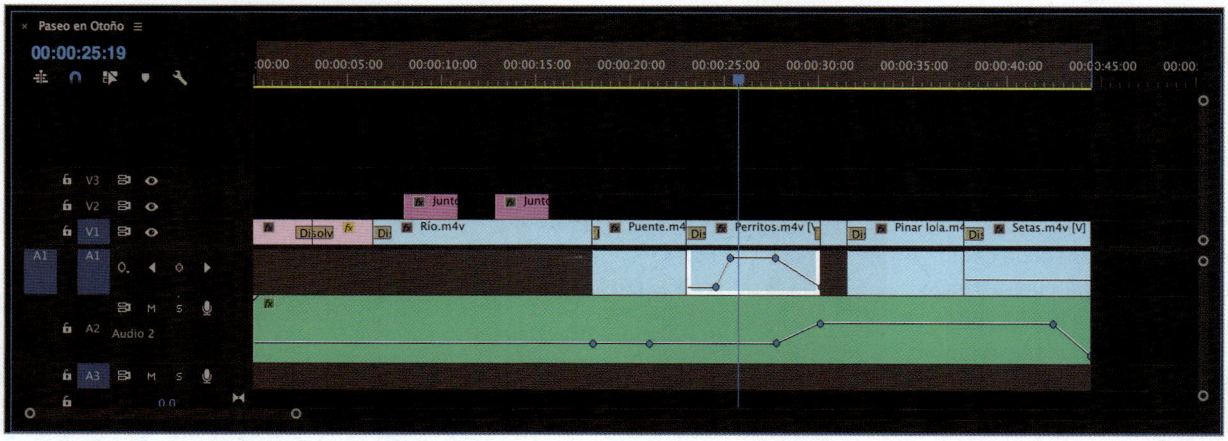

Ejemplo de línea de tiempo.

1. El vídeo digital

Saber más

El vídeo empezó a utilizarse de forma generalizada en 1970. Eran grabaciones de película sobre soporte magnético.

El éxito de este formato en los años posteriores se debió a su bajo coste en la grabación de imágenes en movimiento frente a otros sistemas y a la facilidad de borrar y volver a grabar de nuevo.

Saber más

Según una estadística publicada por *Insivia*, el vídeo se revela como uno de los formatos con mayor crecimiento:

- Un tercio de toda la actividad online se realiza visualizando vídeos.
- El usuario promedio está expuesto a una media de 32,3 vídeos al mes.
- El 75 % de los usuarios de vídeo han interactuado con algún anuncio de vídeo cada mes.
- El 36 % de los consumidores online confían en los anuncios de vídeo.

Además, se anticipa un importante incremento del vídeo 360° y la emisión en directo (*streaming*) para el marketing de productos. Para el cliente que busca una casa, un hotel, etc., poder observar el espacio de este modo le permite tomar una decisión más precisa.

La plataforma YouTube consolida cada vez más su audiencia. Según la misma fuente, los usuarios de entre 18 y 34 años dejarían de hacer lo que están haciendo para ver un vídeo de su creador favorito.

Fuente: <www.socialmediatoday.com>

Un vídeo digital es un archivo de datos informáticos que incluye imágenes en movimiento y sonido. Las diferencias frente al vídeo analógico son:

- La calidad de la imagen final depende exclusivamente del proceso de digitalización de la misma. En el vídeo analógico intervienen otros aspectos, como la calidad de la cinta de vídeo, el reproductor, etc.
- El proceso de edición de vídeo analógico obliga a seguir el orden impuesto por la secuencia del tiempo. En el vídeo digital, la edición no se ve afectada por ningún orden en particular.
- El vídeo analógico se ve limitado por el contraste y el brillo a la hora de reproducir los colores. El vídeo digital, que se basa en imágenes RGB, obtiene unos colores más exactos.
- En el vídeo digital, las copias no suponen ninguna pérdida de calidad.

1.1. Conceptos básicos de vídeo digital

- Las **dimensiones** de un vídeo son el alto y el ancho de sus imágenes en píxeles, cuando se visualiza a tamaño completo (100 %). No se debe confundir con su visualización a pantalla completa o ampliado un 200 %, 300 %, etc., donde suele haber una pérdida de calidad que depende del formato de archivo.
- El **códec** es un algoritmo que permite reducir el número de bits que ocupa el archivo de vídeo. Es el acrónimo correspondiente a *codificación/decodificación.*
- La **velocidad de transmisión o bitrate** corresponde a la cantidad de bits que ocupa un segundo de grabación. A mayor bitrate de un archivo de vídeo, mayor será su calidad y su peso. Puede ser fijo o variable; este último ofrece más calidad, ya que ahorra en las secuencias más estáticas frente a las que tienen más actividad y se componen, por tanto, de más datos.
- Los **fotogramas por segundo** son un parámetro que representa el número de imágenes que muestra el vídeo en un segundo. Cuanto mayor es su valor, mayor será la calidad del vídeo.
- La **proporción** o **ratio de aspecto** es la relación entre la anchura y la altura del vídeo. Se reproduce en la misma proporción que se ha grabado, por esa razón a pantalla completa aparecen unas bandas arriba y debajo de la imagen para adaptarse al formato de la pantalla donde se está reproduciendo.

1.2. Formatos y códecs más empleados

Los vídeos digitales pueden grabarse en distintos formatos, cada uno con una extensión diferente. Cada tipo de archivo admite un códec de compresión. Entre los formatos más utilizados están:

- **AVI** *(Audio Vídeo Interleaved,* audio y vídeo intercalado) es el formato estándar para vídeo digital. Puede contener archivos con elevada calidad y un peso considerable. Admite los códecs CinePak, Intel Indeo 5, DV, etc., pero los que proporcionan más capacidad de compresión con mayor calidad son DivX y XviD. Es adecuado para grabar vídeos originales, pero no para publicarlos en internet, por su elevado peso. Es un formato reconocido por la mayoría de los reproductores (Windows Media Player, Quick Time, etc.).
- **MOV** es el formato de vídeo y audio desarrollado por Apple. Utiliza un códec propio que evoluciona con rapidez. Es ideal para publicar vídeos en la web, por su relación calidad/peso, así como porque admite *streaming*. Se recomienda su visualización con QuickTime (se puede descargar una versión gratuita de este reproductor desde su página de internet).
- **WMV,** formato desarrollado por Microsoft, utiliza el códec MPG-4. Es ideal para publicar vídeos en la web, por su relación calidad/peso. Admite *streaming*. Solo se visualiza con una versión actualizada de Windows Media.
- **FLV** es el formato que utiliza Adobe Flash Player para visualizar vídeo en internet. Utiliza los códecs Sorenson Spark y On2 VP6, que ofrecen una alta calidad visual con *bitrates* reducidos. Sus archivos se pueden reproducir con reproductores locales como Media Player, VLC, Riva, etc. Al visualizarse a través del reproductor de Flash, permite su accesibilidad con la mayoría de los sistemas operativos y navegadores web. Los repositorios de vídeo más importantes (YouTube, Google vídeo, iFilm, etc.) utilizan este formato para difundir sus vídeos. Admite *streaming*.
- **MPEG** *(Moving Pictures Expert* Group, grupo de expertos de películas) son archivos de extensión MPG o MEPG que admiten distintos tipos de códecs: MPG-1, con calidad CD; MPG-2, con calidad DVD; MPG-3, orientado al audio MP3 y MPG-4, o MP4, orientado a la web. Se reproducen con Windows Media Player y QuickTime.

  MP4, almacenan contenido multimedia como vídeo, audio, subtítulos, capítulos, metadatos e información de sincronización.
- **H.264,** es un formato y un códec de video estándar, que permite alcanzar una elevada calidad de vídeo a un bitrate relativamente bajo. Puede considerarse el sucesor de los formatos actuales (MPEG2, MPEG4, DivX, XviD)

Como se puede observar, el panorama en cuanto a formatos de vídeo y códecs para su compresión es amplísimo y evoluciona de manera vertiginosa. Es probable que en muy poco tiempo toda esta tecnología cambie.

Saber más

Divx es uno de los códecs más conocidos y utilizados actualmente. Compatibiliza una calidad similar al DVD, con archivos ligeros. Por ejemplo, una película de dos horas de duración se puede guardar en un CD convencional de 700 Mb.

Xvid es otro famoso códec, pero a diferencia de Divx, este es de código abierto. Tiene una gran calidad y su uso se ha generalizado para compartir vídeo en internet.

Saber más

El vídeo en *streaming*

Es uno de los mayores consumidores del ancho de banda de internet. La reducción del tamaño de este tipo de archivos es fundamental para las compañías posicionadas en internet. Por esa razón cada cierto tiempo surge tecnología orientada a comprimir cada vez más las secuencias de vídeo.

El códec HEVC (*High Efficiency* Vídeo *Coding)* se puede reducir a la mitad el ancho de banda necesario para transmitir vídeos por la red, especialmente los de 4K y 3D. De ese modo, la empresa reduce costes en ancho de banda y los usuarios mejoran su experiencia al reducir los tiempos de *buffering*, pero sobre todo la ventaja se presenta en el sector de telefonía móvil, pues disminuyen los megas transmitidos.

2. Guía básica de tratamiento de vídeos. Adobe Premiere Pro CC 2017

Saber más

Vocabulario de edición de vídeo

En este apartado se hará alusión a clips, secuencias y proyectos. Un **clip** es cada porción de material audiovisual que hemos capturado y vamos a editar. Una **secuencia** es el resultado de la edición que tenemos en la línea de trabajo. El **proyecto** engloba todos los elementos del entorno de trabajo: carpetas, configuración del escritorio, la configuración personal, etc.

Adobe Premiere es un programa de edición de vídeo, de la *suite* de Adobe, de fácil manejo, versátil a la hora de admitir múltiples formatos de vídeo y códecs, con potentes filtros y transiciones para editar vídeos de calidad con gran dinamismo. Debido a que es posible trabajar también con sonido, se convierte en una herramienta más completa. La principal desventaja está en que, como el resto de la suite de Adobe, es de pago. Sin embargo, hay una versión de prueba gratuita, disponible en la página de Adobe, con la que es posible utilizar todas sus funcionalidades durante siete días, tiempo suficiente para aprender a utilizar el programa a nivel básico.

2.1. Crear y configurar un proyecto

En primer lugar, debes crearte una cuenta en Adobe Creative Cloud y descargarte la versión de prueba del programa.

Una vez lo hayas descargado a tu ordenador, debes abrir el programa. La aplicación muestra la pantalla de bienvenida que, entre otras opciones de sincronización, apertura e información, permite crear un nuevo proyecto opción, y a continuación se abre el cuadro de diálogo que permite la configuración general del Nuevo proyecto.

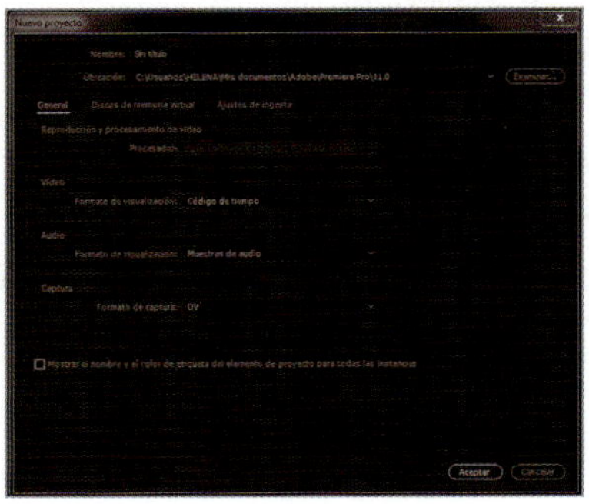

Ventana de nuevo proyecto.

En la pestaña **General**, observa que tienes tres apartados: **Vídeo**, **Audio** y **Captura**.

Actividad guiada. Configuración de un proyecto

Nombre del documento: **Actividad 1.**

Tipo: Proyecto de Premiere Pro.

En esta actividad vamos a configurar un nuevo proyecto.

1. En el apartado vídeo, mantendrás la opción por defecto Código de tiempo.
2. Despliega el menú de **Formato de visualización de Audio.** Aquí mantendrás también la opción por defecto **Muestras de Audio.**
3. En el formato de **Captura,** cambia la opción que viene por defecto de **DV** a **HDV** para trabajar en alta definición.
4. Selecciona la ubicación de los archivos del proyecto pulsando el botón **Examinar,** del campo **Ubicación.** Se abrirá el cuadro de diálogo **Seleccione la ruta de destino para el proyecto nuevo,** que por defecto es la biblioteca **Documentos.** Haz clic en **Nueva carpeta.**

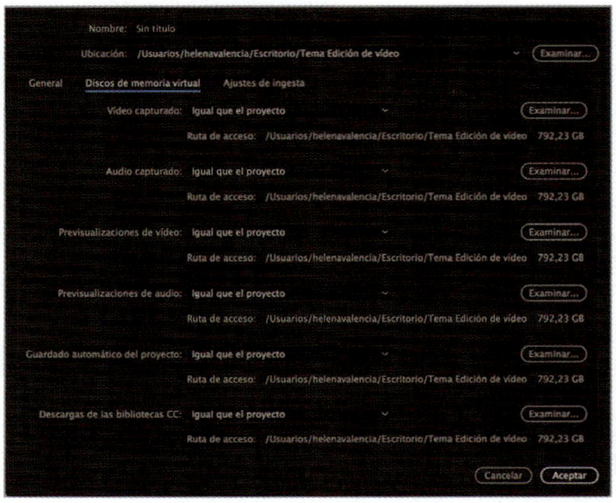

5. Cambia el nombre de la nueva carpeta a **Tema Edición de vídeo.** Selecciona la carpeta y haz clic en el botón **Seleccionar carpeta.** En ella se guardará el proyecto.
6. Pulsa la pestaña siguiente, **Discos de Memoria virtual.**

   En este panel se pueden seleccionar ubicaciones específicas para cada tipo de archivo, bien sean capturas de vídeo y audio, previsualizaciones de vídeo y de audio y guardado automático.

   Por defecto, la ubicación es la misma que la del proyecto.
7. Pon nombre al proyecto. En el campo **Nombre,** escribe **Proyecto1** y pulsa en **Aceptar.**

   En el siguiente ejercicio configuraremos la secuencia.

2.2. Interfaz de Premiere Pro 2017

La interfaz es un complejo espacio de trabajo compuesto por diferentes paneles independientes que a su vez pueden contener otros paneles accesibles a través de pestañas.

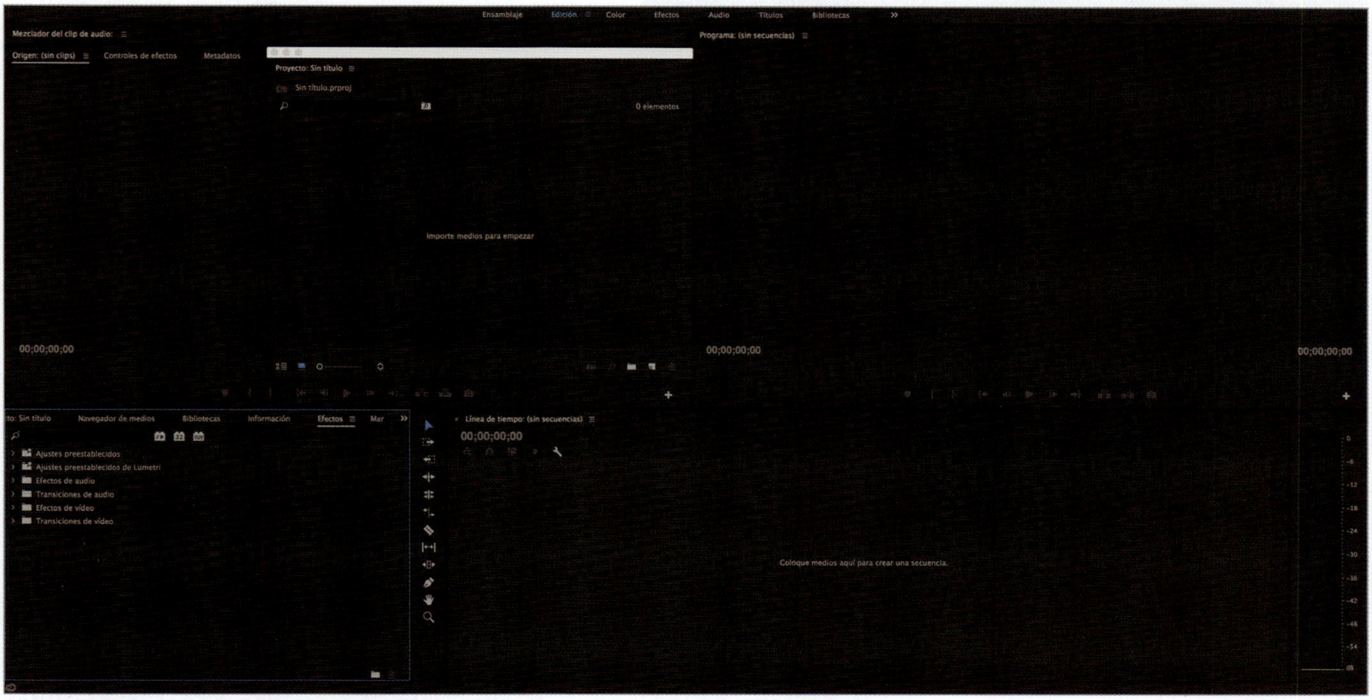

El primer panel de la izquierda es el **Monitor de origen,** y en él se reproducen clips individuales. Es donde se preparan los clips que tenemos seleccionados y que se agregarán a una secuencia. Junto a él están las pestañas de los paneles **Controles de efectos, Metadatos** y **Mezclador del clip de audio.** Vemos el Monitor de origen en detalle:

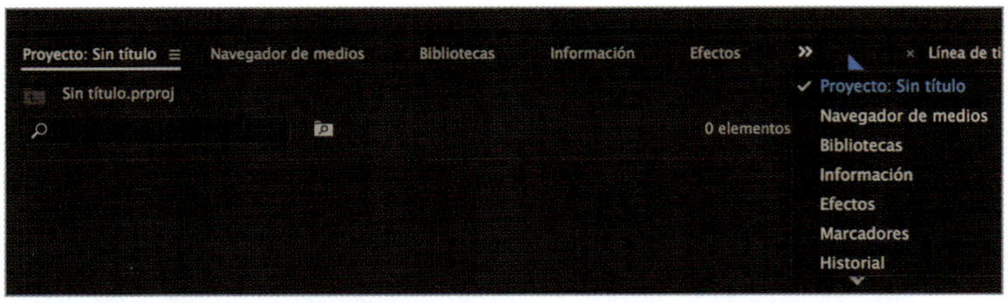

Selecciona de nuevo la pestaña **Origen** y pulsa **Mayúsculas+1**. Aparecerá seleccionado el panel **Proyecto**. En él se pueden reproducir y editar los clips del proyecto. En la misma ventana se encuentran las pestañas de los paneles **Navegador de medios, Bibliotecas, Información, Efectos, Marcadores** e **Historial**.

Pulsa **Mayúsculas+3** para seleccionar el panel **Línea de tiempo** que está a la derecha de **Proyecto**. En él se realiza la edición de vídeo. En la imagen podemos ver dos barras, la de arriba que corresponde a la pista de vídeo y la de abajo, a la pista de audio. En la parte superior están los códigos de tiempo de los clips editados. A la izquierda se sitúan los controles de las pistas y de la línea de tiempos.

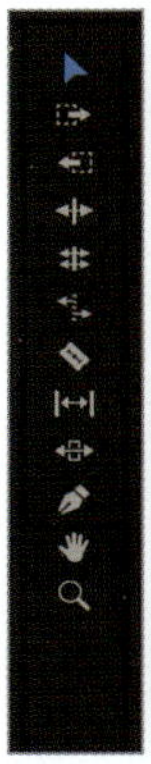

Barra de herramientas

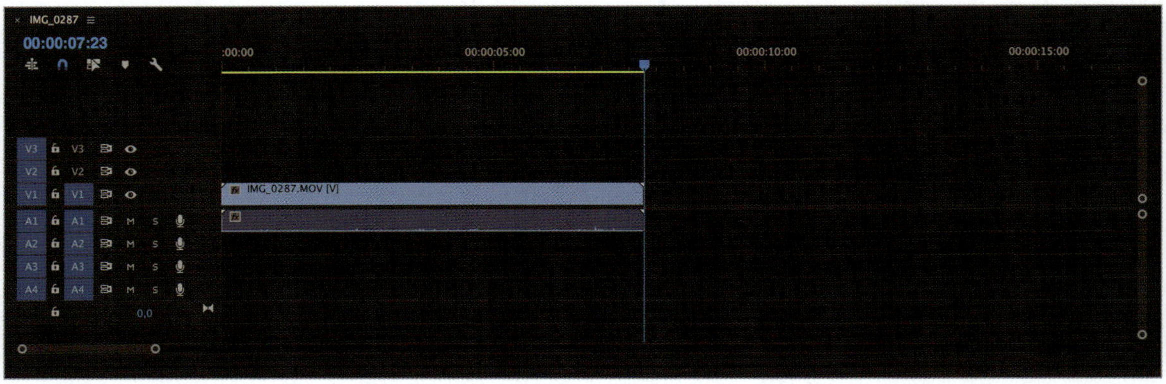

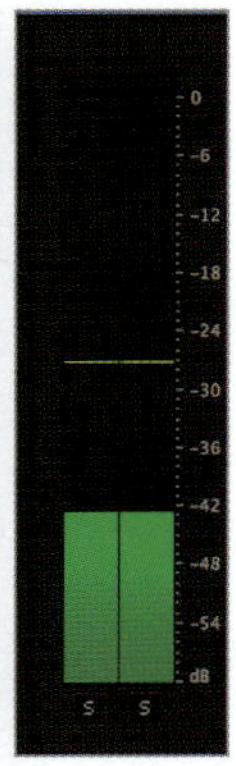

A la derecha de la Línea de tiempo está un pequeño panel, el **Medidor de audio.** Entre el panel de Proyecto y la Línea de tiempo está la **Barra de herramientas.**

Hay otros espacios de trabajo accesibles desde el menú **Ventana → Espacios de trabajo:** Audio, Corrección de color, Bibliotecas, etc., que según lo que estemos haciendo pueden ser más cómodos que el espacio Edición que viene por defecto.

Por último, junto al **monitor de Origen** está el **monitor de Programa.** Este reproduce la secuencia de clips que se están ensamblando.

2.3. Configuración de una secuencia

Cada proyecto de Premiere puede contener varias secuencias, que pueden tener ajustes diferentes unas de otras. Por ejemplo, en un mismo proyecto podemos incluir recursos de DV en pantalla ancha a 30 fps (fotogramas por segundo), algunos en DV en pantalla estándar a 24 fps y otros en HDV.

En una secuencia debe haber al menos una pista de vídeo y otra de audio, pero lo habitual es que tengan varias pistas de vídeo y de audio con una ejecución en paralelo. Se utilizan varias pistas para superponer o mezclar clips.

¡Atención!

Recursos del alumnado

Los archivos que se van a utilizar en las actividades siguientes los podrás encontrar en la **carpeta correspondiente** a esta unidad. Si pulsas sobre ellos con el botón derecho y haces clic en **Propiedades,** podrás acceder a la información del archivo: formato, tamaño, códecs, fps en que se ha grabado, etc.

Actividad guiada. Configuración de una secuencia

Nombre del documento: **Actividad 2.**

Tipo: Proyecto de Premiere Pro.

En esta actividad vamos a configurar una secuencia.

1. Dirígete a **Archivo → Nuevo → Secuencia.** Aparecerá esta ventana:

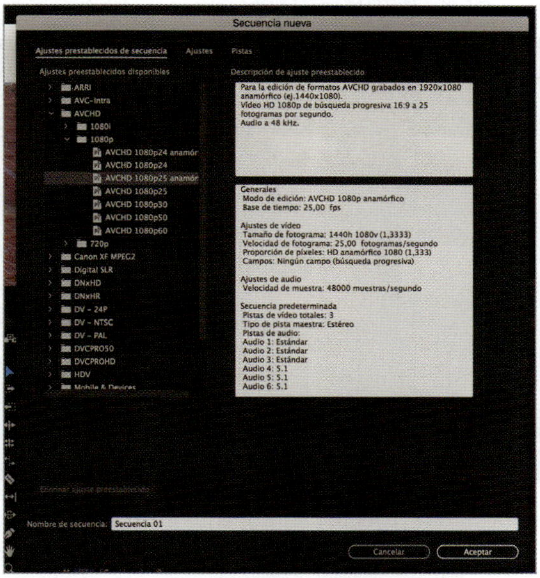

En la columna de la izquierda están los ajustes preestablecidos de secuencia. Se puede seleccionar uno de la lista, aquel que mejor se adapte a las características de nuestros archivos. En los cuadros de la derecha tenemos una descripción general de cada ajuste preestablecido. El ajuste seleccionado se aproxima bastante a las características del material con el que vamos a trabajar, pero aún se puede adaptar más desde la pestaña **Ajustes.**

Desde **Ajustes** se puede seleccionar otro modo de edición, cambiar la base de tiempo o frecuencia de fotogramas por segundo, formato de visualización de vídeo o de audio, etc.

En la pestaña **Pistas,** cambia a **4** el valor establecido para las pistas de vídeo. Puedes sustituir el valor directamente en el campo o bien situarte sobre él con el ratón y moverlo hacia la derecha.

2. Pulsa en **Guardar ajustes preestablecidos.** Se abrirá la ventana **Guardar ajustes.** Pon el nombre **Tipo 1** y pulsa en **Aceptar.** El nuevo ajuste se ha añadido a la carpeta Personalizada de Ajustes preestablecidos de secuencia. En el Nombre de secuencia, escribe Furnas.

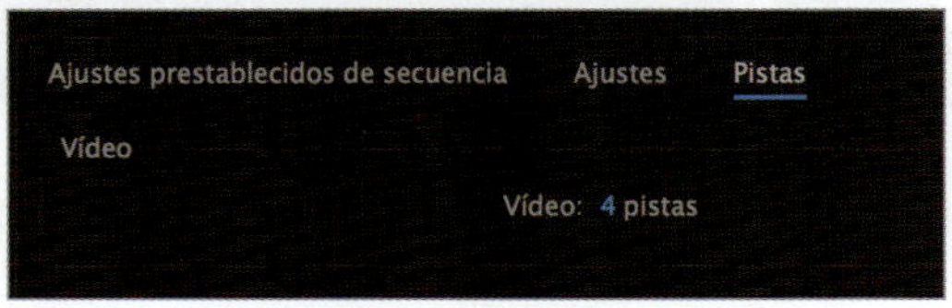

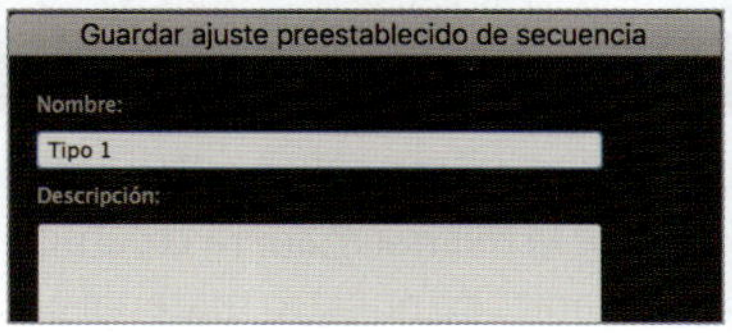

3. Edición básica de secuencias

Para reproducir un clip de los que hemos importado en el monitor de origen basta con hacer doble clic sobre ellos desde el panel Proyecto. Aparecerá la ventana que ya conocemos, donde podremos reproducirlo. En la mayor parte de las ocasiones solo nos interesará una parte del archivo de vídeo, que delimitaremos con los puntos de entrada y salida.

El fragmento seleccionado aparecerá resaltado.

Con el fragmento marcado, lo arrastraremos del Monitor de origen a la Línea de tiempo. Repetiremos esta operación con todos los clips que vayan a integrar nuestra secuencia, en el orden que establezcamos. Si está activo el botón **Ajustar**, el imán que hay debajo del código de tiempo, al acercar un clip al final de la secuencia, este se ajustará sin dejar huecos. Si quedaran huecos entre los clips que se están editando, se pueden eliminar situándose sobre ellos y pulsando la tecla suprimir.

Si es preciso ampliar o alejar la Línea de tiempo, pulsa las teclas + o -.

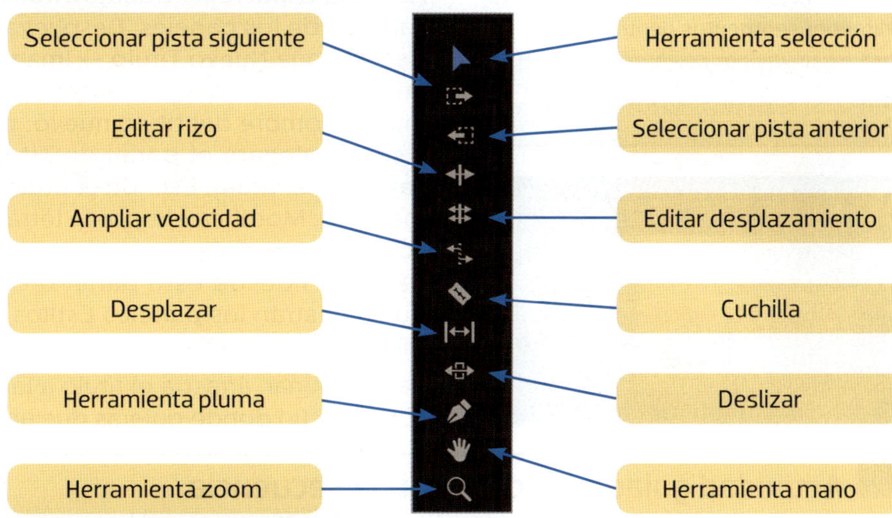

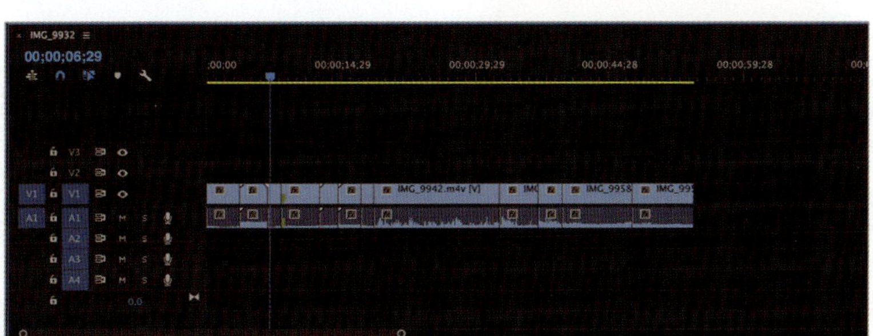

Nos aparecerán en la línea de tiempo tal como puedes observar en la imagen. La pista de vídeo (V1) y las de audio (A1, A2, A3 y A4) están separadas por una línea gris.

La Barra de herramientas se utiliza en la edición de los clips: seleccionarlos y desplazarlos, cortarlos (con la cuchilla), etc.

Saber más

Corta un clip de vídeo usando los atajos de teclado: el punto de entrada se introduce con la tecla **I**, y el de salida, con la tecla **O**. Para reproducir el clip, pulsa **L**, para parar **K**, y para ir hacia atrás, **J**.

Saber más

Se puede arrastrar solo el vídeo o el audio de un clip, pulsando sobre los iconos de **Solo Vídeo** o **Solo Audio** del Monitor de origen y llevándolos a la secuencia.

Los vídeos únicamente se pueden arrastrar hasta el canal de vídeo y los audios solo se pueden arrastrar a un canal de audio.

Saber más

Para crear una nueva secuencia, cuando ya hay una en la Línea de tiempo, pulsa sobre el clip que irá en ella y con el botón derecho selecciona **Nueva secuencia desde clip.**

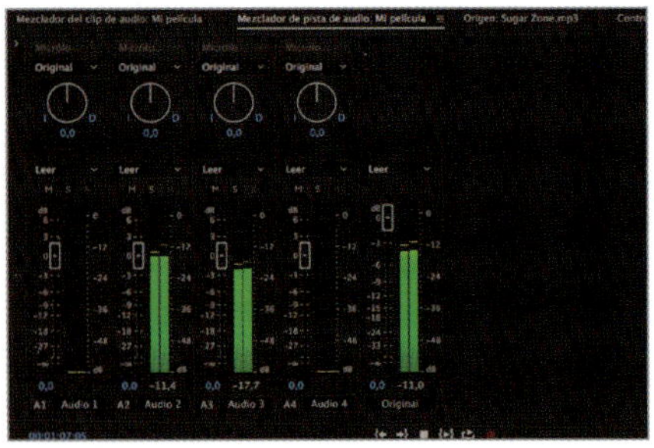

Mezclador del clip de audio.

Saber más

Otra forma de editar el audio es desde la Línea de tiempo, con bandas elásticas y fotogramas claves. Pulsa en 🔧, desmarca **Mostrar forma de onda de audio** y marca **Mostrar fotograma clave de audio.** Aparecerá sobre el clip una línea (banda elástica) que representa el volumen de la pista y que se puede subir o bajar. Al pulsar con **Ctrl** sobre la línea, añade un fotograma clave en forma de punto para editar por segmentos dentro del clip.

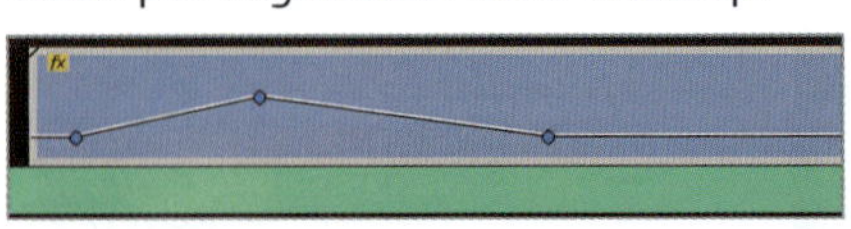

3.1. Añadir y editar un archivo de sonido

Para añadir un archivo de audio a la secuencia con la que estamos trabajando, hay que localizar el archivo de música que vas a importar en la bandeja **Audio** creada anteriormente en el Navegador de medios y arrastrarlo, desde el icono **Solo audio** del Monitor de origen, a la pista de audio de la secuencia. Ve a la parte superior de los paneles y selecciona Audio para editar el sonido.

Aparecerá un espacio de trabajo donde se puede configurar el sonido de cada pista de Audio y de la secuencia en general. Este es el panel del **Mezclador del clip de Audio.** A la izquierda de cada canal hay un deslizador que modifica el volumen de cada pista así como de la secuencia **(Máster),** subiendo el volumen si se mueve hacia arriba y bajándolo hacia abajo.

Debajo del botón circular hay un menú desplegable. Si se reproduce la secuencia con la opción **Escribir** seleccionada en una pista, y se modifica el audio de esa pista con el deslizador, subiendo cuando se quiere aumentar su volumen o bajando, se graba en la secuencia.

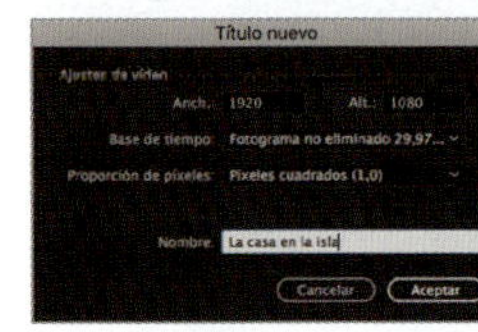

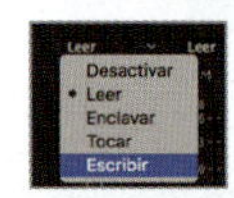

3.2. Añadir y editar un título

Activa el espacio de trabajo **Títulos** desde la barra superior de los paneles. Despliega el menú **Títulos** y selecciona **Nuevo Título → Imagen fija predeterminada.** Se abrirá una ventana donde escribiremos el nombre del título **nuevo;** pulsa en **Aceptar** y se desplegará el panel de **Títulos.** Dibuja una caja para el título. Escribe el título dentro del área marcada. Modifica el tipo de letra, estilo, tamaño, color y sus propiedades (color de fondo, opacidad, etc.) desde este panel o con las opciones que muestran los paneles **Estilos de Título** y **Propiedades del título.**

Para terminar, arrastra el título a la Línea de tiempo sobre el clip donde quieras que aparezca.

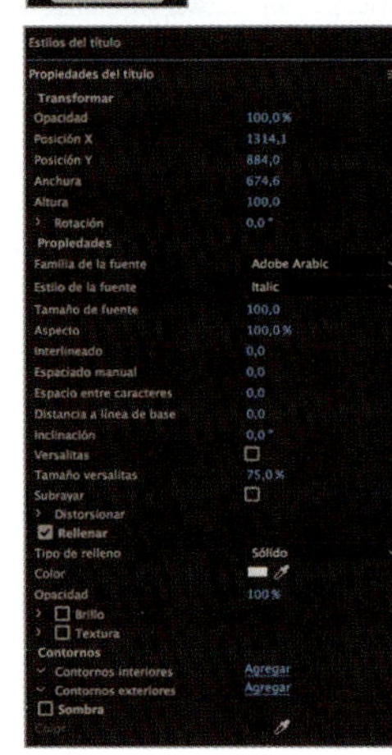

Actividad guiada. Edición de una secuencia

Nombre del documento: **Actividad 4.**

Tipo: Proyecto de Premiere Pro.

1. Importa los archivos de vídeo **Tejados.m4v** y **Músicos.m4v** (están en la carpeta del alumno). Haz clic con el botón secundario sobre el primero de ellos para crear una nueva secuencia. Incluye en ella el archivo de audio **The Spirit of Russian Love.mp3** (está en la carpeta del alumno).
2. Recorta los clips hasta conseguir fragmentos apropiados para tu secuencia. Selecciónalos con el botón derecho y a continuación selecciona Ajustar al tamaño de fotograma. Recorta también el audio e inclúyelo en la secuencia.
3. Incluye las fotos **Oporto.tiff** y **Gaviota.tiff** (están en la carpeta del alumno) al principio y al final. Sobre la primera, inserta el título "Oporto", en el estilo que consideres más apropiado.
4. Recorta con la cuchilla de la barra de herramientas el audio de música bajo el clip Músicos.
5. Reduce el volumen de la pista de música para que se pueda oír el audio original del vídeo.

Para ello, selecciona (**V**) el trozo de audio que acabas de recortar, haz clic con el botón derecho del ratón y selecciona **Ganancia de Audio.** Ajusta la ganancia en -1,2 dB y Acepta.

3.3. Añadir efectos en el vídeo y en el audio

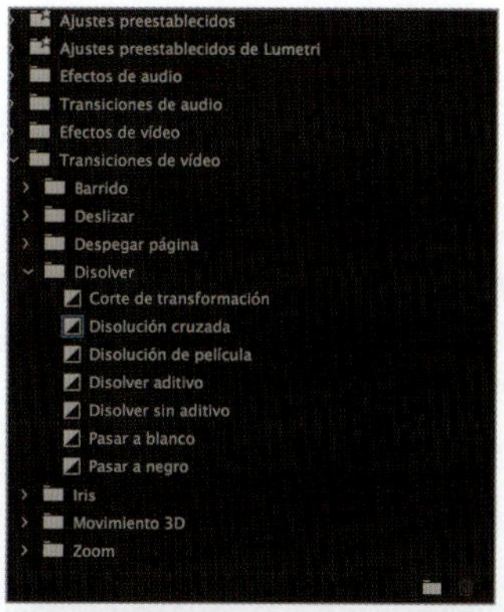

En el espacio de trabajo **Efectos,** selecciona desde el panel Efectos el que quieras aplicar y arrástralo hasta el clip correspondiente de tu secuencia. *Premiere* permite elegir entre una gran variedad de Efectos de vídeo, Efectos de audio, Transiciones de vídeo y audio (que se arrastran a la unión entre clips) y otros más avanzados, como Ajustes preestablecidos de *Lumetri,* para gestionar un acabado más profesional.

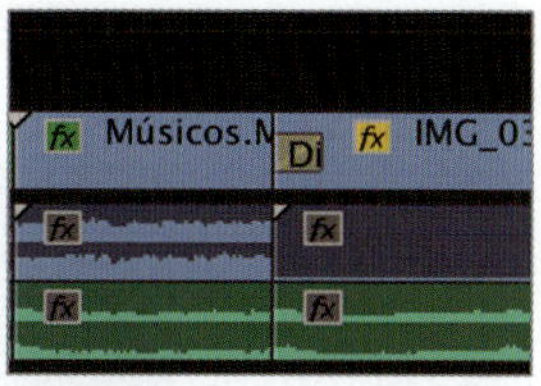

En algunos casos será necesario **Anidar** el clip para poder aplicar el efecto. Para ello, selecciona la opción **Anidar** del desplegable que aparece al pulsar sobre el clip con el botón derecho.

Al aplicar el efecto verás un símbolo en el clip del panel Línea de tiempo.

Se pueden editar las características de los efectos de cada clip desde el panel **Controles de efectos:** intensidad, resultado, método, modos de fusión, etc. Si se pulsa sobre el icono **fx** de ese panel, se desactiva/activa el efecto.

Para eliminar un efecto, hay que seleccionarlo y a continuación suprimirlo.

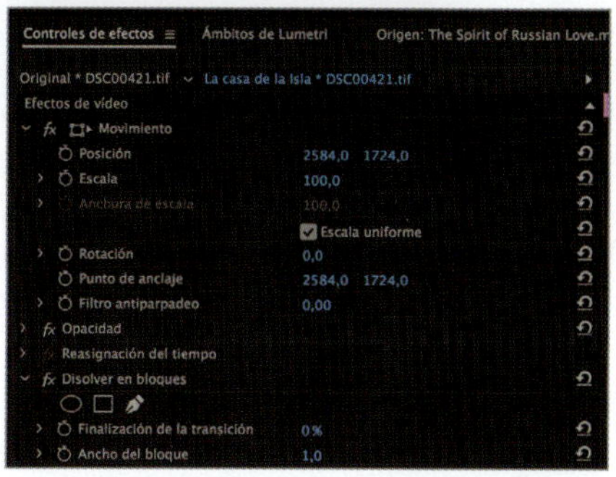

3.4. Exportar la película

Guarda el proyecto en tu carpeta desde **Archivo → Guardar Como.**

Si quieres exportar tu película a plataformas en internet, ve a **Archivo → Exportar → Medios.** Se abrirá una ventana donde especificaremos el formato de archivo en un ajuste personalizado en función de la calidad que queramos para el vídeo y el códec de compresión, entre otros parámetros.

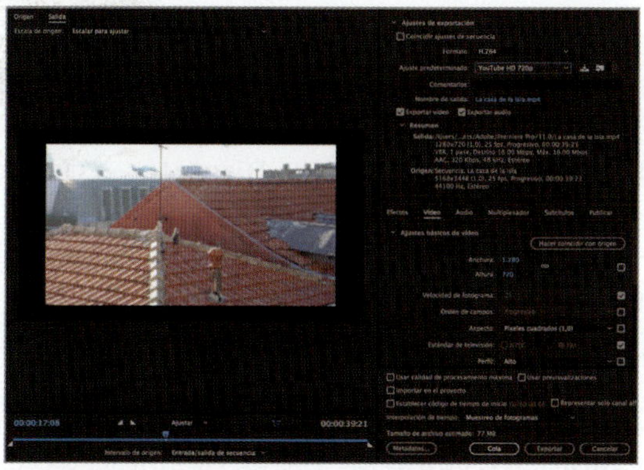

Saber más

Es frecuente que un clip, si no se ha grabado con un trípode, presente la imagen demasiado movida. Para corregirlo, anidaremos el clip y aplicaremos el efecto **Estabilizador de deformación (Efectos de vídeo → Distorsionar).**

Actividad guiada. Exportar una secuencia

Nombre del documento: **Actividad 5.**

Tipo: Proyecto de Premiere Pro.

1. Exporta la secuencia en la que has estado trabajando con **Archivo → Exportar → Medios.** Como **Formato,** selecciona **H.264,** y en **Ajuste predeterminado** elige **YouTube 720p.**

   Desde la pestaña **Publicar** puedes seleccionar una plataforma de internet donde colgar tu vídeo: Adobe Creative Cloud, Behance, Facebook, FTP, Twitter, Vimeo, YouTube. Solo tienes que introducir tu usuario y contraseña para el sitio que elijas. Pulsa en el botón **Cola.**

2. Se abrirá una pantalla del *Media Encoder de Adobe* (si no tienes este programa, deberás descargarlo de las Apps de tu cuenta de *Creative Cloud*). Pulsa en el triángulo verde del play de la esquina superior derecha para iniciar la codificación.

3. El archivo se encuentra en la carpeta que definiste para guardar el proyecto.

PRÁCTICA PROFESIONAL INICIAL RESUELTA

Edición de un vídeo para un reportaje

Abre un **Nuevo Proyecto** en *Premiere*. En la ventana que se abre, ponle por nombre *Paseo con amigos* y especifica en **Ubicación** la carpeta donde quieras que se guarde. El formato de captura será **HDV**.

1. Ve a **Archivo → Nuevo → Secuencia,** para crear y especificar las propiedades de la nueva secuencia. Debe tener al menos dos pistas de vídeo y dos de audio. Pon nombre a la secuencia, por ejemplo, *En el pinar*.
2. Importa los medios desde la carpeta **Práctica profesional inicial** de esta unidad.
3. Crea un título desde el espacio de trabajo **Títulos.** Modifica a tu gusto el tipo de letra y el fondo. En el ejemplo se ha utilizado **Arial Bold** a **Tamaño** 187, **Espacio manual** de 2, con un **Estilo predeterminado** degradado y **Fondo** en verde, y **Opacidad** al 50 %. Arrastra el título creado a la Línea de tiempo y dale una duración de 3 segundos (introduce este valor en el código de tiempo y adapta el clip a ese tamaño).
4. Incluye las fotos y los clip de vídeo que quieras que aparezcan en la secuencia (al incluirlos, en todos los clips, haz clic con el botón secundario del ratón y selecciona **Ajustar al tamaño del fotograma).**

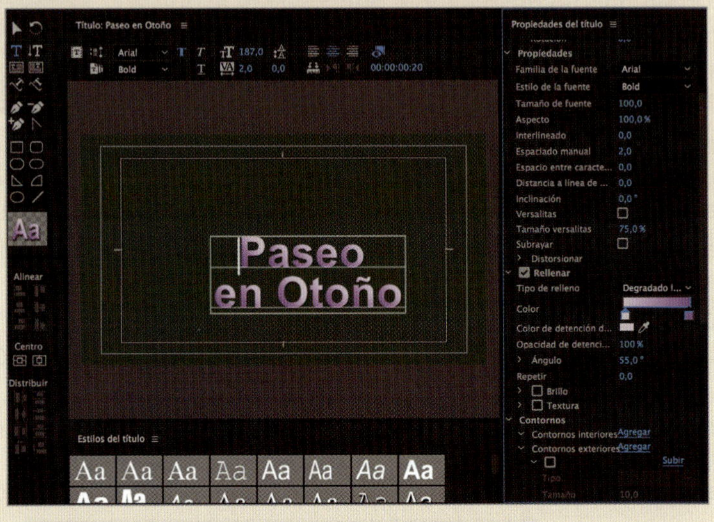

5. Incluye a continuación del título la imagen IMG_2307.jpg durante otros 3 segundos. Aplica entre ambas el efecto de transición de vídeo **Disolver aditivo:** selecciona el espacio de trabajo **Efectos,** ve a **Transición de vídeo → Disolver → Disolver aditivo.** Arrástralo hasta el corte entre ambos clips.
6. A continuación incluye el archivo **Río** completo. Aplica la transición de vídeo **Disolver → Disolución cruzada.** En el ejemplo, en este clip se han incluido dos títulos a modo de comentarios.
7. Añade nuevos clips recortados. Para ello, selecciona el archivo con doble clic y desde el **Navegador de medios** marca los puntos de entrada y salida. Arrastra el vídeo a la línea de tiempo y añade alguna transición.
8. Incluye el archivo de sonido Sugar Zone.mp3 en la pista de audio. Recorta con la cuchilla el final para que no exceda los clips de vídeo. Pulsa el icono de la herramienta en la Línea de tiempo (Ajustes de visualización de línea de tiempo) y asegúrate de que está desmarcada la opción **Mostrar forma de onda de audio** y marcada **Mostrar fotogramas clave de audio.** Expande las pistas de audio y baja el volumen de la pista de música para que se pueda oír bien el agua en el clip puente. Incluye fotogramas clave de audio haciendo clic sobre la banda elástica de las pistas de audio con la tecla **Ctrl** pulsada, para que se oiga bien a la persona que habla con el perro. Incluye otro fotograma clave al final para disminuir el volumen de la música.

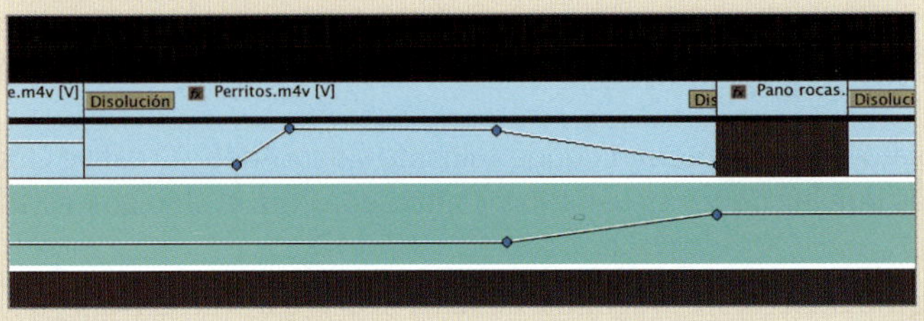

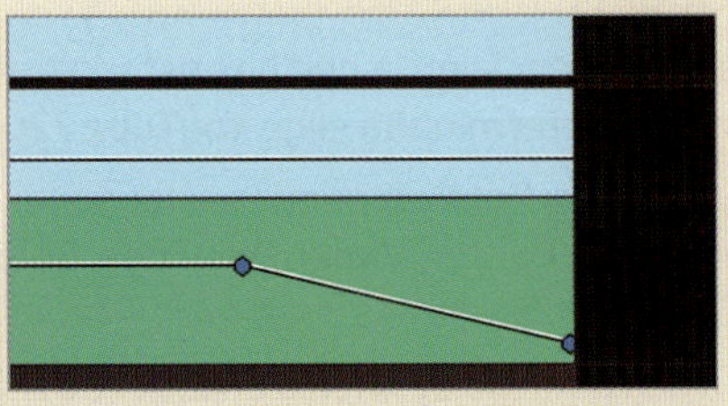

9. Guarda el proyecto: **Archivo → Guardar** y expórtalo: **Archivo → Exportar → Medios.** En **Formato,** selecciona **H.264**; en **Ajustes predeterminados,** selecciona **YouTube 720 p.** En **Ajustes básicos de vídeo,** selecciona también **Hacer coincidir con origen.** Pulsa el botón **Cola** y en la pantalla que se abre pincha en el triángulo verde **(Iniciar cola).** Cuando haya terminado, pulsa en el enlace al archivo de película que se ha creado.

PRÁCTICA PROFESIONAL PROPUESTA

Edición de un vídeo promocional de una propiedad

Objetivos

- Crear un proyecto de Adobe Premiere que permita apreciar las cualidades de un producto de una manera atractiva.
- Importar los medios necesarios (foto, audios, vídeos, etc.) que van a formar parte de la secuencia o secuencias del proyecto.
- Marcar los clips (puntos de entrada y salida) y ensamblarlos en la secuencia.
- Editar el audio para que en cada momento se oigan adecuadamente las pistas.
- Aplicar efectos y crear títulos.
- Exportar el archivo de vídeo en el formato y la calidad oportunos.

Instrucciones

En el periódico donde estás trabajando te encargan que montes un vídeo promocional de una casa junto al mar con los archivos que ha enviado el anunciante (los encontrarás en la carpeta **Azores**, dentro de la carpeta del alumno de esta unidad).

El vídeo debe tener una duración en torno a un minuto. El anuncio incorporará al menos un título que diga *La casa en la isla* y preferiblemente algunos títulos más a lo largo del vídeo describiendo las características del lugar, de la casa, etc. Por ejemplo, *Casa de 80 m² y 200 m² de jardín, junto a la Playa de Poniente; A 20 min de las fuentes termales; Muy próxima a la Laguna del Volcán Verde*, etc.

Insertarás transiciones y efectos que no recarguen demasiado el anuncio, pero que le den un cierto aspecto cinematográfico y de ensoñación. Incluirás el archivo de audio que encontrarás en la carpeta **Azores**.

Exporta el proyecto final en formato H.264 y calidad YouTube 720p.

1. Importa los archivos al proyecto que crees en Premiere. Organiza en bandejas los archivos de foto, audio y vídeo.
2. Edita los clips que integrarán el proyecto y organízalos en la secuencia. Introduce las transiciones que consideres adecuadas al tono cinematográfico del proyecto. Un truco que te puede ayudar es añadir las dos barras negras de aspecto tan cinematográfico a tu proyecto. Para ello, crea una Capa de ajuste, desde el panel Proyecto el icono de Abajo: **Nuevo elemento → Capa de ajuste.** Ponla encima de todas las pista de vídeo abarcando toda la secuencia. Ve a **Efectos → Transición de vídeo → Recortar,** y arrástralo a la Capa de ajuste. Ve a la pestaña **Controles de efectos** y pon un 14 % de recorte **Arriba** y **Abajo.**

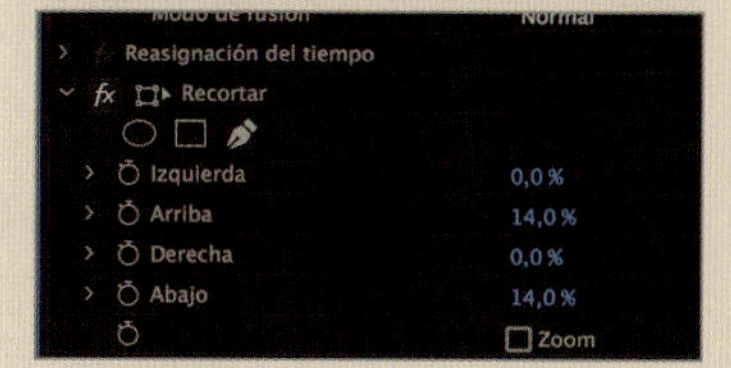

3. Crea los títulos que vas a integrar en el proyecto.
4. Incluye el audio y gestiona las bandas elásticas de cada pista para que se oiga el mar y el sonido del viento en los árboles, por encima de la música de fondo. Disminuye gradualmente el sonido al final del anuncio.
5. Cuando hayas conseguido el resultado deseado, exporta la película en el formato y la calidad solicitados

5 Microsoft Office 2016. Interfaz y privacidad

Vamos a conocer...

1. Introducción
2. La cinta de opciones
3. La barra de herramientas de acceso rápido
4. Restablecer a la configuración predeterminada
5. Iniciar sesión y compartir
6. Privacidad

PRÁCTICA PROFESIONAL INICIAL

Office 2016. Interfaz, compartir y privacidad

PRÁCTICA PROFESIONAL PROPUESTA

Manual de Word 2016. Personalización y privacidad

Y al finalizar esta unidad...

- Conocerás la interfaz común de las aplicaciones de Microsoft Office 2016.
- Sabrás personalizar las cintas de opciones y las barras de herramientas de acceso rápido.
- Podrás restablecer las aplicaciones a su configuración predeterminada.
- Colaborarás en línea en la edición de documentos.
- Habrás aplicado medidas para salvaguardar la privacidad.

Práctica profesional inicial

Office 2016. Interfaz, compartir y privacidad

Has comenzado a trabajar recientemente en el departamento administrativo de un periódico regional. Son las 11 de la mañana y el director del departamento te ha pedido realizar una serie de tareas, que deberán estar listas en un plazo máximo de dos horas.

1. En su ordenador está instalado Office 2016 y él utiliza con mucha frecuencia determinadas herramientas que desearía tener agrupadas. Concretamente, desea que crees una pestaña nueva llamada **Mis herramientas habituales.** Dentro de ella habrá dos grupos, cada uno de ellos con sus comandos:

   a) Grupo **Ilustraciones:**
   - Ajustar el dibujo al contenido.
   - Ajustar el tamaño del dibujo.
   - Alinear objetos.
   - Cambiar el tamaño del organigrama.

   b) Grupo **Tablas:**
   - Centrar verticalmente.
   - Combinar o dividir celdas.
   - Eliminar filas, columnas o celdas.
   - Pegar tabla mediante anidamiento.

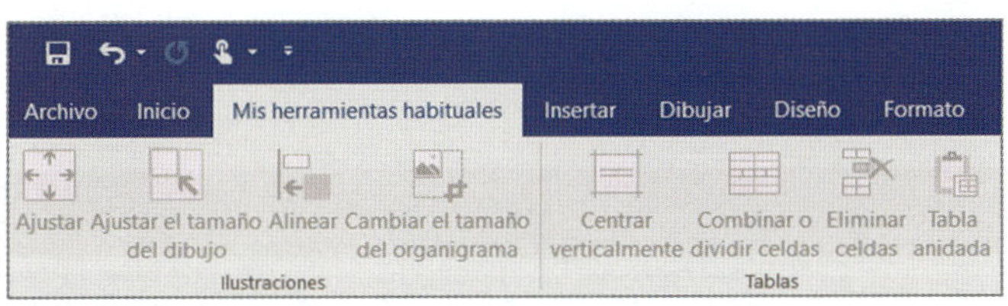

2. Su ordenador dispone de pantalla táctil y desearía que en la barra de herramientas de acceso rápido apareciera el comando **Modo mouse/táctil.** Deberás configurar la barra para tal fin.

3. Te pide que crees un documento de Word para que los diez reporteros internacionales, que están actualmente en sus países de destino, puedan anotar el mes que prefieren para sus vacaciones de verano. Ese documento deberá ser subido a **OneDrive** y compartido con todos ellos, con la indicación de que escriban y compartan sus preferencias en el plazo máximo de una semana.
4. Te comenta algo que ha ocurrido esta mañana temprano. Ha recibido por correo postal un CD con remitente anónimo. El CD contiene un documento de Word con una información muy interesante cuya veracidad vale la pena ser investigada. En el documento tampoco hay nombre o firma del remitente. Desearía saber si puedes **averiguar algo más acerca del documento y de la persona** que lo redactó. En caso afirmativo, indica qué y cómo.
5. Por último, te entrega un portátil que ha utilizado durante mucho tiempo un empleado que ya no trabaja en el periódico, y que tiene instalado Office 2016. La persona que lo ha sustituido dice que está acostumbrada a la **configuración predeterminada** de la cinta de opciones de Word y en este ordenador se han hecho cambios: pestañas desordenadas, otras desaparecidas y algunas desconocidas para esa persona. Te pregunta si puede tratarse de algún virus y, en cualquier caso, si puedes hacer algo para que esa aplicación muestre la cinta de opciones en su forma por defecto.

En un documento de texto que guardarás en la carpeta de esta unidad con el nombre Office 2016, responde, paso a paso, cómo resolverías las tareas encomendadas, cuánto **tiempo** deberías dedicar aproximadamente a cada una de ellas y si podrías tenerlo todo listo en esas dos horas de plazo.

1. Introducción

Las aplicaciones del paquete ofimático Microsoft Office 2016 tienen características comunes, que desarrollaremos en esta unidad.

2. La cinta de opciones

Podemos definir la cinta de opciones como un conjunto de herramientas organizadas en pestañas. Cada pestaña contiene grupos de opciones que tienen su nombre. Cada grupo contiene sus propias opciones o herramientas.

A continuación puedes observar las cintas de opciones de Word, Excel, PowerPoint y Access, respectivamente, todas ellas con la pestaña Inicio activa.

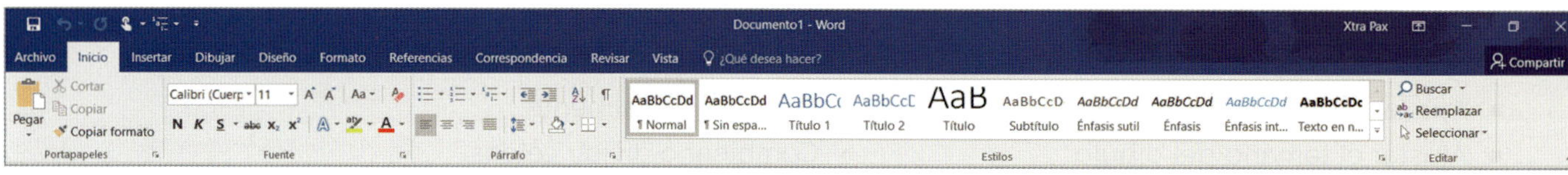

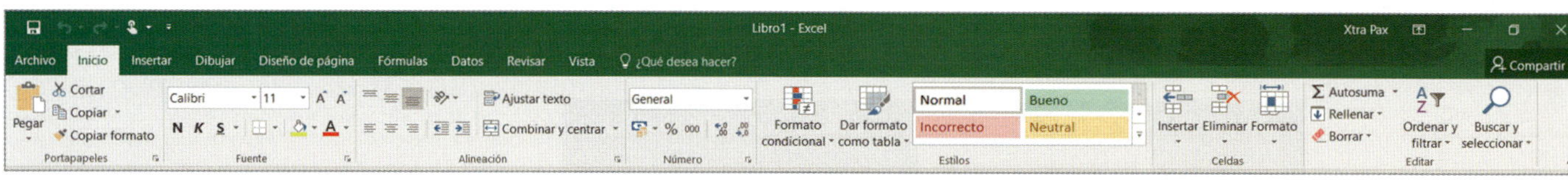

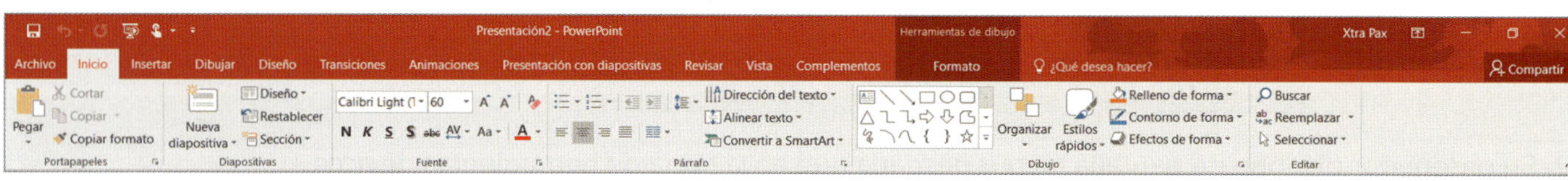

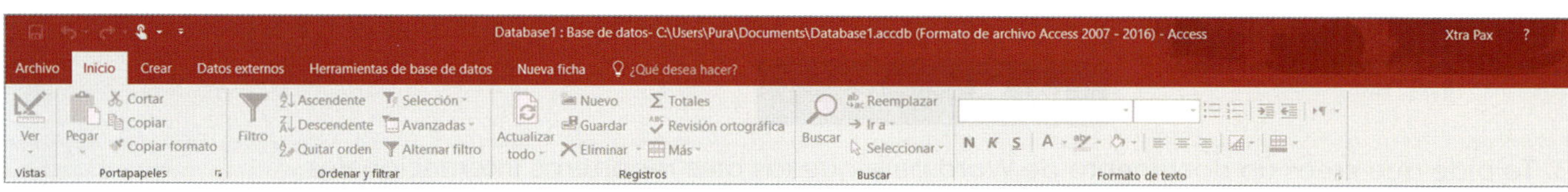

Ejemplo. Cinta de opciones de Word 2016

En la siguiente imagen está la cinta de opciones de Word 2016. Como podemos ver, hay varias pestañas: Inicio, Insertar, Dibujar, Diseño, Formato, Referencias, Correspondencia, Revisar y Vista (Archivo no es una pestaña).

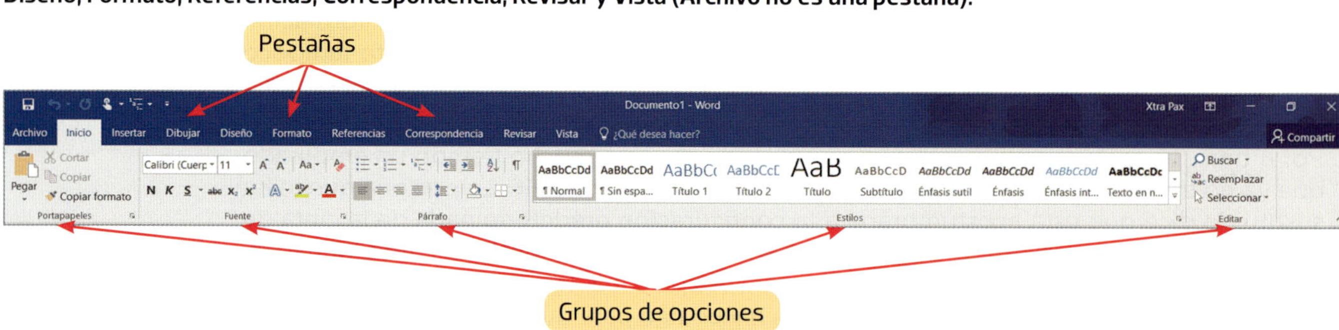

En la imagen está activa la pestaña **Inicio**, que contiene los grupos de opciones Portapapeles, Fuente, Párrafo, Estilos y Editar.

Si nos fijamos, por ejemplo, en el grupo **Fuente**, veremos que contiene opciones o herramientas que hacen referencia a las fuentes, como su nombre, tamaño, color, fondo y otras características. Lo mismo sucede con el resto de pestañas y de grupos: cada pestaña contiene grupos de opciones y herramientas relacionadas con lo que sugiere dicha pestaña.

2.1. Contraer y expandir la cinta de opciones

Si se necesita más espacio para ver el documento, la cinta de opciones se puede **contraer** haciendo clic con el botón secundario en cualquiera de las pestañas y a continuación pulsando sobre «Contraer la cinta de opciones». Este proceso es reversible si se siguen los mismos pasos y se deja sin marcar «Contraer cinta de opciones». Si la cinta está contraída, pero se desea **expandir temporalmente** basta un solo clic con el botón primario en una pestaña.

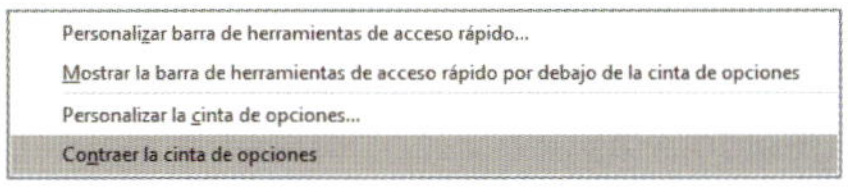

Actividad propuesta. Expandir y contraer la cinta de opciones

Nombre del documento: **Actividad 1.**

Tipo: Documento de Word.

En esta actividad se usarán distintos métodos para contraer y expandir la cinta de opciones de Word, Excel y PowerPoint.

1. Abre un documento en blanco de Word, en el que insertarás las explicaciones e imágenes recortadas que describan los pasos seguidos en las próximas instrucciones.
2. Contrae la cinta de opciones haciendo clic con el botón secundario del ratón en cualquiera de las pestañas y seleccionando la opción adecuada.
3. Expande la cinta de opciones. Esta vez el método utilizado será hacer doble clic con el botón secundario del ratón sobre cualquiera de las pestañas.
4. Vuelve a contraer la cinta de opciones utilizando la flecha de su parte inferior derecha.

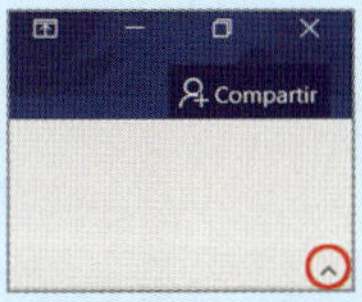

5. Expande provisionalmente la cinta de opciones. ¿Qué aparece en el extremo inferior derecho de la cinta una vez expandida provisionalmente?
6. Expande de forma permanente la cinta de opciones haciendo clic con el botón secundario del ratón sobre cualquier pestaña.
7. Sin cerrar el documento de Word, abre Microsoft Excel con un libro en blanco.
8. Contrae la cinta de opciones de Excel mediante la flecha de la parte inferior derecha de la misma.
9. Expande la cinta de opciones de Excel por cualquiera de los métodos que ya has practicado.
10. Cierra la aplicación Excel sin guardar el documento.
11. Abre Microsoft PowerPoint con una presentación en blanco.
12. Contrae la cinta de opciones de PowerPoint haciendo uso del botón secundario del ratón sobre cualquiera de las pestañas.
13. Expande permanentemente la cinta de opciones de PowerPoint, eligiendo cualquier método de los que has usado anteriormente.
14. Cierra la aplicación PowerPoint sin guardar el documento.
15. Guarda el documento de Word, con el nombre y tipo indicados al principio, en la carpeta correspondiente a esta unidad didáctica.

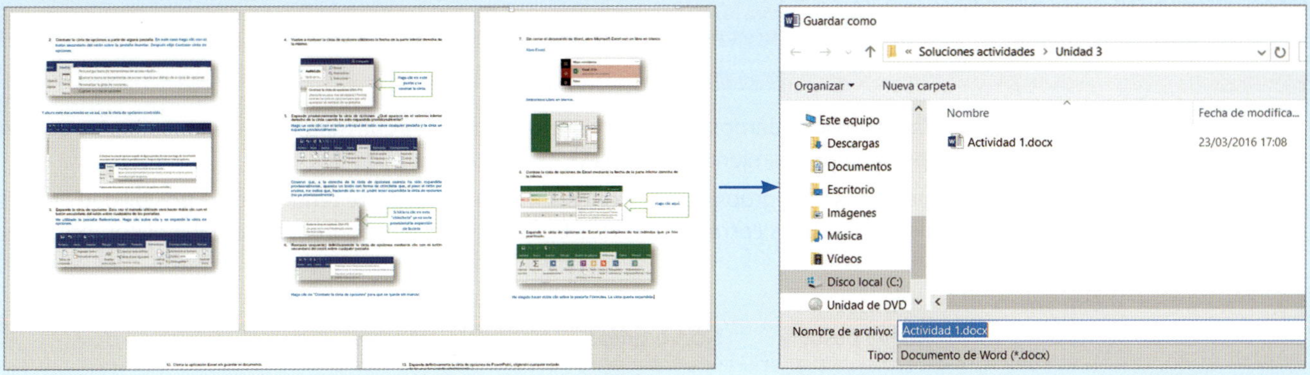

Saber más

Debido a las actualizaciones frecuentes de Office, es posible que la cinta de opciones predeterminada tenga más o menos pestañas de las que aquí se indican, o una distribución diferente, que sabremos modificar personalizando la cinta.

2.2. Personalizar la cinta de opciones

La cinta de opciones que viene por defecto se puede personalizar para adaptarla a las necesidades de los usuarios, de modo que las opciones que se utilizan con más frecuencia puedan estar en un lugar visible.

En cualquiera de las aplicaciones Word, Excel y PowerPoint, podemos acceder a la ventana de personalización de la cinta de opciones de dos formas:

1. Desde la pestaña Archivo → Opciones (en el margen izquierdo) → Personalizar cinta de opciones (en el margen izquierdo).
2. Haciendo clic en cualquier pestaña con el botón secundario y seleccionando «Personalizar la cinta de opciones».

Ejemplo. Ventana de personalización de la cinta de opciones de Word 2016

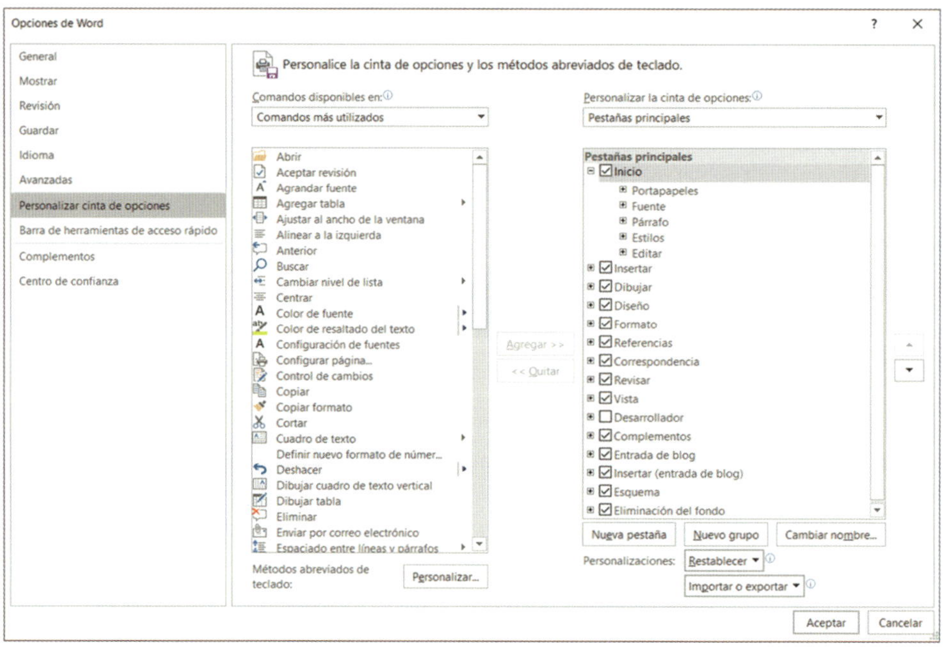

Como podemos apreciar, hay una columna a la izquierda, que es donde se debe seleccionar «Personalizar cinta de opciones». A la derecha se encuentran dos columnas para la personalización. **La de la izquierda contiene comandos** (opciones) y **la de la derecha, pestañas y grupos.**

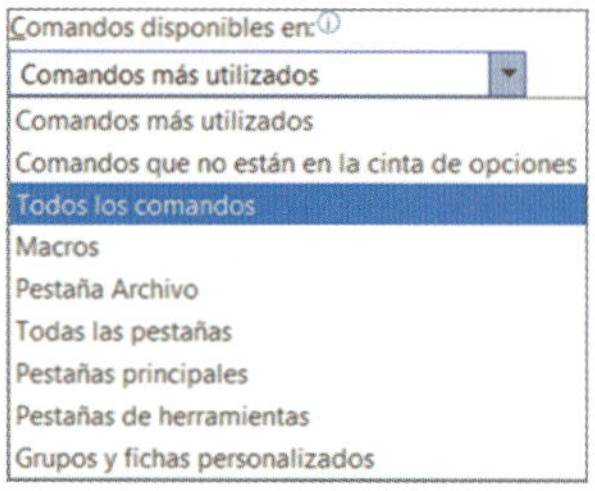

En la columna de personalización de la izquierda podemos tener a la vista los comandos que más se emplean, todos los comandos o verlos de manera más filtrada (por pestañas, herramientas, macros...).

En la columna derecha se hallan las pestañas y los grupos de opciones. En esa misma parte tendremos la posibilidad de agregar nuevas pestañas, o nuevos grupos, pulsando en los correspondientes botones. También podremos cambiar el nombre a los que creemos o a los ya existentes.

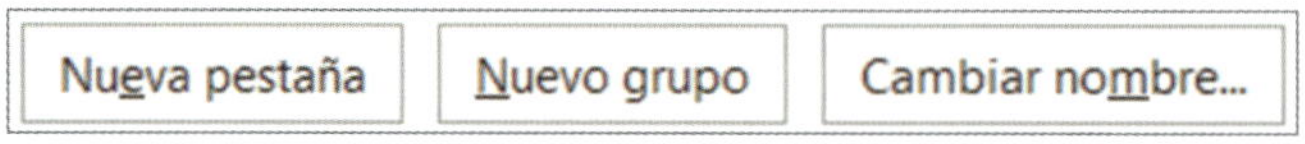

Actividad guiada. Crear pestaña y grupo

Nombre del documento: **Actividad 2.**

Tipo: Documento de Word.

1. Abre un documento en blanco de Word, que aprovecharemos para crear **una pestaña** nueva. La nueva pestaña contendrá un **grupo** con sus **opciones.** Lo veremos en las siguientes instrucciones.
2. En primer lugar, abre la ventana de personalización de la cinta de opciones. Observa la columna de la derecha en donde están marcadas las pestañas que tenemos en Word. Deseamos insertar una pestaña nueva después de la que tiene por nombre Formato. Por lo tanto, la vamos a seleccionar con el ratón. Hacemos clic en el botón **Nueva pestaña.** Se insertará una nueva pestaña, aún sin nombre, debajo de Formato. La pestaña nueva también contendrá un grupo, que podremos renombrar.

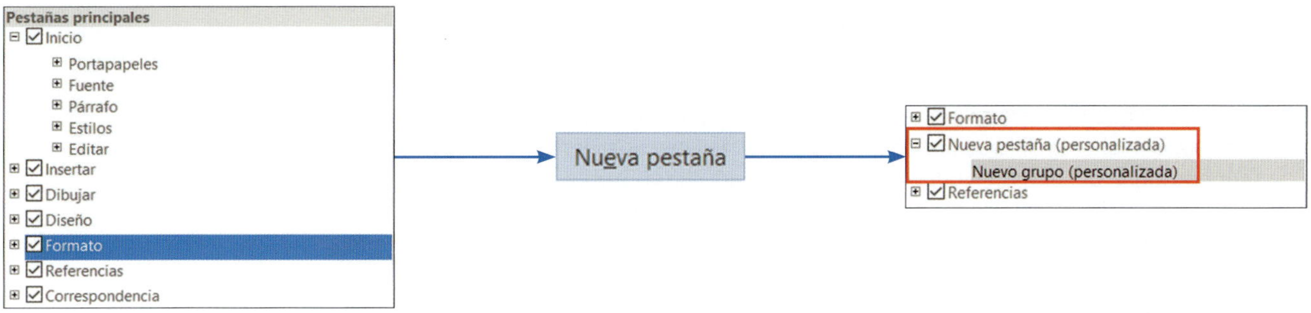

3. Hacemos clic con el botón secundario sobre **Nueva pestaña (personalizada)** y elegimos **Cambiar nombre.** Se llamará **Mi pestaña.**

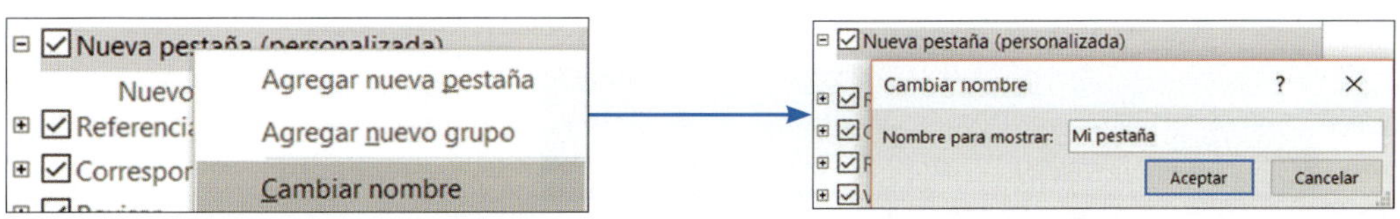

4. Ahora cambiaremos el nombre del grupo que se ha creado debajo de Mi pestaña. Lo llamaremos **Mover objetos** en lugar de Nuevo grupo. Procede de forma similar a como se ha cambiado el nombre a la pestaña.
5. Selecciona con el ratón nuestro grupo Mover objetos. A continuación, en la parte superior de la columna izquierda, deseamos que se muestren los comandos que no están en la cinta de opciones.

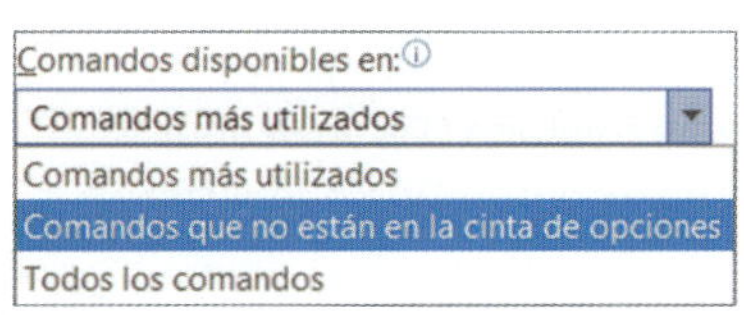

6. Nos aseguramos de tener aún seleccionado nuestro nuevo grupo, llamado Mover objetos. Ahora buscaremos en la columna de comandos los siguientes, que iremos agregando a nuestro grupo mediante el botón **Agregar.** Al terminar, la pestaña y el grupo habrán quedado configurados como se ve en la imagen izquierda. Si aceptamos y comprobamos las pestañas de Word, estará la recién creada con su nuevo grupo de opciones (imagen derecha).

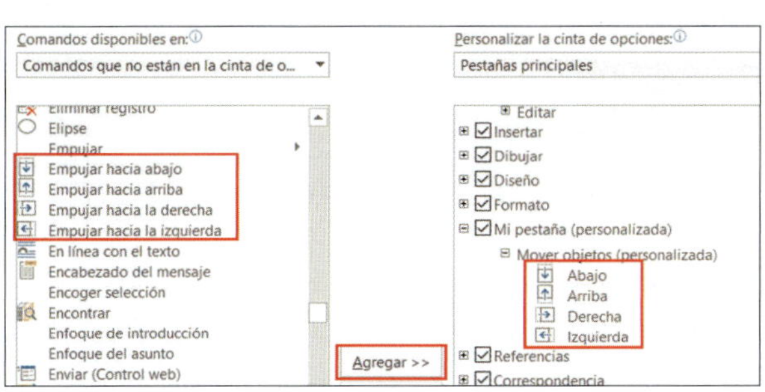

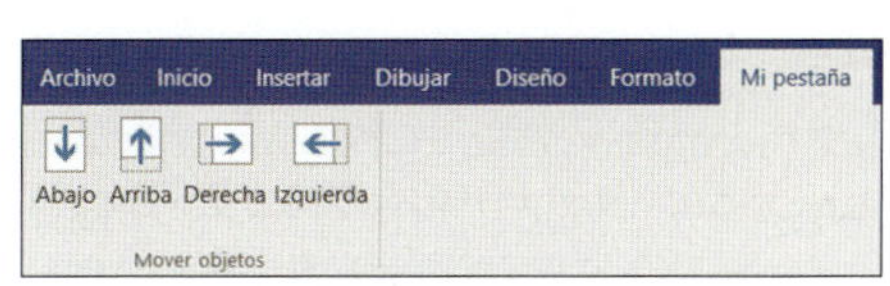

7. Escribe en el documento de Word un pequeño resumen de lo que has aprendido en esta actividad. Guarda el documento con su nombre y tipo en la carpeta de actividades de esta unidad.

Actividad propuesta. Crear grupo y pestaña

Nombre del documento: **Actividad 3.**

Tipo: Documento de Word.

1. Abre un documento en blanco de Word, en el que explicarás los pasos que has seguido para realizar las actividades que indican las instrucciones siguientes, con imágenes recortadas que complementen las explicaciones.
2. Sin cerrar el documento de Word, abre un libro en blanco de Excel 2016.
3. En la **pestaña Inicio** de Excel, crea un nuevo grupo llamado **Utilidades.** Agrega a ese grupo los comandos siguientes:
   - Brillo.
   - Calculadora.
   - Contraste.
   - Inmovilizar paneles.
4. Comprueba que el nuevo grupo ya aparece en el libro de Excel. Vemos que está al final de la cinta de opciones, pero queremos que aparezca en **segundo lugar,** después del grupo Portapapeles. Para ello volvemos a la personalización de la cinta de opciones. Seleccionamos el grupo Utilidades y lo desplazamos con el botón arriba o abajo hasta tenerlo en la segunda posición (ver imagen lateral).

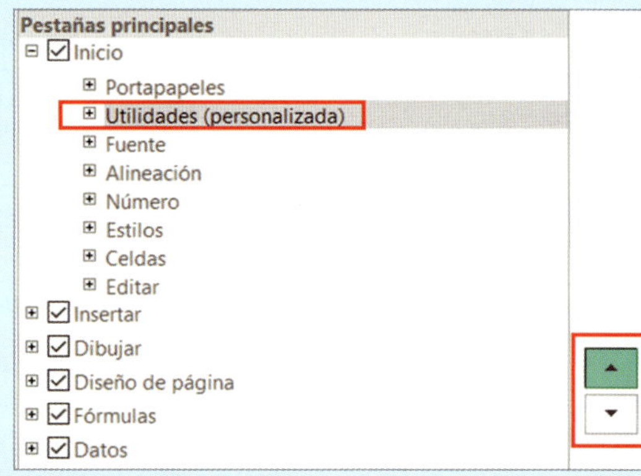

5. Después de haber aceptado, encontraremos que nuestro nuevo grupo aparece, como hemos decidido, a continuación del grupo Portapapeles en la pestaña Inicio.

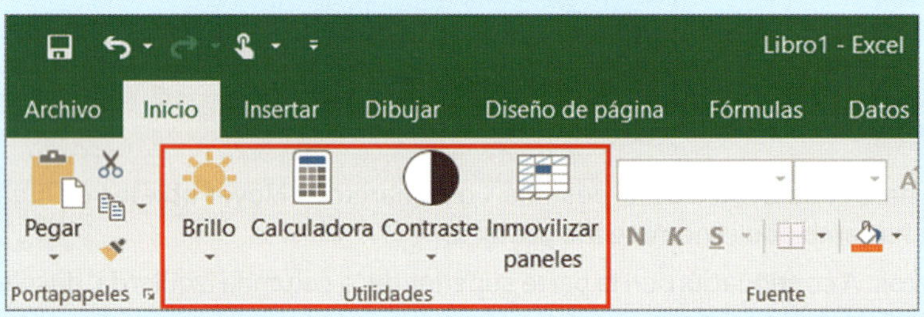

6. Volvamos a la ventana de personalización de la cinta de opciones de Excel. Observamos en la columna de la derecha si hay alguna pestaña que no está marcada. Por defecto, viene sin marcar la pestaña Desarrollador. Si, en efecto, está sin marcar, márcala. Acepta y comprueba que dicha pestaña ahora está visible.

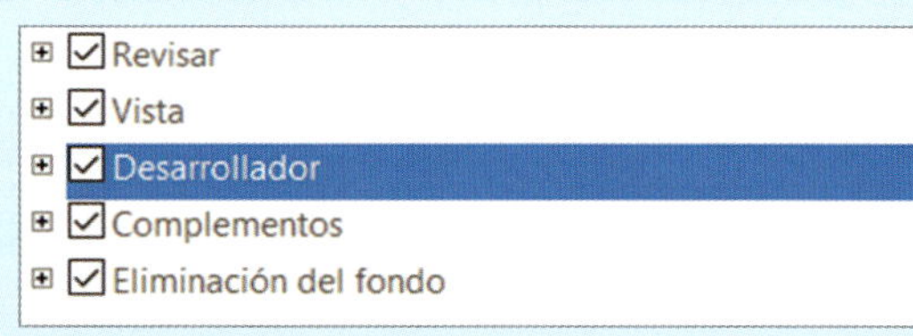

7. Cierra, sin guardar, el libro de Excel.
8. Abre una presentación en blanco de PowerPoint 2016.
9. Crea en PowerPoint una nueva pestaña llamada **Mi pestaña.** Agrega a esa pestaña un grupo llamado **Utilidades.** Dentro de dicho grupo estarán los comandos siguientes: Impresión rápida, Más autoformas y Quitar hipervínculo.
10. Haz que la nueva pestaña aparezca en tercer lugar, después de Inicio e Insertar.

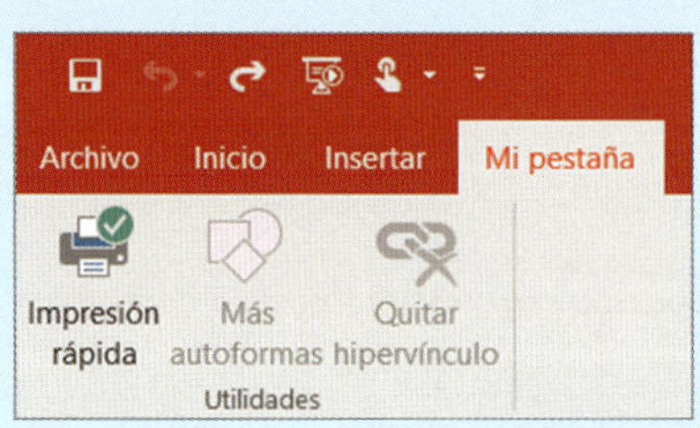

11. Si has tenido dificultades para realizar esta actividad, repasa el ejemplo del epígrafe 2.2 y haz de nuevo la actividad 2.
12. Completa las explicaciones de esta actividad en el documento abierto de Word. Guarda el documento con el nombre y tipo arriba indicados en la carpeta de actividades de esta unidad.

3. La barra de herramientas de acceso rápido

Se encuentra, de forma predeterminada, en el ángulo superior izquierdo de la cinta de opciones. Contiene **los comandos que más se suelen utilizar** y estará siempre visible, independientemente de la pestaña que se encuentre activa.

Por defecto, suele contener los comandos:

- Guardar.
- Deshacer.
- Repetir escritura.
- Rehacer.
- Si se está utilizando un ordenador con pantalla táctil, puede que adopte por defecto, además, el comando Modo mouse/táctil.

En las imágenes de la derecha mostramos las barras de acceso rápido de Word, Excel, PowerPoint y Access, respectivamente.

La barra de herramientas de acceso rápido puede mostrarse también debajo de la cinta de opciones.

Además de los comandos que vienen por defecto, podemos agregar otros que nos resulten útiles y que utilicemos con frecuencia. Este proceso se puede llevar a cabo de distintas formas.

Para manejar correctamente todo lo relativo a la barra de herramientas de acceso rápido, proponemos las actividades que siguen.

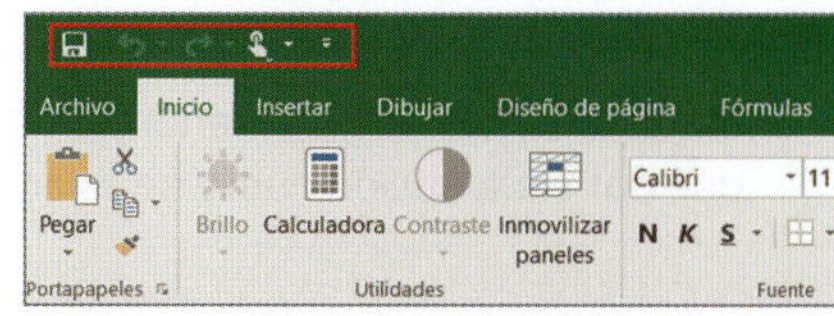

Actividad guiada. Mostrar acceso rápido abajo

Nombre del documento: **Actividad 4.**

Tipo: Documento de Word.

1. Abre un documento de Word en blanco.
2. Pulsa la flechita que hay a la derecha de la barra de acceso rápido.
3. Elige **Mostrar debajo de la cinta de opciones.** Desde ese momento la barra de acceso rápido se mostrará debajo de la cinta de opciones.
4. Escribe en el documento de Word lo que has aprendido de esta actividad.
5. Guarda el documento con el nombre y tipo indicados en la carpeta de actividades de esta unidad.

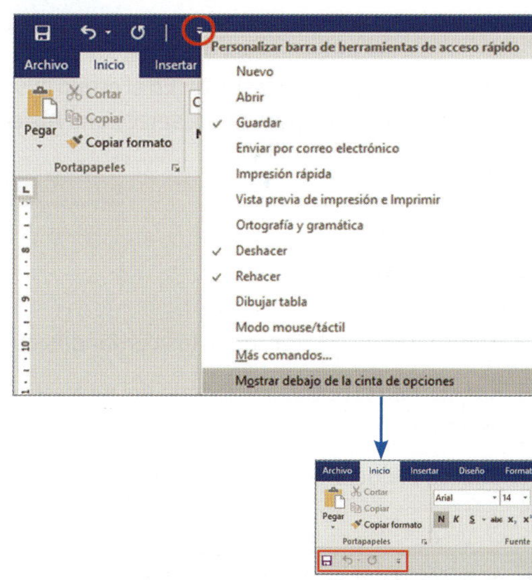

Actividad propuesta. Mostrar acceso rápido arriba

Nombre del documento: **Actividad 5.**

Tipo: Documento de Word.

En la actividad anterior hemos colocado la barra de acceso rápido debajo de la cinta de opciones. En esta actividad vamos a volver a colocarla en la parte superior.

1. Abre un documento de Word en blanco en el que explicarás los pasos seguidos para conseguir lo que indican las siguientes instrucciones. Utiliza imágenes recortadas para ilustrar las explicaciones.
2. Coloca la barra de herramientas de acceso rápido de Word encima de la cinta de opciones.
3. Guarda el documento de Word en la carpeta de esta unidad con sus explicaciones e imágenes debidamente recortadas.

Actividad guiada. Agregar y eliminar comandos de acceso rápido

Nombre del documento: **Actividad 6.**

Tipo: Documento de Word.

1. Abre un documento de Word en blanco.
2. Pulsa sobre la flecha de la derecha de la barra de acceso rápido. Observa si las opciones que hay marcadas por defecto son: Guardar, Deshacer, Rehacer.
3. Marca, además de las anteriores, las opciones **Nuevo, Abrir** y **Vista previa de impresión** e **Imprimir.** Al mismo tiempo, comprueba que por cada opción nueva se va agregando un nuevo botón a la barra de acceso rápido.

No solamente podremos tener los comandos que vienen por defecto o los que aparecen como opción al pulsar en el lateral de la barra de acceso rápido, sino que podremos agregar cualquier otro comando, lo cual es posible realizar de dos maneras, como veremos en los dos puntos siguientes de esta actividad.

4. Haz clic en la flecha de la derecha de la barra de acceso rápido. Elige **Más comandos.** Se abre un cuadro de diálogo. A la izquierda quedará marcado **Barra de herramientas de acceso rápido.** En el centro vamos a dejar seleccionado **Comandos más utilizados,** que están dispuestos en orden alfabético. Elige **Insertar comentario.** Pulsa sobre **Agregar** y luego en **Aceptar.** Comprueba que ya está visible el nuevo comando en la barra de acceso rápido.

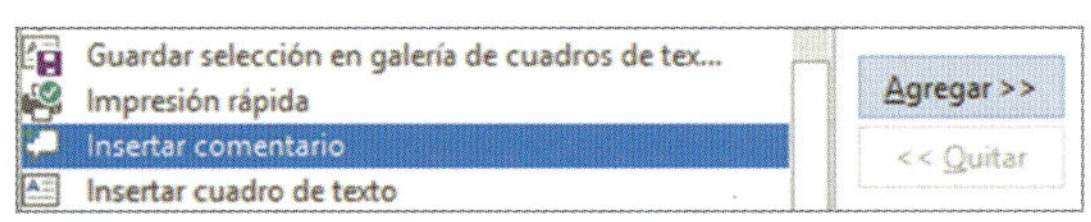

5. Ten activa la pestaña **Insertar.** En el grupo Ilustraciones haz clic con el botón secundario del ratón sobre el comando **Captura.** De las opciones que aparecerán, selecciona **Agregar a la barra de herramientas de acceso rápido.**

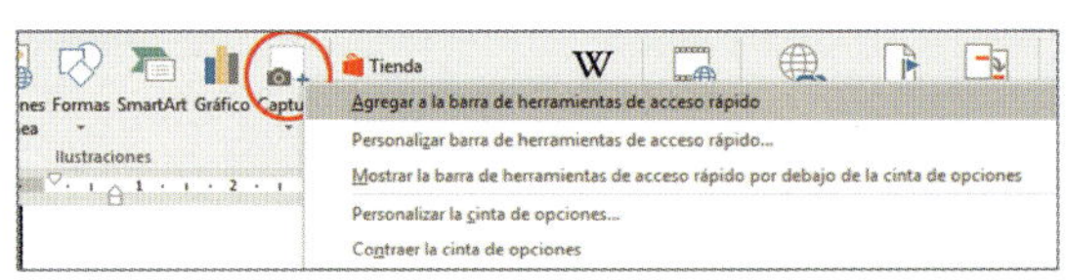

Ahora vamos a quitar todos los comandos que hemos ido agregando a la barra.

6. Haz clic con el botón secundario del ratón sobre cada uno de los comandos que hemos agregado y elige **Eliminar de la barra de herramientas de acceso rápido.** Deja solamente los que venían de forma predeterminada: **Guardar**, **Deshacer** y **Rehacer.**
7. Guarda el documento en la carpeta de actividades de esta unidad con un pequeño resumen de lo aprendido en esta actividad.

Actividad propuesta. Agregar comandos a la barra de acceso rápido

Nombre del documento: **Actividad 7.**

Tipo: Documento de Word.

1. Crea un documento nuevo de Word en el que escribirás los pasos seguidos sobre la aplicación PowerPoint.
2. De cualquiera de las formas que se han visto en la actividad anterior, agrega a la barra de herramientas de acceso rápido de PowerPoint los siguientes comandos y luego cierra PowerPoint sin guardar la presentación abierta.
   - Ortografía.
   - Agregar un hipervínculo.
   - Traducir.
3. Guarda el documento de Word en la carpeta de actividades de esta unidad, anotando los pasos seguidos y las imágenes recortadas que correspondan.

4. Restablecer a la configuración predeterminada

Después de haber manipulado la cinta de opciones y su barra de herramientas de acceso rápido, es posible que debamos, por alguna razón, dejarlo todo tal como estaba de forma predeterminada cuando instalamos las aplicaciones. Pero... ¿quién se acuerda de cómo estaba todo al principio? ¿Cuáles eran las pestañas que teníamos en Word o en PowerPoint? ¿En qué orden estaban? ¿Cuáles son las pestañas y grupos que hemos agregado de forma personalizada? Lo vemos a continuación.

Actividad guiada. Restablecer personalizaciones

Nombre del documento: **Actividad 8.**

Tipo: Documento de Word.

1. Crea un documento nuevo de Word.
2. Desde Archivo, haz clic en **Opciones → Personalizar cinta de opciones.**
3. Debajo de la columna derecha, haz clic en **Restablecer.**

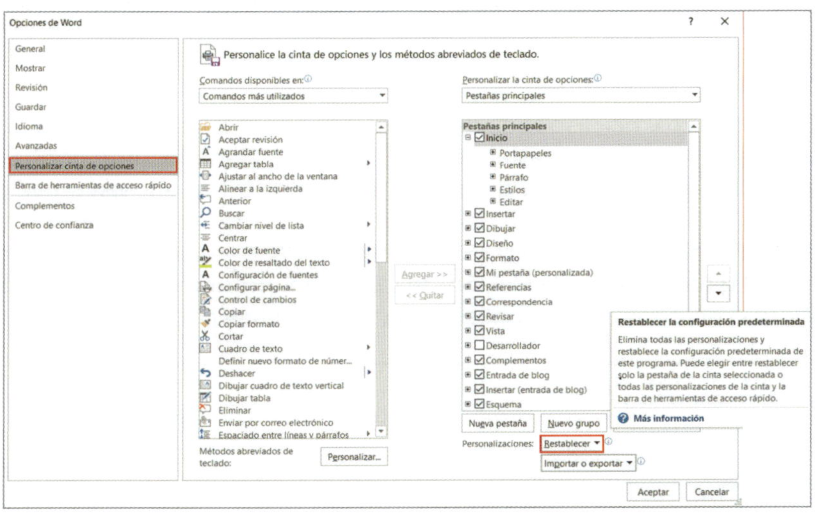

> **NOTA:** También se pueden restablecer todas las personalizaciones si en el margen izquierdo elegimos Barra de herramientas de acceso rápido.

4. Selecciona la opción **Restablecer todas las personalizaciones.** Después, pulsa en **Aceptar**.

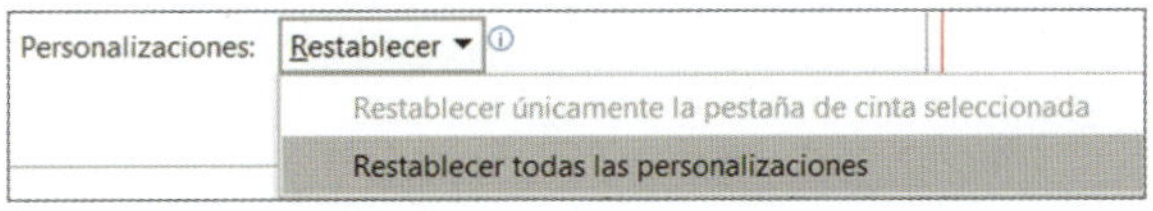

5. Escribe en el documento de Word un pequeño resumen de lo que has aprendido al realizar esta actividad. Guarda el documento con su nombre y tipo en la carpeta correspondiente.

Actividad propuesta. Restablecer personalizaciones

Nombre del documento: **Actividad 9.**

Tipo: Documento de Word.

1. Crea un documento nuevo de Word en blanco en el que explicarás cada paso dado en esta actividad, incluyendo las imágenes que sean necesarias, debidamente recortadas.
2. Restablece todas las personalizaciones de PowerPoint y de Excel.
3. Comprueba que se han aplicado los cambios.
4. Guarda el documento de Word con el nombre y tipo arriba indicados en la carpeta correspondiente de actividades.

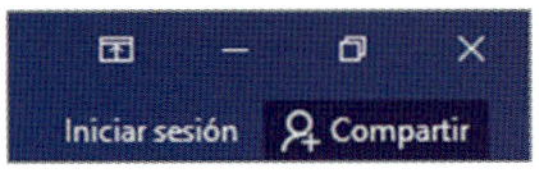

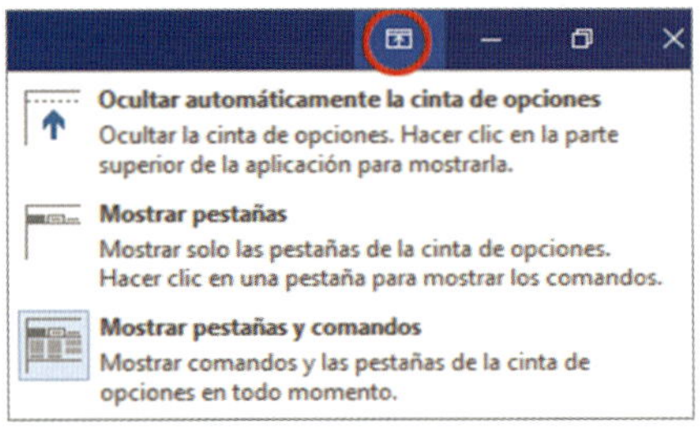

Navega

Para obtener mayor información sobre el inicio de sesión, visita el sitio:

- <www.microsoft.com/account>

Navega

Preguntas frecuentes sobre Office 2016 (compra) y Office 365 (suscripción)

- <https://products.office.com/es-es/microsoft-office-for-home-and-school-faq>

5. Iniciar sesión y compartir

En el extremo superior derecho de la cinta de opciones nos encontramos con los clásicos botones para minimizar, ajustar tamaño de la ventana y cerrar.

Además, encontramos estos otros botones:

- **Opciones de presentación de la cinta de opciones** .

  Con este botón podremos elegir la forma en que vemos la cinta de opciones, ya sea solamente con pestañas, completa (pestañas y comandos) o que se oculte automáticamente (ver imagen en el margen).

- **Iniciar sesión** Iniciar sesión .

  En caso de ver nuestro nombre en lugar de «Iniciar sesión», eso significa que ya hemos iniciado sesión con nuestra cuenta de usuario de Microsoft.

  Una vez que se ha iniciado sesión, podremos, entre otras cosas, guardar nuestros archivos en la nube (en OneDrive).

Antes de iniciar sesión en Microsoft hay que tener en cuenta estas dos cosas:

a) Si dispones de una cuenta de Outlook, Live o Hotmail, ya tienes una cuenta Microsoft. Basta entonces hacer clic en **Iniciar sesión** y escribir esa dirección y su contraseña.

b) Si, en cambio, no dispones de una de esas cuentas o bien necesitas dar de alta en Microsoft otra cuenta de correo (por ejemplo, de Yahoo!, Gmail, etc.), deberás registrarla del siguiente modo: Entrar en <www.live.com> y **registrar** en Microsoft la nueva cuenta de correo. A continuación, nos pedirá la dirección de correo que se desea dar de alta y le crearemos una contraseña. Tras la verificación de la cuenta, podremos **iniciar sesión** en Word o en otras aplicaciones de Microsoft Office con esa cuenta.

Actividad propuesta. Iniciar sesión en Microsoft

Nombre del documento: **Actividad 10.**

Tipo: Documento de Word.

1. Abre un documento de Word en blanco.
2. Inicia sesión en Microsoft de cualquiera de las dos formas descritas anteriormente. A partir de ese momento, en el lugar donde antes aparecía Iniciar sesión, se mostrará tu nombre de usuario.
3. En el documento de Word, escribe:
   a) Cuál de los dos procedimientos arriba indicados has debido seguir para iniciar sesión.
   b) ¿Qué podremos hacer en Word o en cualquiera de las otras aplicaciones del paquete Microsoft Office una vez que hemos iniciado sesión?
4. Guarda el documento de Word en la carpeta correspondiente con el nombre y el tipo que se indican al principio de esta actividad.

Registrar y crear cuenta Microsoft

- **Compartir** Compartir

 Cuando pulsamos el botón **Compartir,** tenemos la posibilidad de subir nuestro archivo a la nube y compartirlo con otras personas en OneDrive.

 En primer lugar nos aparecerá la primera ventana en la que habrá que pulsar sobre el botón **Guardar en la nube.**

 A continuación se abrirá la ventana de **Guardar como,** en la que elegiremos **OneDrive.** Se nos pedirá nuestra dirección de correo electrónico asociada a Microsoft y la contraseña. Por último, agregaremos las direcciones de personas con las que vamos a compartir el documento, indicando si pueden editarlo o solamente visualizarlo.

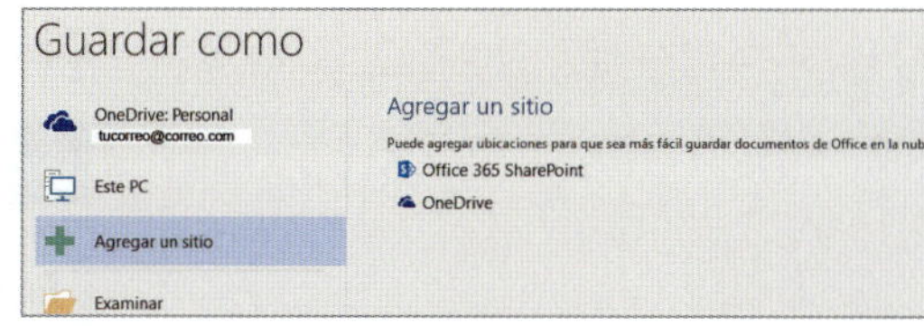

Ejemplo

Indicaremos si el usuario con el que compartimos, puede editar el documento o solamente visualizarlo.

De entre las opciones, se elegirá «Preguntarme», «Siempre» o «Nunca».

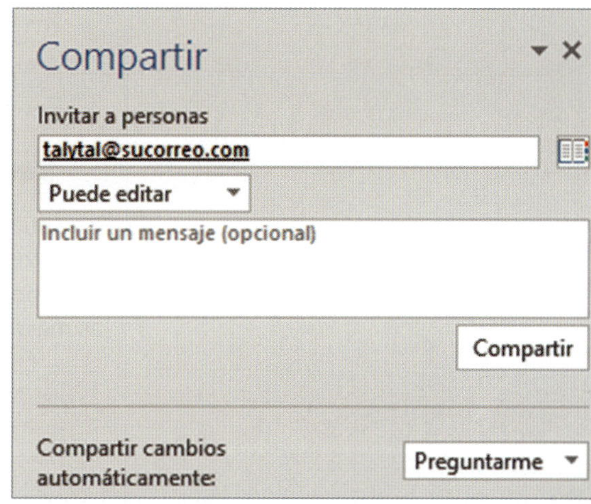

Actividad propuesta. Compartir documentos en la nube

Nombre del documento: **Actividad 11.**

Tipo: Documento de Word.

Esta actividad se hará en equipo de dos personas. Una de ellas creará un documento, rellenará su parte y lo compartirá con la otra persona, que rellenará su parte y lo compartirá. Ambos miembros del equipo habrán iniciado sesión en Microsoft.

1. Un miembro del equipo creará un documento de Word con una tabla parecida a la del modelo que puedes ver en la imagen y lo compartirá con la otra persona con las opciones de poder editar y compartir los cambios automáticamente.

Columna de Laura	Columna de Álvaro

2. Una vez subido a OneDrive, cada miembro del equipo escribirá su correo electrónico debajo de su nombre y pulsará sobre **Compartir** para que los cambios queden recogidos. A la hora de escribir tu parte, elige Modificar documento → Modificar en Word. (Es posible que tu navegador requiera de alguna extensión; para ello te avisará y aceptarás el mensaje).

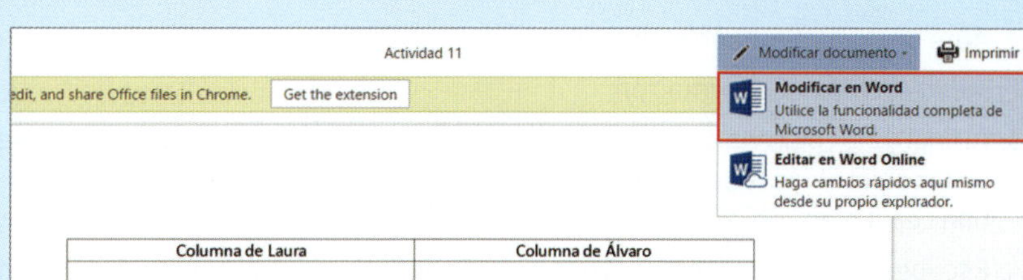

3. Una vez cumplimentado el documento, cada miembro del equipo lo descargará y lo guardará en la carpeta de actividades de esta unidad.

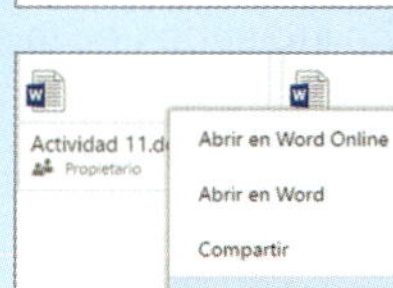

6. Privacidad

Son múltiples las opciones de **seguridad** y **privacidad** que ofrece Microsoft Office 2016, todas ellas enfocadas a proteger el ordenador, los documentos y al propio usuario.

Se pueden configurar desde el **Centro de confianza,** que está en el menú de Opciones de todas las aplicaciones del paquete ofimático.

Ejemplo. Centro de confianza de Microsoft Word

En las Opciones de Word encontramos el Centro de confianza de Microsoft Word.

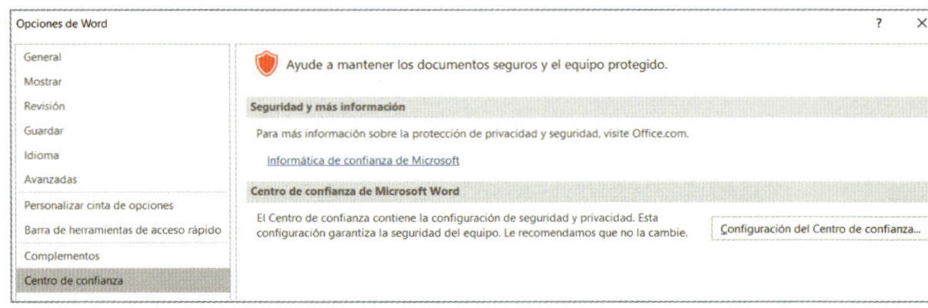

Si se pulsa en el botón **Configuración del Centro de confianza,** aparecerá la lista de todos los aspectos configurables para Word en materia de seguridad y privacidad, como podemos observar en la imagen siguiente, que muestra la configuración de las macros.

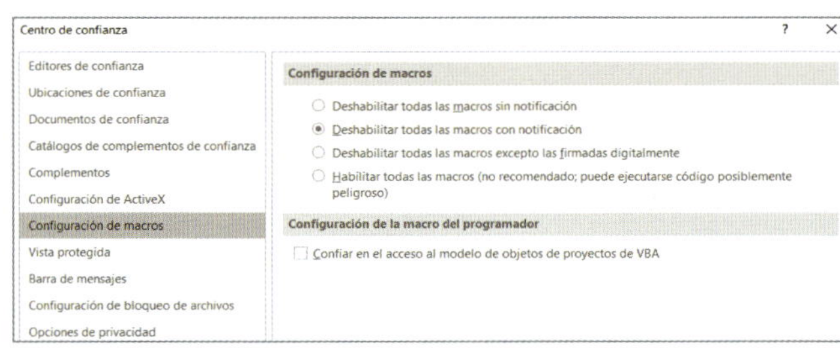

En este epígrafe abordaremos la configuración de la privacidad, es decir, la protección frente a terceros de datos sensibles de la empresa, el usuario y el documento.

Actividad propuesta. Privacidad en documentos

Nombre del documento: **Actividad 12.**

Tipo: Documento de Word.

1. Abre un documento en blanco de Word.
2. Menú Archivo → Información.
3. Al final de la columna derecha, haz clic en **Mostrar todas las propiedades.** Observa toda la información del documento que aparece en la columna de la derecha y cuánta podría aparecer una vez que se hubiera completado el documento. En el caso de compartir una copia electrónica del mismo, todos esos datos serían visibles para cualquier persona que indagase en la información.
4. Escribe en el documento de Word qué conclusiones has obtenido después de analizar el punto 3 de esta actividad.
5. Guarda el documento, sin cerrar, con el nombre y tipo arriba indicados en la carpeta de actividades de esta unidad.
6. Analiza ahora la información del documento y responde a estas preguntas: ¿Quién aparece como autor? ¿En qué fecha y hora fue creado? ¿Cuándo ha sido modificado por última vez? Investiga: ¿De dónde ha tomado Word los datos que aparecen en la información del documento?

continúa >

> continuación

7. Escribe tu nombre y apellidos. Selecciona nombre y apellidos con el ratón.
8. En la pestaña **Inicio,** haz clic en la flechita del ángulo inferior derecho del **grupo Fuente**. En la ventana nueva, deja seleccionada la pestaña Fuente. En **Efectos,** marca **Oculto.** Comprueba que ya no se ven tu nombre y apellidos, (aunque siguen estando en el documento).
9. Abre la información del documento y haz que se muestren todas las propiedades. En las propiedades, agrega un título (Actividad 10), una etiqueta (Actividades) y un comentario (Fácil).
10. Cambia el nombre del autor del documento por otro cualquiera (pista: Desplegar el título «Propiedades»).
11. Guarda el documento y ciérralo.
12. Vuelve a abrir la actividad 10. Muestra la información del documento y ya podrás ver el nombre del nuevo autor, así como quién hizo la última modificación (aparecerá probablemente el anterior usuario).
13. Ahora vuelve a leer el ejemplo del principio de este epígrafe para recordar lo relativo a «Centro de confianza».
14. Accede al **Centro de confianza** de Word y abre las **Opciones de privacidad** y haz clic en **Inspector de documento.**

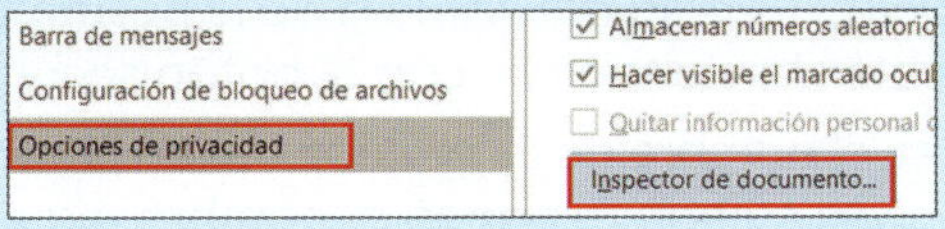

15. En el Inspector de documento, deja marcadas todas las opciones y haz clic en **Inspeccionar.**

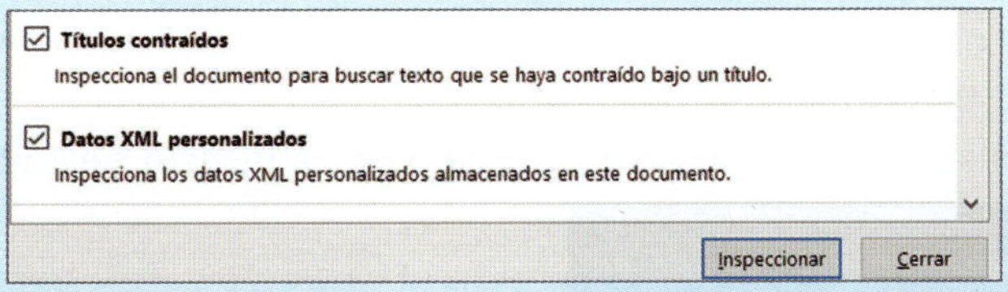

16. En los resultados de la inspección aparecerán algunos marcados con un signo de admiración. Junto a ellos, el botón **Quitar todo.** Haz clic en Quitar todo de **Propiedades del documento e información personal** y **Texto oculto** (el inspector ha encontrado el texto oculto con tu nombre y apellidos).
17. Para que los cambios se puedan apreciar, es necesario guardar el documento, cerrarlo y volver a abrirlo.
18. Al volver a abrir el documento, observa la Información del mismo. ¿Ha cambiado algo con respecto a la última vez que se consultó?

    Nota 1. En lugar de acceder al Inspector de documento desde las opciones de Word, podemos hacerlo directamente desde Archivo → Información. Después se hace clic en **Comprobar si hay problemas** y en **Inspeccionar documento.**

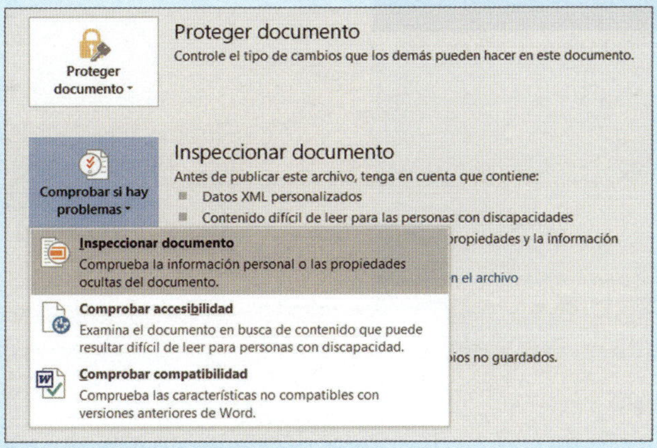

    Nota 2. Si sientes curiosidad sobre cómo habrías podido volver a ver el texto oculto (antes de que el inspector lo borrara), deberás hacerlo desde Opciones de Word → Mostrar → Texto oculto (marcarlo).

19. Escribe en el documento Actividad 12 las conclusiones que has obtenido después de haberla realizado.
20. Guarda el documento, con el nombre y tipo indicados al principio, en la carpeta de actividades de esta unidad.

PRÁCTICA PROFESIONAL INICIAL RESUELTA

Office 2016. Interfaz, compartir y privacidad

Para realizar esta práctica profesional anotamos los procedimientos y los tiempos empleados para resolver cada una de las tareas encomendadas.

Utilizamos un promedio de tiempo real necesario y un método cualquiera, de los varios que a veces son posibles para llegar a la misma solución.

1. **Crear pestaña y grupos**

   Es necesario pulsar en el menú Archivo → Opciones → Personalizar cinta de opciones. Una vez ahí debo crear una pestaña nueva, haciendo clic en el botón **Nueva pestaña.**

   Como no se indica en qué posición se quiere tener esa pestaña, decido después de la pestaña Inicio.

   Hago clic con el botón secundario del ratón sobre el nombre genérico de la nueva pestaña y elijo Cambiar nombre: **Mis herramientas habituales.** Debajo del nombre de la pestaña, se ha creado por defecto un grupo nuevo, que debo renombrar también haciendo clic con el botón secundario: **Ilustraciones.**

   Posiciono el cursor del ratón sobre el nombre de la pestaña recién creada y pulso en el botón **Nuevo grupo,** para crear el segundo grupo. Una vez creado le pongo el nombre requerido: **Tablas.**

   Insertar comandos en los grupos de opciones. Selecciono el primer grupo (Ilustraciones). Muestro los comandos de la izquierda en modo que pueda ver **Todos los comandos.** De la lista **alfabética** que se verá, voy eligiendo, uno a uno, los comandos requeridos para el grupo Ilustraciones. Repito el procedimiento para el grupo Tablas, teniendo seleccionado dicho grupo.

   Hecho todo lo anterior, pulso en el botón Aceptar y ya están a la vista pestaña, grupo y opciones.

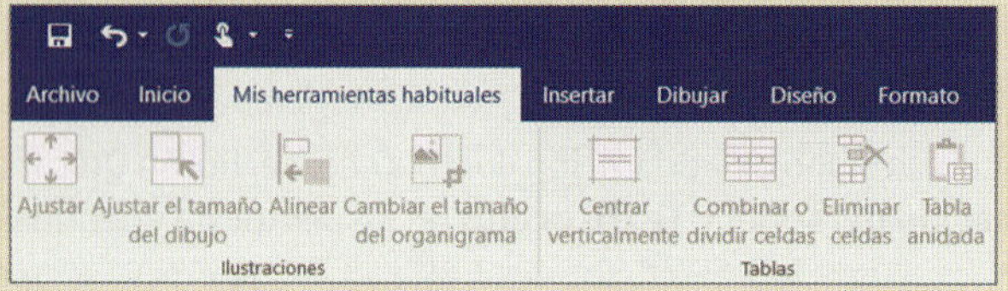

Tiempo empleado:
4 minutos

2. **Modificar la barra de herramientas de acceso rápido**

   Pulso sobre la **flecha** a la derecha de la barra de herramientas de acceso rápido y elijo directamente **Modo mouse/táctil,** que dejo marcado. (Si no apareciera en la lista inmediata, pulsaría sobre Más comandos e iría a buscarlo en la lista ordenada de comandos).

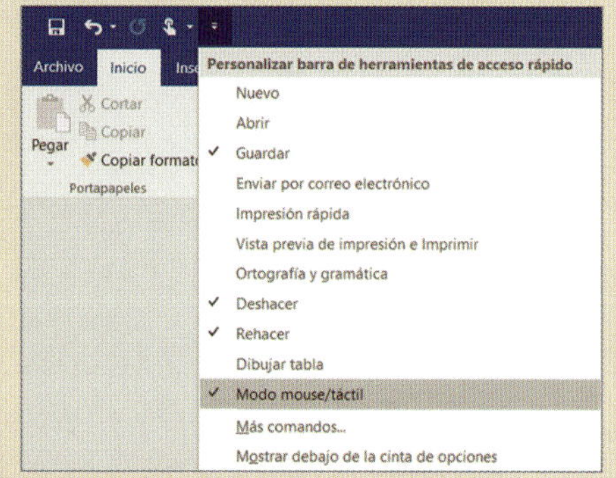

Tiempo empleado:
5 segundos

3. **Crear y compartir documento**

   Debo haber iniciado sesión con mi cuenta de correo, previamente adscrita a Microsoft (aunque esto puede hacerse después de crear el documento).

   Creo un documento muy sencillo con una lista de los diez reporteros y un espacio, bajo cada nombre, para que escriban sus preferencias. Terminado el documento hago clic en **Compartir** (a la derecha en la cinta de opciones) y a continuación en **Guardar en la nube.**

En la siguiente ventana, procuro que esté seleccionado a la izquierda OneDrive y después elijo en qué carpeta de la nube coloco el documento, le pongo como nombre **Preferencias vacaciones verano** y acepto. Tarda unos segundos en cargarse. Cuando está cargado, puedo invitar a personas. Escribo la dirección de correo electrónico del primer reportero. Elijo «Puede editar» y le pongo como mensaje: «Por favor, indica tus preferencias en el plazo máximo de una semana».

Hecho esto, pulso sobre el botón **Compartir.** Esto tengo que hacerlo diez veces, con las diez direcciones de correo electrónico (e-mail). (Para abreviar, el mensaje lo copio y luego lo pego para cada reportero).

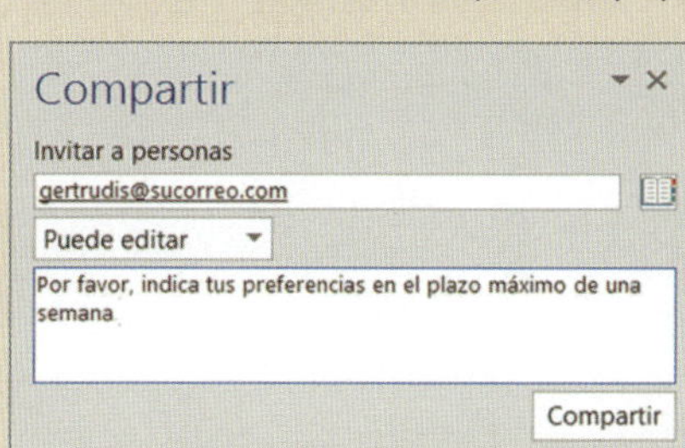

Tiempo empleado:
20 minutos

4. **Mensaje misterioso**

Abro el mensaje con Word, pulso sobre **Archivo** y veo el apartado **Información.** En ese apartado, si el autor del escrito no ha tenido la precaución de borrar los datos, puedo encontrar el nombre del autor (o al menos de la persona titular de la suite Microsoft Office) y otra información sobre fecha de creación, fecha de terminación, etc.

También puedo encontrar mucha información si hago clic con el botón secundario del ratón sobre el nombre del archivo y elijo **Propiedades,** y luego pulso sobre la pestaña **Detalles.** Tiempo empleado en la búsqueda: 1 minuto. Para ofrecerle la información a mi jefe, hago una captura de pantalla de los datos encontrada y se la imprimo.

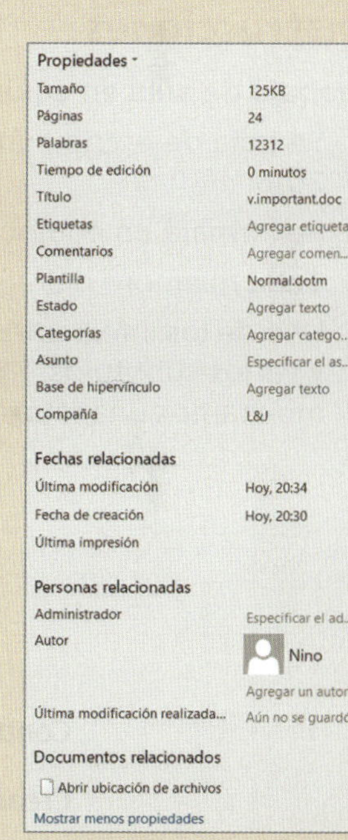

Tiempo total empleado:
3 minutos

5. **Eliminar personalizaciones**

Sé que no se trata de ningún virus, sino de que el empleado anterior había adaptado la cinta de opciones a sus necesidades (la había personalizado). Mi jefe me entrega el portátil ya encendido. Abro Word 2016. Archivo → Opciones → Personalizar cinta de opciones. En la ventana que me muestra, al fondo a la derecha hago clic sobre Restablecer → Restablecer todas las personalizaciones. Acepto y ya ha quedado Word con la cinta de opciones predeterminada.

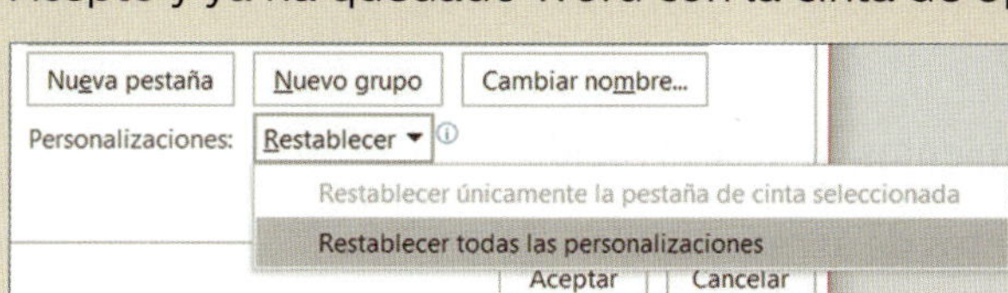

Tiempo empleado:
20 segundos

6. **Conclusión**

Tiempo en resolver todas las tareas: 27 minutos 25 segundos. Si agrego los tiempos necesarios para desplazarme y cambiar de una tarea a otra, obtengo un tiempo aproximado de 30 a 40 minutos (inferior a las 2 horas que mi jefe estableció como límite).

¡Objetivo conseguido!

PRÁCTICA PROFESIONAL PROPUESTA

Manual de Word 2016. Personalización y privacidad

Objetivos

- Contraer y expandir la cinta de opciones.
- Personalizar la cinta de opciones.
- Personalizar la barra de herramientas de acceso rápido.
- Restablecer personalizaciones a la configuración predeterminada.
- Mantener la privacidad.
- Iniciar sesión en Microsoft.
- Compartir documento.
- Colaborar en línea.
- Descargar el documento compartido.

Instrucciones

Trabajo de aula en equipo

1. Se trata de escribir un manual sobre los contenidos de esta unidad didáctica, referido únicamente a Word 2016.
2. Se formará un equipo, para lo cual es aconsejable un número de 2 a 5 personas.
3. Cada miembro del equipo iniciará sesión en Microsoft.
4. Uno de los integrantes del equipo creará un documento de Word con una estructura que contenga un título y varios subtítulos. El documento creado tendrá como nombre **Manual de Word 2016.** Como sugerencia, mostramos una imagen donde se puede ver la parte superior de un posible documento.

Manual de Word 2016: Personalización y privacidad

Contraer y expandir la cinta de opciones

Crear y nombrar una pestaña personalizada

Crear y nombrar un grupo personalizado

Agregar comandos al grupo personalizado

Modificar la posición de la barra de herramientas de acceso rápido

Agregar comandos a la barra de herramientas de acceso rápido

Eliminar comandos de la barra de herramientas de acceso rápido

La privacidad en los documentos de Word

5. La misma persona del equipo que ha creado el documento, lo compartirá con los demás miembros del equipo, dándoles permiso de edición.
6. Se repartirá el trabajo de modo que cada miembro del equipo, incluido quien compartió el documento, escriba una parte del manual. De momento, y dado que aún no se han estudiado las unidades de Word, no se requiere nada con respecto a formatos de fuente, página, párrafos, etc. Simplemente, habrá que acordar una elaboración del documento con el mejor equilibrio, homogeneidad y estética que sea posible.
7. El manual estará enfocado a enseñar a cualquier persona a personalizar la cinta de opciones de Word y la barra de herramientas de acceso rápido, así como a restablecer las personalizaciones a la forma predeterminada y a mantener la privacidad.
8. Se utilizarán capturas de pantalla, debidamente recortadas, para ilustrar las explicaciones.
9. Una vez que el manual esté completado, cada uno de los miembros del equipo lo descargará en su carpeta de actividades de esta unidad didáctica.

A continuación se muestra un documento que alguna persona del equipo habría descargado de OneDrive, aún sin completar. Solamente realizó su parte una de las personas integrantes del grupo, como se puede ver. Esto puede dar más ideas al grupo acerca de cómo elaborar el trabajo, aunque, repetimos, solo es una sugerencia, ya que la organización y el formato del trabajo son libres, los deberán decidir el equipo.

Página 1

Manual de Word 2016: Personalización y privacidad

Contraer y expandir la cinta de opciones

(Sección realizada por Valeria)

La cinta de opciones se puede contraer para que tengamos más espacio en el papel, pero luego podemos volver a expandirla para que se quede como estaba el principio.

¿Y si queremos expandirla solo durante un momento y que luego ella sola vuelva a quedarse contraída? También podremos hacerlo.

Para contraer la cinta de opciones, se puede hacer doble clic en cualquiera de las pestañas.

Para volver a expandirla, también se puede hacer doble clic en cualquiera de las pestañas.

Si está contraída y queremos expandirla provisionalmente, basta hacer un solo clic en cualquiera de las pestañas.

Así se ve la cinta de opciones contraída:

Así se ve la cinta de opciones expandida:

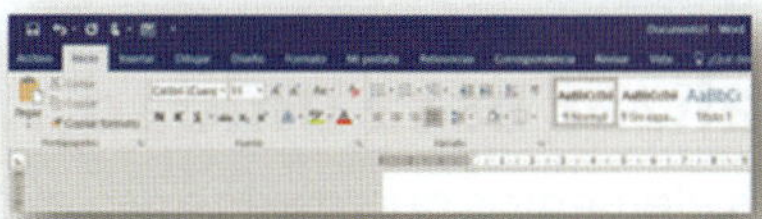

Crear y nombrar una pestaña personalizada

(Sección que realizará Víctor)

Crear y nombrar un grupo personalizado

(Sección que realizará Gabriela)

Página 2

Agregar comandos al grupo personalizado

(Sección que realizará Valeria)

Modificar la posición de la barra de herramientas de acceso rápido

(Sección que realizará Víctor)

Agregar comandos a la barra de herramientas de acceso rápido

(Sección que realizará Alejandro)

Eliminar comandos de la barra de herramientas de acceso rápido

(Sección que realizará Gabriela)

La privacidad en los documentos de Word

(Sección que realizará Alejandro)

6 Correo y agenda electrónica

Vamos a conocer...

1. Correo electrónico, tipos y protocolos
2. Microsoft Outlook 2016
3. Calendario o agenda electrónica

PRÁCTICA PROFESIONAL INICIAL

Cuestiones sobre correo y agenda electrónica

PRÁCTICA PROFESIONAL PROPUESTA

Sincronizar calendarios en Outlook Web, Outlook 2016 y Outlook móvil

Y al finalizar esta unidad...

- Conocerás los elementos que componen el correo electrónico.
- Analizarás las necesidades básicas del correo y la agenda electrónica.
- Importarás y sincronizarás cuentas de correo y agendas electrónicas.
- Operarás con la libreta de direcciones.
- Aplicarás filtros y reglas de correo electrónico.
- Utilizarás las opciones de la agenda electrónica.

Práctica profesional inicial

Cuestiones sobre correo y agenda electrónica

En un documento de Word o de cualquier otro procesador de texto, escribe las respuestas a las cuestiones que se formulan a continuación. Guarda el documento con el nombre **Cuestiones sobre correo y agenda electrónica.**

1. Lee el titular de un artículo publicado en internet (imagen 1). Investiga y responde a las siguientes preguntas:
   a) ¿A qué se llama *emailing* o *mailing?*
   b) ¿Qué es el *spam?*
   c) ¿Sabes si la Ley Orgánica de Protección de Datos de carácter personal (LOPD) considera la dirección de correo de una persona o empresa como un dato de carácter personal susceptible de protección?
   d) Si envías el mismo mensaje de correo electrónico a una lista de personas, ¿cómo puedes evitar que cada uno de los destinatarios conozca la dirección de correo electrónico de los demás?
2. Habitualmente utilizas Microsoft Outlook 2016 para gestionar desde un único programa tus cuatro cuentas de correo electrónico. Entre todos los buzones reúnes más de mil mensajes recibidos, pero necesitas encontrar uno antiguo que no recuerdas quién te envió y que trataba sobre un curso en Salamanca. ¿Cómo podrías localizarlo rápidamente?
3. En tu ordenador utilizas Outlook 2016 como programa cliente de correo y como agenda para tu cuenta de correo xxxx@outlook.es. Sales de viaje sin tu ordenador habitual y debes consultar urgentemente la agenda. ¿Cómo crees que puedes hacerlo?
4. Usas habitualmente la web <www.outlook.com> para gestionar tu cuenta de correo electrónico xxxx@outlook.es. A partir de hoy vas a utilizar el cliente de correo Outlook 2016 para trabajar con la misma cuenta. ¿Cómo importarás los contactos que ya habías creado en la web?
5. Si tienes una reunión, una cita o cualquier otro evento que se produce periódicamente, ¿qué forma hay de programar el calendario de Outlook 2016 para que te avise 15 minutos antes de que comience el evento cada vez que este deba ocurrir?
6. En la imagen 2 hay dos calendarios superpuestos, uno laboral y otro personal. ¿Cómo puedes saber a qué calendario corresponde cada tarea? ¿Cómo se pueden superponer dos o más calendarios en Outlook 2016?

El spam en España es ilegal

Para enviar emailing de calidad, sin spam, debes saber que proteger la intimidad y los datos de los usuarios es realmente clave

→ <http://blog.es.mailify.com/elementos-del-emailing/sanciones-y-multas-por-hacer-spam/>

Imagen 1.

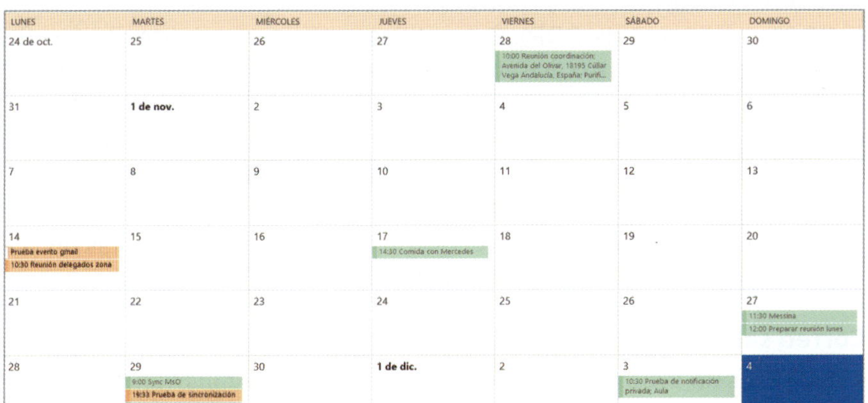

Imagen 2.

1. Correo electrónico, tipos y protocolos

1.1. Introducción

El uso del correo electrónico está extendido entre la población de cualquier edad y estrato social.

Su utilización personal es más frecuente mediante proveedores o servidores de correo electrónico a través del navegador.

Sin embargo, en el entorno empresarial y, en ocasiones, en el privado se prefiere el uso de aplicaciones específicas, instaladas en el ordenador, a las que se denomina **clientes de correo electrónico**.

1.2. Clientes de correo electrónico

La gestión del correo electrónico con programas cliente tiene determinadas ventajas, entre las que destacan:

- **Conservar mensajes en el equipo.** Los mensajes enviados y recibidos quedan almacenados en el ordenador, lo que posibilita su consulta incluso sin conexión a internet.
- **Gestionar varias cuentas.** Permite agregar y utilizar cuentas de correo de uno o más proveedores, cada una de ellas con sus propias bandejas.

1.3. Correo web

El correo se gestiona mediante el navegador. Los mensajes quedan alojados en el servidor y para consultarlos es necesario tener conexión a internet.

No obstante, cada vez más proveedores de correo disponen de la versión sin conexión, con la que se puede acceder a la cuenta *offline*, si bien las acciones que se realicen sobre la misma, como escribir mensajes o crear carpetas, no tendrán efecto hasta que se disponga de una conexión a internet.

El correo *offline* mediante servidor es similar en prestaciones al correo web y al que se gestiona con una aplicación cliente de escritorio.

1.4. Protocolos de correo electrónico

Los protocolos de correo electrónico son conjuntos de reglas de comunicación que permiten el envío y la recepción de mensajes desde un ordenador conectado en red.

Correo entrante

- POP3. (Versión 3 de POP). Si se utiliza este protocolo desde un cliente de correo electrónico, los mensajes se borran del servidor cuando han sido descargados.
- IMAP. La última versión es IMAP4. Los mensajes permanecen en el servidor aunque se descarguen con un programa cliente.
- Exchange. Protocolo desarrollado por Microsoft, permite la sincronización completa (mensajes, calendario y contactos) entre sus cuentas en la web y las importadas con el cliente Outlook.

Correo saliente

- SMTP. Es un protocolo elemental que se utiliza exclusivamente para enviar mensajes.

Saber más

Servidores de correo electrónico más populares

Gmail · YAHOO! MAIL · Outlook.com · ZOHO Mail · mail.com · Aol Mail. · GMX

Saber más

Algunos clientes de correo electrónico

Correo nativo de Windows 10 · Outlook · Thunderbird · Opera Mail.

Saber más

Gestión de varias cuentas de correo

Algunos proveedores de correo electrónico ofrecen la posibilidad de gestionar en la web varias cuentas de su dominio o de otros, como es el caso de Yahoo.

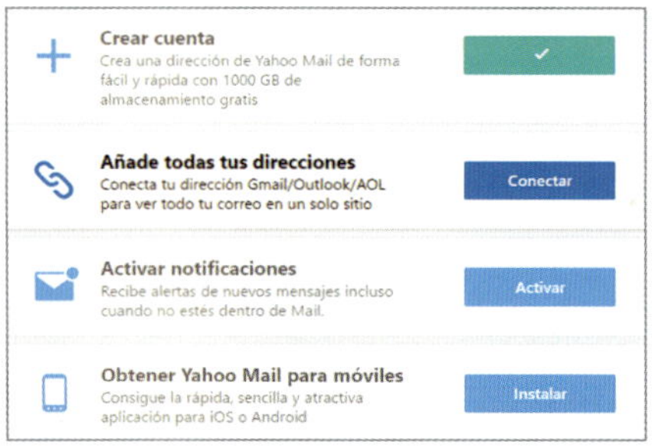

Vocabulario

POP. *Post Office Protocol.*

IMAP. *Internet Message Access Protocol.*

SMTP. *Simple Mail Transfer Protocol.*

Actividad guiada. Crear cuentas nuevas de correo electrónico

Actividad 1.

Aunque ya dispongas de alguna cuenta de correo electrónico en cualquiera de los proveedores que se indican en el punto 1 de esta actividad, se recomienda crear cuentas nuevas, que se utilizarán a lo largo de la unidad. Para demostrar los pasos seguidos en todas las actividades de esta unidad, crea un documento de texto llamado «Actividades unidad 6» con capturas de pantalla y explicaciones.

1. Crea una cuenta de correo electrónico en cada uno de los proveedores:
   - Gmail.com
   - Outlook.com
2. Utiliza tu nombre y apellidos y crea un nombre de usuario que esté disponible.

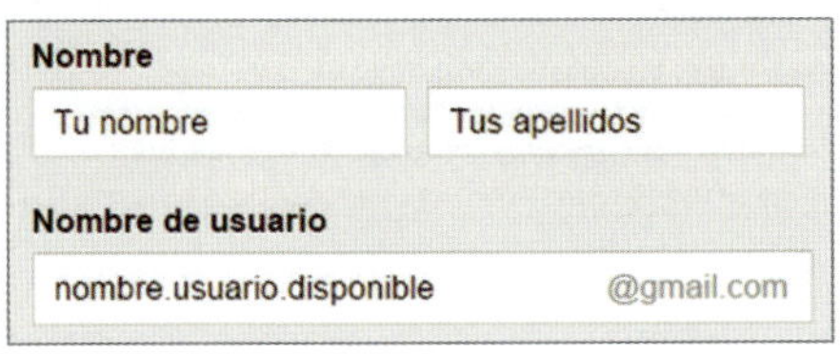

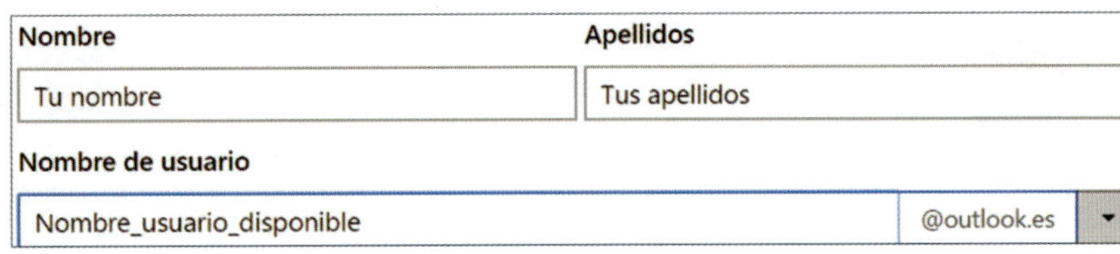

3. Escribe una contraseña segura para cada cuenta.
4. Anota en lugar seguro tanto tus nombres de usuario como las contraseñas utilizadas.
5. Probablemente uno o ambos proveedores te pidan el número de móvil, al que enviarán un enlace o un código para completar el registro de la nueva cuenta y que servirá, más adelante, para recuperar la cuenta si ocurre algún problema.

Actividad guiada. Revisar y configurar protocolos en el servidor de correo Gmail

Actividad 2.

Para poder trabajar más adelante con una aplicación cliente de correo electrónico, es necesario verificar la configuración de protocolos en el servidor de correo.

Activar IMAP

Imagen 1.

1. Entra en Gmail. Escribe el nombre de usuario y la contraseña de la cuenta que has creado en la actividad anterior.
2. Accede a la configuración de la cuenta (imagen 1). Desde aquí se puede configurar todo el correo: apariencia, seguridad, filtros, importación y exportación de cuentas y direcciones, etc., pero en esta actividad solo vas a verificar que el protocolo IMAP esté activado.
3. Haz clic en Reenvío y correo POP/IMAP (imagen 2).

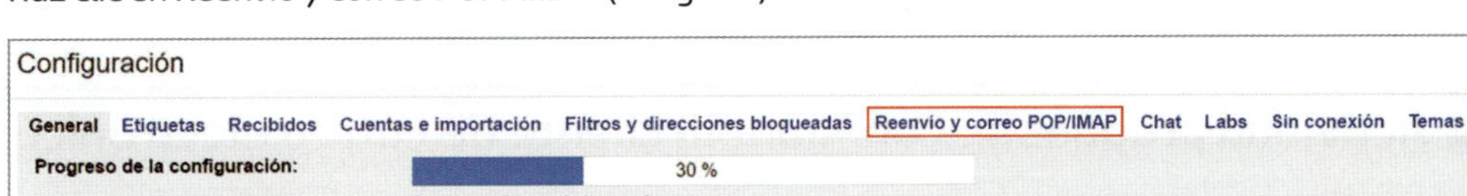

Imagen 2.

4. Habilita IMAP (imagen 3). Deja el resto de configuración como viene por defecto y haz clic en Guardar cambios.

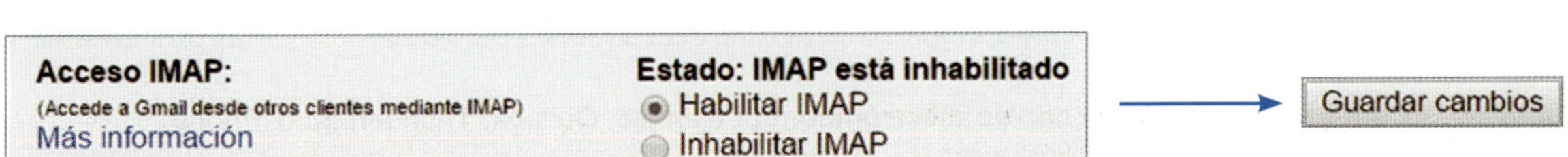

Actividad guiada. Permitir el uso de aplicaciones menos seguras en Gmail

Actividad 3.

Gmail tiene desactivado por defecto el permiso a aplicaciones menos seguras y considera como tales a los programas clientes de correo electrónico como Outlook, correo nativo de Windows 10 o Thunderbird.

1. Entra en tu cuenta de Gmail creada en la actividad 1.
2. Haz clic en el nombre de usuario → Mi cuenta (imagen 1).
3. Pulsa sobre Inicio de sesión y seguridad (imagen 2).
4. En la parte inferior de la página de Inicio de sesión y seguridad se puede activar o desactivar el permiso a aplicaciones menos seguras. Activa el permiso como en la imagen 3.

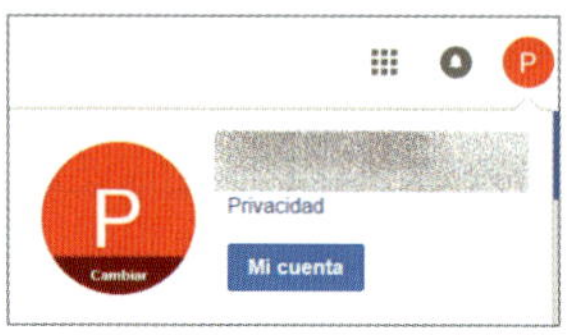

Imagen 1.

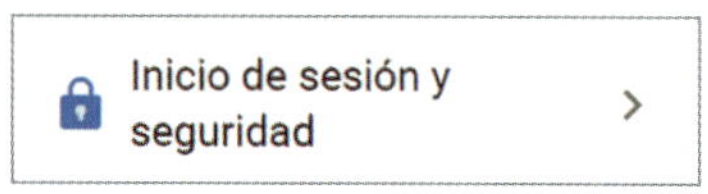

Imagen 2.

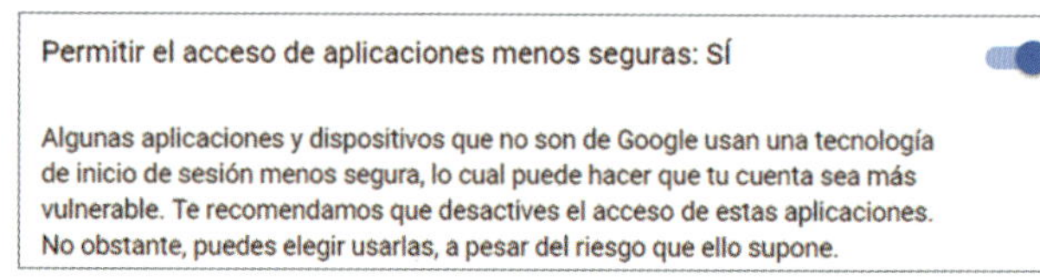

Imagen 3.

Actividad guiada. Revisar protocolos en el servidor de correo Outlook

Actividad 4.

1. Entra en Outlook.com con los datos de la cuenta creada en la actividad 1.
2. Abre el menú de configuración y pulsa sobre Opciones (imagen 1).
3. Selecciona POP e IMAP en el menú de la izquierda. Deja la configuración predeterminada que, por defecto, será como en la imagen 2.

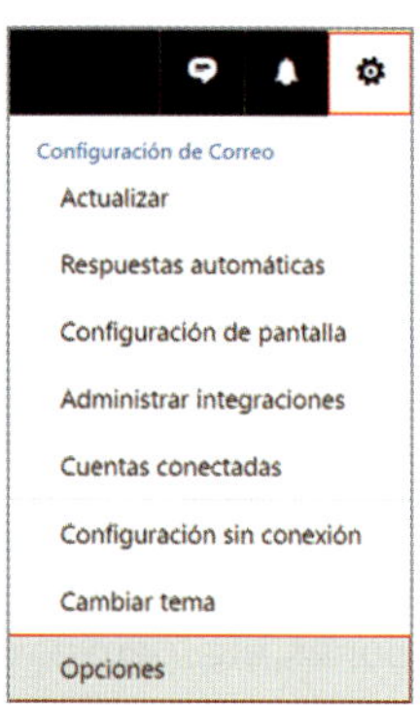

Imagen 1.

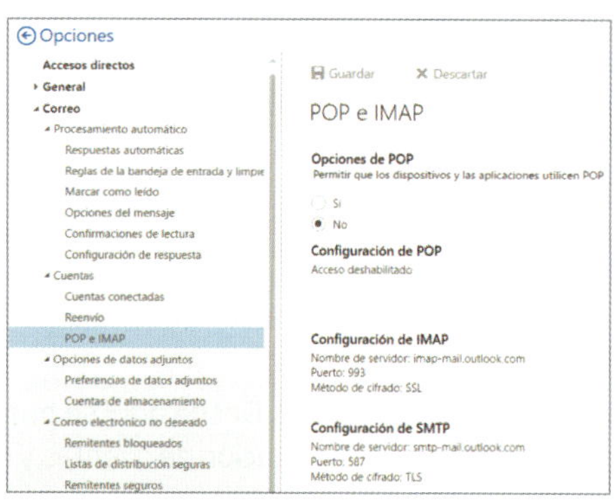

Imagen 2.

En Outlook.com el protocolo IMAP está habilitado de forma predeterminada para cualquier aplicación cliente. No obstante, si el cliente va a ser Outlook, utiliza el protocolo Exchange, que sincroniza automáticamente mensajes, contactos y calendario.

Actividad propuesta. Configura tu cliente de correo electrónico en Gmail

Actividad 5.

Esta actividad es **optativa** y deberás realizarla si se produce algún problema de sincronización entre el correo web y el programa cliente de correo electrónico. Entra en tu cuenta de correo de Gmail. Pulsa sobre la rueda dentada de la derecha y haz clic en **Configuración.** Pulsa sobre **Reenvío y Correo POP/IMAP.** Al final encontrarás las **Instrucciones para configurar tu cliente de correo electrónico.** En las actividades de esta unidad vamos a trabajar con Outlook 2016. Lee las instrucciones para poder aplicarlas posteriormente.

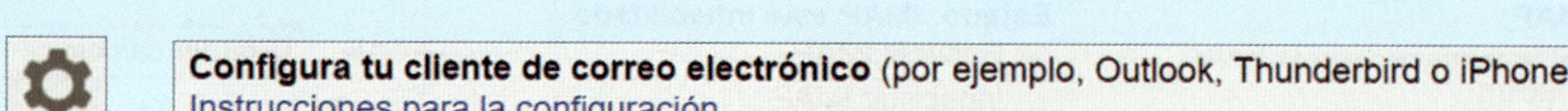

2. Microsoft Outlook 2016

2.1. Introducción

Microsoft Outlook 2016 es el programa cliente de correo electrónico del paquete ofimático Office 2016. Con respecto a versiones anteriores, incorpora nuevas funciones, como por ejemplo agregar automáticamente eventos al calendario a partir de mensajes enviados o recibidos.

2.2. Interfaz

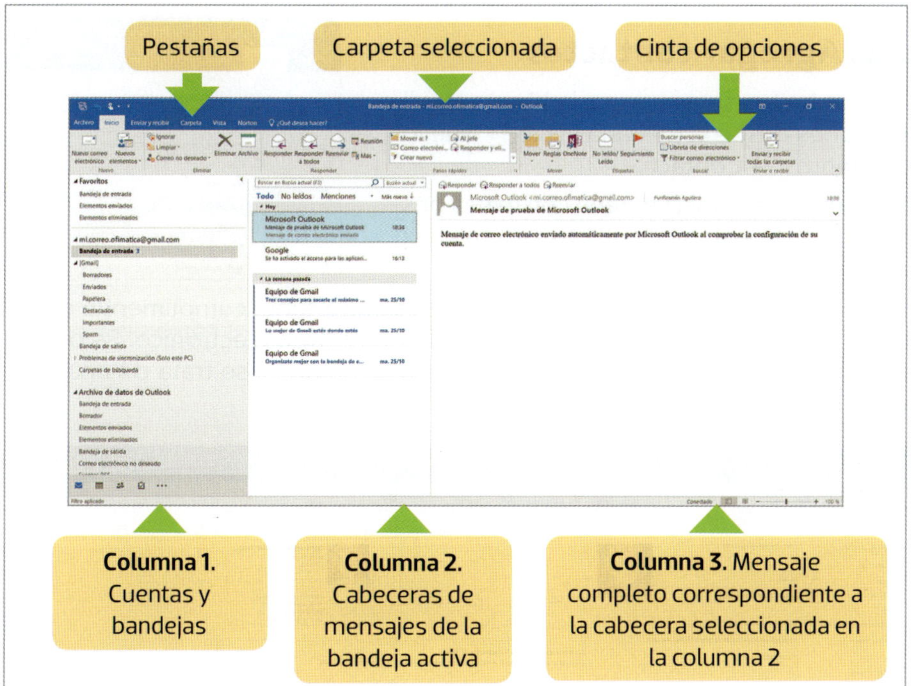

2.3. Importar cuentas

Desde Outlook 2016 se pueden importar varias cuentas desde uno o más proveedores de correo.

Saber más

Outlook es un cliente de correo electrónico que se puede vincular a cuentas de Outlook, Gmail, Yahoo o de otros dominios.

Saber más

Correo de dominio propio

También se puede utilizar un cliente de correo electrónico para gestionar el correo asociado a un dominio privado.

Ejemplos de cuentas de correo del dominio miempresa.com:

abermudez@miempresa.com

gerente@miempresa.com

Navega

Importar cuentas, contactos y calendario de Gmail a Outlook 2016

- <https://support.office.com/es-es/article/Importar-Gmail-a-Outlook-20fdb8f2-fed8-4b14-baf0-bf04b9c44bf7>

Actividad guiada. Abrir Outlook 2016 e importar cuenta de Gmail

Actividad 6.

1. En el buscador Cortana escribe Outlook 2016. Ancla al Inicio la aplicación (imagen 1).
2. Abre Outlook 2016 desde Inicio de Windows. Al iniciarla por primera vez, la aplicación comienza con unos mensajes de bienvenida. Continúa hasta ver **Agregar cuenta.** Pulsa ahí y completa los datos que se solicitan referidos a tu correo de Gmail, incluida la contraseña que introdujiste. Haz clic en **Siguiente.**

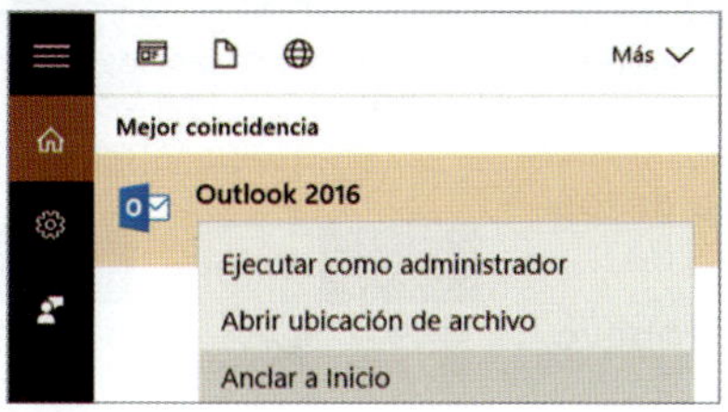

Imagen 1.

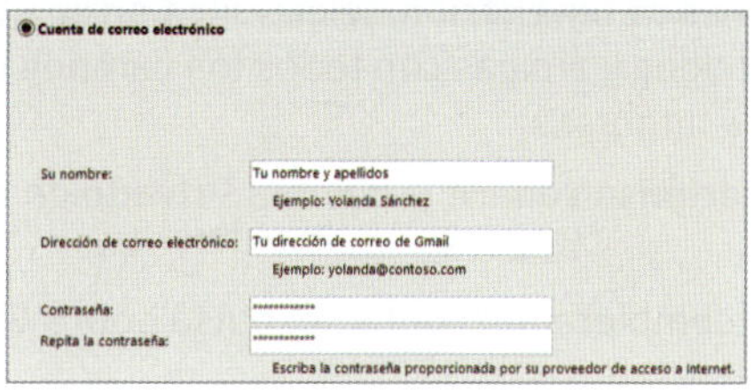

Imagen 2.

continúa ›

> continuación

3. Si la cuenta se ha importado correctamente recibirás un mensaje de confirmación. Haz clic en **Finalizar.** La cuenta, junto con sus bandejas, se mostrará en la columna de la izquierda de Outlook.
4. En la imagen observa la cuenta que, a modo de ejemplo, se ha importado desde Gmail.

   Si pulsas en la opción desplegable [Gmail] podrás ver las mismas carpetas que hay en el servidor de correo web de Gmail.

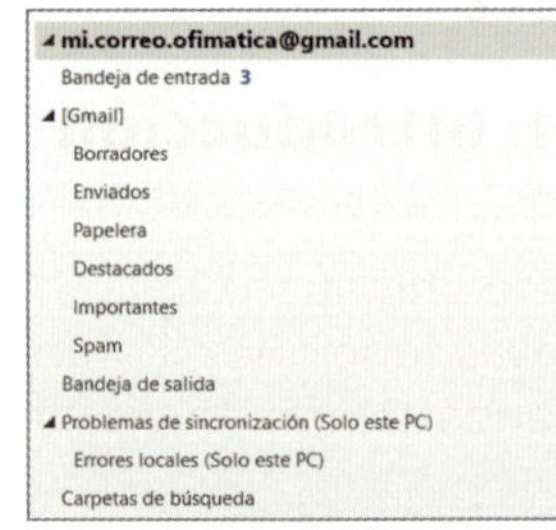

Saber más

Opciones de navegación

En la esquina inferior izquierda están las opciones de navegación para cambiar la vista a Correo, Calendario, búsqueda de contactos, etc.

Saber más

Tarjeta de presentación

En la ventana Contacto se puede ver la tarjeta de presentación con los datos introducidos para cada contacto. Incluye las opciones de editar, modificar y copiar como imagen.

2.4. Agregar contactos

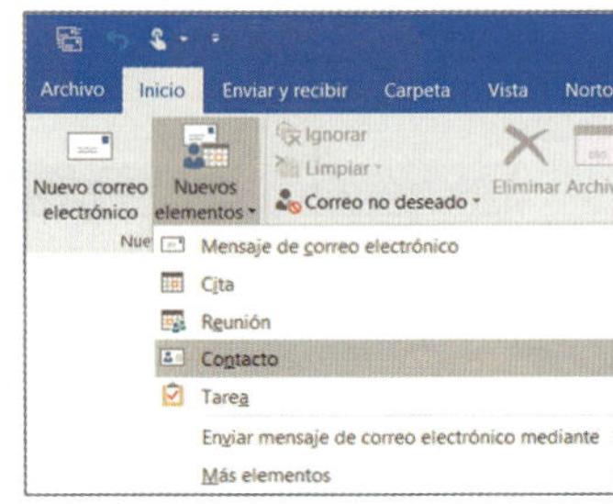

Los contactos se agregan a la libreta de direcciones desde la pestaña Inicio → Nuevos elementos → Contacto.

Se abrirá una nueva ventana con varias pestañas. En la pestaña **Contacto** se introducirán los campos del contacto nuevo.

Se pueden dejar campos vacíos, aunque es importante cumplimentar como mínimo el nombre completo y la dirección de correo electrónico. Se puede insertar una fotografía de la persona o un logotipo, si se trata de una empresa.

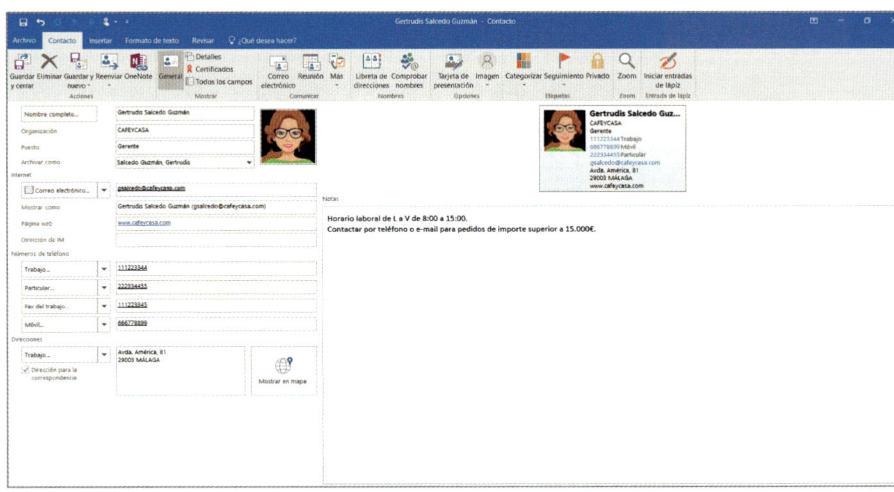

Actividad propuesta. Agregar contactos a Outlook 2016

Actividad 7.

1. Lee y aplica los contenidos del epígrafe 2.4 para crear una lista de contactos.
2. En el cuadro de **Opciones de navegación,** selecciona **Correo** y crea una lista de cinco contactos de amigos y amigas con todos los campos que sea posible introducir, incluida una fotografía.
3. En el campo **Organización** introduce la palabra **Privado** en cada uno de los contactos.
4. Cuando termines de completar un contacto, pulsa sobre **Guardar y nuevo** (imagen 1).
5. Cuando hayas finalizado de introducir todos los contactos, pulsa sobre **Guardar y cerrar** (imagen 2).

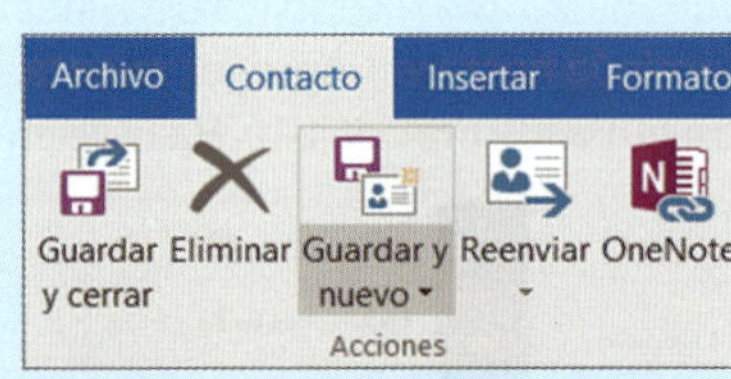

Imagen 1.

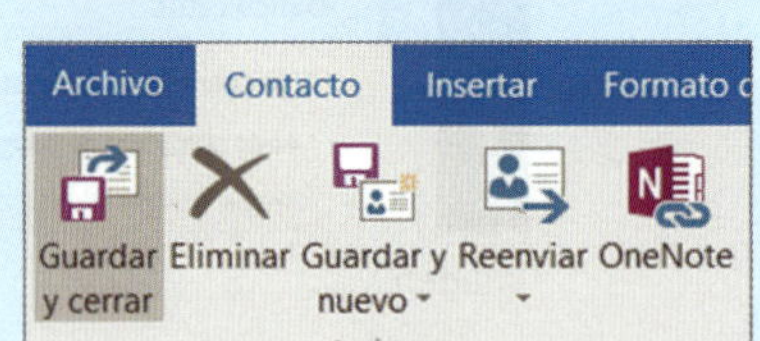

Imagen 2.

Actividad propuesta. Importar desde Outlook 2016 la cuenta de correo de Outlook.com

Actividad 8.

1. Con Outlook abierto, en las opciones de navegación del ángulo inferior izquierdo pulsa sobre el icono **Correo.**
2. Sigue los mismos pasos de la actividad 6 para importar ahora la cuenta creada en Outlook.com. Esta vez comenzarás desde la pestaña Archivo → Información → Agregar cuenta (imagen 1).
3. Se deberá reiniciar Outlook 2016 para completar la importación. En la imagen 2 hay un ejemplo de las dos cuentas que se han importado hasta ahora.

   En las respectivas bandejas de entrada puede verse en azul el número de mensajes no leídos de cada cuenta.
4. Las cuentas pueden cambiarse de lugar arrastrando la línea que contiene la dirección de correo electrónico hacia arriba o hacia abajo.

Imagen 1.

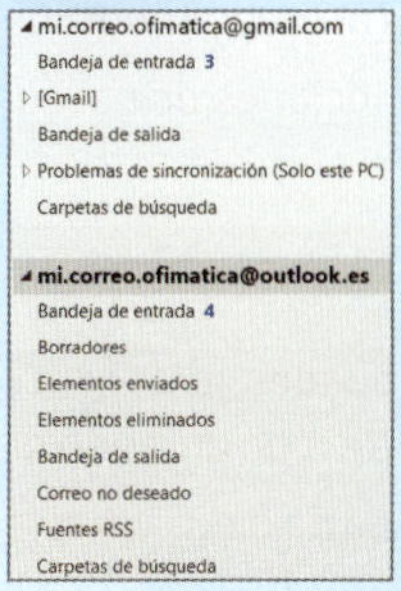

Imagen 2.

Actividad propuesta. Agregar contactos de clase a la libreta de direcciones

Actividad 9.

1. Crea una lista de contactos con cinco compañeros y compañeras e introduce, para cada uno de ellos, todos los campos para los que dispongas de información.
2. En el campo **Organización** introduce la palabra **Clase** en cada uno de los contactos.
3. Guarda todos los contactos. Tras el último, pulsa sobre **Guardar y cerrar.**

2.5. Grupos de contactos

Un grupo de contactos está formado por un conjunto de direcciones de correo electrónico. El grupo se utiliza para enviar el mismo mensaje a varias personas a la vez sin tener que escribir todas las direcciones. Como destinatario de correo se selecciona el nombre del grupo.

Envío de mensajes a un grupo

Para preservar la privacidad de los destinatarios de correo conviene utilizar la opción CCO (copia de carbón oculta). De este modo, ningún receptor del mensaje podrá ver los nombres ni las direcciones de correo electrónico de los demás.

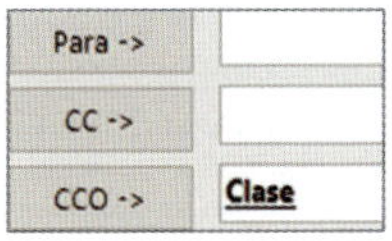

Saber más

Grupos de contactos

Actualmente es el nombre que se usa para lo que hasta hace algún tiempo se llamaba **Listas de distribución.**

Actividad guiada. Crear grupo de contactos. Agregar integrantes al grupo

Actividad 10.

1. En las opciones de navegación, selecciona Correo. Desde la pestaña Inicio, pulsa sobre Nuevos elementos → Más elementos → Grupo de contactos (imagen 1).

   Si en opciones de navegación están activos los contactos, puedes crear el grupo desde la pestaña Inicio → Nuevo grupo de contactos (imagen 2).
2. El nombre del grupo será **Clase.** Agrega al grupo los contactos de la libreta de direcciones de Outlook que correspondan a compañeros y compañeras de clase (imagen 3). Para agregar un contacto al grupo haz doble clic en la lista sobre el contacto que vas a añadir y pulsa en **Aceptar.**

Imagen 1.

Imagen 2.

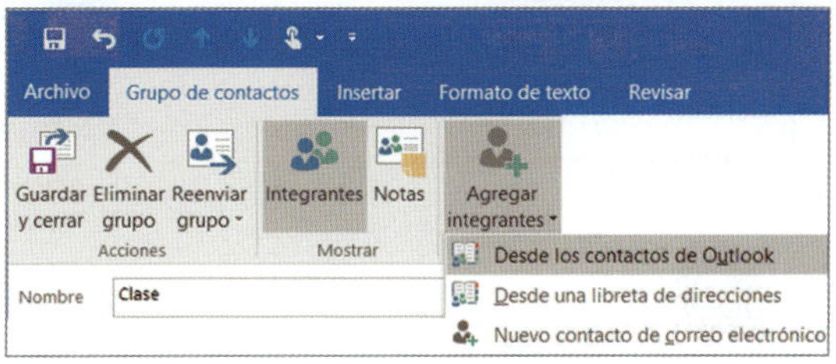

Imagen 3.

Actividad propuesta. Crear un nuevo grupo. Agregar integrantes al grupo

Actividad 11.

1. Crea un nuevo grupo con el nombre **Privado.**
2. Agrega al grupo todos los contactos introducidos anteriormente como amigos y amigas.
3. En las opciones de navegación, selecciona el icono de contactos (imagen 1).

Imagen 1.

4. Ahora puedes ver la lista de contactos. Los grupos están representados como un contacto más, pero con un icono diferente (imagen 2).

   La libreta de direcciones también se puede consultar desde el icono **Correo** de las **opciones de navegación**. En la pestaña **Inicio,** grupo Buscar → Libreta de direcciones (imagen 3).

Imagen 2.

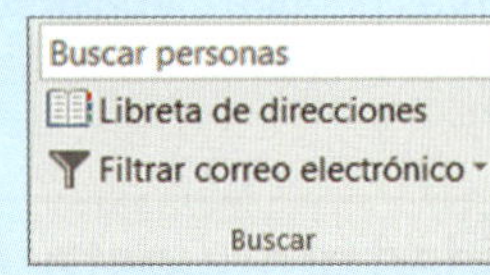

Imagen 3.

Navega

Crear una firma

- <https://support.office.com/es-es/article/Crear-y-agregar-una-firma-a-los-mensajes-8ee5d4f4-68fd-464a-a1c1-0e1c80bb27f2#bk_seehow>

Saber más

Firma nueva o usar existente

Al crear una firma, se puede utilizar una ya existente o pulsar sobre **Firmas** para crear una nueva.

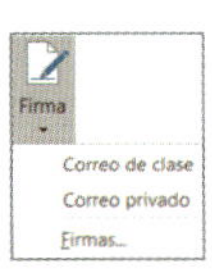

Saber más

Tarjeta de presentación

Si se utiliza como firma quedará insertada como adjunto en el mensaje.

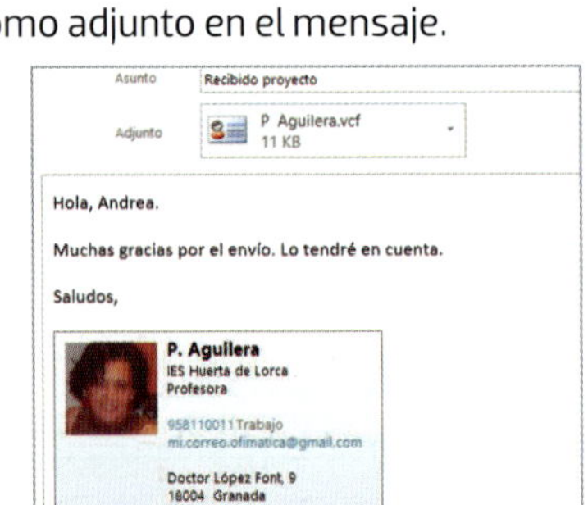

2.6. Firma

Outlook hace posible crear firmas personalizadas para cada cuenta de correo. Estas firmas pueden incluir texto, imágenes o la tarjeta de presentación electrónica. Como imagen se usará, por ejemplo, el logotipo de la empresa o la firma manuscrita.

Procedimiento para crear una firma

- Selecciona Correo en las opciones de navegación.
- Desde la pestaña **Inicio**, pulsa sobre **Nuevo correo electrónico.**
- Cuando se abre la ventana para escribir el nuevo correo, haz clic en Firma → Firmas.
- En la nueva ventana **Firmas y plantilla,** activa la pestaña **Firma de correo electrónico** y configura la firma.

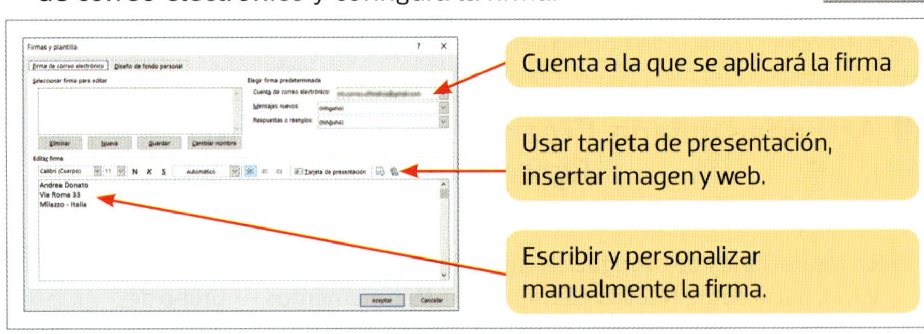

Ejemplo

Firma personalizada con formato de fuente

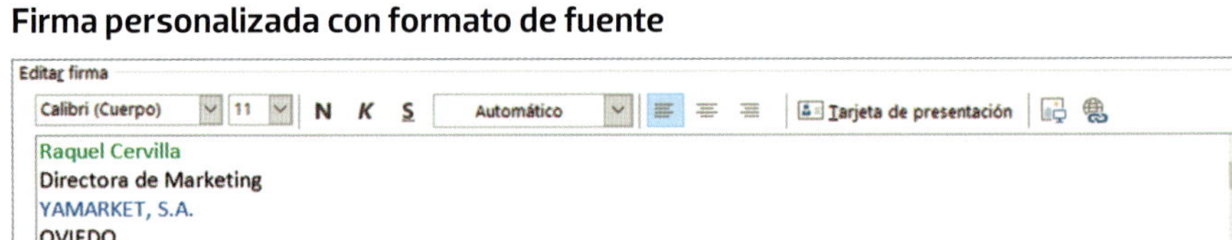

Firma predeterminada: para todos los mensajes o para el actual

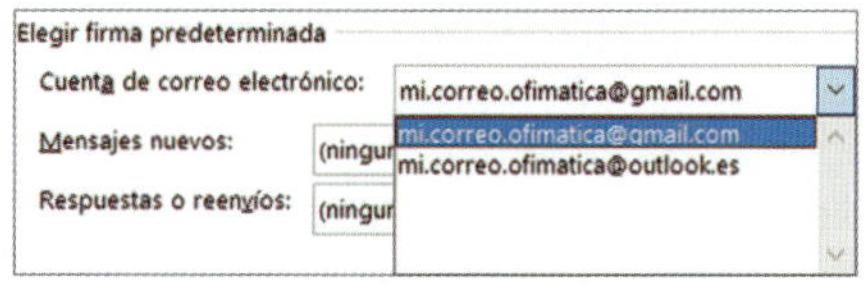

- En **Cuenta de correo electrónico,** selecciona una cuenta de correo para asociarla con la firma.
- En **Mensajes nuevos,** elige la firma que desees agregar automáticamente a todos los nuevos mensajes de correo. Si solo se quiere aplicar al mensaje actual, deja activada la opción "ninguna".
- En **Respuestas o reenvíos,** selecciona la firma que desees agregar automáticamente al responder o reenviar mensajes. Si no se va a utilizar una firma en todas las respuestas y reenvíos, elige la opción "ninguna".

Recuerda

Cada cuenta de correo agregada a Outlook 2016 puede tener asociada una firma diferente.

Saber más

Enviar y recibir al instante

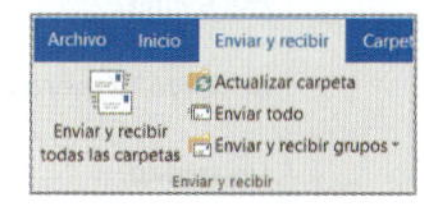

Actividad guiada. Escribir un mensaje nuevo con firma automática para todos los mensajes

Actividad 12.

En todas las actividades de esta unidad se va a utilizar la cuenta de correo de Outlook para la comunicación de clase y la de Gmail para la privada. Equivale a gestionar con el mismo programa una cuenta de empresa y otra personal.

1. Si no estuviera en uso, abre la aplicación Outlook 2016.
2. Utiliza las explicaciones del epígrafe 2.6 para crear una firma asociada al correo de Outlook que tenga tu nombre y apellidos en Calibri 14 azul y, debajo, tu curso y grupo en Calibri 11 negro. Esa firma se insertará **automáticamente en todos los mensajes** de correo que escribas desde tu cuenta de Outlook.

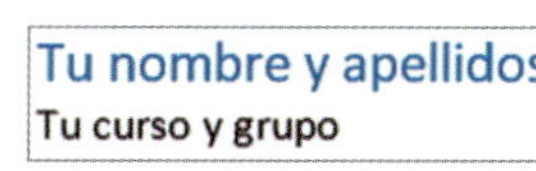

3. Escribe un mensaje de correo a uno de tus compañeros o compañeras de clase, con el asunto y texto siguientes:

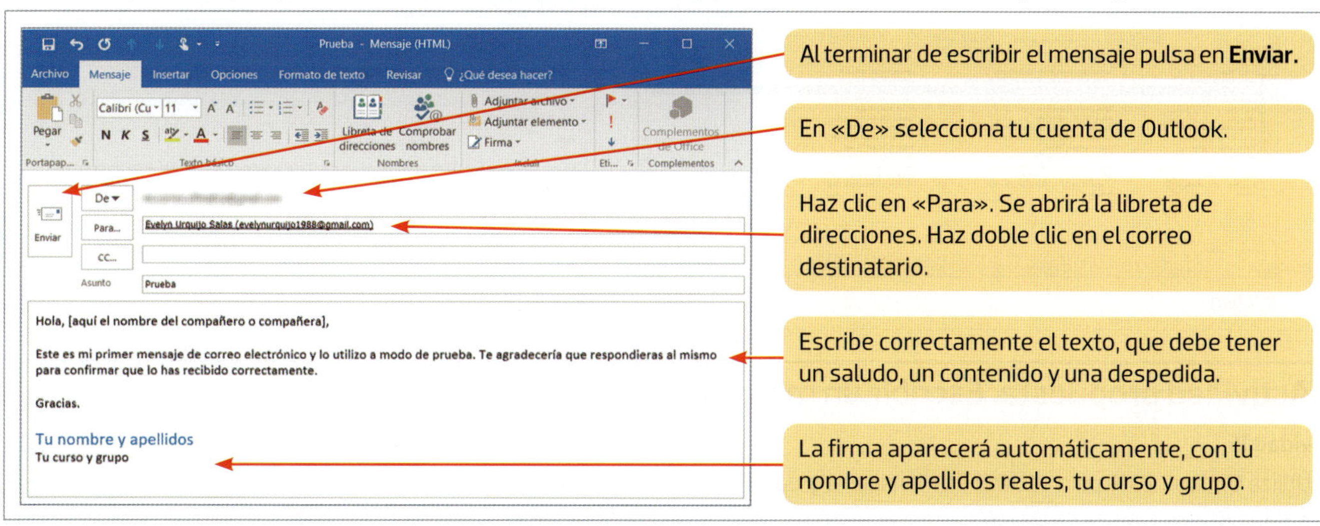

2.7. Nuevo mensaje, responder, reenviar

Para realizar estas operaciones debe estar seleccionado **Correo** en las opciones de navegación y tener activa la pestaña **Inicio**.

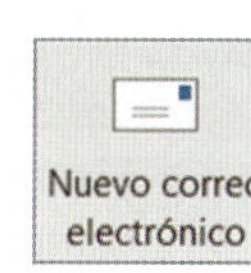

- **Nuevo correo electrónico.** Es la primera opción visible de la cinta de opciones.
- **Responder, responder a todos, reenviar.** Encima de un mensaje recibido se encuentran las opciones Responder (al remitente), Responder a todos (al remitente y a los demás destinatarios del correo recibido) y Reenviar (enviar el correo recibido uno o más destinatarios, con inclusión de los archivos adjuntos).

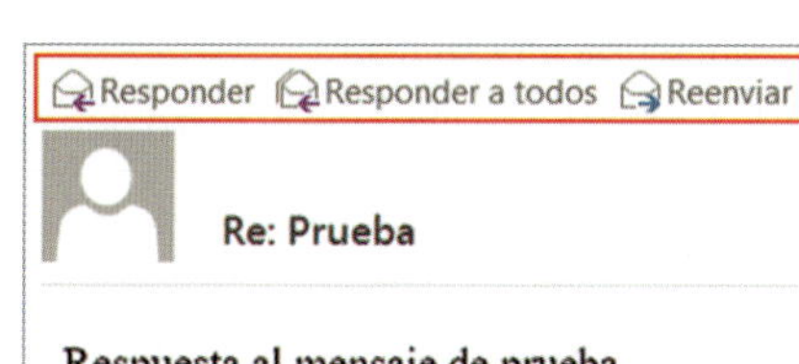

Actividad guiada. Responder a un mensaje recibido

Actividad 13.

1. Si has recibido algún mensaje correspondiente a la actividad anterior, responde como acuse de recibo.
2. Una vez que hayas enviado el mensaje tendrás una nota informativa de la fecha y hora en que ha sido respondido.

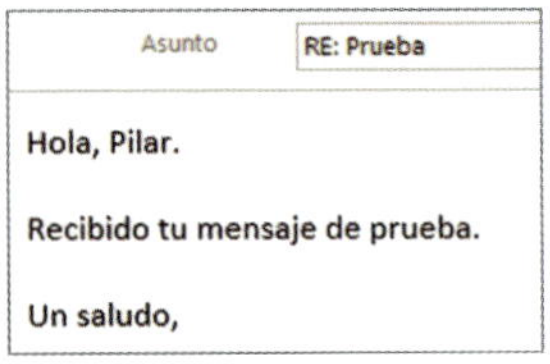

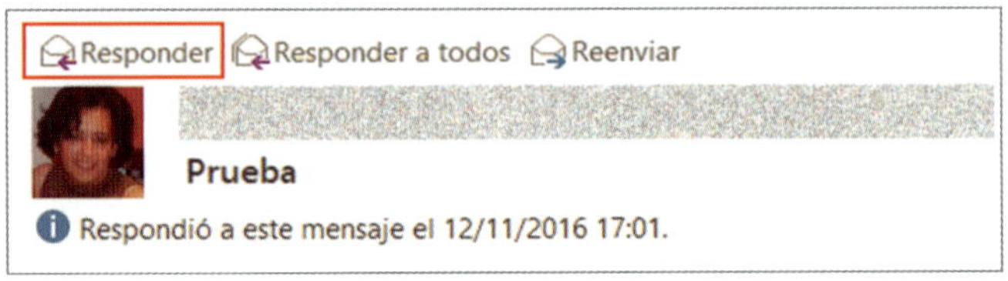

Actividad guiada. Escribir un mensaje de correo al grupo Clase

Actividad 14.

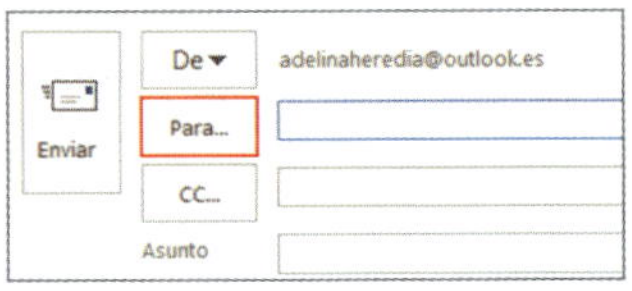

1. Si no estuviera en uso, abre Outlook 2016.
2. Desde la cuenta de correo de Outlook, escribe un mensaje de correo al grupo **Clase,** de modo que las direcciones de todos los destinatarios permanezcan ocultas para cada uno de ellos:
   a) Haz clic en **Nuevo correo electrónico.** Pulsa en **Para** y se abrirá la libreta de direcciones.
   b) Selecciona el grupo **Clase** y luego pulsa sobre **CCO** para que las direcciones de todos los destinatarios queden ocultas. **Aceptar** (imagen 1).
   c) Redacta el mensaje como en la imagen 2. Si se configuró correctamente la firma en la actividad 12, quedará insertada. Envía el mensaje.

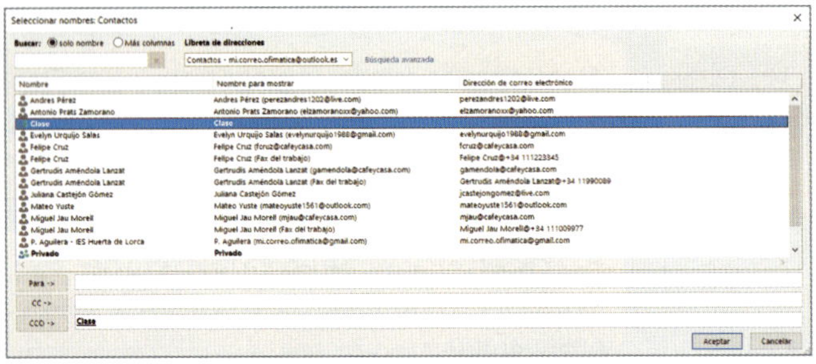

Imagen 1.

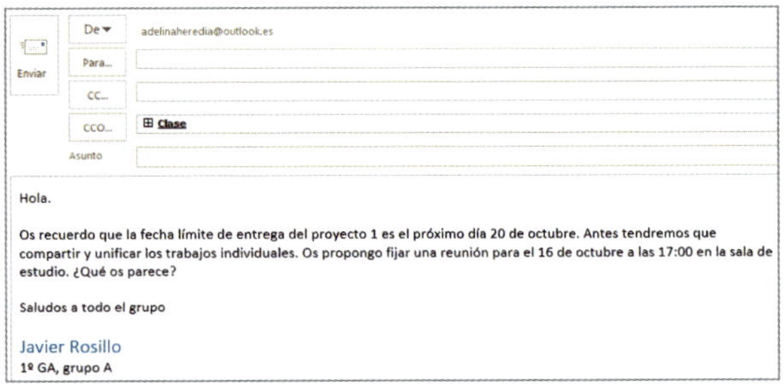

Imagen 2.

Actividad propuesta. Escribir un mensaje de correo al grupo Privado

Actividad 15.

1. Utiliza Outlook 2016 para escribir un mensaje al grupo Privado desde tu cuenta de Gmail.
2. Agrega tu dirección de Gmail para recibir el mensaje como un destinatario más.
3. Ningún destinatario podrá ver las direcciones de correo de los demás.
4. Establece como firma tu tarjeta de presentación.

> Si no se ha creado de forma automática un usuario con tu dirección de Gmail, créalo ahora y utiliza la tarjeta de presentación como firma para todos los mensajes que se escriban desde esta cuenta.

5. Escribe un asunto.
6. Redacta a tu elección el texto que recibirán todos los contactos del grupo Privado.

> Recuerda: En tus mensajes profesionales y personales, escribe correctamente. Utiliza saludo y despedida.

7. Envía el mensaje.

Actividad guiada. Compartir la tarjeta de presentación de un contacto

Actividad 16.

1. Desde tu cuenta de correo de Outlook, escribe un mensaje en CCO al grupo **Clase.** En el Asunto, escribe **Envío contacto.** Escribe un mensaje adecuado.
2. En la ventana del mensaje haz clic en **Adjuntar elemento → Tarjeta de presentación → Otras tarjetas de presentación.** Adjunta la tarjeta de uno de tus contactos de clase. Envía el correo.
3. Cuando recibas mensajes que adjunten tarjetas de presentación, agrega esos contactos a tu libreta de direcciones en caso de no tenerlos ya.

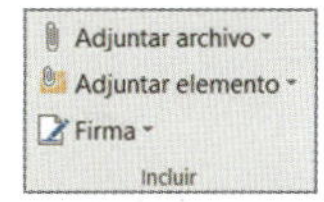

2.8. Crear carpetas

Dentro de cada bandeja o carpeta de una cuenta de correo electrónico es posible crear subcarpetas en las que se colocarán determinados mensajes directamente o mediante aplicación de reglas, como veremos en las actividades. La creación de carpetas puede llevarse a cabo de dos formas:

1. Desde la pestaña **Carpeta** se debe seleccionar la bandeja o carpeta a la que se agregará una subcarpeta. Un clic en el comando Nueva carpeta completará la operación.
2. Haz clic con el botón secundario en la bandeja o carpeta a la que deseas agregar una subcarpeta. En el menú contextual selecciona **Nueva carpeta** (imagen 2).

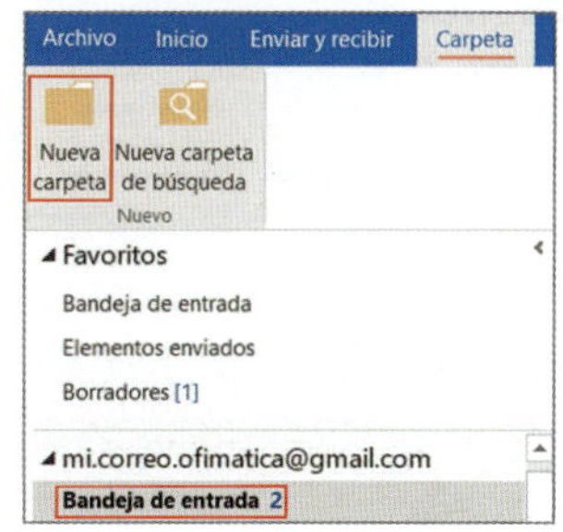

Imagen 1.

Imagen 2.

Actividad guiada. Crear carpetas en la bandeja de entrada y en la de elementos enviados

Actividad 17.

Explicaciones previas

1. En esta actividad crearás en la bandeja de entrada de tu cuenta de Outlook una carpeta a la que llegarán los mensajes que recibas de algún compañero o compañera que esté incluido en la libreta de direcciones.
2. Los mensajes que posteriormente se reciban de esa persona irán a la nueva carpeta, pero solo después de haber aplicado una regla, que se creará en la actividad 18.
3. La nueva carpeta tendrá por nombre «Correo recibido de...». En los puntos suspensivos pondrás el nombre de la persona cuyos mensajes se guardarán en esa carpeta.

Creación de una carpeta en la bandeja de entrada del correo de Outlook

4. En Outlook 2016, selecciona la **Bandeja de entrada** de tu correo de Outlook. Sigue las explicaciones del epígrafe 2.8 para crear una carpeta que llamarás **Correo recibido de** [nombre del compañero o compañera].

Creación de una carpeta en la bandeja Elementos enviados del correo de Outlook

5. Selecciona la bandeja **Elementos enviados** para crear en ella una carpeta que llamarás **Correo enviado a** [nombre del compañero o compañera].

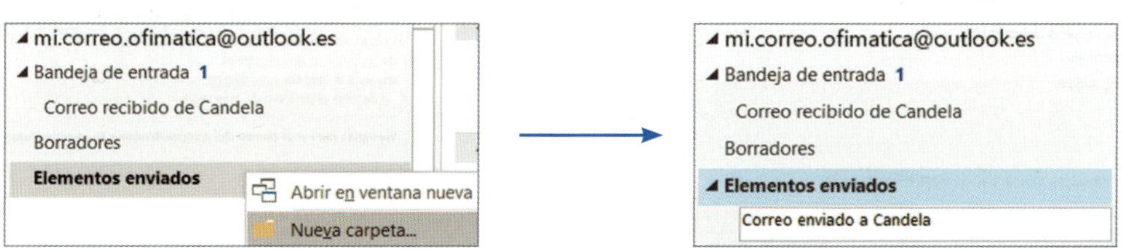

2.9. Administrar mensajes mediante reglas

Imagen 1.

Desde la pestaña **Inicio → Reglas** y con cualquier cuenta o carpeta seleccionada, se pueden crear reglas para administrar los mensajes según distintos criterios (imagen 1).

- **Crear regla.** Contiene una lista de criterios y otra de acciones a partir de los criterios aplicados, como puede verse en la imagen 2. En la misma ventana se puede acceder a las **Opciones avanzadas**, desde donde se pueden crear reglas con condiciones y acciones más variadas (ver siguiente ejemplo).

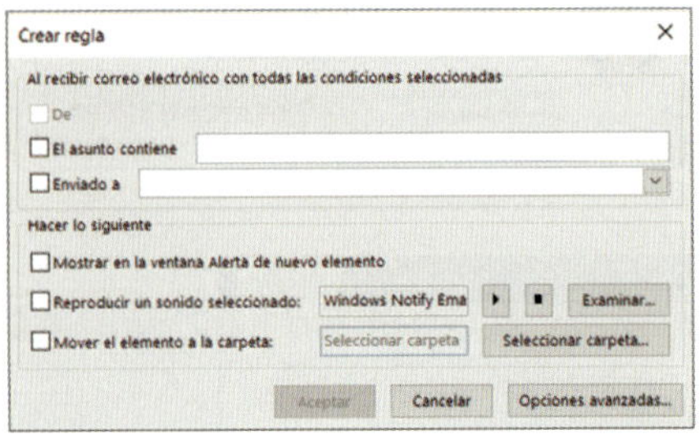

Imagen 2.

Ejemplo

Crear regla con opciones avanzadas

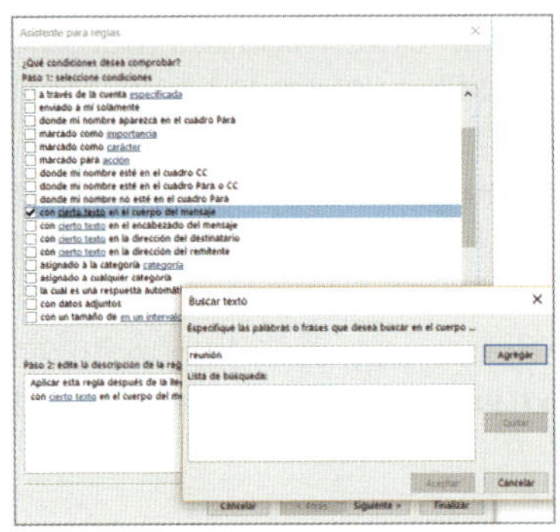

Condición: Buscar el texto "reunión" en el cuerpo del mensaje.

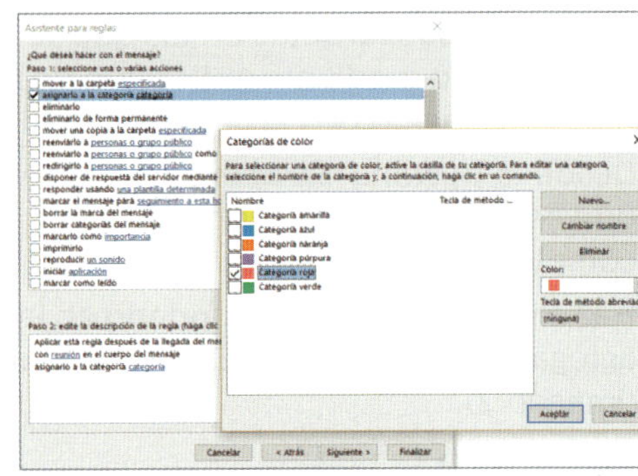

Acción: Marcar como categoría roja los mensajes en cuyo cuerpo aparezca la palabra "reunión".

Navega

Reglas en Outlook 2016

- <https://support.office.com/es-es/article/Administrar-mensajes-de-correo-electrónico-mediante-reglas-c24f5dea-9465-4df4-ad17-a50704d66c59>

- **Administrar reglas y alertas.** Como observamos en la imagen 1, también es posible administrar reglas y alertas. Al seleccionar esta opción se abre la ventana de Reglas y alertas con dos pestañas. En la primera de ellas podremos, entre otras cosas, crear nuevas reglas o cambiar las existentes.

  Al crear una nueva regla, el asistente para reglas guiará la creación en sucesivas ventanas.

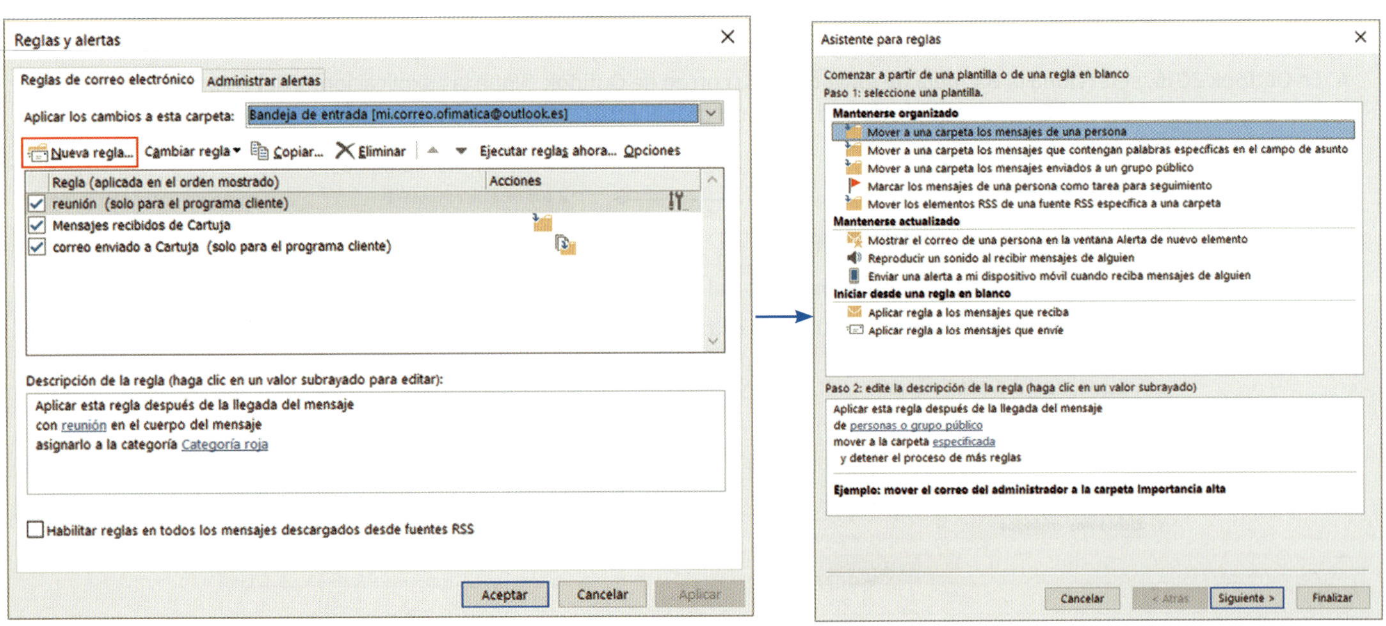

Actividad guiada. Crear regla para entrada de mensajes

Actividad 18.

Explicaciones previas

1. En la actividad anterior se crearon subcarpetas en la bandeja de entrada y en la de enviados de la cuenta de Outlook. El objetivo es que los mensajes recibidos de una dirección concreta o enviados a la misma se sitúen en las subcarpetas creadas para ello.
2. En esta actividad y en la siguiente crearás las reglas que hagan posible el objetivo del punto 1.

Crear regla para colocar mensajes recibidos en la carpeta Correo recibido de...

3. Selecciona, sin abrir, la carpeta Correo recibido de...
4. Con la pestaña **Inicio** activa, pulsa sobre Reglas → Administrar reglas y alertas.
5. En la ventana de Reglas y alertas, deja seleccionada la pestaña Reglas de correo electrónico y haz clic sobre **Nueva regla** (imagen 1).
6. En el Asistente para reglas, selecciona **Aplicar regla a los mensajes que reciba** (imagen 2). **Siguiente.**
7. En el paso 1, marca **de personas o grupo público** y, en el paso 2, haz clic en **personas o grupo público** (imagen 3).
8. Se habrá abierto la lista de contactos. Haz doble clic sobre el nombre de la persona para la que creaste una carpeta de entrada. Ejemplo en la imagen 4. El nombre y su dirección de correo electrónico pasarán a la línea **De ->**
9. Al terminar, pulsa en Siguiente. En el paso 1 del Asistente para Reglas marca **mover a la carpeta especificada.** En el paso 2, pulsa sobre la palabra **especificada**. Al terminar, pulsa en Siguiente (imagen 5).
10. Despliega la Bandeja de entrada de Outlook para ver la subcarpeta (imagen 6).

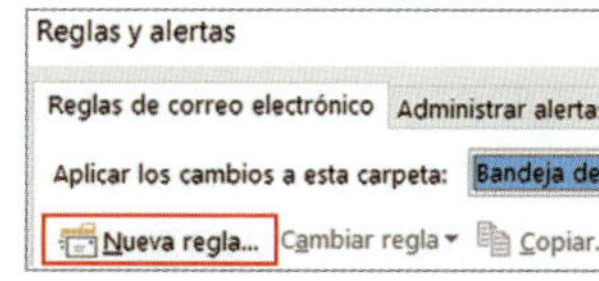

Imagen 1.

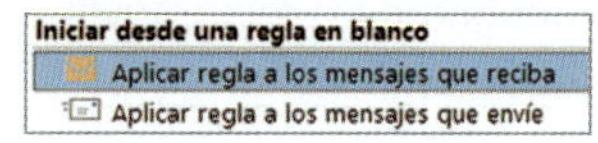

Imagen 2.

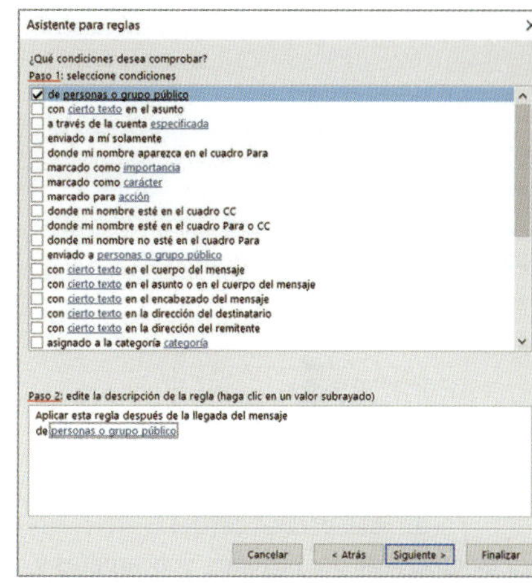

Imagen 3.

Imagen 4.

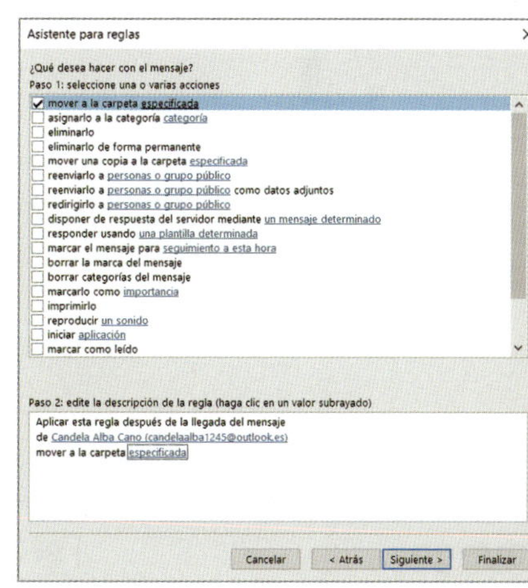

Imagen 5.

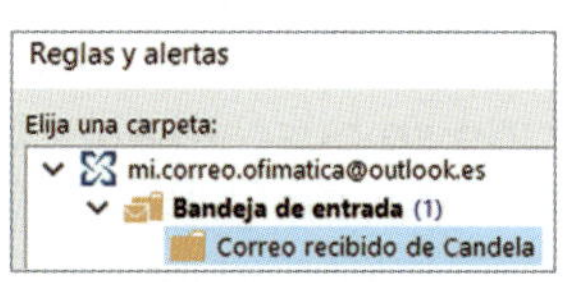

Imagen 6.

11. Pulsa en Siguiente hasta llegar a la ventana de finalización de la regla. En el paso 1, pon un nombre significativo a la regla. En el paso 2, deja marcado Activar esta regla. (Ejemplo en la imagen 7).

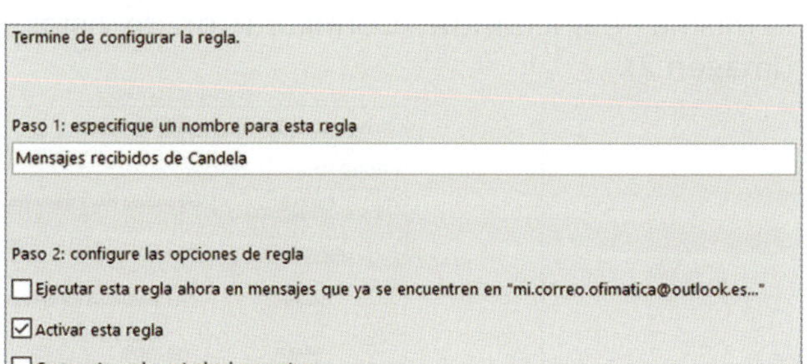

Imagen 7.

12. Haz clic en **Finalizar** del Asistente para reglas y, luego, en **Aceptar** de la ventana Reglas y alertas.
13. Pide a la persona para la que has creado la carpeta de entrada que te envíe un correo, pulsa sobre **Enviar y recibir todas las carpetas** (de la pestaña Enviar y recibir) y comprueba que el correo está ahí.

Actividad propuesta. Crear regla para mensajes enviados

Actividad 19.

1. Crea una regla para que los mensajes que envíes a la persona cuya carpeta creaste en la bandeja Elementos enviados se coloquen en ella de forma automática.
2. Procede de forma parecida a la de la actividad anterior, pero ten en cuenta que la regla se aplicará a los mensajes que envíes a alguien concreto.
3. Una vez configurada la regla, envía un mensaje a esa persona.
4. Comprueba que funcionan las dos reglas creadas en las actividades 18 y 19. En caso contrario, revísalas y modifica los posibles errores.

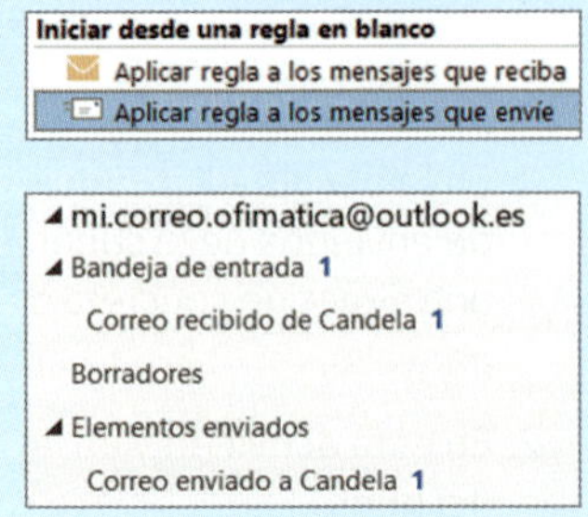

2.10. Búsqueda y filtrado de mensajes

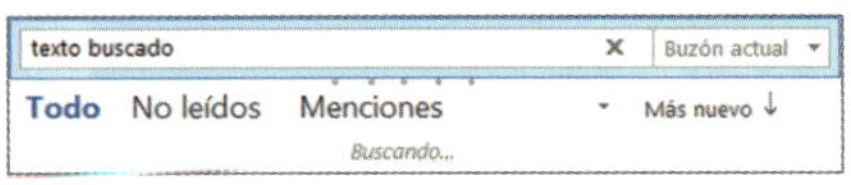

Búsqueda instantánea en Outlook 2016.

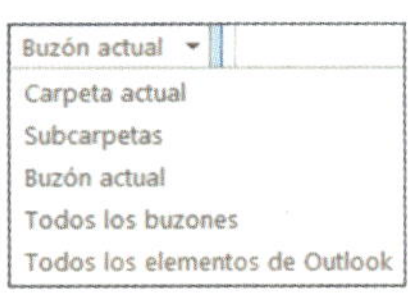

Filtro de búsqueda por buzones, subcarpetas y otros elementos.

Con frecuencia es necesario localizar un mensaje concreto y la tarea se complica cuando las bandejas están llenas con correo de meses o de años. Los clientes de correo electrónico tienen herramientas que facilitan esa operación.

Búsqueda instantánea

En Outlook 2016, desde cualquier pestaña que se tenga activa, hay un **cuadro de búsqueda instantánea** en la columna central. En la línea de búsqueda es posible introducir una o más palabras, un nombre, una dirección de e-mail... El cuadro desplegable de la derecha permite filtrar la búsqueda por buzones, subcarpetas y otros elementos (ver imagen lateral).

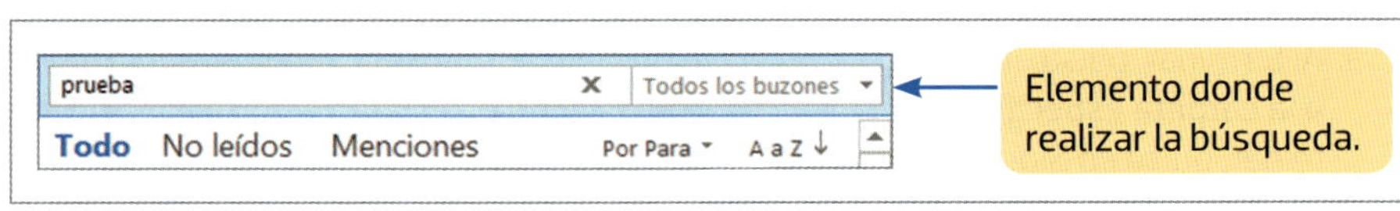

Una vez que se ha decidido dónde hacer la búsqueda, pueden usarse los siguientes filtros:

- **Todo.** El texto introducido se buscará en todos los buzones, carpetas, subcarpetas y otros elementos de Outlook 2016.
- **No leídos.** Mostrará los mensajes no leídos que corresponden a la búsqueda.
- **Menciones** o **Por Para.** El desplegable de cualquiera de ambas opciones mostrará los mensajes ordenados según el criterio seleccionado en la lista (imagen 1).

Al final de la misma se encuentra «Configuración de vista» con opciones avanzadas (imagen 2).

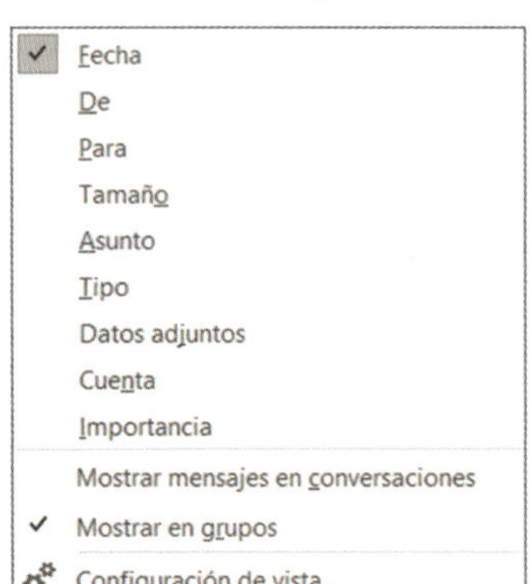

Imagen 1.

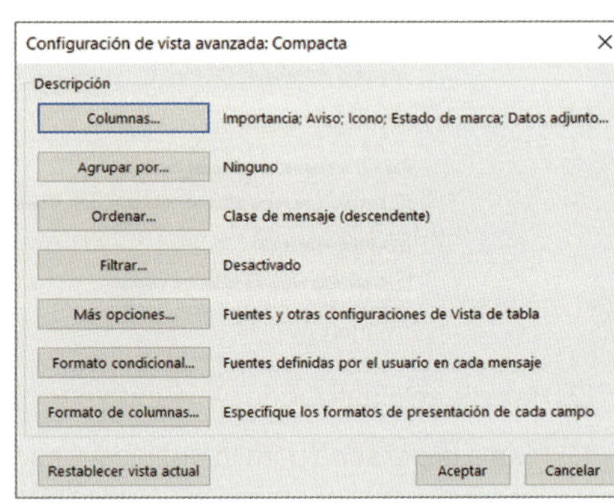

Imagen 2.

Navega

Busca con el navegador de internet las siguientes palabras:

Outlook 2016 búsqueda instantánea support office

o bien entra en la siguiente dirección:

- <https://support.office.com/es-es/article/Buscar-un-mensaje-o-elemento-con-Búsqueda-instantánea-69748862-5976-47b9-98e8-ed179f1b9e4d>

Pestaña Buscar

Mientras se utiliza la búsqueda instantánea, aparece la pestaña **Buscar** (Herramientas de búsqueda) que contiene múltiples herramientas avanzadas distribuidas en grupos.

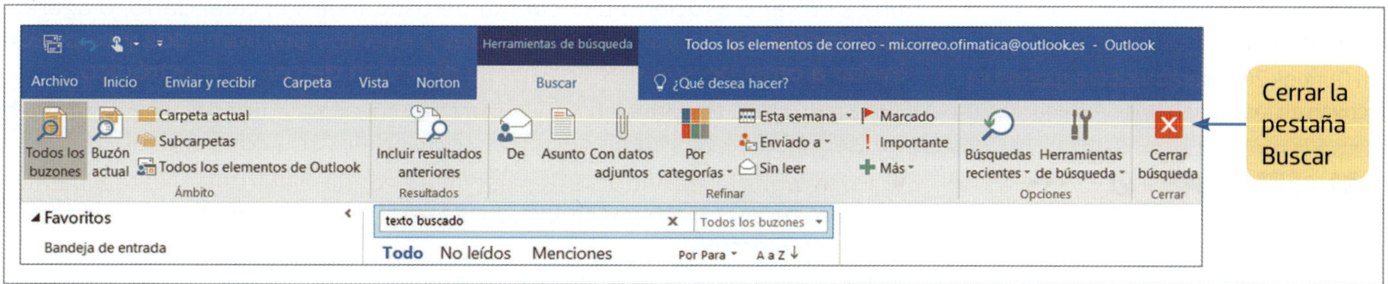

Actividad propuesta. Buscar en todos los buzones un correo recibido

Actividad 20.

1. Consulta el epígrafe 2.10 para realizar esta actividad y las siguientes.
2. Abre Outlook 2016 si no estuviese en uso.
3. Utiliza la búsqueda instantánea para localizar en todos los buzones los mensajes que contengan en algún lugar la palabra que hayas introducido en la línea de búsqueda, sin aplicar ningún filtro adicional.

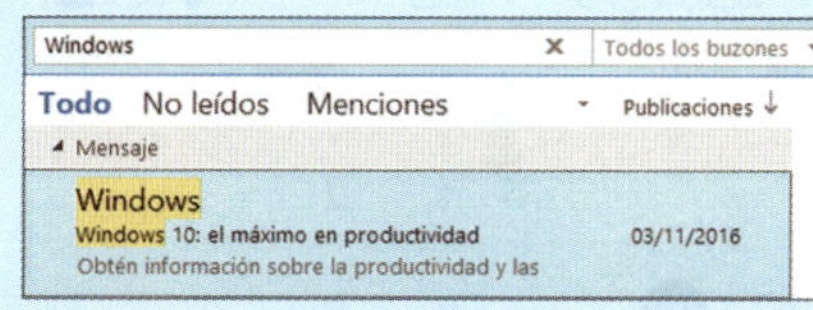

Ejemplo.

Actividad propuesta. Buscar en el buzón de entrada de Outlook

Actividad 21.

1. Abre Outlook 2016 si no estuviese en uso.
2. Selecciona la bandeja de entrada de tu cuenta de Outlook.
3. Utiliza la búsqueda instantánea para localizar en el buzón actual todos los mensajes que incluyan la palabra «proyecto».

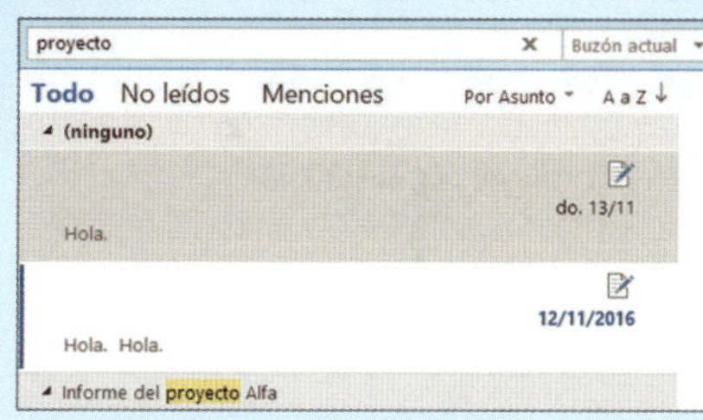

Ejemplo.

Actividad propuesta. Buscar información de un contacto

Actividad 22.

1. Haz una búsqueda instantánea del nombre de una persona o de una empresa que esté en tus contactos o con la que hayas mantenido correspondencia por correo electrónico.
2. Aplica la búsqueda a Todos los elementos de Outlook.
3. Obtendrás una lista de resultados que tengan alguna relación con la persona o empresa sobre la que has hecho la consulta, por ejemplo, de:
   a) Mensajes recibidos.
   b) Mensajes enviados.
   c) Libreta de direcciones.
   d) Elementos eliminados.

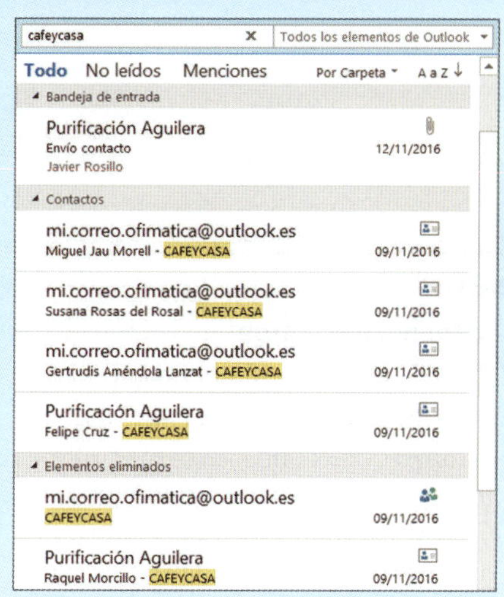

Ejemplo.

3. Calendario o agenda electrónica

3.1. Introducción

Actualmente, la mayor parte de proveedores de correo tienen disponible un calendario asociado a la cuenta de usuario. En el calendario, o agenda electrónica, se anotan las actividades y eventos programados y se puede invitar a otras personas mediante su dirección de correo electrónico.

Los calendarios se pueden consultar y modificar accediendo a la página web del servidor de correo electrónico o en el cliente de correo local.

- **En la web del servidor.** El acceso a la agenda electrónica se realiza mediante el uso del navegador con acceso a la página web del servidor de correo electrónico.
- **En el programa cliente de correo.** Algunas aplicaciones locales de correo electrónico disponen de calendario, como es el caso de Outlook 2016, otras versiones anteriores de Outlook o Mozilla Thunderbird.

Saber más

Calendarios

En Outlook 2016 serán visibles cuando se activan en las opciones de navegación.

3.2. Sincronización de calendarios

La sincronización de un calendario en el servidor de correo y en la aplicación cliente significa que los eventos, tareas y recordatorios que se anotan a través del servidor serán visibles en el programa local, y viceversa.

Saber más

El correo y la agenda electrónica se pueden sincronizar igualmente en el teléfono móvil.

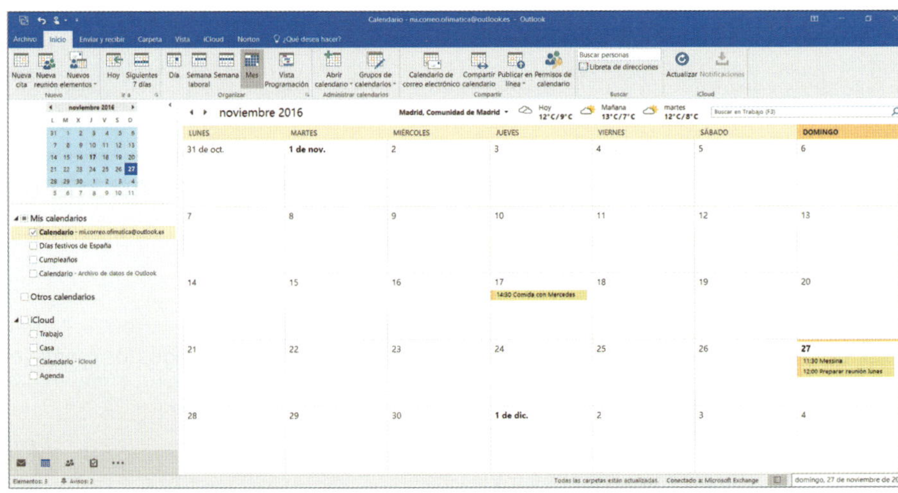

Calendario en Microsoft Outlook 2016.

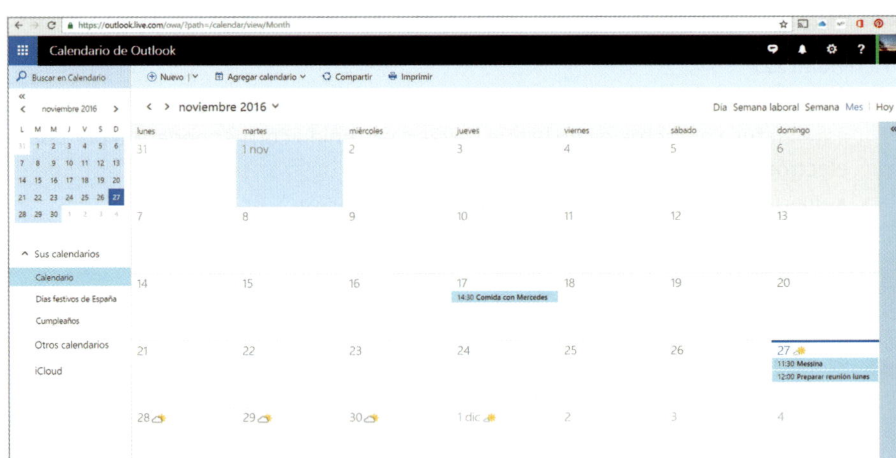

El mismo calendario en la web www.outlook.com.

Saber más

Protocolo Exchange

Gracias a este protocolo de Microsoft, la sincronización entre el calendario de Outlook.com y el de Microsoft Outlook 2016 es **bidireccional.** Esto significa que un evento introducido, modificado o eliminado en la web repercutirá en el cliente de correo, y viceversa.

Actividad guiada. Configurar Google Calendar

Actividad 23.

1. Mediante el navegador, accede a tu cuenta de Gmail.
2. Sigue los pasos 1 y 2 de la imagen 1 para abrir las aplicaciones de Google y acceder a **Calendar.**
3. A la izquierda se encuentran los calendarios asociados a tu cuenta de correo electrónico: el que lleva tu nombre, el de cumpleaños y el de recordatorios. Cada uno de ellos puede ser configurado de forma independiente (imagen 2).
4. En el centro está el calendario, que se verá según el modo elegido. En la parte superior derecha selecciona la vista por mes (imagen 3).
5. Pulsa en la flecha junto al calendario que tiene tu nombre y marca **Mostrar únicamente este calendario.**
6. Elige un color para tu calendario. Los eventos y tareas que anotes en el calendario tendrán el fondo de ese color.

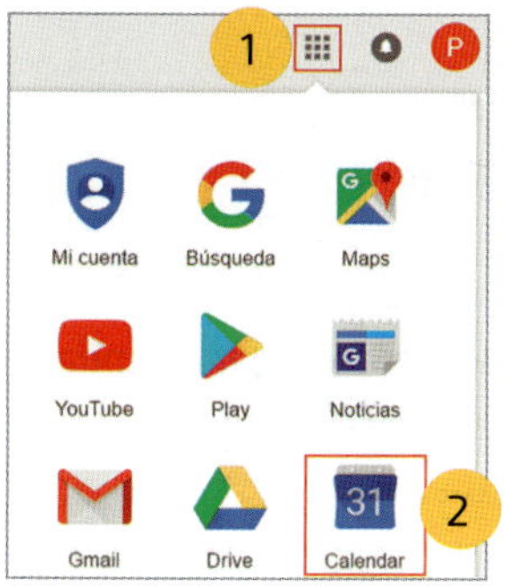

Imagen 1.

Imagen 2.

Imagen 3.

7. Despliega, con la flecha de la derecha, el calendario con tu nombre y haz clic en **Configuración del calendario.**

   Configura el calendario adaptado a tus datos y preferencias personales. Deja como viene predeterminada la zona señalada con borde rojo (imagen 4).

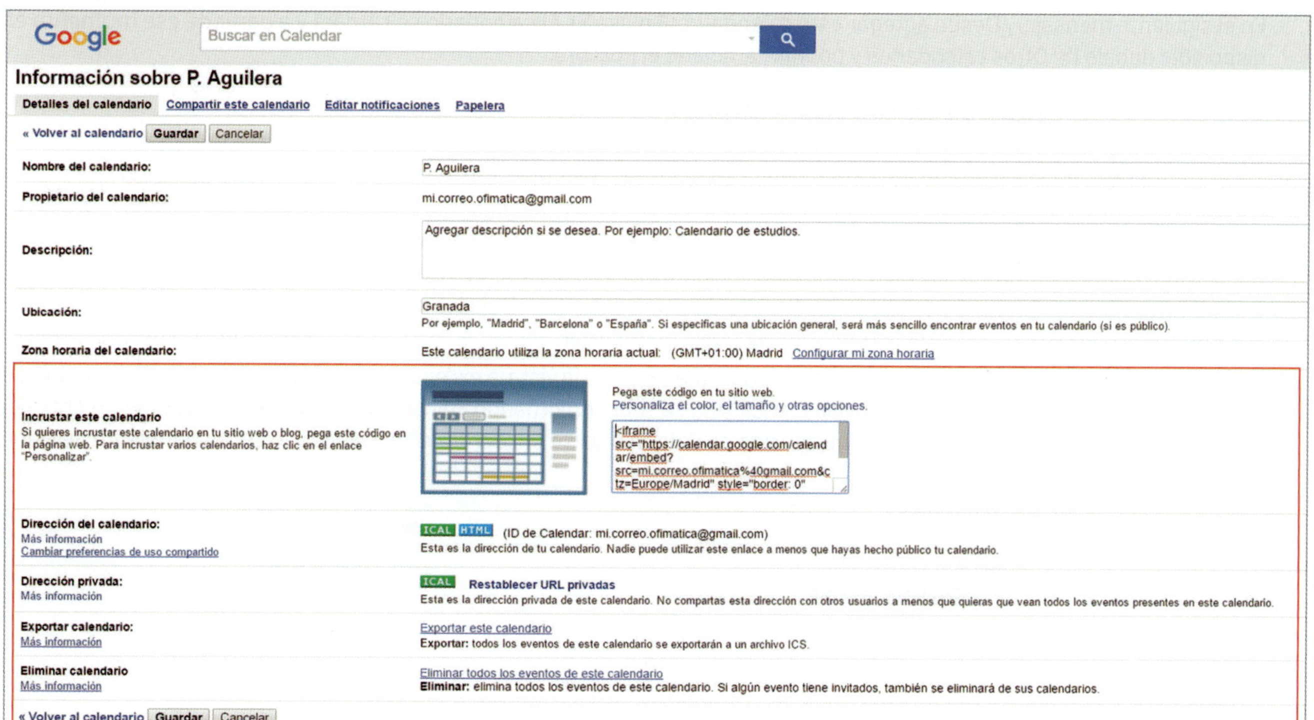

Imagen 4.

8. Por último, haz clic en Guardar en la parte superior izquierda.
9. No cierres la ventana de Gmail.

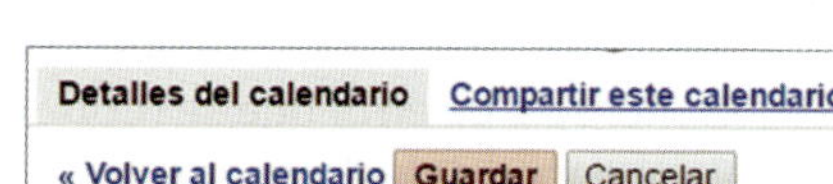

Actividad guiada. Descargar y sincronizar Google Calendar en Outlook 2016

Actividad 24.

1. Abre Outlook 2016 y selecciona calendarios en las opciones de navegación.
2. En el navegador, repite el paso 7 de la actividad anterior sobre Calendar. En la ventana de configuración del calendario, haz clic en ICAL (junto a Restablecer URL privadas).

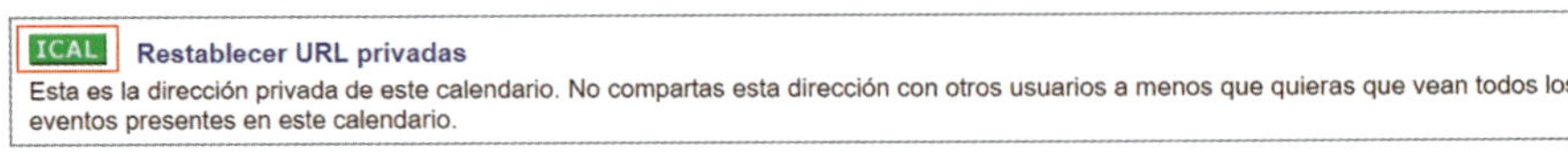

3. En el mensaje siguiente obtienes la dirección web privada de tu calendario (contorno rojo en la imagen siguiente), que debes **seleccionar** con el botón secundario y **copiar.** A continuación, haz clic en Aceptar.

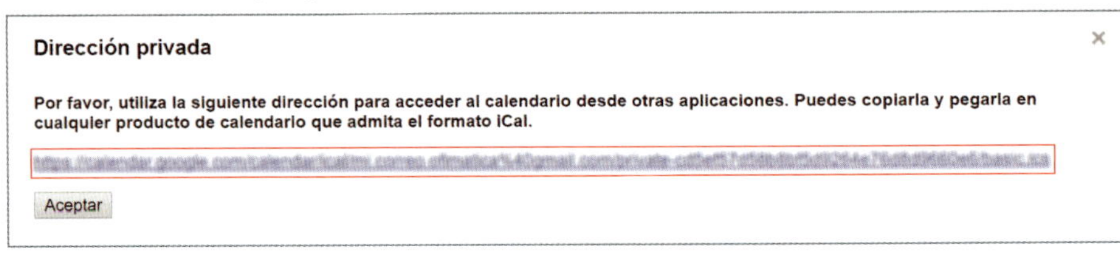

4. En Outlook 2016, haz clic con el botón secundario en **Otros calendarios.** Clic con el botón secundario en **Agregar calendario.** Clic con el botón principal en **Desde internet.** Pega en el recuadro la dirección que has copiado en el punto 2. Acepta.

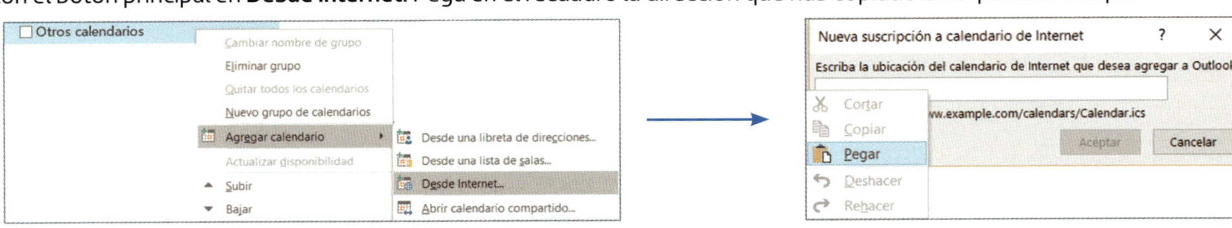

5. En el siguiente mensaje: ¿Desea agregar este calendario...? pulsa **Sí.** El calendario se cargará y a partir de ese momento estará disponible debajo de Otros calendarios y podrás cambiarle el nombre.

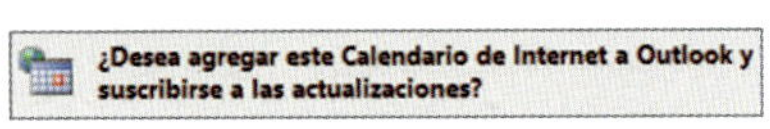

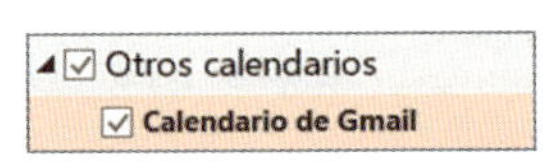

6. Posteriormente, todas las anotaciones que hagas en el Google Calendar (en la web de Gmail) se verán reflejadas en el calendario nuevo en Outlook 2016.
7. Entra en la web de Google Calendar y haz clic en la fecha de hoy. En la ventana de evento, pulsa sobre **Editar evento.** Escribe un recordatorio con hora de inicio para dentro de dos o tres minutos. Puedes llamarlo, por ejemplo, «Prueba de sincronización». Deja los demás parámetros como vienen por defecto y, por último, pulsa en **Guardar.**

Evento creado en Google Calendar.

8. En Outlook 2016, deja sin marcar todos los calendarios que tengas a la vista, a excepción del recién importado. En la pestaña Vista, selecciona **Mes.** Selecciona la pestaña Enviar y recibir y pulsa sobre el comando **Enviar y recibir todas las carpetas.** A continuación, comprueba que el recordatorio que has introducido en Calendar ya se encuentra en el calendario correspondiente de Outlook.

El mismo evento importado por Outlook 2016.

Hasta la fecha en que se redacta esta unidad, los eventos que se anotan en Google Calendar se pueden ver en Microsoft Outlook 2016. Sin embargo, **en el calendario importado** no es posible introducir, eliminar o modificar eventos (ver en la imagen lateral el mensaje de error que se recibe), de modo que la sincronización de Outlook 2016 y Calendar **no es bidireccional.**

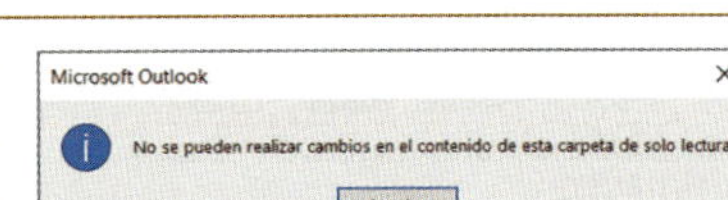

3.3. Vistas de calendarios

En las pestañas **Inicio** y **Vista** de Outlook 2016 está el grupo **Organizar,** en el que se puede elegir el modo preferido de vista del calendario o calendarios seleccionados en el panel de la izquierda.

Ejemplo

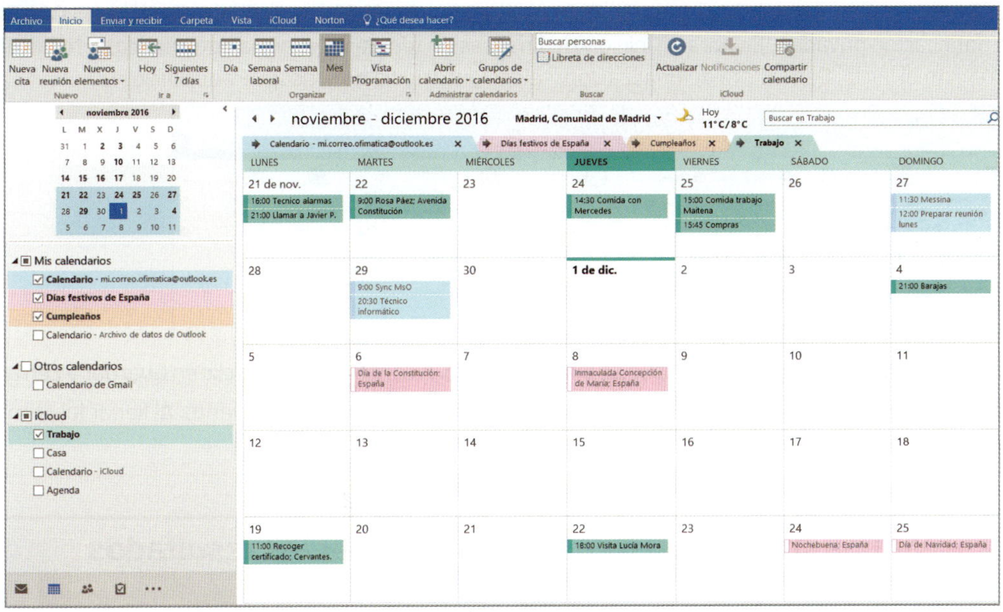

- La vista seleccionada es Mes (en la cinta de opciones).
- A la izquierda están marcados los calendarios que van a estar visibles.
- Los eventos de cada día tienen un color distinto, correspondiente al color del calendario al que pertenecen.
- Encima de los días de la semana hay una pestaña para cada calendario mostrado.

3.4. Citas o eventos

En los calendarios de Outlook 2016 es posible introducir reuniones, actividades y otros eventos que tienen una fecha, una hora y una duración prevista, que puede ser de jornada completa. Es posible informar o invitar a otras personas a los eventos incluidos en nuestro calendario, así como recibir notificaciones de eventos ajenos.

Outlook mostrará periódicamente avisos de citas pendientes (incluso las que han vencido) hasta que se hayan descartado.

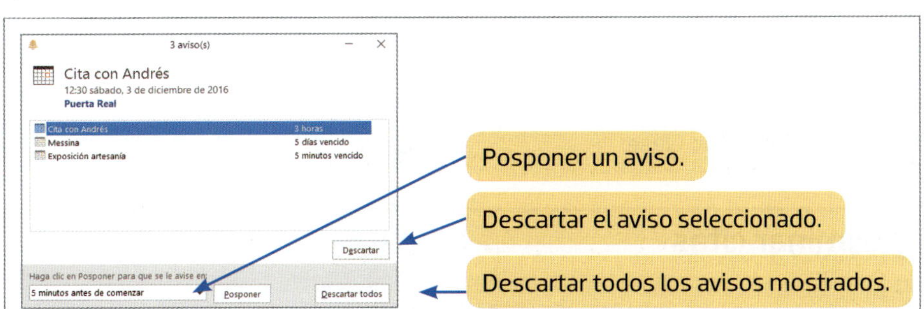

Al hacer doble clic en una fecha u hora del calendario para introducir una nueva cita, esta se podrá programar mediante el uso de las opciones y pestañas que se muestran en la cinta de opciones.

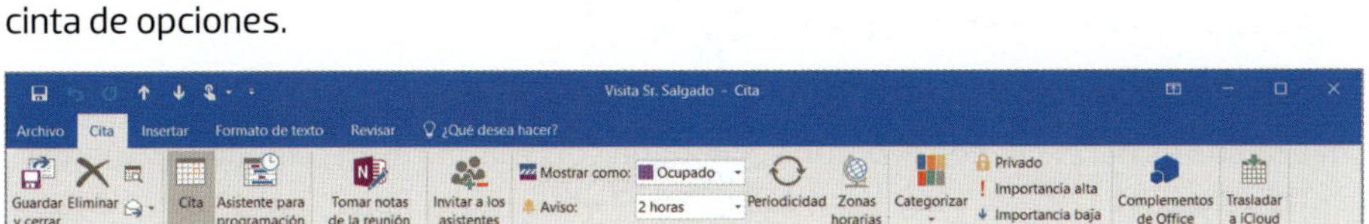

Navega

Vídeo tutorial para crear y editar citas en Outlook 2016 e invitar a asistentes:

- <https://www.youtube.com/watch?v=TN9HtMc7scw>

Actividad guiada. Crear una cita

Actividad 25.

1. Abre Outlook 2016 y selecciona Calendarios en las opciones de navegación.
2. En el panel de la izquierda, marca solamente el calendario de tu cuenta de Outlook.
3. Muestra la vista del calendario por días. El calendario, por defecto, te mostrará las horas del día en fracciones de media hora.
4. Mira la hora actual y haz doble clic en la próxima media hora (por ejemplo, si ahora son las 11:30, harás doble clic en las 12:00). En el asunto, escribe «Prueba de notificación privada». En hora de inicio y de finalización tendrás, de forma automática, la fecha de hoy y la hora para la que has previsto el inicio. Como hora de finalización, selecciona media hora después del inicio.

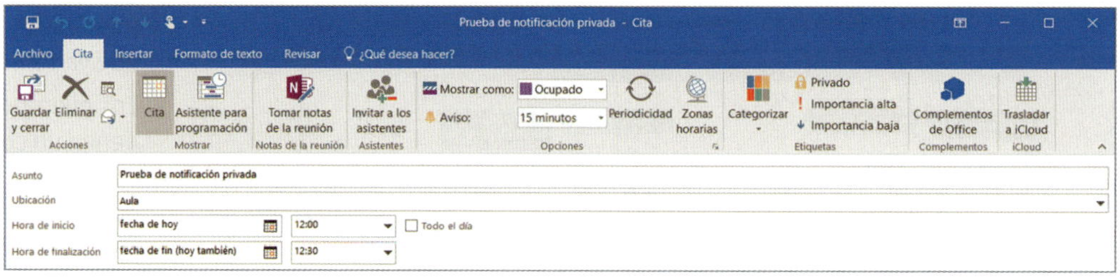

5. En la pestaña Cita, programa un aviso para 15 minutos antes de que se inicie el evento. A continuación, haz clic en **Guardar y cerrar.**
6. Espera hasta recibir la notificación. Cuando llegue, pospón el aviso hasta que falten 5 minutos para el evento. Al llegar la última notificación, haz clic en Descartar para no recibir nuevos avisos.

Actividad propuesta. Crear una cita con asistentes y comprobar los resultados

Actividad 26.

Crear cita e invitar asistentes

Crea una nueva cita en el calendario de tu cuenta de Outlook para el próximo día y hora en que tengas clase de Tratamiento informático de la información. Usa la vista Mes. Como ejemplo, puedes guiarte por la imagen 1.

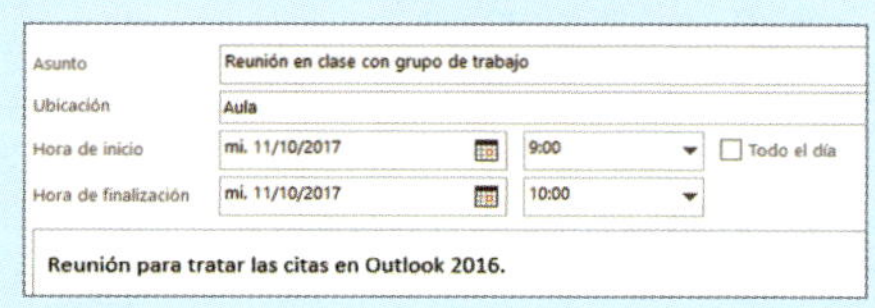

Imagen 1.

1. Tras terminar de haber editado la cita, haz clic en el comando **Invitar a los asistentes** (imagen 2).
2. Invita al grupo Clase y envía la invitación (por ejemplo, como en la imagen 3).

Imagen 2.

Analizar resultado

3. En la fecha y hora fijada para el evento, comprueba:
   - Si Outlook te muestra el aviso.
   - Si has recibido mensajes de correo con notificaciones del evento por parte de otros compañeros o compañeras.
   - Si han recibido tu mensaje de aviso los integrantes del grupo Clase.

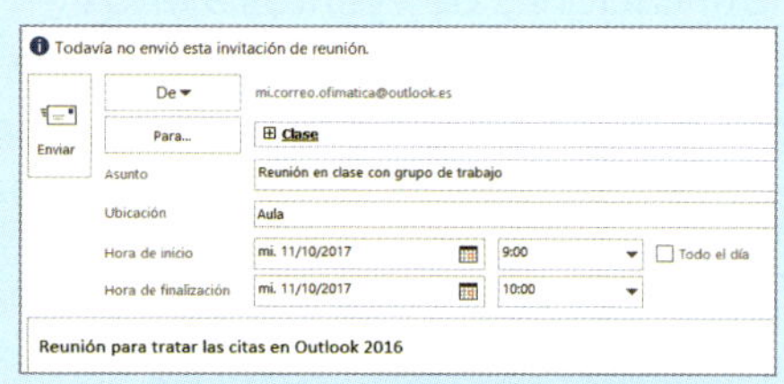

Imagen 3.

Actividad propuesta. Editar y eliminar citas

Actividad 27.

1. Abre el calendario de la cuenta de Outlook en vista Mes.
2. Selecciona con un solo clic de ratón la cita creada en la actividad 25 (Prueba de notificación privada). En la cinta de opciones se abrirá la pestaña Cita. Haz clic en Abrir, al principio de la cinta de opciones. De este modo la cita se muestra en **vista edición**, lo que permite ver los detalles y hacer cambios.
3. Elimina la cita editada haciendo clic sobre el comando **Eliminar.**

   Hay otras formas de eliminar una cita. La más rápida es hacer clic con el botón secundario sobre la cita en el calendario y marcar Eliminar.

Actividad propuesta. Resumen de actividades en imágenes

Actividad 28.

En esta unidad has realizado varias actividades que habrán quedado reflejadas en la aplicación de correo electrónico Outlook 2016. En esta actividad, a modo de resumen, realizarás las capturas de pantalla que se indican en las instrucciones siguientes. Cada captura estará debidamente recortada, tendrá el nombre que se indica en negritas al principio de cada instrucción y todas ellas se guardarán en formato JPG en la carpeta de actividades de esta unidad didáctica. Como ayuda o sugerencia puedes ver algunas imágenes de ejemplo.

1. **Cuentas de correo creadas.** Se han creado dos cuentas de correo, que se han importado desde Outlook 2016. Muestra ambas cuentas en una captura recortada (ejemplo 1).
2. **Mensajes recibidos en la cuenta de Outlook.** Selecciona la bandeja de entrada de tu cuenta de Outlook en la aplicación Outlook 2016. Haz una captura de pantalla completa.
3. **Mensajes enviados desde el correo de Gmail.** Selecciona la bandeja de mensajes de enviados con Outlook 2016 desde el correo de Gmail. Haz una captura de pantalla completa.
4. **Lista de contactos.** Muestra tu lista de contactos de Outlook 2016 (ejemplo 2).

Ejemplo 1.

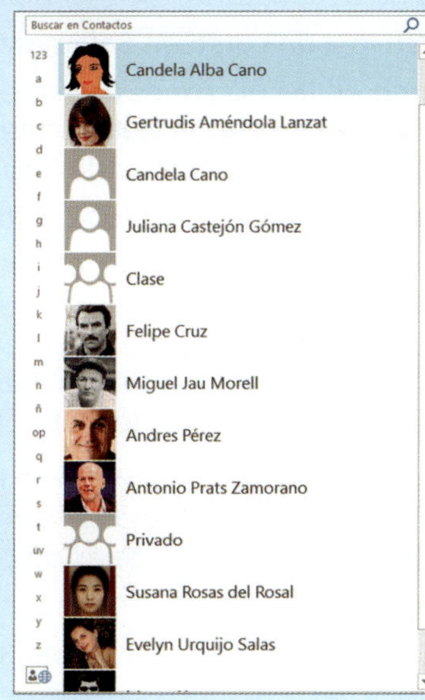

Ejemplo 2.

5. **Todos los calendarios en uno.** Muestra todos los calendarios disponibles de Outlook 2016, utiliza la vista Mes y haz una captura de pantalla completa del mes en el que hayas realizado las actividades relativas al calendario.
6. **Calendario Outlook en la web.** Inicia sesión en la web Outlook.com con tu nombre de usuario y contraseña y muestra el calendario. Haz una captura rectangular del calendario (ejemplo 3).
7. **Calendario Outlook en Outlook 2016.** En la aplicación, marca únicamente el calendario de Outlook y haz una captura rectangular del calendario (ejemplo 4).

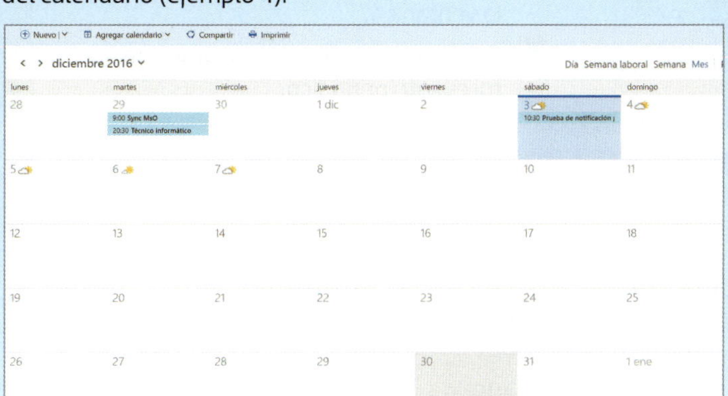

Ejemplo 3.

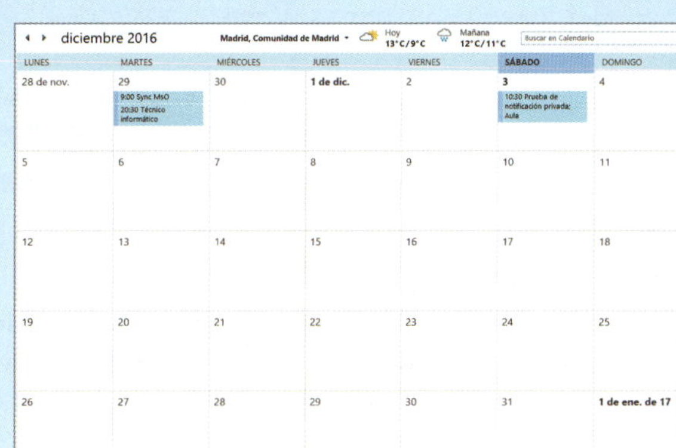

Ejemplo 4.

PRÁCTICA PROFESIONAL INICIAL RESUELTA

Cuestiones sobre correo y agenda electrónica

1. **Titular y artículo de internet**

   a) Se llama *mailing* al envío de mensajes de correo electrónico, con fines comerciales o publicitarios, a un gran número de personas que han dado su autorización para ello.

   b) El *spam* es similar al *mailing*, con la diferencia de que el *spam* es un mensaje no solicitado ni deseado por el destinatario.

   c) Sí, la LOPD considera la dirección de correo electrónico como un dato de carácter personal y, por lo tanto, susceptible de protección.

   d) Para evitar que cualquier destinatario tenga conocimiento de quiénes son los demás y cuáles son sus direcciones, la lista de destinatarios se escribe en el apartado COO (copia carbón oculta).

2. **Localizar mensaje relativo a un curso en Salamanca**

   Debo seleccionar Correo en las opciones de navegación, introducir Salamanca en la línea de búsqueda, buscar en **todos los buzones** y dejar marcado **Todo**.

3. **Consultar en la web el calendario de Outlook 2016**

   Basta disponer de un ordenador con conexión a internet e iniciar sesión en la web de Outlook con mi cuenta de correo y la contraseña. Gracias al protocolo Exchange, el calendario que gestiono con Outlook 2016 es el mismo que podré ver a través de la web de Outlook.

4. **Importar contactos de outlook.com a Outlook 2016**

   No es necesario hacer nada ya que, al importar con Outlook 2016 mi cuenta de correo xxxx@outlook.com, se sincronizan de forma automática las bandejas de correo, los contactos y el calendario o agenda electrónica.

5. **Programar eventos periódicos**

   Hago doble clic en el primer día que vaya a tener lugar el evento. Después sigo estos pasos:

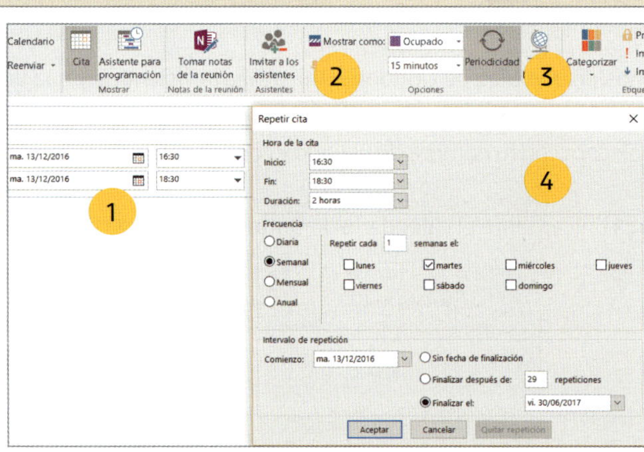

   1. Elijo hora de inicio y de final previsto.
   2. Selecciono el tiempo de aviso en 15 minutos.
   3. Hago clic en Periodicidad y se abrirá la ventana 4.
   4. Configuro esta ventana acorde con mi evento periódico.

6. **Superposición de calendarios**

   Puedo saber a qué calendario corresponde cada tarea por el color de fondo que tiene, que será el mismo que le haya asignado al calendario. Para superponer calendarios, marco los que deseo ver y, después, hago clic en cualquiera de ellos con el botón secundario y selecciono Superposición.

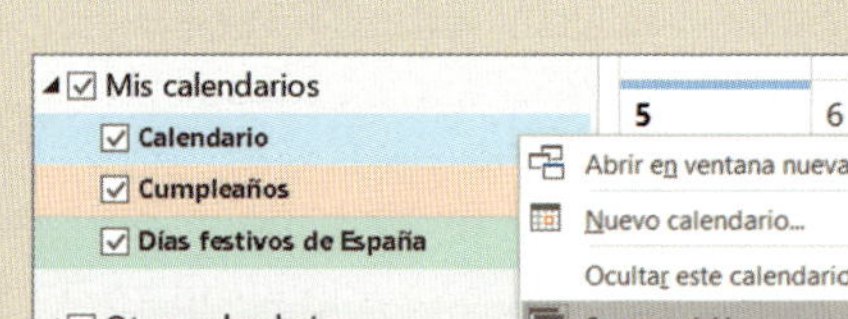

PRÁCTICA PROFESIONAL PROPUESTA

Sincronizar calendarios en Outlook Web, Outlook 2016 y Outlook móvil

Objetivos

- Crear eventos de calendario.
- Compartir calendario propio y agregar calendario ajeno.
- Verificar sincronización del calendario entre la web y Outlook 2016.
- Descargar y sincronizar la aplicación Outlook en un dispositivo móvil.

Instrucciones

Crear eventos en la web de Outlook

1. Inicia sesión en la web <www.outlook.com> con tu cuenta de correo de Outlook y accede al calendario.
2. Crea tres eventos en tres días diferentes de la próxima semana. Cada evento tendrá un título y una duración determinada.
3. Desde la web, comparte tu calendario con un compañero o compañera, con quien habrás acordado que compartirá el suyo contigo. En ambos casos se compartirá de modo que se puedan ver los títulos y las ubicaciones.

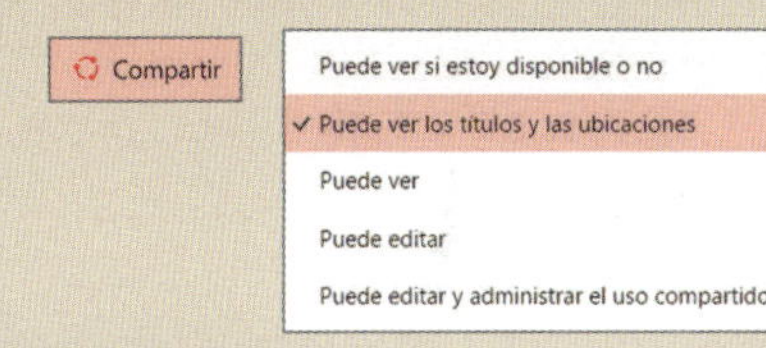

4. En tu correo recibirás la notificación de que alguien ha compartido contigo su calendario. **Acepta.**
5. Sigue en la web de Outlook. El calendario compartido se agregará a tus calendarios. Haz que los colores de tu calendario y del que has recibido sean diferentes. Marca ambos calendarios y comprueba las actividades previstas para la semana próxima. Estarán las tuyas y las del compañero o compañera que ha compartido su calendario contigo. Como ejemplo, en la siguiente imagen, las actividades propias están en color azul y las de la otra persona, en rosa.

Verificar sincronización de eventos en la aplicación Outlook 2016

6. Cierra el navegador y abre Outlook 2016. Muestra los calendarios.
7. Comprueba que se han sincronizado los calendarios y que ahora puedes ver, como uno más, el que tu compañero o compañera ha compartido contigo.
8. Verifica los colores de ambos calendarios para que sean diferentes y muestra ambos de forma superpuesta.
9. Haz doble clic sobre un evento del calendario ajeno. Si se ha compartido correctamente, podrás ver el título del evento y el lugar en donde se celebrará.

Instalar Microsoft Outlook en un dispositivo móvil

10. Instala la aplicación Outlook en tu móvil. La encontrarás, según sea su sistema operativo, en App Store, Google Play o Windows 10.

Consíguelo en el App Store | DISPONIBLE EN Google Play | Consíguelo en Windows 10

11. Acepta los términos y condiciones y accede con tu cuenta de Outlook. Muestra tu calendario y el que se ha compartido contigo y comprueba que la sincronización de correo, los contactos y los calendarios también se ha llevado a cabo en la aplicación móvil.
12. Haz una captura del calendario combinado del punto 5 y guárdala con el nombre Práctica profesional 1.jpg.
13. En tu móvil, haz una captura de pantalla del calendario importado, envíatela por e-mail y coloca la imagen en la carpeta de esta unidad con el nombre móvil.jpg.

7 Procesadores de texto I

Vamos a conocer...

1. Formato de fuente
2. Formato de párrafo
3. Configuración de página

SOFTWARE LIBRE

Apache OpenOffice. Writer I

1. Introducción a Apache OpenOffice
2. Versión
3. Writer. Interfaz y herramientas

PRÁCTICA PROFESIONAL INICIAL

Manual de un teléfono móvil

PRÁCTICA PROFESIONAL PROPUESTA

- Memorándum
- Carta de cancelación de suscripción

Y al finalizar esta unidad...

Habrás utilizado las funciones, prestaciones y procedimientos de los procesadores de texto para:

- Establecer las fuentes de texto y modificar su apariencia.
- Dar formato a los párrafos.
- Configurar las páginas de un documento.

Manual de un teléfono móvil

Realiza un pequeño manual de un teléfono móvil basándote en la imagen que puedes ver y en las siguientes instrucciones:

Configuración de página. Tamaño: 15 cm (ancho) x 22 cm (alto). Orientación vertical. Márgenes: superior e inferior 1,5 cm; izquierdo y derecho 1 cm.

Título. Fuente: Calibri 16, negrita. La configuración del párrafo es: alineación centrada; espaciado anterior 0, posterior 12; interlineado sencillo.

Advertencia bajo el título. Fuente: Elephant 10, cursiva. Configuración del párrafo: alineación centrada; sangrías por ambos lados de 1 cm; espaciado anterior 0, posterior 12; interlineado sencillo.

Títulos en color púrpura. Fuente: Calibri 10, subrayados. Párrafo justificado; espaciado anterior 0, posterior 12; interlineado sencillo.

Contenido de Seguridad y uso. Fuente: Calibri 10. Párrafo justificado; espaciado anterior 0, posterior 12; interlineado sencillo. «Seguridad uso y soporte» está escrito en negrita.

Contenido de Exposición a energía de radiofrecuencias. Debe ser igual que el de Seguridad y uso.

Contenido de Batería. Fuente: Arial 9. Configuración de párrafo: Alineación justificada; espaciado anterior 0, posterior 18; interlineado sencillo.

El contenido de este párrafo está distribuido en dos columnas de igual ancho (6,25 cm). El espacio entre ambas columnas es de 0,5 cm.

Contenido de Compatibilidad con audífonos (HAC). Es igual que el de Seguridad y uso.

Contenido de Prevención de problemas auditivos: Fuente: Calibri 10. Configuración del párrafo: alineación justificada; espaciado anterior 0, posterior 12, interlineado sencillo. Sangrías de primera línea de 1,4 cm.

La palabra **Atención** va en negrita y lleva un espaciado expandido en 3 puntos.

Guarda esta actividad como documento de Word con el nombre **Manual de un teléfono móvil.**

Manual del usuario del iPhone

Antes de utilizar el iPhone, consulte el manual del usuario. Vaya a help.apple.com/iPhone. Para ver el manual del usuario del iPhone, utilice los favoritos de Safari.

Seguridad y uso

Consulte el apartado **"Seguridad, uso y soporte"** del Manual del usuario del iPhone.

Exposición a energía de radiofrecuencias

En el iPhone, vaya a Ajustes > General > Información > Aviso legal > Exposición a RF. O bien vaya a www.apple.com/legal/rfexposure.

Batería

No intente cambiar la batería del iPhone usted mismo, ya que podría dañarla y, con ello, provocar un exceso de calor, una combustión y lesiones. La batería de iones de litio del iPhone solo debe repararla o reciclarla Apple o bien un proveedor de servicios autorizado por Apple. Además, debe reciclarse o eliminarse separada de la basura doméstica. Deseche la batería de acuerdo con las leyes y normativas locales. Si desea obtener más información sobre las baterías de iones de litio de Apple, así como sobre cómo repararlas y reciclarlas, visite www.apple.com/es/batteries.

Compatibilidad con audífonos (HAC)

Visite support.apple.com/es-es/HT202186 o consulte el apartado "Audífonos" del Manual del usuario del iPhone.

Prevención de problemas auditivos

Atención: Para evitar posibles problemas auditivos, no escuche el dispositivo con el volumen muy alto durante un largo periodo de tiempo.

Encontrará más información sobre sonido y audición en Internet en www.apple.com/es/sound y en el apartado "Información de seguridad importante" del Manual del usuario del iPhone.

Fuente:
https://manuals.info.apple.com/MANUALS/1000/MA1745/es_ES/iphone-se-info-y.pdf

1. Formato de fuente

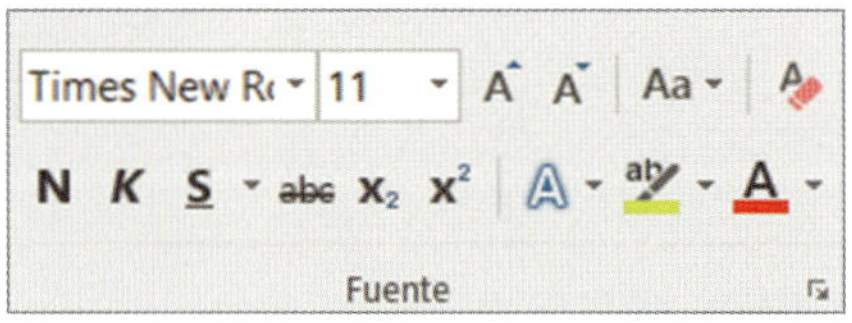

Todos los comandos para dar formato a las fuentes de un texto se encuentran en la pestaña Inicio, del grupo Fuente.

A simple vista encontramos las opciones que más se suelen utilizar. Para ver las **opciones avanzadas** es necesario hacer clic en el ángulo inferior derecho del grupo. En la ventana que se abre hay dos pestañas:

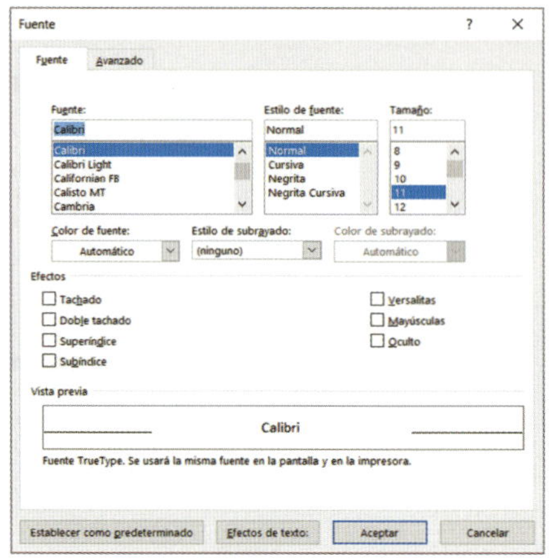

Opciones avanzadas: pestaña Fuente.

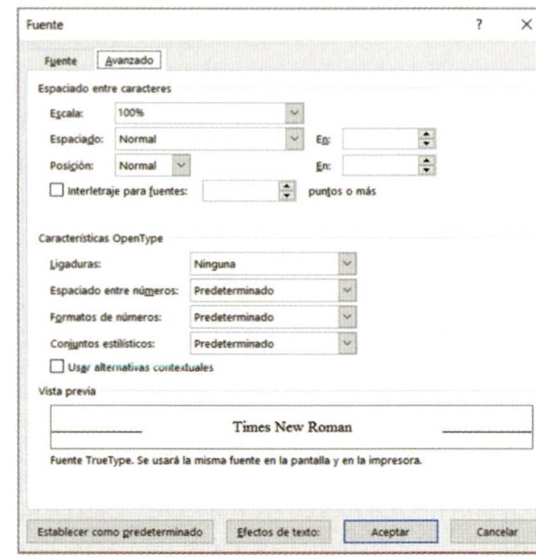

Opciones avanzadas: pestaña Avanzado.

Saber más

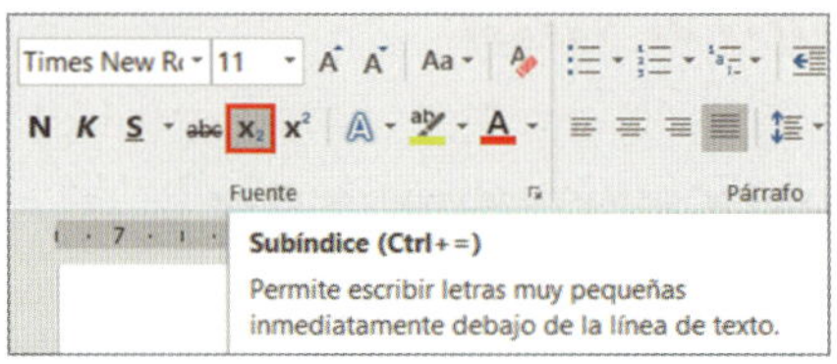

Al pasar el ratón por cada uno de los comandos, se muestra la función que realizan.

Actividad guiada. Formato de fuente

Nombre del documento: **Actividad 1.**

Tipo: Documento de Word.

El objetivo final es haber reproducido las líneas de texto que vemos en la imagen. Trabajaremos con la **parte visible del grupo Fuente.**

1. Escribo en la fuente Calibri 11 y color automático.
2. **Ahora es la misma fuente, pero en negrita.**
3. *Y esta vez también es Calibri 11, en cursiva.*
4. Estoy subrayando un texto que está escrito en la fuente Arial tamaño 12.
5. **Esta vez he elegido el tipo de fuente Comic Sans Ms, tamaño 12, negrita.**
6. Este texto está en la fuente Calibri 11 de color rojo.
7. Y este texto vuelve a ser en Calibri 11, color automático (negro), resaltado en amarillo.
8. En fuente Calibri 11, estoy utilizando subíndice y superíndice: $a_2 = 20\ m^2$.

1. Si no es la fuente que tienes predeterminada, elige la fuente Calibri, tamaño 11 y color automático (el negro).
2. Escribe el número 1, seguido de un punto y espacio. Por defecto, Word entenderá que vas a hacer una lista numerada. Escribe la primera frase. Pulsa INTRO y escribe la segunda frase sin aplicarle ningún formato.
3. Escribe todas las frases en la fuente Calibri 11, sin formato alguno.
4. La primera frase quedará como está, sin cambios.
5. Selecciona la segunda frase y haz clic en el comando **Negrita.**
6. Selecciona la frase numerada con 3 y aplícale el comando **Cursiva.**
7. La línea numerada con 4 se selecciona, se elige la fuente y tamaño indicados y se pulsa sobre el comando **Subrayado.**
8. Selecciona la línea numerada con 5, aplica la fuente y tamaño indicados y pulsa sobre el comando **Negrita.**
9. Selecciona la línea 6, verifica fuente y tamaño, pulsa a la derecha del comando **Color de fuente,** y elige el **rojo.**
10. Selecciona la línea 7, verifica fuente y tamaño, pulsa a la derecha del comando **Color de resaltado de texto,** y elige el **amarillo.**
11. En la línea 8 verifica fuente y tamaño. Posteriormente, selecciona el 2 de a_2 y pulsa en el comando **Subíndice.** A continuación selecciona el 2 de m^2 y pulsa sobre el comando **Superíndice.**

continúa >

> continuación

12. Al terminar de configurar todas las líneas de texto, es posible que los **números** que las preceden hayan adquirido el mismo formato que el texto que acompañan. Algo así:

1. Escribo en la fuente Calibri 11 y color automático.
2. **Ahora es la misma fuente, pero en negrita.**
3. *Y esta vez también es Calibri 11, en cursiva.*
4. <u>Estoy subrayando un texto que está escrito en la fuente Arial tamaño 12.</u>
5. **Esta vez he elegido el tipo de fuente Comic Sans Ms, tamaño 12, negrita.**
6. Este texto está en la fuente Calibri 11 de color rojo.
7. Y este texto vuelve a ser en Calibri 11, color automático (negro), resaltado en amarillo.
8. En fuente Calibri 11, estoy utilizando subíndice y superíndice: $a_2 = 20\ m^2$.

13. Para dejar los números de la lista en el formato de origen, es decir, en la fuente Calibri, tamaño 11, haz clic sobre cualquiera de los números (así quedarán seleccionados todos) y, en el grupo Fuente, selecciona Calibri tamaño 11. Pulsa sucesivamente sobre los comandos Negrita, Cursiva y Color de fuente hasta que los números queden en Calibri 11 sin más formato. Así conseguirás que esta actividad quede como el modelo que se muestra en la página anterior.
14. Guarda la actividad, con el nombre y tipo que se indican al principio, en la carpeta de actividades de esta unidad didáctica.

Actividad guiada. Otras opciones del grupo fuente

Nombre del documento: **Actividad 2.**

Tipo: Documento de Word.

1. <u>Esta frase está escrita en estilo de subrayado "Solo palabras". El color del subrayado es naranja, énfasis 2.</u>
2. <u>Aquí, estamos empleando un estilo de subrayado ondulado, de color verde.</u>
3. A ESTA FRASE LE APLICAREMOS EL EFECTO MAYÚSCULAS.
4. AHORA VAMOS A HACER QUE ESTA FRASE TENGA EL EFECTO VERSALITAS.
5. ~~Doble tachado~~.

El objetivo final es haber reproducido las líneas de texto que vemos en la imagen. Trabajaremos con la pestaña Fuente de las **opciones avanzadas** del **grupo Fuente.**

1. Haz clic en el ángulo inferior derecho del grupo **Fuente,** selecciona la pestaña Fuente. Observarás que muchas de las opciones que aparecen, ya están en la parte visible del grupo Fuente (tipo de fuente, tamaño, subrayado, negrita, superíndice, subíndice, tachado...), pero hay algunas más, con las que practicaremos en esta actividad.
2. Vuelve al documento. Como hicimos en la actividad anterior, selecciona la fuente Calibri tamaño 11 antes de empezar a escribir.
3. Lo haremos, también, como lista numerada. Escribe seguidas todas las frases, sin modificar el formato de fuente.
4. Para las frases 1 y 2, tendremos que ver el **Estilo de subrayado** y en el **Color de subrayado** y aplicar los que correspondan.
5. Para el resto de las frases, tendremos que ver el apartado **Efectos** y marcar los que correspondan. (Recuerda que estamos trabajando con las opciones avanzadas del grupo Fuente, haciendo clic en el ángulo inferior derecho del grupo y dejando seleccionada, a continuación, la pestaña Fuente).
6. Una vez terminadas de configurar las frases, deja la numeración de las mismas en la fuente Calibri 11, como vimos en la actividad anterior.

   NOTA: Otra forma de conseguir que no se modifique el formato de la numeración de una lista, es escribir una línea, el punto y pulsar INTRO. Tras el punto y aparte, ya se escribe automáticamente el número de la línea siguiente. Entonces podremos marcar el texto de la línea anterior, ya escrita, y ponerle el formato que deseemos. El formato de la línea anterior ya no le afectará a la que estamos a punto de escribir, pues hemos pulsado INTRO. Ejemplo:

   1. <u>Esta línea va subrayada.</u>
   2.

Actividad guiada. Opciones avanzadas de fuente

Nombre del documento: **Actividad 3.**

Tipo: Documento de Word.

El objetivo final es haber reproducido las líneas de texto que vemos en la imagen. Trabajaremos con la pestaña **Avanzado** de las opciones avanzadas del grupo Fuente.

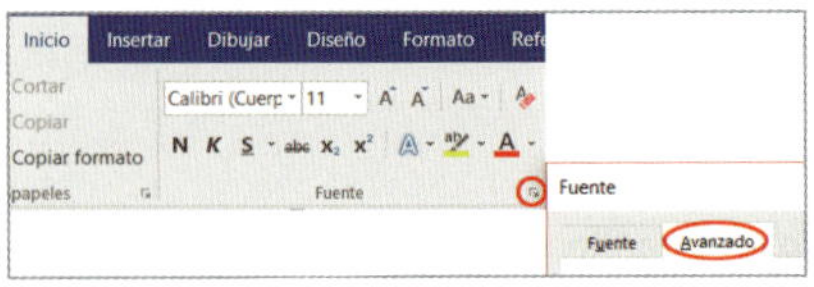

1. En esta primera frase dejo la fuente como viene por defecto.
2. Pestaña Avanzado: Escala 100%, espaciado expandido en 3 puntos.
3. Esta frase está escrita normalmente, esta otra en posición elevada en 3 puntos. Ahora vuelve a ser la fuente por defecto sin efectos.
4. Ancho de caracteres al 66%.
5. Ancho de caracteres al 200%.
6. Números 1234567890 con espaciado Proporcional y formato Alineación.
7. Números 1234567890 con espaciado Tabular y formato Estilo antiguo.
8. Efectos de texto: Aplicar relleno de texto degradado, tipo radial desde el centro, color rojo.
9. Efectos de texto. Aplicar contorno de texto degradado, tipo lineal, dirección lineal abajo, color verde.

1. Si no es la fuente que tienes predeterminada, elige la fuente Calibri, tamaño 11 y color automático (el negro).
2. Escribe el número 1, seguido de un punto. Por defecto, Word entenderá que vas a hacer una lista numerada. Escribe la frase primera. Pulsa INTRO y escribe la frase segunda sin aplicarle ningún formato.
3. Escribe todas las frases en la fuente Calibri 11 sin formato alguno. A partir de ahora se seleccionará cada frase o cada parte de una frase para aplicar los formatos que ellas mismas indican y que se fijan como se muestra a continuación:

Frase 2	
Frase 3 (selecciona solo texto elevado)	
Frase 4	
Frase 5	
Frase 6 (selecciona solo números)	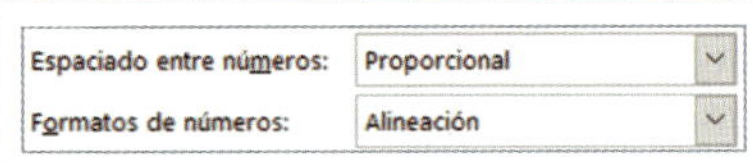
Frase 7 (selecciona solo números)	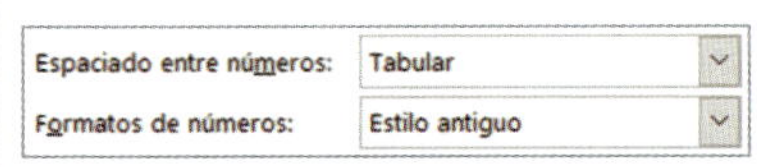
Frase 8 (selecciona solo texto con efecto) 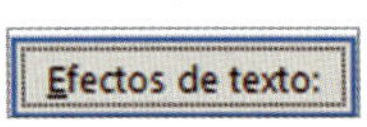 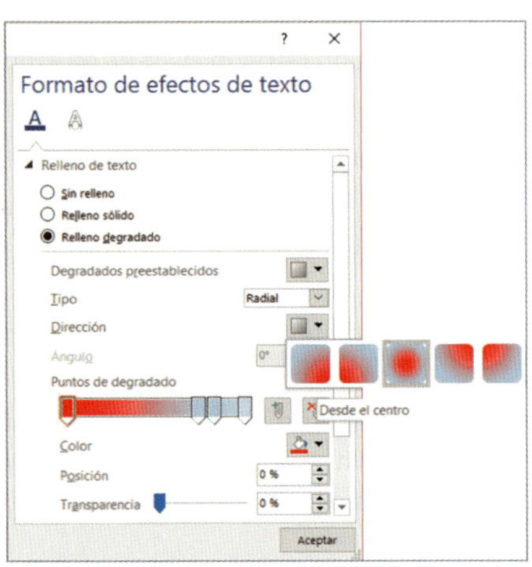	Frase 9 (selecciona solo texto con efecto) 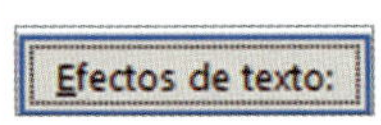 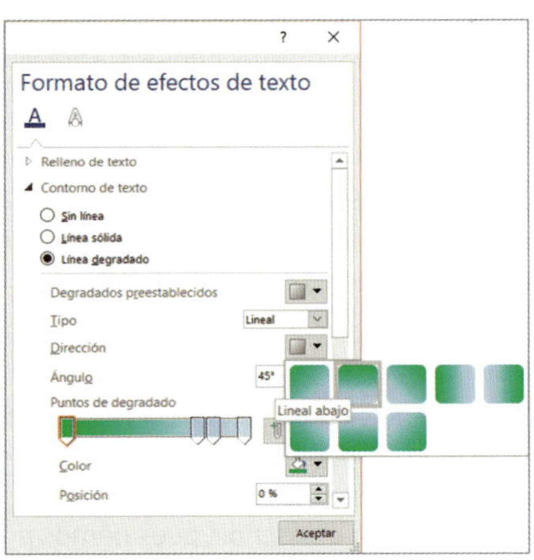

4. Guarda el documento, con el tipo y nombre que se indican arriba, en la carpeta de actividades de esta unidad didáctica.

Actividad propuesta. Opciones básicas y avanzadas de fuente

Nombre del documento: **Actividad 4.**

Tipo: Documento de Word.

1. El objetivo final es haber reproducido las líneas de texto que vemos en la imagen.
2. Trabajaremos con el grupo Fuente y con las opciones avanzadas de dicho grupo.
3. Al terminar el documento, guárdalo en la carpeta de actividades de esta unidad didáctica con el nombre y tipo que se indican al principio.

> 1. La fuente predeterminada que estamos utilizando en esta actividad es Calibri 11.
> 2. En esta frase estamos aplicando un subrayado doble de color rojo.
> 3. AHORA ESCRIBIREMOS EN VERSALITAS.
> 4. **Actualmente, la fuente es Elephant y tiene un resaltado de texto de color turquesa.**
> 5. Escribir en **negrita** o en *cursiva*, como subíndice o como superíndice, no es un problema.
> 6. Tampoco es difícil subrayar todas estas palabras sin tener que seleccionarlas una a una, sino eligiendo el tipo adecuado de subrayado.
> 7. Igualmente, e x p a n d i r u n t e x t o 4 p u n t o s o comprimirlo 0'5 puntos, es cuestión de pocos segundos.
> 8. Podemos resaltar las frases aplicándoles un efecto de texto: En este caso se ha elegido un contorno de texto con línea sólida en color Oro (énfasis 4), transparencia 40%, ancho 1 punto, dejando las demás opciones de contorno de texto como vienen de forma predeterminada.

Actividad propuesta. Opciones básicas y avanzadas de fuente

Nombre del documento: **Actividad 5.**

Tipo: Documento de Word.

1. El objetivo final es haber reproducido con la mayor fidelidad posible el texto que vemos en la imagen.
2. La fuente básica que se ha utilizado es Arial 14.
3. Trabajaremos con las opciones del grupo Fuente y con las opciones avanzadas de dicho grupo.
4. Al terminar el documento, guárdalo en la carpeta de actividades de esta unidad didáctica con el nombre y tipo que se indican al principio.

> Otros no estaban tan bien. Eran los que trabajaban en *lo que iban encontrando*, como los **esquiladores de burros** o **afiladores de navajas** que iban por los pueblos y los cortijos, pero lo que más había eran **jornaleros** que trabajaban solamente en las distintas temporadas del campo, ya fuera la aceituna o la cosecha de cereales. Entre una y otra se abastecían mal y poco. Por ejemplo, cuando terminaba la recogida de la aceituna muchos hombres, mujeres y niños se adentraban en los ***latifundios*** con un saco para recoger las aceitunas que habían quedado desperdigadas y ya abandonadas en el suelo entre las filas de olivos y los jaramagos crecidos.

2. Formato de párrafo

2.1. Alineación

Un párrafo es fragmento de texto que se encuentra entre un punto y aparte y otro.

Un párrafo puede estar alineado

- A la izquierda.
- A la derecha.
- Centrado.
- Justificado.

Estas opciones están englobadas en el grupo **Párrafo** de la pestaña **Inicio.**

Cuando se ha escrito un párrafo, se selecciona por completo y se hace clic sobre el comando del grupo párrafo que representa la alineación deseada.

Saber más

Cómo seleccionar un párrafo

Doble clic en el margen izquierdo junto al párrafo.

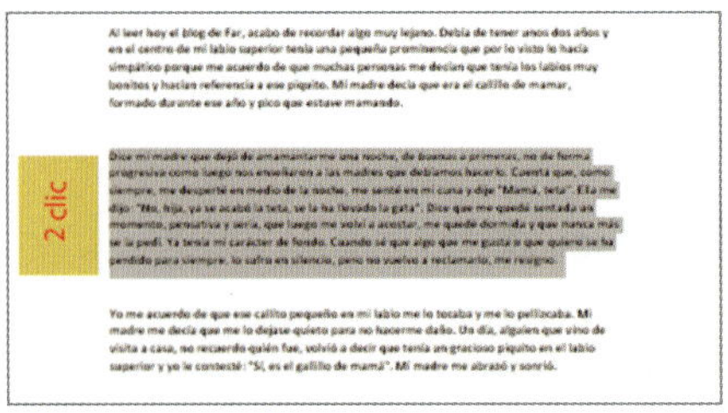

Actividad guiada. Alineación de párrafos

Nombre del documento: **Actividad 6.**

Tipo: Documento de Word.

1. Abre un documento nuevo de Word. Deja la configuración que tiene por defecto y escribe el siguiente texto en Calibri 11.

   No sé cuándo fue la primera vez que vi nevar. Ver caer copos de nieve es un recuerdo ya adulto, pero sí hay algo de la infancia que tiene que ver con la nieve.

   Era un lunes muy frío de invierno, antes de navidades. En mi colegio habían convocado un concurso de postales navideñas. Aquel fin de semana lo había pasado en el campo con mis padres y esa mañana de lunes, muy temprano, mi padre me acompañó caminando por aquel camino largo hacia el pueblo más cercano para dejarme en el autobús que me llevaría al de mis abuelos.

   Llevaba un vestido corto y un abrigo de color celeste, corto también, que me había hecho mi madre. Los muslos me picaban por el frío. Los bordes del camino tenían manchas de nieve escarchada, que brillaba sobre la hierba y las piedras con los primeros rayos del sol.

   Iba pensando en aquel concurso y al ver las manchas de nieve pensé que, si hubiese tenido una cámara de fotos, habría hecho una foto de aquel trocito de tierra que tenía como una covacha cubierta de nieve por encima y por los lados, como un portal de Belén en miniatura.

2. Una vez escrito el texto completo, observa el primer párrafo. Es el margen de la derecha el que está recto, por lo tanto, el párrafo tiene una alineación a la derecha.

   Selecciona dicho párrafo y haz clic sobre el comando **Alinear a la derecha.**

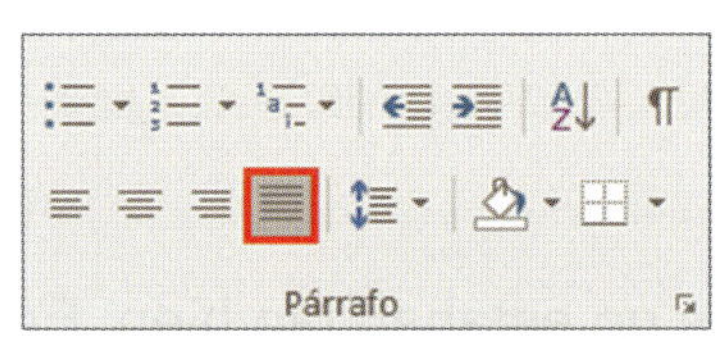

3. El segundo párrafo tiene alineados tanto el margen derecho como el izquierdo, lo que significa que el párrafo está justificado. Selecciónalo y haz clic sobre el comando **Justificar.**
4. El tercer párrafo tiene una alineación centrada. Selecciónalo y haz clic sobre el comando **Centrar.**

5. El cuarto y último párrafo está ajustado a la izquierda, pues es el único margen que conserva recto. Selecciona dicho párrafo y haz clic sobre el comando **Alinear a la izquierda.**
6. Guarda el documento, con el nombre y tipo que se indican al principio, en la carpeta de actividades de esta unidad didáctica.

Actividad propuesta. Alineación de párrafos

Nombre del documento: **Actividad 7.**

Tipo: Documento de Word.

1. Abre un documento en blanco de Word y escribe los siguientes párrafos, dándoles la alineación que puede verse en los mismos.
2. La fuente utilizada para todo el texto será Arial 11.

> Los mulos tenían su sitio fijo en la cuadra, cada una con su propio pesebre que se llenaba de paja o de avena u otros cereales cuando todavía estaban verdes.
>
> El pesebre de Cariñosa era el más cercano a la puerta de la cuadra que daba a nuestra cocina-comedor. Aquella puerta, en su parte inferior tenía un roto, un agujero irregular de cinco o seis centímetros de diámetro.
>
> Cuando jugaba con los insectos caseros o con las huellas impresas de manos en el cemento del suelo, a veces asomaba un ojo por aquel agujero de la puerta y miraba a Cariñosa, que estaba allí siempre de pie, cansada, aburrida o comiendo del pesebre. La curiosidad era recíproca, pues ella movía sus ojos hacia donde estaba el mío y luego me acercaba su hocico.
>
> Cariñosa era una mula muy particular, curiosa, no muy sociable y un poco rebelde a la que no le gustaba estar encerrada, pero fuerte y obediente cuando tenía que trabajar en el campo o llevarnos en su grupa hasta el pueblo o a algún cortijo vecino.

3. Guarda el documento en la carpeta de actividades de esta unidad.

2.2. Sangrías

Llamamos sangría al espacio que se puede dejar entre un párrafo o una línea y el margen que hayamos establecido para una página. La sangría más corriente es la que se deja solamente en la primera línea, pero hay otras, que veremos más adelante mientras realizamos las actividades.

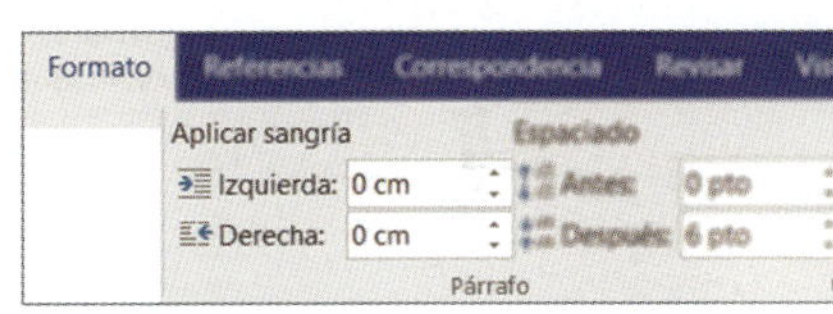

Ejemplo. Párrafo con sangría de primera línea

> SANGRÍA Cuando jugaba con los insectos caseros o con las huellas impresas de manos en el cemento del suelo, a veces asomaba un ojo por aquel agujero…

Las **opciones básicas** de sangría se encuentran en el grupo Párrafo bajo la pestaña Formato.

Las **opciones avanzadas** las encontraremos haciendo clic en el ángulo inferior derecho de dicho grupo de opciones. Ver imagen en el margen, zona encuadrada en rojo.

Otra forma de acceder a la misma ventana de opciones avanzadas de sangría es desde la pestaña Inicio haciendo clic en el ángulo inferior derecho del grupo Párrafo.

Las sangrías también pueden fijarse mediante la **regla** del documento, aunque, en este caso, la precisión máxima es de 0,25 cm.

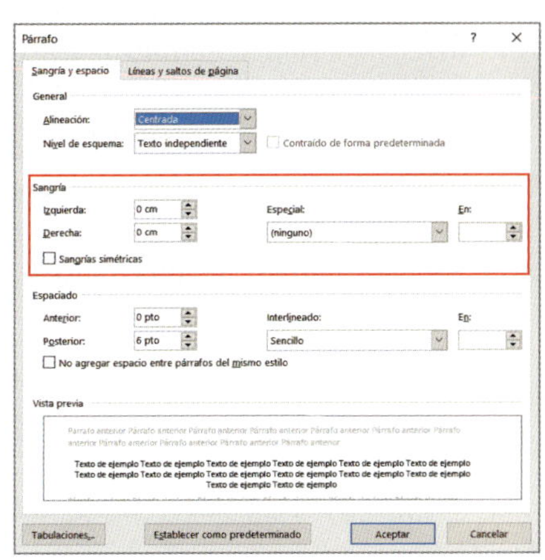

Actividad guiada. Sangrías y alineación de párrafos

Nombre del documento: **Actividad 8.**

Tipo: Documento de Word.

1. Abre un documento en blanco de Word y escribe los siguientes párrafos. Se trata del mismo texto: escribe una vez, copia y pega hasta tener los cinco.
2. La fuente de todo el documento será Calibri 11.
3. Todos los párrafos tienen una **alineación justificada**.

Una vez construida la cabaña los tres nos metíamos dentro bien apretados, a veces con mi muñeco, que era el hijo del que todos éramos mamás. Lo envolvíamos en viejos jerséis de lana, le preparábamos una cama con trapos viejos, lo cubríamos y procurábamos que no hubiese goteras para que estuviera bien confortable. Era cuando la cabaña era la de las mamás, aunque la mayor parte de las veces era la tienda de los guerreros, en que nos convertíamos todos para salir a luchar contra enemigos inventados.

Una vez construida la cabaña los tres nos metíamos dentro bien apretados, a veces con mi muñeco, que era el hijo del que todos éramos mamás. Lo envolvíamos en viejos jerséis de lana, le preparábamos una cama con trapos viejos, lo cubríamos y procurábamos que no hubiese goteras para que estuviera bien confortable. Era cuando la cabaña era la de las mamás, aunque la mayor parte de las veces era la tienda de los guerreros, en que nos convertíamos todos para salir a luchar contra enemigos inventados.

Una vez construida la cabaña los tres nos metíamos dentro bien apretados, a veces con mi muñeco, que era el hijo del que todos éramos mamás. Lo envolvíamos en viejos jerséis de lana, le preparábamos una cama con trapos viejos, lo cubríamos y procurábamos que no hubiese goteras para que estuviera bien confortable. Era cuando la cabaña era la de las mamás, aunque la mayor parte de las veces era la tienda de los guerreros, en que nos convertíamos todos para salir a luchar contra enemigos inventados.

Una vez construida la cabaña los tres nos metíamos dentro bien apretados, a veces con mi muñeco, que era el hijo del que todos éramos mamás. Lo envolvíamos en viejos jerséis de lana, le preparábamos una cama con trapos viejos, lo cubríamos y procurábamos que no hubiese goteras para que estuviera bien confortable. Era cuando la cabaña era la de las mamás, aunque la mayor parte de las veces era la tienda de los guerreros, en que nos convertíamos todos para salir a luchar contra enemigos inventados.

Una vez construida la cabaña los tres nos metíamos dentro bien apretados, a veces con mi muñeco, que era el hijo del que todos éramos mamás. Lo envolvíamos en viejos jerséis de lana, le preparábamos una cama con trapos viejos, lo cubríamos y procurábamos que no hubiese goteras para que estuviera bien confortable. Era cuando la cabaña era la de las mamás, aunque la mayor parte de las veces era la tienda de los guerreros, en que nos convertíamos todos para salir a luchar contra enemigos inventados.

4. Primer párrafo: **Sangría de primera línea** de 2 cm. Selecciona el párrafo. Activa la pestaña **Formato** y haz clic en el ángulo inferior derecho del grupo **Párrafo** para acceder a las opciones avanzadas. Configura la sangría como muestra la imagen.

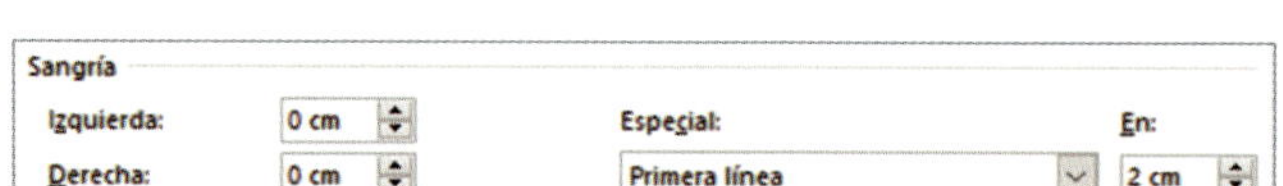

5. Segundo párrafo: **Sangría francesa** de 1,6 cm. Con el párrafo seleccionado, repite las acciones del punto anterior, configurando la sangría como ves en la imagen.

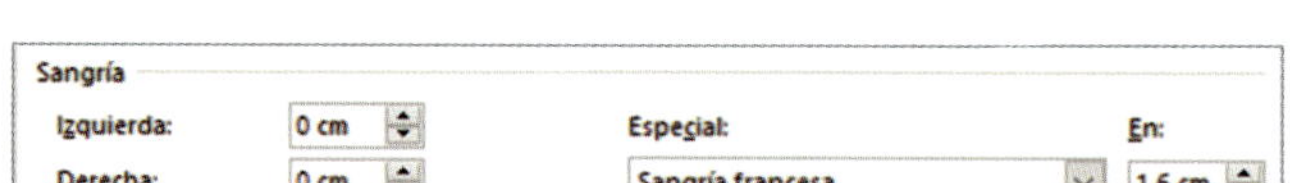

continúa >

> continuación

6. Tercer párrafo: **Sangría completa de párrafo por la izquierda** de 2,2 cm. Con el párrafo seleccionado, aplica los valores que ves en la imagen. Esta vez no es necesario pulsar en el ángulo del grupo párrafo para ir a las opciones avanzadas, pues tenemos el comando directamente en el grupo.
7. Cuarto párrafo: **Sangría completa de párrafo por la derecha** de 1,4 cm. Se hace igual que la del punto anterior, configurando la sangría derecha como en la imagen.
8. Quinto párrafo: **Sangría completa de párrafo por ambos lados**. Izquierda: 2 cm, Derecha, 1,8 cm. Al igual que en los dos puntos anteriores, configuramos las sangrías desde el grupo Párrafo.
9. Guarda el documento, con el nombre y tipo que se indican al principio, en la carpeta de actividades de esta unidad.

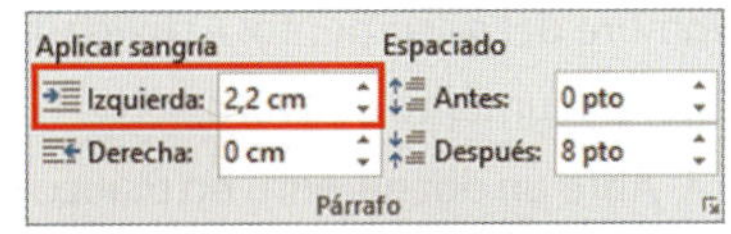

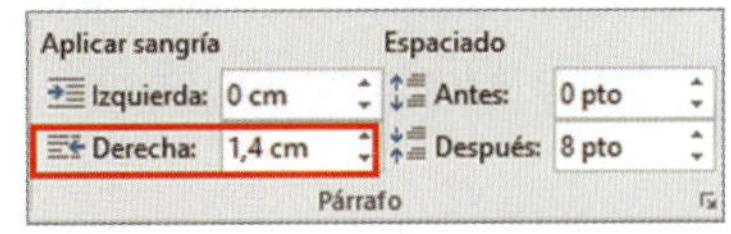

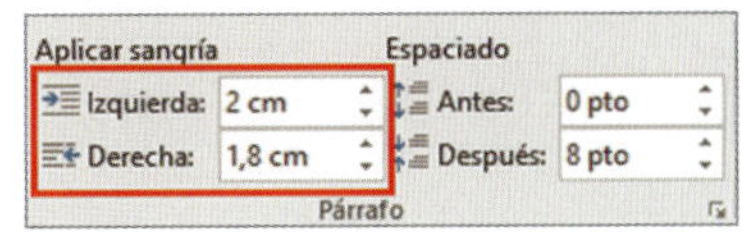

Actividad propuesta. Sangrías y alineación de párrafos

Nombre del documento: **Actividad 9.**

Tipo: Documento de Word.

1. Abre un documento en blanco de Word y copia el siguiente texto:

Otro de mis bichos favoritos era la mariquita. Rojo y negro intenso, redonda y suave. Las podía encontrar fácilmente en el trigal verde, haciendo juego con las amapolas. Cogía una, la ponía en mi mano y con el dedo índice hacia arriba. Entonces ella trepaba por mi mano, por mi dedo, y al llegar al final, en la punta de mi dedo índice nunca descendía. Giraba unos segundos, desplegaba las alas. Debajo de las alas rojas con puntos negros tenía otras escondidas, transparentes. Se echaba a volar y desaparecía.

2. Cópialo y pégalo hasta tener cinco párrafos.
3. Primer párrafo: Formato de fuente Arial 10. Sangría francesa de 2 cm. Alineación justificada.
4. Segundo párrafo: Formato de fuente Times New Roman 12. Sangría de primera línea de 1,6 cm. Alineación a la izquierda.
5. Tercer párrafo: Formato de fuente Calibri 12. Sangría completa de párrafo por la derecha de 2 cm. Alineación justificada.
6. Cuarto párrafo: Formato de fuente Calibri 11. Cursiva. Sangría completa de párrafo por la izquierda de 3 cm. Alineación justificada.
7. Quinto párrafo: Formato de fuente Calibri 11 de color rojo. Sangría completa por ambos lados de 2 cm cada una. Alineación justificada.
8. Guarda el documento, con el nombre y tipo arriba indicados, en la carpeta de actividades de esta unidad didáctica.

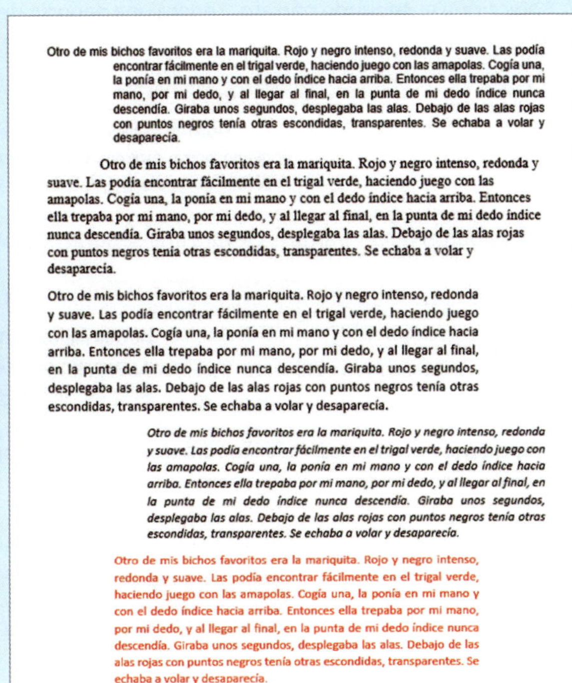

Otro de mis bichos favoritos era la mariquita. Rojo y negro intenso, redonda y suave. Las podía encontrar fácilmente en el trigal verde, haciendo juego con las amapolas. Cogía una, la ponía en mi mano y con el dedo índice hacia arriba. Entonces ella trepaba por mi mano, por mi dedo, y al llegar al final, en la punta de mi dedo índice nunca descendía. Giraba unos segundos, desplegaba las alas. Debajo de las alas rojas con puntos negros tenía otras escondidas, transparentes. Se echaba a volar y desaparecía.

Otro de mis bichos favoritos era la mariquita. Rojo y negro intenso, redonda y suave. Las podía encontrar fácilmente en el trigal verde, haciendo juego con las amapolas. Cogía una, la ponía en mi mano y con el dedo índice hacia arriba. Entonces ella trepaba por mi mano, por mi dedo, y al llegar al final, en la punta de mi dedo índice nunca descendía. Giraba unos segundos, desplegaba las alas. Debajo de las alas rojas con puntos negros tenía otras escondidas, transparentes. Se echaba a volar y desaparecía.

Otro de mis bichos favoritos era la mariquita. Rojo y negro intenso, redonda y suave. Las podía encontrar fácilmente en el trigal verde, haciendo juego con las amapolas. Cogía una, la ponía en mi mano y con el dedo índice hacia arriba. Entonces ella trepaba por mi mano, por mi dedo, y al llegar al final, en la punta de mi dedo índice nunca descendía. Giraba unos segundos, desplegaba las alas. Debajo de las alas rojas con puntos negros tenía otras escondidas, transparentes. Se echaba a volar y desaparecía.

Otro de mis bichos favoritos era la mariquita. Rojo y negro intenso, redonda y suave. Las podía encontrar fácilmente en el trigal verde, haciendo juego con las amapolas. Cogía una, la ponía en mi mano y con el dedo índice hacia arriba. Entonces ella trepaba por mi mano, por mi dedo, y al llegar al final, en la punta de mi dedo índice nunca descendía. Giraba unos segundos, desplegaba las alas. Debajo de las alas rojas con puntos negros tenía otras escondidas, transparentes. Se echaba a volar y desaparecía.

Otro de mis bichos favoritos era la mariquita. Rojo y negro intenso, redonda y suave. Las podía encontrar fácilmente en el trigal verde, haciendo juego con las amapolas. Cogía una, la ponía en mi mano y con el dedo índice hacia arriba. Entonces ella trepaba por mi mano, por mi dedo, y al llegar al final, en la punta de mi dedo índice nunca descendía. Giraba unos segundos, desplegaba las alas. Debajo de las alas rojas con puntos negros tenía otras escondidas, transparentes. Se echaba a volar y desaparecía.

Actividad guiada. Uso de la regla para establecer sangrías

Nombre del documento: **Actividad 10.**

Tipo: Documento de Word.

1. Abre un documento en blanco de Word y escribe el mismo texto de la actividad anterior. Cópialo y pégalo hasta tenerlo cinco veces. Todos los párrafos tendrán **alineación justificada** y fuente **Calibri 11.**
2. Activa la regla del documento, si ya no lo está. Para ello, selecciona la **pestaña Vista** y marca **Regla,** del grupo **Mostrar.**

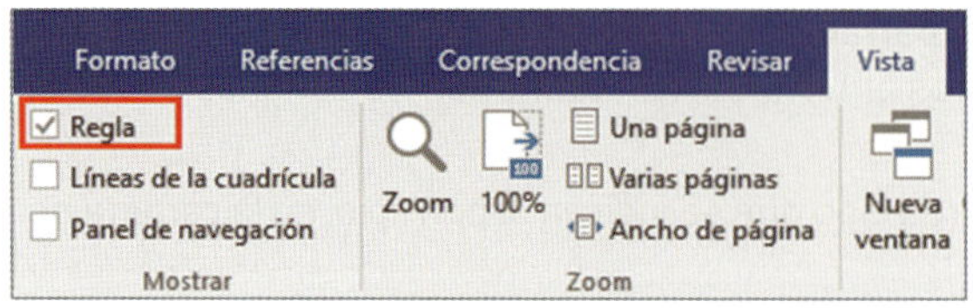

3. A partir de este momento tendremos visibles las reglas horizontal y vertical, arriba y a la izquierda del documento que se está escribiendo. Para **configurar las sangrías mediante la regla,** utilizaremos la regla horizontal.
4. Observa que al principio y al final de la regla hay unos marcadores, que hemos coloreado y numerado:

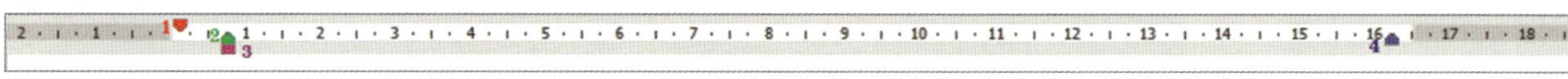

5. Si movemos el marcador 1 mientras tenemos seleccionado un párrafo, desplazará la primera línea. Si es el marcador 2, desplazará todas las líneas excepto la primera. Si movemos el marcador 3, desplazará toda la parte izquierda del párrafo y, si movemos el marcador 4, desplazará toda la parte derecha de un párrafo.
6. Selecciona el primer párrafo escrito. Vamos a aplicarle una **sangría francesa** de 2 cm: Desplaza el marcador 2 hasta la posición 2 de la regla.

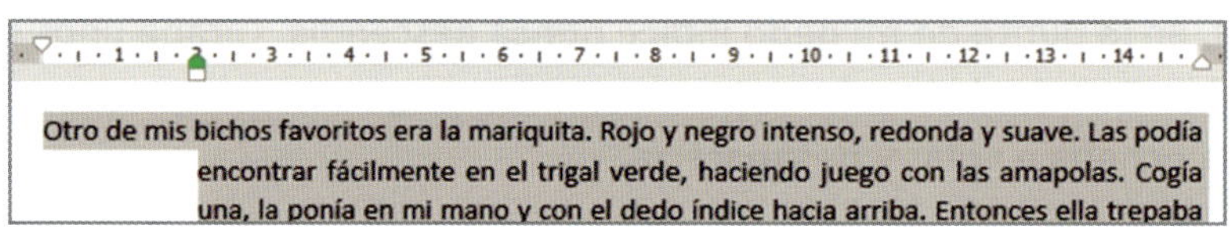
Otro de mis bichos favoritos era la mariquita. Rojo y negro intenso, redonda y suave. Las podía encontrar fácilmente en el trigal verde, haciendo juego con las amapolas. Cogía una, la ponía en mi mano y con el dedo índice hacia arriba. Entonces ella trepaba

7. Selecciona el segundo párrafo. Tendrá una **sangría de primera línea** de 1,25 cm: Desplaza el marcador 1 hasta la posición 1,25 de la regla.

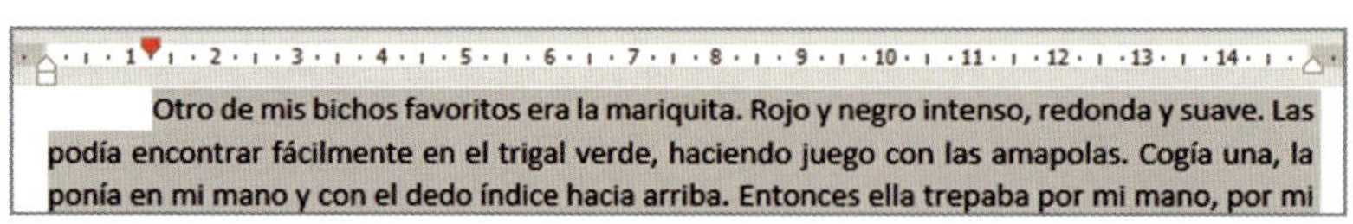
Otro de mis bichos favoritos era la mariquita. Rojo y negro intenso, redonda y suave. Las podía encontrar fácilmente en el trigal verde, haciendo juego con las amapolas. Cogía una, la ponía en mi mano y con el dedo índice hacia arriba. Entonces ella trepaba por mi mano, por mi

8. Selecciona el tercer párrafo. Llevará una **sangría completa por la izquierda** de 3 cm. Desplaza el marcador 3 hasta la posición 3.

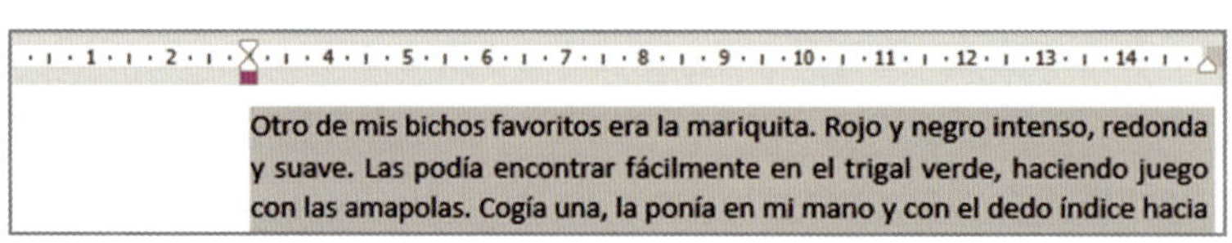
Otro de mis bichos favoritos era la mariquita. Rojo y negro intenso, redonda y suave. Las podía encontrar fácilmente en el trigal verde, haciendo juego con las amapolas. Cogía una, la ponía en mi mano y con el dedo índice hacia

9. Selecciona el cuarto párrafo. Tendrá una **sangría completa por la derecha** de 2,5 cm. Desplaza el marcador 4 hasta 2,5 centímetros antes de donde se encuentra.

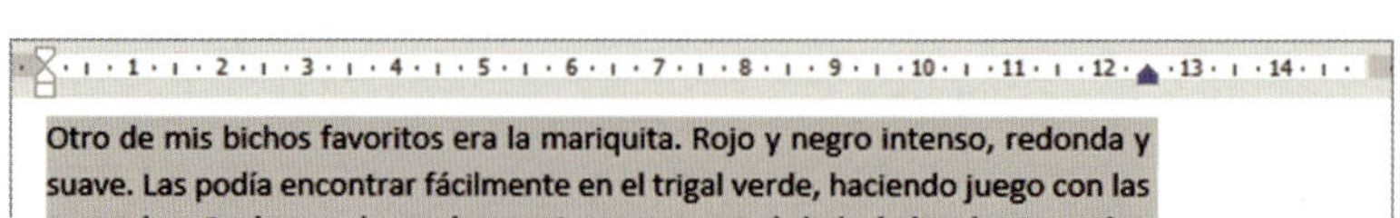
Otro de mis bichos favoritos era la mariquita. Rojo y negro intenso, redonda y suave. Las podía encontrar fácilmente en el trigal verde, haciendo juego con las amapolas. Cogía una, la ponía en mi mano y con el dedo índice hacia arriba.

continúa >

> continuación

10. Selecciona el quinto párrafo. Tendrá una **sangría completa por ambos lados** de 1,25 cm. Desplaza el marcador 4 hasta 1,25 centímetros antes de donde se encuentra, y el marcador 3 hasta la posición 1,25.

Otro de mis bichos favoritos era la mariquita. Rojo y negro intenso, redonda y suave. Las podía encontrar fácilmente en el trigal verde, haciendo juego con las amapolas. Cogía una, la ponía en mi mano y con el dedo índice hacia arriba.

11. El documento final tendrá una apariencia igual a la de esta imagen. Guárdalo con el nombre y tipo arriba indicados en la carpeta de actividades de esta unidad didáctica.

Otro de mis bichos favoritos era la mariquita. Rojo y negro intenso, redonda y suave. Las podía encontrar fácilmente en el trigal verde, haciendo juego con las amapolas. Cogía una, la ponía en mi mano y con el dedo índice hacia arriba. Entonces ella trepaba por mi mano, por mi dedo, y al llegar al final, en la punta de mi dedo índice nunca descendía. Giraba unos segundos, desplegaba las alas. Debajo de las alas rojas con puntos negros tenía otras escondidas, transparentes. Se echaba a volar y desaparecía.

Otro de mis bichos favoritos era la mariquita. Rojo y negro intenso, redonda y suave. Las podía encontrar fácilmente en el trigal verde, haciendo juego con las amapolas. Cogía una, la ponía en mi mano y con el dedo índice hacia arriba. Entonces ella trepaba por mi mano, por mi dedo, y al llegar al final, en la punta de mi dedo índice nunca descendía. Giraba unos segundos, desplegaba las alas. Debajo de las alas rojas con puntos negros tenía otras escondidas, transparentes. Se echaba a volar y desaparecía.

Otro de mis bichos favoritos era la mariquita. Rojo y negro intenso, redonda y suave. Las podía encontrar fácilmente en el trigal verde, haciendo juego con las amapolas. Cogía una, la ponía en mi mano y con el dedo índice hacia arriba. Entonces ella trepaba por mi mano, por mi dedo, y al llegar al final, en la punta de mi dedo índice nunca descendía. Giraba unos segundos, desplegaba las alas. Debajo de las alas rojas con puntos negros tenía otras escondidas, transparentes. Se echaba a volar y desaparecía.

Otro de mis bichos favoritos era la mariquita. Rojo y negro intenso, redonda y suave. Las podía encontrar fácilmente en el trigal verde, haciendo juego con las amapolas. Cogía una, la ponía en mi mano y con el dedo índice hacia arriba. Entonces ella trepaba por mi mano, por mi dedo, y al llegar al final, en la punta de mi dedo índice nunca descendía. Giraba unos segundos, desplegaba las alas. Debajo de las alas rojas con puntos negros tenía otras escondidas, transparentes. Se echaba a volar y desaparecía.

Otro de mis bichos favoritos era la mariquita. Rojo y negro intenso, redonda y suave. Las podía encontrar fácilmente en el trigal verde, haciendo juego con las amapolas. Cogía una, la ponía en mi mano y con el dedo índice hacia arriba. Entonces ella trepaba por mi mano, por mi dedo, y al llegar al final, en la punta de mi dedo índice nunca descendía. Giraba unos segundos, desplegaba las alas. Debajo de las alas rojas con puntos negros tenía otras escondidas, transparentes. Se echaba a volar y desaparecía.

Actividad propuesta. Uso de la regla para establecer sangrías

Nombre del documento: **Actividad 11.**

Tipo: Documento de Word.

1. Abre un documento en blanco de Word y copia el siguiente párrafo hasta tenerlo 2 veces.

La sangría establece la distancia del párrafo respecto al margen izquierdo o derecho. Entre los márgenes, puede aumentar o disminuir la sangría de un párrafo o un grupo de párrafos. Además, puede crear una sangría negativa (también denominada anulación de sangría), que empuja el párrafo hacia el margen izquierdo. Asimismo, puede crear una sangría francesa, que no aplica la sangría a la primera línea del párrafo, pero sí a las líneas siguientes. Fuente: Support Office.

La sangría establece la distancia del párrafo respecto al margen izquierdo o derecho. Entre los márgenes, puede aumentar o disminuir la sangría de un párrafo o un grupo de párrafos. Además, puede crear una sangría negativa (también denominada anulación de sangría), que empuja el párrafo hacia el margen izquierdo. Asimismo, puede crear una sangría francesa, que no aplica la sangría a la primera línea del párrafo, pero sí a las líneas siguientes. Fuente: Support Office.

La sangría establece la distancia del párrafo respecto al margen izquierdo o derecho. Entre los márgenes, puede aumentar o disminuir la sangría de un párrafo o un grupo de párrafos. Además, puede crear una sangría negativa (también denominada anulación de sangría), que empuja el párrafo hacia el margen izquierdo. Asimismo, puede crear una sangría francesa, que no aplica la sangría a la primera línea del párrafo, pero sí a las líneas siguientes. Fuente: Support Office.

2. Todo el documento está escrito en la fuente Agency FB 14, párrafos justificados.
3. Mediante el uso de la regla horizontal, aplica al primer párrafo una sangría francesa de 3 cm y al segundo, una sangría de primera línea de 2 cm.
4. Guarda el documento, con el nombre y tipo indicados, en la carpeta de actividades de esta unidad.

2.3. Interlineado y espaciado

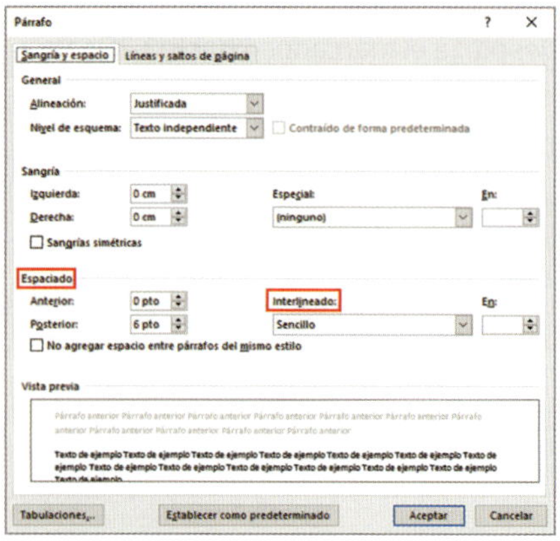

Opciones avanzadas.

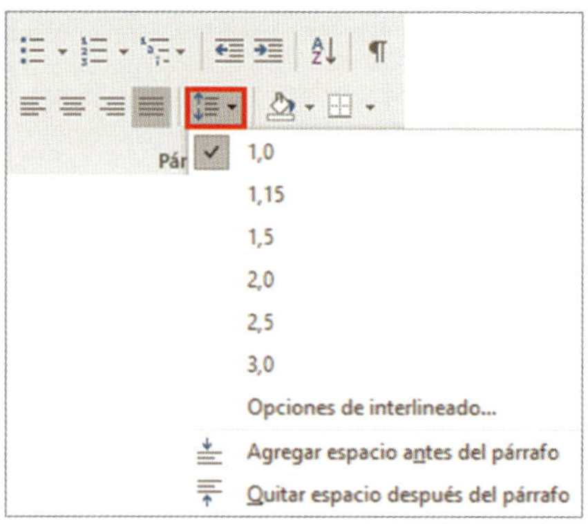

Opciones directas.

Navega

Vídeo sobre espaciado e interlineado en Word

- <https://www.youtube.com/watch?v=1i-U4DndyhA>

El **interlineado** es el espacio que vamos a dejar **entre dos líneas** de un mismo párrafo y el **espaciado** es la que dejaremos **entre dos párrafos.** Esto que estamos escribiendo es un párrafo.

Esto que estamos escribiendo ahora es otro párrafo. Como verás, la distancia que hay entre las líneas de un mismo párrafo es diferente de la distancia que hay entre dos párrafos, porque así se ha configurado.

La configuración del espaciado y del interlineado se puede hacer desde el **grupo Párrafo**, presente en la pestaña **Inicio** y en la pestaña **Formato**. Ahí tendremos unas **opciones directas**. Las **opciones avanzadas** pueden verse al hacer clic en el ángulo inferior derecho del grupo Párrafo.

Interlineado

- **Sencillo**. El espacio que habrá entre dos líneas de un párrafo será el mínimo necesario para que se adapte a la fuente de mayor tamaño que estemos utilizando.
- **1,5 líneas**. El interlineado en este caso es una vez y media superior al sencillo.
- **Doble**. El interlineado será el doble del sencillo.
- **Mínimo**. Mediante esta opción el interlineado se configura ajustándose a la fuente de mayor tamaño que utilicemos en la línea.
- **Exacto**. El interlineado lo decidimos a un número de puntos, con lo que no es el programa quien lo establece.
- **Múltiple**. Aquí definiremos un número de puntos, que serán en porcentaje los que se aumentarán o reducirán con respecto al interlineado sencillo. Por ejemplo, si ponemos 1,3 puntos, entre líneas habrá un 30% más de espacio que en interlineado sencillo.

Espaciado

Como hemos dicho antes, el espaciado es la distancia que separa dos párrafos consecutivos. Se mide en puntos.

Ejemplo

Representación del tamaño proporcional que ocuparía el mismo párrafo en las tres modalidades básicas: Sencillo, 1,5 líneas y doble.

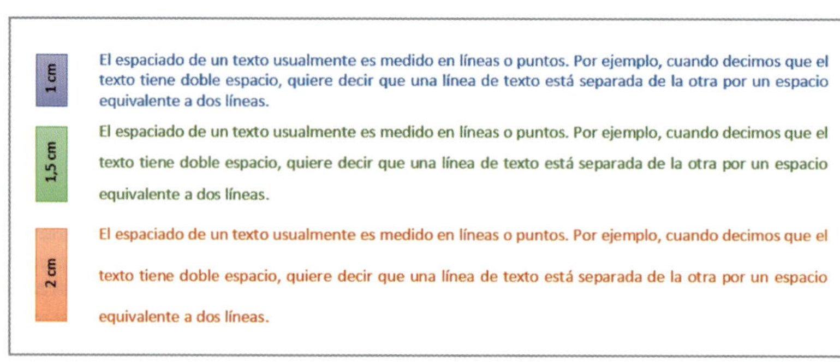

Si un párrafo en interlineado **sencillo** ocupase 1 cm de ancho:

- En interlineado de **1,5 líneas** ocuparía 1,5 veces lo que ocupe el sencillo: 1 cm x 1,5 = = 1,5 cm.
- Y en interlineado **doble,** ocuparía el doble de lo que ocupa el sencillo: 1 cm x 2 = = 2 cm.

Actividad propuesta. Espacio e interlineado

Nombre del documento: **Actividad 12.**

Tipo: Documento de Word.

1. Abre un documento en blanco de Word y copia el párrafo de la derecha hasta tenerlo 3 veces.
2. Fuente Calibri 11. Alineación del documento: Justificada.
3. Selecciona los tres párrafos (puedes usar el atajo de teclado Ctrl+E, que selecciona todo un documento).
4. Abre el cuadro de diálogo de las opciones avanzadas de párrafo y aplica al documento el siguiente **espaciado:** Anterior 0, Posterior 0. Verás que los párrafos se juntan y no resulta demasiado estético.
5. Vuelve a seleccionar todos los párrafos. Aplícales el **espaciado** Anterior 0, Posterior 12. Ahora la presentación es mejor.
6. Con esta configuración de espaciado, selecciona el primer párrafo. Aplícale un **interlineado sencillo.**
7. El segundo párrafo tendrá **interlineado** de 1,5 líneas.
8. El tercero, un **interlineado** doble.
9. Guarda el documento, con el nombre y tipo arriba indicados, en la carpeta de actividades de esta unidad.

> **Si una línea contiene un carácter de texto grande, un gráfico o una fórmula, Word aumenta el interlineado de dicha línea. Para espaciar de manera uniforme las líneas de un párrafo, use interlineado exacto y especifique el interlineado necesario para que quepa el carácter o gráfico de mayor tamaño de la línea. Si los elementos aparecen cortados, aumente el interlineado.**

> **Si una línea contiene un carácter de texto grande, un gráfico o una fórmula, Word aumenta el interlineado de dicha línea. Para espaciar de manera uniforme las líneas de un párrafo, use interlineado exacto y especifique el interlineado necesario para que quepa el carácter o gráfico de mayor tamaño de la línea. Si los elementos aparecen cortados, aumente el interlineado.**
>
> **Si una línea contiene un carácter de texto grande, un gráfico o una fórmula, Word aumenta el interlineado de dicha línea. Para espaciar de manera uniforme las líneas de un párrafo, use interlineado exacto y especifique el interlineado necesario para que quepa el carácter o gráfico de mayor tamaño de la línea. Si los elementos aparecen cortados, aumente el interlineado.**
>
> **Si una línea contiene un carácter de texto grande, un gráfico o una fórmula, Word aumenta el interlineado de dicha línea. Para espaciar de manera uniforme las líneas de un párrafo, use interlineado exacto y especifique el interlineado necesario para que quepa el carácter o gráfico de mayor tamaño de la línea. Si los elementos aparecen cortados, aumente el interlineado.**

Actividad propuesta. Espacio e interlineado

Nombre del documento: **Actividad 13.**

Tipo: Documento de Word.

1. Abre la actividad 12 y guárdala ahora con el nombre Actividad 13.
2. Selecciona todos los párrafos.
3. Aplícales un espaciado anterior de 0 puntos y posterior de 9 puntos (el 9 no saldrá automáticamente, sino que habrá que escribirlo). Sin borrar la selección, aplícales un interlineado exacto en 11 puntos.
4. Guarda el documento en su carpeta.

> **Si una línea contiene un carácter de texto grande, un gráfico o una fórmula, Word aumenta el interlineado de dicha línea. Para espaciar de manera uniforme las líneas de un párrafo, use interlineado exacto y especifique el interlineado necesario para que quepa el carácter o gráfico de mayor tamaño de la línea. Si los elementos aparecen cortados, aumente el interlineado.**
>
> **Si una línea contiene un carácter de texto grande, un gráfico o una fórmula, Word aumenta el interlineado de dicha línea. Para espaciar de manera uniforme las líneas de un párrafo, use interlineado exacto y especifique el interlineado necesario para que quepa el carácter o gráfico de mayor tamaño de la línea. Si los elementos aparecen cortados, aumente el interlineado.**
>
> **Si una línea contiene un carácter de texto grande, un gráfico o una fórmula, Word aumenta el interlineado de dicha línea. Para espaciar de manera uniforme las líneas de un párrafo, use interlineado exacto y especifique el interlineado necesario para que quepa el carácter o gráfico de mayor tamaño de la línea. Si los elementos aparecen cortados, aumente el interlineado.**

3. Configuración de página

Diseñar una página significa configurar el modo en que se verá en pantalla y se imprimirá. Esto incluye la medida de los cuatro márgenes, la orientación y el tamaño del papel, número de columnas, etc.

La página se configura desde la pestaña **Formato,** grupo **Configurar página.**

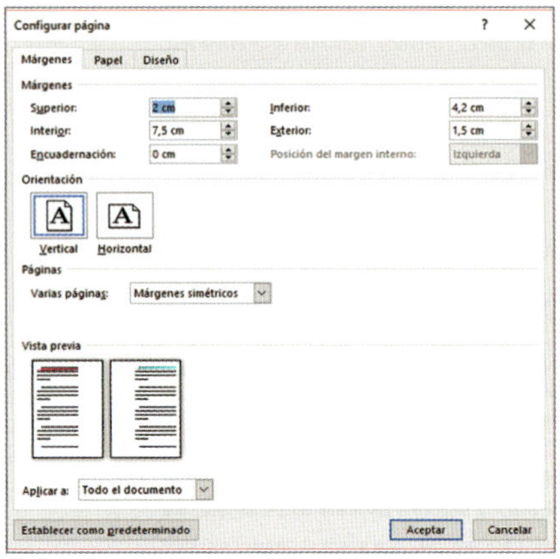

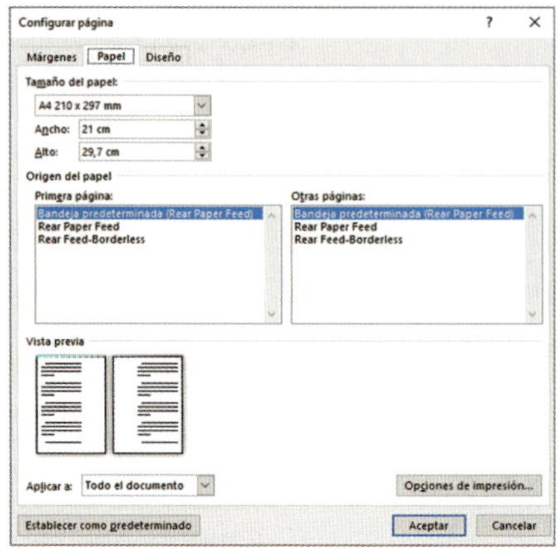

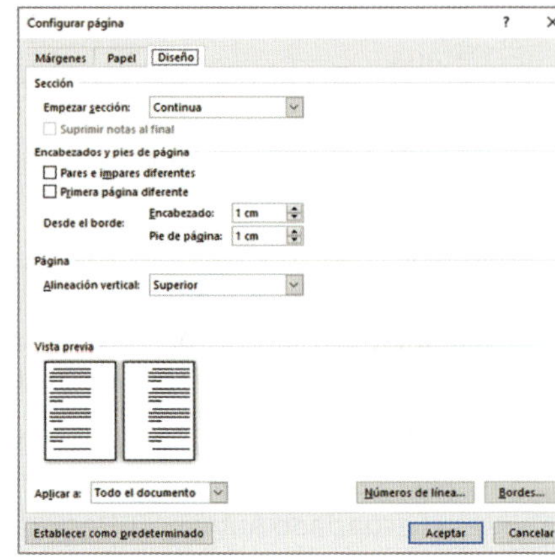

3.1. Márgenes y orientación

En la siguiente actividad, veremos cómo configurar los márgenes y la orientación de un documento.

Actividad propuesta. Márgenes y orientación

Nombre del documento: **Actividad 14.**

Tipo: Documento de Word.

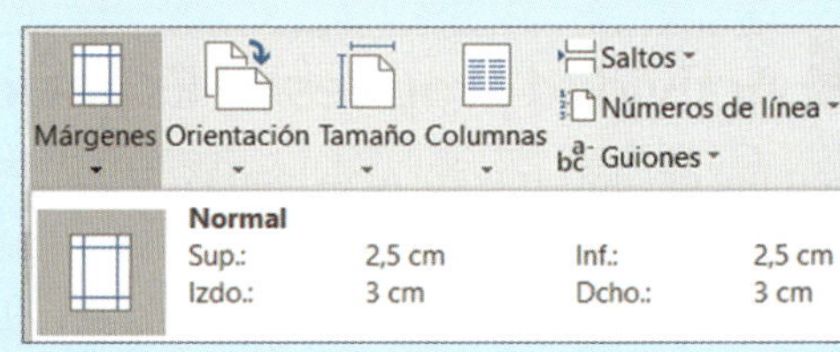

1. Abre el documento de la actividad anterior y guárdalo ahora con el nombre Actividad 14.
2. Activa la pestaña **Formato** y haz clic en **Márgenes,** del grupo **Configurar página.** Observa que la opción que actualmente está seleccionada es **Normal.** Mira las medidas que esta opción le da a cada uno de los cuatro márgenes.
3. Haz clic en la parte inferior, Márgenes personalizados. En el cuadro de diálogo que se abre, deja activa la pestaña Márgenes. Marca la **orientación horizontal** y configura los márgenes superior e inferior en **4 cm** y los márgenes izquierdo y derecho en **2,5 cm.** Deja el resto de las opciones de este cuadro como vienen por defecto. Observa cómo la nueva configuración del documento ha hecho efecto sobre el mismo.

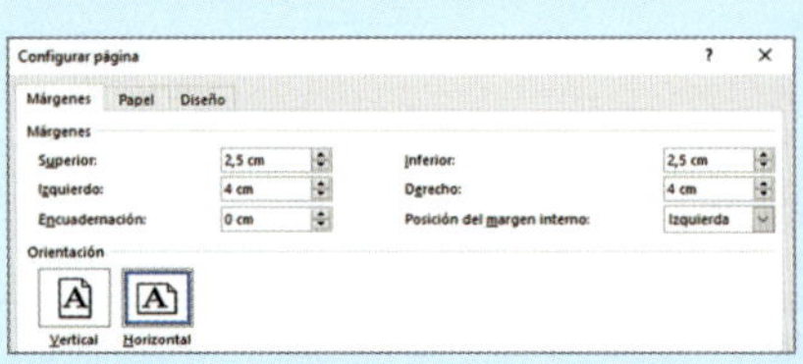

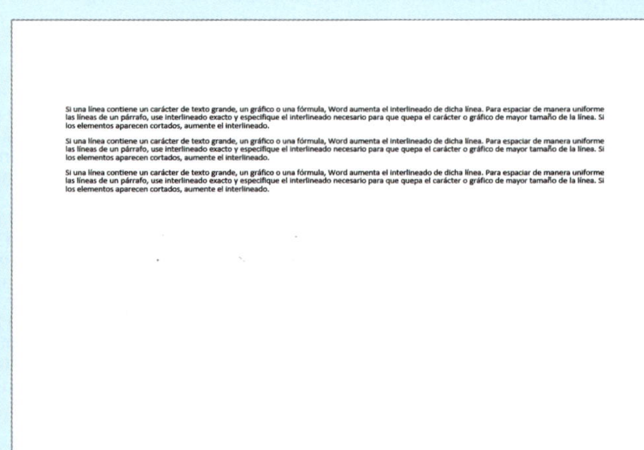

4. Guarda la actividad en la carpeta correspondiente.

3.2. Tamaño de página

Una página o un documento completo de varias páginas tendrá un tamaño concreto. Por defecto, los documentos que se crean lo hacen en tamaño A4, que tiene unas medidas de 21 cm de ancho por 29,7 centímetros de alto. Es decir, por defecto, las páginas aparecen en posición vertical.

En las siguientes actividades trabajaremos con los tamaños de página.

Actividad guiada. Tamaño del papel

Nombre del documento: **Actividad 15.**

Tipo: Documento de Word.

1. Abre el documento de la actividad anterior y guárdalo ahora con el nombre Actividad 15.
2. Vamos a cambiar el tamaño de la página, que por defecto está en A4. Haz clic en **Tamaño,** del grupo Configurar página, en la pestaña Formato. Elige A5. Verás que la página se ha reducido. El tamaño A5 es la mitad del A4, como si partieras la hoja en dos mitades.
3. Guarda el documento en la carpeta correspondiente.

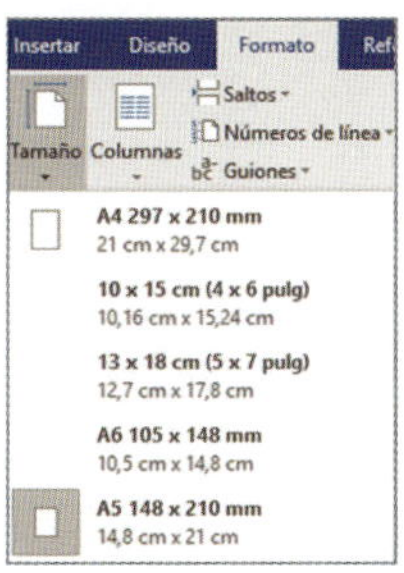

Si una línea contiene un carácter de texto grande, un gráfico o una fórmula, Word aumenta el interlineado de dicha línea. Para espaciar de manera uniforme las líneas de un párrafo, use interlineado exacto y especifique el interlineado necesario para que quepa el carácter o gráfico de mayor tamaño de la línea. Si los elementos aparecen cortados, aumente el interlineado.

Si una línea contiene un carácter de texto grande, un gráfico o una fórmula, Word aumenta el interlineado de dicha línea. Para espaciar de manera uniforme las líneas de un párrafo, use interlineado exacto y especifique el interlineado necesario para que quepa el carácter o gráfico de mayor tamaño de la línea. Si los elementos aparecen cortados, aumente el interlineado.

Si una línea contiene un carácter de texto grande, un gráfico o una fórmula, Word aumenta el interlineado de dicha línea. Para espaciar de manera uniforme las líneas de un párrafo, use interlineado exacto y especifique el interlineado necesario para que quepa el carácter o gráfico de mayor tamaño de la línea. Si los elementos aparecen cortados, aumente el interlineado.

Actividad propuesta. Tamaño, orientación y margenes

Nombre del documento: **Actividad 16.**

Tipo: Documento de Word.

1. Abre el documento de la actividad anterior y guárdalo ahora con el nombre Actividad 16.
2. Antes de continuar, vamos a hacernos una pregunta: Si un papel de tamaño A5 en vertical tiene unas medidas de 14,8 cm de ancho x 21 cm de alto y sabemos que el tamaño A6 es como si partiéramos el A5 en dos trozos iguales. ¿Qué medidas tendría en vertical un papel en A6? Cuando hayas hecho los cálculos y verificado que son los correctos, configura el documento que has abierto de la siguiente forma:
   a) Orientación horizontal.
   b) Tamaño A6 (En Tamaño → "Más tamaños de papel", poniendo las medidas adecuadas de alto y ancho).
   c) Márgenes: los cuatro de 1 cm.

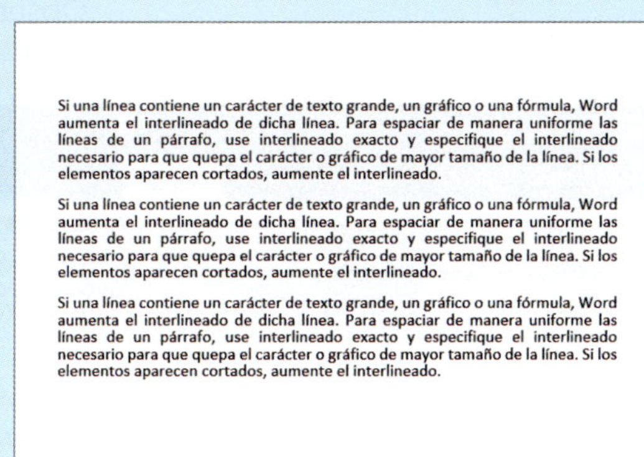

Si una línea contiene un carácter de texto grande, un gráfico o una fórmula, Word aumenta el interlineado de dicha línea. Para espaciar de manera uniforme las líneas de un párrafo, use interlineado exacto y especifique el interlineado necesario para que quepa el carácter o gráfico de mayor tamaño de la línea. Si los elementos aparecen cortados, aumente el interlineado.

Si una línea contiene un carácter de texto grande, un gráfico o una fórmula, Word aumenta el interlineado de dicha línea. Para espaciar de manera uniforme las líneas de un párrafo, use interlineado exacto y especifique el interlineado necesario para que quepa el carácter o gráfico de mayor tamaño de la línea. Si los elementos aparecen cortados, aumente el interlineado.

Si una línea contiene un carácter de texto grande, un gráfico o una fórmula, Word aumenta el interlineado de dicha línea. Para espaciar de manera uniforme las líneas de un párrafo, use interlineado exacto y especifique el interlineado necesario para que quepa el carácter o gráfico de mayor tamaño de la línea. Si los elementos aparecen cortados, aumente el interlineado.

Actividad guiada. Distintos tamaños en el mismo documento

Nombre del documento: **Actividad 17.**

Tipo: Documento de Word.

Hasta ahora hemos visto cómo cambiar el tamaño de página. Esta configuración afectaría a todo el documento, pero **¿será posible que en un documento hubiese páginas de distinto tamaño o con distinta orientación?** Vamos a comprobarlo en esta actividad.

1. Abre la actividad 16 y guárdala ahora con el nombre Actividad 17.
2. Posiciona el cursor del ratón al final del último párrafo.
3. Abre la configuración avanzada de Configurar página, haciendo clic en el ángulo inferior derecho del grupo. En la pestaña **Márgenes,** configura todos los márgenes a 2 cm. En orientación, elige Vertical. **No aceptes todavía.**
4. En la pestaña **Papel** elige tamaño A5. Y ahora, observa que en la parte inferior del cuadro de configuración avanzada hay un cuadro desplegable que dice "Aplicar a:". Haz clic en él y marca la opción "De aquí en adelante".

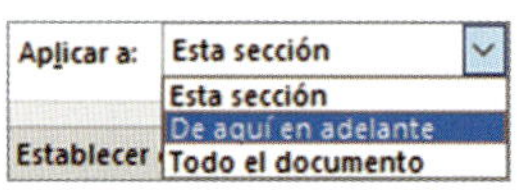

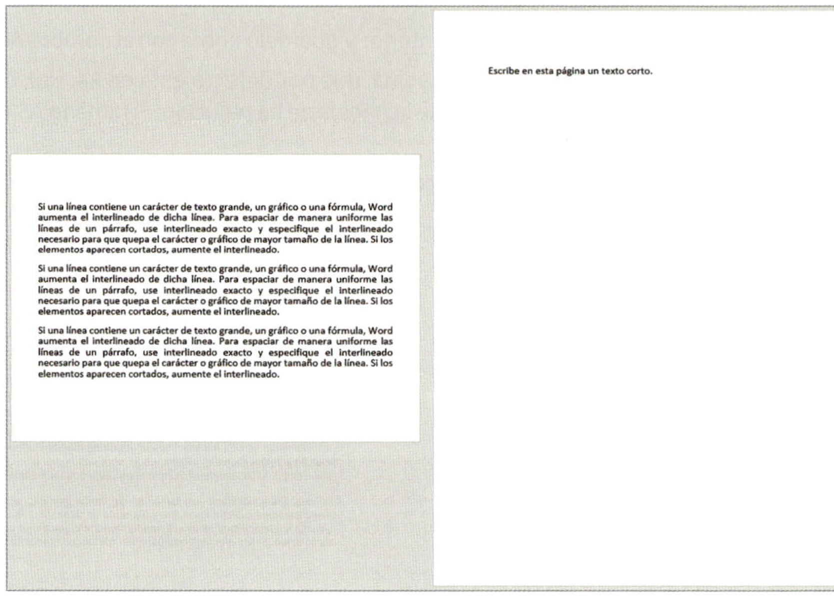

5. Se abrirá una página nueva, que tendrá el tamaño, orientación y márgenes que acabamos de definir. Escribe en la nueva página un texto corto.
6. Haz clic en Archivo → Imprimir. Tendrás una vista previa de las dos páginas del documento. Comprobarás que nuestro documento tiene hojas de distinto tamaño.
7. Guarda el documento en la correspondiente carpeta de actividades.

3.3. Columnas

Hasta ahora, en las actividades realizadas, hemos escrito las páginas en una sola columna, pero podemos hacerlo en dos o más, que pueden elegirse de los modelos predefinidos de Word o personalizarlas desde "Más columnas".

Observa las siguientes imágenes y la información al pie, pues nos servirán para trabajar con columnas en las siguientes actividades.

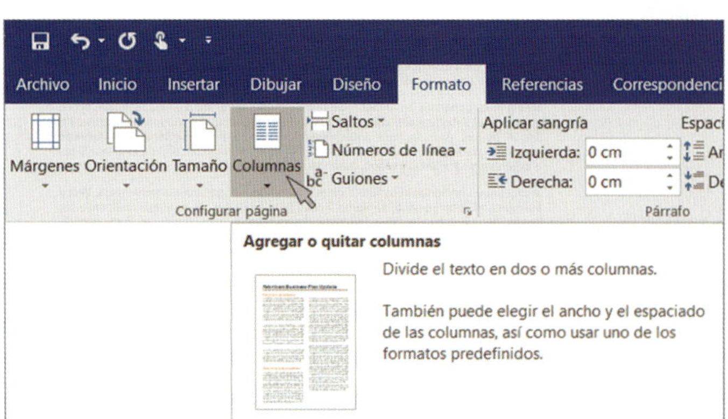

Información al pasar el ratón por encima.

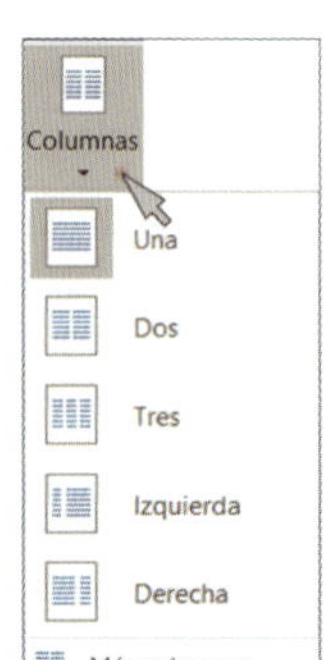

Al hacer clic: Modelos predefinidos.

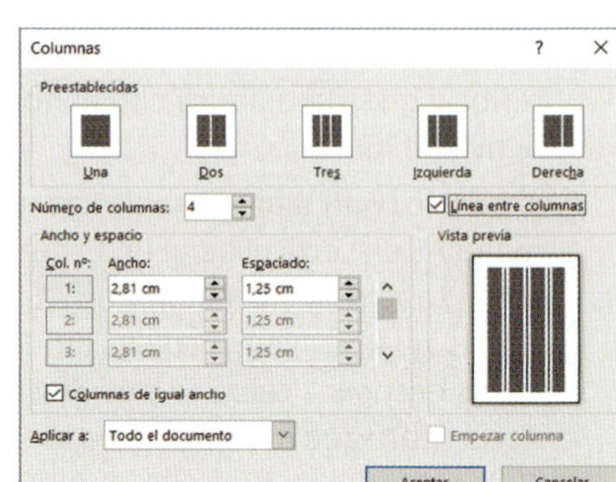

Opciones avanzadas al hacer clic en "Más columnas".

Actividad guiada. Texto en columnas

Nombre del documento: **Actividad 18.**

Tipo: Documento de Word.

1. Abre un documento en blanco de Word y escribe el siguiente texto.

> Word establece automáticamente el ancho de las columnas para que se adapte a la página. Si los valores preestablecidos no funcionan para su diseño o necesita más de tres columnas, elija Más columnas y ajuste la configuración en el cuadro de diálogo Columnas.

2. La fuente será Calibri 11. Aplica la configuración de párrafo siguiente:
   - Justificado.
   - Espaciado: Anterior 0, Posterior 12.
   - Interlineado sencillo.
3. Selecciona el párrafo, activa la pestaña Formato y haz clic en **Columnas,** del grupo Configurar página. Elige **Dos.**

   El párrafo deberá quedar así:

> Word establece automáticamente el ancho de las columnas para que se adapte a la página. Si los valores preestablecidos no funcionan para su diseño o necesita más de tres columnas, elija Más columnas y ajuste la configuración en el cuadro de diálogo Columnas.

4. Si las columnas aparecen así, este documento está finalizado. Guarda la actividad en la carpeta correspondiente.

¿Hay algún problema?

Puede ocurrir que el párrafo quede así, en una sola columna.

> Word establece automáticamente el ancho de las columnas para que se adapte a la página. Si los valores preestablecidos no funcionan para su diseño o necesita más de tres columnas, elija Más columnas y ajuste la configuración en el cuadro de diálogo Columnas.

Esto ocurre porque Word considera, por defecto, que vas a seguir escribiendo texto. Está esperando que completes la primera columna hasta que haya texto suficiente para pasar a la segunda.

Pero, en nuestro caso, queremos que solo ese texto esté en dos columnas.

Solución:

Si el texto se muestra en una sola columna, haz clic en Deshacer. Pon el cursor del ratón al final del párrafo y pulsa una o dos veces la tecla INTRO para dejar interlíneas después del texto.

A continuación, selecciona de nuevo el párrafo: Será mejor si empiezas la selección desde el final del párrafo hasta el principio *(cuidando de no haber seleccionado las interlíneas vacías que has introducido)*. Vuelve a pulsar en Columnas, del grupo Configurar página. Elige Dos.

Ahora, las dos columnas se habrán configurado correctamente. Ya puedes guardar el documento en la carpeta de actividades.

Más información sobre este problema:

Esto puede ocurrir solamente cuando el párrafo es lo único que hay en el documento (como ocurre en esta actividad) o bien es el **último.** En ambos casos, la solución es la misma ya explicada.

Actividad propuesta. Distintas columnas en el mismo documento

Nombre del documento: **Actividad 19.**

Tipo: Documento de Word.

1. En un documento en blanco, escribe el mismo párrafo de la actividad anterior.
2. Copia y pega el párrafo hasta tenerlo tres veces.
3. Márgenes y orientación de la página: Como aparecen por defecto.
4. Fuente: Calibri 14.
5. Aplica al conjunto de párrafos la siguiente configuración de párrafo:
   - Alineación: Justificada.
   - Espaciado: Anterior 3 puntos, Posterior 18 puntos.
   - Interlineado: Sencillo.
6. El segundo párrafo estará configurado en dos columnas y el tercer párrafo en tres.
7. Guarda el documento en la carpeta de actividades de esta unidad.

Word establece automáticamente el ancho de las columnas para que se adapte a la página. Si los valores preestablecidos no funcionan para su diseño o necesita más de tres columnas, elija Más columnas y ajuste la configuración en el cuadro de diálogo Columnas.

Word establece automáticamente el ancho de las columnas para que se adapte a la página. Si los valores preestablecidos no funcionan para su diseño o necesita más de tres columnas, elija Más columnas y ajuste la configuración en el cuadro de diálogo Columnas.

Word establece automáticamente el ancho de las columnas para que se adapte a la página. Si los valores preestablecidos no funcionan para su diseño o necesita más de tres columnas, elija Más columnas y ajuste la configuración en el cuadro de diálogo Columnas.

Actividad guiada. Columna derecha con línea de división

Nombre del documento: **Actividad 20.**

Tipo: Documento de Word.

1. Abre la actividad 18 y guárdala como Actividad 20.
2. Selecciona todo el texto. Desde la pestaña Formato, haz clic en Columnas → Más columnas. En el cuadro de diálogo Columnas, indica **Derecha** (de las preestablecidas) y marca **Línea entre columnas.** El resto, déjalo como esté. En las imágenes siguientes, puedes ver la configuración y el resultado final del texto.

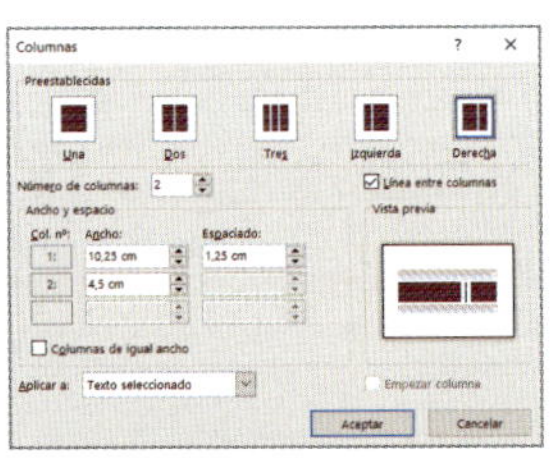

Word establece automáticamente el ancho de las columnas para que se adapte a la página. Si los valores preestablecidos no funcionan para su diseño o necesita más de tres columnas, elija Más columnas y ajuste la configuración en el cuadro de diálogo Columnas.

3. Guarda y cierra el documento.

Actividad propuesta. Definir ancho de columnas y línea de división

Nombre del documento: **Actividad 21.**

Tipo: Documento de Word.

1. Abre la actividad 19 y guárdala como **Actividad 21.**
2. Configura el segundo párrafo con fuente Calibri 12. Haz clic en **Guiones,** del grupo Configurar página y marca Automático.

Word establece automáticamente el ancho de las columnas para que se adapte a la página. Si los valores preestablecidos no funcionan para su diseño o necesita más de tres columnas, elija Más columnas y ajuste la configuración en el cuadro de diálogo Columnas.

3. Con el párrafo seleccionado, queremos hacer **tres columnas** con los siguientes anchos. 1ª: 3 cm. 2ª: 4,75 cm. 3ª: 6,65 cm. Espaciado (entre columnas): 0,3 cm. Línea entre columnas.
4. Guarda la actividad en su carpeta y ciérrala.

Apache OpenOffice. Writer I

1. Introducción a Apache OpenOffice

Apache OpenOffice es una suite informática gratuita y de código abierto que incluye, entre otras herramientas, un procesador de texto (**Writer**), una hoja de cálculo (**Calc**), un gestor de bases de datos (**Base**) y un editor de presentaciones multimedia (**Impress**).

Al final de cada unidad didáctica de procesadores de texto, hojas de cálculo, bases de datos y presentaciones multimedia incluiremos un apartado específico para su aplicación correspondiente en Apache OpenOffice.

Saber más

Writer es un completo procesador de textos incluido en la suite ofimática Apache OpenOffice desde diciembre de 2011 (anteriormente se llamó OpenOffice.org).

Writer permite guardar documentos en distintos formatos, entre ellos los que llevan la extensión .doc, que podrán ser editados con Word, de Office. También se puede exportar un documento a formato PDF.

2. Versión

Trabajaremos con la **versión 4.1.3**, que se instaló en la unidad 2. Con cualquier otra versión es posible que no coincida la localización o la forma de uso de algunas herramientas.

3. Writer. Interfaz y herramientas

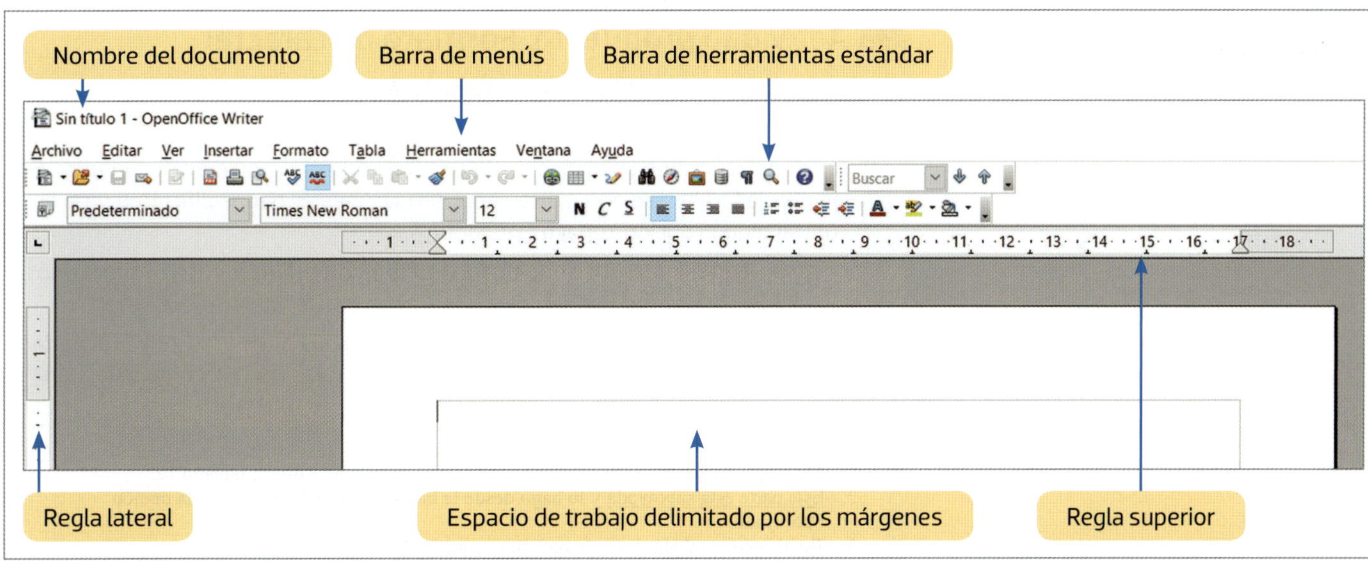

3.1. Otras barras de herramientas

Podemos tener visibles otras herramientas desde el menú **Ver → Barra de herramientas.** En ese punto marcamos la herramienta que necesitemos tener a la vista. En la imagen lateral, están marcadas las barras de herramientas predeterminadas de Writer: Buscar, Estándar y Formateo.

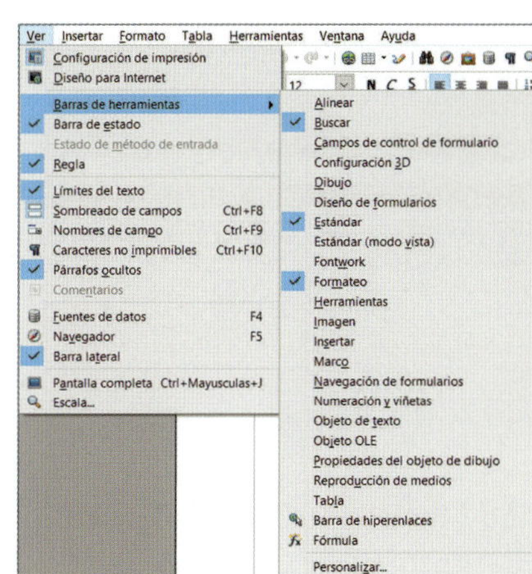

Ejemplo. Barra de herramientos Dibujo

Si activamos la barra de herramientas **Dibujo,** esta aparecerá debajo del documento, aunque podemos desplazarla a otro lugar si la arrastramos desde la línea de puntos que tiene a su izquierda.

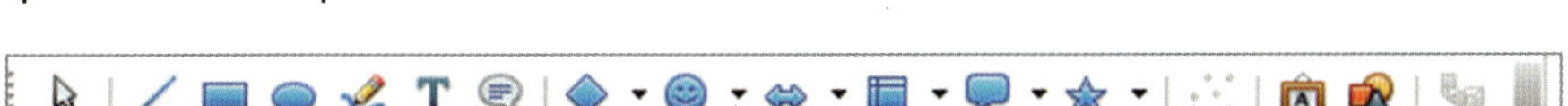

Saber más

Formato de carácter

Si no aparece la barra lateral, se puede hacer visible desde el menú **Ver**, y se marca **Barra lateral**.

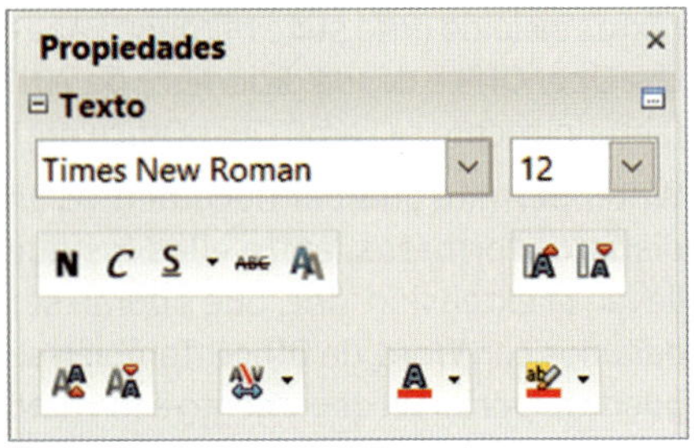

Opciones avanzadas

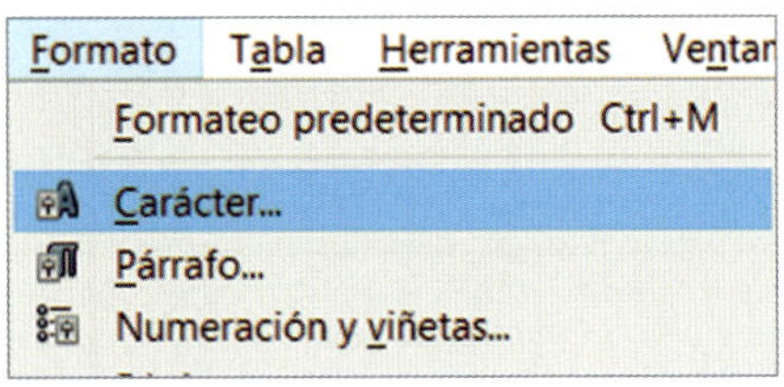

3.2. Formato de carácter

Los elementos básicos del formato de carácter pueden verse en la **barra lateral**, que se encuentra a la derecha del espacio de trabajo.

Podemos acceder a las opciones avanzadas desde el menú **Formato → Carácter**.

Se desplegará una nueva ventana con varias pestañas:

- **Fuente.** Nombre de la fuente, tipo (cursiva, negrita...), tamaño e idioma.
- **Efectos de fuente.** Color de la fuente, efectos, relieve, sobrelineado, tachado, subrayado y otros.
- **Posición.** Normal, subíndice, superíndice, rotación, escalado y espaciado (expandido y condensado).
- **Hiperenlace.** Las opciones de esta pestaña las veremos en otra unidad didáctica.
- **Fondo.** Permite elegir un color de fondo para el texto seleccionado.

Actividad propuesta. Formato de carácter

Nombre del documento: **Writer Formato de carácter.**

Tipo: Documento de texto ODF.

1. Abre un documento en blanco de Writer y reproduce el siguiente documento. En las propias frases se encuentran las instrucciones. Si tienes dificultad para encontrar alguna opción, repasa el epígrafe 3.2.
2. Es recomendable escribir todo el documento y, posteriormente, dar formato a los textos.
3. Al terminar, guarda el documento en la carpeta de actividades de esta unidad didáctica.

1. Todo este documento está escrito en la fuente Times New Roman, tamaño 12.
2. Esta parte está subrayada y lo hago desde la barra lateral pulsando sobre la opción Subrayado.
3. ~~Tacho esto~~, también desde la opción que me proporciona la barra lateral.
4. Escribo en **negrita**.
5. Y ahora en *cursiva*.
6. El ^{superíndice} puedo ponerlo también desde la barra lateral o también desde las opciones avanzadas de Carácter, en el menú Formato, eligiendo la pestaña ^{Posición}.
7. De la misma manera que hice en el apartado anterior, puedo escribir un $_{\text{subíndice}}$.
8. Fondo amarillo para esta frase. Lo hago directamente desde la barra lateral, pero también puedo poner un fondo de color Verde 2 desde las opciones avanzadas, seleccionando la pestaña Fondo.
9. Texto escrito en fuente de color Azul 3 con fondo Magenta 1.
10. En el siguiente texto utilizo la pestaña Efectos de fuente, de las opciones avanzadas y le aplico un EFECTO VERSALITAS SOBRELINEADO DOBLE.
11. Selecciono el siguiente texto y le aplico un c o l o r r o j o y u n e s p a c i a d o e x p a n d i d o p o r 3 p u n t o s . Esto lo he hecho desde la pestaña Posición de las opciones avanzadas de Carácter.
12. Voy a girar 90º la siguiente palabra desde las opciones avanzadas, pestaña Posición: GIRADA

3.3. Formato de párrafo

Alineación

La alineación de cada párrafo se puede configurar, una vez seleccionado, desde el menú **Formato → Párrafo,** y después teniendo activa la pestaña **Alineación.** Aunque una manera más directa de hacerlo es seleccionar el párrafo y a continuación señalar el tipo de alineación en la **barra de herramientas.**

Sangrías

Writer nos ofrece la posibilidad de configurar tres tipos de sangrías:

- **Antes del texto.** Es la sangría que se aplica por la izquierda a todo el párrafo.
- **Después del texto.** Es la sangría de todo el párrafo por la derecha.
- **Primera línea.** Aplica sangría solamente a la primera línea de un párrafo.

Todas ellas se ajustan desde el menú **Formato → Párrafo,** y luego en la pestaña **Sangrías y Espacios.** También pueden aplicarse, como en Word, utilizando los triángulos que hay al principio y al final de la regla:

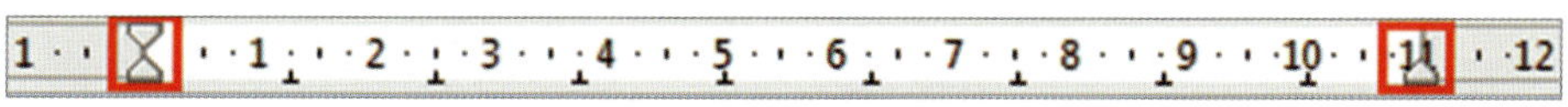

La **sangría francesa** no aparece, pero se puede configurar utilizando la regla, de forma similar a como hemos realizado en Word.

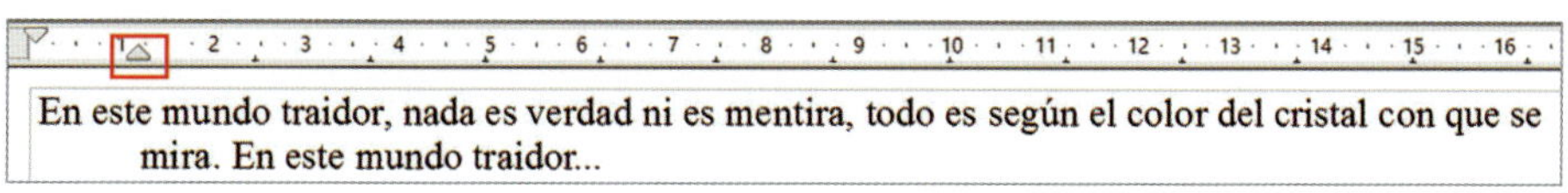

Espaciado e interlineado

En las opciones avanzadas de párrafo, en el menú Formato → Párrafo, podemos configurar también el espaciado y el interlineado, de forma similar a como lo hemos hecho en Word, aunque la nomenclatura es algo distinta: Lo que en Word se llamaba **Anterior,** en Writer es **Encima del párrafo,** y lo que era en Word **Posterior,** en Writer se llama **Debajo del párrafo.** Writer mide estas distancias en centímetros y no en puntos. Véanse equivalencias en la tabla lateral.

Saber más

También podemos encontrar las opciones avanzadas de **Carácter, Párrafo** y **Página** en la barra lateral pulsando los respectivos botones que están resaltados en la imagen:

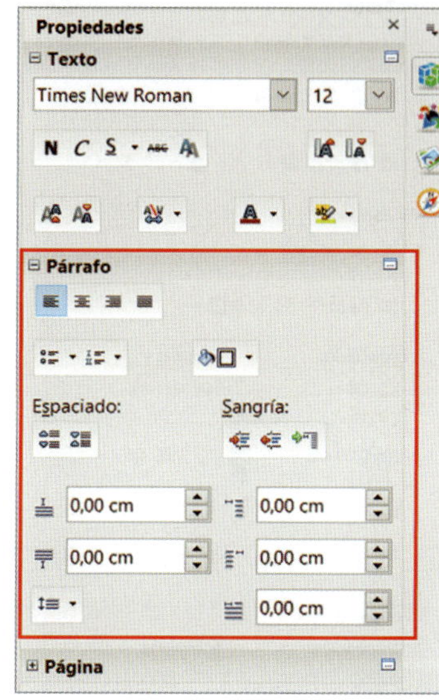

Saber más

Equivalencia de interlineado

Word	Writer
3 pt	0,10 cm
6 pt	0,21 cm
8 pt	0,28 cm
12 pt	0,42 cm

Actividad propuesta. Configuración de párrafo

Nombres de documentos: **Writer Alineación, Writer Sangrías** y **Writer Espaciado e interlineado.**

Tipo: Documento de texto ODF.

Se realizarán en Writer los mismos ejercicios de las actividades 7, 9 y 12, que se hicieron en Word. Se guardarán como documentos de texto ODF con los nombres correspondientes, según se indica en esta tabla.

Nombre del ejercicio en Word	Nombre del ejercicio en Writer
Actividad 7	Writer Alineación
Actividad 9	Writer Sangrías
Actividad 12	Writer Espaciado e interlineado.

Saber más

También podemos encontrar las opciones avanzadas de **Carácter**, **Párrafo** y **Página** en la barra lateral pulsando los respectivos botones que están resaltados en la imagen:

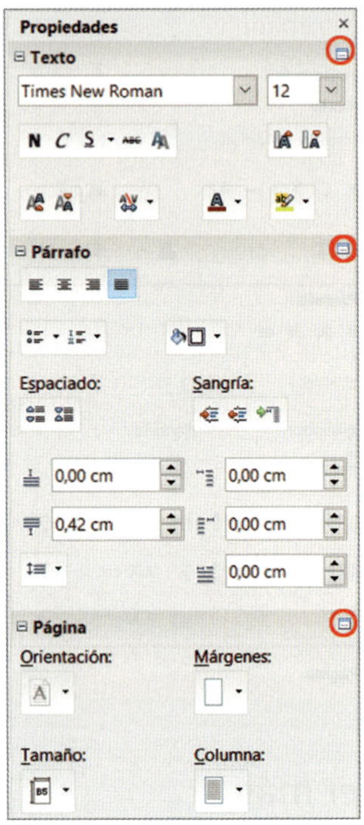

3.4. Formato de página

El tamaño y orientación del papel, los márgenes y la distribución del texto en columnas, pueden configurarse desde las opciones avanzadas en el menú **Formato → Página**.

Tamaño, márgenes y orientación

En las opciones avanzadas, activamos la pestaña **Página** y ahí encontramos las medidas del papel, las de los márgenes y la orientación (vertical o apaisada).

Columnas

Se activa la pestaña **Columnas** de las opciones avanzadas de página y se establece el número de columnas, su ancho y la distancia entre ellas. También puede incluirse una línea entre columnas, de la que se puede elegir el ancho.

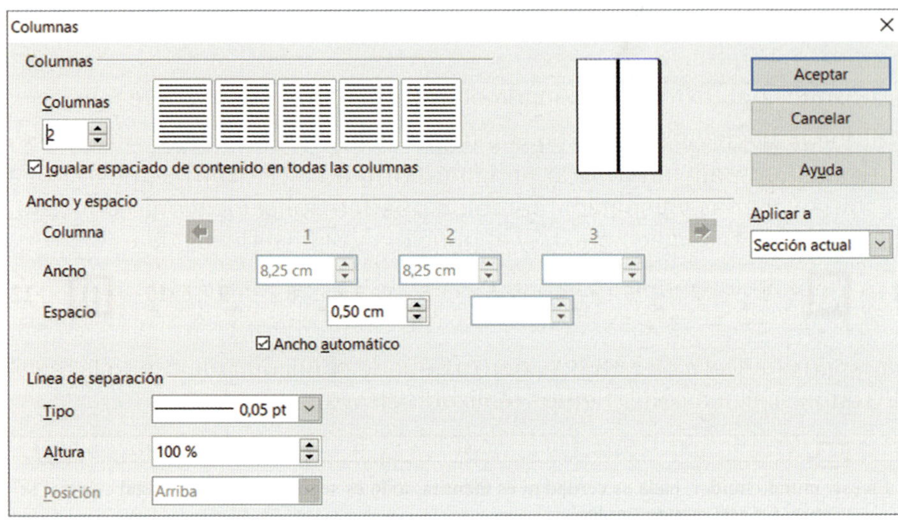

Actividad propuesta. Configuración de página y columnas

Nombres del documento: **Writer Formato de página.**

Tipo: Documento de texto ODF.

Configura un documento de Writer con las siguientes características: Tamaño B5 vertical. Márgenes superior e inferior de 4 cm; laterales de 2 cm. Alineación justificada.

El documento contiene dos párrafos. El primero tiene dos columnas de distinto tamaño, de las que vienen predeterminadas en Writer. La separación entre columnas es de 0,40 cm. El segundo párrafo tiene dos columnas iguales, separadas 0,50 cm y con una línea entre ambas, que tiene un grosor de 0,05 puntos.

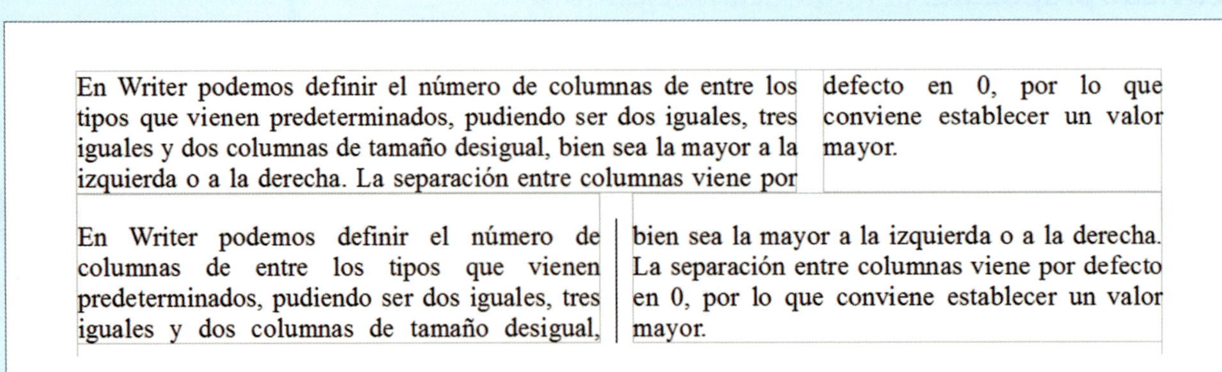

En Writer podemos definir el número de columnas de entre los tipos que vienen predeterminados, pudiendo ser dos iguales, tres iguales y dos columnas de tamaño desigual, bien sea la mayor a la izquierda o a la derecha. La separación entre columnas viene por defecto en 0, por lo que conviene establecer un valor mayor.

En Writer podemos definir el número de columnas de entre los tipos que vienen predeterminados, pudiendo ser dos iguales, tres iguales y dos columnas de tamaño desigual, bien sea la mayor a la izquierda o a la derecha. La separación entre columnas viene por defecto en 0, por lo que conviene establecer un valor mayor.

PRÁCTICA PROFESIONAL INICIAL RESUELTA

Manual de un teléfono móvil

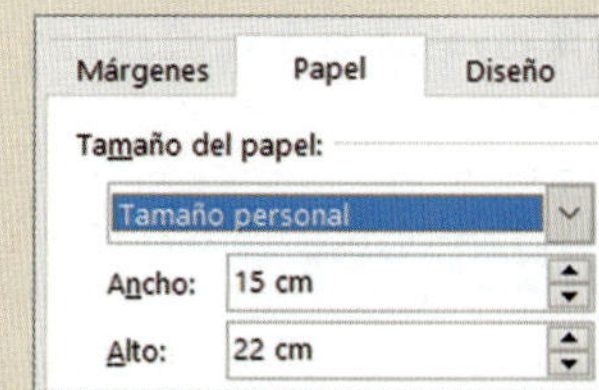

Aunque habría diferentes métodos para realizar correctamente este ejercicio, explicamos el que consideramos más eficaz en cuanto a facilidad y rapidez de ejecución.

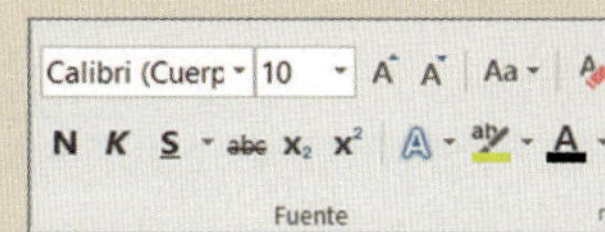

1. Selecciona fuente Calibri 10, pues esa es la que se utilizará en la mayor parte del documento: pestaña Inicio → grupo Fuente.
2. Establece las medidas del papel: pestaña Formato → grupo Configurar página → Tamaño → Más tamaños de papel.
3. Ajusta el tamaño de los márgenes y la orientación del papel: pestaña Formato → grupo Configurar página → Márgenes → Márgenes personalizados.

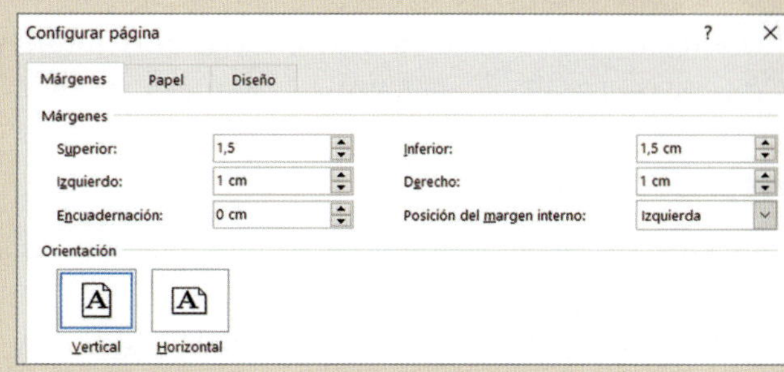

4. Escribe todos los párrafos del documento sin tener en cuenta los formatos de fuente o de párrafo que tendrán al final. Recuerda que un párrafo es todo lo que se escribe antes de pulsar la tecla INTRO.
5. Una vez escrito el documento en la fuente por defecto, irás seleccionando cada párrafo y le aplicarás el formato de fuente y de párrafo que se hayan indicado.

   Las fuentes se configuran desde la pestaña Inicio, grupo Fuente. Para una **configuración avanzada,** se hace clic en el ángulo inferior derecho del grupo Fuente y, desde ahí, se seleccionan las pestañas Fuente o Avanzado, según corresponda.

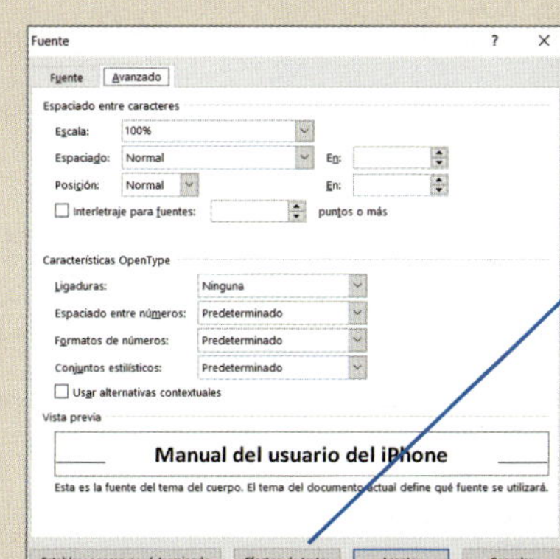

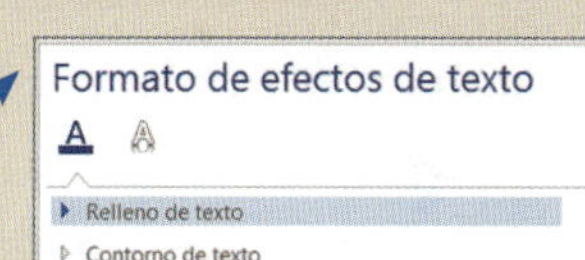

   Los párrafos se configuran desde la pestaña Inicio, grupo Párrafo. También puede hacerse desde la pestaña Formato, grupo Párrafo. Las opciones avanzadas de párrafo se pueden ver al hacer clic en el ángulo inferior derecho del grupo Párrafo. En esta actividad solo utilizaremos las opciones de la pestaña Sangría y espacio.

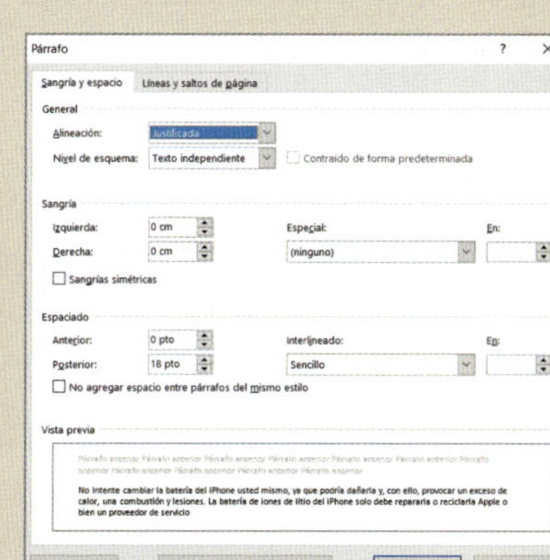

6. Se pueden seleccionar varios grupos de texto o párrafos no consecutivos, si van a llevar la misma configuración, de la siguiente forma: se selecciona el primer párrafo o grupo de texto y se pulsa la tecla Control. Mientras se mantiene pulsada dicha tecla, se seleccionan los demás grupos de texto o párrafos.

   Esto puede hacerse con los títulos que van en color púrpura: selecciona el título Seguridad y uso. Pulsa la tecla Control y, sin soltarla, selecciona los demás títulos que llevan el mismo formato. Aplícales el formato.

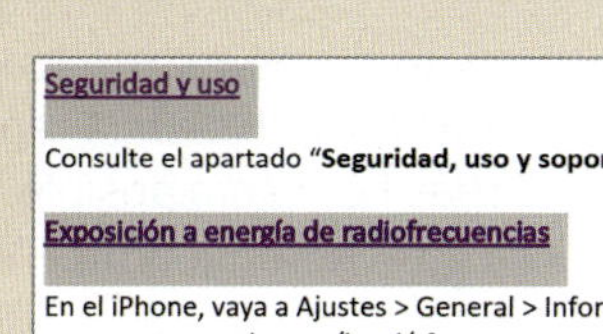

PRÁCTICA PROFESIONAL PROPUESTA 1

Memorándum

Objetivos

- Definir el formato de página del documento.
- Configurar márgenes.
- Configurar párrafos: alineación, espaciado, interlineado y sangrías.
- Cambiar el formato de fuente.

Instrucciones

Reproduce en Word el memorándum aplicando las instrucciones que siguen y las que pueden verse junto a la imagen del documento.

1. El formato del papel es A5 en vertical.
2. Los márgenes superior e inferior tendrán un tamaño de 2 cm. El izquierdo y el derecho medirán 3 cm.
3. La fuente predeterminada para el documento será Times New Roman, tamaño 12, que se modificará solo en los textos en donde se indique.
4. Los párrafos estarán alineados a la izquierda, a la derecha, justificados o centrados según se puede apreciar en la imagen.
5. Se insertarán interlíneas manualmente, cuando sea necesario.
6. Guarda el documento de Word en su correspondiente carpeta con el nombre **Memorándum.**

Párrafo: espaciado anterior 0, posterior 0, interlineado sencillo.

INTERCOM, S.A.
Madrid

Espaciado anterior 0, posterior 18, interlineado sencillo.

Madrid, 15 de noviembre de 20xx

Fuente Castellar 18 verde oscuro, negrita. Párrafo centrado, espaciado anterior 0, posterior 12, interlineado sencillo.

MEMORÁNDUM

Párrafo: espaciado anterior 0, posterior 0, interlineado sencillo.

PARA:
Arturo Fernández Gutiérrez
Director Comercial.

DE:
Gabriela Villegas Revelles
Directora General

Configuración de párrafo del cuerpo del documento, de la antefirma y de la firma: Espaciado anterior 0, posterior 8, espaciado sencillo. Sangría de 1,5 cm.

Le ruego que el próximo día 10 de noviembre a las 9:30, acuda a este despacho para tratar temas relacionados con los criterios de venta en el área de Madrid.

Atentamente,

Gabriela Villegas Revelles

Este documento, cuyas instrucciones están indicadas para Word, se deberá reproducir también, lo más fielmente posible, en Writer OpenOffice con el nombre **Writer Memorándum.**

PRÁCTICA PROFESIONAL PROPUESTA 2

Carta de cancelación de suscripción

Objetivos

- Definir el formato de página del documento.
- Configurar márgenes.
- Configurar párrafos: alineación, espaciado, interlineado y sangrías.
- Cambiar el formato de fuente.

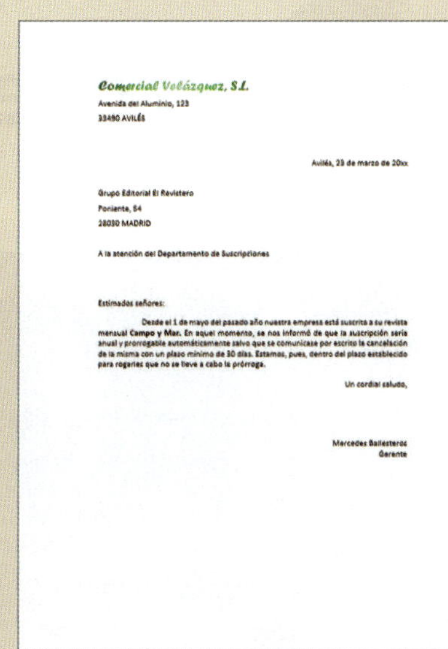
Comercial Velázquez, S.L.
Avenida del Aluminio, 123
33490 AVILÉS
Avilés, 23 de marzo de 20xx
Grupo Editorial El Revistero
Poniente, 54
28030 MADRID
A la atención del Departamento de Suscripciones
Estimados señores:
Un cordial saludo,
Mercedes Ballesteros
Gerente

Aspecto final del documento.

Instrucciones

Reproduce la siguiente carta aplicando las instrucciones que se indican:

1. Tamaño y orientación del papel: A4, vertical.
2. Márgenes: superior e inferior, 2,5 cm. Izquierdo: 4 cm. Derecho: 3 cm.
3. Fuente: Calibri 11, salvo las excepciones indicadas.
4. A continuación podemos ver el resto de especificaciones.

Comercial Velázquez, S.L.
Avenida del Aluminio, 123
33490 AVILÉS

Avilés, 23 de marzo de 20xx

Grupo Editorial El Revistero
Poniente, 54
28030 MADRID

A la atención del Departamento de Suscripciones

Área 1. Cabecera del documento

Nombre de la empresa remitente: fuente Forte 18. Efecto de texto con relleno degradado preestablecido «Foco de luz inferior. Énfasis 6».

Formato de párrafo:

Espaciado anterior 0, posterior 6. Interlineado mínimo en 12 puntos.

Interlíneas manuales: entre el membrete y la fecha, 3 interlíneas; entre la fecha y la dirección del destinatario, 2 interlíneas; entre la dirección del destinatario y «A la atención de...», 2 interlíneas; entre «A la atención de...» y el saludo, 3 interlíneas.

Estimados señores:

Desde el 1 de mayo del pasado año nuestra empresa está suscrita a su revista mensual **Campo y Mar.** En aquel momento, se nos informó de que la suscripción sería anual y prorrogable automáticamente salvo que se comunicase por escrito la cancelación de la misma con un plazo mínimo de 30 días. Estamos, pues, dentro del plazo establecido para rogarles que no se lleve a cabo la prórroga.

Un cordial saludo,

Área 2. Saludo, cuerpo y despedida

Saludo y cuerpo: alineación justificada. Espaciado anterior 0, posterior 12. Interlineado sencillo. El nombre de la revista estará escrito en negrita.

Despedida: idéntica configuración de párrafo que el saludo y el cuerpo, excepto la alineación, que será derecha.

Mercedes Ballesteros
Gerente

Área 3. Pie de firma

Previamente, insertar 3 interlíneas.

Alineación derecha; espaciado anterior 0, posterior 0; interlineado sencillo.

5. Guarda el documento de Word, en su carpeta correspondiente, con el nombre: Carta de cancelación de suscripción.

8 Procesadores de texto II

Vamos a conocer...

1. Herramientas y utilidades básicas
2. Tablas

SOFTWARE LIBRE

Apache OpenOffice. Writer II

1. Herramientas y utilidades básicas
2. Tablas

PRÁCTICA PROFESIONAL INICIAL

Tabla proyecto Tarabita

PRÁCTICA PROFESIONAL PROPUESTA

Albarán

Y al finalizar esta unidad...

- Habrás utilizado herramientas y utilidades de los procesadores de texto para guardar y recuperar automáticamente, imprimir, copiar, cortar, pegar, copiar formatos y guardar en distintos formatos un documento.
- Sabrás configurar celdas, filas y columnas y aplicar estilos personales y predeterminados a las tablas.

Práctica profesional inicial

Tabla proyecto Tarabita

Al terminar se habrán obtenido dos tablas como las que se muestran en la primera imagen (Dos tablas) de esta práctica profesional, si bien habrá que pasar por distintas etapas que indicamos a continuación:

1. Diseño de página:
   a) Papel: A4 vertical.
   b) Márgenes: predeterminados.
2. Diseño de una tabla única:
   a) En primer lugar se insertará una tabla de 14 filas y 2 columnas, la primera de 3 cm de ancho, y la segunda, de 5 cm.
   b) La fuente utilizada es Comic Sans 11, excepto para las cifras parciales, que están en Calibri 11.
   c) La **alineación, combinación** y **división** de celdas es tal como se aprecia en la útima imagen (Tabla única).
   d) La fuente coloreada de Ingresos es azul. La fuente coloreada de Gastos es roja.
   e) El sombreado de las celdas de título y totales de Ingresos es de color azul, énfasis 1, claro 60 %. El de las celdas de título y totales de Gastos es naranja, énfasis 2, claro 60 %. El de la columna izquierda es azul oscuro.
   f) El total se calculará con fórmula.
3. Dividir la tabla única en dos:
   a) La tabla única se deberá dividir en dos, teniendo el cursor en la celda Gastos y utilizando el comando conveniente de la pestaña Presentación.
   b) Se harán los ajustes necesarios para que ambas tablas queden con la misma apariencia que se muestra al principio de esta práctica.
   c) El borde externo de cada tabla, así como el borde entre las dos columnas es de color **azul claro** y tiene un ancho de 2,25 puntos.
4. Guardar archivos:

   Esta práctica se guardará como **documento de Word** y como PDF, ambos con el nombre **Tabla proyecto Tarabita.**

Proyecto Tarabita Movimientos primera semana	Ingresos	
		400
		890
		900
		650
		235
	Total	3075

Proyecto Tarabita Movimientos primera semana	Gastos	
		200
		580
		300
		280
		50
	Total	1410

Dos tablas.

Proyecto Tarabita Movimientos primera semana	Ingresos	
		400
		890
		900
		650
		235
	Total	3075
	Gastos	
		200
		580
		300
		280
		50
	Total	1410

Tabla única.

1. Herramientas y utilidades básicas

1.1. Guardar el archivo en otro formato

Word 2016 permite guardar un documento en varios tipos de formato. El suyo propio es documento de Word, que tiene la extensión .docx. Este formato reemplazó al de extensión .doc desde la versión de Word 2007. En la unidad anterior solamente trabajamos con el formato documento de Word (.docx) y ahora veremos en qué otros formatos podremos guardar nuestros documentos, algunos de los cuales se utilizarán en las actividades de esta unidad y las siguientes.

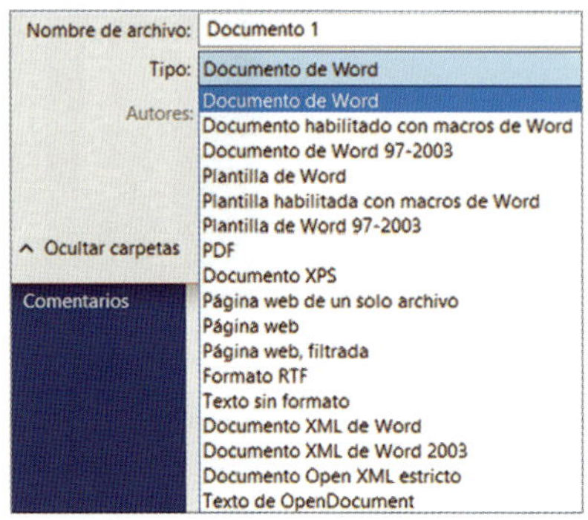

Extensiones de archivo no visibles.

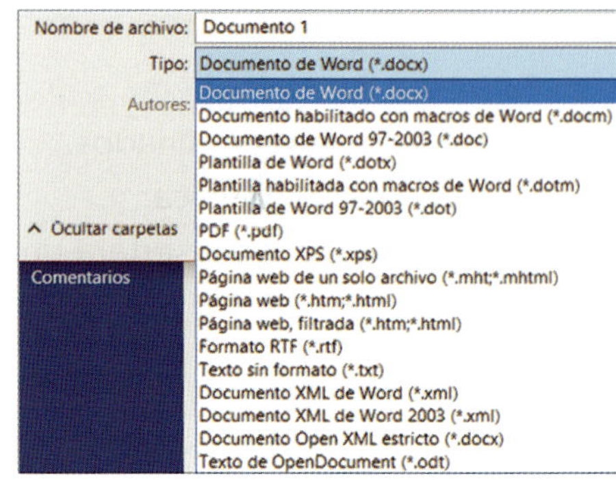

Extensiones de archivo visibles.

Recuerda

Mostrar extensiones de archivos con Windows 10

Una forma de tener siempre visibles las extensiones de los archivos es abrir **cualquier carpeta,** por ejemplo, la de Documentos. En la pestaña **Vista,** grupo **Mostrar u ocultar** → Marcar la casilla de **Extensiones de nombre de archivo.**

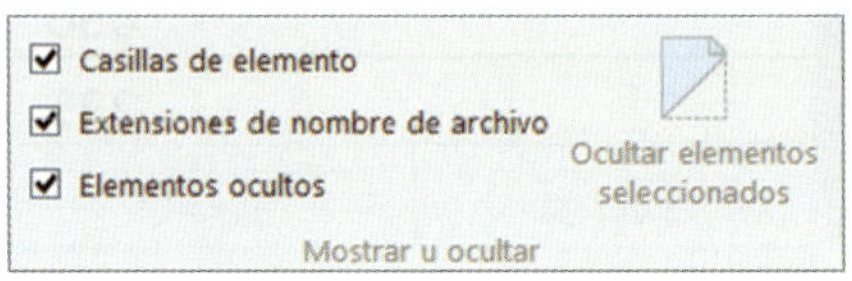

Saber más

Para guardar un archivo en otro formato también podemos exportarlo desde **Archivo → Exportar.**

Actividad guiada. Guardar archivos como .docx y como .doc

Nombre del documento: **Actividad 1.**

Tipos: Documento de Word y Documento de Word 97-2003.

1. En un documento en blanco de Word, sin modificar el formato de párrafo, fuente o página que vienen por defecto, escribe el texto del recuadro:

   > **Este documento de Word 2016 será guardado de dos formas: Como documento de Word y como documento de Word 97-2003. Por lo tanto, generará dos documentos distintos, aunque ambos tendrán el mismo nombre.**

2. La primera vez haz clic en **Archivo → Guardar como.** En Examinar, escoge la carpeta de actividades que corresponda a esta unidad didáctica y guarda el archivo con el nombre indicado y el tipo **Documento de Word** (extensión .docx).

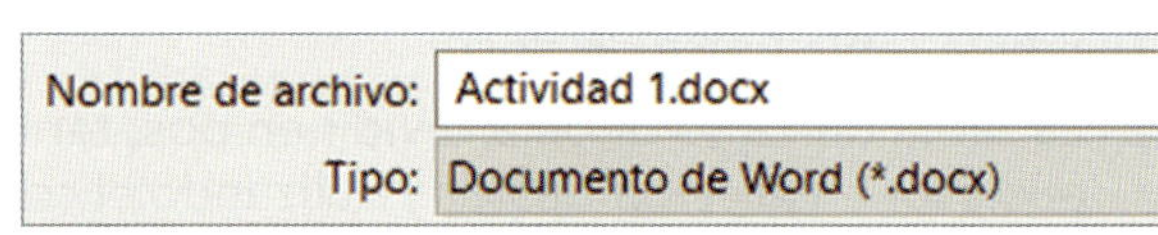

3. Ahora guarda el documento con el mismo nombre y con el tipo **Documento de Word 97-2003** (extensión .doc).

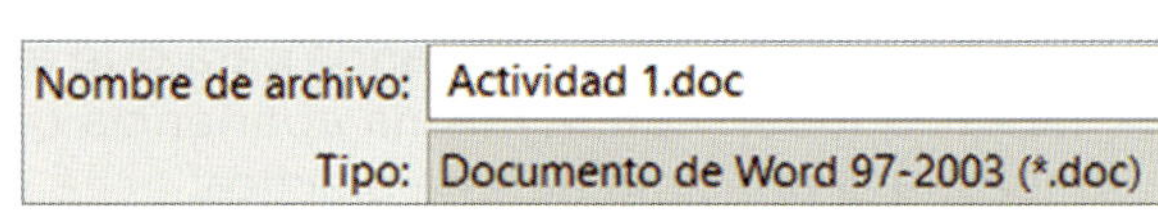

4. Una vez que hayas terminado, abre la carpeta donde has guardado estas actividades y verás que el archivo está guardado dos veces con el mismo nombre. Las extensiones son distintas, como lo son los iconos de ambos archivos.

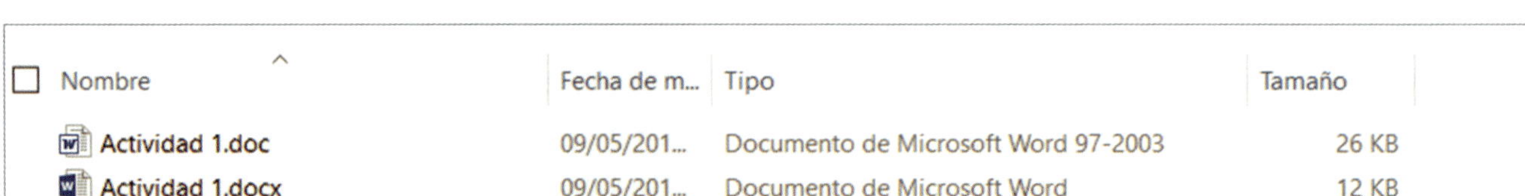

Archivos en Vista Detalles.

5. Observa que el archivo guardado como documento de Word (extensión .docx) tiene un **tamaño** mucho menor que el de extensión .doc. Esto es así porque los documentos más modernos, con la extensión .docx, tienen formato Open XML que posee una mayor capacidad de compresión sin pérdida.

Documentos en formato PDF

Word puede guardar un documento en formato PDF desde la versión Office 2007, aunque para ello se requería instalar un complemento. Ya en la versión 2010 se podía guardar sin más problemas, simplemente eligiendo el tipo PDF.

Entre las novedades que introdujo la versión 2013 estaba no solo poder guardar en PDF, sino también editar un documento PDF con Word y realizar, si fuese necesario, cualquier modificación. La mayor ventaja es que un documento PDF, una vez abierto (editado) con Word, no habrá perdido su formato original o, al menos, conservará la mayor parte del formato que tenía.

Realizaremos algunas actividades para ver, en la práctica, cómo se guarda en PDF y cómo se edita un PDF.

Recuerda

Los documentos de Word pueden guardarse en formato PDF.

Un documento en PDF se puede editar con Word.

Actividad propuesta. Guardar documento de Word en PDF

Nombre del documento: **Actividad 2.**

Tipos: PDF.

1. Abre el documento de Word guardado en la unidad anterior con el nombre **Manual de un teléfono móvil.**
2. Guárdalo ahora, en la carpeta de actividades de la unidad 8, con el nombre y tipo que se ha indicado en la cabecera de esta actividad.

Actividad guiada. Editar con Word un archivo PDF

Nombre del documento: **Actividad 3.**

Tipos: Documento de Word.

1. Abre con Word el documento que has generado en la actividad anterior. Puedes hacerlo de varias formas, una de ellas la siguiente: Abrir la carpeta en donde se encuentra el archivo en PDF, marcarlo con el botón secundario del ratón y elegir **Abrir con → Word 2016.**

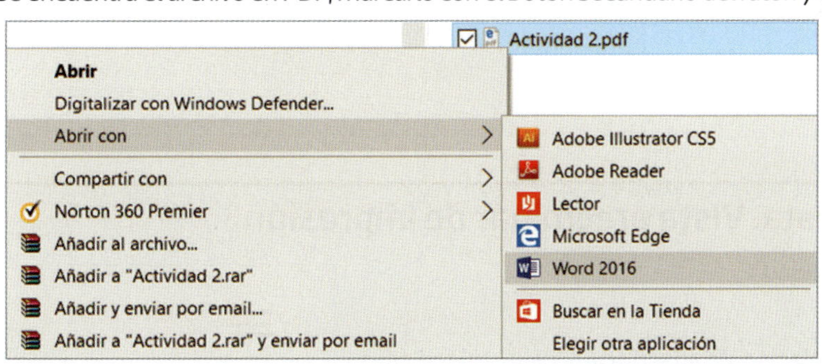

Lee el mensaje que se muestra, para comprender qué ocurre con estas conversiones. A continuación, haz clic en Aceptar.

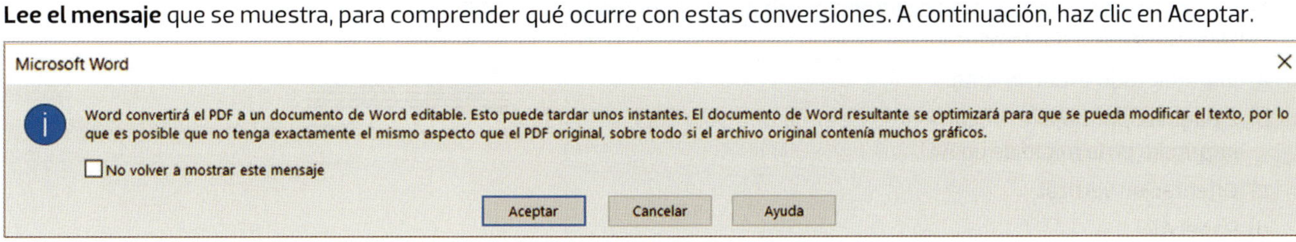

2. Corrige los errores que se hayan producido en la conversión, que básicamente se encuentran en el texto bajo el título principal. Como puedes ver, no se han producido muchas modificaciones en el formato y el texto es perfectamente editable y, por lo tanto, modificable. Recuerda que ese párrafo tenía un formato de fuente expandido de 2,5 puntos. También será necesario revisar márgenes, configuración de párrafos y sangrías.
3. Guarda el documento, ya modificado, con el nombre y tipo que se indican al principio en la carpeta de actividades de esta unidad didáctica.

1.2. Imprimir y vista preliminar

Desde el menú Archivo y haciendo clic en Imprimir, veremos a la izquierda las **opciones de impresión** y, a la derecha, una **vista preliminar** del documento tal y como quedaría en la hoja impresa.

Entre las **opciones de impresión** se puede seleccionar la impresora, si se desea imprimir todo el documento o solo ciertas páginas o selecciones de texto, si el documento irá impreso por una cara o por las dos, así como el número de copias, etc.

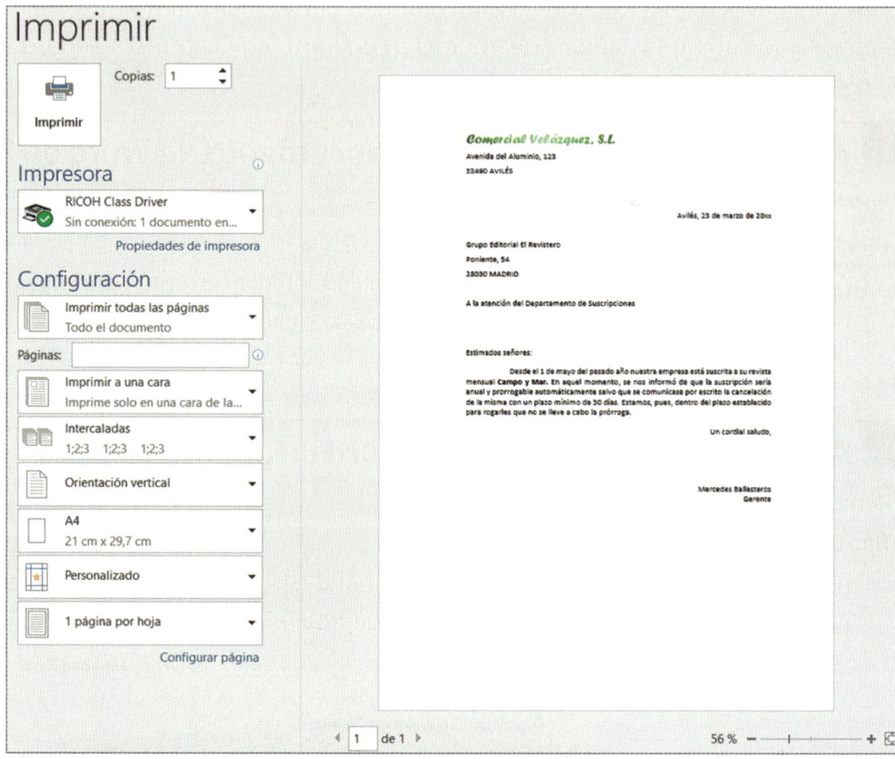

Saber más

Zoom rápido de pantalla

Tanto la vista preliminar de impresión como el documento de Word tienen, en su parte inferior derecha, una barra cuyo selector puede moverse a izquierda o derecha para ampliar o reducir el tamaño visible del documento.

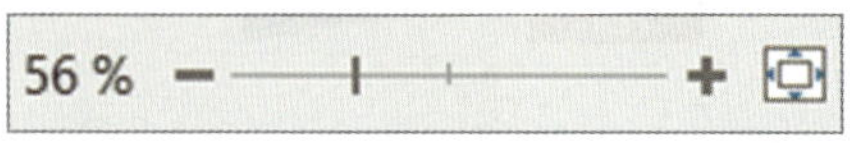

Saber más

Propiedades de impresora

Si se pulsa en Propiedades de impresora se obtienen más funciones, que variarán según el modelo de impresora seleccionado.

Actividad propuesta. Vista preliminar de impresión

Nombre del documento: **Actividad 4.**

Tipo: Documento de Word.

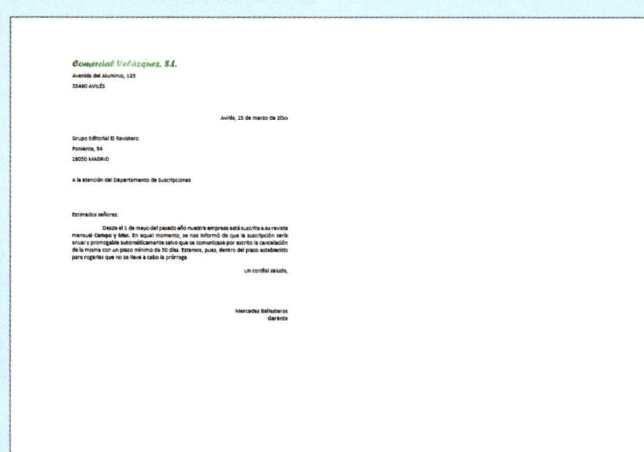

1. Abre el documento **Cancelación de suscripción,** de la unidad anterior. Configura la impresión del documento para que se imprima con las siguientes características:
   a) Imprimir todo el documento.
   b) 2 páginas por hoja (el documento, al ser de una sola hoja, se imprimirá en la mitad de un A4).
   c) Orientación vertical.
   d) Papel A4.
2. Abre un documento de Word en blanco. Este documento servirá para hacer capturas de pantalla del punto anterior, paso a paso.
3. Imprime el documento. Si no dispusieras de impresora en el momento de realizar este ejercicio, será suficiente haber seguido los pasos e insertado las correspondientes capturas de pantalla en el documento en blanco de Word.
4. Guarda el documento en blanco de Word, con sus correspondientes explicaciones y capturas, con el nombre y tipo arriba indicados, en la carpeta de actividades de esta unidad.

1.3. Autorrecuperación de archivos

Un documento se debe nombrar y guardar al principio de su redacción. Posteriormente, mediante el comando **Guardar** de la barra de herramientas de acceso rápido, se debe ir guardando de vez en cuando. De esa manera, evitaremos perder el trabajo hecho si se produce una avería o un corte imprevisto de corriente eléctrica.

No obstante, Word tiene un sistema de guardar periódicamente una copia de nuestro archivo en una ubicación determinada. Es lo que, en Word, se llama «Autorrecuperación», que viene predeterminada para periodos de 10 en 10 minutos y que podemos modificar.

Para configurar la autorrecuperación de nuestros archivos, debemos pulsar en el menú **Archivo → Opciones.** En el margen izquierdo de la nueva ventana pulsa sobre **Guardar** y obtendrás este cuadro de diálogo:

Recuerda

Mientras estés redactando un documento, acostumbra a guardarlo regularmente con el comando **Guardar** de la barra de herramientas de acceso rápido, o mediante la combinación de teclado Ctrl+G.

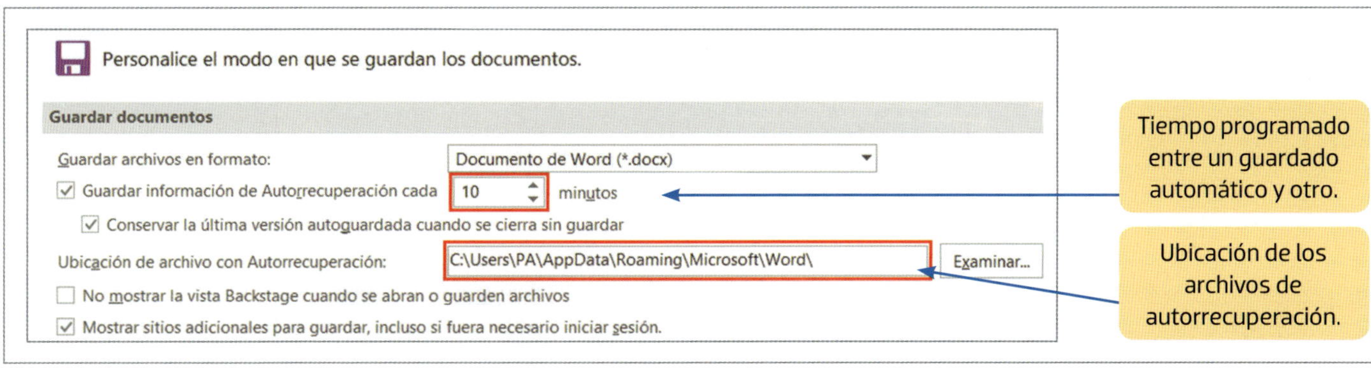

Actividad propuesta. Modificar tiempo de autorrecuperación

Nombre del documento: **Actividad 5.**

Tipo: Documento de Word.

1. Abre un documento en blanco de Word en el que explicarás, con palabras e imágenes (debidamente recortadas), los pasos necesarios para llevar a cabo el punto 2.
2. Modifica la configuración de autorrecuperación para que se guarde la información cada 5 minutos.
3. Guarda el documento, con el nombre y tipo indicados, en la correspondiente carpeta de actividades de esta unidad didáctica.

1.4. Buscar, reemplazar y seleccionar

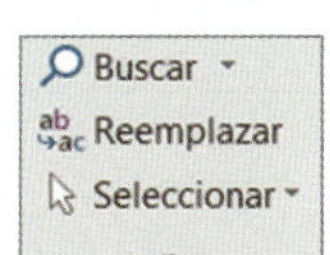

El comando **Buscar**, que se encuentra dentro del grupo Editar de la pestaña Inicio, encuentra -si existe- un determinado texto dentro del documento activo.

A veces necesitamos que Word no solo encuentre ese texto, sino que lo reemplace por otro. Para ello se utiliza el comando **Reemplazar.**

El comando **Seleccionar** nos permite:

- Seleccionar todo el documento. Equivale a hacer tres veces clic en el margen izquierdo.
- Seleccionar objetos. Es muy útil para encontrar una forma, una imagen o cualquier otro objeto que se haya quedado oculto por otro.
- Encontrar y seleccionar texto con formato similar a otro que hayamos seleccionado previamente.
- Mostrar el panel de selección, donde está la lista de objetos.

Saber más

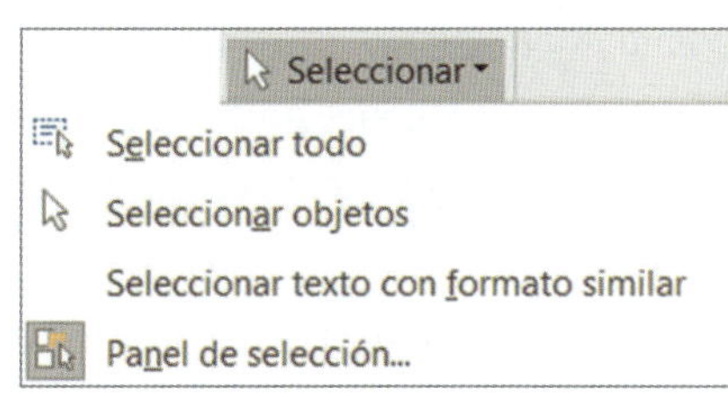

Opciones de Seleccionar.

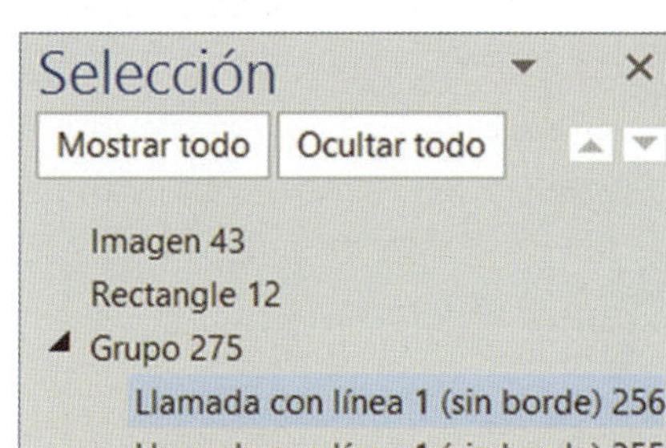

Panel de selección.

Actividad guiada. Reemplazar texto

Nombre del documento: **Actividad 6.**

Tipo: Documento de Word.

1. En un documento en blanco de Word, sin modificar la configuración que viene por defecto, escribe el siguiente párrafo.

> En la pava, el puchero se hacía lentamente a lo largo de toda la mañana en aquella olla de color burdeos que tenía una cara renegrida. Jugábamos en la calle, a campo abierto, entre las filas de olivos, o nos tirábamos por la piquera envueltos y acolchados por la paja. O nos hacíamos una cabaña de palos y sacos. El juego nos quitaba el frío, pero si se nos helaban los pies o las manos íbamos a la cocinilla chica y nos calentábamos al calor de la pava.

2. Con la pestaña **Inicio** activada, dentro del grupo **Editar,** haz clic en **Reemplazar.** Vamos a sustituir la palabra «pava» por «hoguera de paja».

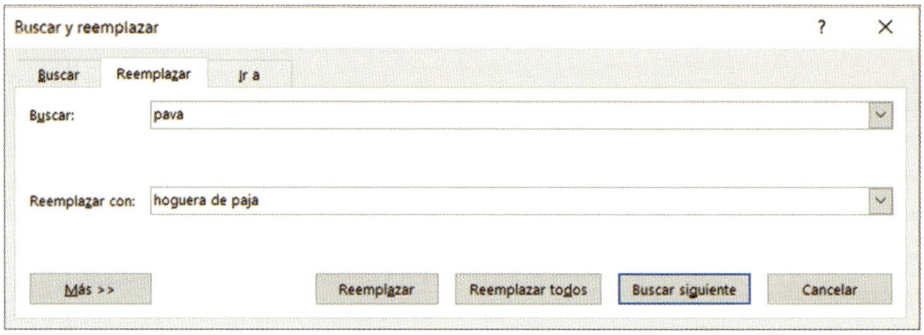

3. Haz clic en Reemplazar todos. Word comunicará el número de reemplazos que se han hecho.

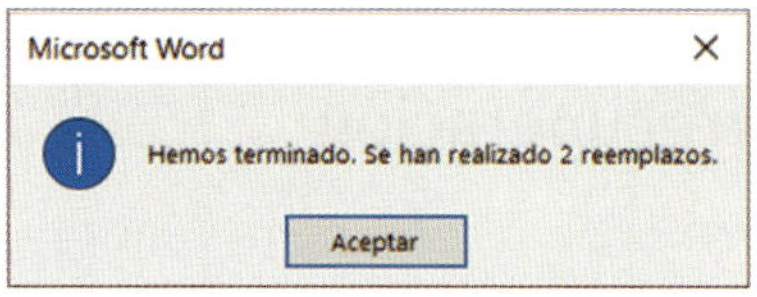

4. Cuando hayas terminado, configura el documento de la siguiente forma:

   Párrafo: Alineación justificada. Sangría de primera línea de 1,25 cm. Espaciado anterior de 6 puntos, posterior de 8 puntos. Interlineado múltiple en 1,4.

   Fuente: Britanic Bold 12, cursiva.

   Márgenes: Los cuatro de 3 cm.

   Tamaño del papel: Ancho 18 cm. Alto 13 cm. Orientación horizontal.

5. Guarda el documento con su nombre y tipo en la carpeta correspondiente de esta unidad.

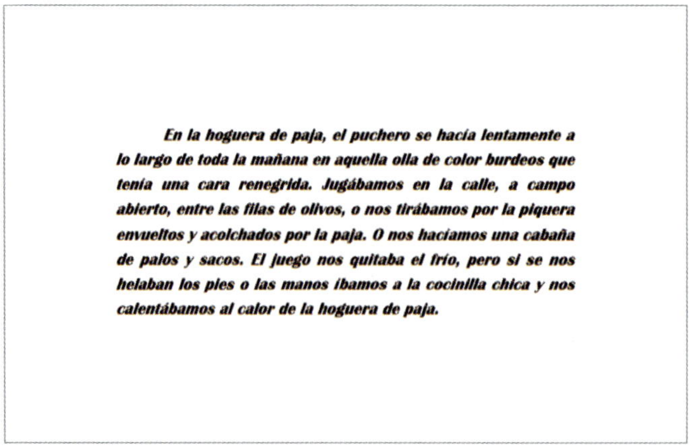
En la hoguera de paja, el puchero se hacía lentamente a lo largo de toda la mañana en aquella olla de color burdeos que tenía una cara renegrida. Jugábamos en la calle, a campo abierto, entre las filas de olivos, o nos tirábamos por la piquera envueltos y acolchados por la paja. O nos hacíamos una cabaña de palos y sacos. El juego nos quitaba el frío, pero si se nos helaban los pies o las manos íbamos a la cocinilla chica y nos calentábamos al calor de la hoguera de paja.

1.5. Copiar, cortar, pegar

Estas opciones se encuentran en la Pestaña **Inicio**, grupo **Portapapeles**.

- **Copiar.** Se selecciona el texto o el objeto y se pulsa sobre el comando Copiar (Ctrl+C). El texto seleccionado sigue estando visible después de esta operación.
- **Cortar.** Con el texto o el objeto seleccionado, se pulsa sobre el comando Cortar (Ctrl+X). El texto seleccionado desaparece.
- Ambos comandos, Copiar y Cortar, envían los textos y objetos seleccionados al portapapeles, donde permanecen para ser utilizados con posterioridad.
- **Pegar desde el portapapeles.** Situando el cursor del ratón en cualquier punto del documento (o de otro), podemos pegar un texto u objeto que previamente se ha copiado o cortado, y que se encuentra en el portapapeles. Se utilizará el comando **Pegar** (Ctrl+V).

Opciones de pegado

Si pulsamos en la flechita que hay debajo del comando Pegar, encontramos las siguientes opciones, incluidas la de Pegado especial.

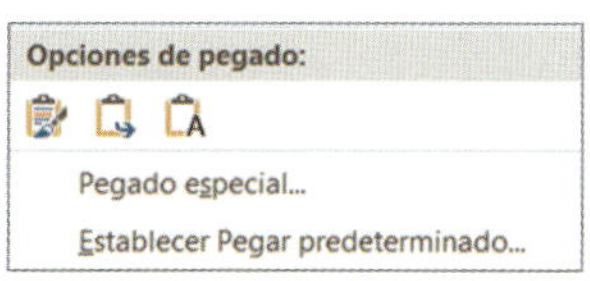

Opciones de pegado.

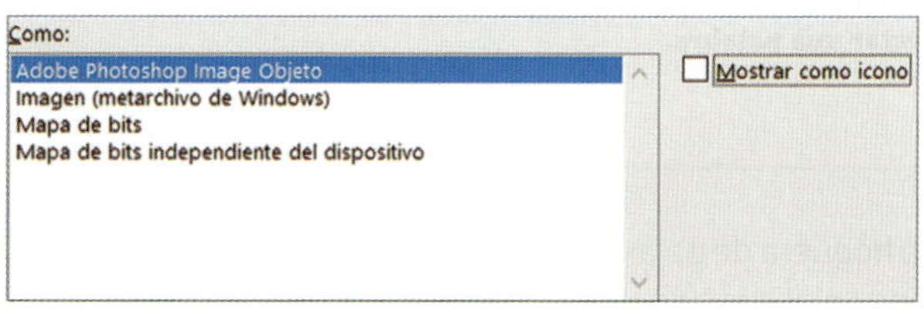

Pegado especial.

- **Mantener formato de origen.** El texto u objeto que pegaremos, mantendrá el mismo formato que tenía al ser copiado.
- **Combinar formato.** El texto pegado mantendrá el mismo formato que tiene el texto que lo rodea en el lugar donde lo vamos a pegar.
- **Conservar solo texto.** El texto pegado, adquirirá el formato que tenga por defecto el documento en donde vamos a pegarlo.

Copiar formato

Cuando deseamos aplicar a un texto el formato de otro (también es válido para imágenes, cuadros de texto y otros objetos), seleccionamos el texto original, pulsamos sobre **Copiar formato** y, a continuación, seleccionamos con el ratón, de extremo a extremo, el texto de destino, que tomará el formato origen.

No solamente se copiará el formato de la fuente, su tamaño, color, fondo y estilo, sino también la configuración del párrafo.

Ejemplo. Copiar y aplicar formato

1. Texto del que vamos a tomar el formato: ***Hoy hablaremos de Coeducación.***
2. Seleccionamos la frase anterior, pulsamos sobre **Copiar formato** y, a continuación, marcamos de extremo a extremo, la palabra «esta» de la siguiente frase, que tomará el formato de la frase origen.
3. Texto al que vamos a aplicarle formato:

La palabra a la que vamos a aplicarle el formato de la frase anterior, es *esta*.

Recuerda

Copiar, Cortar, Pegar y Copiar formato, se encuentran en el grupo **Portapapeles** de la pestaña Inicio.

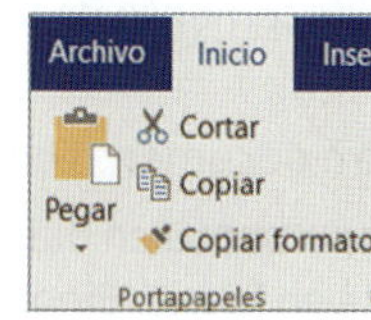

Saber más

Si usamos el ratón

Con el botón secundario del ratón sobre un objeto o texto seleccionado, podemos realizar las mismas operaciones de cortar, copiar y opciones de pegado.

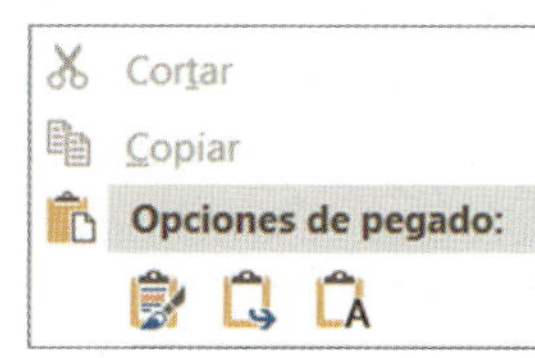

Recuerda

Opciones de pegado

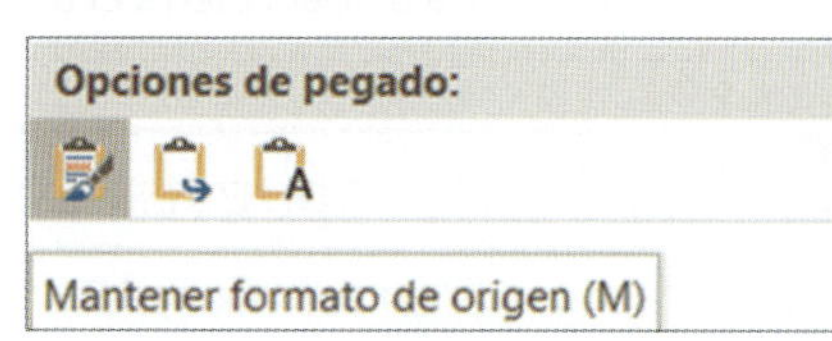

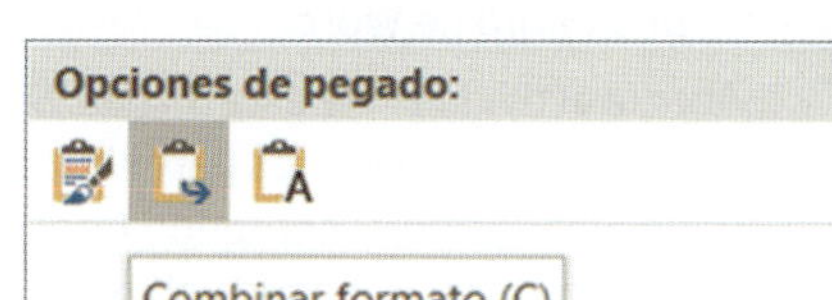

Actividad guiada. Opciones de pegado

Nombre del documento: **Actividad 7.**

Tipo: Documento de Word.

En este documento utilizaremos las opciones básicas de pegado y la copia de formato. El pegado especial lo aprenderemos más adelante.

1. Abre el documento de la actividad anterior (Actividad 6).
2. Abre otro documento en blanco.
3. En el documento en blanco, escribe el siguiente texto en Calibri 11, a excepción de la frase que está en fuente Elephant 11. En un recuadro, te mostramos el lugar donde insertarás un texto previamente copiado (no hagas el recuadro).

> Actividad 7
>
> Pegado directo: **_En la hoguera de paja_**
>
> Mantener formato de origen: **_Jugábamos en la calle_**
>
> Combinar formato: **Este texto lo escribo en fuente Elephant, tamaño 10 y, entre paréntesis, (_cabaña_) voy a insertar una palabra.**
>
> Conservar solo texto: íbamos a la cocinilla chica

> Actividad 7
>
> Pegado directo: [1]
>
> Mantener formato de origen: [2]
>
> Combinar formato: **Este texto lo escribo en fuente Elephant, tamaño 10 y, entre paréntesis, (3) voy a insertar una palabra.**
>
> Conservar solo texto: [4]

4. Selecciona de la Actividad 6 el texto «En la hoguera de paja». Haz clic en **Copiar.** Vuelve al documento actual y, en el espacio 1, pega el texto seleccionado usando el comando Pegar (o Ctrl+V). La frase se insertará con el formato que tenía en el documento original.
5. Selecciona, de la Actividad 6, la frase «Jugábamos en la calle». Haz clic en **Copiar.** En el documento actual, en el espacio 2, haz clic en la flecha inferior de **Pegar** y elige «Mantener el formato de origen». La frase se insertará con el formato del documento original.
6. De la Actividad 6, selecciona la frase «El juego nos quitaba el frío». Haz clic en **Copiar.** Vuelve al documento actual y, en el espacio 3, haz clic en la flecha inferior de **Pegar** y elige «Combinar formato». La frase se inserta en fuente Elephant 11 y se mantiene en cursiva.
7. De la Actividad 6, selecciona la frase «Íbamos a la cocinilla chica». Haz clic en Copiar. Vuelve al documento actual y, en el espacio 4, haz clic en la flecha inferior de Pegar y elige «Conservar solo texto». La frase se inserta en el formato por defecto que tiene dicho documento.
8. Al terminar el ejercicio, guarda la actividad con el nombre y tipo indicados en la correspondiente carpeta de esta unidad. Cierra el documento actividad 6 sin guardar ni modificar.

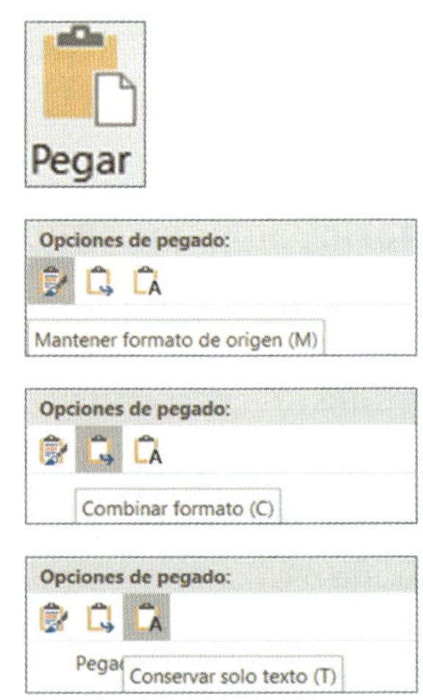

Actividad propuesta. Copiar y aplicar formato

Nombre del documento: **Actividad 8.**

Tipo: Documento de Word.

1. Abre la actividad 7 de esta unidad. Selecciona la palabra «cabaña», sin incluir los paréntesis. Una vez seleccionada, haz clic en el comando **Copiar formato.** Posteriormente, selecciona todo el contenido del documento, excepto el título. Todas las frases habrán tomado el mismo formato que la palabra «cabaña».
2. Cambia el título por el de Actividad 8 y guarda el documento con el nombre y tipo que se indica al principio de esta actividad.

> Actividad 8
>
> **_Pegado directo: En la hoguera de paja_**
>
> **_Mantener formato de origen: Jugábamos en la calle_**
>
> **_Combinar formato: Este texto lo escribo en fuente Elephant, tamaño 10 y, entre paréntesis, (cabaña) voy a insertar una palabra._**
>
> **_Conservar solo texto: íbamos a la cocinilla chica_**

1.6. Ortografía y gramática

Word comprueba la ortografía y la gramática de los textos escritos. Los errores ortográficos los mostrará con un subrayado ondulado de color rojo y los gramaticales, de color azul.

Ejemplo

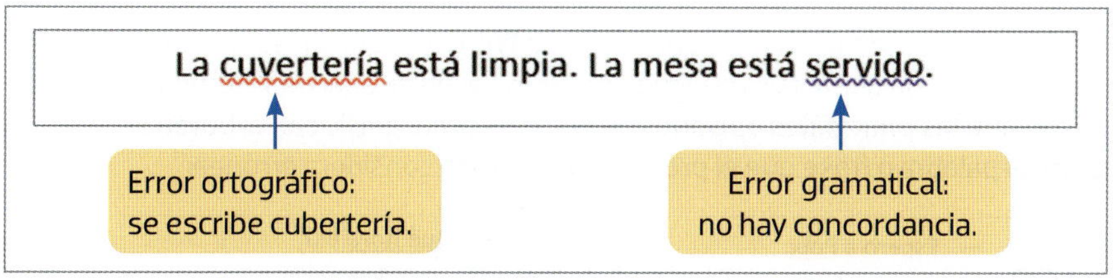

Saber más

Ortografía y gramática

Para revisar un texto escrito, se activa la pestaña **Revisar** y se hace clic en **Ortografía y gramática,** del grupo Revisión.

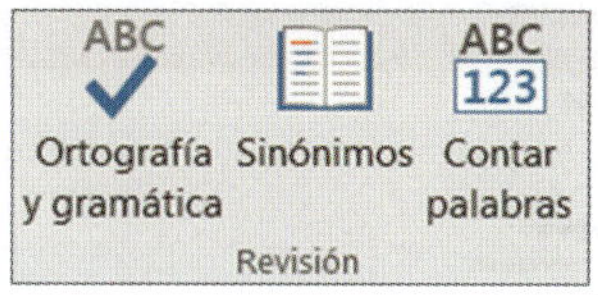

Activar o desactivar la revisión gramatical y ortográfica

Por defecto, la revisión ortográfica y gramatical está activada. Se accede a la revisión gramatical desde **Archivo → Opciones → Revisión.**

Las opciones activas son las que están marcadas.

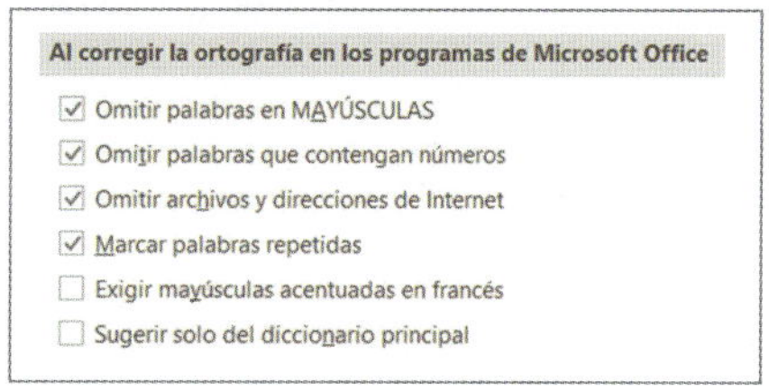

Opciones de autocorrección

En el cuadro de diálogo anterior, podemos pulsar sobre el botón **Opciones de autocorrección,** que nos abrirá un cuadro nuevo con cinco pestañas, de las que ahora mencionaremos la que tiene por nombre **Autocorrección.** En la imagen se pueden ver las opciones que vienen marcadas por defecto.

Observamos que, al fondo del cuadro, está marcado **Usar automáticamente las sugerencias del corrector ortográfico.** Esta opción permite que una palabra mal escrita se sustituya por su versión correcta. En el ejemplo anterior, si está marcada esta casilla, la palabra cubertería se escribirá automáticamente con b aunque hubiésemos escrito una v.

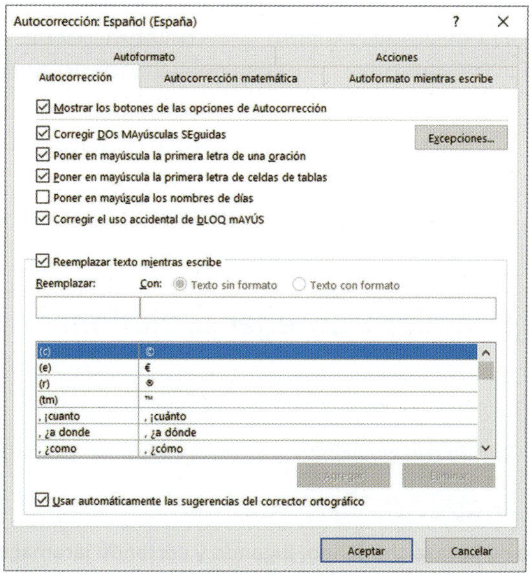

Si una palabra está subrayada, podemos hacer clic sobre ella con el botón secundario del ratón y se sugerirán los posibles cambios.

Recuerda

Escribir bien

Aunque dispongamos de herramientas para la corrección gramatical y ortográfica, **es muy importante escribir correctamente,** incluidos los acentos y signos de puntuación. Hay palabras que el corrector no controla si están bien o mal escritas: hacia/hacía, Asia/asía, a/ha, e/he...

Ejemplo

Saber más

Eliminar palabras del diccionario

Cuando se han insertado palabras nuevas en el diccionario se pueden eliminar desde Archivo → Opciones → Revisión →Diccionarios personalizados→ Editar lista de palabras → Eliminar.

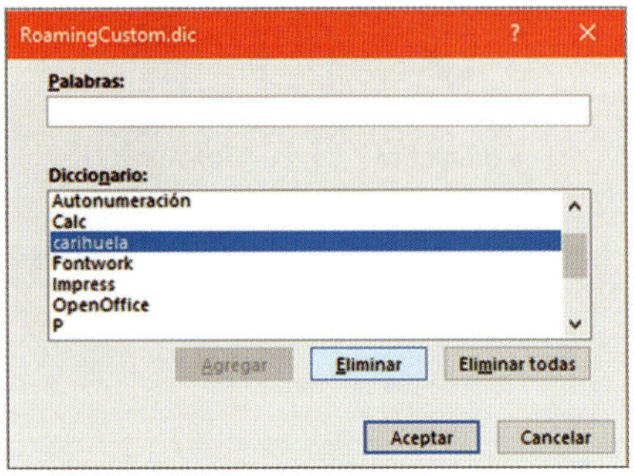

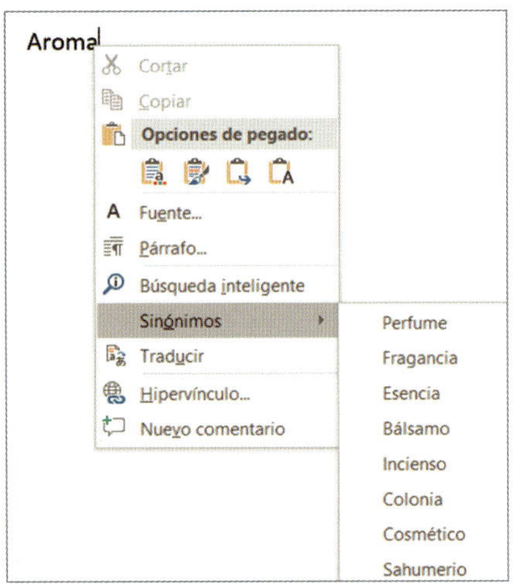

Omitir, sustituir y agregar al diccionario

Cuando alguna palabra o frase queda subrayada como error, podemos **omitir** el aviso de error, **sustituirla** por otra o **agregar** dicha palabra al diccionario personalizado.

Ejemplo. Errores reales y palabras que no están en el diccionario

En el siguiente ejemplo hay una palabra que Word no tiene en su diccionario, Pepi, y una pregunta a la que le falta el signo de interrogación de apertura. Hemos contorneado de color las principales opciones disponibles al hacer clic con el botón secundario sobre la palabra o frase que el procesador de texto considera errónea:

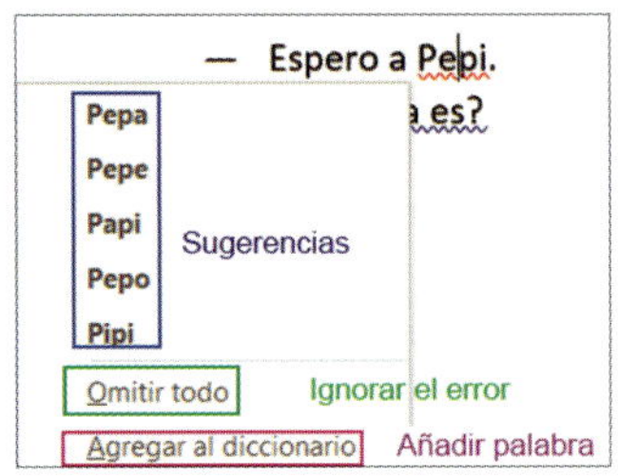

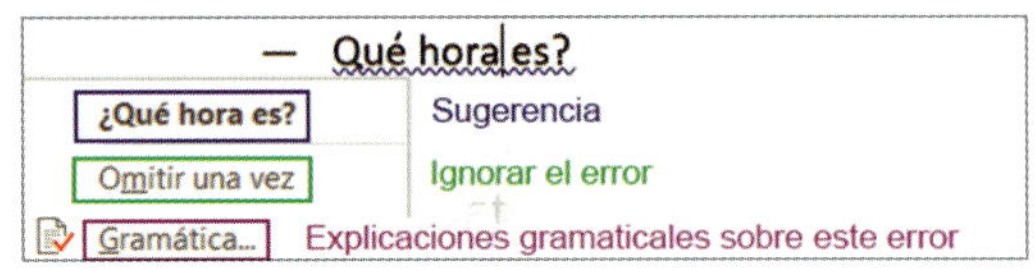

Sinónimos

La Real Academia Española define sinónimo como: *Dicho de una palabra o de una expresión: Que, respecto de otra, tiene el mismo significado o muy parecido, como empezar y comenzar.*

Si necesitamos sustituir una palabra por un sinónimo, basta pulsar encima de dicha palabra con el botón secundario del ratón y pulsar sobre **Sinónimos.**

Si encontramos alguno que nos parezca adecuado, haremos clic sobre él con el botón primario del ratón y, automáticamente, sustituirá a la palabra que habíamos escrito en principio.

En la imagen al margen, encontramos un ejemplo de búsqueda de sinónimos para la palabra «Aroma».

Actividad propuesta. Corregir, omitir y agregar al diccionario

Nombre del documento: **Actividad 9.**

Tipo: Documento de Word.

1. El siguiente texto está escrito en Calibri 11. Párrafo con espaciado anterior 0, posterior 3. Interlineado sencillo. Alineación izquierda. Sangría de 1 cm. Escríbelo.

> **Nos fuimos alejando de la casa charlando, jugando y cortando jaramagos y carihuela. Rogelín saltaba como un lince de hierba en hierba. Me gritaba:**
>
> **Voy a ganarte!**
>
> **Reconozco que nunca tuve muy desarrollado el sentido de la competitividad. De hecho me traía al fresco que me ganara. Me divertía cortando a ras de tierra los jaramagos y, de vez en cuando, deteniéndome a oler o chupar el néctar de las campanillas de la carihuela.**

2. Agrega la palabra «carihuela» al diccionario. Omite el nombre Rogelín y admite la sugerencia que recibirás para la frase «Voy a ganarte».
3. Busca un sinónimo para la palabra «chupar» y colócalo en su lugar.
4. Al terminar, guarda el documento en la carpeta correspondiente de actividades de esta unidad.

2. Tablas

2.1. Introducción

Una tabla es un conjunto de **filas** y **columnas**. El punto donde se cruzan una fila y una columna se denomina **celda**.

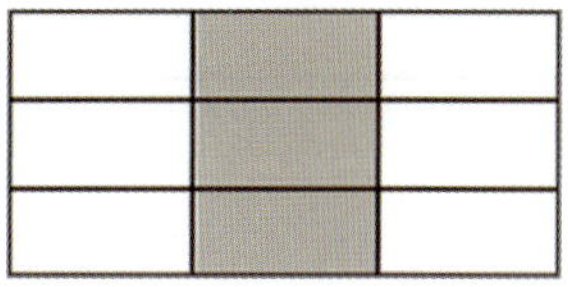

Columna.

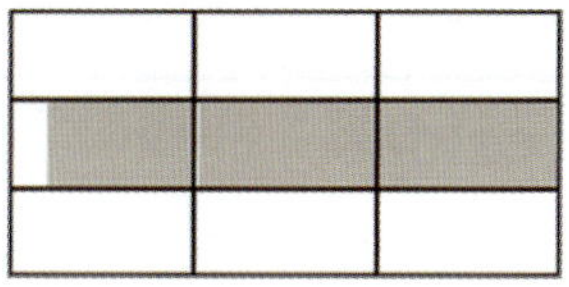

Fila.

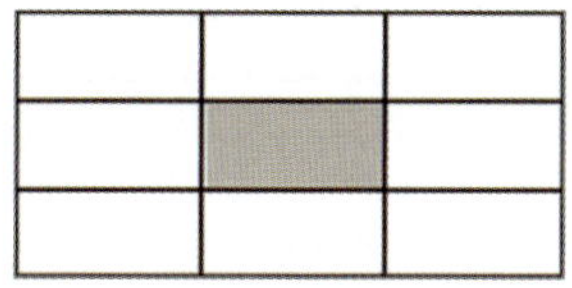

Celda.

Word permite insertar tablas desde la pestaña **Insertar → Tabla**, que ofrece las siguientes posibilidades:

Usar el diseñador rápido. Con él se puede crear una tabla de hasta 10 columnas y 8 filas.

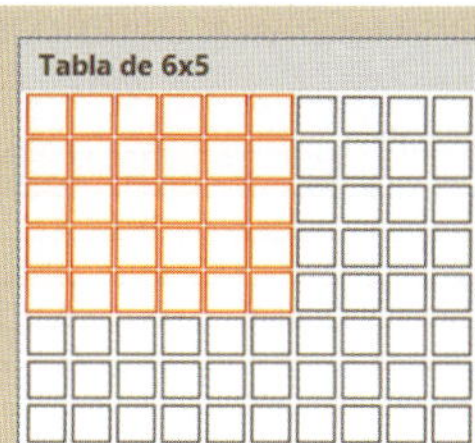

Dibujar tabla, mediante el ratón, cuyo cursor adopta forma de lápiz.

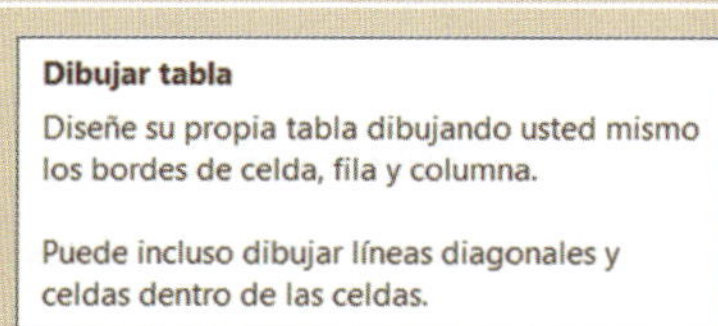

Convertir texto en tabla. Para ello, previamente hay que seleccionar un texto.

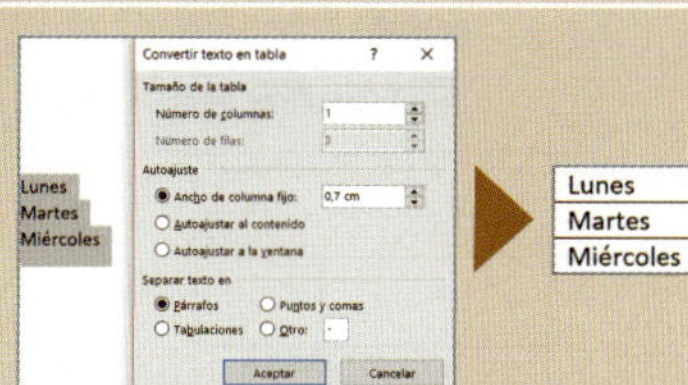

Abrir una hoja de Excel dentro del documento de Word.

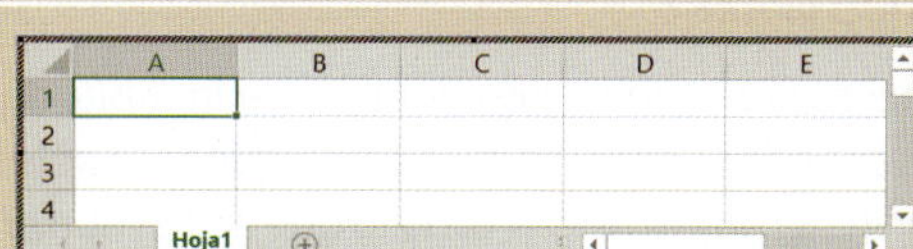

Insertar una tabla rápida. Word dispone de una galería de tablas prediseñadas.

MAYO

L	M	M	J	V	S	D
	1	2	3	4	5	6
7	8	9	10	11	12	13
14	15	16	17	18	19	20
21	22	23	24	25	26	27
28	29	30	31			

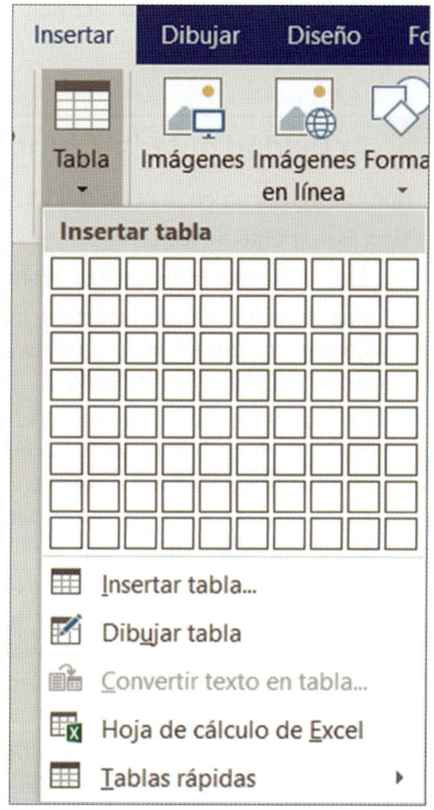

Insertar tabla.

Saber más

Nuevas pestañas

Al crear una tabla, y **mientras el cursor se encuentra sobre ella,** se abren dos pestañas nuevas en la cinta de opciones, bajo el título «Herramientas de tabla»:

- Diseño.
- Presentación.

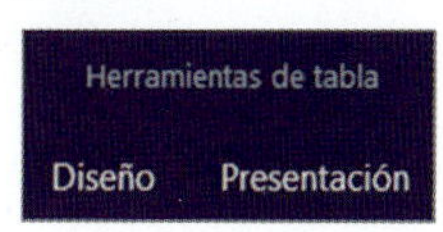

Pestaña Diseño

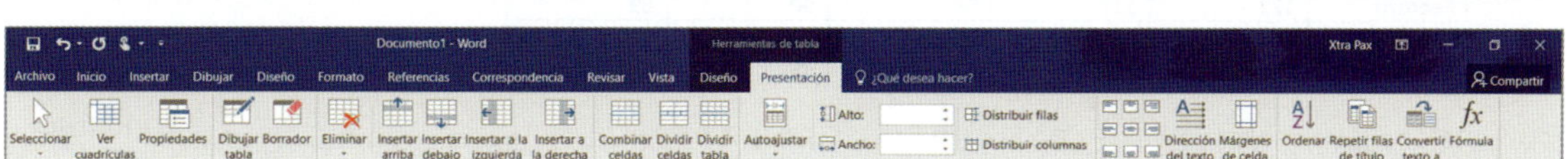

Pestaña Presentación

2.2. Creación y configuración básica de una tabla

Recuerda

Si tienes dudas para resolver las actividades, repasa el epígrafe 2.1.

Para entender cómo se crean y configuran las tablas, haremos varias actividades donde trabajaremos con el tamaño de filas y columnas, configuración del contenido de las celdas, combinación de celdas (convertir dos o más en una sola) y utilización de fórmulas para sumar el contenido de las celdas superiores.

Actividad guiada. Combinar, configurar y sumar celdas

Nombre del documento: **Actividad 10.**

Tipo: Documento de Word.

1. Abre un documento nuevo de Word. Deja toda la configuración que tiene por defecto.
2. Haz clic en la pestaña **Insertar** y luego en **Tabla.** Una vez ahí, pasa el ratón (sin hacer clic) por el diseñador rápido de tablas. Comprueba que en tu documento va insertándose una tabla que varía en filas y columnas conforme mueves el ratón a un sitio u otro por el diseñador rápido.
3. Cuando hayas seleccionado seis filas y seis columnas, haz clic y la tabla quedará fijada en tu documento ocupando todo el ancho que este tenga configurado entre márgenes. El ancho es el mismo para todas las columnas y la altura es igual para todas las filas.

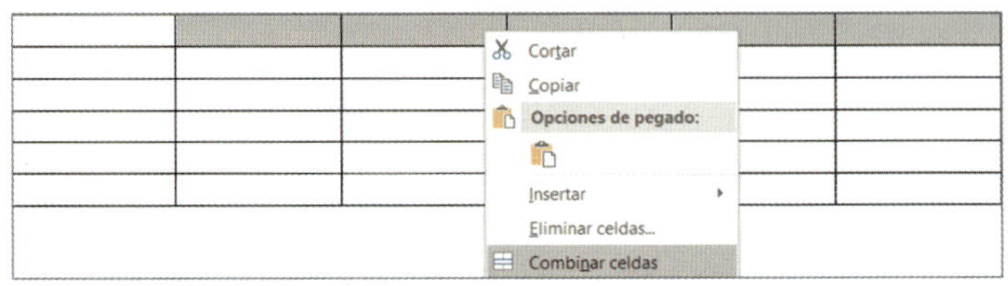

4. Ahora, selecciona con el ratón las cinco últimas celdas de la primera fila y, cuando estén seleccionadas, haz clic sobre ellas con el botón secundario del ratón. En el menú contextual que se abrirá, haz clic en **Combinar celdas.** Al finalizar, verás que esas cinco celdas son ahora una sola.

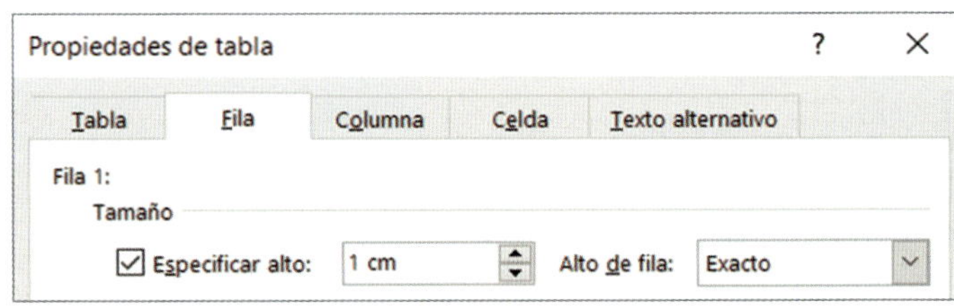

5. Posteriormente, selecciona la primera fila completa haciendo doble clic en el ángulo inferior izquierdo de la fila. Cuando esté seleccionada, haz clic con el botón secundario del ratón y, al final del menú emergente, vuelve a hacer clic sobre **Propiedades de tabla.** Se abrirá la ventana **Propiedades.** Con la pestaña **Fila** seleccionada, configura **Especificar alto:** 1 cm. **Alto de fila:** Exacto. Clic en el botón **Aceptar.** La primera fila será ahora más alta que las demás.

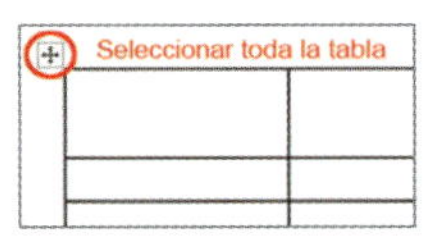

6. A continuación, selecciona toda la tabla. Si haces un clic en cualquier lugar de la tabla, comprobarás que en el ángulo superior izquierdo de la misma aparece una cruz. Haz clic sobre ella y toda la tabla quedará seleccionada. En este momento vamos a elegir una fuente desde la pestaña Inicio: Calibri (cuerpo) 11. Ahora, todo lo que se escriba en cualquier celda de la tabla, aparecerá con esa fuente.
7. Rellena la tabla tal y como puedes verla a continuación.

	INGRESOS NETOS POR SUCURSALES, EXPRESADOS EN MILES DE EUROS				
CIUDAD	GRANADA	CÓRDOBA	BAZA	GUADIX	LOJA
Enero	100	99	78	89	97
Febrero	122	112	58	90	89
Marzo	116	83	100	112	120
TOTAL					

8. Selecciona la celda TOTAL de GRANADA, entra en la pestaña **Presentación** (de Herramientas de tabla), escoge **Fórmula** (del grupo Datos) y luego **SUM(above).** Haz lo mismo para el total de cada ciudad. Los totales saldrán entonces de forma automática:

	INGRESOS NETOS POR SUCURSALES, EXPRESADOS EN MILES DE EUROS				
CIUDAD	GRANADA	CÓRDOBA	BAZA	GUADIX	LOJA
Enero	100	99	78	89	97
Febrero	122	112	58	90	89
Marzo	116	83	100	112	120
TOTAL	338	294	236	291	306

continúa >

> continuación

9. Selecciona la celda donde está el título INGRESOS NETOS... haciendo clic en el ángulo inferior izquierdo de dicha celda. Deseamos centrar horizontalmente ese título y se puede hacer de varias formas. Lo haremos de la manera más rápida: mientras está seleccionada esa celda, desde la pestaña **Inicio,** grupo **Párrafo,** elige **Centrar.**

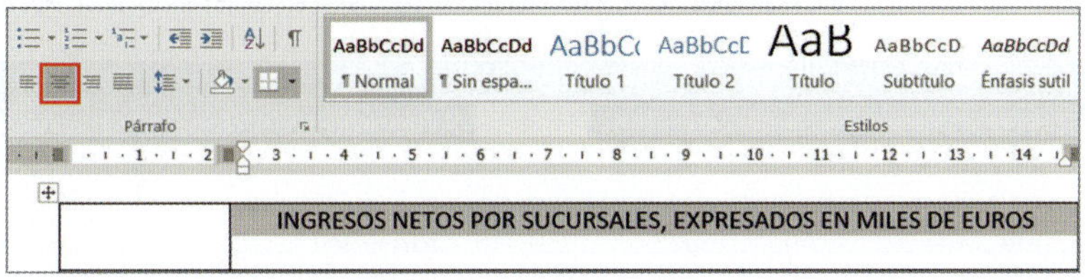

10. Selecciona de nuevo esa misma celda y, con el botón secundario, haz clic sobre ella. Elige **Propiedades de la tabla** y, tras activar la pestaña **Celda,** marca la alineación vertical **Centro.** Ahora el título de la tabla queda centrado tanto horizontal como verticalmente en su celda. La alineación vertical también se puede hacer desde la pestaña **Presentación,** dentro del grupo Alineación:

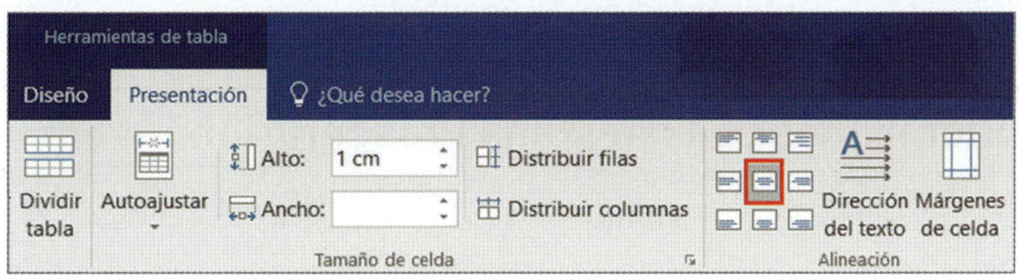

11. Selecciona con el ratón las cinco celdas donde están los nombres de ciudades. **Centra** su contenido horizontalmente. La fuente será de color **rojo** y en **negrita.**
12. Selecciona todas las celdas que contienen cifras y alinea su contenido a la **derecha.**
13. Guarda el documento, cuya tabla tendrá la siguiente apariencia:

	INGRESOS NETOS POR SUCURSALES, EXPRESADOS EN MILES DE EUROS				
CIUDAD	**GRANADA**	**CÓRDOBA**	**BAZA**	**GUADIX**	**LOJA**
Enero	100	99	78	89	97
Febrero	122	112	58	90	89
Marzo	116	83	100	112	120
TOTAL	338	294	236	291	306

Actividad propuesta. Configurar tabla y crear PDF

123		A	*VERDE*
124	**ROJO**	B	
125		C	D

Nombre del documento: **Actividad 11.**

Tipo: PDF.

1. Abre un documento de Word sin modificar la configuración por defecto e inserta la siguiente tabla, aplicando la configuración de celdas que se ve a simple vista. El ancho de cada columna es de 2 cm. La palabra ROJO está en negrita. La palabra VERDE, en cursiva.
2. Guarda el documento con el tipo PDF en la carpeta correspondiente.

Actividad propuesta. Configurar tabla y sumar celdas

Italia	Portugal
1.250	2.000
1.300	2.500
2.550	4.500

Nombre del documento: **Actividad 12.**

Tipo: Documento de Word.

1. Abre un documento de Word sin modificar la configuración por defecto e inserta la siguiente tabla.
2. El ancho de cada columna es de 3 cm.
3. La primera fila tiene un alto de 1,2 cm.
4. Los totales han de ser calculados mediante fórmula y la fuente es azul en negrita.
5. Guarda el documento, con el tipo y nombre indicados, en la carpeta correspondiente.

2.3. La pestaña Presentación

Recordemos, como dijimos en la introducción de esta unidad didáctica, que, al pulsar sobre una tabla ya creada, se muestran en la cinta de opciones dos nuevas pestañas: **Diseño** y **Presentación.**

Observemos, de nuevo, la pestaña Presentación:

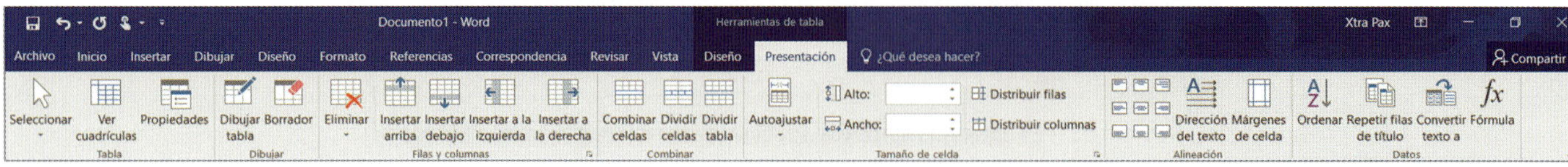

Algunas de las opciones que contiene se pueden llevar a cabo sin tener que activar esta pestaña, como dibujar una tabla o combinar celdas, solo que aquí, de un solo vistazo, tenemos disponibles todas las herramientas de presentación de una tabla.

Actividad guiada. Comandos de la pestaña Presentación

Nombre del documento: **Actividad 13.**

Tipo: Documento de Word.

1. Sin modificar el diseño predeterminado de fuente, página o párrafo, inserta una tabla de ocho filas y tres columnas.
2. Combina la primera columna para formar una sola celda. Una vez seleccionada la columna, utiliza el comando **Combinar celdas** de la pestaña **Presentación.**

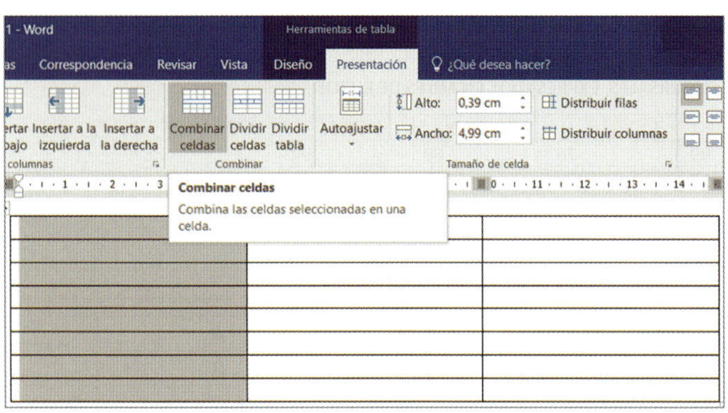

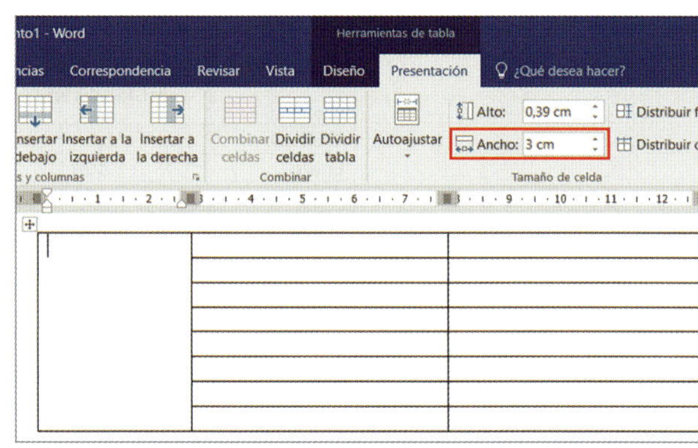

3. Deja el cursor del ratón sobre esa única celda en que se ha convertido la primera columna y aplícale un ancho de 3 cm.
4. Combina de dos en dos las celdas de la segunda columna y rellena la tabla con los datos.

INGRESOS POR SEMESTRES	2013	2.356 €
		3.457 €
	2014	1.346 €
		4.327 €
	2015	1.146 €
		5.137 €
	2016	3.980 €
		1.159 €

5. Fija el cursor en la primera columna. Centra el texto horizontal y verticalmente en la celda y pulsa sobre Dirección del texto hasta conseguir tenerlo como puedes observar en la siguiente imagen:

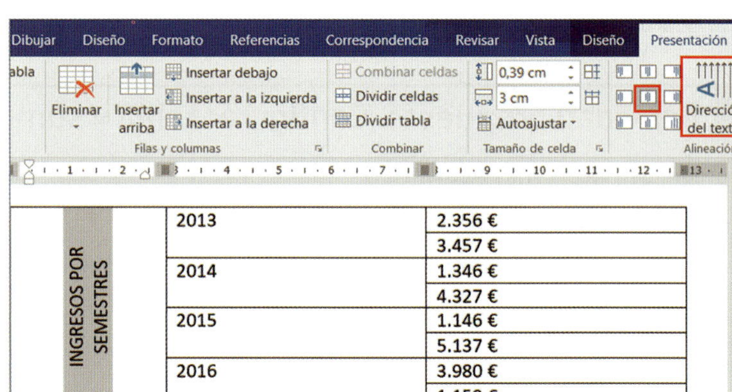

continúa >

> continuación

6. Selecciona las columnas segunda y tercera. Ambas tendrán un ancho de 3 cm. Centra los contenidos de las dos tanto horizontal como verticalmente.

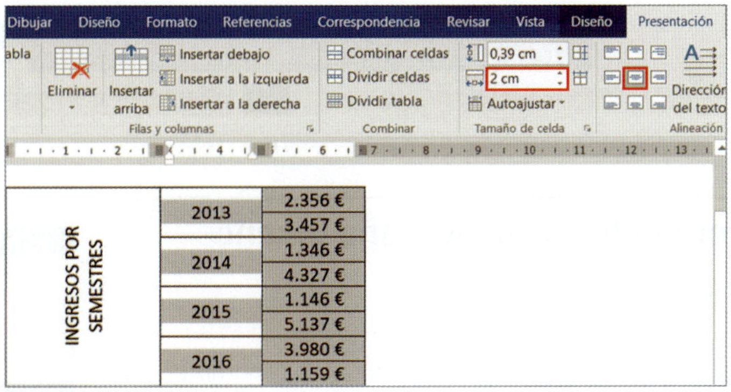

7. Centra la tabla en el papel desde el grupo Párrafo de la pestaña Inicio.
8. Sitúa el cursor en la última fila de la columna derecha. Vamos a insertar una fila nueva por debajo:

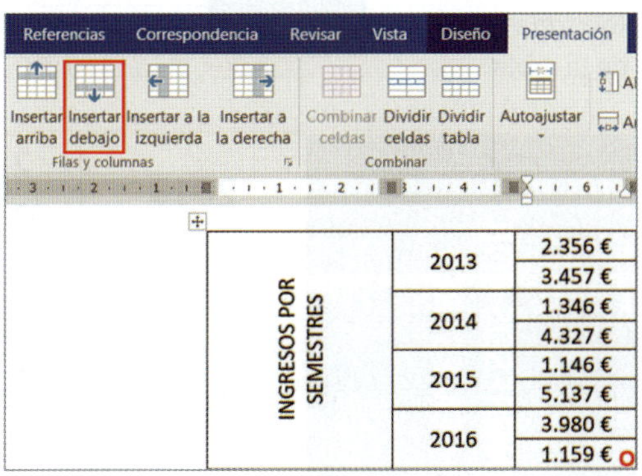

INGRESOS POR SEMESTRES	2013	2.356 €
		3.457 €
	2014	1.346 €
		4.327 €
	2015	1.146 €
		5.137 €
	2016	3.980 €
		1.159 €
TOTALES		22.908,00 €

9. En la nueva fila, combinaremos las dos primeras celdas y escribiremos TOTALES. En la última celda insertaremos la fórmula SUM(ABOVE) para que escriba la suma de todos los semestres desde 2013 a 2016. El contenido de la última fila estará centrado con fuente Calibri 9 de color rojo y en negrita.
10. Guarda el documento en su carpeta correspondiente con el nombre y tipo indicados al principio.

Actividad propuesta. Configurar tabla y celdas. Insertar fórmula

Nombre del documento: **Actividad 14.**

Tipo: Documento de Word.

NOMBRE	A1	PRECIO	30 €
	A2		20 €
	A3		11 €
	A4		15 €
TOTAL			76,00 €

1. En un documento en blanco de Word, reproduce la tabla de la imagen, que estará **centrada horizontalmente** en el papel.
2. Configuración de página, fuente y párrafo: predeterminados, excepto los que se especifican.
3. Ancho columnas 1 y 3: 1,2 cm. Fuente: Calibri 10, negrita.
4. Ancho columna 2: 1,5 cm.
5. Ancho columna 4: 2,24 cm.
6. Última fila en negrita.
7. La última celda contendrá el total de la columna cuarta, que se calculará mediante la fórmula adecuada.
8. Aplica los colores, alineaciones y direcciones de texto que se pueden ver en el modelo.
9. Guarda el documento, en su carpeta correspondiente, con el nombre y tipo arriba indicados.

2.4. La pestaña Diseño

Con los comandos que contiene esta pestaña podremos, entre otras cosas, aplicar estilos a una tabla o a sus bordes, sombrear celdas y configurar otras opciones de estilo.

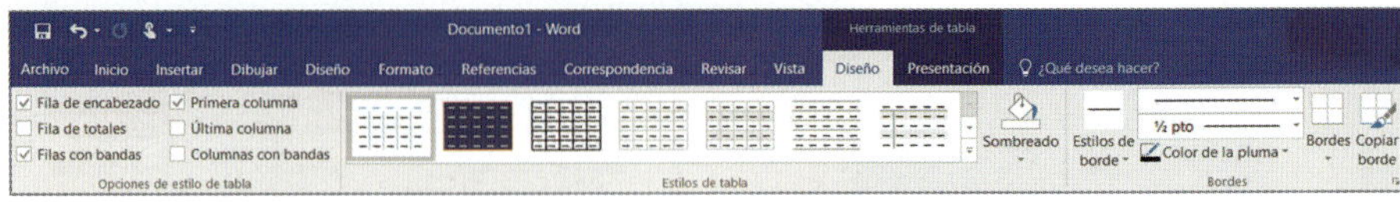

Actividad guiada. Comandos de la pestaña Diseño

Nombre del documento: **Actividad 15.**

Tipo: Documento de Word.

1. Abre el documento **Actividad 13** de esta unidad. Guárdalo ahora con el nombre y tipo que se indican arriba.
2. Con el cursor sobre la primera columna, selecciona un sombreado negro. La fuente se cambiará automáticamente a blanco.
3. Selecciona toda la tabla. En el grupo **Bordes** de la pestaña **Diseño,** selecciona el color de pluma (naranja) y su grosor. Aplícalo a los bordes externos de la tabla.

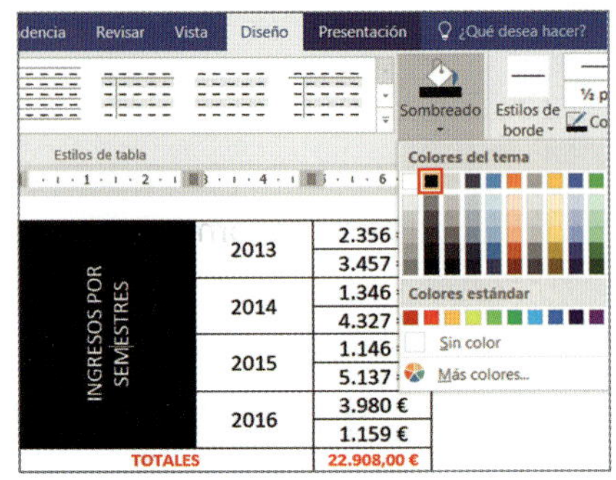

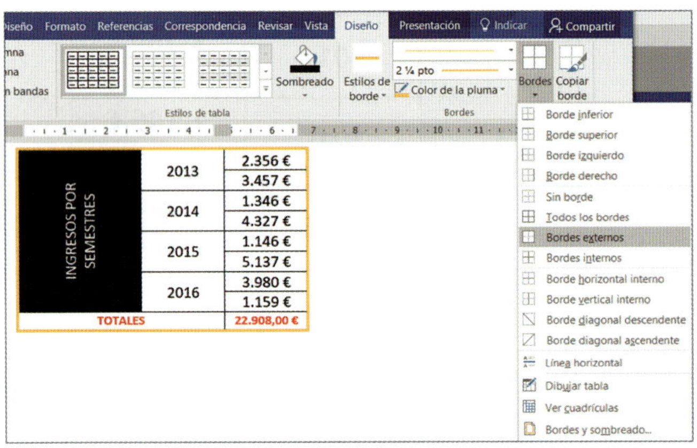

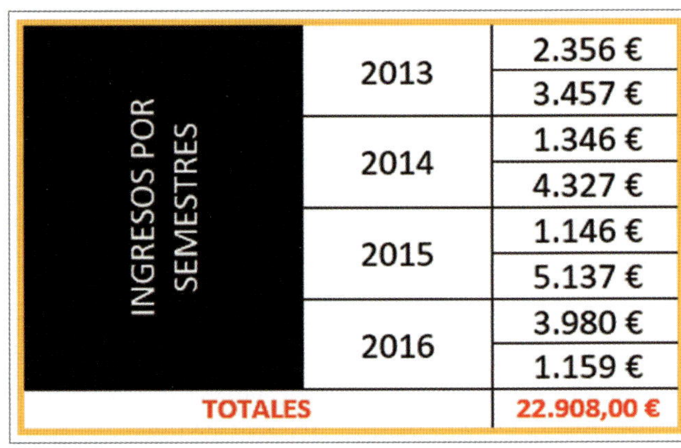

INGRESOS POR SEMESTRES	2013	2.356 €
		3.457 €
	2014	1.346 €
		4.327 €
	2015	1.146 €
		5.137 €
	2016	3.980 €
		1.159 €
TOTALES		22.908,00 €

4. Guarda el documento.

Actividad propuesta. Aplicar estilo a tabla

Nombre del documento: **Actividad 16.**

Tipo: Documento de Word.

1. Abre el documento **Actividad 10** de esta unidad. Guárdalo ahora con el nombre **Actividad 16.**
2. Con el cursor en cualquier lugar de la tabla, activa la pestaña Diseño.
3. Del grupo Estilos de tabla, aplica el estilo **Tabla de cuadrícula 4 – Énfasis 2.**
4. La celda superior, que contiene el título, se habrá descentrado verticalmente. Céntrala desde la pestaña Presentación.
5. El resultado final de la tabla será como el que aparece a continuación:

INGRESOS NETOS POR SUCURSALES, EXPRESADOS EN MILES DE EUROS					
CIUDAD	**GRANADA**	**CÓRDOBA**	**BAZA**	**GUADIX**	**LOJA**
Enero	100	99	78	89	97
Febrero	122	112	58	90	89
Marzo	116	83	100	112	120
TOTAL	338	294	236	291	306

Apache OpenOffice. Writer II

1. Herramientas y utilidades básicas

1.1. Guardar un archivo

Un archivo se guarda desde el menú Archivo → Guardar como. Se selecciona una ubicación para el archivo y se le asigna un nombre y un tipo. El tipo por defecto será documento de texto ODF, cuya extensión asociada es .odt

Writer puede guardar los archivos hasta en 16 formatos diferentes, que incluyen plantillas, texto simple y documentos con extensión .doc para Word.

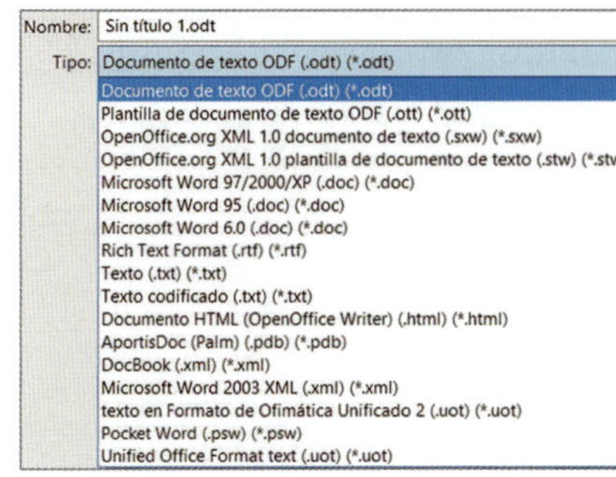

1.2. Documentos en formato PDF

Para conseguir que el documento actual se guarde en formato PDF, tenemos que exportarlo a ese formato desde el menú **Archivo → Exportar en formato PDF** (o Exportar).

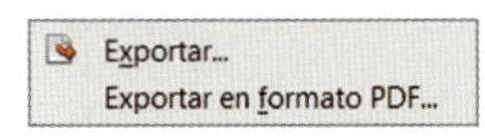

1.3. Autoguardado

Podemos conseguir que los documentos abiertos se guarden de forma automática cada cierto tiempo en **Herramientas → Opciones → Cargar/Guardar → General**. A la derecha, dentro del grupo Guardar, se marca la casilla **Guardar datos de recuperación automática cada...** y se configura el tiempo deseado.

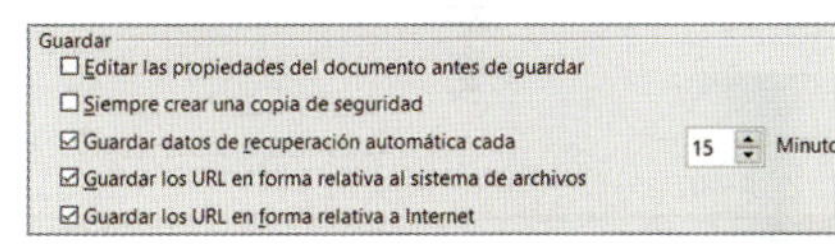

1.4. Imprimir y vista preliminar

Para obtener una vista preliminar del documento activo: menú **Archivo → Vista preliminar**. Para salir de la vista preliminar se pulsa el botón **Cerrar la vista preliminar**.

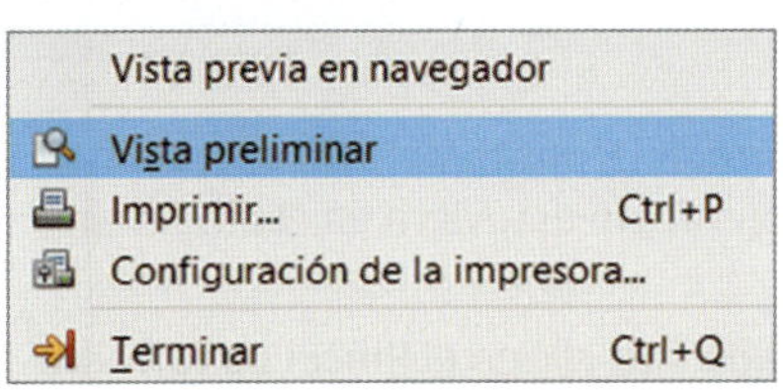

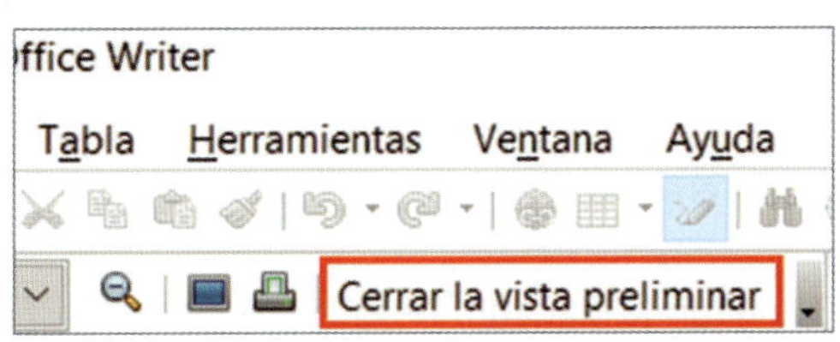

1.5. Cortar, copiar, pegar

Todos estos comandos se pueden encontrar en la **barra de herramientas estándar** o bien desde el menú **Editar**.

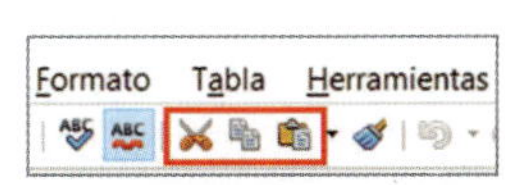

En barra de herramientas.

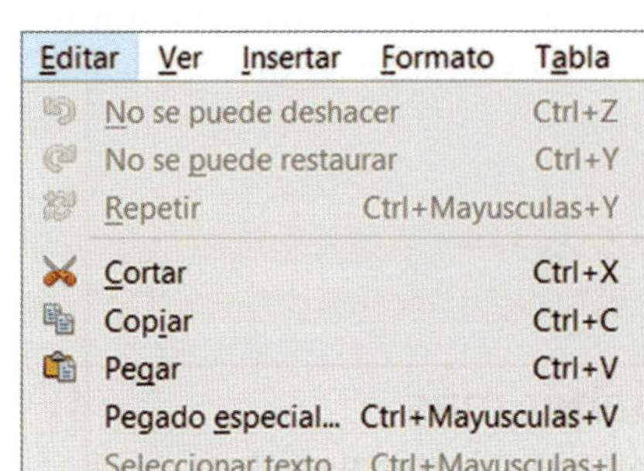

En el menú Editar.

Pegado especial

Desde la barra de herramientas estándar o desde el menú Editar, Writer dispone de pegado especial en diferentes formatos.

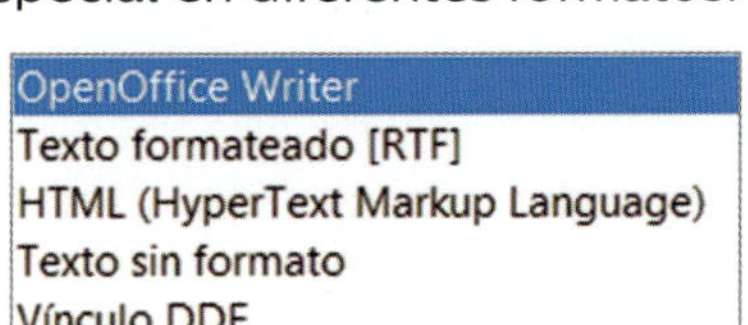

Pincel de formato

Para aplicar a un texto u objeto el formato de otro, se utiliza el **Pincel de formato**, visible en la **barra de herramientas**. Una vez seleccionado el texto u objeto, se selecciona el pincel y se pasa por el objeto o texto al que se desee dar el mismo formato.

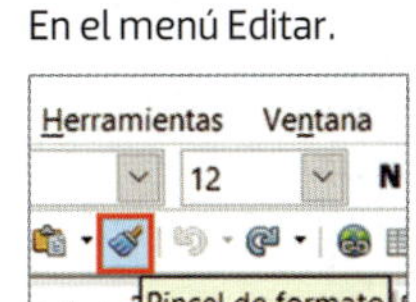

1.6. Ortografía y gramática

Idioma

Para poder aplicar el corrector ortográfico, debemos tener la seguridad de que lo vamos a aplicar sobre el idioma en el que estamos escribiendo. La selección de idioma se hace desde **Herramientas → Opciones.** En el margen izquierdo se despliega **Configuración de idioma** y se selecciona **Idiomas.** A la derecha, se elige el idioma para el que queremos usar el corrector.

Navega

Para conocer más acerca de ortografía y gramática en Writer:

- <https://wiki.openoffice.org/wiki/ES/Manuales/Ortografia>

Revisión ortográfica

Se selecciona todo el texto que se quiere revisar: una frase, un párrafo o varios. Si no se selecciona nada, la revisión se hará sobre todo el documento. Hay tres formas de revisar la ortografía:

- Desde el menú Herramientas → Ortografía y gramática.
- Pulsando la tecla F7.
- Pulsando el botón correspondiente de la barra de herramientas.

Si se desea que la corrección se haga de forma automática, tendremos activado este botón de la barra de herramientas.

Actividad propuesta. Copiar y aplicar formato. Exportar a PDF

Nombre del documento: **Writer Herramientas.**

Tipo: PDF.

1. **Abre con Writer** la actividad llamada **Writer Formato de carácter** y guárdala ahora como **Writer Herramientas** en la carpeta correspondiente a esta unidad didáctica.
2. Configura el autoguardado en 5 minutos.
3. Pulsa el botón de revisión ortográfica para ver si se muestran errores. Si los hay, se pueden **corregir** (si observamos que habíamos escrito algún error) u **omitir** (si el texto escrito era correcto, aunque la palabra correspondiente no estuviera en el diccionario español de Writer).
4. Selecciona el grupo de texto «color Azul 3 con fondo Magenta 1». Mientras está seleccionado, haz clic en el **Pincel de formato** para aplicar el formato de esa frase a la primera del ejercicio, que, después, quedará así:

   1. Todo este documento está escrito en la fuente Times New Roman, tamaño 12.

5. Guarda los cambios del documento Writer Herramientas como PDF y acepta en el cuadro de diálogo que se abrirá para completar la exportación a PDF.

2. Tablas

Con Writer, las tablas se pueden crear:

- Desde el menú **Insertar → Tabla.**
- Desde el menú **Tabla → Insertar Tabla.**
- Pulsando el **botón Tabla** de la barra de herramientas o en la flecha que tiene al lado, donde se puede marcar el número de filas y de columnas.

Cuando se ha insertado una tabla en un documento de Writer, de forma automática aparecerá la **barra de herramientas de Tabla,** con la que podremos configurar celdas, filas, columnas, fuentes, fondos, fórmulas, etc.

Saber más

Botón Tabla desplegado

Al pasar con el ratón por encima de los comandos de esta barra, aparecerá el mensaje con la función que realizan.

El comando **Formateado automático** nos permitirá agregar a nuestra tabla un estilo de la galería.

Saber más

Barra de herramientas Tabla

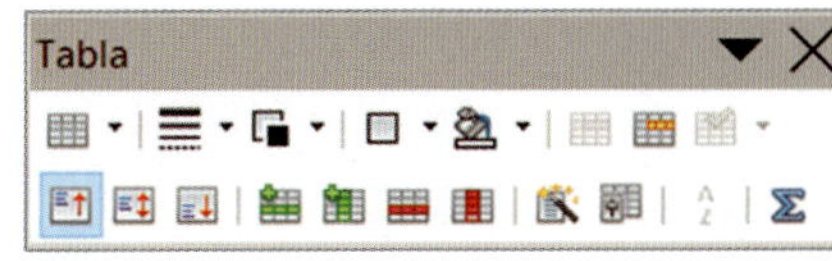

Actividad guiada. Diseño avanzado de tabla y formateado automático

VENTAS	Primer trimestre		Segundo trimestre		Tercer trimestre	
	A	23	A	15	A	*26*
	B	34	B	32	B	*34*
	C	15	C	41	C	*25*
	D	32	D	32	D	*18*
	E	45	E	44	E	*23*
	TOTAL	*149*	*TOTAL*	*164*	*TOTAL*	*126*

Nombre del documento: **Writer Tabla.**

Tipo: Documento de texto ODF.

1. Abre un documento nuevo de Writer y crea una tabla estándar de 7 filas por 7 columnas, que luego se irá configurando como se indicará, hasta que tenga la apariencia que vemos en la imagen superior.
2. Recuerda que la mayor parte de los ejercicios se harán desde la **barra de Herramientas Tabla, que se verá cuando se haya insertado la tabla y se tenga el cursor sobre ella.**

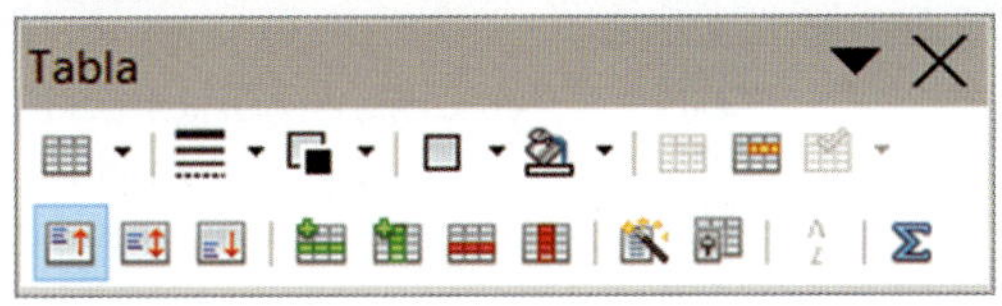

3. La tabla ocupará todo el ancho del papel, tal y como está configurado por defecto en tamaño, orientación y márgenes.
4. **Combina las celdas de la primera columna** para que formen una sola celda: comando **Unir celdas.** Igualmente, **combina las celdas de cabecera de la tabla de dos en dos** (observa la imagen del punto 8 de esta actividad).
5. La primera columna tiene un ancho de 1,5 cm: **barra de Herramientas Tabla** → **Propiedades de la tabla** → pestaña **Columna** → → Asignar el ancho de 1,5 cm a la columna numerada como 1.
6. Las demás columnas están **optimizadas.** Seleccionadas todas las columnas excepto la primera: **barra de Herramientas Tabla** → Comando **Optimizar** → **Distribuir** columnas uniformemente.
7. La primera columna tiene una alineación vertical de derecha a izquierda. Esto se consigue desde el comando **Propiedades de tabla** → **Pestaña Flujo de texto.**

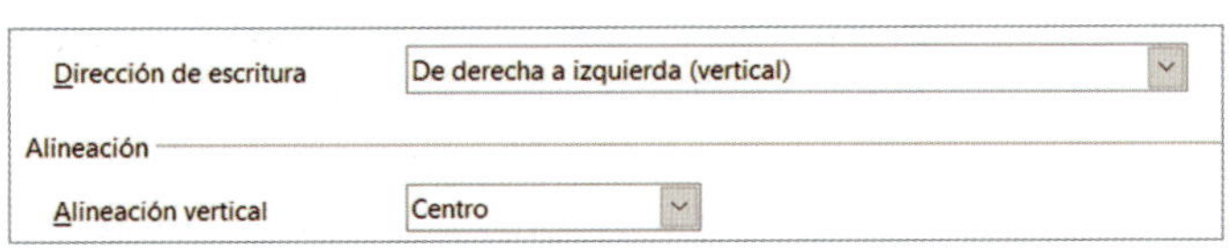

8. La tabla, tal como la llevamos hecha hasta ahora, tendrá seguramente esta apariencia:

VENTAS	Primer trimestre		Segundo trimestre		Tercer trimestre	
	A	23	A	15	A	26
	B	34	B	32	B	34
	C	15	C	41	C	25
	D	32	D	32	D	18
	E	45	E	44	E	23
	TOTAL		TOTAL		TOTAL	

9. A toda la tabla se le aplica un **formateado automático** de la galería: **Amarillo.**
10. Modifica las alineaciones hasta que coincidan con las de la imagen que mostramos al principio: todas las celdas tienen alineación centrada. Esto se hace con la barra de herramientas estándar.
11. En la última fila hay que conseguir que los totales de cada columna de números aparezcan automáticamente. Se hará mediante el comando de **Suma** de la **barra de Herramientas Tabla.** Este comando se pulsa en la celda correspondiente. A continuación, se marcan las celdas de los números que se han de sumar.
12. Guarda el documento en su carpeta.

PRÁCTICA PROFESIONAL INICIAL RESUELTA

Tabla proyecto Tarabita

Proyecto Tarabita Movimientos primera semana	Ingresos	
		400
		890
		900
		650
		235
	Total	
	Gastos	
		200
		580
		300
		280
		50
	Total	

1. Deja los márgenes y el resto de configuración de la página, el párrafo y la fuente como vienen predeterminados.
2. Haz clic en Insertar → Tabla → Insertar tabla. Configura una tabla de 2 columnas y 14 filas. En autoajuste, deja el ajuste fijo.
3. Posiciona el cursor del ratón en cualquier lugar de la primera columna, y en la pestaña Presentación, deja el ancho de columna en 3 cm. Haz lo mismo con la segunda columna, eligiendo un ancho de 5 cm.
4. Con el ratón en cualquier lugar de la tabla, se activará la cruz que hay en el ángulo superior izquierdo. Pulsa sobre ella. Activa la pestaña **Inicio** y, en el grupo **Párrafo,** haz clic en **Centrar.** La tabla quedará centrada en el papel.
5. Selecciona todas las celdas de la columna izquierda y combínalas desde la pestaña **Presentación,** comando **Combinar celdas.**
6. Deja el cursor en la fila 7 de la columna de la derecha y divide la celda en dos columnas: Desde la pestaña **Presentación,** comando **Dividir celdas.** Haz lo mismo con la última fila de esa columna.
7. Completa los datos de las celdas sin necesidad de cambiar aún la alineación ni el tipo de fuente.
8. Las que están señaladas en gris, se deberán calcular mediante el comando **Fórmula** de la pestaña **Presentación,** dejando la fórmula que viene por defecto (o escribiéndola): SUM(ABOVE).
9. Configura ahora las fuentes (color, tipo y tamaño) y los sombreados de cada celda tal y como están especificados en la segunda imagen del enunciado.

Proyecto Tarabita Movimientos primera semana	Ingresos	
		400
		890
		900
		650
		235
	Total	3075
	Gastos	
		200
		580
		300
		280
		50
	Total	1410

Para seleccionar varias celdas no contiguas que llevan la misma configuración, se pulsa sobre una de ellas, luego sobre la tecla CONTROL y, sin soltarla, se hace clic sucesivamente sobre las demás celdas, y todas ellas quedarán seleccionadas.

10. Alinea las celdas como se explica en el enunciado.
11. Aplica la **dirección** y **alineación** del texto de la celda de la primera columna desde la pestaña **Presentación:** Centrar verticalmente. Alineación del texto: vertical hacia arriba.
12. En ese momento, la tabla debería tener ya la apariencia que se puede apreciar en la imagen.

Bordes de la tabla. Selecciona todas las celdas de Ingresos: desde Ingresos hasta 3075. Aplica la configuración que puedes observar en la siguiente imagen, en cuanto a bordes, desde la pestaña **Diseño:**

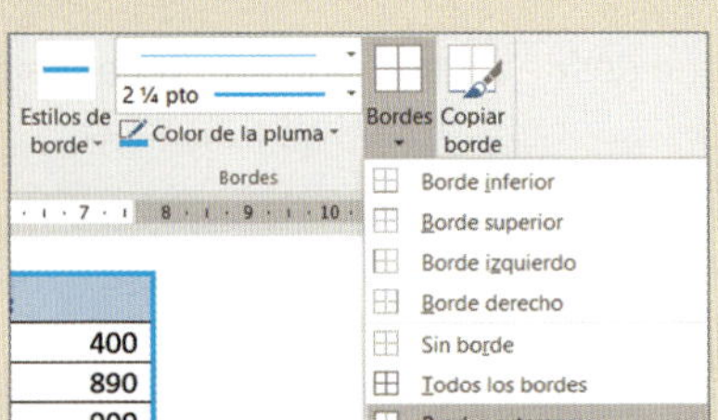

13. Repite el punto 12 en las celdas de Gastos: desde Gastos hasta 1410. Luego haz lo mismo con la única celda de la primera columna.
14. Posiciona el cursor del ratón al principio de la palabra Gastos y, en la pestaña **Presentación,** haz clic en el comando **Dividir tabla.** La tabla habrá quedado dividida en dos.
15. Por último, escribe lo que falta, alinea correctamente los textos y vuelve a configurar los bordes que se hayan podido modificar. Guarda el documento.

Proyecto Tarabita Movimientos primera semana	Ingresos	
		400
		890
		900
		650
		235
	Total	3075

Proyecto Tarabita Movimientos primera semana	Gastos	
		200
		580
		300
		280
		50
	Total	1410

PRÁCTICA PROFESIONAL PROPUESTA

Albarán

Objetivos

- Diseñar una tabla.
- Combinar celdas, usar bordes y sombreados.
- Guardar en formato PDF.
- Aplicar estilos de tabla.

Instrucciones

1. Se realizarán dos documentos, cuyas imágenes se muestran a continuación. Ambos documentos tendrán como nombre **Albarán**. El primero de ellos será del tipo **documento de Word** y el segundo, **PDF**.

INDUSTRIAS MOLINERO, S.A. Infanta, 45 29004 MÁLAGA		Fecha		24 de enero de 2018
		Nº Albarán		243/2017
		Cliente	Raquel Muñoz Oliveira Transversal Medina Osorio, 9 29007 Málaga	
Código	Cantidad	Concepto	Precio	Importe
A21	25	A4 paquete 500	3,90 €	97,5
B31	10	Bolígrafo Roller	7,95	79,5
			Total	177,00 €

Figura 1: Documento de Word.

INDUSTRIAS MOLINERO, S.A. **Infanta, 45** **29004 MÁLAGA**		**Fecha**		**24 de enero de 2018**
		Nº Albarán		243/2017
		Cliente	Raquel Muñoz Oliveira Transversal Medina Osorio, 9 29007 Málaga	
Código	Cantidad	Concepto	Precio	Importe
A21	25	A4 paquete 500	3,90 €	97,5
B31	10	Bolígrafo Roller	7,95	79,5
			Total	177,00 €

Figura 2: Documento PDF.

2. Albarán: documento de Word (figura 1)
   - Con la configuración predeterminada de Word en cuanto a diseño de página, párrafo y fuente, diseña una tabla que ocupe de lado a lado del papel de modo que sea similar a la **figura 1**. Dentro de esos límites hay libertad para elegir el ancho de cada celda y el color de los bordes y sombreados.
   - El ancho del borde exterior es de 1,5.
   - La fuente del membrete es Agency FB 14.
   - Los resultados de la columna importe se escribirán a mano. El total se calculará mediante fórmula.
   - Guarda el documento con el nombre **Albarán** y el tipo **Documento de Word**.
3. Albarán: documento PDF (figura 2)
4. A la tabla anterior se le aplicará un estilo «Tabla de cuadrícula 2 – énfasis 6». Modifica lo que sea necesario para tener la apariencia de la figura 2. Guarda el documento con el nombre **Albarán** y el tipo **PDF**.

9 Procesadores de texto III

Vamos a conocer...

1. Insertar ilustraciones y texto de WordArt
2. Marcas de agua
3. Tabulaciones
4. Viñetas, numeración y listas multinivel

SOFTWARE LIBRE

Apache OpenOffice. Writer III

1. Objetos: imágenes, dibujos y Fontwork
2. Tabuladores y viñetas
3. Marca de agua

PRÁCTICA PROFESIONAL INICIAL

Documento con objetos

PRÁCTICA PROFESIONAL PROPUESTA

Presupuesto e información

Y al finalizar esta unidad...

- Habrás insertado imágenes y otras ilustraciones.
- Sabrás personalizar los objetos insertados, modificando parámetros como el tamaño, la posición exacta, el giro y otros efectos.
- Insertarás gráficos estadísticos a partir de tablas.
- Crearás marcas de texto o de imagen para los documentos.
- Podrás configurar columnas de texto mediante tabulaciones.
- Realizarás listas numeradas, con viñetas o de varios niveles.

Documento con objetos

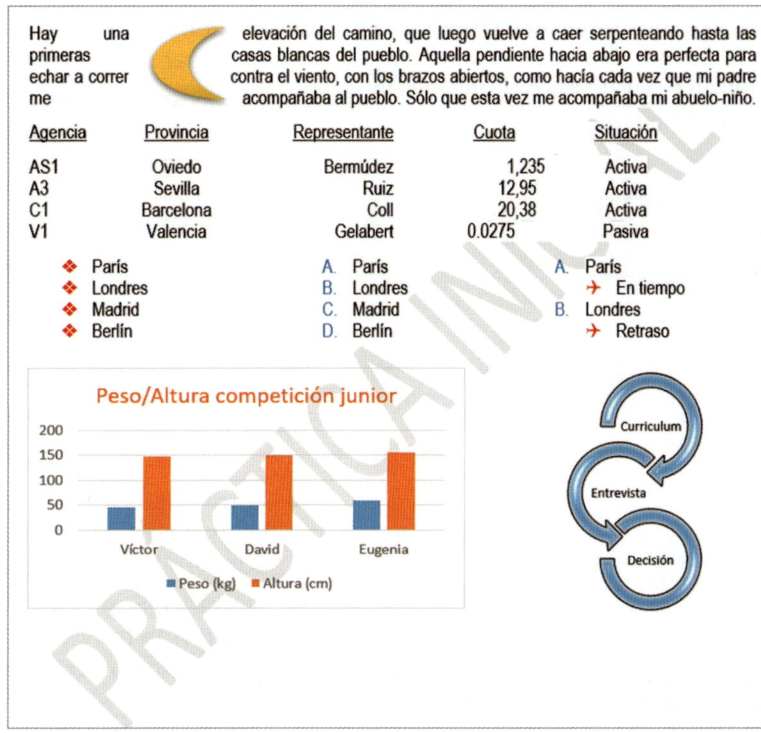
Hay una primeras echar a correr me elevación del camino, que luego vuelve a caer serpenteando hasta las casas blancas del pueblo. Aquella pendiente hacia abajo era perfecta para contra el viento, con los brazos abiertos, como hacía cada vez que mi padre acompañaba al pueblo. Sólo que esta vez me acompañaba mi abuelo-niño.

Agencia	Provincia	Representante	Cuota	Situación
AS1	Oviedo	Bermúdez	1,235	Activa
A3	Sevilla	Ruiz	12,95	Activa
C1	Barcelona	Coll	20,38	Activa
V1	Valencia	Gelabert	0.0275	Pasiva

- París
- Londres
- Madrid
- Berlín

A. París
B. Londres
C. Madrid
D. Berlín

A. París
   - En tiempo
B. Londres
   - Retraso

Al terminar se habrá obtenido un documento con el contenido como el que podemos ver en la imagen.

Diseño de página

Papel A4 vertical. Márgenes: Predeterminados.

Diseño de fuente y párrafo

Fuente Arial Narrow. Párrafos justificados. Espaciado anterior 0, posterior 8. Interlineado mínimo 12 puntos. El contenido de las tabulaciones (sin incluir los títulos), así como todas las viñetas del párrafo tercero, llevan la misma configuración de párrafo, pero **no se agrega espacio entre párrafos del mismo estilo.**

Párrafo 1

Texto del párrafo: Hay una elevación del camino, que luego vuelve a caer serpenteando hasta las primeras casas blancas del pueblo. Aquella pendiente hacia abajo era perfecta para echar a correr contra el viento, con los brazos abiertos, como hacía cada vez que mi padre me acompañaba al pueblo. Sólo que esta vez me acompañaba mi abuelo-niño.

Forma de luna de 1,5 x 1,5 cm. Posición 5,5 cm (a la derecha del margen izquierdo) y 2,5 cm (debajo del margen superior). Efecto intenso oro, énfasis 4.

Párrafo 2

Títulos con subrayado de solo palabras. Cuatro tabulaciones en los centímetros 3 (centrada); 7,5 (derecha); 10 (decimal) y 12,3 (centrada).

Párrafo 3

Dividido en tres columnas. Primera: Viñetas. Segunda: Numeración. Tercera: Lista multinivel, con los colores que se aprecian. Viñetas de color rojo de todas las listas: Fuente Wingdings tamaño 11.

Gráfico: A partir de la siguiente tabla:

	A	B	C
1		Peso (kg)	Altura (cm)
2	Víctor	46	148
3	David	50	150
4	Eugenia	60	155

SmartArt: Diseño de círculos con flecha. Estilo: Dibujos.

El documento tendrá una marca de agua en diagonal con el texto PRÁCTICA INICIAL.

Guarda el documento, en la carpeta correspondiente, con el nombre **Práctica inicial.** Tipo: **Documento de Word.**

1. Insertar ilustraciones y texto de WordArt

1.1. Imágenes y otras ilustraciones

Se encuentran en el grupo **Ilustraciones** de la pestaña **Insertar** y todas ellas siguen un patrón común al ser insertadas en un documento.

- **Imágenes**. Se trata de fotografías e imágenes almacenadas en el equipo. Al pulsar sobre Imágenes, se abrirá el explorador de Windows.
- **Imágenes en línea.** La aplicación buscará imágenes en internet mediante el buscador de Microsoft (Bing), en las cuentas personales de Facebook y Flickr o en OneDrive.

- **Formas.** Las formas disponibles (véase imagen lateral) se pueden utilizar solas o combinadas para obtener otras formas más complejas. Además, admiten formatos, estilos y texto en su interior.
- **SmartArt.** Son gráficos que permiten representar información e ideas de una forma muy visual. No solamente pueden contener texto, también pueden incluir viñetas e imágenes.

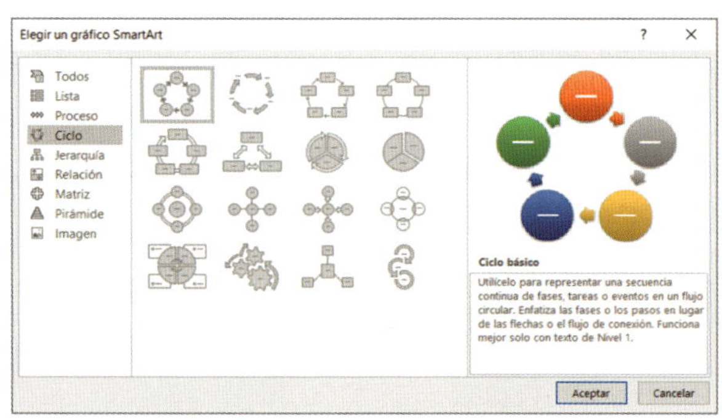

- **Gráfico.** Se trata de gráficos estadísticos: de líneas, de barras, circulares, de dos dimensiones, etc. Si pulsamos sobre Gráfico y, a continuación, elegimos uno de ellos, se abrirá una ventana de Excel en la que podremos introducir los datos que luego se reflejen en el gráfico seleccionado.
- **Capturas.** Mediante este comando, se inserta como imagen alguna de las ventanas que hay actualmente abiertas con aplicaciones, o bien como un recorte de la ventana de Word.

Saber más

WordArt

Aunque está fuera del grupo Ilustraciones, tiene un **funcionamiento similar** al de las imágenes y otras ilustraciones y también se encuentra en la pestaña **Insertar,** aunque dentro del grupo Texto.

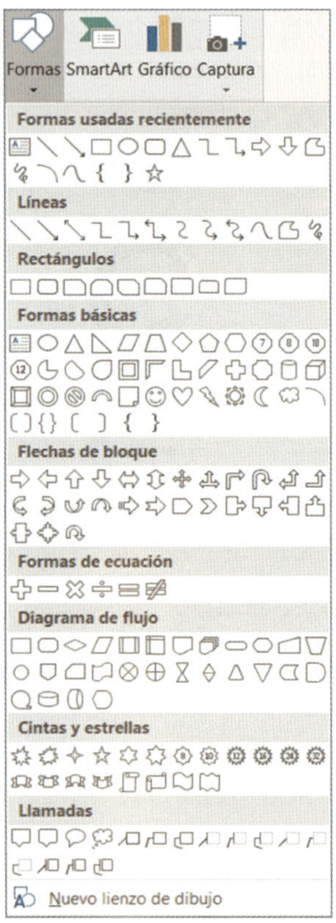

Galería de Formas.

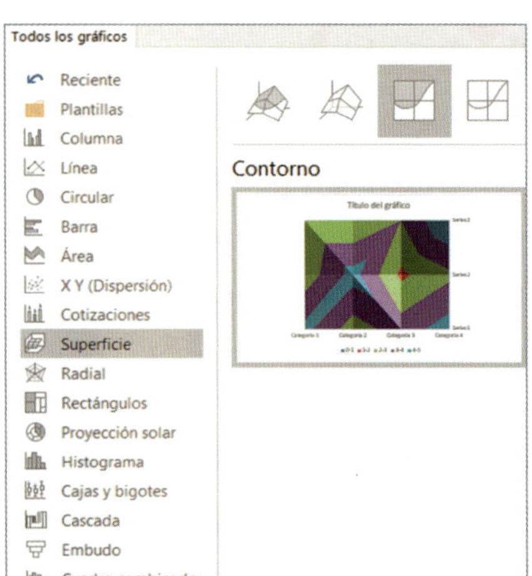

Galería de Gráficos.

Actividad guiada. Estilos de imagen

Nombre del documento: **Actividad 1.**

Tipo: Documento de Word.

Reproduce el siguiente documento teniendo en cuenta las indicaciones que se dan a continuación:

1. Papel A4, vertical. Márgenes superior e inferior 2,5 cm; laterales 4 cm.
2. Fuente Calibri 11. Espaciado de párrafo: Anterior 0 puntos. Posterior 3 puntos. Interlineado sencillo. Alineación justificada.
3. Una vez escrito el texto, inserta una fotografía de Gabriel García Márquez desde **Insertar → Imágenes en línea** con Bing.

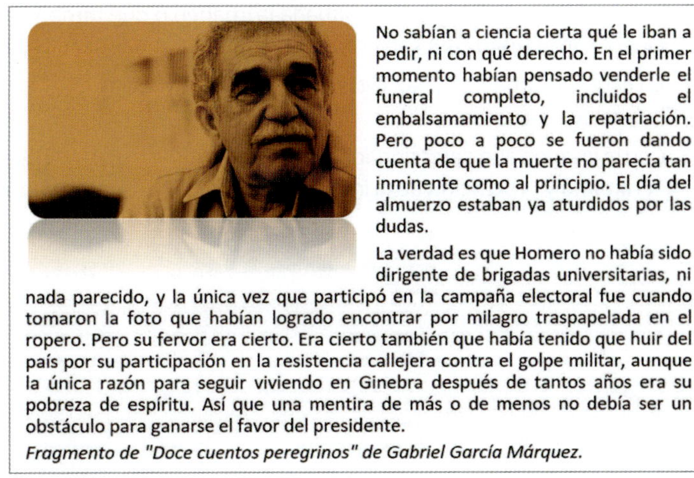

No sabían a ciencia cierta qué le iban a pedir, ni con qué derecho. En el primer momento habían pensado venderle el funeral completo, incluidos el embalsamamiento y la repatriación. Pero poco a poco se fueron dando cuenta de que la muerte no parecía tan inminente como al principio. El día del almuerzo estaban ya aturdidos por las dudas.

La verdad es que Homero no había sido dirigente de brigadas universitarias, ni nada parecido, y la única vez que participó en la campaña electoral fue cuando tomaron la foto que habían logrado encontrar por milagro traspapelada en el ropero. Pero su fervor era cierto. Era cierto también que había tenido que huir del país por su participación en la resistencia callejera contra el golpe militar, aunque la única razón para seguir viviendo en Ginebra después de tantos años era su pobreza de espíritu. Así que una mentira de más o de menos no debía ser un obstáculo para ganarse el favor del presidente.

Fragmento de "Doce cuentos peregrinos" de Gabriel García Márquez.

4. Cambia, si es necesario, el tamaño de la imagen para que tenga un ancho de aproximadamente la mitad de lo que ocupa el texto. Para cambiar el tamaño de la imagen, se arrastrará desde un ángulo para que no pierda sus proporciones.
5. Con el cursor sobre la imagen, activa la pestaña **Formato** de Herramientas de dibujo. En **Posición,** del grupo Organizar, escoge **Parte superior izquierda con ajuste de texto cuadrado.** Sin dejar de tener el cursor sobre la imagen, observa la galería de **Estilos de imagen,** pasa el ratón sobre los distintos estilos hasta encontrar el **Rectángulo redondeado reflejado.**
6. Guarda el documento en la carpeta de actividades de esta unidad didáctica con el nombre y el tipo que se indican al principio.

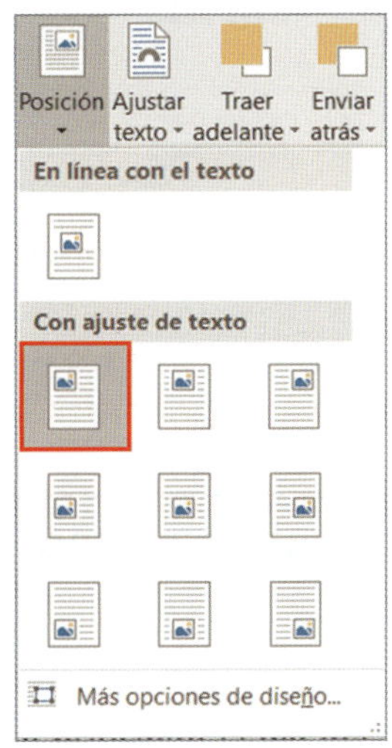

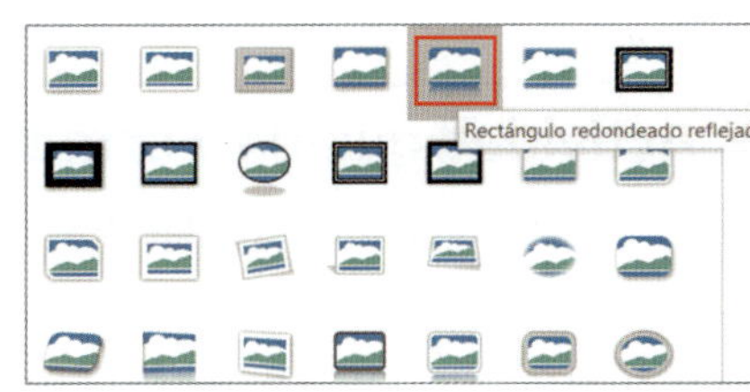

Actividad guiada. Imágenes: tamaño, ajuste de texto y posición

Nombre del documento: **Actividad 2.**

Tipo: Documento de Word.

1. Abre el documento anterior (Actividad 1) y guárdalo ahora con el nombre Actividad 2.
2. Elimina la imagen que había e inserta ahora una imagen en línea con Bing. En la búsqueda, escribe la palabra Árbol. Cuando se abra el buscador, el tipo de imagen que deberás buscar será **Imágenes prediseñadas.** Cuando la tengas, haz clic en **Insertar.**

   A ser posible, elige la misma imagen que tenemos en el modelo para que las siguientes indicaciones den los mismos resultados.

No sabían a ciencia cierta qué le iban a pedir, ni con qué derecho. En el primer momento habían pensado venderle el funeral completo, incluidos el embalsamamiento y la repatriación. Pero poco a poco se fueron dando cuenta de que la muerte no parecía tan inminente como al principio. El día del almuerzo estaban ya aturdidos por las dudas.

La verdad es que Homero no había sido dirigente de brigadas universitarias, ni nada parecido, y la única vez que participó en la campaña electoral fue cuando tomaron la foto que habían logrado encontrar por milagro traspapelada en el ropero. Pero su fervor era cierto. Era cierto también que había tenido que huir del país por su participación en la resistencia callejera contra el golpe militar, aunque la única razón para seguir viviendo en Ginebra después de tantos años era su pobreza de espíritu. Así que una mentira de más o de menos no debía ser un obstáculo para ganarse el favor del presidente.

Fragmento de "Doce cuentos peregrinos" de Gabriel García Márquez.

continúa >

> continuación

3. No importa en qué lugar esté situada la imagen o qué tamaño tenga ahora mismo. Vamos a configurar su **posición, tamaño** y ajuste con el **texto.** Ten seleccionada la imagen y activa la pestaña **Formato** (de Herramientas de imagen).
4. En el grupo Organizar, haz clic sobre **Ajustar texto** y selecciona **Estrecho.** De esta forma el texto se distribuirá alrededor de la imagen y se ajustará a ella.
5. Con la imagen aún seleccionada y la pestaña **Formato** activa, haz clic en el ángulo inferior derecho del grupo **Tamaño** y configura el **tamaño** y la **posición** de la imagen en el papel tal y como vemos aquí:

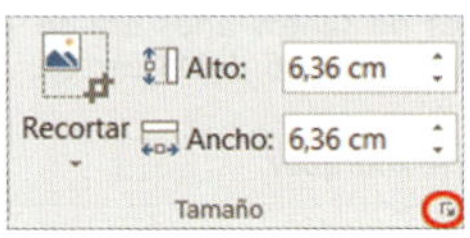

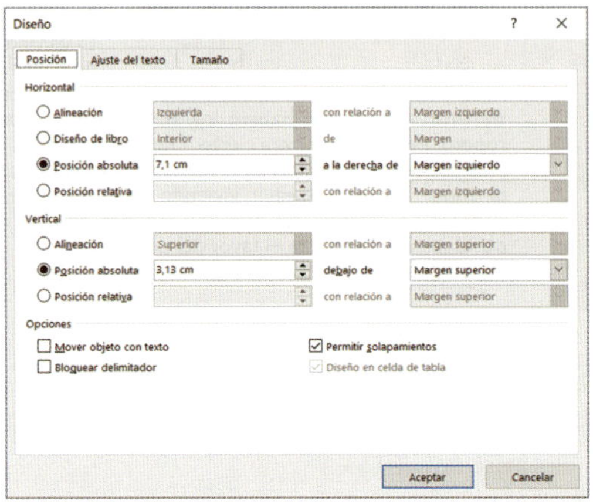

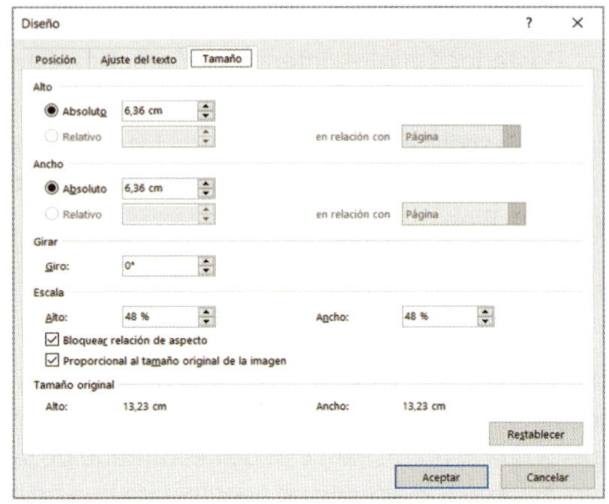

6. Con esta configuración, la imagen quedará encuadrada en el texto y en el papel con la apariencia que hemos mostrado al principio de esta actividad.
7. Guarda los cambios del documento.

Actividad guiada. Formas: ajuste, tamaño, estilo, agrupación

Nombre del documento: **Actividad 3.**

Tipo: Documento de Word.

1. Abre el documento de la actividad anterior (Actividad 2) y guárdalo ahora como Actividad 3.
2. Selecciona la imagen y pulsa sobre la tecla **Suprimir.**
3. Mediante la pestaña **Insertar → Formas,** inserta una **Nube,** dentro del grupo **Formas básicas.** Para insertar una forma, haz clic sobre ella y luego traza con el ratón sobre el documento. En principio no importa el tamaño o la posición donde la insertes.
4. Del mismo modo que en el punto anterior, inserta una forma llamada **Estrella de cinco puntas,** del grupo **Cintas y estrellas.**
5. Mueve una forma para situarla encima de la otra. ¿Cuál de las dos formas está debajo y cuál se encuentra encima? Normalmente, la última forma introducida quedará encima de la otra. Sin embargo, en este caso deseamos que la estrella se quede detrás de la nube: selecciona la estrella con el botón secundario del ratón y elige **Enviar al fondo** o **Enviar al fondo → Enviar atrás.**
6. **Configuración de la estrella.** Selecciona la estrella. Desde el menú Formato, en el grupo **Estilos de forma,** haz clic sobre el estilo **Efecto sutil Naranja – Énfasis 2.** Con la forma aún seleccionada, dale un **tamaño** de 2 cm de alto por 2 cm de ancho. La **posición** será: Horizontal absoluta 14,68 cm a la derecha del margen izquierdo. Vertical absoluta 2,81 cm debajo del margen superior.
7. **Configuración de la nube.** Con la nube seleccionada, aplícale el estilo **Efecto intenso Oro – Énfasis 4.** El **tamaño** será de 3,4 cm de alto y 3,8 cm de ancho. La **posición** con respecto a los mismos márgenes que la estrella, será: Horizontal absoluta 12,11 cm y vertical absoluta 3,61 cm.
8. **Agrupación de formas.** Selecciona una de las formas, pulsa la tecla **Control** y, sin soltarla, elige la otra forma: ambas estarán seleccionadas simultáneamente. Haz clic con el botón secundario del ratón sobre la selección y elige **Agrupar → Agrupar.**

continúa >

> continuación

9. Ahora ambas formas están agrupadas y forman un único dibujo. Se habrá abierto una pestaña nueva **Formato** (herramientas de dibujo).
10. Haz clic sobre el dibujo compuesto por las dos formas, y desde el menú **Formato,** elige un ajuste de texto **Estrecho.**
11. Lleva la imagen manualmente a la esquina superior derecha sin cambiar su forma ni tamaño. (También podríamos dar unos parámetros para ubicar exactamente la posición, pero en este caso lo hemos hecho a mano, teniendo, por tanto, una ubicación aproximada, tal como puede verse en la imagen de la cabecera de esta actividad.
12. Guarda los cambios en el documento, con la precaución de haberlo hecho en la carpeta correspondiente a esta unidad didáctica.

Actividad propuesta. Formas: ajuste, estilo, posición

Nombre del documento: **Actividad 4.**

Tipo: Documento de Word.

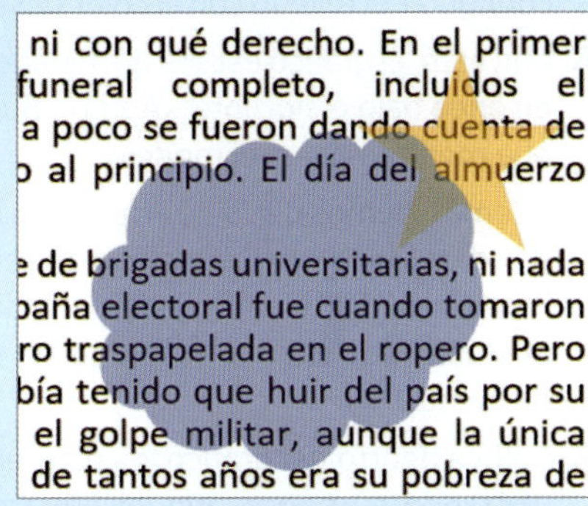
ni con qué derecho. En el primer
funeral completo, incluidos el
a poco se fueron dando cuenta de
o al principio. El día del almuerzo

e de brigadas universitarias, ni nada
paña electoral fue cuando tomaron
ro traspapelada en el ropero. Pero
bía tenido que huir del país por su
el golpe militar, aunque la única
de tantos años era su pobreza de

1. Abre el documento de la actividad anterior (Actividad 3) y guárdalo ahora como **Actividad 4.**
2. No modifiques ni el tamaño ni la posición del dibujo.
3. Selecciona el dibujo y aplícale un ajuste de texto **Delante del texto.**
4. Aunque las dos formas son ahora un solo objeto, podemos seleccionar ese objeto para aplicarle determinadas características comunes, o bien elegir una forma o la otra.
5. Selecciona la estrella y aplícale el estilo **Semitransparente Oro – Énfasis 4 sin contorno.**
6. Selecciona la nube y aplícale el estilo **Semitransparente Azul – Énfasis 5 sin contorno.**
7. Guarda los cambios del documento.

Actividad propuesta. Formas: desagrupar, contorno

Nombre del documento: **Actividad 5.**

Tipo: Documento de Word.

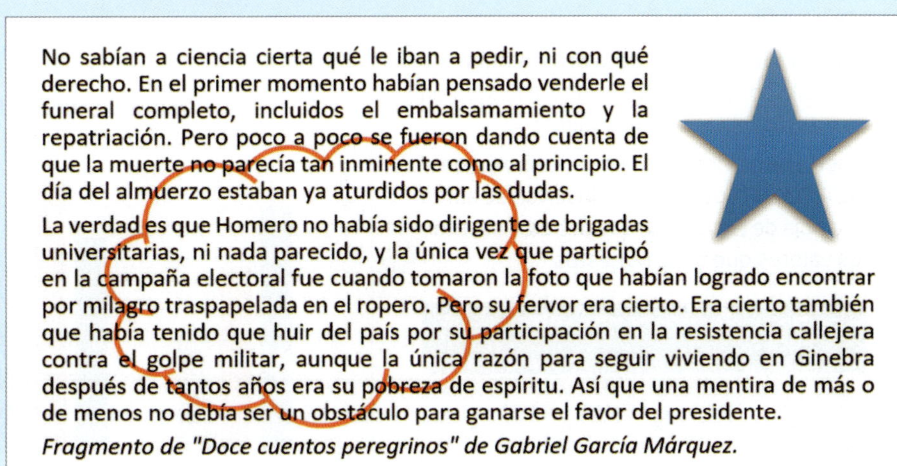
No sabían a ciencia cierta qué le iban a pedir, ni con qué derecho. En el primer momento habían pensado venderle el funeral completo, incluidos el embalsamamiento y la repatriación. Pero poco a poco se fueron dando cuenta de que la muerte no parecía tan inminente como al principio. El día del almuerzo estaban ya aturdidos por las dudas.

La verdad es que Homero no había sido dirigente de brigadas universitarias, ni nada parecido, y la única vez que participó en la campaña electoral fue cuando tomaron la foto que habían logrado encontrar por milagro traspapelada en el ropero. Pero su fervor era cierto. Era cierto también que había tenido que huir del país por su participación en la resistencia callejera contra el golpe militar, aunque la única razón para seguir viviendo en Ginebra después de tantos años era su pobreza de espíritu. Así que una mentira de más o de menos no debía ser un obstáculo para ganarse el favor del presidente.

Fragmento de "Doce cuentos peregrinos" de Gabriel García Márquez.

1. Abre el documento de la actividad anterior (Actividad 4) y guárdalo ahora como **Actividad 5.**
2. Desagrupa el dibujo haciendo clic sobre él con el botón secundario y eligiendo **Agrupar → Desagrupar.**
3. **Configuración de la estrella.** Estilo: Efecto Intenso azul – Énfasis 1. Posición: Parte superior derecha con ajuste de texto cuadrado. Tamaño: 3 x 3 cm.
4. **Configuración de la nube.** Estilo: Transparente, contorno coloreado – Naranja, Énfasis 2. Posición: Horizontal absoluta 5 cm a la derecha del margen izquierdo, Vertical absoluta 4 cm debajo de margen superior. Tamaño 4,5 alto y 6,5 ancho.

   Con la nube seleccionada, cambia el ancho del borde desde la pestaña Formato, grupo Estilos de forma → **Contorno de Forma.** El grosor del borde será de 2 ¼ puntos. Ajuste del texto: Detrás del texto.
5. Guarda los cambios del documento.

Actividad guiada. SmartArt: configuración, estilos

Nombre del documento: **Actividad 6.**

Tipo: Documento de Word.

1. Abre un documento de Word en blanco y déjale la configuración predeterminada en cuanto a página, párrafo y fuente.
2. Inserta un gráfico de SmartArt de tipo Ciclo: Ciclo de texto.
3. Vamos a escribir entre las flechas las fases del ciclo continuo del agua: Evaporación, Condensación, Precipitación, Absorción y Transporte.
4. Para cambiar el sentido de las flechas, teniendo el gráfico seleccionado, activa la pestaña **Diseño** y, en el grupo Crear gráfico, haz clic sobre el comando **De derecha a izquierda.**
5. Para cambiar el color de las flechas haz clic sobre cada una con el botón secundario y elige **Formato de forma.** Se abrirá un panel a la derecha en el que deberás configurar el relleno con el color deseado.
6. Con esto, el gráfico estaría terminado, pero hemos decidido agregarle una **imagen en línea** bajo el nombre «Agua». Busca e inserta la imagen, igual o distinta de la que mostramos en el modelo.
7. Además, hemos decidido insertar un texto con **WordArt.** Activa Pestaña Insertar → WordArt (dentro del grupo Texto). Selecciona cualquiera de los estilos de WordArt. Para aumentar o reducir el tamaño de los caracteres de WordArt, se hace clic en la pestaña **Inicio** (siempre teniendo el WordArt seleccionado), y se elige un tamaño de fuente.
8. Coloca dentro del gráfico los elementos añadidos (imagen y texto de WordArt), utilizando, si es necesario, las herramientas de ajuste de texto que ya conoces.
9. Guarda el documento en la carpeta de actividades de esta unidad con el nombre y tipo indicados.

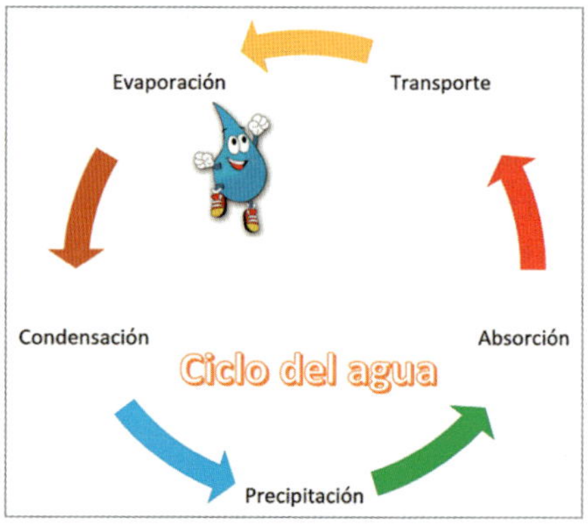

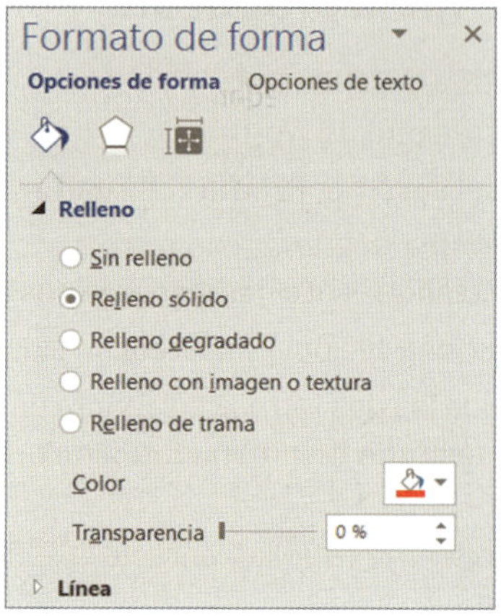

Actividad guiada. Gráficos

Nombre del documento: **Actividad 7.**

Tipo: Documento de Word.

1. Abre un documento de Word en blanco y déjale la configuración predeterminada en cuanto a página, párrafo y fuente.
2. Inserta un gráfico estadístico de tipo Columna. Al hacer clic en el botón Insertar, se abrirá una hoja de Excel, en la que deberás sustituir los valores que tiene por estos:

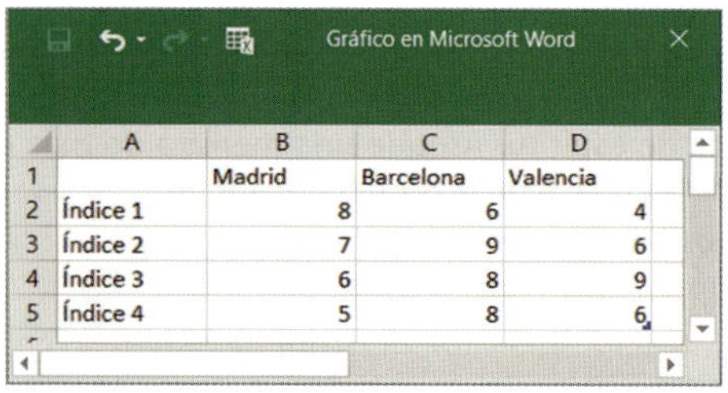

	A	B	C	D
1		Madrid	Barcelona	Valencia
2	Índice 1	8	6	4
3	Índice 2	7	9	6
4	Índice 3	6	8	9
5	Índice 4	5	8	6

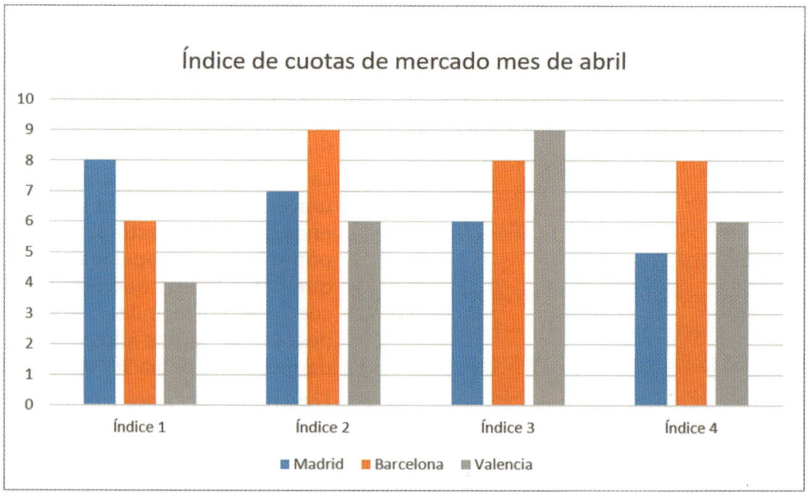

3. Cuando hayas terminado, cierra la hoja de Excel. El gráfico se habrá mantenido en el documento de Word con los nuevos datos.
4. Como título del gráfico, inserta el que se ha puesto en el modelo.
5. Guarda el documento, en su carpeta correspondiente, con el nombre y tipo indicados.

Actividad guiada. Capturas, recortar, comprimir imagen. Editar formas

Nombre del documento: **Actividad 8.**

Tipo: Documento de Word.

1. Abre un documento de Word en blanco y guárdalo con el nombre y el tipo que se han indicado.
2. Abre el documento de esta unidad didáctica llamado Actividad 6.
3. En el nuevo documento de Word, haz clic en la pestaña **Insertar → Captura.** Haz clic sobre la actividad 6, como puedes ver en la imagen siguiente. En el documento Actividad 8 se insertará como imagen la ventana que contiene al documento Actividad 6.
4. Debemos recortar la imagen para que quede únicamente la imagen de SmartArt: Selecciona la imagen, activa la pestaña **Formato** (de Herramientas de imagen). En el grupo **Tamaño,** haz clic sobre **Recortar.** Quedarán marcados los bordes de la imagen.
5. Arrastra las esquinas del recorte hasta tener enmarcada la imagen de SmartArt. Después, haz clic con el ratón en cualquier lugar fuera de la imagen y quedará insertado únicamente el recorte. Este proceso es reversible. Es decir, si queremos hacer el recorte más grande, podemos hacer clic sobre la imagen y volver a arrastrar las esquinas hacia el exterior.
6. Sin embargo, también podemos eliminar el resto de la imagen que no deseamos tener en el recorte. En ese caso, ya no se podrá volver a extender la zona recortada: Selecciona la imagen. Activa la pestaña **Formato** (de Herramientas de imagen) y, en el grupo **Ajustar,** haz clic sobre **Comprimir imágenes** y marca las dos casillas que ves en la imagen.
7. En la parte derecha de la imagen recortada, inserta la **forma Flecha a la derecha con muesca,** con un tamaño de 4 x 4 cm.
8. Selecciona la flecha, activa la pestaña **Formato** (de Herramientas de dibujo) y, en el grupo **Insertar formas,** haz clic sobre **Editar forma → Modificar puntos.**
9. Arrastra hacia la derecha el punto central de la cola de la flecha y el punto central de la cabeza para obtener una forma parecida a la de la segunda imagen.
10. Guarda el documento en su carpeta correspondiente con el nombre y tipo indicados.

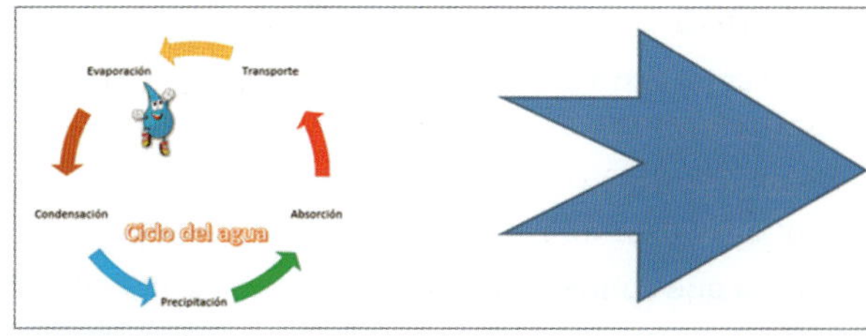

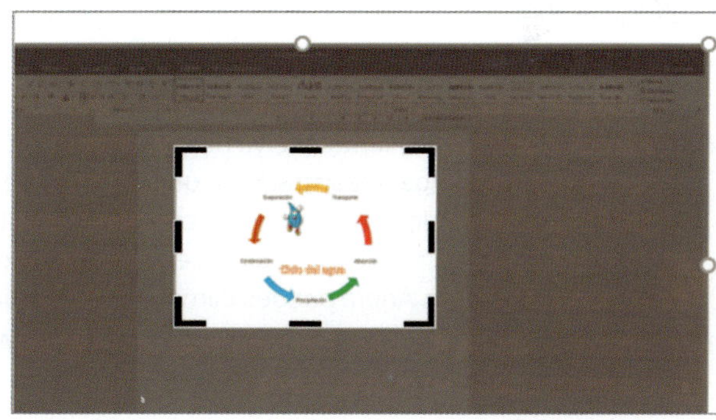

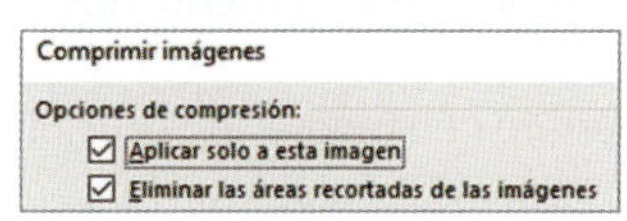

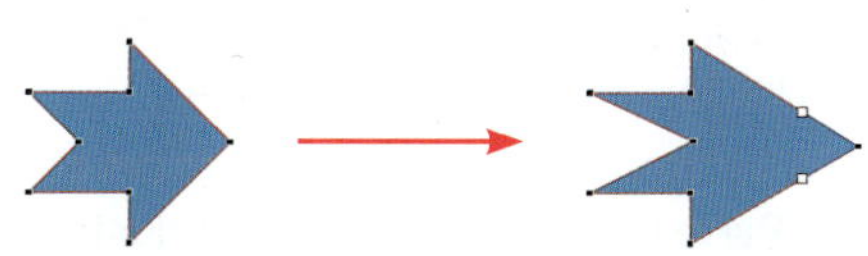

Actividad propuesta. Efectos artísticos de imagen

Nombre del documento: **Actividad 9.**

Tipo: Documento de Word.

1. Abre un documento de Word en blanco y déjale la configuración predeterminada en cuanto a página, párrafo y fuente.
2. Inserta una imagen prediseñada en línea con el título «casa». Copia la imagen y pégala al lado. A la segunda imagen aplícale el efecto artístico **Escala de grises con lápiz.** Lo encontrarás en la pestaña **Formato** (de Herramientas de imagen), grupo **Ajustar → Efectos artísticos.**
3. Guarda el documento con el nombre y tipo arriba indicados.

1.2. Texto de WordArt

Saber más

Al configurar un texto de WordArt debemos tener presentes dos partes:

- **El texto.** Si se desea modificar, se usará el grupo Estilos de WordArt.
- **La forma que contiene al texto.** Para modificarla, se utiliza el grupo Estilos de forma.

Aunque se encuentra fuera del grupo Ilustraciones, el texto de WordArt tiene un tratamiento muy parecido y, además, es un recurso muy utilizado en la composición de documentos con texto decorativo.

Se accede desde la pestaña **Insertar,** grupo Texto. Una vez insertado y teniéndolo seleccionado, se abre en la cinta de opciones la pestaña **Formato** de las **herramientas de dibujo.** Al hacer clic en esa pestaña, se modifica la cinta de opciones para permitirnos configurar el texto de WordArt.

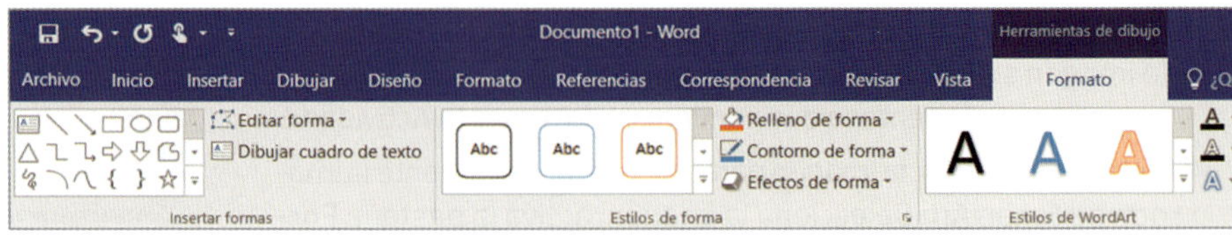

Actividad guiada. WordArt: Fuente, estilo, posición, tamaño

Nombre del documento: **Actividad 10.**

Tipo: Documento de Word.

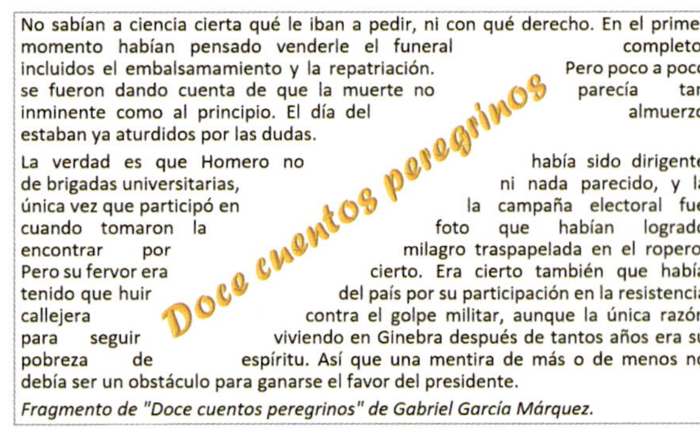
Doce cuentos peregrinos

No sabían a ciencia cierta qué le iban a pedir, ni con qué derecho. En el primer momento habían pensado venderle el funeral completo, incluidos el embalsamamiento y la repatriación. Pero poco a poco se fueron dando cuenta de que la muerte no parecía tan inminente como al principio. El día del almuerzo estaban ya aturdidos por las dudas.

La verdad es que Homero no había sido dirigente de brigadas universitarias, ni nada parecido, y la única vez que participó en la campaña electoral fue cuando tomaron la foto que habían logrado encontrar por milagro traspapelada en el ropero. Pero su fervor era cierto. Era cierto también que había tenido que huir del país por su participación en la resistencia callejera contra el golpe militar, aunque la única razón para seguir viviendo en Ginebra después de tantos años era su pobreza de espíritu. Así que una mentira de más o de menos no debía ser un obstáculo para ganarse el favor del presidente.

Fragmento de "Doce cuentos peregrinos" de Gabriel García Márquez.

1. Abre el documento de esta unidad didáctica llamado Actividad 5 y guárdalo ahora con el nombre Actividad 10.
2. Elimina las formas.

   ¿Puedes eliminar la nube? Probablemente no sea fácil. En ese caso, acudimos a una herramienta que ya hemos visto en otra unidad y a la que ahora podemos encontrarle su utilidad real: Pestaña **Inicio,** grupo Editar, comando **Seleccionar → Seleccionar objetos.** Con esta herramienta, pasa el ratón de esquina a esquina del texto y quedará seleccionada la nube. Ahora puedes eliminarla con la tecla **Suprimir.**
3. Inserta un texto de WordArt: Pestaña **Insertar → WordArt** (grupo Texto). Elige el estilo **Relleno Azul – Énfasis 1, sombra.** El texto quedará insertado en el documento.

   ¿Problema? El texto de WordArt probablemente quede en parte perdido dentro de su forma. Esto se debe a que ha adquirido la misma configuración de párrafo que tiene el resto del documento. Saca la forma fuera del texto y, con ella seleccionada, aplícale la misma configuración de párrafo que tendrá, a excepción del Interlineado, que será **Mínimo.** (Recuerda que, cuando hablábamos de interlineado de párrafo, decíamos que cuando un texto no se ve completo con otro interlineado, si aplicamos el mínimo se verá bien).

Doce cuentos peregrinos

No s cierta pedir, derec momento habían pensado venderle el funeral complet embalsamamiento y la repatriación. Pero poco a poco se fueron que la muerte no parecía tan inminente como al principio. El estaban ya aturdidos por las dudas.

Doce cuentos peregrinos

No sa cierta pedir, derecl momento habían pensado venderle el funeral complet embalsamamiento y la repatriación. Pero poco a poco se fueron c que la muerte no parecía tan inminente como al principio. El d estaban ya aturdidos por las dudas.

4. Mientras tienes seleccionado el texto de WordArt, desde la pestaña **Inicio,** elige la fuente **Forte 24.**
5. Desde la pestaña Formato (herramientas de dibujo), elige la posición **Parte superior izquierda con ajuste de texto cuadrado.**
6. Selecciona el texto de WordArt y, a continuación, la pestaña **Formato**. Despliega los **Estilos de WordArt** y pasa el ratón por encima de ellos. Verás los cambios que se producen en el texto. Elige ahora el estilo **Relleno Oro – Énfasis, bisel suave** y aplícalo al texto.
7. Para comprender mejor la diferencia que hay entre el texto de WordArt y la forma que lo contiene, selecciona el texto de WordArt y despliega ahora los **Estilos de Forma** de la pestaña **Formato.** Elige el que tiene por nombre **Relleno coloreado – Negro, oscuro 1.**
8. Por último, elige el estilo de **WordArt** y el estilo de **Forma** que prefieras y aplícalo al texto de WordArt, utilizando cualquier otro comando de la pestaña Formato (Herramientas de WordArt). Como ejemplo, en la cabecera de esta actividad hay un modelo.
9. Guarda y cierra el documento.

2. Marcas de agua

Otro elemento que se puede insertar en un documento de Word es la marca de agua, que puede ser de texto o de imagen y que va en el fondo del papel. Por ejemplo, el logotipo de la empresa o el estado o características del documento.

Las **marcas de agua** se configuran desde la pestaña **Diseño,** en el grupo Fondo de página.

Al hacer clic en el comando Marca de agua, es mejor acceder a **Marcas de agua personalizadas.**

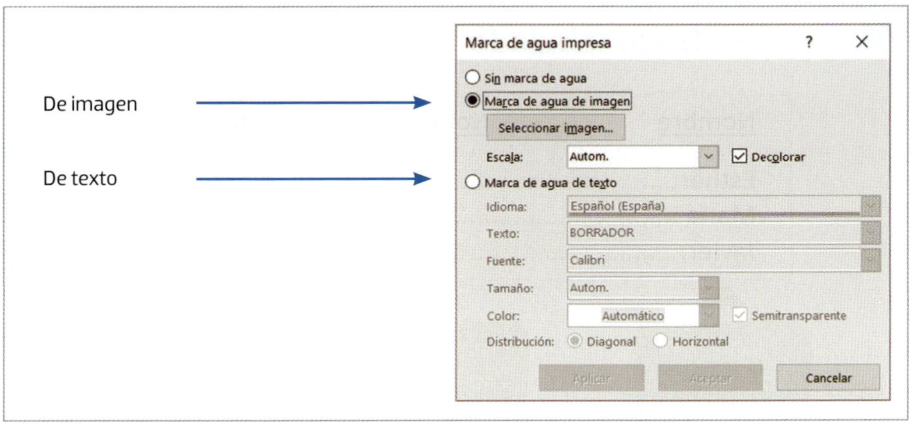

Marca de agua de texto.

Marca de agua de imagen.

- **De imagen.** Se selecciona la imagen y se elige la escala en la que se mostrará, más o menos ampliada. Normalmente se marca Decolorar para que la imagen quede desvanecida y deje más visible el contenido del documento.
- **De texto.** Se escribe el texto que se quiera mostrar como marca de agua, así como sus propiedades de fuente e idioma.

Actividad guiada. Marcas de agua de texto e imagen

Nombre del documento: **Actividad 11.**

Tipos: Documento de Word y PDF.

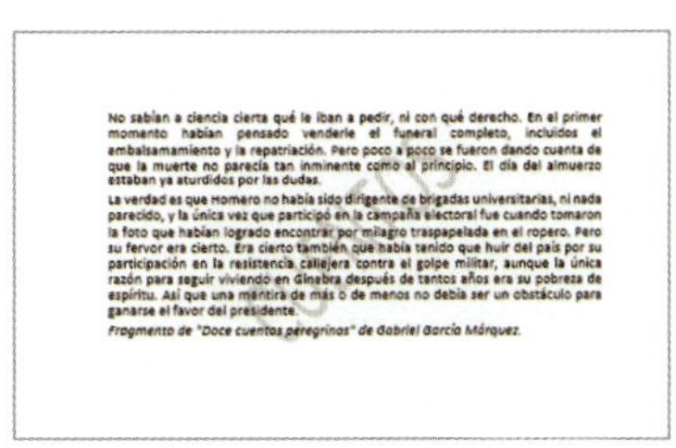

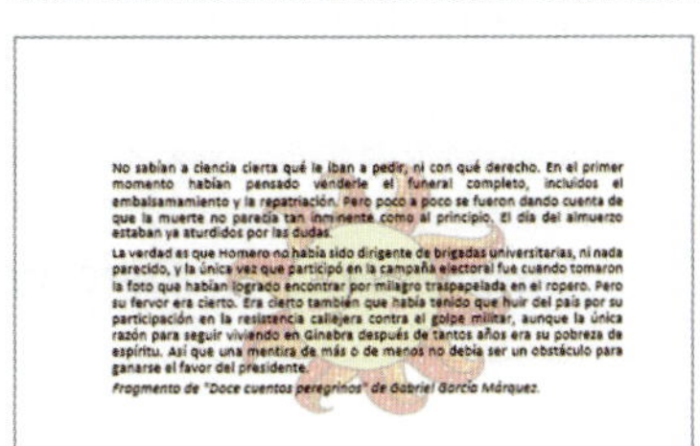

1. Abre el documento Actividad 3 de esta unidad. Guárdalo ahora como **Actividad 11** y tipo **Documento de Word.**
2. Cambia la configuración de página: tamaño A5, orientación horizontal, los cuatro márgenes a 4 cm.
3. Inserta una marca de agua de texto: «CUENTOS», dejando la configuración por defecto de las marcas de agua de texto, y el texto en diagonal.
4. Guarda los cambios del documento, sin cerrarlo.
5. Quita la marca de agua que acabas de insertar y sustitúyela por una de imagen (que puede ser desde Bing o de archivo). Deja la configuración por defecto de las marcas de agua de imagen.
6. Guarda el archivo con el nombre **Actividad 11** y tipo **PDF.**

Saber más

Mostrar la regla

Desde la pestaña **Vista:**

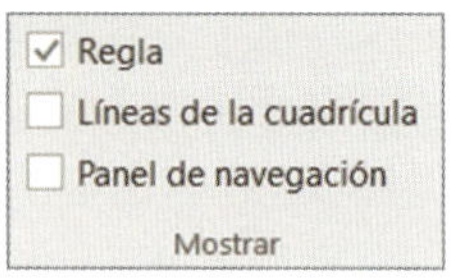

Saber más

Coma decimal

Office toma como predeterminado el idioma que tiene configurado Windows. Si está en español, la coma decimal se escribe con la coma del teclado alfabético. No se debe usar, por tanto, el punto del teclado alfabético ni el del teclado numérico, ni la coma superior del teclado alfabético.

Saber más

Tabulaciones más precisas

La tabulación directa tiene una precisión de 0,25 cm.

Si se quieren fijar los topes de tabulación con más precisión, se pulsa en el ángulo inferior derecho del grupo **Párrafo** de la pestaña **Inicio** y se hace clic en el botón **Tabulaciones.**

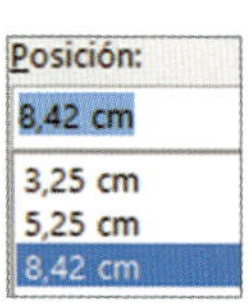

Saber más

Eliminar tabulaciones

Una forma más sencilla y directa de eliminar un tope de tabulación es arrastrarlo hacia abajo con el ratón desde la regla.

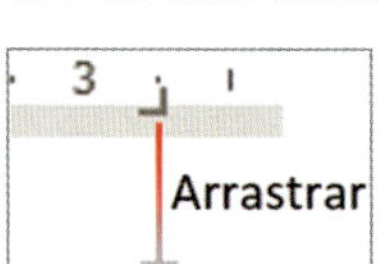

3. Tabulaciones

Las **tabulaciones** son topes que fijamos para escribir una serie de datos en forma de columnas, según unos determinados criterios de alineación.

La **regla** es una herramienta que sirve para medir una página en la unidad de medida que tenga preestablecida Word. Si la regla está visible, tendremos una horizontal en la parte superior del documento y otra vertical a la izquierda.

Para nuestras actividades partimos de la base de que Word estará configurado en centímetros y es conveniente tener visible la regla.

Ejemplo. Texto tabulado

Nombre	Nota	Calificación
Esther.............................	7,5..................	Notable
María	8,125	Notable
Javier.............................	10................	Sobresaliente

Tabulación izquierda — Tabulación decimal — Tabulación centrada

3.1. Tabulaciones de forma directa

Se hace clic en el selector de tabulaciones, que está justo a la izquierda de la regla horizontal, hasta que aparezca el símbolo de tabulación deseado. Una vez que el símbolo está a la vista, se hace clic en el punto de la regla en donde se desee insertar y el símbolo quedará visiblemente insertado en la misma.

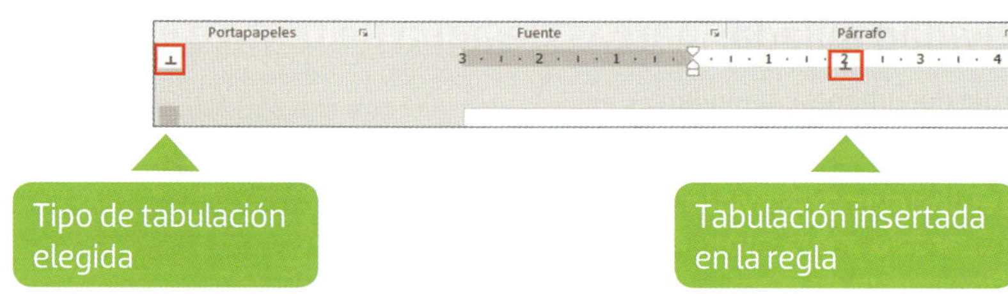

Símbolos de las tabulaciones

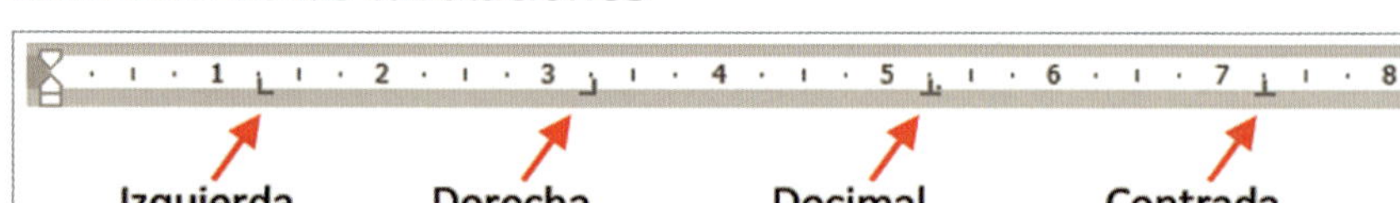

3.2. Eliminar topes de tabulación

Para eliminar una tabulación, se hace doble clic sobre ella en la regla y, en el diálogo Tabulaciones, se elige **Eliminar.**

Si queremos borrar todos los topes de tabulación, optaremos por **Eliminar todas.**

3.3. Establecer y eliminar líneas de relleno

La forma más directa de **establecer** líneas de relleno entre topes de tabulación es hacer doble clic sobre el símbolo de tabulación que aparece en la regla. En el cuadro de diálogo que se abrirá se elige **qué tipo de línea habrá hasta llegar a dicho tope.** Se selecciona la posición a la que nos estamos refiriendo y, a continuación, se hace clic en **Establecer** y **Aceptar.**

Para **eliminar** una línea de relleno seguiremos el mismo procedimiento, seleccionando **Ninguno** en el tipo de relleno. Es el que debemos realizar cuando, tras haber hecho un cuadro de datos tabulados, deseamos eliminar el relleno de una o más filas, **seleccionando previamente las filas** de las que queremos eliminar dicho relleno.

Nombre	Nota	Calificación
Esther..............................	7,5..................	Notable
María	8,125	Notable
Javier.............................	10.................	Sobresaliente

Líneas de relleno entre tabulaciones.

Actividad guiada. Tabulaciones

Nombre del documento: **Actividad 12.**

Tipo: Documento de Word.

Uno	.... Uno	------------------ Uno	________________________	1,11
Dos	.... Dos	-------------------Dos	________________________	2,123
Treinta	..........................Treinta	-------------- Treinta	________________________	30,1
Cincuenta	.... Cincuenta	---------- Cincuenta	________________________	50,1234

1. Abre un documento en blanco de Word sin cambiar nada de su configuración predeterminada, excepto la configuración de **párrafo,** que será: Espaciado anterior 0. Posterior 0. Interlineado sencillo.
2. Tenemos que diseñar un documento mediante tabulaciones, de forma que el resultado final sea como la cabecera de esta actividad. Las instrucciones para conseguirlo están a continuación.
3. Hay cuatro columnas de datos, pero la primera de ellas está apoyada sobre el margen izquierdo, por lo que no necesita tope de tabulación. Por tanto, necesitaremos tres topes de tabulación y hemos decidido situarlos en los centímetros 5 (derecha), 8 (derecha) y 13 (decimal) de la regla.
4. Una vez establecidas las tabulaciones, haz doble clic sobre el símbolo de cualquiera de ellas **en la regla** pues vamos a **establecer las líneas de relleno** tal y como ves a continuación. Después de fijar cada línea de relleno, haz clic en **Establecer.** Tras establecer la última, haz clic en **Establecer** y luego en **Aceptar.**

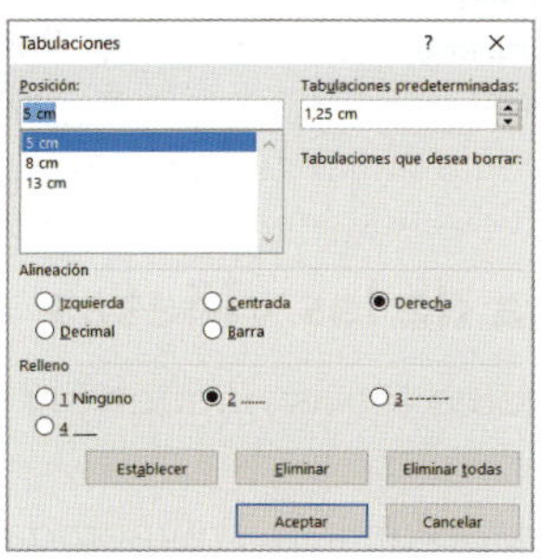

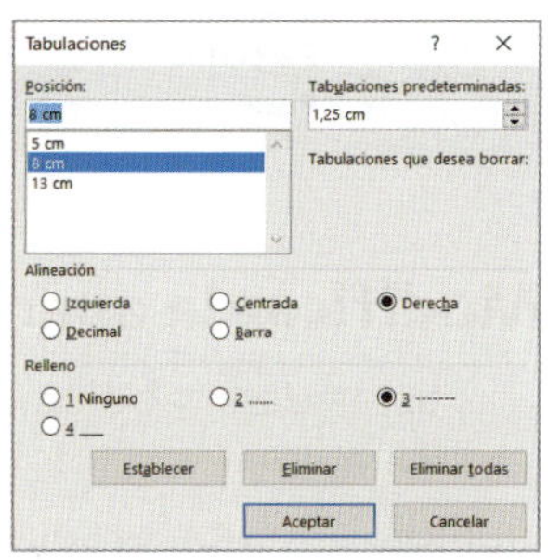

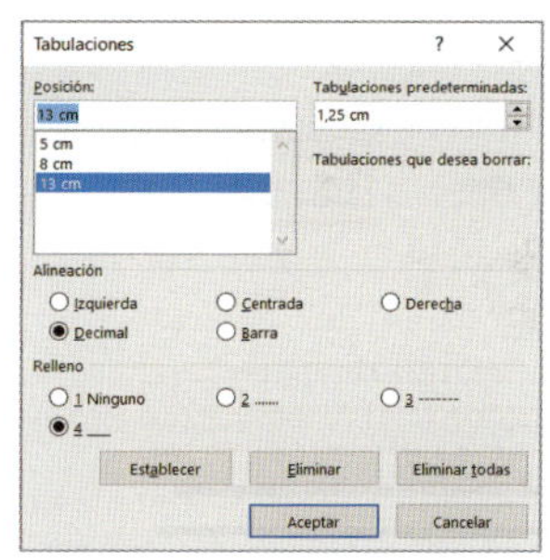

5. Ahora escribe los datos. Después de cada dato pulsa sobre la tecla TAB, a la izquierda de tu teclado. Cuando escribas el último dato de cada fila, pulsa la tecla INTRO (Enter).
6. Comprueba que, al terminar, la tabla tabulada que has generado coincide con la imagen de la cabecera de esta actividad. Si no es así, vuelve a realizar el ejercicio.
7. Guarda la actividad, en la carpeta correspondiente a esta unidad didáctica, con el nombre y tipo que se han especificado.

Actividad propuesta. Tabulaciones

Nombre del documento: **Actividad 13.**

Tipo: Documento de Word.

NOMBRE	CIUDAD	SALDO
Antonio	Málaga	14,76
Gabriel	León	1.234,2
Eva	Guadalajara...	987
Lorenzo	Toledo	1,2

1. Con la misma configuración de párrafo que el ejercicio anterior, reproduce las tabulaciones de la imagen. La primera columna se encuentra en el margen izquierdo. Las otras dos son tabulaciones que están en los centímetros 6,25 y 13. La primera fila, una vez terminada la tabla, se seleccionará, se le quitarán las líneas de relleno y se subrayará con el tipo de subrayado **Solo palabras.**
2. Guarda la actividad con su nombre y tipo en la carpeta correspondiente a esta unidad didáctica.

Saber más

Con contorno rojo: **Viñetas, Numeración** y **Lista multinivel,** respectivamente.

Saber más

Word tiene bibliotecas de listas predeterminadas para cada una de las modalidades (viñetas, listas numeradas y listas multinivel). Como ejemplo, la biblioteca de listas multinivel.

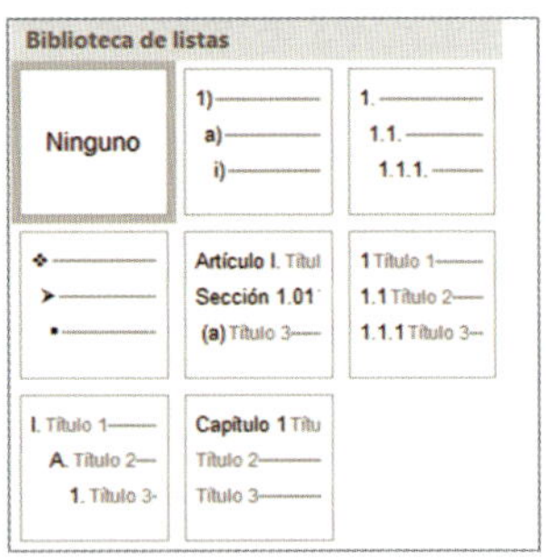

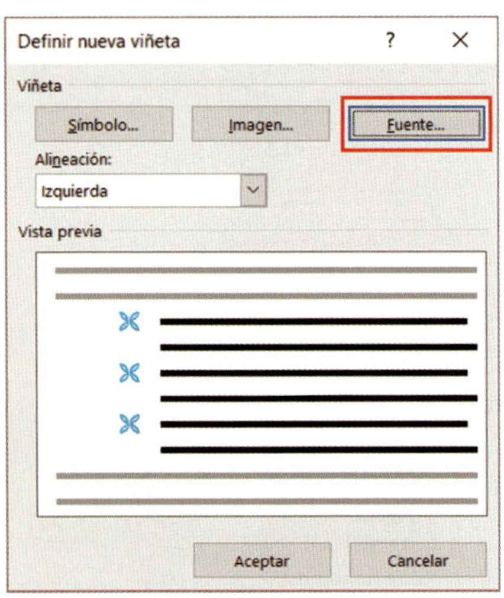

Modificar la apariencia de las viñetas.

4. Viñetas, numeración y listas multinivel

Vamos a aprender cómo mostrar la información de forma esquemática utilizando un solo nivel (con símbolos, números o letras) o con varios niveles anidados. Si tenemos activa la pestaña **Inicio** de la cinta de opciones, vemos los tres primeros apartados que hay dentro del grupo **Párrafo.**

Observa atentamente el siguiente ejemplo, en el que podemos diferenciar tres tipos de **Viñetas** y otros tantos de **Listas numeradas** (numeración) y de **Listas multinivel.**

Ejemplo

Viñetas

- Parcelas
- Chalés
- Pareados
- Pisos

- Parcelas
- Chalés
- Pareados
- Pisos

- ✓ Parcelas
- ✓ Chalés
- ✓ Pareados
- ✓ Pisos

Listas numeradas

1. Parcelas
2. Chalés
3. Pareados
4. Pisos

a. Parcelas
b. Chalés
c. Pareados
d. Pisos

I. Parcelas
II. Chalés
III. Pareados
IV. Pisos

Listas multinivel

1) Viviendas
   a. Chalés
   b. Pareados
   c. Pisos
2) Parcelas
   a. Urbanas
   b. Rústicas
      - Campo
      - Costa

- Parcelas
  - Urbanas
  - Rústicas
    - Campo
    - Costa

4.1. Modificar la apariencia de las viñetas

Todas las listas de símbolos, números o letras pueden ser modificadas en su apariencia, tamaño y color.

En el ejemplo anterior, el segundo grupo de listas numeradas tiene la viñeta del segundo nivel en color verde, y la del tercer nivel, en azul. El tamaño de la fuente de ambas viñetas puede ser distinto para hacerlas más grandes o más pequeñas.

Estos cambios se realizan en el cuadro de diálogo **Definir nueva viñeta, Definir nuevo formato de número** o **Definir nuevo estilo de lista multinivel,** respectivamente, cuando se pulsa en el botón de cada uno de los tipos de listas.

Actividad guiada. Viñetas de símbolos e imágenes

Nombre del documento: **Actividad 14.**

Tipo: Documento de Word.

1. Abre un documento en blanco de Word y guárdalo en tu carpeta de trabajo de esta unidad con el nombre y tipo arriba indicados.
2. Define dos columnas para el documento, sin cambiar el resto de la configuración por defecto de Word.
3. En la primera columna escribe las siguientes palabras, cada una en una línea: Rosa, Clavel, Petunia, Orquídea.

continúa >

> continuación

4. Selecciona las cuatro líneas escritas, haz clic sobre la flechita que hay junto a Viñetas del grupo Párrafo de la pestaña Inicio y escoge la viñeta que tiene la forma de círculo negro.
5. Tu lista quedará así:
   - Rosa
   - Clavel
   - Petunia
   - Orquídea
6. Al terminar de escribir las palabras, pulsa la tecla Intro. Aparecerá un nuevo punto de viñeta, que no deseamos: pulsa la tecla **Flecha atrás** para eliminarlo. (Pero ya habrá una línea que separará este grupo de viñetas de otro grupo que queramos crear sin que adquieran un formato heredado de las primeras).
7. Haz clic en la pestaña Formato → Saltos (del grupo Configurar página) → Columna. Esto llevará el cursor al principio de la segunda columna del documento.

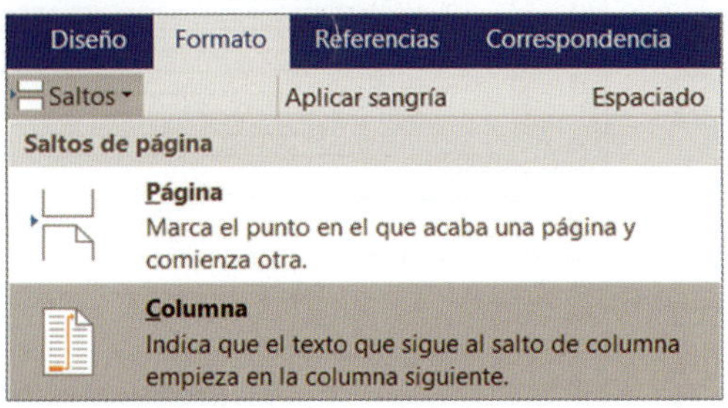

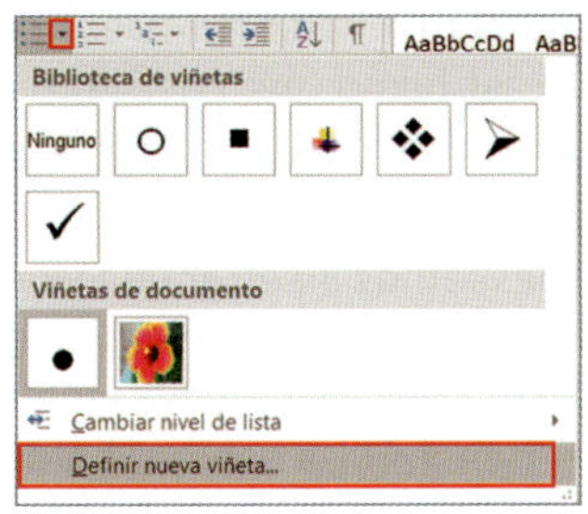

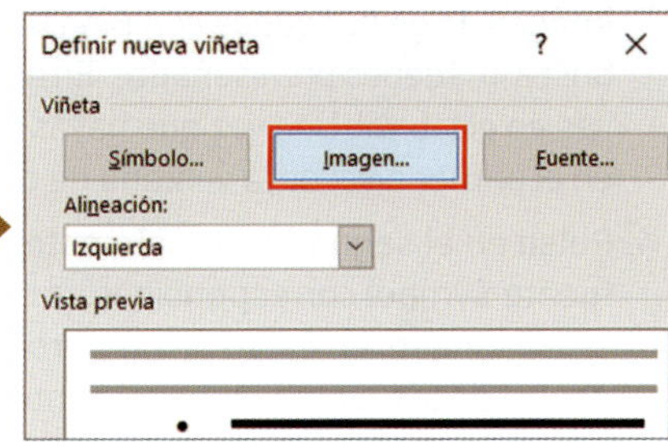

8. Copia las cuatro líneas ya escritas y pégalas en la siguiente columna. Selecciona estas cuatro líneas de la segunda columna. Deseamos poner una imagen como viñeta, así que vamos a la flecha junto a Viñetas y elegimos **Definir nueva viñeta.** En la siguiente ventana pulsamos sobre **Imagen.**

   Se abrirá una nueva ventana, que nos pedirá insertar la imagen desde un archivo de nuestro ordenador, desde nuestro OneDrive o mediante búsqueda con Bing. Puedes hacerlo del modo que prefieras. En nuestro caso, hemos elegido una imagen de Bing, buscando la palabra "flor".
9. Haz clic en **Insertar** y la imagen se convertirá en viñeta, cuyo tamaño podremos modificar haciendo clic sobre ella.

   El aspecto de los dos grupos de viñetas quedará así en el documento:

• Rosa	Rosa
• Clavel	Clavel
• Petunia	Petunia
• Orquídea	Orquídea

10. Si deseas cambiar el tamaño de las flores, haz clic sobre cualquiera de ellas en el segundo grupo de viñetas. Desde la pestaña Inicio, grupo Fuente, cambia el tamaño y se aplicará a todas las viñetas del grupo.
11. Guarda el documento en la carpeta correspondiente con el nombre y tipo indicados.

4.2. Listas multinivel

Para insertar una lista multinivel de la biblioteca de listas, debemos tener activa la pestaña **Inicio** y hacer clic en **Lista multinivel,** del grupo **Párrafo.** De la biblioteca de listas multinivel, se elige la que se desea usar. Después, basta con empezar a escribir el texto de cada nivel.

Una vez escrita una frase o palabra para un nivel, al pulsar la tecla Intro, la siguiente línea se escribirá con el mismo nivel. Para avanzar o retroceder un nivel se pulsa sobre los comandos del grupo Párrafo **Disminuir sangría** o **Aumentar sangría,** respectivamente.

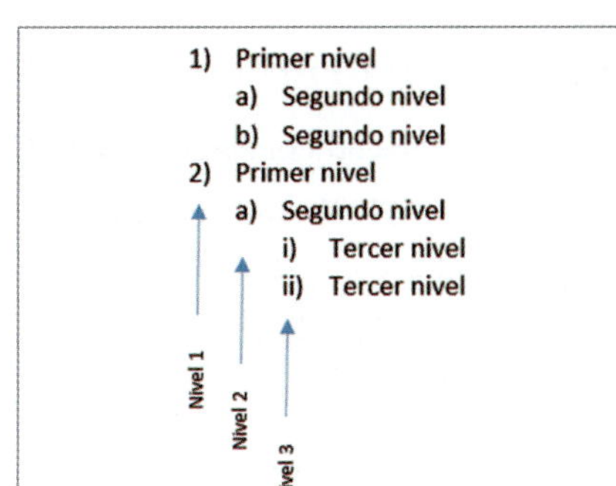

Lista multinivel de 3 niveles.

Actividad guiada. Personalizar lista multinivel

Nombre del documento: **Actividad 15.**

Tipo: Documento de Word.

1. Abre un documento en blanco de Word sin cambiar la configuración predeterminada de página, fuente y párrafo.
2. Con la pestaña Inicio activa, haz clic en la flecha lateral de **Lista multinivel,** del grupo Párrafo. Selecciona **Definir nueva lista multinivel.** En la ventana que aparecerá, puedes ver que, si pulsas con el ratón sobre cualquier nivel de la lista, este se oscurece. Significa que es el nivel activo y que puedes modificarlo en ese momento.
3. Haz clic sobre el nivel 1. Deseamos que ese nivel tenga como viñeta una imagen, que descargaremos mediante el buscador Bing: en el apartado **Estilo de número para este nivel,** pulsamos sobre la flecha hasta poder marcar **Nueva imagen.** Elige búsqueda con Bing bajo el nombre «medicina». Dentro de Bing, busca imágenes prediseñadas. En nuestro caso hemos preferido la imagen que ves en el lateral. Una vez que hayas pulsado en **Insertar,** la imagen se insertará en el primer nivel de la ventana de configuración de la lista.
4. Pulsa en el segundo nivel. En este nivel deseamos insertar una viñeta de la fuente Symbol correspondiente a un trébol de color rojo: con el segundo nivel seleccionado, en Estilo de número para este nivel, elige **Nueva viñeta.** Busca dentro de la fuente Symbol el símbolo del trébol. Pulsa sobre el botón Fuente y, en la ventana nueva, selecciona el color rojo para la fuente y un tamaño de 12 puntos. Clic en **Aceptar.**

- ⚕ Traumatología
  - ♣ Consultas
  - ♣ Ingresos
    - i) Altas
    - ii) Bajas
- ⚕ Medicina interna
  - ♣ Consultas
    - i) Dr. García
    - ii) Dr. Fermín

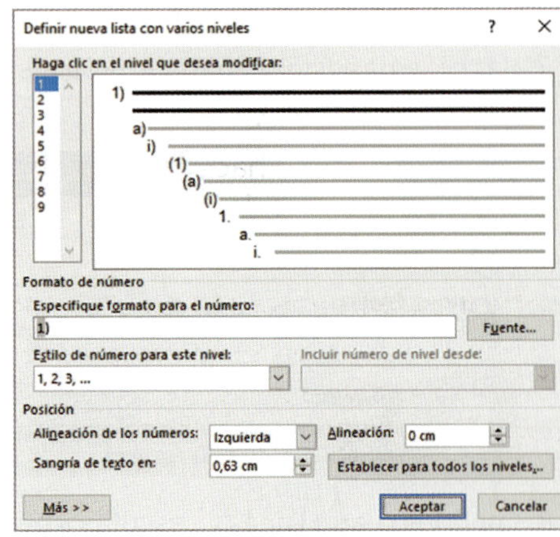

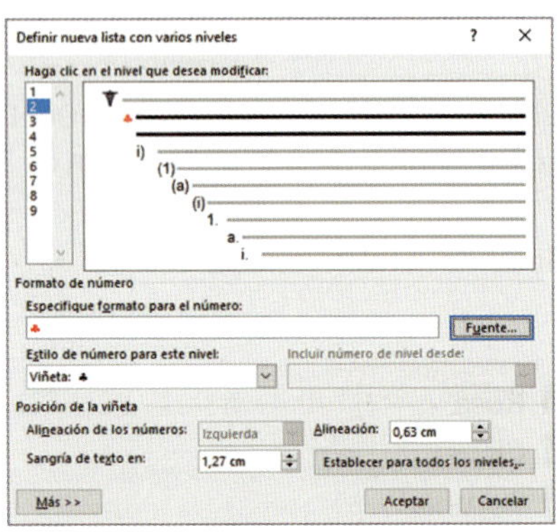

5. Nuevamente haz clic en **Aceptar** de la ventana de configuración de la lista. El primer símbolo habrá quedado insertado en el documento. Utilizando, cuando sea conveniente, los comandos Aumentar sangría y Disminuir sangría, confecciona la lista multinivel que se encuentra al comienzo de esta actividad.

Actividad propuesta. Modificar lista multinivel

Nombre del documento: **Actividad 16.**

Tipo: Documento de Word.

1. Abre el documento Actividad 15 de esta unidad y guárdalo ahora, en la carpeta correspondiente, como documento de Word con el nombre Actividad 16.
2. Selecciona la lista multinivel que habías escrito y, de la misma forma en que hemos actuado en la actividad anterior, configura ahora el nivel 3 de la lista para que aparezcan las viñetas en modo a) b) c) en negrita, tamaño 12 y color verde. Obtendrás una lista multinivel tal como se ve en el modelo. Guarda los cambios del documento.

- ⚕ Traumatología
  - ♣ Consultas
  - ♣ Ingresos
    - **a)** Altas
    - **b)** Bajas
- ⚕ Medicina interna
  - ♣ Consultas
    - **a)** Dr. García
    - **b)** Dr. Fermín

Apache OpenOffice. Writer III

1. Objetos: Imágenes, dibujo y Fontwork

1.1. Imágenes

Las imágenes se insertan desde el menú **Insertar → Imagen.** Es posible insertar imágenes de archivo o desde un escáner conectado al ordenador.

Insertar una imagen.

Anclaje, posición y ajuste de una imagen

Por defecto, una imagen viene anclada al párrafo y sin ajuste de texto. Para elegir otra opción de anclaje hay que pulsar con el botón secundario del ratón sobre la imagen y elegir **Anclaje,** o bien desde el menú **Formato → Anclaje.**

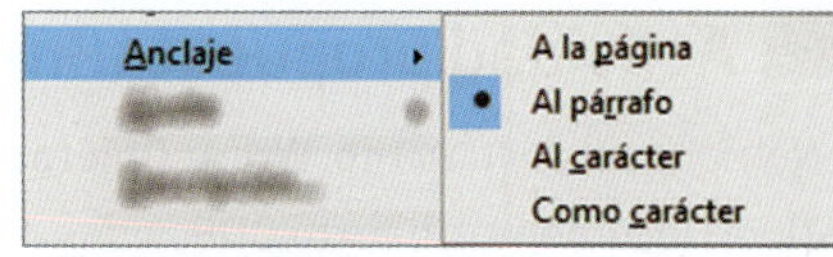

Opciones de anclaje.

El ajuste indica en qué modo se va a posicionar la imagen con respecto al texto. Esto se puede hacer de varias formas: una de ellas es seleccionarla con el botón secundario del ratón y pulsar sobre **Ajuste.** Entonces veremos un listado de los tipos de ajuste.

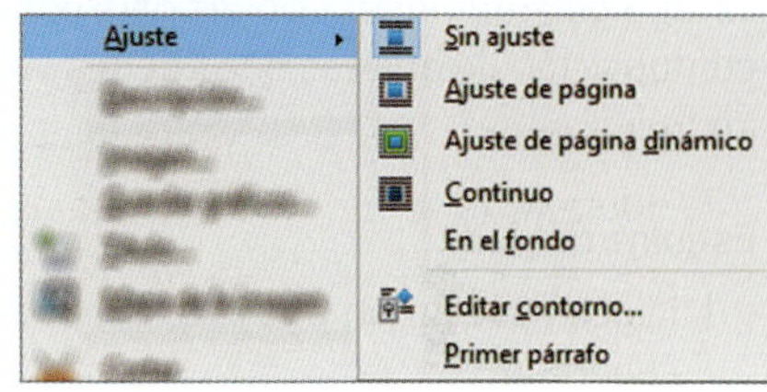

Opciones de ajuste.

Configuración avanzada de imagen

Además del anclaje y el ajuste, disponemos de más posibilidades de configurar una imagen si hacemos clic sobre ella con el botón secundario y seleccionamos **Imagen.**

También disponemos de la barra de herramientas de Imagen, que puede verse, si no estuviera activada, en el menú **Ver → Barras de herramientas → Imagen.**

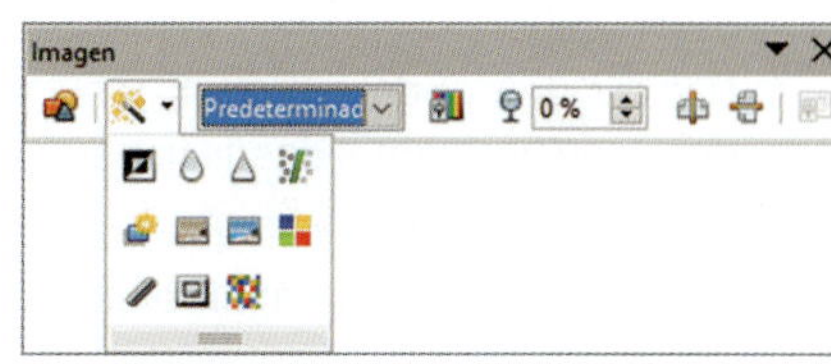

Efectos sobre una imagen desde la barra de herramientas de imagen.

Galería

Existe un conjunto de imágenes que pueden insertarse desde el menú **Herramientas → Galería,** desde la barra de herramientas estándar y desde el panel lateral, siempre bajo el nombre Galería. Al desplegar la galería veremos la ventana dividida en dos partes: la primera son los temas y la segunda, las imágenes que corresponden al mismo. Para insertar una imagen, se arrastra hasta el documento.

1.2. Dibujo

Si no tienes activada la barra de herramientas de dibujo, entra en el **menú Ver → Barras de Herramientas → Dibujo.**

Al pasar el ratón por encima de los botones de esta barra, se nos muestran las formas que se pueden insertar, que van desde líneas y cuadros de texto a otras formas más complejas. Son el equivalente a las Formas de Word.

Colección de formas de símbolos desplegadas de la barra de herramientas de dibujo.

Texto de Fontwork con dos barras de herramientas.

1.3. Fontwork

Es el equivalente al WordArt de Word y se encuentra dentro de la barra de herramientas de dibujo, aunque también tiene la suya propia. Al insertar un texto de Fontwork se activan dos barras de herramientas nuevas: **Fontwork** y **Configuración 3D.**

Si no lo hacen automáticamente, se pueden hacer visibles a mano, porque pueden servir para configurar el texto de Fontwork con formas distintas, sombras, inclinación, alineación, etc.

Actividad propuesta. Insertar y configurar objetos

Nombre del documento: **Writer Objetos.**

Tipo: Documento de texto ODF.

Abre un documento en blanco de Writer y aplica las siguientes instrucciones para obtener la composición de objetos que puedes ver en la imagen.

Esquina doblada

1. Elige el dibujo llamado **Esquina doblada,** del grupo Formas básicas de la barra de herramientas de Dibujo. Traza con el ratón un cuadrado.
2. Haz clic con el botón secundario del ratón en el dibujo y luego en Posición y tamaño. Dale un ancho y un alto de 4 cm.
3. Con un clic de botón secundario, elige Área. A continuación, en la pestaña Colores: Amarillo.
4. Haz clic dentro del cuadrado y escribe el texto **Esquina doblada** en Times New Roman 12. Selecciona el texto y alinéalo con un centrado horizontal desde la barra de herramientas de Writer.
5. Haz clic en el dibujo con el botón secundario del ratón y selecciona **Texto.** En **Ancla de texto** pon el punto en el centro. De este modo el texto quedará también centrado en vertical.

Casa

6. Inserta la imagen de la galería llamada **GreenHouse** del tema Ambiente.
7. Dale el tamaño de 4 x 4 cm.
8. Desde la barra de herramientas de Imagen, aplícale una transparencia del 50 %.

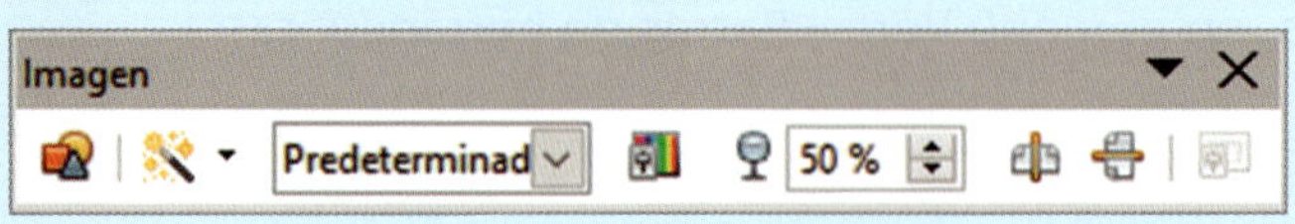

Fontwork

9. Haz clic en **Fontwork** de la barra de herramientas de Dibujo. Escoge el modelo **Favorito 1.** Se insertará en el documento como Fontwork de gran tamaño. Si haces clic dentro de ese texto, verás el mismo, en pequeño, en el centro. Modifica ese texto pequeño y en su lugar escribe la palabra **Texto.** Luego haz clic fuera del dibujo de Fontwork para aplicar el cambio y ya se habrá sustituido por la palabra Texto.
10. Haz clic con el botón secundario sobre el dibujo de Fontwork. Modifica su tamaño por 4 x 4 cm.
11. En Área se elegirá la pestaña **Mapa de bits.** El modelo: **Agua.**
12. Coloca los tres dibujos alineados en la parte superior de la página. Para alinearlos mejor, selecciona uno de ellos y luego, con la tecla Shift (Mayúsculas) pulsada, selecciona los otros dos. Haz clic con el botón secundario sobre la selección, elige **Alineación → Arriba.** Todos los objetos se colocarán al nivel del que más alto se encuentre.
13. Sigue con los tres dibujos seleccionados. Para agruparlos en un solo objeto, haz clic sobre la selección con el botón secundario y a continuación en **Agrupar → Agrupar.**
14. Guarda el documento con el nombre y el tipo indicados anteriormente.

2. Tabuladores y viñetas

2.1. Tabuladores

Los tabuladores son topes que se fijan para escribir datos en columnas. Se establecen desde el menú **Formato** → **Párrafo** → pestaña **Tabuladores**. Ahí se configura cada tope de tabulación: tipo y carácter de relleno hasta su posición, al igual que hemos visto en Word.

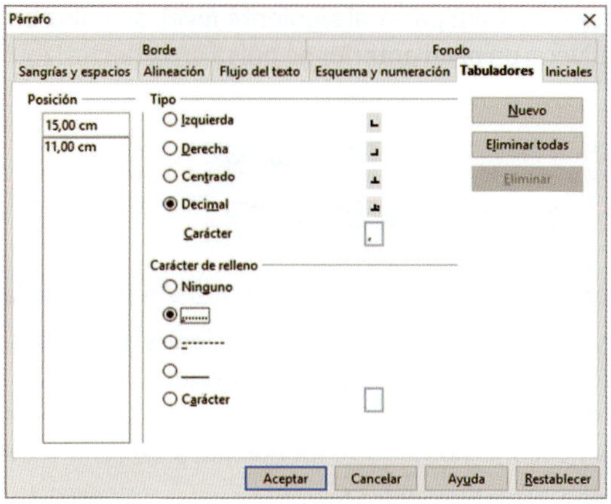

Saber más

Fijar tabuladores en la regla

Para fijar tabuladores desde la regla, se sitúa el símbolo del tipo de tabulación que deseemos y se hace clic sobre el punto de la regla donde lo vamos a fijar. Los símbolos de tabulación se encuentran al inicio de la regla.

Saber más

Se procede como en Word

Los tabuladores de Writer tienen la misma simbología que las tabulaciones de Word.

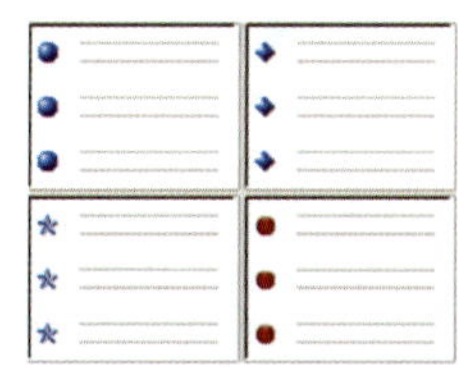

2.2. Numeración y viñetas

Se accede desde el menú **Formato** → **Numeración y viñetas**. Aparecerá una ventana desde la que podremos elegir el modelo de **viñetas, números, imágenes** o **esquema** (equivalentes a las listas multinivel de Word). En el margen podemos ver algunos de los modelos de viñetas de imagen.

Actividad propuesta. Tabuladores y viñetas

- Nombre del documento: **Writer tabuladores.**

  Tipo: Documento de texto ODF.

  Con la configuración predeterminada de Writer, reproduce el siguiente grupo de tabulaciones. Los topes están en 6,5 cm (centrado), 11 cm (centrado) y 16 cm (derecho). Los dos últimos llevan un relleno de puntos. La primera columna está sobre el margen y no necesita tabulación.

PRIMAVERA	Marzo................................	Abril................................	Mayo
VERANO	Junio................................	Julio................................	Agosto
OTOÑO	Septiembre..........................	Octubre..........................	Noviembre
INVIERNO	Diciembre............................	Enero............................	Febrero

- Nombre del documento: **Writer Viñetas.**

  Tipo: Documento de texto ODF.

  Reproduce, en un documento de tres columnas, los siguientes grupos de viñetas. El primero es de la pestaña **Viñetas,** el segundo, de la pestaña **Tipo de numeración** y el tercero, de la pestaña **Imágenes.**

✗ Juan	(a) Juan	✖ Juan
✗ Francisco	(b) Francisco	✖ Francisco
✗ Elena	(c) Elena	✖ Elena
✗ Juana	(d) Juana	✖ Juana
✗ Rodrigo	(e) Rodrigo	✖ Rodrigo

Actividad guiada. Esquemas

Nombre del documento: **Writer Esquemas.**

Tipo: Documento de texto ODF.

1. En un documento en blanco de Writer, con la página dividida en tres columnas, reproduce los esquemas siguientes, cada uno en una columna.
2. Para el primer grupo, se entra mediante **Formato → Numeración y viñetas** → Pestaña **Esquema.** Se escoge el tipo **Numérico con todos los subniveles.** A continuación, se va escribiendo la lista. Para pasar al **siguiente nivel,** se pulsa en la flecha derecha de la barra de herramientas de Numeración y viñetas. Para volver a un **nivel anterior** se pulsa en la flecha izquierda de esa barra de herramientas.

3. El segundo grupo se hace igual que el primero, aunque el modelo que se escoge es el llamado **Viñeta hacia la derecha...**
4. Para el tercer grupo, dentro de la ventana de Numeración y viñetas, abrimos la pestaña **Opciones** (no pulses en Aceptar hasta haber terminado de configurar los tres niveles anidados que tiene la lista). Para el NIVEL 1 seleccionamos 1, 2, 3. Pulsamos en NIVEL 2 y después vamos a la pestaña **Imágenes** de esa misma ventana: elegimos la imagen correspondiente al segundo nivel. Pulsamos en NIVEL 3, después vamos a la pestaña **Imágenes** y escogemos la correspondiente al tercer nivel. **Acepta** al finalizar.
5. Guarda el documento en su carpeta correspondiente con el nombre y tipo indicados.

3. Marca de agua

La marca de agua no existe en Writer con la misma filosofía que tiene en Word, pero podemos hacerlo de distintas formas:

- Existe la posibilidad de insertar imágenes como **fondo de página** en las páginas de un documento. Para que queden ligeramente transparentes (como marcas de agua), habrá que prepararlas previamente con un editor de imágenes.
- En este caso iremos al menú **Formato → Página** → Pestaña **Fondo.** En «Como», seleccionamos **Imagen,** en «Tipo», marcamos **Selección.** En «Seleccionar», buscamos la imagen que queramos insertar como fondo.
- Otra opción es **insertar una imagen** (de archivo o de la Galería). Para darle transparencia, se selecciona la imagen y se pone en modo **Filigrana.** Posteriormente, se envía al fondo para poder escribir encima de ella.

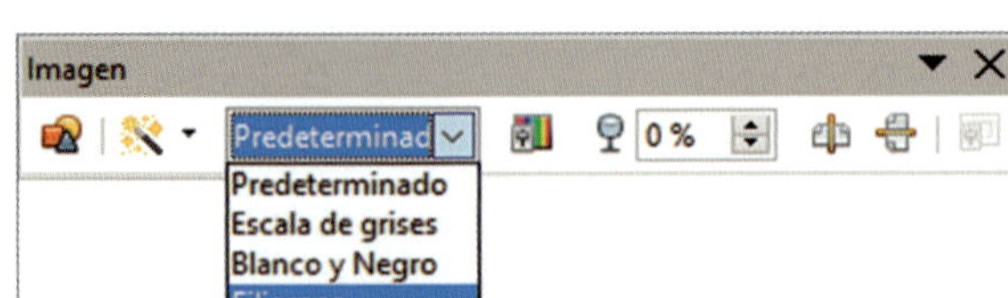

Actividad propuesta. Filigrana o marca de agua

Nombre del documento: **Writer Marca de agua.**

Tipo: Documento de texto ODF.

1. Mediante el segundo sistema que hemos visto, inserta en un documento en blanco la imagen de la **Galería** llamada **Leaf2,** del tema Ambiente. Estírala para que ocupe todo el ancho y alto de la página.
2. Déjala en modo filigrana y envíala al fondo.

PRÁCTICA PROFESIONAL INICIAL RESUELTA

Documento con objetos

1. Deja los márgenes, el tamaño y la orientación del papel como vienen por defecto. Determina la fuente Arial Narrow 11 desde el principio, pues afectará a todo el documento excepto al gráfico de barras y al SmartArt, que tendrán la fuente predeterminada. Fija el formato de párrafo.
2. Escribe el primer párrafo. Inserta la forma **Luna** (de formas básicas). Con la forma seleccionada, activa la **pestaña Formato** (de Herramientas de dibujo). Haz clic en la flecha del ángulo inferior derecho del grupo **Tamaño** y, eligiendo la pestaña **Tamaño,** escribe **1,5** cm en alto y ancho (valores absolutos). En la misma ventana, en la pestaña **Posición,** ajusta los valores absolutos que se han dado en las instrucciones. Y, de nuevo en la misma ventana, en la pestaña **Ajuste de texto,** haz clic en Estrecho (como puede verse en la imagen de referencia de la actividad, el texto va tomando la forma del contorno de la imagen; por lo tanto, lleva ajuste estrecho).
3. Pulsa la tecla Intro tras el punto final del primer párrafo. Entonces, configura las tabulaciones: la primera columna va en el margen y no necesita tabulación. Todas las tabulaciones pueden configurarse colocando los correspondientes topes de tabulación con la regla (excepto la de 12,3 que ajustarás a 12,5). Una vez colocadas en la regla, haz doble clic sobre cualquiera de ellas, elimina la de 12,5 y haz una nueva a 12,3. Hecho esto, escribe cada palabra de los títulos. Entre cada palabra, pulsa la tecla TAB. Al terminar, escribe las siguientes líneas siguiendo el mismo procedimiento.

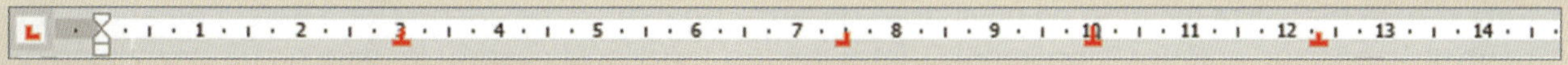

4. Pulsa la tecla Intro tres veces después de haber escrito la última línea de las tabulaciones. Sitúa el cursor en el punto siguiente al primer Intro y configura tres columnas. En la primera columna escribe la lista vertical de ciudades. Una vez terminada, pulsa sobre el comando **Viñetas** del grupo Párrafo de la pestaña Inicio. Pulsa sobre **Definir nueva viñeta** → Símbolo. En la ventana de símbolos, ten activa la fuente **Wingdings** y haz clic sobre el símbolo. La lista quedará con el símbolo insertado al principio. Haz clic sobre cualquiera de los símbolos de la lista y, en el grupo **Fuente** de la pestaña Inicio, elige color rojo. Al final de la lista, pulsa dos veces la tecla Intro para anular las viñetas y después haz clic en la pestaña **Formato** → grupo **Configurar página** → **Saltos** → **Columna.**
5. Del mismo modo, escribe en la segunda columna la lista numerada, haciendo clic en el comando Numeración del grupo Párrafo de la pestaña Inicio. Elige el tipo A, B, C. y posteriormente dale color azul. Salta a la tercera columna.
6. Configurar lista multinivel antes de escribirla: grupo Párrafo, comando **Lista multinivel** → **Definir nueva lista multinivel.** Para el primer nivel, el **Estilo de número para este nivel** será A, B, C. Si la A aparece con paréntesis, quítalo y añade un punto. Haz clic a la derecha en Fuente y escoge el color Azul. En la misma ventana donde están los niveles, pulsa sobre el nivel 2. En **Estilo de número para este nivel,** pulsa sobre **Nueva viñeta.** Se abrirán los símbolos. Busca en la fuente Wingdings el símbolo del **avión** y pulsa sobre él. Acepta. Luego, en el botón Fuente de la ventana de niveles, dale color rojo. Acepta. En la lista aparecerá la **A.** del primer nivel. Escribe la lista, teniendo en cuenta que para pasar al nivel siguiente deberás hacer clic en el comando **Aumentar sangría** del grupo Párrafo, y para ir al nivel anterior se pulsa sobre **Disminuir sangría.**

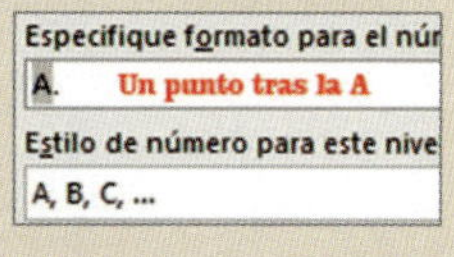

7. Pon el cursor del ratón dos líneas más abajo (ya no tenemos columnas ahí, por eso pulsamos tres veces Intro antes de configurar las columnas). Haz clic sobre la pestaña **Insertar** → **Gráfico,** y se abrirá una tabla estándar de Excel, que configurarás como se indicó en las instrucciones. Elimina la última fila y la última columna pulsando con el botón secundario del ratón sobre el número de fila o la letra de columna eligiendo Eliminar. Modifica los datos. Al terminar, cierra la tabla de Excel y modifica el título del gráfico.
8. Inserta el SmartArt del tipo **Ciclo.** Aplícale el estilo indicado en las instrucciones y escribe los textos.
9. En las pestañas **Formato** correspondientes al gráfico y al SmartArt, configura los tamaños respectivos.
10. Desde la pestaña **Diseño,** grupo **Fondo de página,** configura la **marca de agua** de texto que se ha indicado.

PRÁCTICA PROFESIONAL PROPUESTA

Presupuesto e información

Objetivos

- Diseñar un presupuesto con información adicional.
- Insertar imágenes y marca de agua.
- Agrupar imágenes.
- Realizar columnas de texto con tabulaciones.
- Crear una lista multinivel.
- Crear gráfico con datos de una tabla.
- Utilizar texto gráfico (WordArt).

Instrucciones

El modelo se encuentra en la siguiente página.

1. **Formato de papel**. A4 vertical. Todos los márgenes, de 2 cm.
2. **Membrete de la empresa.** El nombre de la empresa en fuente Bernard MT Condensed 11. Resto de datos en Calibri 11. El logo está incluido en un cuadro de texto de 1,79 cm de ancho por 4,84 cm de ancho. El texto tiene un espaciado anterior 0, posterior 0, interlineado sencillo. El cuadro de texto no tendrá relleno ni línea.

   Posición absoluta: 1,93 cm a la derecha del margen izquierdo, 0,91 cm debajo del margen superior.

   Imagen del membrete. En nuestro caso se ha insertado una imagen prediseñada buscada con Bing bajo el nombre «Pinturas», pero puedes diseñar tu propia imagen, que se usará más tarde también como marca de agua y como viñeta.

   Redimensiona la imagen, colócala detrás del cuadro de texto y agrupa ambas cosas en un solo objeto.
3. **Fuente y párrafo.** La fuente del escrito es Calibri 11. El párrafo está alineado a la izquierda y, además, tiene la siguiente configuración:

   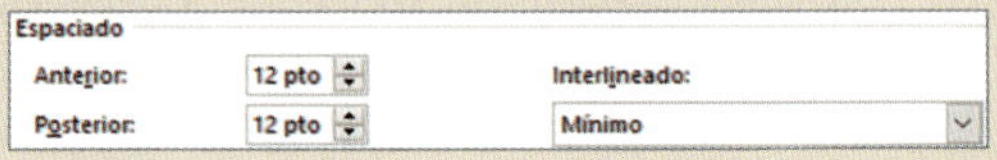

   Para las tabulaciones, excluidos los títulos, se ha decidido **No agregar espacios entre párrafos del mismo estilo.** Con la lista multinivel se hará del mismo modo.
4. **Tabulaciones.** Izquierda (5 cm), centrada (10 cm) y decimal (16 cm).

5. **Lista multinivel.** Para el primer nivel se ha utilizado la misma imagen del membrete y se le ha dado tamaño 16. Configura el siguiente nivel como en el modelo presentado.
6. **Gráfico.** Tamaño: 6,81 cm de alto y 7,25 cm de ancho. Ajuste de texto estrecho. Ubicación manual a la derecha. Configura los colores de la gráfica para que sean como los del modelo. Título en color rojo. Fuente de ejes y leyenda: Calibri 14.
7. **Forma.** Tamaño 4 x 4. Aplícale el estilo y posición que mejor se ajuste al modelo.
8. **Marca de agua.** Utiliza la misma imagen que ha servido para el membrete de la empresa.
9. **WordArt.** Fuente: Calibri 26. Utiliza el estilo de WordArt, de la forma que mejor se adapte al modelo. Texto: «Colores ecológicos».

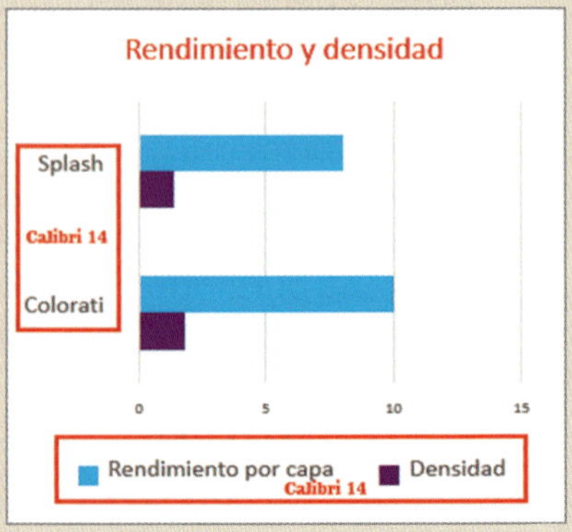

PINTURAS PRATS, S.A.
Fontiveros, 2
18012 GRANADA

Colores ecológicos

A la atención de la Asociación Olimpia

En respuesta a su petición de presupuesto y características de nuestras pinturas, les enviamos la siguiente información:

Marca	Color	Bidón	Importe (€)
Colorati	Azul	20 kg	25
Colorati	Verde	20 kg	26
Splash	Azul	15 kg	20,80
Splash	Verde	15 kg	21,85

En la lista anterior, se encuentran los tipos de envase que resultan más económicos por kilogramo de producto, aunque además disponemos de bidones con distintas capacidades:

- Colorati
  a. 0,5 kg
  b. 1 kg
  c. 5 kg
  d. 10 kg
  e. 15 kg
- Splash
  a. 1 kg
  b. 8 kg
  c. 10 kg
  d. 12 kg

Envases disponibles por marca

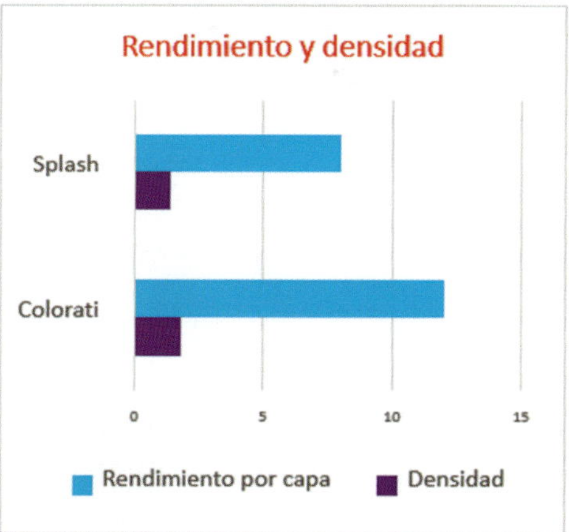

Agradecemos su confianza. Atentamente,

Jesús Cisneros

10 Procesadores de texto IV

Vamos a conocer...

1. Hipervínculos
2. Encabezado y pie de página
3. Plantillas y formularios
4. Macros
5. Combinar documentos
6. Estilos y tabla de contenido

SOFTWARE LIBRE

Apache OpenOffice. Writer IV

1. Hiperenlaces
2. Encabezamiento y pie de página
3. Plantillas
4. Macros

PRÁCTICA PROFESIONAL INICIAL

Plantilla-formulario, macro y varios documentos

PRÁCTICA PROFESIONAL PROPUESTA

Documento combinado

PRÁCTICA PROPUESTA DE BLOQUE

Formulario de pedido y carta de venta

Y al finalizar esta unidad...

- Habrás creado hipervínculos internos, externos y de correo electrónico.
- Sabrás crear y modificar encabezados y pies de página.
- Elaborarás plantillas y formularios personalizados.
- Podrás crear y eliminar macros.
- Generarás documentos como combinación de otros.
- Aplicarás los estilos a textos.
- Podrás crear índices automáticos a partir de estilos.
- Sabrás poner portadas personalizadas a los documentos.

Práctica profesional inicial

Plantilla-formulario, macro y varios documentos

1. En un documento en blanco, crea una macro de botón que abra un documento en blanco de Word en formato A4 vertical y con todos los márgenes de 4 cm. El botón aparecerá en la barra de herramientas de acceso rápido y tendrá un icono personalizado, a elegir por ti, que represente un documento en blanco. Cierra, sin guardar, los dos documentos.
2. Crea una **plantilla de Word** con el nombre **Horario** para rellenar, cuando se necesite, un horario de clases. El papel será **A5** con orientación **horizontal.** Los márgenes y fuente serán los predeterminados. Las filas de la tabla tendrán una altura de **1 cm.** El contenido de todas las celdas estará **centrado** tanto horizontal como verticalmente. La plantilla será de tipo formulario en donde la primera fila y la primera columna estarán escritas y en el resto de las celdas se insertará un **control de contenido de texto enriquecido** en donde más adelante, al utilizar la plantilla, se deberá escribir el nombre del módulo o asignatura de cada hora de clase. En esas celdas se mostrará la palabra **Módulo. Protege** el formulario. Guarda y cierra la plantilla.

HORA	LUNES	MARTES	MIÉRCOLES	JUEVES	VIERNES
1ª	Módulo	Módulo	Módulo	Módulo	Módulo
2ª	Módulo	Módulo	Módulo	Módulo	Módulo
3ª	Módulo	Módulo	Módulo	Módulo	Módulo
4ª	Módulo	Módulo	Módulo	Módulo	Módulo
5ª	Módulo	Módulo	Módulo	Módulo	Módulo
6ª	Módulo	Módulo	Módulo	Módulo	Módulo

3. Con la plantilla anterior, rellena el horario con tus propias materias de clase o con datos inventados. Guarda, sin cerrar, el documento con el nombre **Horario** y con el tipo **Documento de Word.**
4. Con el documento Horario sin cerrar, abre, **mediante la macro realizada en el punto 1,** un documento de Word en blanco con 4 cm en los cuatro márgenes.

   Guarda, sin cerrar, el nuevo documento con el nombre **Hipervínculos, portada y más.** Inserta en el documento nuevo un **encabezado** de página (a elegir de la galería) que contenga tu nombre y apellidos. Inserta un **pie** de página de tu elección, que contenga como mínimo el número de página. Tanto el encabezado como el pie de página **no serán visibles en la primera página.**

   En la primera página del documento has de escribir el siguiente índice:

   - Ir a la página 2.
   - Ir a la página 3.
   - Envía correo electrónico.
   - Visita la web del Museo del Prado.

   En la página 2 escribe únicamente **Esta es la página 2.** En la página 3 escribe **Esta es la página 3.**

   Desde el índice «Ir a la página 2» hay que hacer un hipervínculo que nos lleve al principio de la página 2. Y desde el índice «Ir a la página 3» hay que crear un hipervínculo hacia el principio de la página 3. Desde el índice «Envía correo electrónico», haz un hipervínculo a tu programa de correo electrónico con tu dirección escrita. Desde el índice «Visita la web del Museo del Prado», crea un hipervínculo a la dirección <www.museodelprado.es>.

   Pon a este documento una **portada** de la galería que muestre, como mínimo: nombre del documento, tu nombre y apellidos y la fecha actual. Guarda los cambios del documento.

1. Hipervínculos

1.1. Introducción

También se llaman enlaces, vínculos o hiperenlaces. Se trata de atajos por los que se accede a «otro lugar» haciendo clic, generalmente sobre una **palabra**, un **grupo de palabras** o cualquier tipo de **ilustración.**

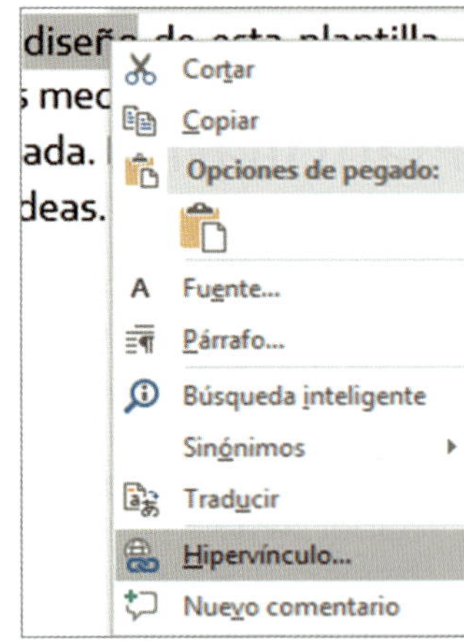

Al hacer clic con el botón secundario sobre la selección, y una vez que hayamos pulsado sobre la opción **Hipervínculo,** se abrirá la ventana de hipervínculos, en cuyo margen izquierdo se encuentran los cuatro posibles caminos a los que nos llevará el hipervínculo una vez creado.

Saber más

Hipervínculo a un documento aún no creado

Si se quiere enlazar mediante un hipervínculo un documento que aún no ha sido creado y que se almacenará en el equipo, se establece el hipervínculo sobre la palabra, frase o ilustración y **se elige Crear nuevo documento.**

Un archivo de cualquier tipo al que tengo acceso desde el ordenador o una dirección de internet.

Un lugar (página, título, palabra...) dentro del mismo documento en el que se encuentra el hipervínculo.

A un documento aún no creado, que se empezará a crear al hacer clic en ese botón.

Se abrirá el programa de correo electrónico con esa dirección ya escrita en el apartado del destinatario.

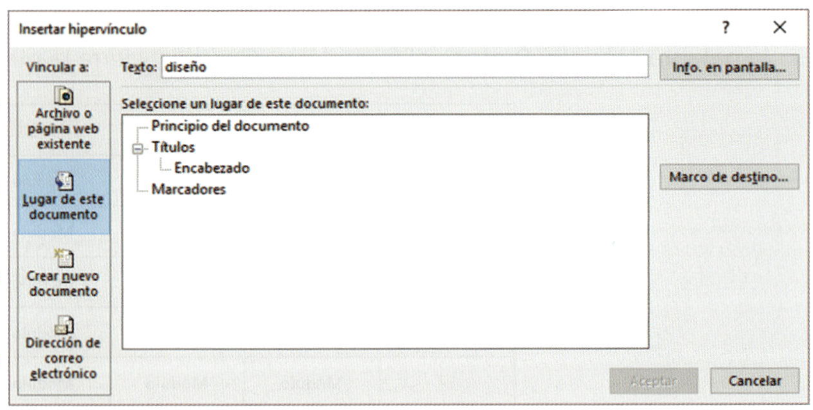

1.2. Marcadores

Cuando el hipervínculo va encaminado a llevarnos a **otro punto del mismo documento** que estamos redactando, es necesario crear **previamente** un marcador en ese punto al que deseamos ir.

Para crear el marcador hay que activar la pestaña **Insertar** → grupo **Vínculos** → **Marcador.** Se escribe el nombre que se desea dar al marcador y, al final, se pulsa en **Agregar** y en **Aceptar.**

Una vez creado el marcador, se selecciona la palabra (grupo de palabras o ilustración), se hace clic en la selección con el botón secundario del ratón y se marca Hipervínculo. Al pulsar sobre «Lugar de este documento», ya veremos la lista de marcadores que hayamos creado. Se selecciona el marcador a donde se desea que nos lleve el hipervínculo y se pulsa sobre Aceptar.

Saber más

El marcador no puede contener espacios y puede tener cualquier nombre. Ejemplo: Eventos_junio

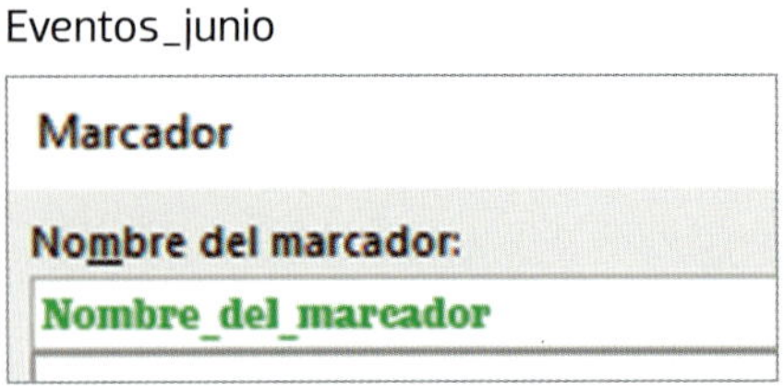

Ejemplo

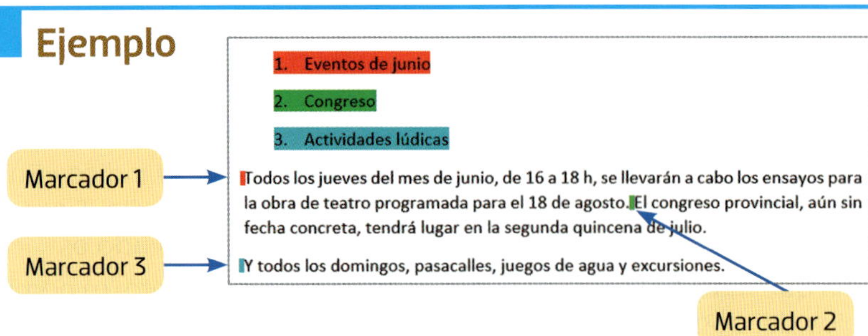

En este ejemplo habríamos seleccionado texto en rojo y puesto un hipervínculo al marcador 1. Así sucesivamente con los otros hipervínculos.

Los marcadores no quedan visibles en el texto, aunque en la imagen hemos señalado en color el lugar donde se encuentran y que corresponde al hipervínculo que hemos resaltado con el mismo color.

Actividad guiada. Hipervínculos

Nombre del documento: **Actividad 1.**

Tipo: Documento de Word.

1. Abre un documento nuevo de Word y guárdalo con el nombre y tipo que se han indicado en la carpeta de actividades de esta unidad didáctica.
2. Deja los márgenes, tamaño del papel y otras características como estén preestablecidas en Word.
3. Reproduce el texto siguiente (excepto las instrucciones, que están en *cursiva de color rojo*).

   En este ejercicio hay hipervínculos a archivos que tenemos en el equipo o en cualquier otro dispositivo de almacenamiento conectado al mismo. También vamos a insertar hipervínculos a internet.

   *Inserta en este punto un salto de página, mediante la pestaña **Insertar** → Grupo **Páginas** → **Salto de página**.*

   Estamos en la segunda página del documento llamado Actividad 1.

   Insertaremos con texto un hipervínculo externo para enlazar con la página de ONU Mujeres:

   Para acceder a ONU Mujeres, haz clic AQUÍ.

   *Selecciona la palabra AQUÍ y con el botón secundario del ratón sobre la selección, pulsa en Hipervínculo. Haz clic sobre la opción **Archivo o página web existente.***

   *En la barra de dirección escribe **www.unwomen.org/es**: Después pulsa sobre el botón **Aceptar.***

   Otra forma en la que podremos hacer un enlace a la misma página web es mediante una imagen. Para ello voy a elegir una imagen (prediseñada) en línea, bajo el nombre Mujer. Para acceder a la página de ONU Mujeres, haz clic en la imagen de la derecha.

   Selecciona la imagen y procede de la misma forma en que estableciste el hipervínculo a ONU Mujeres a través de texto.

   Con este nuevo hipervínculo se abrirá el programa predeterminado de correo electrónico con un nuevo mensaje en el que aparecerá escrita la dirección de correo electrónico de un destinatario. Para ello voy a elegir mi propia dirección de e-mail. Creo un hipervínculo a mi dirección de correo electrónico a partir de la frase **CONTACTA CONMIGO.** En el asunto del mensaje escribiré **Prueba de hipervínculos.**

   *Para hacerlo, deberás seleccionar la frase, pulsar sobre **Hipervínculo** y marcar la opción **Dirección de correo electrónico**.*

   Ahora inserto un marcador delante de la palabra También, que está en la primera página del documento.

   *Pon el cursor del ratón justo antes de la palabra «También». Desde la pestaña **Insertar** → Grupo **Vínculos** → **Marcador,** inserta un marcador que llamarás **Palabra_También.***

   Y mediante un texto de WordArt, voy a crear un hipervínculo a un lugar de este documento, es decir, justo **delante de la palabra También** de la primera página. Para crear el hipervínculo sobre un texto de WordArt es mejor hacerlo sobre el borde de la forma en lugar de seleccionar el texto.

   Para haber llegado a hacer esto, habrás tenido que elegir un hipervínculo a un lugar de este documento y señalar el marcador que anteriormente hemos creado:

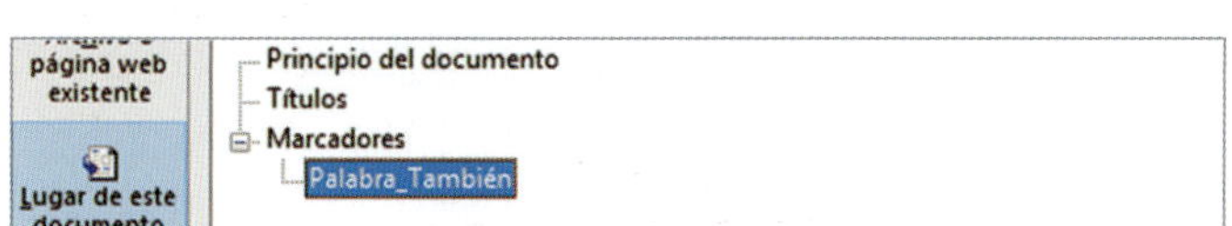

4. Comprueba que todos los hipervínculos creados funcionan correctamente haciendo clic con el botón primario del ratón mientras mantienes pulsada la tecla Ctrl (Control).
5. Guarda los cambios en el documento **Actividad 1.**

2. Encabezado y pie de página

2.1. Introducción

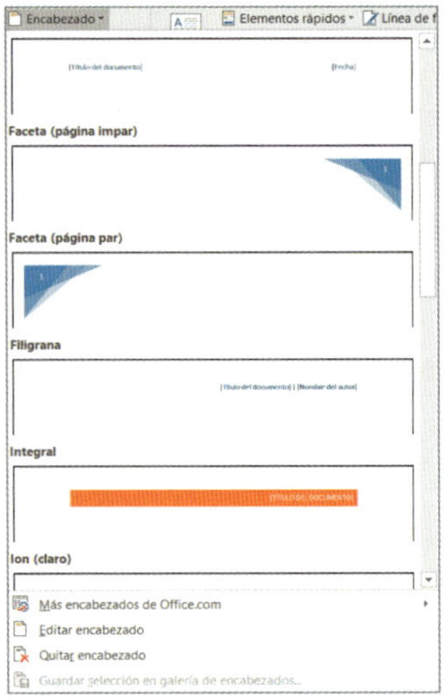

Galería de encabezados.

Los márgenes superior e inferior de un documento de Word pueden utilizarse para escribir un encabezado y un pie de página, respectivamente.

En el encabezado y el pie de página se pueden insertar tanto elementos descriptivos (título del documento, fecha, número de página, etc.) como elementos decorativos (ilustraciones).

Para insertar o modificar un encabezado o un pie de página se activa la pestaña **Insertar** y aparecen las opciones necesarias en el grupo **Encabezado y pie de página.**

2.2. Diseño de encabezado y pie de página

Cuando estamos editando un encabezado o un pie de página podemos ver una pestaña nueva en la cinta de opciones. Se trata de la pestaña **Diseño** (de Herramientas para encabezado y pie de página). Esta pestaña ofrece varios grupos de opciones: **Encabezado y pie de página, Insertar, Navegación, Opciones, Posición** y **Cerrar.**

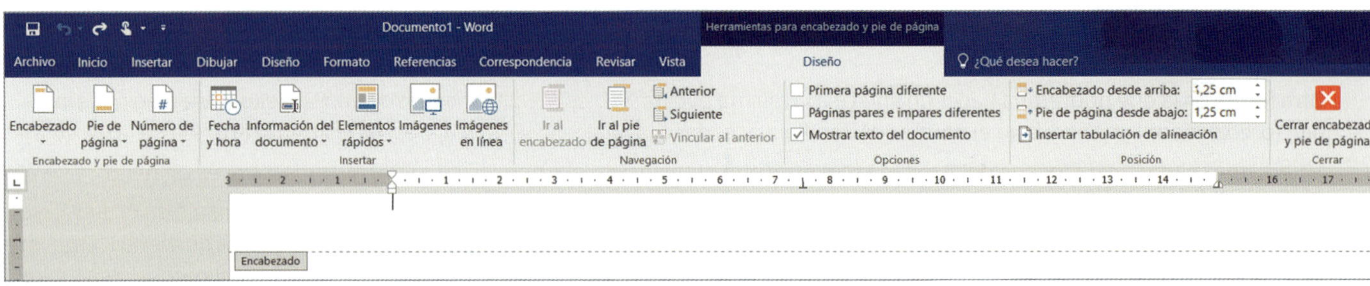

Actividad guiada. Encabezado de página

Nombre del documento: **Actividad 2.**

Tipo: Documento de Word.

1. Abre el documento anterior (Actividad 1) y guárdalo ahora con el nombre **Actividad 2** en la carpeta correspondiente a esta unidad.
2. **Insertar encabezado**

   Desde la pestaña **Insertar** → grupo **Encabezado** y pie de página → **Encabezado,** inserta un encabezado de la galería llamado **En blanco (tres columnas).**

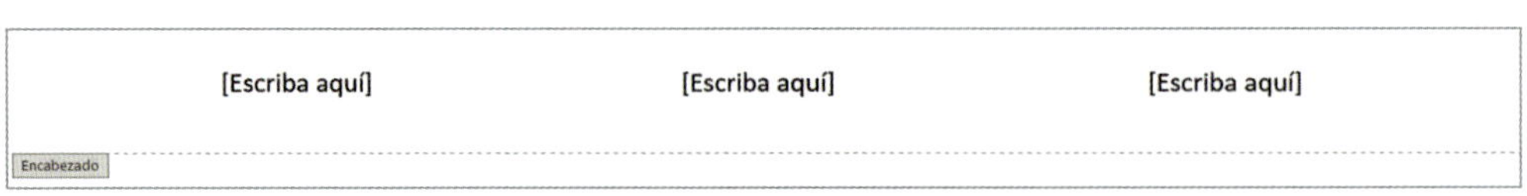

- En el primer [Escriba aquí] inserta la fecha de hoy en formato del tipo 9 de diciembre de 2018. Para conseguirlo, pulsa en el comando **Fecha** del grupo **Insertar** de la pestaña **Diseño.**

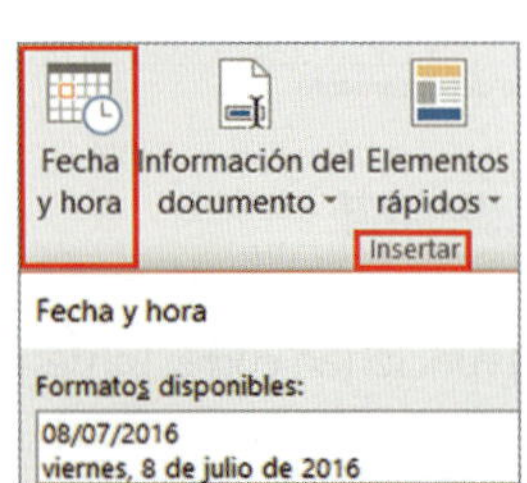

continúa >

> continuación

- En el segundo, pulsa también sobre el comando Fecha, pero esta vez escoge el formato hora (hh:mm:ss).
- En el tercero, escribe la palabra Hipervínculos.

El encabezado del documento estará ahora así (con la fecha y hora diferentes a la del modelo, naturalmente).

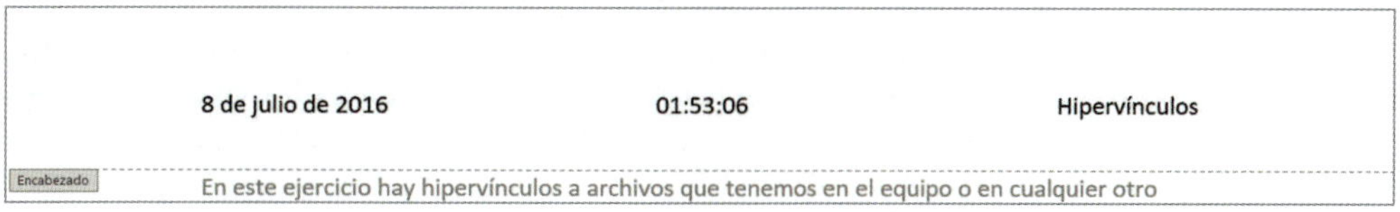

3. **Encabezado diferente en primera página**

   Si no estás editando el encabezado, haz doble clic sobre él para editarlo y ver su pestaña Diseño. En el grupo Opciones, marca la casilla **Primera página diferente.**

   Si recorres las dos páginas del documento sin salir de la edición del encabezado, podrás comprobar que este ha desaparecido de la primera página. Eso nos deja la posibilidad de dejar la **primera página sin encabezado** o de **modificar el encabezado de esa primera página,** bien sea cambiando colores, eligiendo otro estilo de la galería, agregando campos, etc.

   En esta actividad vamos a dejar la primera página sin encabezado. Marca, por tanto, la **casilla Primera página diferente** y no escribas nada en su encabezado.

   Cierra el encabezado desde el grupo Cerrar de la pestaña Diseño o bien haciendo doble clic sobre el contenido del documento.

4. Guarda los cambios y cierra el documento **Actividad 2.**

Actividad propuesta. Pie de página

Nombre del documento: **Actividad 3.**

Tipo: Documento de Word.

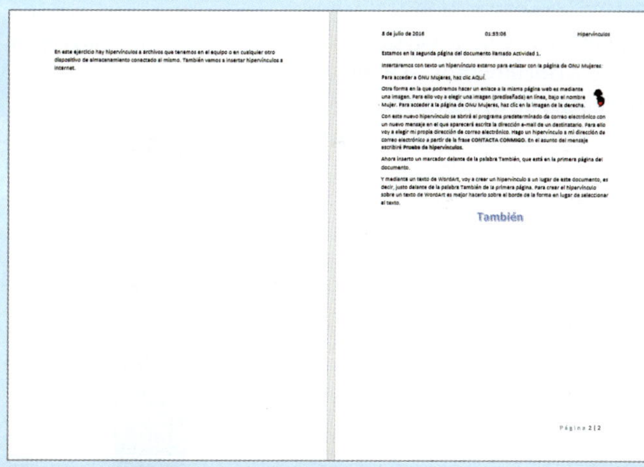

1. Abre el documento anterior (Actividad 2) y guárdalo ahora con el nombre **Actividad 3** en la carpeta correspondiente a esta unidad. Posiciona el cursor en la segunda página.
2. Inserta un pie de página de la galería de pies de página. Elige el formato **Cuadrícula.**

3. Haz que el pie de página sea visible solamente en la segunda página (es decir, primera página diferente).

   NOTA: Es posible que para conseguirlo debas quitar la marca y volver a marcar la casilla **Primera página diferente.**
4. Guarda los cambios del documento y ciérralo.

3. Plantillas y formularios

3.1. Plantillas

Las plantillas son documentos que sirven de **base** para elaborar otros documentos de uso frecuente que conservarán las mismas características que la plantilla con que han sido creados.

Utilizando plantillas, además de ahorrar tiempo y trabajo, tenemos la seguridad de que todos los documentos elaborados van a tener las mismas características en cuanto a tamaño y color de la fuente, diseño de párrafo y página, etc.

Por ejemplo, podemos crear una plantilla para escribir cartas comerciales. En esta plantilla podríamos querer que apareciera automáticamente la fecha del día en que se redacta, los márgenes, la configuración de párrafo y fuente, etc. Con todo ello, no sería necesario hacer esos ajustes cada vez que se redacte una carta nueva.

Podemos crear una plantilla:

- Comenzando con un documento en blanco de Word que se guardará como **tipo** plantilla.

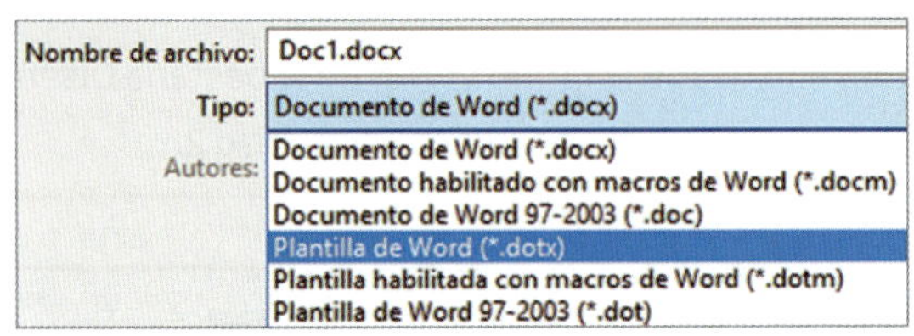

- Creándola mediante otra plantilla o con un documento ya existente, que pueden haber sido realizados por el usuario o seleccionados de la galería de Word.

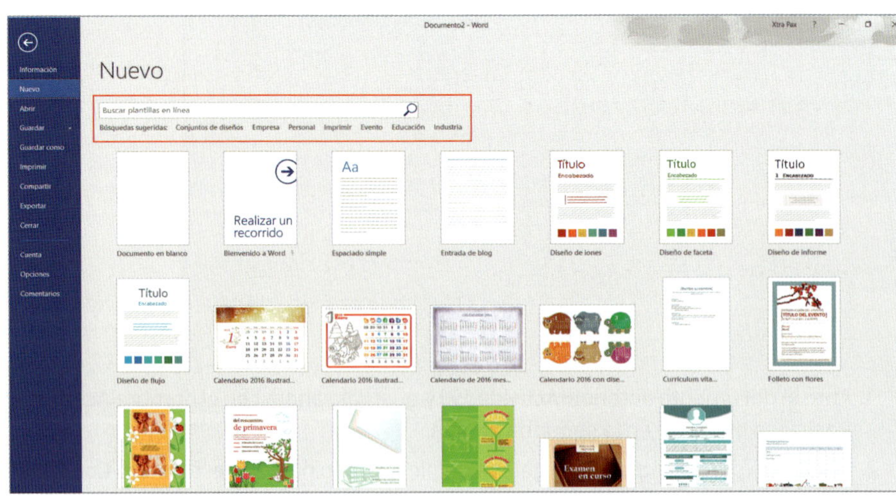

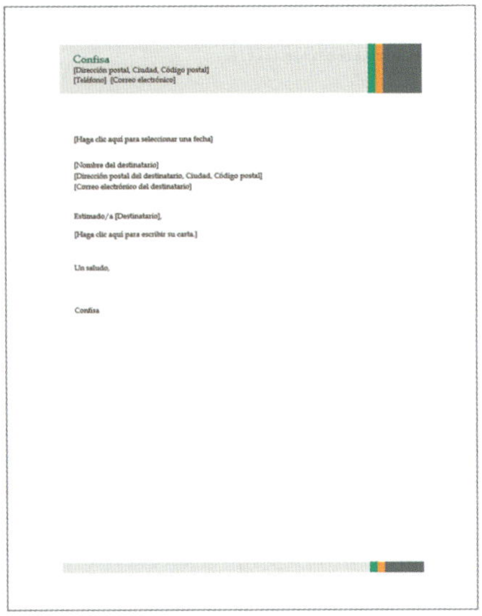

Plantilla de Word «Carta empresarial».

Saber más

¿Dónde se guardan las plantillas?

Las plantillas se guardan por defecto en la carpeta **Documentos → Plantillas personalizadas de Office.** Se puede cambiar esa configuración y también es posible copiar una plantilla de esa carpeta y ponerla en otra diferente.

Saber más

Galería de plantillas

Al crear un documento nuevo, Word muestra una galería de plantillas. Si no se encuentra la que buscamos, podremos escribir una **sugerencia** en el **cuadro de búsqueda** de la parte superior o bien pulsar sobre la **lista de temas** que se encuentra debajo del cuadro de búsqueda.

3.2. Formularios

Un formulario es un documento que está en parte cumplimentado y que deja en blanco casillas o espacios para introducir en ellos datos variables. Cualquier persona ha tenido ocasión de rellenar formularios en papel y, actualmente, también en internet.

En las actividades de este epígrafe, trabajaremos conjuntamente con plantillas y formularios.

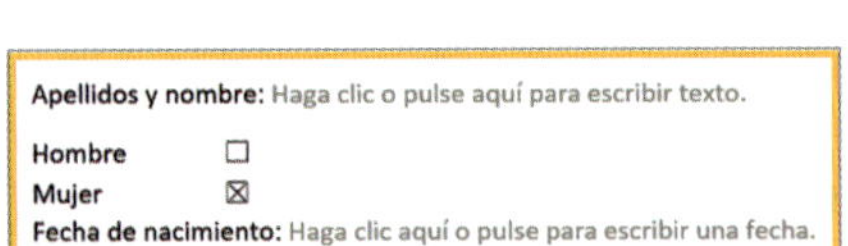

Pequeño formulario digital.

3.3. Pestaña Desarrollador

Es una pestaña que no está visible en la configuración predeterminada de Word, pero que podemos mostrar desde las **Opciones → Personalizar cinta de opciones.** En caso de dudas, repasa la Unidad 5.

Hasta la versión de Office 2010 inclusive, a esta pestaña se la llamaba Programador.

Una vez que la hayamos marcado, quedará visible en la cinta de opciones con sus grupos correspondientes. Para nuestras actividades, utilizaremos el grupo **Controles,** así como la pestaña **Insertar → Elementos rápidos.**

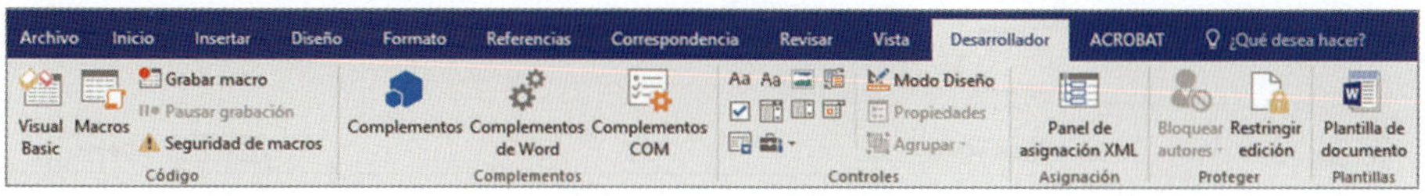

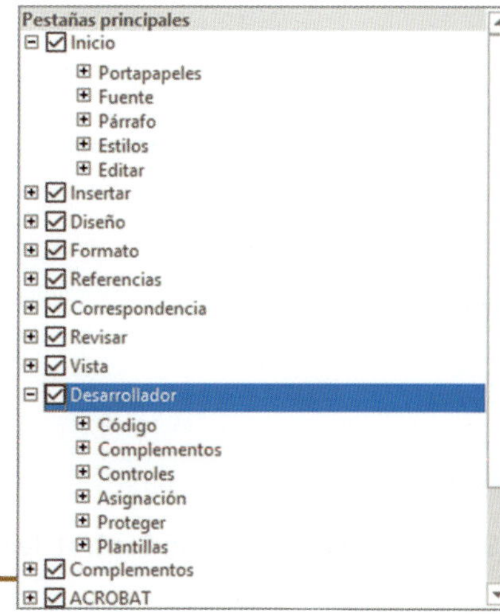

Marcar la pestaña Desarrollador para hacerla visible en la cinta de opciones.

Actividad guiada. Crear y proteger una plantilla de tipo formulario

Nombre del documento: **Actividad 4.**

Tipo: Plantilla de Word.

PARTE DE INCIDENCIAS

Nº incidencia			
Introduzca nº incidencia			
Fecha	11/07/2016	Hora	11:35
Descripción			
Indique de forma precisa y resumida la descripción de la incidencia			
Código cliente:	Escriba código		
Recibe la notificación:	Nombre del operador u operadora		

Creación del documento

1. Abre un documento de Word de tamaño A6 horizontal con los cuatro márgenes de 2 cm. El título deberá estar en fuente Calibri 11. El resto de las celdas tendrán fuente Calibri 9.
2. Reproduce la tabla del modelo y **rellena solamente el título y las celdas que tienen fuente azul.**
3. Si no está presente la pestaña **Desarrollador,** haz que se muestre en la cinta de opciones.
4. Vamos a hacer una plantilla que genere documentos con los partes de incidencias recibidos por una empresa de instalación de ventanas. La **fecha** y la **hora** del parte serán las del **momento en que se rellene** el mismo y aparecerán automáticamente.

Introducción de controles y campos

5. Ahora procedemos a rellenar las celdas variables con campos y controles que faciliten su cumplimentación.
6. **Número de incidencia:** posiciona el cursor del ratón en la celda inferior de N° Incidencia. Activa la pestaña **Desarrollador** y, en el grupo **Controles,** pulsa sobre **Control de contenido de texto enriquecido.** Una vez insertado el control tenemos que pulsar sobre **Modo diseño,** del grupo **Controles.** Modificamos la frase del control (Introduzca n° incidencia) y volvemos a pulsar en **Modo diseño** para desactivarlo. A continuación, puedes verlo paso a paso:

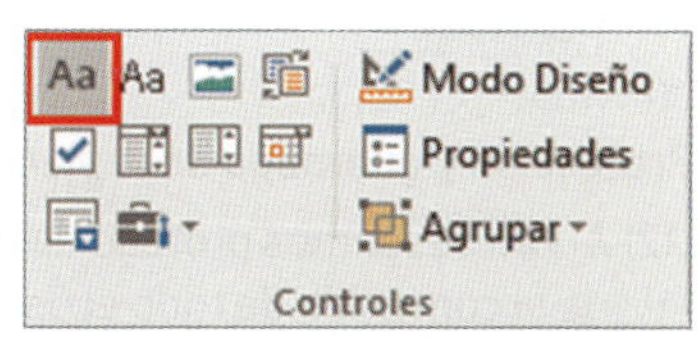

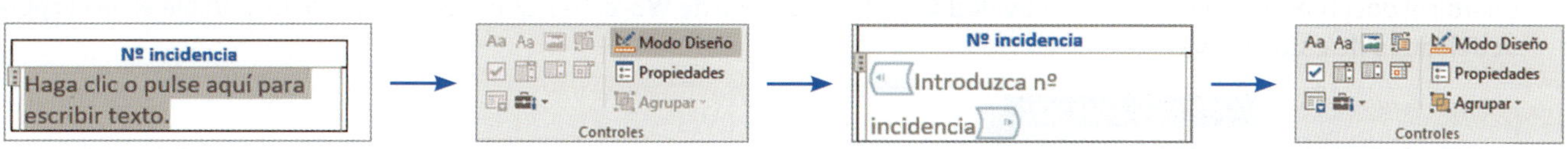

7. **Fecha:** deseamos que en el formulario aparezca la fecha en que se abre la plantilla para introducir una incidencia y que posteriormente no pueda ser modificada. Lo haremos, por tanto, desde la pestaña **Insertar** → grupo **Texto → Elementos rápidos → Campo.** Elegimos **Date,** que inserta la fecha del día. Vamos a poner el formato dd/mm/aaaa). Al terminar, pulsa en **Aceptar.**
8. **Hora:** para la hora, seguimos el mismo procedimiento que para la fecha. El formato de hora será el de 24 horas; por ejemplo, 16:55. Pulsa en **Aceptar.**

continúa ›

> continuación

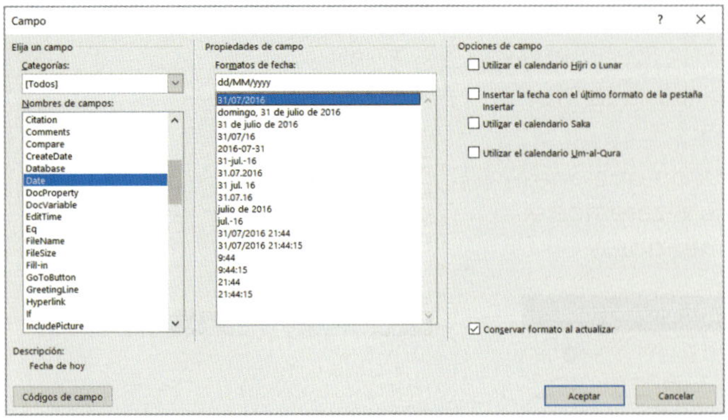

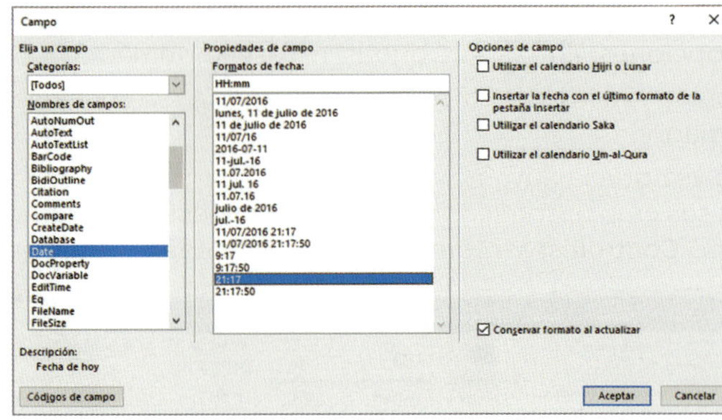

9. **Descripción:** inserta un **Control de contenido de texto enriquecido.** Procede de la misma manera en que se insertó el nº de incidencia.
10. **Código cliente:** inserta un **Control de contenido de texto enriquecido.** Procede de la misma manera en que se insertó el nº de incidencia.
11. **Recibe la notificación:** se insertará un **Control de contenido de cuadro combinado.**

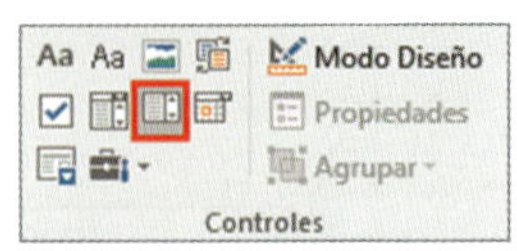

Se insertará el control, y aparecerá de esta forma: 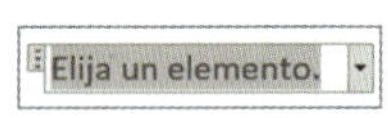

Con el nuevo elemento aún seleccionado se pulsa sobre **Propiedades** (del grupo **Controles**) y se introducen, uno a uno con el botón **Agregar,** los nombres de los operadores y operadoras que atienden las incidencias: Esther, Antonio, Judith, Ruth, Claudia, Francisco.

Activa el **Modo Diseño** para modificar el mensaje que aparecerá en la línea donde se han de introducir los nombres. Luego, desactiva el Modo Diseño.

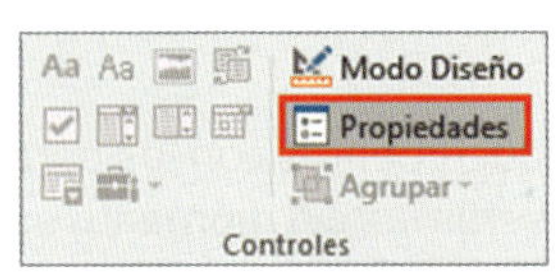

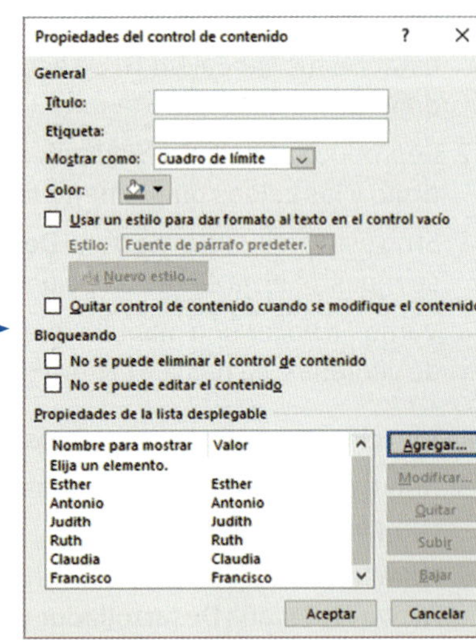

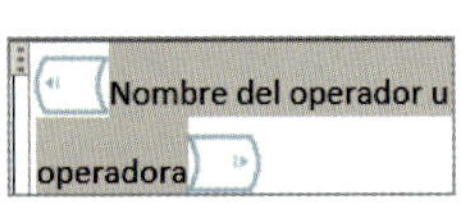

Protección y guardado de la plantilla-formulario

12. Ahora deseamos proteger la plantilla para que no se pueda modificar nada de la misma sin que pierda su operatividad. Selecciona el contenido de todo el documento y, con él seleccionado, pulsa sobre **Agrupar → Agrupar,** del grupo **Controles.** Por último, guarda el documento con el nombre **Actividad 4** y el tipo **Plantilla de Word.** Haz que la plantilla esté disponible en la **carpeta de actividades de esta unidad.**

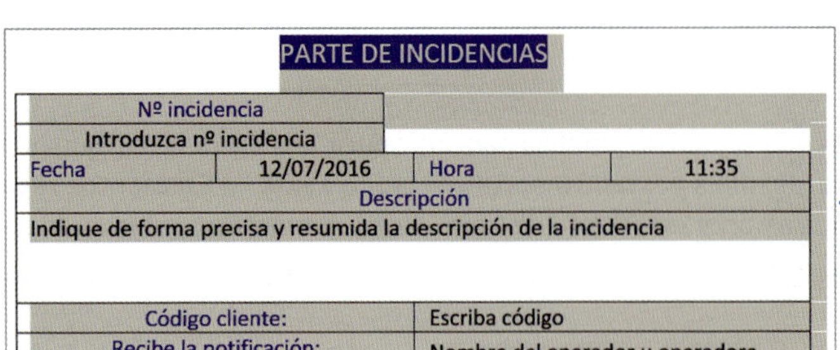

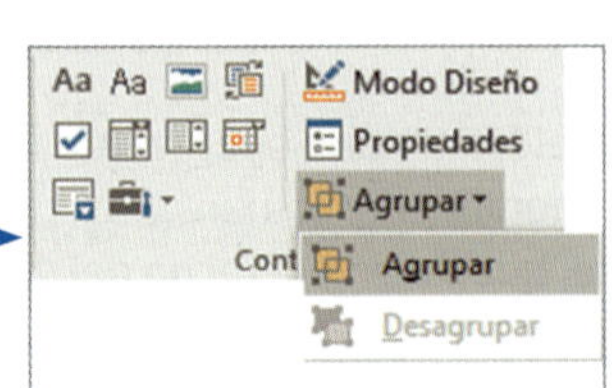

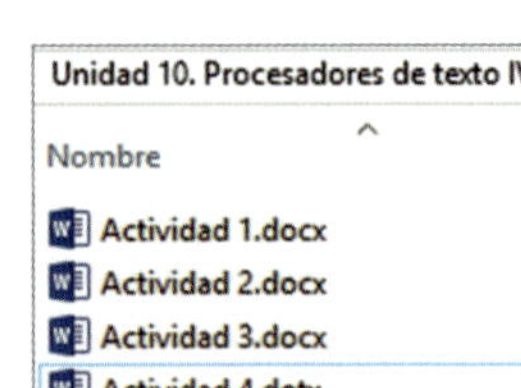

Actividad guiada. Crear documento a partir de una plantilla

Nombre del documento: **Actividad 5.**

Tipo: Documento de Word.

1. Abre la plantilla guardada anteriormente con el nombre Actividad 4.
2. Comprueba que la fecha y la hora aparecen de forma automática (ambos del momento actual) y que ninguno de los dos campos puede ser modificado.

   NOTA: La fecha y la hora, naturalmente, no serán las mismas del modelo.
3. Rellena los datos variables como puedes ver en el modelo.
4. Guarda el documento con el nombre y tipo que se han indicado, en la carpeta correspondiente a las actividades de esta unidad didáctica.

PARTE DE INCIDENCIAS

Nº incidencia			
4560			
Fecha	12/07/2016	Hora	14:06
Descripción			
La ventana instalada la pasada semana en el domicilio del cliente tiene un defecto en el sistema de cierre.			
Código cliente:	1234		
Recibe la notificación:	Antonio		

Nombre de archivo:	Actividad 5.docx
Tipo:	Documento de Word (*.docx)

Actividad propuesta. Crear certificado a partir de plantilla de Word

Nombre del documento: **Actividad 6.**

Tipo: PDF.

1. Abre un documento nuevo con una plantilla prediseñada de Word que tiene el nombre «Certificado básico para el estudiante del mes».
2. Modifica los campos que aparecen en la plantilla para que, al final, tenga la apariencia que mostramos en el modelo.
3. Protege la plantilla-formulario. Para desprotegerla, basta volver a seleccionarla y pulsar sobre Agrupar → Desagrupar.
4. Guarda el documento con el nombre y tipo indicados al principio de esta actividad.

Actividad propuesta. Plantilla y diploma a partir de plantilla

Nombre del documento: **Actividad 7.**

Tipos: Plantilla de Word y Documento de Word.

1. **Consideraciones previas.** En el Instituto de Ciencias del Universo se imparten periódicamente cursos temáticos para grupos de 5 a 10 personas. Cada vez que se realiza un curso se crean los correspondientes diplomas para las personas participantes. Se ha considerado conveniente crear una **plantilla en Word** para confeccionar posteriormente los diplomas de **todos los participantes** y que sirva para **cualquier curso** y **periodo** de duración del mismo.

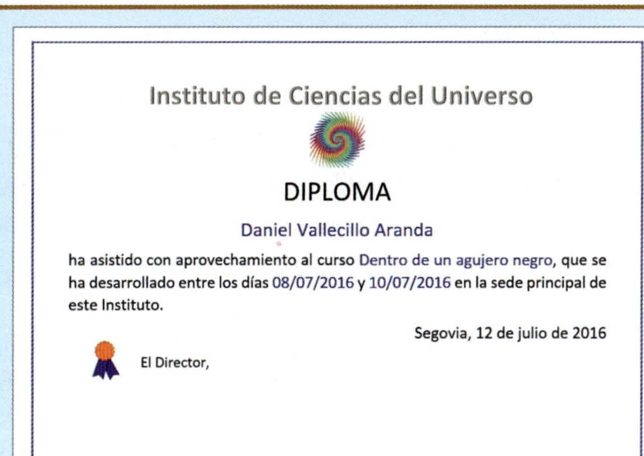

continúa >

> continuación

2. Esta actividad generará dos archivos:
   a) La plantilla. Se guardará como **plantilla de Word.**
   b) El diploma de **uno** de los participantes. Se guardará como **documento de Word.**
3. La plantilla se realizará en **A4 horizontal** con la configuración predeterminada de márgenes. El nombre Instituto de Ciencias del Universo se hará con **WordArt.** La fuente y el tamaño del resto del documento, así como las imágenes, quedan a libre elección, siempre que el resultado final esté en una sola página y resulte similar al del modelo.
4. En la siguiente imagen se dan las indicaciones de los controles y campos que se han de insertar para los **datos variables.**

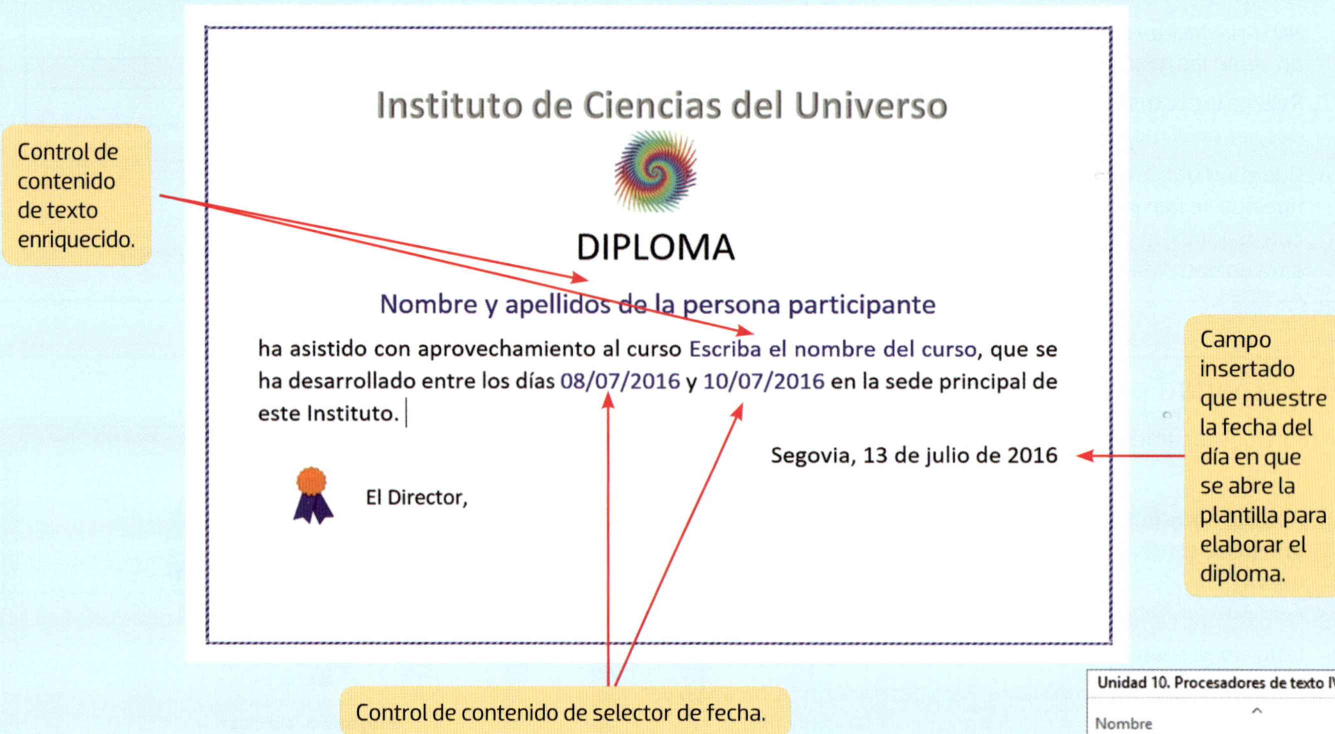

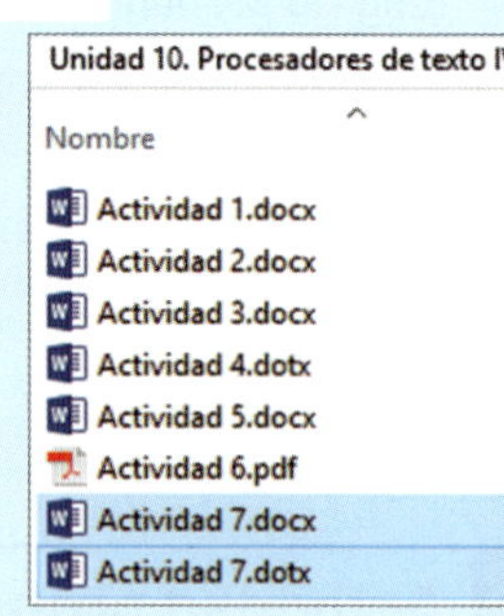

5. **Guarda la plantilla,** en la carpeta de actividades de esta unidad, con el nombre **Actividad 7.** Cierra la plantilla.
6. Con la plantilla creada, haz el diploma de una persona participante. Como ejemplo puedes tomar la imagen del modelo que se encuentra al principio de esta actividad.
7. **Guarda el diploma** como documento de Word, en la carpeta de actividades de esta unidad y con el nombre Actividad 7.

Actividad propuesta. Modelo de carta con solo membrete

Nombre del documento: **Actividad 8.**

Tipo: Plantilla de Word.

1. La empresa **Cerámicas Lorenzo** desea que se elabore una plantilla para escribir cartas comerciales en la que aparezca únicamente el **membrete en el ángulo superior izquierdo** del papel, en formato A4 vertical, sin modificar la configuración de fuente, párrafo y página que vienen por defecto, salvo lo que sea necesario modificar para el membrete.
2. Crea la plantilla. El modelo de membrete es un ejemplo que puedes modificar a tu criterio.
3. Guarda la plantilla en la carpeta de actividades de esta unidad con el nombre **Actividad 8.**

4. Macros

Imagina que una persona que realiza labores administrativas en una empresa tiene cada día que redactar infinidad de documentos (solicitudes, informes, cartas, notas interiores...) que tienen algo en común: el nombre de la empresa y la fecha del día. ¿No habría forma de evitar teclear una y otra vez esos datos? Es un pequeño ejemplo de algo que sí se puede hacer. Bastaría con pulsar un botón para que se insertara la fecha del día, y otro, diferente, para que apareciese escrito el nombre de la empresa.

Las macros se crean y modifican utilizando el lenguaje VBA (*Visual Basic para Aplicaciones*), aunque, en la práctica, también pueden crearse sin conocer ese lenguaje, utilizando únicamente las herramientas que Word proporciona en la cinta de opciones.

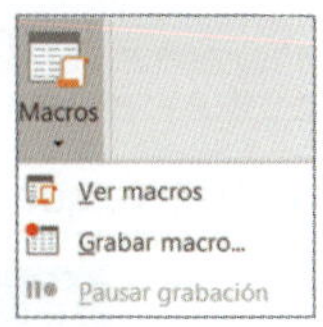

Para **ver, modificar** y **eliminar** las macros guardadas en el equipo, así como para grabar nuevas macros, accederemos desde la pestaña **Vista** → grupo **Macros.**

Saber más

Macros: botón y combinación de teclado

Al **crear una macro** podemos asignarle un **botón** o bien una **combinación de teclas** (por ejemplo, Ctrl + 7). A la hora de **ejecutar la macro,** pulsaremos el botón correspondiente o la combinación de teclas que hayamos definido.

Actividad guiada. Crear macro de botón que escriba el nombre de la empresa

Nombre del documento: **No se genera ningún documento.**

En esta actividad vamos a crear una macro que utilizaremos en otros documentos. El documento en el que vamos a crear la macro no lo vamos a guardar, pues no es necesario.

La macro consiste en escribir el nombre de la empresa para la que estamos trabajando. Cuando estemos redactando cualquier otro documento, bastará ejecutar la macro y el nombre de nuestra empresa se insertará automáticamente.

1. Abre un documento de Word en blanco.
2. Desde la pestaña **Vista** → grupo **Macros,** haz clic en la flecha inferior y, a continuación, en **Grabar macro.**

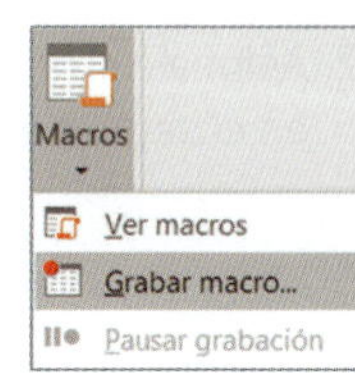

3. Se abrirá el cuadro de diálogo de grabación de macros. En primer lugar, escribe el **nombre de la macro,** que no debe contener espacios (Nombre_empresa). Después decidiremos si la macro se utilizará solo para este documento o para todos. La haremos para **todos los documentos.** Escribiremos una **descripción** (insertará el nombre de la empresa en cualquier documento de Word dentro del mismo ordenador donde se creó la macro) y, por último, pulsaremos sobre **Botón.**

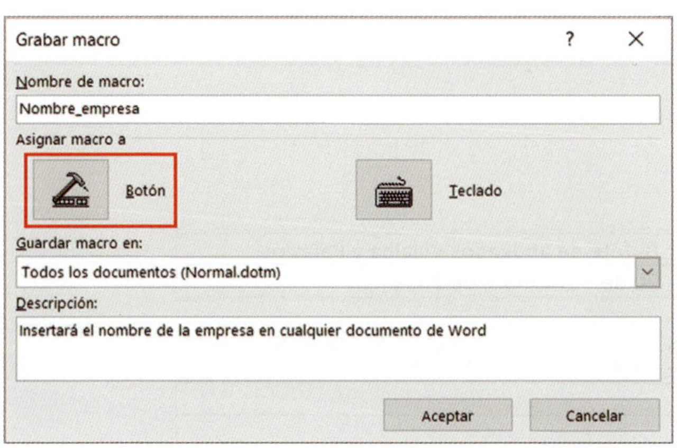

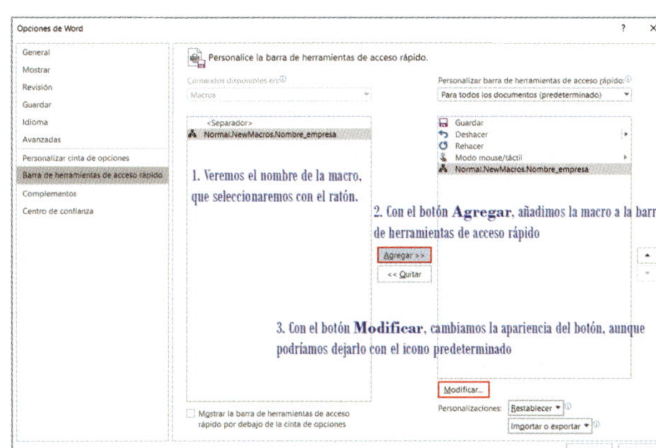

4. Tendremos a la vista la siguiente ventana, en la que puedes observar las tres instrucciones que se deben seguir:
   1) Seleccionamos la macro en la lista de la izquierda.
   2) Pulsamos el botón **Agregar,** y la macro se posicionará a la derecha (quedará en la barra de herramientas de acceso rápido).
   3) El botón que tiene por defecto es  aunque podemos cambiarlo. Para ello pulsamos sobre **Modificar** y elegimos otro de la lista:  **Aceptar** y de nuevo **Aceptar.**

continúa >

> continuación

5. Desde ese momento, el puntero del ratón se acompaña de un pequeño icono que representa una cinta de casete. Indica que cualquier acción, a partir de ese momento, quedará registrada en la macro. Por esa razón es importante seguir minuciosamente los pasos que nos lleven a tener la macro deseada que, en nuestro caso, se trata solamente de escribir el nombre de una empresa.
6. En el documento abierto, escribe el nombre de la empresa: Bufete de abogados Villalba y Palacios.
7. Coloca el cursor del ratón al final del nombre de la empresa.
8. Se ha terminado de hacer lo que queríamos, por lo tanto, **detén la grabación.** Esto puede hacerse de dos formas:
   a) Desde la pestaña **Vista** → grupo **Macros,** pulsando en la flecha y eligiendo **Detener grabación.**
   b) En la parte inferior izquierda del documento, pulsando en el recuadro como se puede apreciar en la imagen.

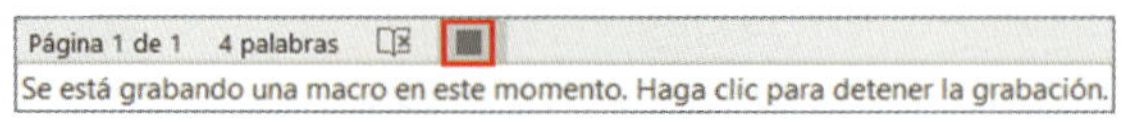

9. Una vez detenida la grabación de la macro, observa que hay un botón nuevo en la barra de herramientas de acceso rápido.

10. Cierra el documento sin guardar. Como esta macro se ha grabado de modo que esté disponible para cualquier documento, la podremos utilizar más adelante hasta que decidamos eliminarla.

Actividad propuesta. Crear macro de botón que inserte la fecha actual

Nombre del documento: **No se genera ningún documento.**

1. Del mismo modo en que se ha creado la macro de la actividad anterior, crea una macro de botón que inserte la fecha en formato xx de mes de xxxx (ejemplo: 20 de agosto de 2017). Insertarás la fecha desde la pestaña **Insertar** → grupo **Texto** → **Fecha y hora.**
2. Asígnale el botón que prefieras de la galería de botones disponibles para macros. En nuestro caso, hemos optado por el que ves en el segundo recuadro de la imagen.

3. Una vez grabada la macro y detenida la grabación, cierra el documento sin guardar.

Actividad guiada. Ejecutar macros

Nombre del documento: **Actividad 9.**

Tipo: Documento de Word.

Nombre de la empresa	Bufete de abogados Villalba y Palacios
Fecha	20 de noviembre de 2018

1. Abre un documento nuevo de Word e inserta una tabla de dos filas y dos columnas con el siguiente contenido:

Nombre de la empresa	
Fecha	

2. Pon el cursor del ratón en la segunda columna, primera fila, y pulsa sobre el **botón de macro** correspondiente a insertar el nombre de la empresa. Recuerda que está en la barra de herramientas de acceso rápido. El nombre de la empresa quedará insertado en su celda.
3. Ahora, con el cursor del ratón en la segunda columna, segunda fila, pulsa sobre el **botón de macro** que has creado en la barra de herramientas de acceso rápido para insertar la fecha actual.
4. Habrás obtenido una tabla como la del modelo que mostramos al principio de esta actividad.
5. Guarda el documento, con el nombre y tipo anteriormente indicados, en la carpeta de las actividades de esta unidad didáctica.

5. Combinar documentos

Varios documentos se pueden unir para crear uno solo y esto se puede llevar a cabo de dos formas:

1. Abrimos el primer documento y colocamos el cursor en el punto donde queramos insertar el siguiente. A continuación, seleccionamos el contenido completo del segundo documento desde la pestaña **Inicio** → grupo **Editar** → **Seleccionar** → **Seleccionar todo.** Hacemos clic en **Copiar.** Volvemos al primer documento y hacemos clic en **Pegar.**

   Así sucesivamente se irán uniendo otros documentos, si los hubiera.

2. La otra forma está especialmente recomendada en el caso de que los documentos que se van a combinar fuesen varios: se abre el primer documento y se coloca el cursor en el punto en donde queremos insertar el siguiente. Insertaremos los demás documentos (de uno en uno o todos de una vez, desde la pestaña **Insertar** → grupo **Texto** → **Objeto** → **Insertar texto de archivo.** Se va a la ubicación en la que tenemos el documento, se hace clic sobre él y se pulsa sobre el botón **Insertar.**

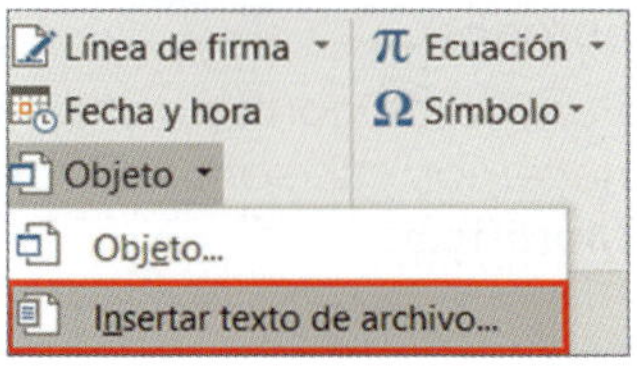

Cuando los documentos son varios y están en la misma carpeta, se facilitará la tarea si seleccionamos el primero, pulsamos la tecla Mayúsculas (Shift) y seleccionamos el último. De ese modo quedan todos seleccionados. Después pulsamos **Insertar** y se colocarán en orden en el documento de destino.

Saber más

Seleccionar todo el contenido de un documento

Podemos utilizar el atajo de teclado Ctrl + E.

Recuerda

Opciones de pegado

Cuando vayamos a pegar el contenido de un documento en otro, debemos tener en cuenta las opciones de pegado según deseemos que el texto pegado adquiera las características del primer documento, conservar las del documento de donde procede o combinar el formato de ambos. (Ver Unidad 8).

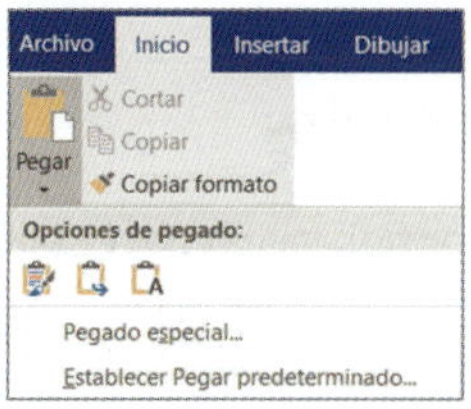

Actividad guiada. Combinar dos documentos

Nombre del documento: **Actividad 10.**

Tipo: Documento de Word.

1. Si no lo tenían puesto, vamos a poner un **título** de cabecera a las **actividades 1, 2, 3 y 4** de la **Unidad 7.** El título será del tipo **Actividad x,** en formato de fuente Calibri 11.
2. Para que nos quede un documento más homogéneo, elimina, si las hubiera, las interlíneas insertadas después de cada uno de los documentos.
3. Guarda los cambios de cada una de esas actividades y ciérralas.
4. Abre el documento **Actividad 1** de la Unidad 7.
5. Después del último punto, pulsa dos veces la tecla Intro para anular la lista numerada.
6. Deja el cursor en ese mismo sitio donde ha quedado y haz clic en la pestaña **Insertar** → Grupo **Texto** → **Objeto** → **Insertar texto de archivo.** Ve a la carpeta de actividades de Word de la unidad 7, señala con el ratón la Actividad 2, pulsa la tecla Shift (Mayúsculas) y, sin soltarla, pulsa sobre la actividad 4.
7. Cuando las tres actividades (2, 3 y 4) estén marcadas, haz clic en el botón **Insertar.**
8. Los tres documentos se habrán colocado en orden y tendremos un documento nuevo que debemos guardar, con el nombre y el tipo arriba indicados, en la carpeta de actividades de la presente unidad didáctica.

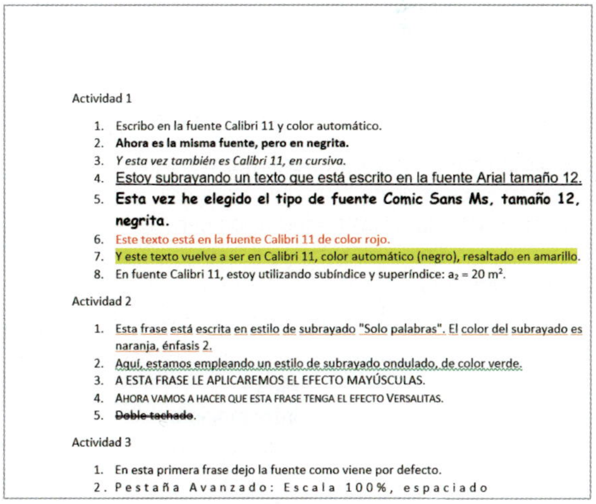

Actividad 1

1. Escribo en la fuente Calibri 11 y color automático.
2. **Ahora es la misma fuente, pero en negrita.**
3. *Y esta vez también es Calibri 11, en cursiva.*
4. Estoy subrayando un texto que está escrito en la fuente Arial tamaño 12.
5. **Esta vez he elegido el tipo de fuente Comic Sans Ms, tamaño 12, negrita.**
6. Este texto está en la fuente Calibri 11 de color rojo.
7. Y este texto vuelve a ser en Calibri 11, color automático (negro), resaltado en amarillo.
8. En fuente Calibri 11, estoy utilizando subíndice y superíndice: $a_2 = 20\ m^2$.

Actividad 2

1. Esta frase está escrita en estilo de subrayado "Solo palabras". El color del subrayado es naranja, énfasis 2.
2. Aquí, estamos empleando un estilo de subrayado ondulado, de color verde.
3. A ESTA FRASE LE APLICAREMOS EL EFECTO MAYÚSCULAS.
4. AHORA VAMOS A HACER QUE ESTA FRASE TENGA EL EFECTO VERSALITAS.
5. ~~Doble tachado~~.

Actividad 3

1. En esta primera frase dejo la fuente como viene por defecto.
2. P e s t a ñ a   A v a n z a d o :   E s c a l a   1 0 0 % ,   e s p a c i a d o

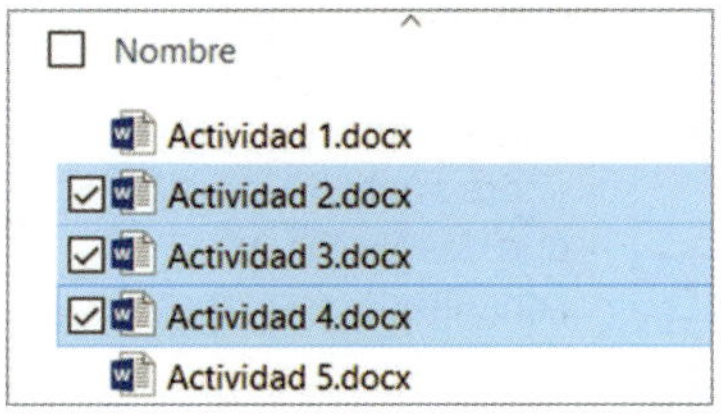

6. Estilos y tabla de contenido

6.1. Estilos

Para ayudar a realizar documentos más homogéneos y estéticos, se pueden aplicar estilos a los textos. Un estilo es una combinación de fuentes, colores y configuración de párrafo. La galería de estilos de Word se encuentra en la pestaña **Inicio** → grupo **Estilos**.

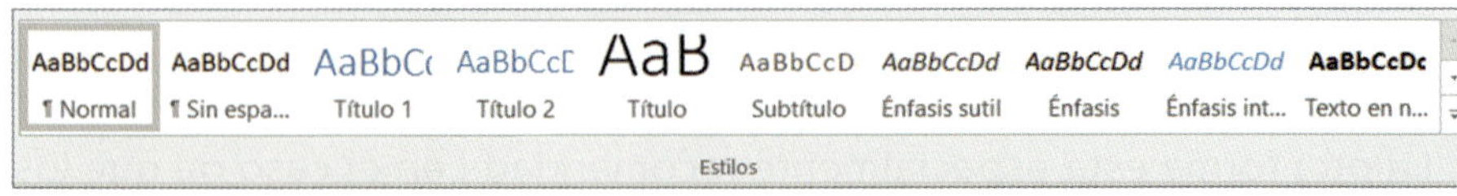

Cuando escribimos un texto sin determinar un estilo para el mismo, se estará utilizando por defecto el estilo **Normal** (el primero que vemos en la imagen anterior).

Para ver la configuración que tiene un estilo o cambiarla, si lo deseamos, hacemos clic sobre él con el botón secundario del ratón y seleccionamos **Modificar**.

Saber más

Formato de documento

Una vez que hayamos aplicado los estilos a un documento podremos, si así lo deseamos, darle **Formato** de la galería de formatos o aplicarle algún **Tema**.

Esto se hace desde la pestaña **Diseño** → grupo **Formato del documento**.

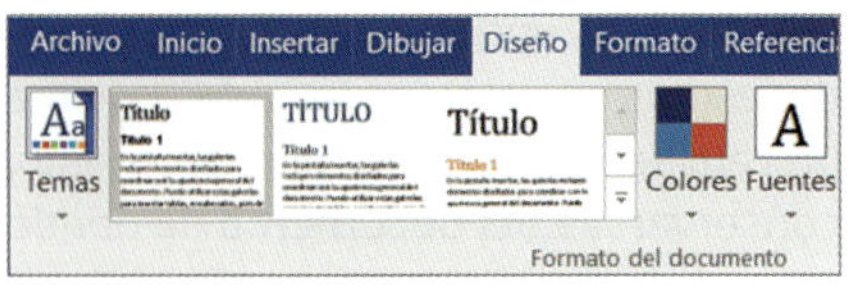

Ejemplo

Ver la configuración del estilo Título 2

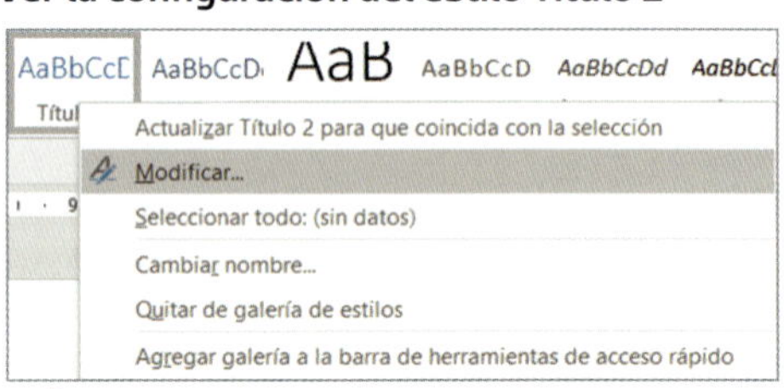

Paso 1. Con el botón izquierdo del ratón, seleccionamos el estilo **Título 2.** Pulsamos sobre **Modificar.**

Paso 2. Obtenemos esta ventana en la que nos aparece información sobre la fuente, su color y tamaño, la configuración del párrafo, etc. En esta ventana podremos hacer cambios.

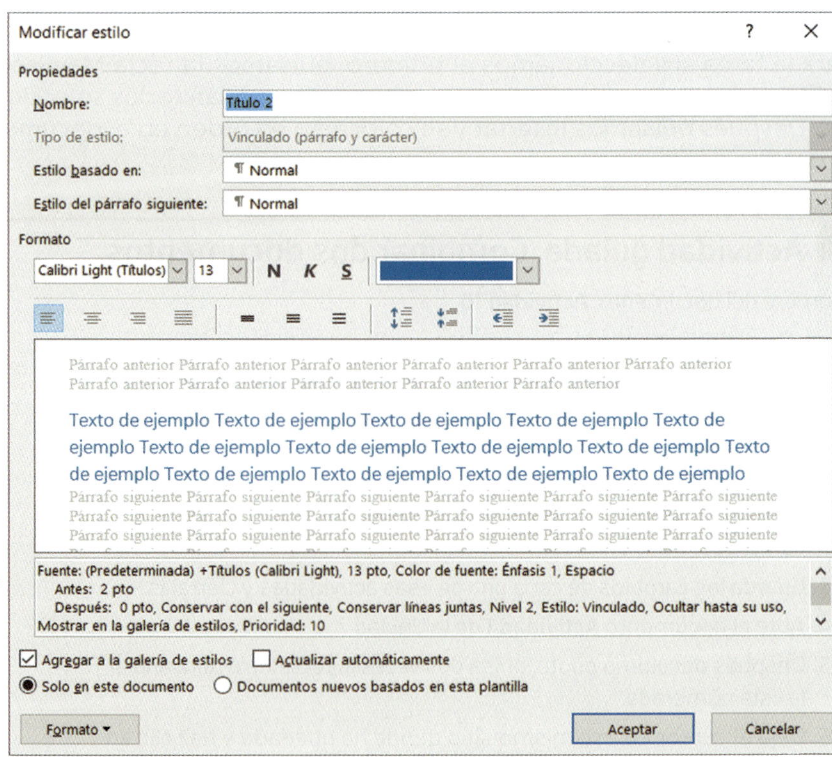

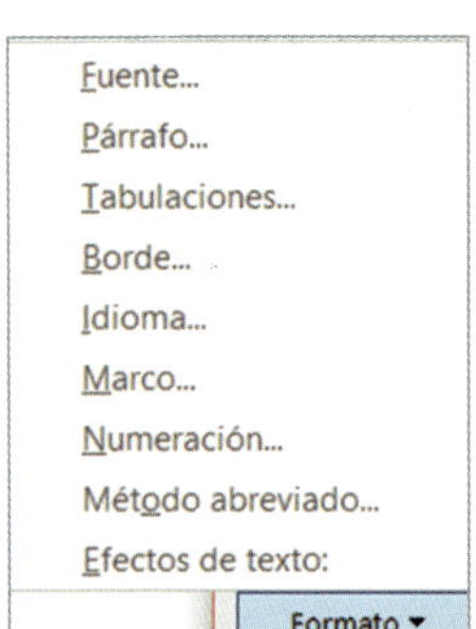

Más información. Si deseamos obtener información más pormenorizada, pulsaremos sobre aquello que deseamos consultar o modificar.

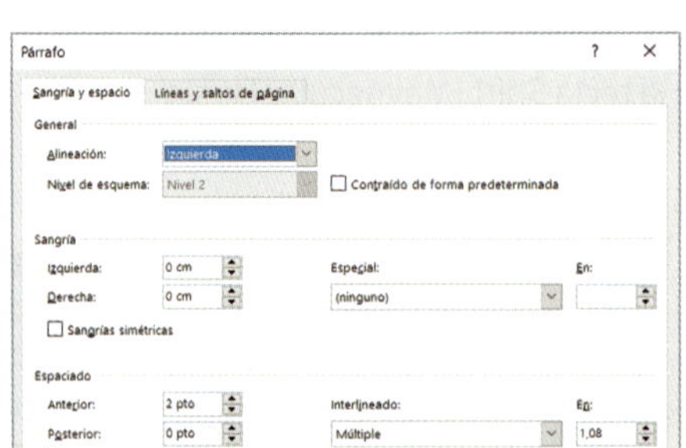

Detalles de Formato de párrafo del estilo Título 2.

Actividad guiada. Aplicar estilos a texto

Nombre del documento: **Actividad 11.**

Tipo: Documento de Word.

1. Abre la Actividad 10 de esta unidad y guárdala ahora como **Actividad 11.**

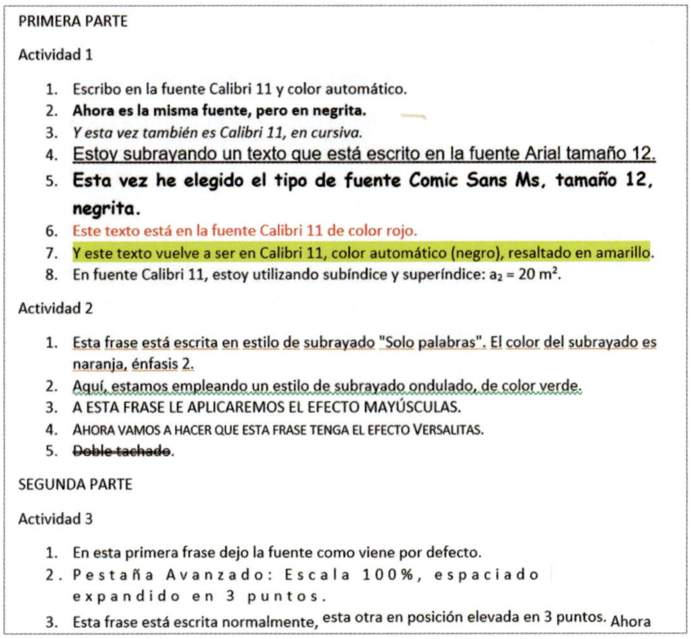

PRIMERA PARTE

Actividad 1

1. Escribo en la fuente Calibri 11 y color automático.
2. **Ahora es la misma fuente, pero en negrita.**
3. *Y esta vez también es Calibri 11, en cursiva.*
4. Estoy subrayando un texto que está escrito en la fuente Arial tamaño 12.
5. **Esta vez he elegido el tipo de fuente Comic Sans Ms, tamaño 12, negrita.**
6. Este texto está en la fuente Calibri 11 de color rojo.
7. Y este texto vuelve a ser en Calibri 11, color automático (negro), resaltado en amarillo.
8. En fuente Calibri 11, estoy utilizando subíndice y superíndice: $a_2 = 20\ m^2$.

Actividad 2

1. Esta frase está escrita en estilo de subrayado "Solo palabras". El color del subrayado es naranja, énfasis 2.
2. Aquí, estamos empleando un estilo de subrayado ondulado, de color verde.
3. A ESTA FRASE LE APLICAREMOS EL EFECTO MAYÚSCULAS.
4. AHORA VAMOS A HACER QUE ESTA FRASE TENGA EL EFECTO VERSALITAS.
5. ~~Doble tachado~~.

SEGUNDA PARTE

Actividad 3

1. En esta primera frase dejo la fuente como viene por defecto.
2. Pestaña Avanzado: Escala 100%, espaciado expandido en 3 puntos.
3. Esta frase está escrita normalmente, esta otra en posición elevada en 3 puntos. Ahora

2. En la línea anterior al título Actividad 1, introduce la frase PRIMERA PARTE.
3. En la línea anterior al título Actividad 3, introduce la frase SEGUNDA PARTE.
4. Selecciona la frase PRIMERA PARTE y pulsa sobre la pestaña **Inicio** → grupo **Estilos** → **Título 1.**
5. Del mismo modo, aplícale a la frase SEGUNDA PARTE el estilo Título 1.
6. Selecciona los nombres de las cuatro actividades (Actividad 1, Actividad 2, etc.) y aplícales el estilo **Título 2.**

   NOTA: No importa cómo estén configurados los estilos Título 1 y Título 2 en tu ordenador, simplemente aplica los que aparezcan con esos nombres.
7. Inserta un salto de página al principio de la frase SEGUNDA PARTE.
8. Guarda los cambios del documento Actividad 11 y ciérralo.

6.2. Tabla de contenido

Una tabla de contenido es un índice automático que puede modificarse y que Word creará en función de los títulos que contenga el texto. El usuario puede decidir cuántos niveles como máximo desea utilizar.

Para crear una tabla de contenido se posiciona el cursor del ratón en el lugar donde queramos ubicarla (normalmente los índices se colocan al principio de un documento, pero pueden ponerse también al final del mismo). Después, se activa la pestaña **Referencias** → grupo **Tabla de contenido** → **Tabla de contenido** y podremos observar la galería.

Al final de la galería de tablas de contenido tenemos, entre otras, la opción de crear una **tabla personalizada.** Si pulsamos esa opción, obtendremos la ventana de personalización.

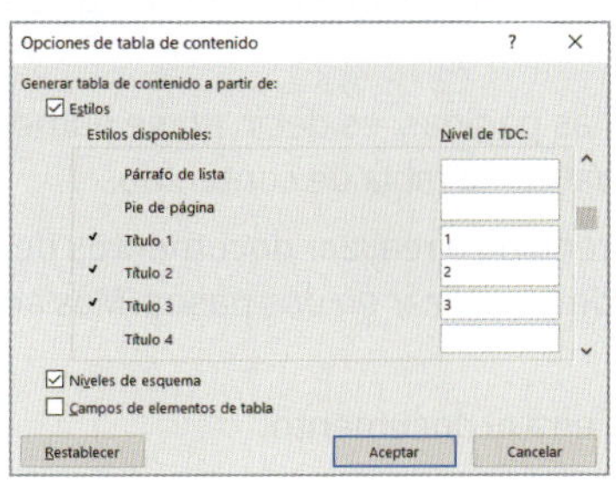

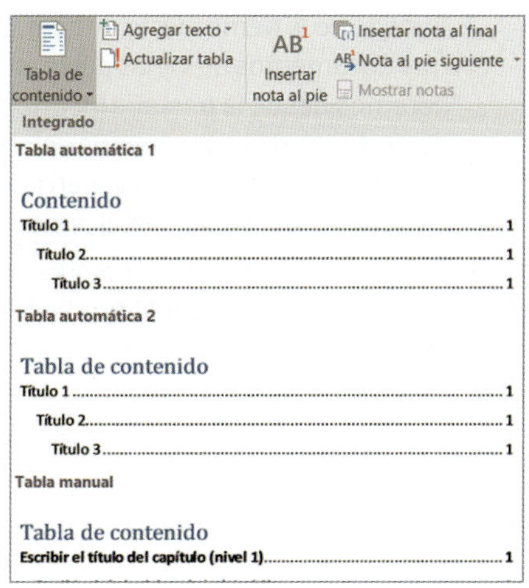

Galería de tablas de contenido (automáticas y manual).

Actividad guiada. Crear y actualizar tabla de contenido y poner portada a un documento

Nombre del documento: **Actividad 12.**

Tipo: Documento de Word.

Crear la tabla de contenido

1. Abre la Actividad 11 de esta unidad y guárdala ahora como **Actividad 12.**
2. Coloca el cursor al principio de la frase PRIMERA PARTE.
3. Ve a la pestaña **Referencias** e inserta la tabla de contenido de la galería que aparece con el nombre **Tabla automática 1.**
4. Se insertará el índice de tu documento con el número de página donde se encuentra cada título (de los dos niveles de títulos que hemos aplicado en Estilos).

Contenido

PRIMERA PARTE 1
  Actividad 1 1
  Actividad 2 1
SEGUNDA PARTE 2
  Actividad 3 2
  Actividad 4 2

5. Ahora vamos a desplazar la frase PRIMERA PARTE a la página siguiente. Para ello, posiciona el cursor al principio de esa frase e introduce un salto de página (Insertar → Salto de página).

   Al hacer esto, los números de página que tenemos en el índice ya no serán los mismos, naturalmente, pues el título PRIMERA PARTE estará en la página 2, aunque en la tabla de contenido seguirá apareciendo en la página 1. Esto lo vamos a resolver en el punto siguiente.

Actualizar tabla de contenido

6. Haz un clic con el botón primario del ratón sobre la tabla de contenido. Pulsa en **Actualizar tabla** y luego marca Actualizar solo los números de página. **(Si hubiésemos introducido contenido nuevo en nuestro documento** con nuevos títulos, tendríamos que marcar Actualizar toda la tabla). De inmediato tendremos el índice actualizado.

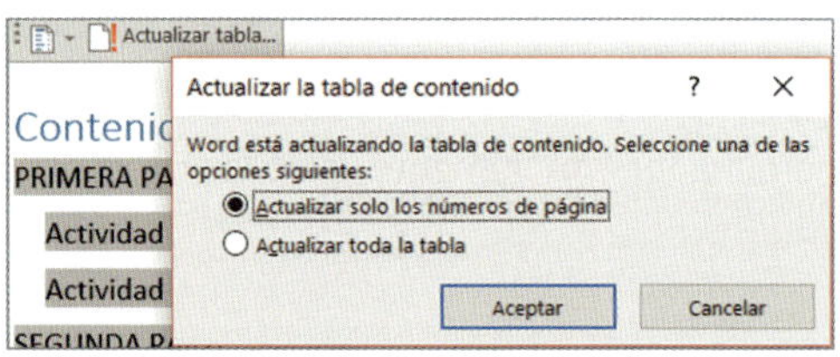

→

Contenido

PRIMERA PARTE 2
  Actividad 1 2
  Actividad 2 2
SEGUNDA PARTE 3
  Actividad 3 3
  Actividad 4 3

Crear una portada para el documento

7. Aunque no lo hemos visto en ninguna actividad hasta el momento, es una tarea fácil y dará a nuestros documentos de varias páginas una apariencia más estética. Se trata de ponerle una portada. Lo haremos desde la pestaña **Insertar** → grupo **Páginas** → **Portada.** Tenemos disponible una galería de portadas de la que hemos seleccionado para esta actividad la que lleva por nombre **Whisp.** No es necesario poner el cursor en ningún sitio concreto antes de insertar la portada porque esta, en cualquier caso, se pondrá al principio del documento.

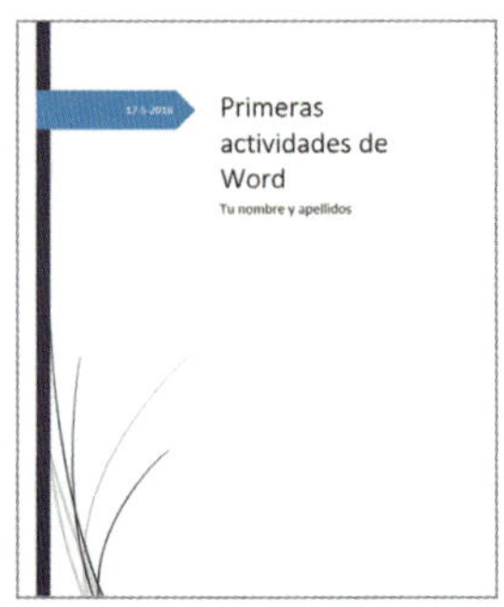

8. Personaliza la portada. El nombre del documento será **Primeras actividades de Word.** El nombre del autor, **tu nombre y apellidos.** En la fecha, la del día en que realizas esta actividad. Puedes eliminar el campo Empresa.
9. La portada no afecta a la numeración de las páginas, es decir, no se numera como página aparte, con lo que no será necesario volver a actualizar la tabla de contenido.
10. Con estas últimas actividades hemos aprendido a realizar documentos de varias páginas con una apariencia estética y homogénea y un índice automático que se puede actualizar en dos pasos. Más adelante, en las prácticas profesionales, volveremos a realizar un trabajo similar, ya sin ayuda.
11. Guarda los cambios de la **Actividad 12** y cierra el documento.

Apache OpenOffice. Writer IV

1. Hiperenlaces

También llamados hipervínculos o enlaces, son rutas de acceso a otro archivo, a una página web, al programa cliente de correo electrónico o a un punto concreto del documento activo.

Después de seleccionar el texto o la ilustración que nos servirá de enlace, se hace clic en el menú **Insertar → Hiperenlace,** o bien se pulsa en **Hiperenlace** de la barra de herramientas.

El funcionamiento de los hiperenlaces en Writer es idéntico al que hemos estudiado para los hipervínculos en Word.

Enlace a otro punto del mismo documento

a) Se coloca el cursor del ratón en el punto a donde nos llevará el enlace que crearemos después. En ese punto se hace clic en el menú **Insertar → Marcador.** Se le pone un nombre al marcador y se acepta.

b) Para crear el hiperenlace hacia ese punto en el que hemos colocado el marcador, se selecciona el texto o la ilustración en donde vamos a colocar el hiperenlace, se hace clic en **Hiperenlace** y, después, en **Documento** (margen izquierdo). Se marca la diana azul y roja que hay al final de **Destino,** se expande **Marcadores** y se elige el marcador anteriormente puesto.

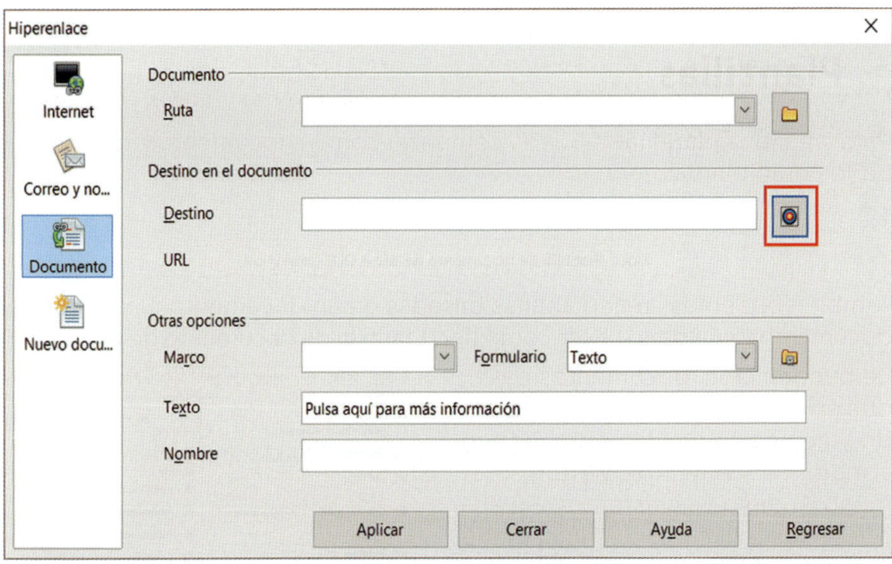

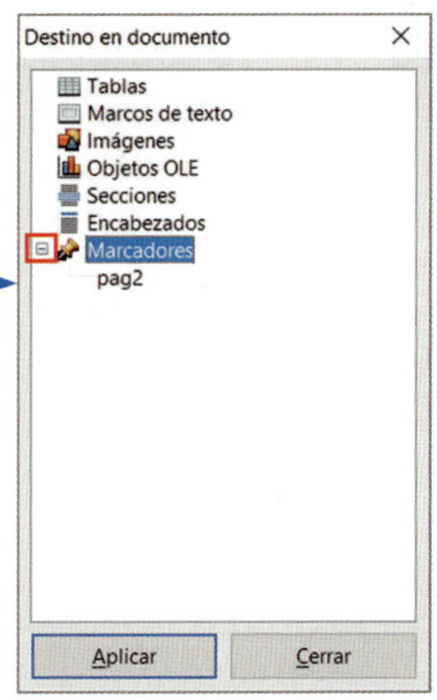

Saber más

Las dos formas de crear un hiperenlace sobre un texto o ilustración previamente seleccionados son las siguientes:

1.

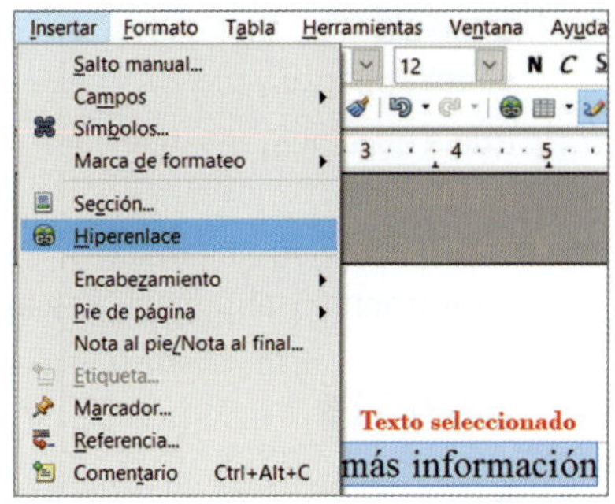

2.

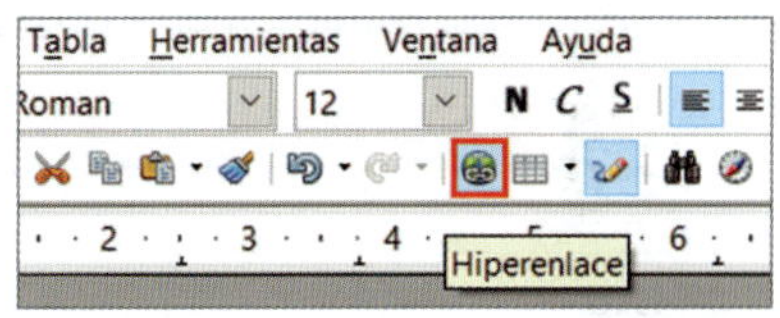

Actividad propuesta. Hiperenlaces

Nombre del documento: **Writer Hiperenlaces.**

Tipo: Documento de texto ODF.

1. Abre un documento en blanco de Writer.
2. Los cuatro márgenes serán de 4 cm.
3. Escribe en Times New Roman 10.
4. Crea los hiperenlaces que se indican en el texto de la imagen.

Escribo una línea

Esta es la segunda línea de la primera página. Después de ella inserto un salto de página para pasar a la página siguiente.

En la palabra AQUÍ inserto un hiperenlace al periódico italiano La República (www.repubblica.it).

La palabra ESCRÍBEME abrirá mi cliente de correo electrónico con mi dirección de correo ya escrita en un mensaje nuevo.

Y en las palabras que están en mayúsculas hago un enlace a la SEGUNDA LÍNEA de la primera página de este documento.

2. Encabezamiento y pie de página

Tanto los encabezamientos como los pies de página son áreas en la parte superior e inferior de las páginas de un documento que admiten la inclusión de texto, campos (como números de página, fecha, etc.) e imágenes.

Actividad guiada. Encabezamiento y pie

Nombre del documento: **Writer Encabezamiento y pie.**

Tipo: Documento de texto ODF.

1. Desde Writer, abre el documento **Writer Esquemas,** creado en la unidad didáctica anterior y guárdalo ahora con el nombre **Encabezamiento y pie.**
2. Pulsa en la pestaña **Insertar** → **Encabezamiento** → **Predeterminado.** Se habrá creado un espacio en la parte superior del documento.
3. Entra en la pestaña **Insertar** → **Campos** → **Fecha.** Pulsa la tecla TAB de tu teclado, escribe tu nombre y apellidos, pulsa TAB nuevamente y ahora entra en **Insertar** → **Campos** → **Hora**.

30/07/16	Tu nombre y apellidos	17:04:45

4. Pulsa en el menú **Insertar** → **Pie de página** → **Predeterminado,** y ahora, con el botón **Galería** de la barra de herramientas Estándar, selecciona **Fondos,** marca con el botón secundario del ratón el llamado **Confetti,** y haz clic en **Añadir** → **Fondo** → **Pie de página.**

3. Plantillas

Para crear una **plantilla** se puede comenzar con un documento vacío y guardarlo como plantilla.

Nombre:	Sin título 1.ott
Tipo:	Plantilla de documento de texto ODF (.ott) (*.ott)

También podemos crear plantillas basadas en un documento. Basta abrir el documento y guardarlo ahora como tipo **Plantilla de documento de texto ODF.**

Se pueden crear documentos basados en plantillas que hayamos creado y guardado previamente, o bien con los asistentes de Writer en el menú **Archivo** → **Asistentes.** Se accede a los asistentes desde el menú **Archivo** → **Asistentes** para utilizar las plantillas prediseñadas de Writer.

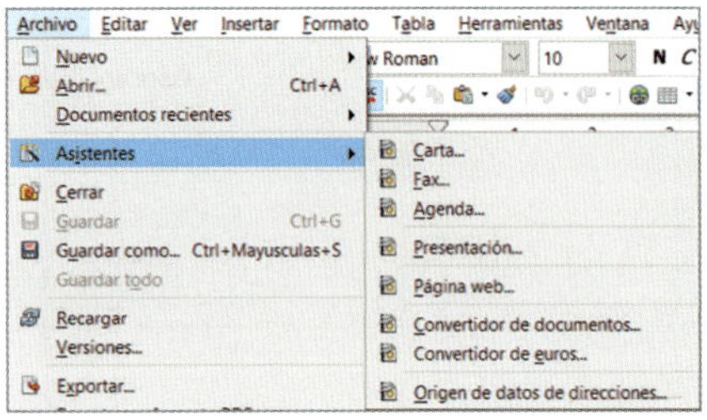

Saber más

Para usar algunos Asistentes es necesario tener instalada la versión correcta de Java en el equipo y activarla en Writer desde el menú **Herramientas** → **Opciones** → **OpenOffice.** En Java hay que escoger la versión Java de Microsystems.

Actividad guiada. Crear plantilla

Nombre del documento: **Writer Plantilla.**

Tipo: Plantilla de documento de texto ODF.

A continuación, vamos a crear una plantilla muy simple. Se tratará de un papel en formato A4 vertical con todos los márgenes de 3 cm, que tendrá insertado el membrete de la empresa en la parte superior izquierda y la fecha actual inmediatamente debajo y ajustada a la derecha. El resto de parámetros de fuente, párrafo y página se dejarán como están predeterminados.

continúa >

> continuación

1. Abre un documento en blanco de Writer. Se abrirá, por defecto, una hoja en formato A4 vertical.
2. Modifica los márgenes para que los cuatro tengan 3 cm de ancho.

   De aquí en adelante puedes guiarte visualmente por este modelo:

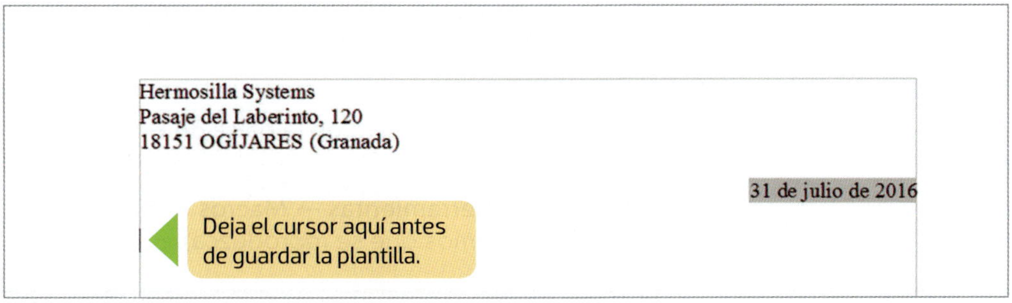

3. Escribe el nombre y dirección de la empresa en el ángulo superior izquierdo.
4. Introduce una interlínea después de la última línea del membrete.
5. Ahora vamos a insertar un **campo** que muestre la **fecha del día** en que se abre la plantilla para escribir una carta o cualquier otro documento. Puedes, desde este momento, indicar que deseamos alineación a la derecha o dejarlo para más tarde cuando el campo haya sido introducido.

   Haz clic en el menú **Insertar** → **Campos** → **Fecha.** La fecha se insertará en formato dd/mm/aa. En nuestro caso, deseamos que sea fecha larga como la del modelo. Por lo tanto, hacemos clic con el botón secundario del ratón sobre ese campo insertado, y pulsamos sobre **Campos.** Elegimos **Fecha** en la columna central. Si pusiéramos **Fecha (fija)** en futuros documentos aparecería la fecha en la que estamos haciendo la plantilla. Poniendo **Fecha,** le estamos diciendo que incorpore en los documentos la fecha del día en el que se elaboren. Elegimos el formato de fecha que ves en la imagen.

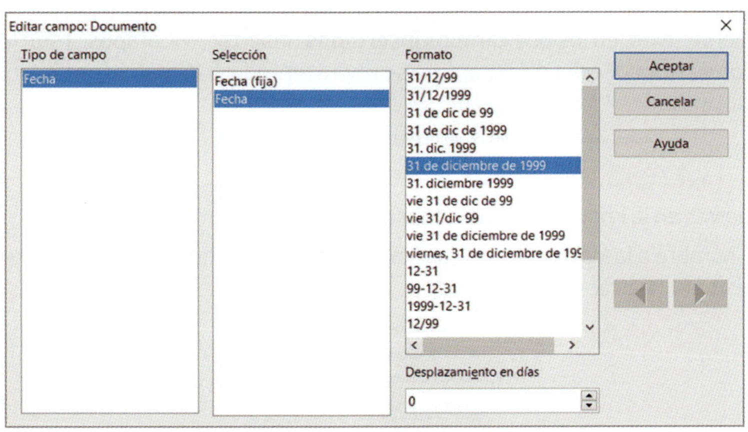

6. Después de haber insertado el campo fecha, introduce una interlínea.
7. Guarda la plantilla en la carpeta correspondiente, con el nombre y tipo indicados al principio de esta actividad. Cierra la plantilla.

Actividad propuesta. Crear documento a partir de plantilla

Nombre del documento: **Writer Documento a partir de plantilla.**

Tipo: Documento de texto ODF.

1. Abre la plantilla **Writer Plantilla.**
2. En la línea inmediatamente inferior a la fecha, escribe un texto cualquiera. Por ejemplo, podemos insertar la dirección de un destinatario y el texto de una carta comercial o bien un pequeño informe o una nota interior dirigida a todos los empleados de la empresa.
3. Guarda el documento, en su carpeta correspondiente, con el nombre y tipo indicados al principio.

4. Macros

Las macros en Writer, al igual que en Word, pueden grabarse. En Writer lo haremos desde el menú **Herramientas → Macros → Grabar macro.**

Y también pueden ejecutarse de cualquiera de las siguientes formas:

- Mediante un acceso directo en la **barra de Herramientas.**
- Con un **atajo de teclado.**
- Desde el menú **Herramientas → Macros → Ejecutar macro** (eligiendo la macro que deseamos que se reproduzca).

Actividad guiada. Crear y ejecutar macro

Nombre del documento: **Writer Crear y reproducir macro.**

Tipo: Documento de texto ODF.

Grabar la macro

1. Abre un documento en blanco de Writer. Vamos a grabar una macro que inserte la fecha y la hora del día en que esa macro se ejecute, con el fin de escribir el encabezado de un contrato. Lo haremos desde el menú **Herramientas → Macros → Grabar macro.** En este momento, cualquier actividad sobre el documento activo se grabará dentro de la macro. Tendremos una nueva herramienta a la vista preparada para **finalizar la grabación** en su momento (ver imagen).

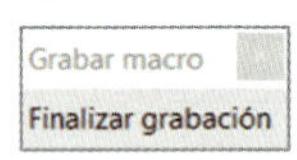

2. Se trata de escribir el siguiente texto, en los que **campos insertados** (Insertar → Campos...) son los que se muestran con fondo gris. Estos campos serán los de **Hora** y **Fecha** del día en que se vaya a reproducir la macro (por lo tanto, no serán hora ni fecha fijas).

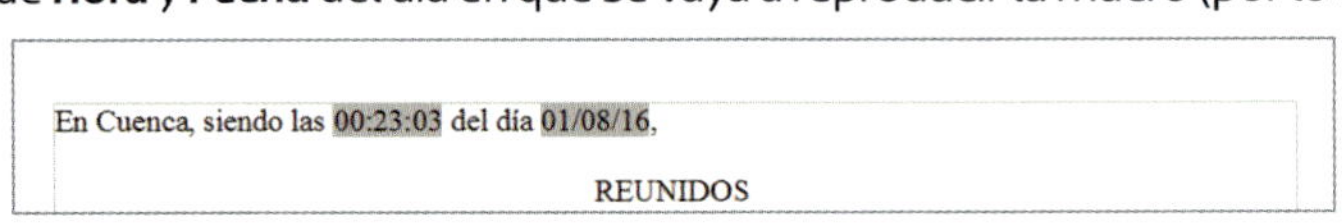

3. Una vez escrito todo lo que ves en la imagen, haz clic en **Finalizar grabación.**
4. Ahora tenemos que darle nombre a la Macro, para lo cual configuramos la ventana que nos aparece de la forma en que puedes observar en la imagen. Después, haz clic en **Guardar.**

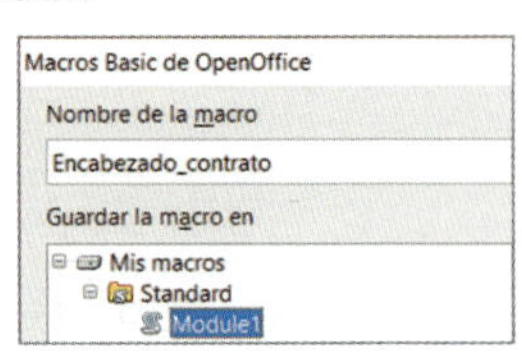

Ejecutar macro desde Herramientas

5. Vamos a reproducir la macro sobre el mismo documento, como si estuviese en blanco. Por lo tanto, borra el contenido que tiene. A continuación, haz clic en **Herramientas → Macros → Ejecutar macro.**

   NOTA: Si ocurriera algún error de Java, acepta el mensaje de error y espera, porque la macro se ejecutará en unos segundos.

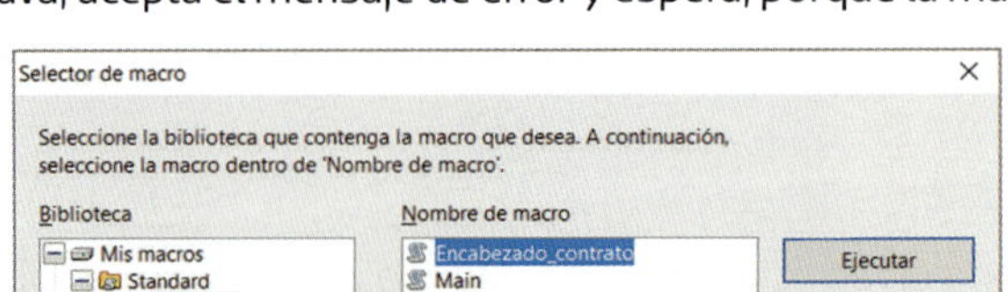

   A continuación buscamos la macro en donde la habíamos guardado y pulsamos el botón **Ejecutar.**

6. Guarda el documento en su carpeta correspondiente con el nombre y tipo indicados anteriormente.

PRÁCTICA PROFESIONAL INICIAL RESUELTA

Plantilla-formulario, macro y varios documentos

1. Abre un documento en blanco de Word.

   Luego, activa la pestaña **Vista** y haz clic en la flecha inferior de **Macros → Grabar Macro.**

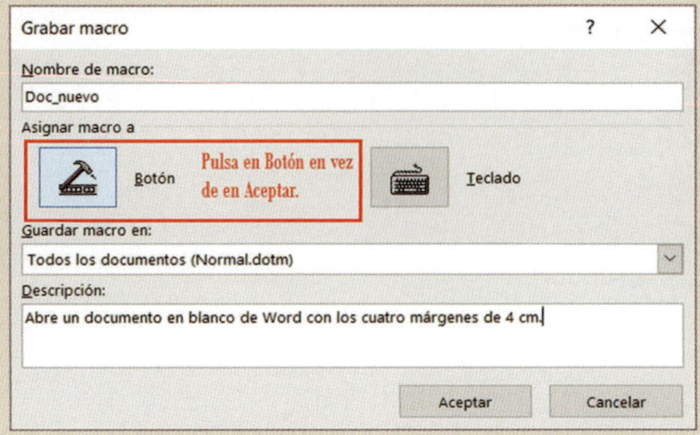

   Damos un nombre a la macro, indicamos que servirá para todos los documentos y escribimos una descripción de la misma.

   Pulsa en **Botón,** pues nuestra macro será de botón.

   Tenemos que **agregar** el nuevo botón a la barra de herramientas de acceso rápido y elegir un botón diferente al que trae por defecto, así que después de agregarla, pulsamos en **Modificar**. Se escoge cualquier botón representativo de los que muestra la galería. **Aceptar → Aceptar.**

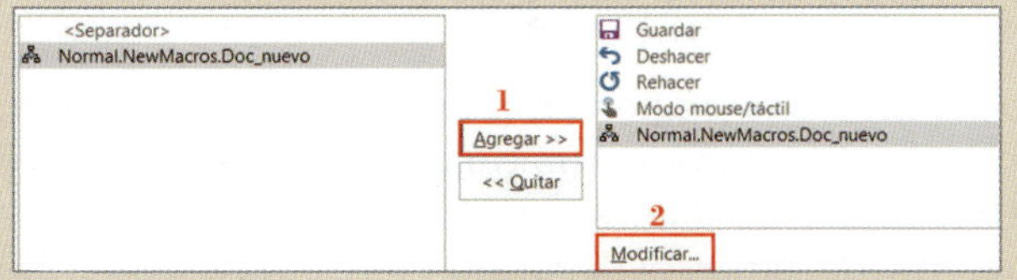

   El puntero del ratón agrega un icono tipo cinta de casete, por lo tanto, los pasos que demos a partir de ahora son los que tendrá que realizar la macro (empezamos a grabar): **1. Archivo → Nuevo** (documento en blanco). **2.** Le ponemos los cuatro márgenes de 4 cm. Como hemos terminado las tareas asignadas, **detenemos la grabación** (por ejemplo, desde la pestaña **Vista** → flecha inferior de **Macros** → **Detener grabación.** Se cierran ambos documentos. Ya tenemos en la barra de herramientas de acceso rápido el nuevo botón.

2. Es necesario poner la pestaña **Desarrollador** en la cinta de opciones.

   Se inserta una tabla de 6 columnas y 7 filas. Se fija a 1 cm el ancho de todas las filas. Se establece que el contenido de todas las celdas estará centrado horizontal y verticalmente. Se escriben los títulos de la primera fila y de la primera columna en color anaranjado fuerte y en negrita.

   Ponemos el cursor en la 1.ª hora del lunes. Desde la pestaña **Desarrollador,** grupo **Controles,** insertamos un **control de contenido de texto enriquecido.** Una vez insertado, para que se muestre la palabra Módulo, es necesario **activar el Modo Diseño** del grupo **Controles** y sustituir la frase «haga clic o pulse aquí para escribir texto» por la palabra **Módulo. Desactiva el Modo Diseño.** Una vez insertado ese control, no es necesario repetir la operación. Basta con copiar el contenido de la celda de la primera hora del lunes y pegarlo en el resto de las celdas.

   Para **proteger** el formulario, se selecciona toda la tabla y en la pestaña **Desarrollador,** grupo **Controles,** se pulsa sobre **Agrupar → Agrupar.** Se guarda en la carpeta de actividades como **Plantilla de Word.**

3. Se abre la plantilla creada en el punto anterior. Si está bien protegido el formulario, solo se podrá escribir en las celdas que tienen la palabra Módulo. Rellénalo con datos propios o inventados. Guarda el documento en la carpeta de actividades de esta unidad con el nombre y tipo indicados.

4. Sin haber cerrado el documento Horario, ejecuta la **macro cuyo botón está en la barra de herramientas de acceso rápido.** Se abrirá un documento nuevo con todos los márgenes de 4 cm.

   Para hacer los hipervínculos internos (dentro del propio documento), es necesario crear marcadores (mediante **Insertar** → grupo **Vínculos → Marcador**): se inserta un marcador antes de la frase «Esta es la página 2». El nombre del marcador puede ser, por ejemplo, pag _2. Se inserta otro marcador antes de la frase «Esta es la página 3», con el nombre, por ejemplo, pag _3. Ahora se seleccionan, una a una, las frases del índice. A las dos primeras, se les hace un hipervínculo a «un lugar de este documento» y se eligen, respectivamente, los marcadores pag_2 y pag _3. Para la tercera, el hipervínculo debe enlazar con **Dirección de Correo electrónico.** Para la cuarta, con **Archivo o página web existente.**

   Encabezado y pie de página: desde la pestaña **Insertar → Encabezado** o **Insertar → Pie,** respectivamente, eligiendo, de la galería, los modelos más adecuados.

   Portada: pestaña **Insertar → Portada,** y se escoge una de la galería.

PRÁCTICA PROFESIONAL PROPUESTA

Documento combinado

Objetivos

- Combinar documentos.
- Insertar encabezado y pie de página en documento combinado.
- Crear y ejecutar macro.
- Aplicar estilos.
- Insertar hipervínculos.
- Crear tabla de contenido.
- Poner portada al documento generado.

Instrucciones

Macros y estilos

1. Desde la pestaña **Vista** → **Macros** → **Ver macros** elimina, una a una, todas las macros de Word.
2. **Elimina cualquier botón de macro** que se haya creado en la barra de herramientas de acceso rápido.
3. En un documento, que no se guardará, crea una **macro de botón** que sirva para todos los documentos de Word y que haga las siguientes funciones:
   a) Insertar un salto de página.
   b) Escribir la palabra Writer.
   c) Aplicar a la palabra Writer el estilo Título 2.
   d) Introducir una interlínea después de la palabra Writer.
4. La macro servirá para realizar una combinación de documentos de Writer. Como se ha ido indicando, todos los documentos que se han creado de Writer para las distintas unidades didácticas empiezan por la palabra Writer. Escribir esa palabra es parte de la macro creada anteriormente.

   Entonces, en primer lugar, ejecutaremos la macro, que dejará una página en blanco, y a continuación, la palabra Writer, ya escrita en estilo Título 2. A continuación insertaremos como objeto el primer ejercicio de Writer de la Unidad 7. Completaremos el título del ejercicio, que en ese caso se llamará Writer Alineación. De nuevo utilizaremos la macro y, de la misma manera, insertaremos el segundo ejercicio de Writer de la Unidad 7 y le modificaremos el título. ... Y así sucesivamente hasta haber completado todos los ejercicios de esa unidad didáctica.

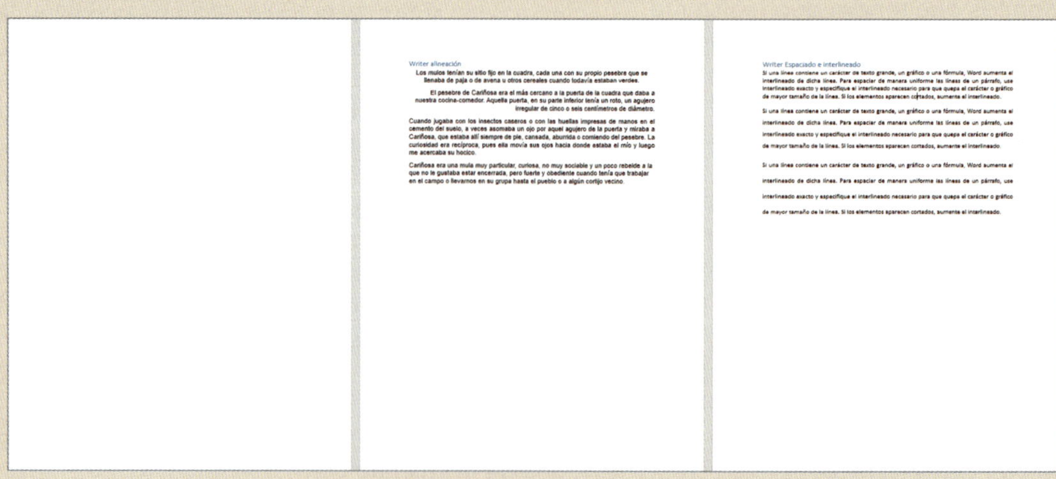

Vista en miniatura de las tres primeras páginas creadas.

5. Al terminar de insertar como objeto los ejercicios de la Unidad 7, retrocedemos hasta el primero de ellos y le introducimos el título UNIDAD 7, al que aplicaremos el estilo Título 1.

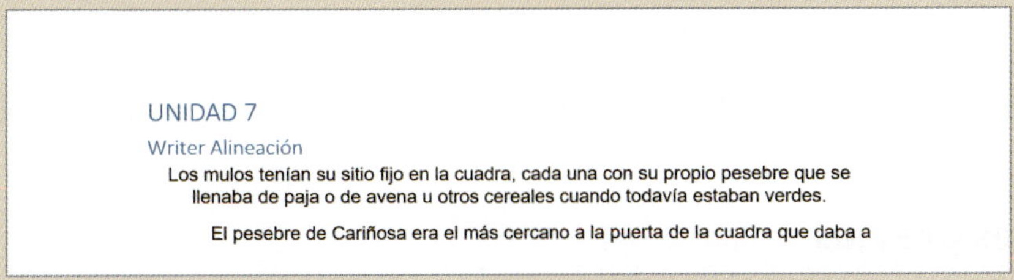

UNIDAD 7

Writer Alineación

Los mulos tenían su sitio fijo en la cuadra, cada una con su propio pesebre que se llenaba de paja o de avena u otros cereales cuando todavía estaban verdes.

El pesebre de Cariñosa era el más cercano a la puerta de la cuadra que daba a

6. Haz lo mismo para cada unidad didáctica, siempre referida a los ejercicios de Writer. **No incluyas los ejercicios que están en formato PDF ni las plantillas.**
7. Comprueba que está puesto el nombre de la unidad didáctica antes de cada bloque de ejercicios y que este tiene el estilo Título 1. Comprueba, asimismo, que están incluidos los nombres de todas las actividades y que tienen el estilo Título 2.

Hipervínculos

8. Al final de la última actividad de cada unidad didáctica, introduce el texto VOLVER AL ÍNDICE, que al hacer clic sobre él nos lleve al principio de la tabla de contenido.

Tabla de contenido

9. En la primera página, que estaba vacía, introduce una **tabla de contenido** del documento.

Portada

10. Ponle una portada a tu documento que contenga, como mínimo, el título **Actividades de Writer** y **tu nombre y apellidos.**

Encabezado y pie de página

11. Introduce, a tu gusto, un **encabezado** y un **pie de página** para el documento, que aparezcan en todo el documento excepto en la portada.
12. Guarda el documento con el nombre **Documento combinado.**

    A continuación, hay unas miniaturas de un ejemplo de la portada, de la tabla de contenido y de una de las páginas del documento generado.

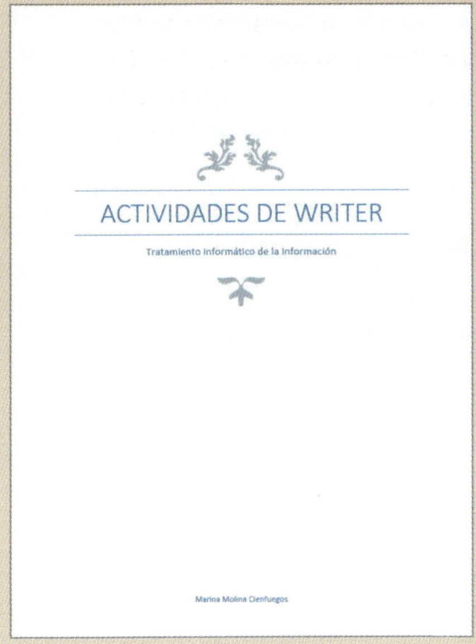

ACTIVIDADES DE WRITER

Tratamiento Informático de la Información

Marina Molina Cienfuegos

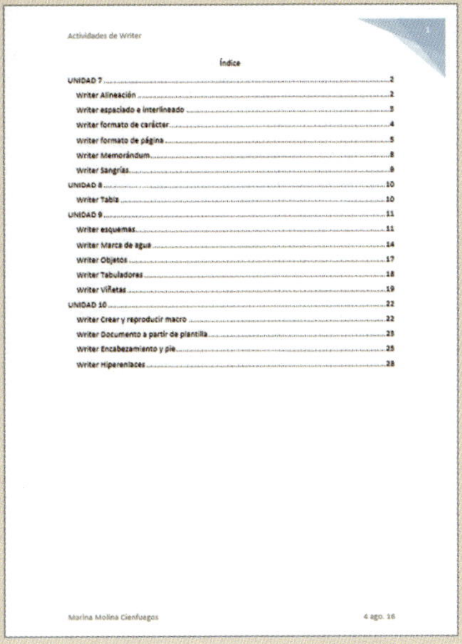

Actividades de Writer

Índice

UNIDAD 7 2
Writer Alineación 2
Writer espaciado e interlineado 3
Writer formato de carácter 4
Writer formato de página 5
Writer Memorándum 8
Writer Sangrías 9
UNIDAD 8 10
Writer Tabla 10
UNIDAD 9 11
Writer esquemas 11
Writer Marca de agua 14
Writer Objetos 17
Writer Tabuladores 18
Writer Viñetas 19
UNIDAD 10 22
Writer Crear y reproducir macro 22
Writer Documento a partir de plantilla 23
Writer Encabezamiento y pie 25
Writer Hiperenlaces 28

Marina Molina Cienfuegos 4 ago. 16

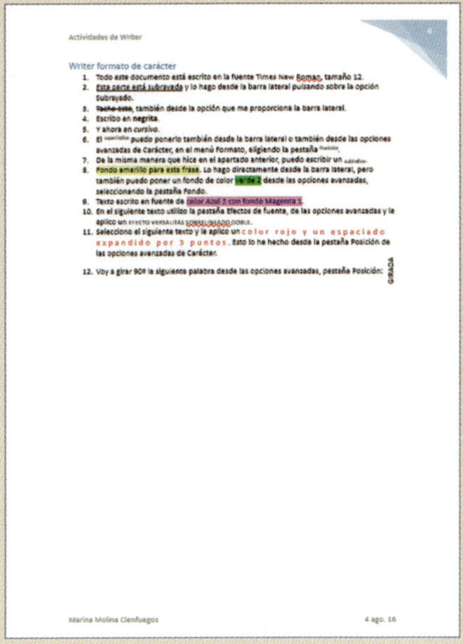

Actividades de Writer

Writer formato de carácter

1. Todo este documento está escrito en la fuente Times New Roman, tamaño 12.
2. Esta parte está subrayada y lo hago desde la barra lateral pulsando sobre la opción Subrayado.
3. Tacho esto, también desde la opción que me proporciona la barra lateral.
4. Escribo en **negrita**.
5. Y ahora en *cursiva*.
6. El superíndice puedo ponerlo también desde la barra lateral o también desde las opciones avanzadas de Carácter, en el menú Formato, eligiendo la pestaña Posición.
7. De la misma manera que hice en el apartado anterior, puedo escribir un subíndice.
8. Fondo amarillo para esta frase. Lo hago directamente desde la barra lateral, pero también puedo poner un fondo de color Verde 2 desde las opciones avanzadas, seleccionando la pestaña Fondo.
9. Texto escrito en fuente de color Azul 3 con fondo Magenta 1.
10. En el siguiente texto utilizo la pestaña Efectos de fuente, de las opciones avanzadas y le aplico un EFECTO VERSALITAS SOBRERRAYADO DOBLE.
11. Selecciono el siguiente texto y le aplico un color rojo y un espaciado expandido por 3 puntos. Esto lo he hecho desde la pestaña Posición de las opciones avanzadas de Carácter.
12. Voy a girar 90º la siguiente palabra desde las opciones avanzadas, pestaña Posición: GIRADA

Marina Molina Cienfuegos 4 ago. 16

Formulario de pedido y carta de venta

Objetivo

Realizar un trabajo que incluya contenidos de cualquiera de las unidades didácticas del bloque Procesadores de texto.

Consideraciones previas

Con frecuencia, en nuestra empresa nos comunicamos con los clientes en relación a los pedidos de los que nos solicitan información. Hemos decidido hacer una **carta informativa,** que guardaremos como plantilla con algunos datos variables y también un **formulario de pedido** que pueda ser cumplimentado con el procesador de texto.

Instrucciones

1. Formulario de pedido

   Utilizamos la plantilla de Word «Pedido de compra con precio por unidad» y le hacemos las modificaciones necesarias para crear una plantilla personalizada como la de la imagen, en la que los datos fijos están en negro y los datos variables, en azul. El color azul solo lo indicamos para mostrar qué datos son variables, pero se deben dejar en negro.

Artesanía Yeste
La tradición artesana desde 1947

PEDIDO

Polígono La Hermosilla, parcela 198
07009 Palma de Mallorca
Teléfono 999098892. Fax 999098893

El número siguiente debe aparecer en toda la correspondencia relacionada, documentos de transporte y facturas:
NÚMERO DE PEDIDO: 147

ENVIAR A:
[Nombre]
[Compañía]
[Dirección]
[Ciudad, estado o provincia y código postal]
[Teléfono]

FECHA DEL PEDIDO DE COMPRA	SOLICITANTE	MEDIO DE ENVÍO	TIENDA DE ORIGEN	OBSERVACIONES
Escriba fecha	Persona de contacto	Indique medio de envío	Nº de tienda	Observaciones

CANTIDAD	CÓDIGO	DESCRIPCIÓN	PRECIO POR UNIDAD	TOTAL
Cantidad	Código	Descripción	P/u	Total
Cantidad	Código	Descripción	P/u	Total
Cantidad	Código	Descripción	P/u	Total
Cantidad	Código	Descripción	P/u	Total
Cantidad	Código	Descripción	P/u	Total
Cantidad	Código	Descripción	P/u	Total
Cantidad	Código	Descripción	P/u	Total
			SUBTOTAL	Suma
			IMPUESTO SOBRE VENTAS	Cuota IVA
			ENVÍO Y ADMINISTRACIÓN	Gastos
			OTROS	Otros gastos
			TOTAL	0

1. Envíe dos copias de la factura.
2. Realice este pedido de acuerdo con los precios, términos, método de entrega y especificaciones enumeradas anteriormente.
3. Si no pude realizar el envío de la forma especificada, avísenos inmediatamente.
4. Envíe toda la correspondencia a:
   Artesanía Yeste
   Polígono la Hermosilla, parcela 198
   07009 Palma de Mallorca
   Teléfono 999098892. Fax 999098893

Autorizado por Nombre o cargo   Fecha de autorización

Campos variables procedentes de la **plantilla original** de Word, que mantendremos.

Los demás campos variables de toda la plantilla los insertaremos mediante **controles de contenido de texto enriquecido** o bien con **controles de contenido de selector de fecha,** según corresponda.

Sin embargo, para El TOTAL se insertará la **fórmula** que sume:

- Subtotal.
- Impuesto sobre ventas.
- Envío y administración.
- Otros.

Guardar

El formulario se guardará como **plantilla** de Word, convenientemente **protegido,** con el nombre **Formulario de pedido.**

2. **Carta de venta**

Realizaremos la plantilla de una carta de condiciones de venta y envío cuyas **características generales** son las siguientes (la plantilla quedará protegida y se guardará con el nombre **Carta de venta**):

- Tamaño del papel: ejecutivo vertical.
- Márgenes: los cuatro de 2 cm.
- Fuente: Calibri 11, excepto para el nombre de la empresa **Artesanía Yeste**, que aparece junto al logo, que será Chaparral Pro Light tamaño 11, negrita (u otra fuente que se asemeje a la del modelo).
- Párrafo: espaciado anterior 0, posterior 0. Interlineado sencillo.
- El membrete de la empresa está compuesto de una imagen y tres cuadros de texto, todo debidamente ajustado y posteriormente agrupado.
- Otros detalles se indican junto a la imagen del modelo. Para lo no indicado, observaremos la siguiente imagen:

Artesanía Yeste

Polígono La Hermosilla, parcela 198
07009 Palma de Mallorca
Teléfono: 999098892
Fax: 999098893

CIF: B07000008

La tradición artesana desde 1947

Teléfonos de nuestras tiendas

1. Valencia
   - Sucursal 1. 555 67 78 89
   - Sucursal 2. 555 67 78 90
2. Madrid
   - Sucursal 1. 777 12 34 56
   - Sucursal 2. 777 12 34 57

Condiciones de entrega y devolución: Los pedidos se embalan en la tienda más cercana a la localidad del cliente y se envían mediante transporte urgente. El plazo de entrega será de 72 horas como máximo. Los gastos de transporte están incluidos en el precio de los ... derecho a devolver el producto, sin cargo adicional, siempre que no hayan transcurrido más de 15 días desde su recepción. Para las devoluciones debe contactar por teléfono con la tienda que le haya servido el producto, donde se le darán instrucciones precisas de la

Formulario de pedido: Cumplimente el formulario que se adjunta, fírmelo y envíelo por correo postal a nuestras oficinas del Polígono Hermosilla en Palma de Mallorca.

Listado de productos actualmente en oferta:

Artículo	Código	Precio
Nombre artículo	Código art.	Precio art.
Nombre artículo	Código art.	Precio art.

Atención al cliente
Puede llamarnos a los teléfonos de la central o de cualquiera de nuestras tiendas en horario de 9:00 a 21:00 o bien enviarnos un e-mail pulsando AQUÍ.

Atentamente,

Claudia Amat

6 de agosto de 2016

Cuadro de texto con el CIF: 2,56 x 0,99 cm. Posiciones absolutas: 15,42 cm a la derecha de margen izquierdo y 2,02 cm debajo de margen superior.

Texto de WordArt con el estilo e inclinación apropiados.

Lista multinivel de dos niveles.

Texto en dos columnas. En el centro, **forma** «Diagrama de flujo: Intercalar», con el estilo y el ajuste de texto apropiados.

Texto dos tabulaciones: centrada y decimal. Debajo de los títulos hay controles de contenido de texto enriquecido.

Hipervínculo a correo electrónico (a inventar) de la empresa en palabra AQUÍ.

Pie de página con la fecha en que se abre la plantilla.

11 Hojas de cálculo I

Vamos a conocer...

1. Introducción a Excel 2016
2. Formato de celdas
3. Referencias a celdas
4. Formato condicional
5. Trabajar con varias hojas
6. Diseño e impresión de hojas de cálculo

SOFTWARE LIBRE

Apache OpenOffice. Calc I

1. Consideraciones previas
2. Interfaz
3. Redimensionar filas y columnas
4. Formato de celdas
5. Diseño de impresión
6. Autorrelleno

PRÁCTICA PROFESIONAL INICIAL

Previsión de ahorro

PRÁCTICA PROFESIONAL FINAL

Factura

Y al finalizar esta unidad...

- Conocerás la nomenclatura y las nociones básicas para comenzar a trabajar con una hoja de cálculo.
- Habrás dado formato a las celdas de una tabla.
- Sabrás hacer referencias absolutas y relativas a celdas.
- Aplicarás formatos a celdas según condiciones establecidas.
- Serás capaz de configurar las hojas de cálculo para su posterior impresión.

Práctica profesional inicial

Previsión de ahorro

Se trata de una familia que tiene determinados gastos en el primer trimestre del año en concepto de comida, transporte y electricidad y que han hecho cálculos para prever qué porcentaje de ahorro pueden aplicar en el siguiente trimestre para reducir gastos en los tres conceptos. Esos porcentajes los introducen en la primera hoja de un libro de cálculo. En la segunda introducirán los gastos del primer trimestre y la previsión de gastos del segundo trimestre una vez aplicados los porcentajes de ahorro que podrían permitirse.

1. Crea un libro con dos hojas. La primera hoja se llamará **Porcentajes** y tendrá etiqueta de color **rojo.** La segunda se llamará **Ahorro** y su etiqueta será **azul.**
2. Ambas hojas tendrán ocultas las líneas de cuadrícula.

Hoja Porcentajes

3. Escribe los datos que aparecen en la tabla del modelo, aplicando la alineación, los bordes y la configuración de celdas según se muestra en la imagen.

	A	B	C
1		Ahorro previsto 2º trimestre	
2	Comida	Transporte	Electricidad
3	10,00%	20,00%	25,00%
4			

Hoja Ahorro

4. Sin modificar el ancho de columnas, completa la hoja como en el modelo, teniendo en cuenta que:
   a) En la tabla primera, Gastos primer trimestre, los datos se introducen como están en el modelo a excepción de la columna de totales (E), que se completará mediante fórmulas, utilizando el controlador de relleno cuando sea conveniente. La celda **E6** es la suma del rango E3:E5.
   b) En la segunda tabla, Gastos previstos segundo trimestre, se rellenan manualmente los títulos superiores y laterales. Las fórmulas de los gastos por meses se introducen únicamente en las celdas B10, B11 y B12, y cada una de ellas se arrastrará hacia la derecha con el controlador de relleno. La celda **E13** es la suma del rango E10:E12.
   Cada celda de gastos de esta segunda tabla es el resultado de restarle a los gastos correspondientes del primer trimestre el porcentaje que aparece en la hoja Porcentajes. Por ejemplo, Gastos de comida de enero –10 % de esos mismos gastos (gastos-10 %*gastos).
   c) En ambas tablas, las celdas que están sombreadas contienen fórmulas. En la celda **H9** se mostrará el ahorro en euros que se habrá conseguido después de aplicar los recortes.

	A	B	C	D	E	F	G	H
1			Gastos primer trimestre					
2		Enero	Febrero	Marzo	Total			
3	Comida	350,00 €	250,00 €	320,00 €	920,00 €			
4	Transporte	210,00 €	200,00 €	230,00 €	640,00 €			
5	Electricidad	80,00 €	83,00 €	70,00 €	233,00 €			
6		Total gastos primer trimestre			1.793,00 €			
7								
8			Gastos previstos 2º trimestre con previsión de ahorro					
9		Abril	Mayo	Junio	Total		Ahorro:	278,25 €
10	Comida	315,00 €	225,00 €	288,00 €	828,00 €			
11	Transporte	168,00 €	160,00 €	184,00 €	512,00 €			
12	Electricidad	60,00 €	62,25 €	52,50 €	174,75 €			
13		Total gastos previstos segundo trimestre			1.514,75 €			
14								

5. En la **hoja Ahorro,** introduce un encabezado y un pie de página a tu criterio y prepara la página para su impresión de forma que su contenido esté centrado horizontal y verticalmente en un papel de tamaño A4 horizontal.
6. Guarda el libro con el nombre **Previsión de ahorro** y el tipo **Libro de Excel.** Ciérralo.
7. Abre el archivo con **OpenOffice Calc** y guárdalo con el mismo nombre y con la extensión ODS.

1. Introducción a Excel 2016

1.1. Nomenclatura

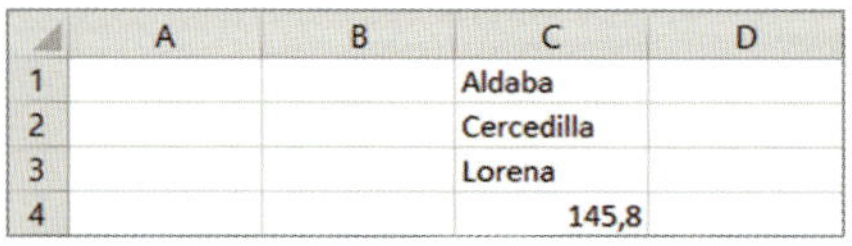

Datos escritos en la **columna C.**

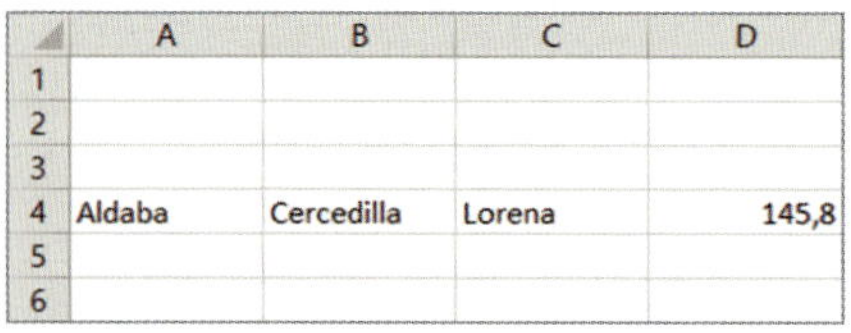

Datos escritos en la **fila 4.**

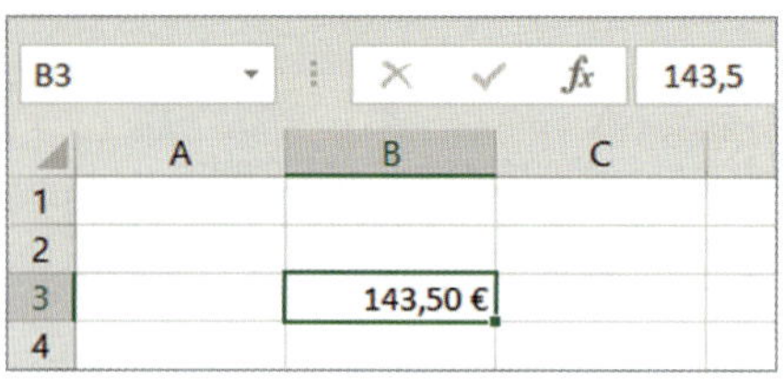

Dato escrito en la **celda B3.**

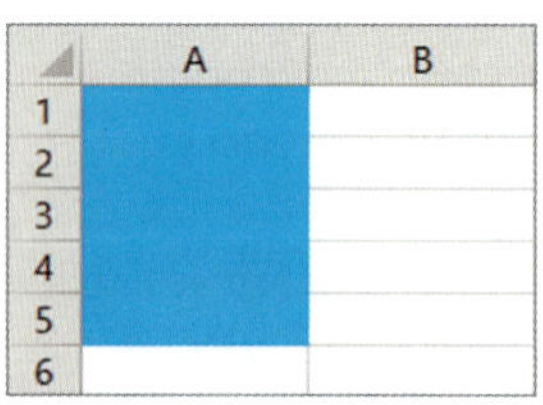

El rango sombreado es **A1:A5.**

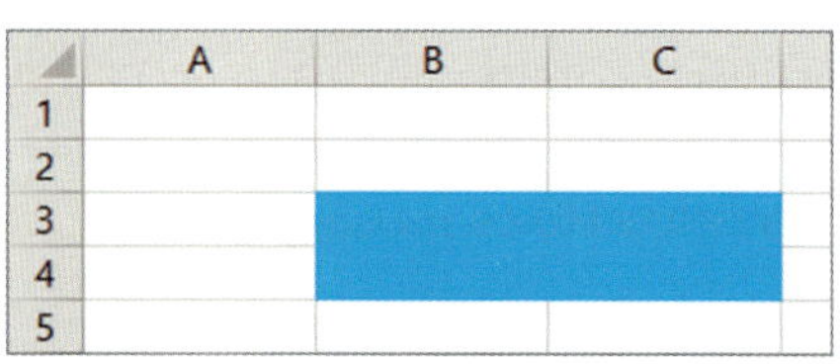

El rango sombreado es **B3:C4.**

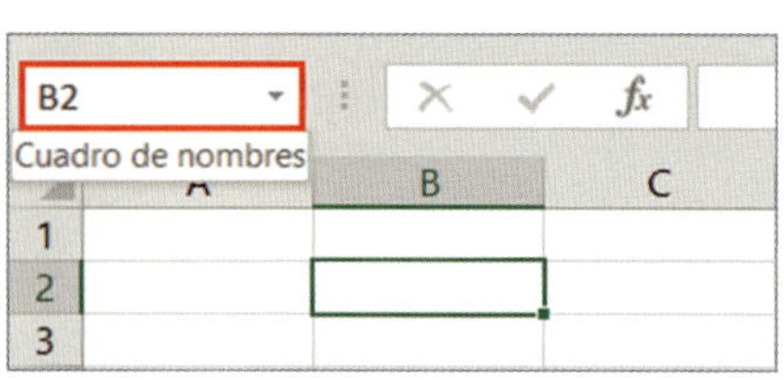

El cuadro de nombres muestra el nombre de la celda seleccionada B2.

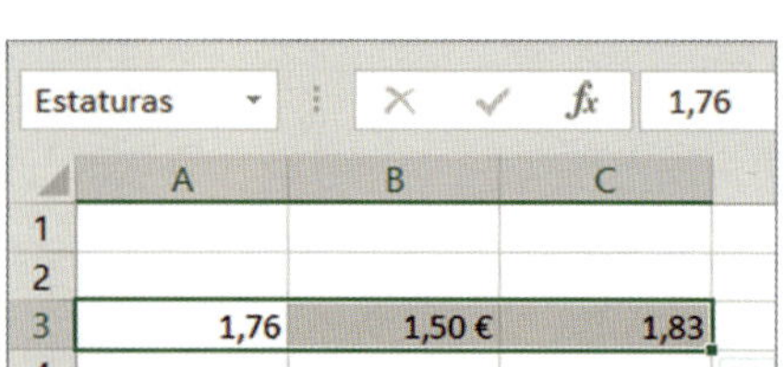

Hemos seleccionado el rango **A3:C3** y le hemos puesto el nombre **Estaturas** en el cuadro de nombres.

Para comprender mejor la nomenclatura, observa los ejemplos que están en el margen. Es importante tener esta página como referencia para consultas posteriores, sobre todo cuando estemos trabajando con las actividades.

- **Libro.** Es un documento de cálculo. Puede contener una o varias hojas. De forma predeterminada se abre con una hoja. El nombre del libro se muestra en la parte superior de la ventana de Excel. Los libros se nombran por defecto con los nombres Libro 1, Libro 2...
- **Hoja.** Como su propio nombre indica, es cada una de las «páginas» que contiene un libro de cálculo. Podemos ver las etiquetas de las hojas en el ángulo inferior izquierdo de la ventana de Excel. Se pueden **crear** nuevas hojas, **eliminar** las que sean innecesarias, **cambiar sus nombres** y poner **color** a sus etiquetas.

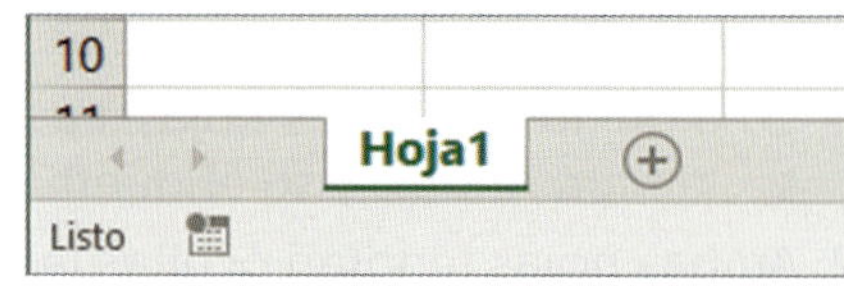

- **Columna.** Una columna es un conjunto de celdas dispuestas en forma vertical. Las columnas están representadas por letras.
- **Fila.** Una fila es un conjunto de celdas dispuestas en forma horizontal. Las filas están representadas por números.
- **Celda.** La celda es el punto en que se cruzan una fila y una columna, y por ello se la nombra con una letra (la de la columna) y un número (el de la fila).
- **Rango.** Se denomina rango a un conjunto de celdas adyacentes. Los rangos se expresan poniendo la referencia a la celda inicial y a la final, separadas por dos puntos (:).

  Al seleccionar un rango quedan sombreadas las cabeceras de las filas y de las columnas que comprende. En esta imagen vemos seleccionado el rango B2:C6. Quedan sombreadas las filas 2 a 6 y las columnas B y C.

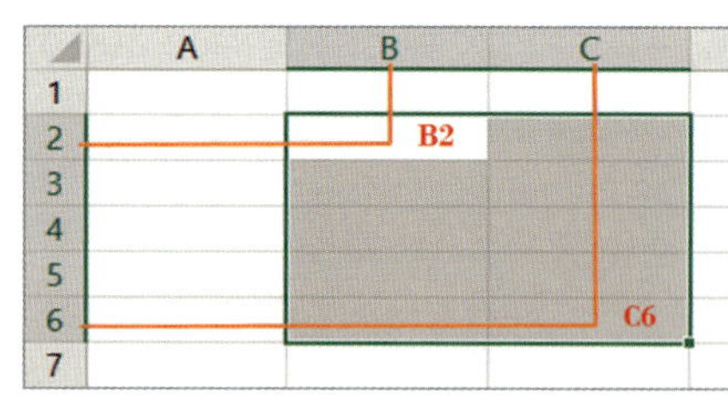

- **Cuadro de nombres.** Situado en la parte superior izquierda de la hoja, muestra el nombre de la celda seleccionada, o de la primera celda de un rango.

  Cuando se ha seleccionado una celda o un rango, podemos ponerle un nombre en el cuadro de nombres. Posteriormente, para escribir una fórmula no es necesario escribir la referencia a la celda o el rango sino solo su nombre.
- **Barra de fórmulas.** Las fórmulas que introduzcamos en una determinada celda se verán reflejadas en la barra de fórmulas, y también a la recíproca, es decir, si introducimos una fórmula en la barra de fórmulas, veremos dicha fórmula o su resultado en la celda que tengamos seleccionada.

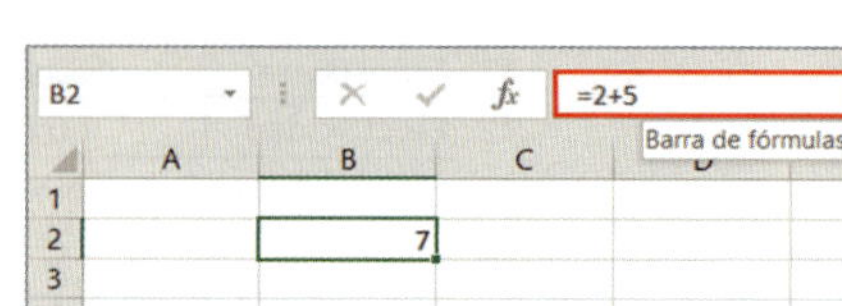

1.2. El controlador de relleno

Cuando seleccionamos una sola celda o un conjunto de ellas (un rango), la selección cuadrangular tiene un pequeño recuadro en el ángulo inferior derecho, como puedes apreciar en las imágenes inferiores. Se trata del **controlador de relleno,** que tiene una enorme importancia para trabajar con hojas de cálculo al facilitar la tarea de **relleno de celdas adyacentes.** A lo largo de las actividades trabajaremos a menudo con él.

Por ejemplo, en las siguientes imágenes vemos que en la columna E vamos a poner el resultado de multiplicar los números de las columnas C y D, pero esto habrá que hacerlo una sola vez. Luego bastará **arrastrar** el controlador de relleno hacia el resto de celdas de la columna E y la misma fórmula se aplicará a cada una de ellas.

C	D	E
C	D	C x D
2	4	8
3	5	
4	6	
5	7	
6	8	

→

C	D	E	F
C	D	C x D	
2	4	8	
3	5	15	
4	6	24	
5	7	35	
6	8	48	

1.3. Mensajes de error

En ocasiones, mientras estamos trabajando con Excel, nos aparecen algunos mensajes indicándonos que pretendemos realizar una operación no permitida por el programa, que hemos cometido algún error al introducir los datos o, simplemente, que con la configuración actual no se pueden mostrar los datos solicitados. Los mensajes de error más frecuentes son los que puedes ver en el margen, donde se explica brevemente cada uno de ellos.

Saber más

Mensajes de error

#¡DIV/0! Indica que hay una división entre cero.

#N/A La celda referida no contiene ningún dato.

#¡NUM! El argumento de la función matemática es incorrecto. Ocurriría, por ejemplo, si introdujésemos la fórmula =RAIZ(-3), en donde el argumento es -3 y no se puede obtener la raíz cuadrada de un número negativo.

#¡REF! Se ha suprimido una celda o un rango de celdas cuyas referencias están incluidas en una fórmula. Si, por ejemplo, tenemos la fórmula =A1+B1+C1 y eliminamos la fila C, entonces veremos este error.

#¡VALOR! En una fórmula matemática hay una celda de tipo texto o el operador es incorrecto.

######## Una celda llena de este símbolo nos indica que el contenido no cabe en la celda.

Actividad guiada. Operaciones matemáticas básicas y controlador de relleno

Nombre del documento: **Actividad 1.**

Tipo: Libro de Excel.

	A	B	C
1	SUMA DE LOS NÚMEROS DE A Y B		
2	2	3	5
3	4	5	9
4	5	7	12
5	8	9	17

1. Abre un libro nuevo de Excel en donde obtendrás, al final de la actividad, una tabla como la que se muestra en el modelo.
2. Selecciona el rango de celdas A1:C1 y pulsa sobre **Combinar y centrar,** del grupo Alineación de la pestaña Inicio. Con esta operación harás una sola celda de las tres que has combinado.

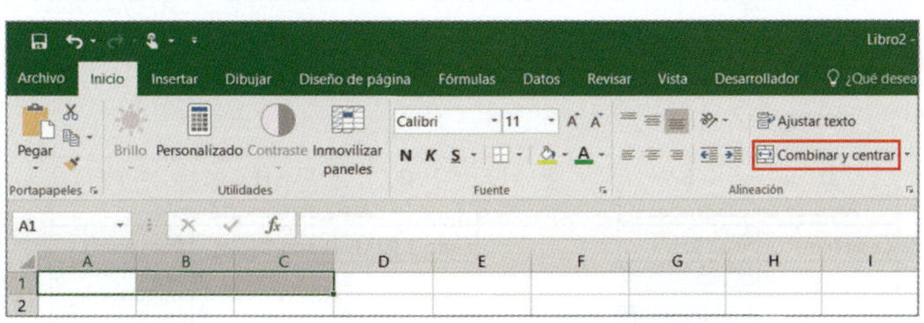

3. Escribe el título «SUMA DE LOS NÚMEROS DE A Y B» en la celda que has combinado anteriormente.
4. A continuación, rellena las celdas de las columnas A y B como ves en el modelo. La columna C no se rellenará, pues es la que lleva las fórmulas. En la celda **C2** introduce la fórmula **=A2+C2** y obtendrás la suma de esas dos celdas.

   Ten en cuenta que **Todas las fórmulas que involucren referencias a celdas y todas las funciones empiezan siempre por el signo =.**
5. Con el controlador de relleno de la celda C2, **arrastra** hacia abajo hasta completar las filas rellenas en A y B y entonces tendrás en C3 la suma A3+B3, en C4 la suma A4+B4, y así sucesivamente.
6. Guarda la actividad, con el nombre y tipo anteriormente indicados, en la carpeta de esta unidad didáctica.

Actividad guiada. Fórmulas básicas, bordes, relleno, alineación y sombreado

Nombre del documento: **Actividad 2.**

Tipo: Libro de Excel.

	A	B	C
1	Área de un triángulo		
2	Base	Altura	Área
3	2	3	3
4	4	7	14
5	5	10	25

1. Abre un libro nuevo de Excel en donde obtendrás, al final de la actividad, una tabla como la que se muestra en el modelo.
2. Combina el rango A1:C1 y rellena el resto de celdas a excepción de la sombreada de amarillo, que llevará las fórmulas.
3. Selecciona el rango A1:C5. Pulsa con el botón secundario del ratón sobre el rango seleccionado y haz clic sobre **Formato de celdas.** En la pestaña **Borde** de la nueva ventana marca **Contorno** e **Interior.** De esta forma, tanto el contorno como el interior de las celdas de ese rango tendrán borde y será el que Excel aplica por defecto, a falta de elegir otro. **Acepta.**

   Otra forma de aplicar bordes es desde la pestaña **Inicio,** grupo **Fuente,** desplegando **Todos los bordes** y eligiendo dónde los queremos aplicar.
4. Arrastra, por la línea señalada en rojo en la imagen, la fila 2 hasta que tenga 40 píxeles de altura.

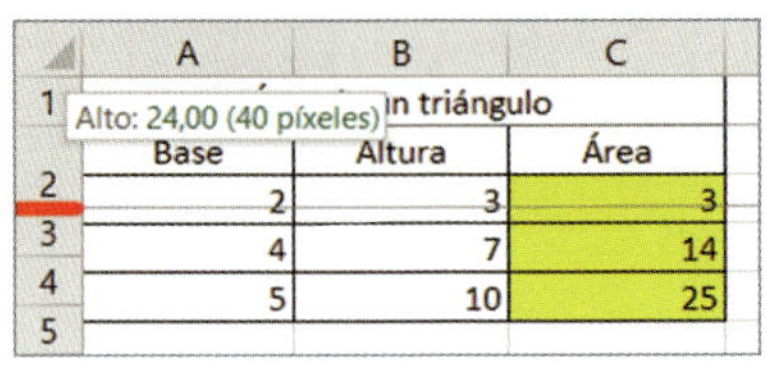

5. Selecciona el rango A2:C2 y **centra el contenido tanto horizontal como verticalmente** desde el grupo Alineación de la pestaña Inicio.

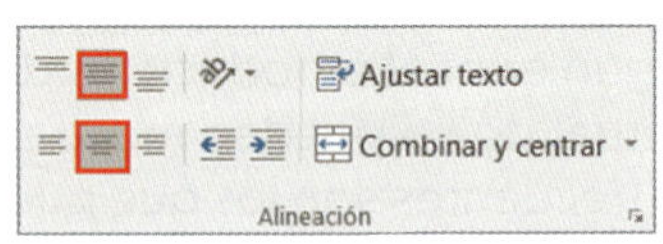

6. Selecciona el rango C3:C5 y ponle un relleno de color amarillo. Para ello haz clic con el botón secundario del ratón sobre la selección. Elige **Formato de celdas** y en la pestaña **Relleno** pulsa sobre el color amarillo.
7. Ahora escribe la fórmula en la celda C3. Como se trata de calcular el área de un triángulo, la fórmula es base x altura / 2. Por lo tanto, introduce en C3: **=A3*B3/2.**
8. Arrastra la fórmula con el controlador de relleno a las celdas C4 y C5. Con esto se habrá completado el ejercicio.
9. Guarda el libro, con el nombre y tipo antes indicados, en la carpeta de actividades correspondiente a esta unidad didáctica.

Actividad propuesta. Configuración básica de tablas de Excel con fórmulas

Nombre del documento: **Actividad 3.**

Tipo: Libro de Excel.

	A	B	C	D	E	F	G	H	I
1	Longitud circunferencia			Área de un cuadrado			Área de un rectángulo		
2	Radio (cm)	Longitud (cm)		Lado (cm)	Área (cm^2)		Lado 1 (cm)	Lado 2 (cm)	Área (cm^2)
3	2	12,5664		2	4		2	3	6
4	3	18,8496		3	9		3	4	12
5	4	25,1328		4	16		4	5	20
6	5	31,416		5	25		5	6	30

Para escribir el superíndice de cm^2, selecciona el 2 y aplícale superíndice en el grupo Fuente.

1. Abre un libro nuevo de Excel en donde obtendrás, al final de la actividad, una serie de tablas como las que se muestran en el modelo.
2. En la primera tabla se trata de calcular la **longitud de una circunferencia** cuya fórmula es L = 2πr (es decir, 2 x 3,1416 x radio). En la segunda tabla, se calculará el área de un cuadrado: A = l^2 (Lado x Lado, o Lado al cuadrado). En la tercera, se calculará el área de un rectángulo, cuya fórmula matemática es A=a*b (Lado 1 x Lado 2).
3. Guarda el libro en su carpeta correspondiente con el nombre y tipo arriba indicados.

Actividad guiada. Bordes, alineación, sombreado y ancho de columnas

Nombre del documento: **Actividad 4.**

Tipo: Libro de Excel.

Índice de masa corporal			
Nombres	Peso	Estatura	IMC
Julián	89	1,8	27,4691358
Rosa	67	1,6	26,171875
Francisco	70	1,7	24,22145329
Javier	85	1,9	23,54570637
Andrea	90	1,8	27,77777778

1. Crearás una tabla que calcule el índice de masa corporal de varias personas, de las que conoces su peso y su estatura. El índice de masa corporal se calcula dividiendo el peso de la persona (en kilogramos) entre la estatura elevada al cuadrado (en metros).
2. Copia la siguiente tabla y alinea los contenidos según la imagen, dejando en blanco las celdas para las fórmulas del IMC. La tabla tendrá los bordes exteriores con doble línea de color verde; por tanto, selecciona el rango B2:E8 y pulsa con el botón secundario sobre la selección para acceder a Formato de celdas, que configurarás como en la imagen junto a la tabla, siguiendo el orden que se indica.

	A	B	C
1	**País**	**Capital**	**Resultado**
2	España	Madrid	Correcto
3	Francia	París	Correcto
4	Italia	Roma	Correcto
5	Grecia	Bucarest	Incorrecto

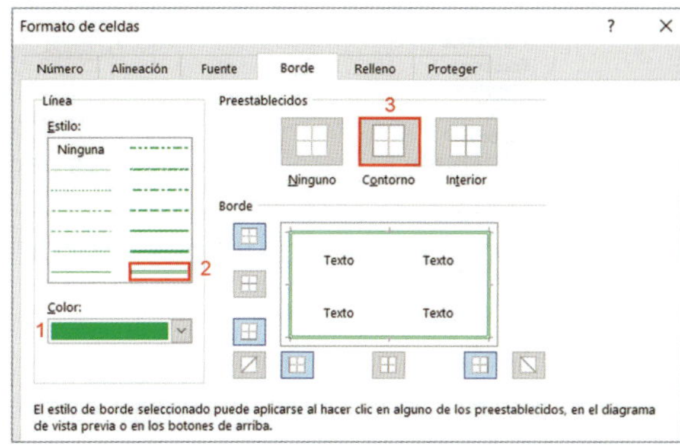

3. Con la misma selección y sin salir de la ventana de Formato de celdas, pondrás bordes de color azul a las líneas interiores de la tabla. Pulsa en el orden que se indica en la siguiente imagen y ya tendrás configurados todos los bordes de la tabla.

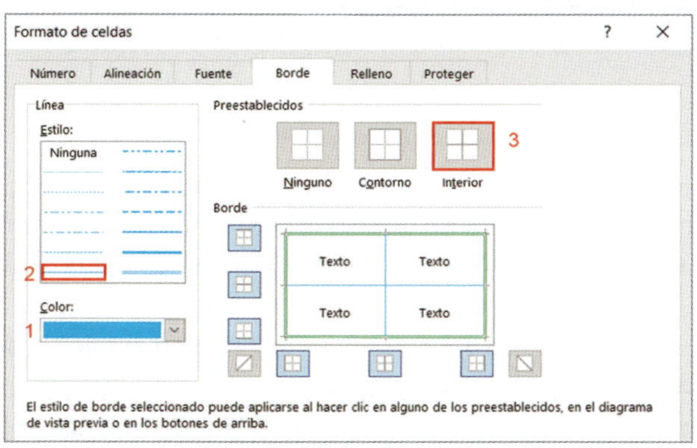

	A	B	C	D	E
1					
2		Índice de masa corporal			
3		Nombres	Peso	Estatura	IMC
4		Julián	89	1,8	
5		Rosa	67	1,6	
6		Francisco	70	1,7	
7		Javier	85	1,9	
8		Andrea	90	1,8	
9					

4. Ahora se debe escribir la fórmula del IMC en la celda E4, que contendrá la división del contenido de la celda C4 entre el contenido de la celda D4, este último elevado al cuadrado:

   =C4/D4^2

   El acento circunflejo se escribe pulsando la mayúscula de la tecla coloreada en la imagen y, después, la barra espaciadora.

5. Arrastra la fórmula a las celdas inferiores utilizando el controlador de relleno.
6. Sombrea las celdas como en el modelo del principio de esta actividad.
7. Ahora deseamos que **el ancho de cada columna se adapte a su contenido.** Esto se puede hacer de varias formas, la más rápida es mediante **doble clic en la línea derecha junto a la letra de la columna,** en los puntos señalados en la imagen.

   Otra forma es seleccionar la columna o columnas que deseemos ajustar al contenido. Desde la pestaña **Inicio** → grupo **Celdas** → **Formato,** hacemos clic sobre **Autoajustar ancho de columna.**

8. Guarda la actividad, con el nombre y tipo indicados, en la carpeta correspondiente.

2. Formato de celdas

Saber más

Categorías de datos

Una celda puede contener datos de distintos tipos, que se deberán configurar desde la ventana de Formato de celdas.

En las actividades anteriores ya hemos trabajado con el Formato de celdas en cuanto a bordes, sombreado y alineación. Ahora vamos a profundizar más sobre este aspecto.

Podemos acceder al Formato de celdas de dos formas:

- Seleccionar la celda o rango de celdas y pulsar sobre la selección con el botón secundario del ratón.
- Seleccionar la celda o rango de celdas y, con la pestaña Inicio activada, hacer clic en la flechita del ángulo inferior derecho del grupo **Fuente.**

Estas son las pestañas que contiene la ventana de Formato de celdas.

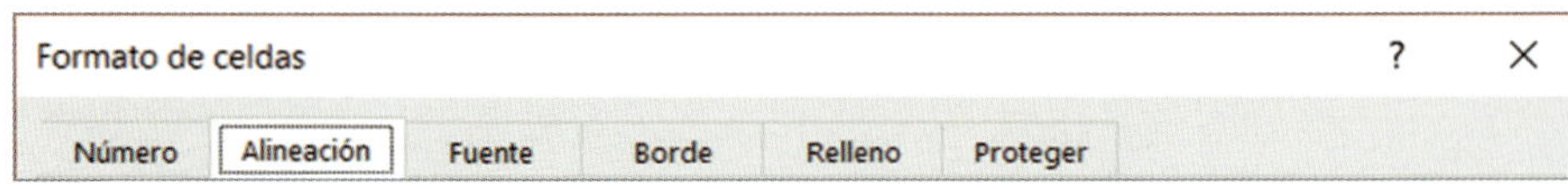

Profundizaremos en los contenidos de las pestañas **Número** y **Borde** y dejamos para más adelante la pestaña **Proteger**.

Actividad guiada. Columnas, bordes y categoría de celdas

Nombre del documento: **Actividad 5.**

Tipo: Libro de Excel.

1. Abre un libro en blanco de Excel y reproduce la siguiente tabla, ajustando el ancho de las columnas al contenido de los títulos.

	A	B	C	D	E	F
1						
2		Nº factura	Base imponible	Descuento %	Importe descuento	Total factura
3		121	12500			
4		122	867			
5		123	13500			
6						

2. Se trabajará con rangos consecutivos y no consecutivos. Selecciona el rango **B3:B5,** pulsa la tecla CONTROL y, sin soltarla, selecciona el rango **E3:F5.** Verás que los dos rangos quedan marcados. Accede al **Formato de celdas** de cualquiera de las formas que ya conoces, activa la pestaña **Número** y elige **Moneda.** Todas esas celdas quedarán configuradas para agregar el símbolo del euro y poner automáticamente el punto de los miles.
3. Ahora, selecciona el rango **D3:D5** y en Formato de celdas → Número, indica que se trata de celdas de tipo **porcentaje** sin decimales. En D3 escribe 10, en D4 escribe 15 y en D5 escribe 20. Aparecerá el símbolo del porcentaje.
4. **Cálculo de la columna E.** Se trata de aplicar el porcentaje de la columna D a los valores de la columna C. Al tratarse en D de celdas de tipo porcentaje, no es necesario dividir entre 100. Simplemente, escribe en E3 el signo igual (=), luego pulsa sobre C3, escribe el signo de multiplicar (*) y pulsa sobre D3. Tecla Intro. Arrastra a las dos celdas inferiores con el controlador de relleno.
5. **Cálculo de la columna F.** Será el importe de la base imponible menos el importe del descuento. Por tanto, en F3 escribe el signo igual (=), pulsa sobre C3, escribe el signo menos (-), pulsa sobre E3. Tecla Intro. Arrastra el contenido a las dos celdas inferiores con el controlador de relleno.
6. Configura los bordes internos y externos como en la siguiente imagen. Si has seguido los pasos correctos, la tabla tendrá la siguiente apariencia:

	A	B	C	D	E	F
1						
2		Nº factura	Base imponible	Descuento %	Importe descuento	Total factura
3		121	12.500,00 €	10%	1.250,00 €	11.250,00 €
4		122	867,00 €	15%	130,05 €	736,95 €
5		123	13.500,00 €	20%	2.700,00 €	10.800,00 €

continúa >

> continuación

7. Inserta una columna nueva a la izquierda de la columna B: Pulsa sobre la letra de la columna B con el botón secundario del ratón y elige **Insertar.**
8. Como verás, las letras de las columnas siguen manteniendo su orden y la que antes era B, ahora es C, y así sucesivamente. No obstante, los cálculos no se han modificado y siguen siendo correctos, porque Excel adapta las fórmulas a la nueva situación de los datos.
9. Con la nueva estructura, introduce una fecha en B2, pero antes configura esa celda para que admita fechas desde Formato de celdas → pestaña Número → Fecha. Elige la que tiene este formato:

10. A continuación, escribe en **B2** la fecha 23/3/18 con barras, o con guiones (23-3-18). Excel ya comprende que se trata de una fecha y la escribe en el formato que le hemos configurado a la vez que adapta el ancho de la columna B. Si no fuese así, aparecerían almohadillas (#####), señal de que no caben los datos. Entonces deberías adaptar el ancho de la columna manualmente.
11. Por último, pondrás bordes a la celda B2, pero solamente el superior y el izquierdo. Los bordes serán de tipo doble y de color rojo. Una vez seleccionado el tipo de borde y su color, pulsa en los laterales superior e izquierdo de la ventana de configuración de bordes, tal como indican las flechas de la imagen:

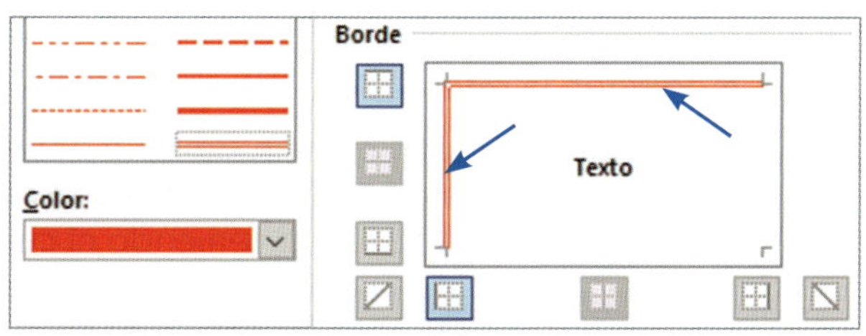

12. Centra los títulos y ponles sombreado en verde claro. Con ello habrás terminado esta actividad y la tabla deberá quedar así:

	A	B	C	D	E	F	G
1							
2		viernes, 23 de marzo de 2018	Nº factura	Base imponible	Descuento %	Importe descuento	Total factura
3			121	12.500,00 €	10%	1.250,00 €	11.250,00 €
4			122	867,00 €	15%	130,05 €	736,95 €
5			123	13.500,00 €	20%	2.700,00 €	10.800,00 €

Actividad propuesta. Repaso de conocimientos

Nombre del documento: **Actividad 6.**

Tipo: Libro de Excel.

1. Abre un libro en blanco de Excel y reproduce la siguiente tabla, ajustando el ancho de las columnas al contenido de los títulos, aplicando los bordes, la alineación y los sombreados. Configura la categoría de las celdas según un criterio lógico. Guarda luego la actividad con su nombre y tipo.

	A	B	C	D	E	F	G	H
1								
2		Nº presupuesto	Fecha	Importe bruto	% Descuento	Importe descuento	Gastos	Total
3		600	25 de abril de 2018	150.000,00 €	25,00%	37.500,00 €	200,00 €	112.700,00 €
4		601	26 de abril de 2018	23.000,00 €	15,00%	3.450,00 €	50,00 €	19.600,00 €
5		602	29 de abril de 2018	45.000,00 €	5,00%	2.250,00 €	0,00 €	42.750,00 €

2. La columna TOTAL es el resultado de utilizar el importe bruto, restarle el importe del descuento e incrementarlo con el importe de los gastos.
3. El título **N° presupuesto** no lleva bordes ni arriba ni a la izquierda.
4. Las celdas de números sombreadas en naranja se han de completar mediante fórmulas y utilizando el controlador de relleno.

3. Referencias a celdas

Cuando decimos el nombre de una celda, estamos dando su identificación única, lo mismo que cuando referenciamos un rango. A1 es una celda que no crea confusión alguna, lo mismo que el rango A1:A3.

Probablemente hayas oído hablar de **referencias absolutas** y de **referencias relativas.** Hasta ahora hemos trabajado con **referencias relativas.** Recuerda, cuando hemos utilizado el controlador de relleno, que al arrastrar una fórmula, en las celdas donde se ha copiado la misma, las referencias a celdas habían cambiado. Basta con que observes, por ejemplo, la actividad 6 de esta unidad. La fórmula introducida en la celda F3 es =D3*E3. Al arrastrarla a F4 se convierte en =D4*E4. Es decir, la referencia que hicimos a esas celdas en F3 es relativa, pues cambiará al arrastrar la fórmula.

=D3*E3

B	C	D	E	F
Nº presupuesto	Fecha	Importe bruto	% Descuento	Importe descuento
600	25 de abril de 2018	150.000,00 €	25,00%	37.500,00 €
601	26 de abril de 2018	23.000,00 €	15,00%	3.450,00 €
602	29 de abril de 2018	45.000,00 €	5,00%	2.250,00 €

=D4*E4

B	C	D	E	F
Nº presupuesto	Fecha	Importe bruto	% Descuento	Importe descuento
600	25 de abril de 2018	150.000,00 €	25,00%	37.500,00 €
601	26 de abril de 2018	23.000,00 €	15,00%	3.450,00 €
602	29 de abril de 2018	45.000,00 €	5,00%	2.250,00 €

Pero ¿qué deberíamos hacer si queremos arrastrar una fórmula sin que se modifique la referencia, es decir, usando referencias absolutas?

Simplemente, escribimos un símbolo dólar ($) delante de la letra y otro delante del número que referencian a una celda. Ejemplo: =$B$6+3. En Excel esta operación se facilita si, teniendo el cursor sobre la referencia a la celda, pulsamos la tecla F4.

¿En qué casos debemos utilizar referencias absolutas? Cuando deseamos utilizar el controlador de relleno, pero no queremos que cambie la celda que hemos referenciado antes de arrastrar. En las siguientes actividades daremos respuesta a estas preguntas.

Saber más

Referencia relativa

=A5*2

Al arrastrar hacia abajo, A5 se convierte en A6, A7...

Referencia absoluta

=$A$5*2

Al arrastrar hacia abajo, A5 siempre seguirá siendo A5.

Saber más

Referencias mixtas

En las referencias mixtas se coloca el símbolo $ delante del nombre de la letra (y eso significa que, al arrastrar la fórmula, no deseamos que la letra de la columna varíe), por ejemplo, =$A3*2; o delante del número (en cuyo caso estamos indicando que, al arrastrar la fórmula, no deseamos que el número varíe), por ejemplo =A$3*2.

Actividad guiada. Referencias relativas y absolutas

Nombre del documento: **Actividad 7.**

Tipo: Libro de Excel.

	A	B	C	D
1	IVA APLICABLE	21%		
2				
3	Factura Nº	Base imponible	Cuota IVA	TOTAL
4	821	1.500,00 €	315,00 €	1.815,00 €
5	822	2.000,00 €	420,00 €	2.420,00 €
6	823	1.800,00 €	378,00 €	2.178,00 €
7	824	800,00 €	168,00 €	968,00 €

1. Abre un libro nuevo de Excel y haz la tabla que ves a continuación, sin rellenar las celdas sombreadas de las columnas C y D.
2. La cuota del IVA es el resultado de aplicar el porcentaje de IVA (que está en la celda B1) a las distintas bases imponibles. Es decir, en la celda C4 habrá que poner el resultado de multiplicar lo que hay en B4 por lo que hay en B1.
3. **Primero vamos a hacerlo mal** para que veas qué ocurre si no utilizamos, en ese caso, referencias absolutas. En C4 escribe la fórmula =B4*B1. Arrastra al resto de celdas de la columna C. Aparecerán errores. Pulsa sobre la celda C5 y observa qué fórmula hay escrita en la barra de fórmulas ¿=B5*B2? ¿Y qué hay en B2? Nada, o podría haber cualquier otra cosa, pero no el porcentaje de IVA.

Cuota IVA
315,00 €
0,00 €
#¡VALOR!
##########

4. **Ahora lo haremos bien.** Pulsa sobre la celda C4. Pon el cursor encima de donde está escrito B1, en la barra de fórmulas. Escribe $ delante de la B y delante del 1. O, mejor aún, pulsa la tecla **F4** y esos símbolos aparecerán sin escribirlos. Arrastra ahora hacia el resto de celdas de la columna C.
5. Calcula los totales de la columna D, que no necesitarán de referencias absolutas. Guarda la actividad en su carpeta correspondiente.

3.1. Otra forma de hacer referencias absolutas

Hay una manera muy sencilla de preparar una celda para hacer referencia absoluta a ella sin tener que utilizar los símbolos $. Se trata de **darle nombre** a esa celda en lugar de nombrarla por su letra y su número. Lo vamos a ver con una nueva actividad.

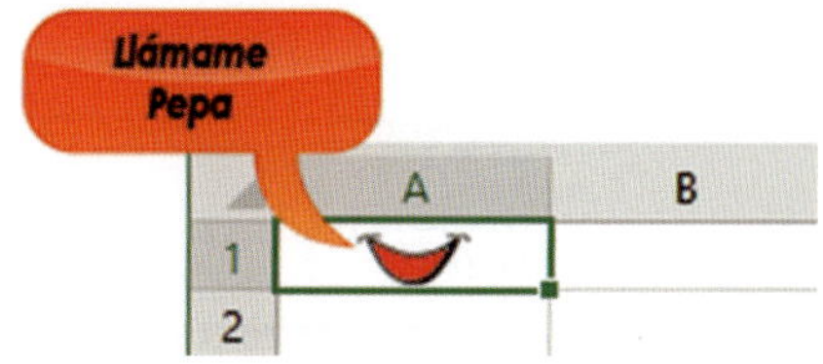

Actividad guiada. Dar nombre a una celda para referencias absolutas

Nombre del documento: **Actividad 8.**

Tipo: Libro de Excel.

1. Abre la actividad anterior (Actividad 7) y guárdala ahora con el nombre Actividad 8.
2. Elimina el contenido del rango C4:D7, las celdas sombreadas en azul claro.
3. Selecciona la celda B1. En el cuadro de nombres verás que está escrito su nombre B1. Cambia ese nombre en el cuadro de nombres y, en su lugar, escribe IVA. Pulsa la tecla Intro para confirmar.

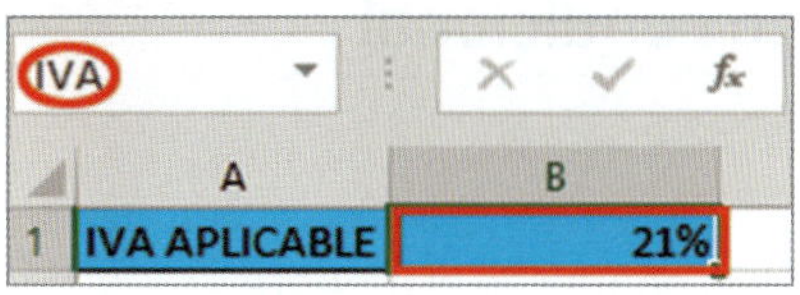

4. En la celda C4 escribe = (pulsa sobre B4), escribe * (pulsa sobre B1). Intro. En la barra de fórmulas verás que aparece escrito: =B4*IVA
5. Arrastra la fórmula de C4 a las celdas inferiores. ¡Funciona! Observa la fórmula escrita en C5, C6 y C7. En todas aparece el nombre de la celda IVA. Se ha hecho una referencia absoluta sin tener que utilizar el símbolo $.
6. Guarda los cambios del documento.

Actividad propuesta. Referencias a celdas y repaso de conocimientos

Nombre del documento: **Actividad 9.**

Tipo: Libro de Excel.

	A	B	C	D
1	Descuento promoción	40%		
2				
3	Artículo	PVP	Descuento	Precio en rebajas
4	Chándal señora	57,00 €	22,80 €	34,20 €
5	Chándal caballero	62,00 €	24,80 €	37,20 €
6	Chándal infantil	45,00 €	18,00 €	27,00 €
7	Sudadera unisex	35,00 €	14,00 €	21,00 €
8	Traje de neopreno A	450,00 €	180,00 €	270,00 €
9	Traje de neopreno B	550,00 €	220,00 €	330,00 €
10	Piscina 2x2	150,00 €	60,00 €	90,00 €

1. Una tienda de deportes pone en verano algunos de sus artículos en rebajas del 40 %. Deberás crear un libro de Excel con la configuración que observas en la imagen.
2. Los datos de las columnas C y D se calcularán mediante fórmula, escribiendo esta una sola vez y utilizando convenientemente el controlador de relleno.
3. Los bordes externos de la tabla de artículos serán dobles y de color rojo. Los internos, sencillos y de color azul.
4. En caso de ser necesario utilizar referencias absolutas, puede hacerse con cualquiera de los métodos que ya has aprendido.

4. Formato condicional

Opciones desplegables de Formato condicional.

Aplicando un formato condicional podemos resaltar celdas que cumplen determinadas condiciones: enfatizar valores máximos y mínimos, visualizar datos usando barras de datos, escalas de color y conjuntos de iconos basados en criterios. Por ejemplo, podemos desear que, en una tabla de nombres de personas, todas las celdas en las que aparezca el nombre María tengan un fondo amarillo.

Para aplicar el formato condicional a un conjunto de celdas, las seleccionamos y, después, pulsamos sobre **Formato condicional**, del grupo **Estilos** en la pestaña **Inicio**.

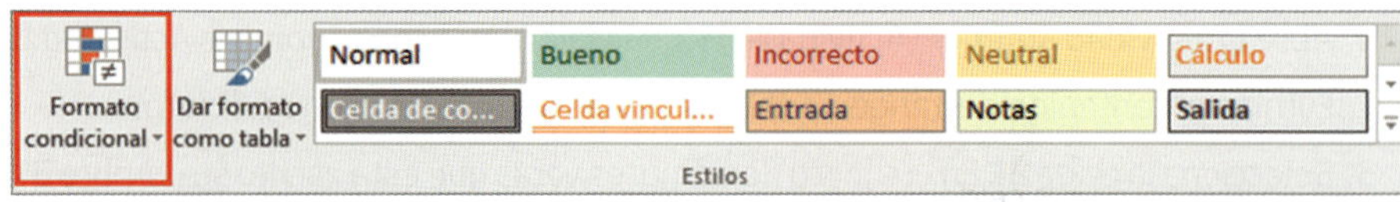

Actividad propuesta. Formato condicional

Nombre del documento: **Actividad 10.**

Tipo: Libro de Excel.

	A	B	C	D	E
1		Descuento promoción	40%		
2					
3		Artículo	PVP	Descuento	Precio en rebajas
4		Chándal señora	57,00 €	22,80 €	34,20 €
5		Chándal caballero	62,00 €	24,80 €	37,20 €
6		Chándal infantil	45,00 €	18,00 €	27,00 €
7		Sudadera unisex	35,00 €	14,00 €	21,00 €
8		Traje de neopreno A	450,00 €	180,00 €	270,00 €
9		Traje de neopreno B	550,00 €	220,00 €	330,00 €
10		Piscina 2x2	150,00 €	60,00 €	90,00 €

1. Abre la Actividad 9 de esta unidad y guárdala ahora con el nombre Actividad 10.
2. Selecciona el rango C4:C10. Pulsa sobre Formato condicional → Barras de datos → Relleno degradado.
3. Selecciona el rango D4:D10. Pulsa sobre Formato condicional → Escalas de color → Escala de colores verde, amarillo y rojo.
4. Selecciona el rango E4:E10. Pulsa sobre Formato condicional → Conjunto de iconos → Direccional → 3 flechas (de color).
5. Habrás obtenido una tabla como la del modelo.
6. Guarda los cambios y cierra el libro.

Actividad guiada. Formato condicional. Resaltar reglas de celdas

Nombre del documento: **Actividad 11.**

Tipo: Libro de Excel.

	A	B
1	Código cliente	Saldo
2	C1234	23.815,00 €
3	C1235	9.995,00 €
4	C1236	22.668,00 €
5	C1237	-962,00 €
6	C1238	18.059,00 €
7	C1239	12.558,00 €
8	C1240	17.474,00 €
9	C1241	5.279,00 €
10	C1242	5.048,00 €
11	C1243	21.181,00 €
12	C1244	7.876,00 €
13	C1245	21.241,00 €
14	C1246	22.406,00 €
15	C1247	5.556,00 €
16	C1248	1.212,00 €
17	C1249	23.386,00 €
18	C1250	4.398,00 €
19	C1251	2.572,00 €
20	C1252	11.862,00 €
21	C1253	1.416,00 €
22	C1254	13.584,00 €
23	C1255	4.769,00 €
24	C1256	21.866,00 €
25	C1257	12.652,00 €
26	C1258	-849,00 €

1. Abre un libro nuevo de Excel y rellénalo con los datos que aparecen en el modelo.
2. Mediante el formato condicional, deben quedar marcadas todas las celdas del rango B2:B26 cuyo importe sea **inferior a 0;** por lo tanto, selecciona dicho rango, ve a **Formato condicional** → **Resaltar reglas de celdas** → **Es menor que...** Configura de la siguiente forma la ventana que tendrás a la vista:

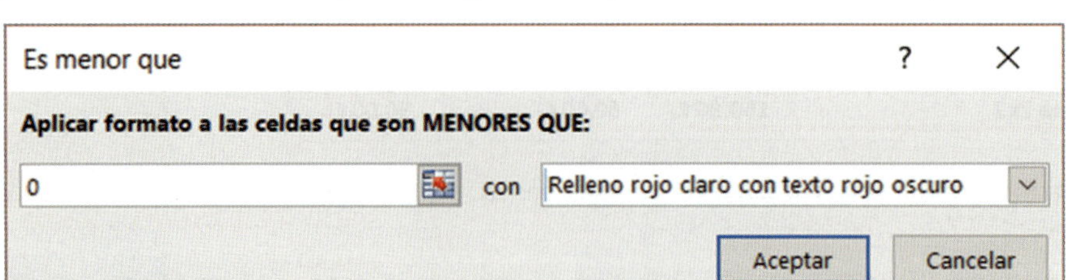

3. Repite la operación sobre el mismo rango, pero esta vez para que resalte en **Relleno verde con texto verde oscuro** las celdas cuyo importe es **superior a 20.000.**
4. Guarda el libro en la carpeta correspondiente a esta unidad con el nombre y tipo indicados.

Actividad guiada. Formato condicional y borrar reglas

Nombre del documento: **Actividad 12.**

Tipo: Libro de Excel.

1. Abre la Actividad 11 de esta unidad y guárdala ahora con el nombre Actividad 12.
2. Vamos a eliminar las reglas que hemos aplicado al rango B2:B26 en la actividad anterior. Vuelve a seleccionar el rango, luego ve a Formato condicional → Borrar reglas → Borrar reglas de las celdas seleccionadas. (En este caso sería correcto también Borrar reglas de toda la hoja, pues no tenemos otras).
3. Ahora vamos a crear una regla nueva que le ponga a la celda un fondo amarillo si el contenido de la misma está entre 20.000 y 25.000. Lo haremos desde Formato condicional → Nueva regla. Configura la nueva ventana como en la imagen siguiente y, a continuación, pulsa sobre **Formato.** En la pestaña **Relleno** marca el color amarillo. Acepta las distintas ventanas hasta que el formato condicional se haya aplicado a las celdas.

	A	B
1	Código cliente	Saldo
2	C1234	23.815,00 €
3	C1235	9.995,00 €
4	C1236	22.668,00 €
5	C1237	-962,00 €
6	C1238	18.059,00 €
7	C1239	12.558,00 €
8	C1240	17.474,00 €
9	C1241	5.279,00 €
10	C1242	5.048,00 €
11	C1243	21.181,00 €
12	C1244	7.876,00 €
13	C1245	21.241,00 €
14	C1246	22.406,00 €
15	C1247	5.556,00 €
16	C1248	1.212,00 €
17	C1249	23.386,00 €
18	C1250	4.398,00 €
19	C1251	2.572,00 €
20	C1252	11.862,00 €
21	C1253	1.416,00 €
22	C1254	13.584,00 €
23	C1255	4.769,00 €
24	C1256	21.866,00 €
25	C1257	12.652,00 €
26	C1258	-849,00 €

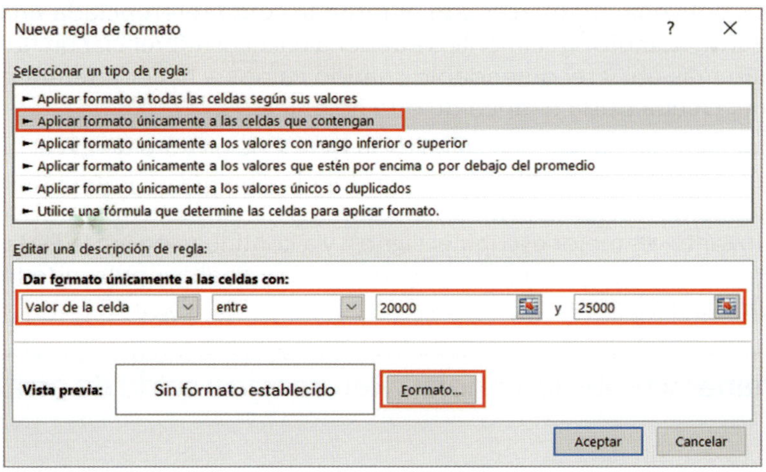

Esto también puede hacerse desde Formato condicional → Resaltar reglas de celdas → Entre...

4. Observa, en la imagen anterior, que se pueden seleccionar varios tipos de reglas. Con esta observación será más fácil realizar la siguiente actividad.
5. Guarda el libro en la carpeta correspondiente a esta unidad con el nombre y tipo indicados.

Actividad propuesta. Formato condicional. Crear y administrar regla

Nombre del documento: **Actividad 13.**

Tipo: Libro de Excel.

1. Abre un libro nuevo de Excel y rellénalo con los datos que aparecen en el modelo.
2. En la columna de nombres, deben quedar de color rojo y en negrita aquellos nombres que estén duplicados.
3. En la columna de edades, aquellas que estén por **debajo del promedio** de todas las edades que aparecen, tendrán un fondo anaranjado y las que estén por **encima del promedio,** un fondo azul.
4. Mediante **Administrar reglas,** edita la que pone fondo anaranjado a las edades debajo del promedio y haz que ese color sea ahora amarillo.
5. Guarda el libro en la carpeta correspondiente con el nombre y tipo que se indican al principio de esta actividad.

	A	B
1	Nombre	Edad
2	**Joaquín**	56
3	Reinaldo	43
4	Andrés	25
5	Antonia	16
6	Mª José	18
7	Francisco	40
8	**Joaquín**	33
9	Andrea	12
10	Marta	17

5. Trabajar con varias hojas

5.1. Agregar y eliminar hojas

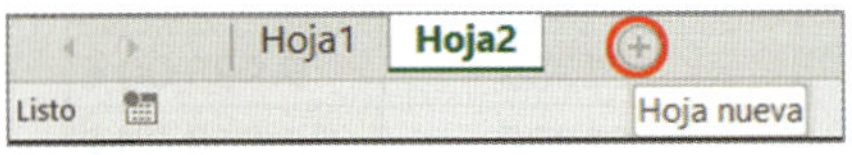

Agregar hoja.

Para agregar una hoja a un libro basta con pulsar sobre el signo + en la parte inferior izquierda de la hoja, donde están las etiquetas de las hojas.

5.2. Renombrar hojas

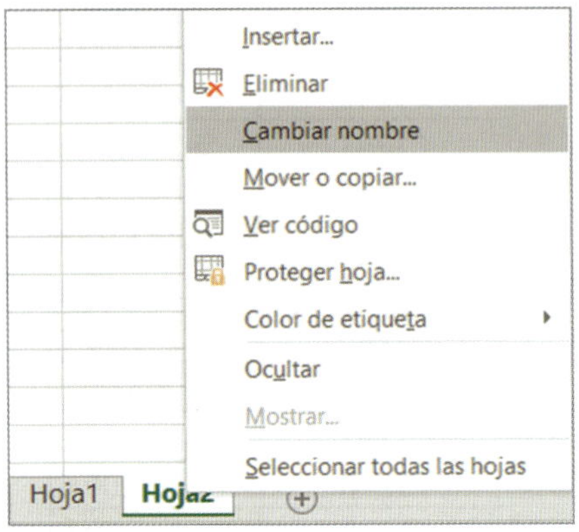

Renombrar hojas.

A una hoja se le puede cambiar el nombre predeterminado o cualquier otro que le hayamos dado anteriormente. Para ello solo hay que hacer clic con el botón secundario del ratón sobre el nombre de la hoja y pulsar sobre Cambiar nombre. El nombre de la hoja queda sombreado y listo para teclear en ese lugar un nombre distinto.

5.3. Referencia a celdas o rangos de otra hoja

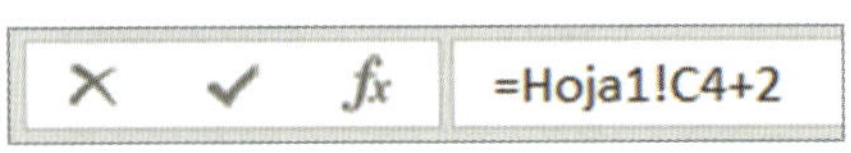

Referencia a la celda C4 de la Hoja 1 desde otra Hoja del libro.

Como ya hemos aconsejado anteriormente para hacer referencia a una celda, es conveniente **marcar con el ratón la celda referenciada en lugar de teclear su nombre.** Igualmente se debería hacer al referenciar un rango. Esto es aún más útil y recomendable cuando vamos a hacer referencia en una fórmula a una celda o rango de otra hoja.

Si, por ejemplo, desde una celda de la Hoja 2 de un libro de Excel queremos hacer referencia a la celda C4 de la Hoja 1 y sumarle 2, habría que escribir previamente a la fórmula la referencia a la Hoja 1 de este modo: =Hoja1!C4+2. Por lo tanto, es mejor escribir el signo = y a continuación ir a la Hoja 1, pulsar sobre la celda C2 y agregar el signo + y el 2 y finalizar pulsando Intro para confirmar la fórmula.

Actividad propuesta. Crear, eliminar y renombrar hojas. Referencia a celda de otra hoja

Nombre del documento: **Actividad 14.**

Tipo: Libro de Excel.

Para las explicaciones que se omitan en este ejercicio, consulta el epígrafe 5 y recuerda los conocimientos ya aplicados en actividades anteriores.

1. Incrementa dos hojas para tener tres en total.
2. Pulsa sobre la etiqueta de la primera hoja con el botón secundario del ratón y cambia su nombre por **Porcentajes.** También con el botón secundario del ratón, cámbiale el color a la etiqueta de esa hoja: **azul claro.**
3. Igualmente, cambia el nombre de la Hoja 2 por el de **Cálculos** y pon de color **rojo** su etiqueta.

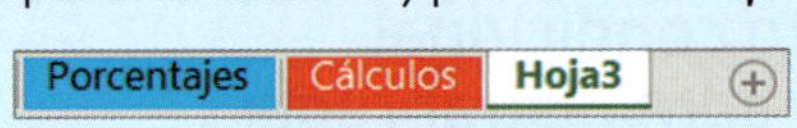

4. Elimina la Hoja 3 pulsando con el botón secundario sobre su nombre y seleccionado **Eliminar** y otra vez Eliminar.
5. Introduce los datos en la Hoja Porcentajes como puedes ver en el modelo 1.

	A	B
1	IVA	21%
2	Descuento	15%

Modelo 1. Porcentajes.

	A	B	C
1	Bruto	Importe descuento	Importe IVA
2	1.200,00 €	180,00 €	252,00 €
3	150,00 €	22,50 €	31,50 €
4	200,00 €	30,00 €	42,00 €
5	300,00 €	45,00 €	63,00 €

Modelo 2. Cálculos.

6. Introduce los datos en la Hoja Cálculos como puedes ver en el modelo 2. Los cálculos de las celdas sombreadas deberás rellenarlos mediante las fórmulas correspondientes y arrastrar a las celdas inferiores con el controlador de relleno. Tendrás que usar referencias relativas mediante el símbolo $ o dando nombre a las celdas B1 y B2 del modelo 1.
7. Guarda la actividad en la carpeta correspondiente con el nombre y tipo indicados.

6. Diseño e impresión de hojas de cálculo

6.1. Diseño de página

Todas las opciones se encuentran bajo la pestaña **Diseño de página**.

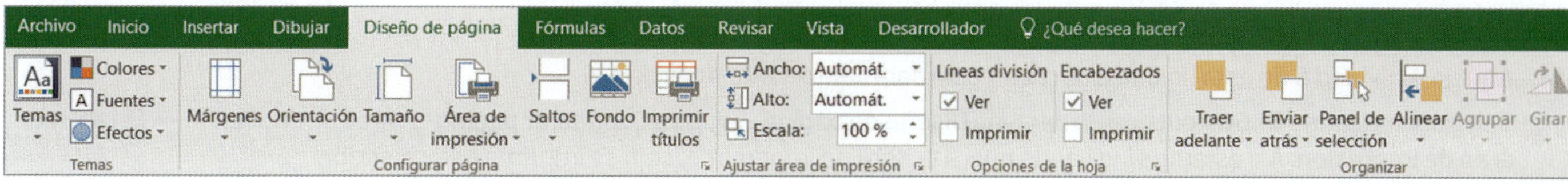

Encontramos cinco grupos de opciones:

- **Temas.** Para aplicar unas determinadas características de fuentes, efectos y colores a toda la hoja o a las hojas seleccionadas. De cada una de las opciones, Excel dispone de una galería, por ejemplo, de Temas.

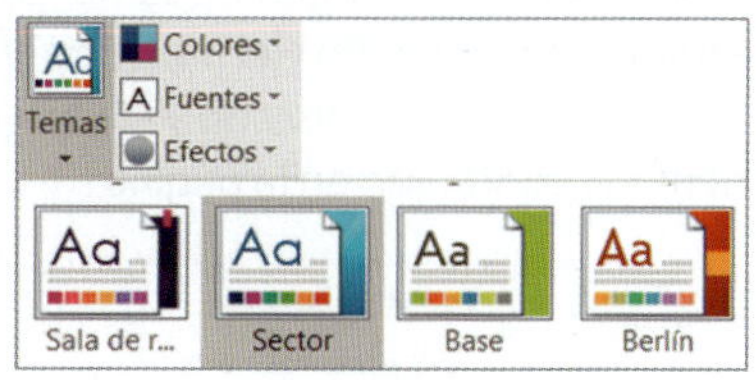

- **Configurar página.** Comprende los márgenes, la orientación y el tamaño del papel, el área de impresión (el área seleccionada en la hoja es la que se imprimirá), el fondo de página y la opción Imprimir títulos.
- **Ajustar área de impresión.** Para reducir la proporción general o el ancho y el alto de páginas que resultarán al imprimirse, de modo que se adapten al número de páginas que se quieran imprimir.
- **Opciones de la hoja.** Permite elegir si se desean ver sobre el área de trabajo las cuadrículas de la hoja o si queremos que se impriman o no. De igual modo se refieren al encabezado y pie de página.
- **Organizar.** Es un grupo de opciones que se utilizará cuando se inserten objetos en una hoja, como pueden ser gráficos, imágenes prediseñadas, formas y otras ilustraciones. Las opciones de este grupo también se pueden ver en la pestaña Formato del objeto seleccionado.

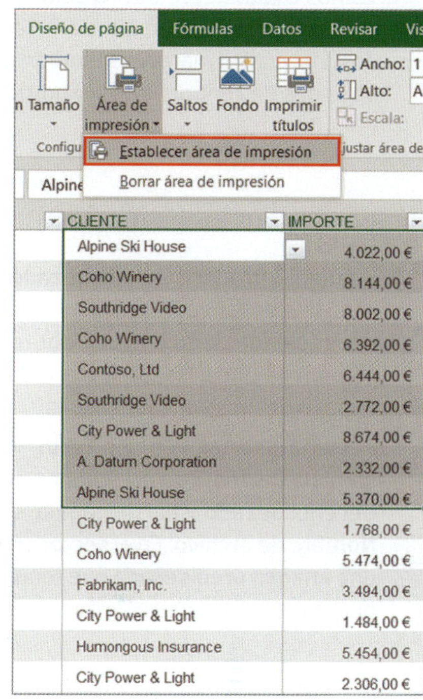

Establece como área de impresión la parte seleccionada de una hoja.

6.2. Vista previa e impresión de una hoja de Excel

Desde **Archivo** → **Imprimir** podemos elegir la impresora y configurar todos los parámetros de impresión.

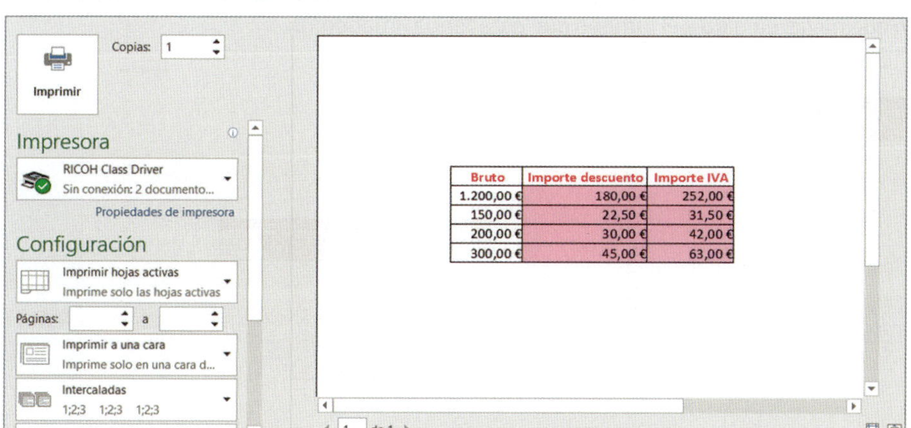

En el espacio que queda a la derecha tendremos una **vista previa** de cada página de la hoja que se vaya a imprimir. Debajo de la vista previa, a la izquierda, se encuentra el número de página visible en ese momento y podemos pasar a la vista previa de páginas sucesivas, si las hubiera.

Saber más

Líneas de cuadrícula

Cuadrículas y bordes no son lo mismo. Los bordes se imprimen, las cuadrículas solo si está marcada la opción correspondiente. Las líneas de cuadrícula están en la hoja para facilitar la lectura y la introducción de datos. Se pueden hacer **invisibles** desde la pestaña **Vista** → grupo **Mostrar,** dejando sin marcar la opción Líneas de cuadrícula.

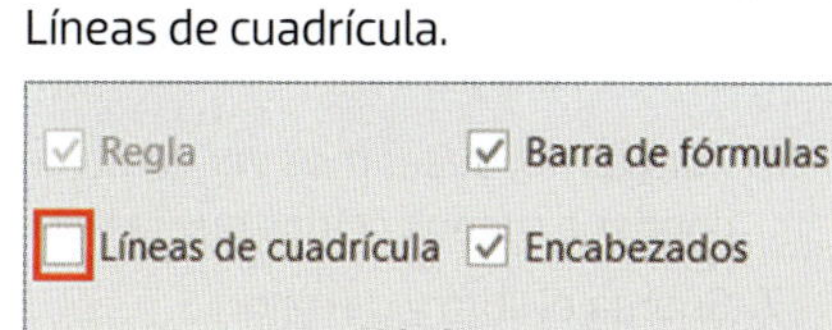

Actividad propuesta. Configurar página, encabezado y vista previa de impresión

Nombre del documento: **Actividad 15.**

Tipo: Libro de Excel.

Para las explicaciones que se omitan en este ejercicio, consulta el epígrafe 6 y recuerda los conocimientos ya aplicados en actividades anteriores.

1. Abre la Actividad 6 de esta unidad didáctica y guárdala ahora como Actividad 15.
2. Selecciona el rango **C1:G6** y pulsa en la pestaña **Diseño de página** → grupo **Configurar página** → Área de impresión → **Establecer área de impresión.** Así estamos indicando que, a la hora de imprimirse, solo se imprima esa selección.
3. **Orientación** de la página: horizontal.
4. Vamos a establecer los **márgenes**, también en el grupo Configurar página. Como puedes ver, en Excel no solo se establecen los cuatro márgenes, sino también el espacio para el encabezado y el pie de página. Pulsa en **Márgenes** → **Márgenes personalizados.** Los cuatro márgenes tendrán un ancho de 2 cm. El encabezado y el pie, quedarán como vienen predeterminados. Marca las opciones de centrar vertical y horizontalmente el contenido en la página.

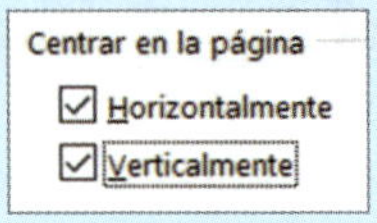

5. Vamos a introducir un **encabezado de página.** El encabezado de página y el pie de página están divididos en tres sectores, en cada uno de los cuales se puede poner diferente información, incluso alguna imagen. Si se pone una imagen, esta se extenderá, dependiendo de su tamaño, por toda la página, pero lo hará una sola vez. (Es distinto si ponemos un fondo desde Configurar página → Fondo. En este caso, la imagen se repartirá por la hoja a modo de mosaico). En esta actividad optamos por insertar la imagen desde el encabezado tal y como veremos a continuación.

   Pestaña **Insertar** → grupo **Texto** → **Encabezado y pie de página.** Enseguida nos aparecerá el encabezado y una pestaña nueva llamada **Diseño.** Pon el cursor en el **sector izquierdo** del encabezado. En la pestaña **Diseño** (de encab.), en el grupo **Elementos del encabezado y pie de página,** selecciona **Número de página.** Para el **sector derecho** selecciona, dentro del mismo grupo, **Nombre de archivo.** En el **sector central** vamos a insertar (también desde el grupo Elementos del encabezado y pie de página) una **imagen prediseñada** que tengamos en el equipo o que busquemos en internet, previamente reducida a 20x20 píxeles. En nuestro caso, hemos elegido una con el símbolo del euro. Así nos quedará:

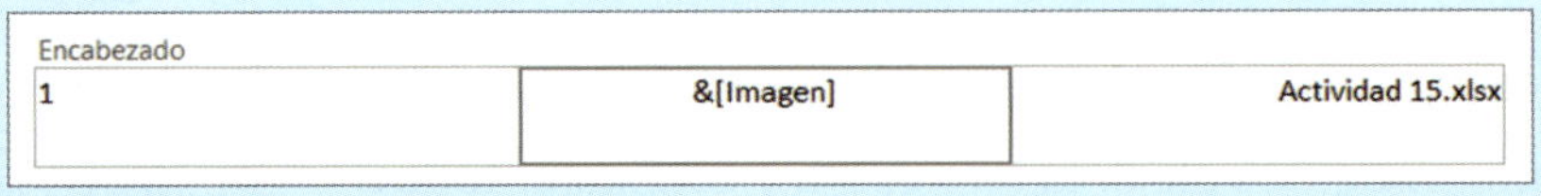

   Si hacemos clic en cualquier lugar de la hoja de cálculo fuera del encabezado, podremos ver cómo queda. Variará con respecto a nuestro modelo en función de la imagen que hayas elegido y el tamaño que esta tenga (imagen 1):

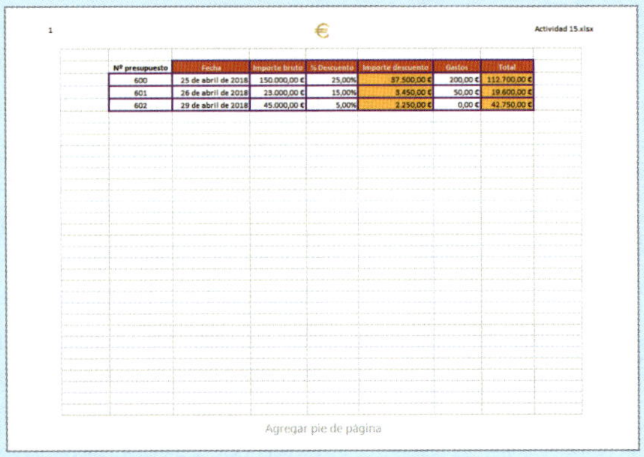

Imagen 1.

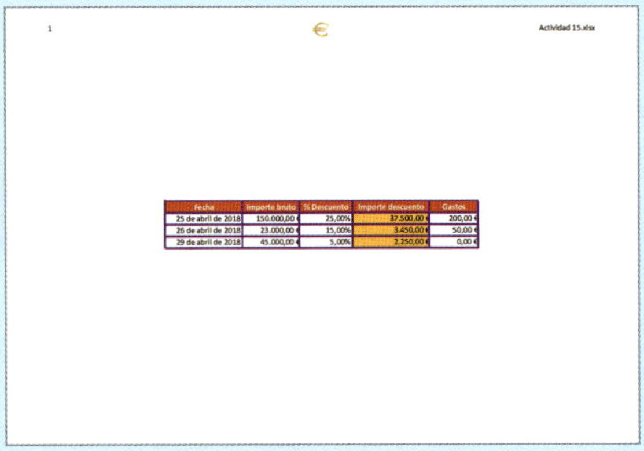

Imagen 2.

6. Por último, deseamos ver cómo quedará impresa la hoja, teniendo en cuenta que el área de impresión que hemos establecido contiene menos celdas que la hoja. Vamos a **Archivo** → **Imprimir** y observamos la vista previa de impresión (imagen 2).
7. Guarda el libro y ciérralo.

Apache OpenOffice. Calc I

1. Consideraciones previas

Calc es el nombre de la hoja de cálculo de Apache OpenOffice. Su funcionamiento, en la mayor parte de los aspectos que hemos estudiado y vayamos a estudiar en adelante, es idéntico al de Excel, incluso la nomenclatura, las funciones y la forma de introducir las fórmulas. Por lo tanto, trabajaremos solamente con las diferencias, sobre todo de interfaz y de acceso a los distintos comandos.

2. Interfaz

Al abrir la aplicación OpenOffice Calc aparece una ventana similar a la siguiente, en la que vemos una hoja de cálculo reducida en altura para integrarla más fácilmente en el texto de este libro.

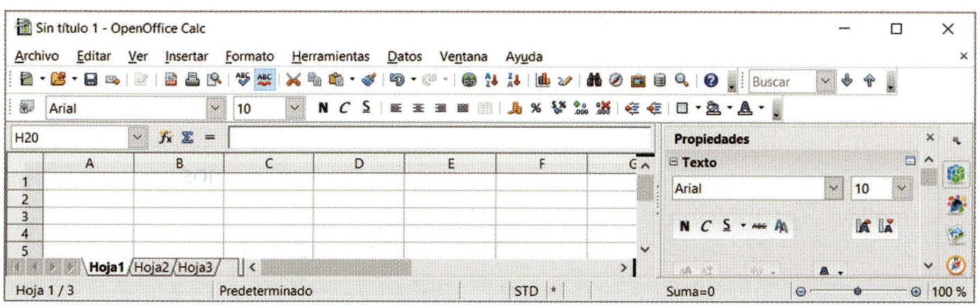

Los encabezados y pies de página son áreas en la parte superior e inferior de las páginas de un documento que admiten la inclusión de texto, campos (como números de página, fecha, etc.) e imágenes.

3. Redimensionar filas y columnas

Para ampliar o reducir el ancho de una columna o el alto de una fila podemos utilizar el ratón en el título de columnas o en el de filas, en el espacio que se encuentra entre dos de ellas y arrastrarlo, igual que hicimos en Excel.

La otra forma es hacer clic con el botón secundario en el título de la fila o de la columna que deseamos redimensionar (o en un rango de filas o de columnas) y elegir respectivamente **Altura de fila** o **Ancho de columna.**

4. Formato de celdas

Para dar formato a las celdas se selecciona la celda o rango y se le aplican los cambios desde el menú **Formato → Celdas.** En esa ventana contamos con distintas pestañas que contienen comandos similares a los que se han estudiado para Excel.

La pestaña **Fondo** pone sombreado de algún color sólido a las celdas seleccionadas.

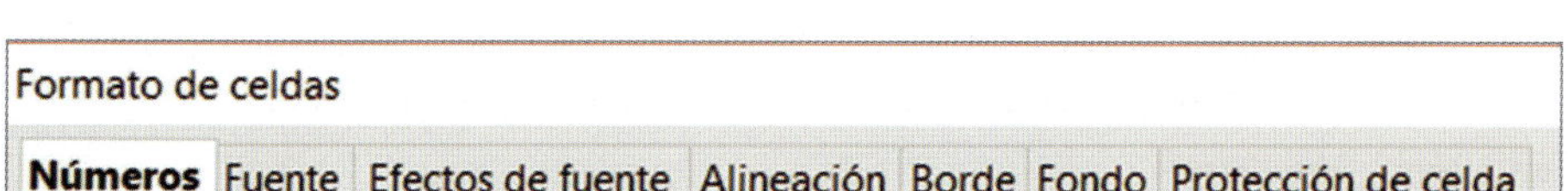

Saber más

Tipos de archivo

Los libros creados con Calc se guardan, por defecto, con la extensión **.ods**, aunque se puede elegir entre muchos tipos de extensiones, entre ellas las de Excel incluidas antiguas versiones.

Saber más

Combinar celdas

En Calc, las celdas se seleccionan y se combinan con el botón de la barra de herramientas.

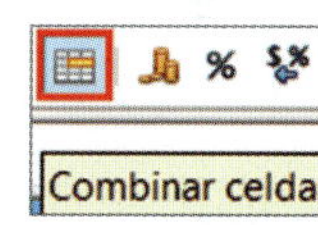

Saber más

Redimensionar filas y columnas

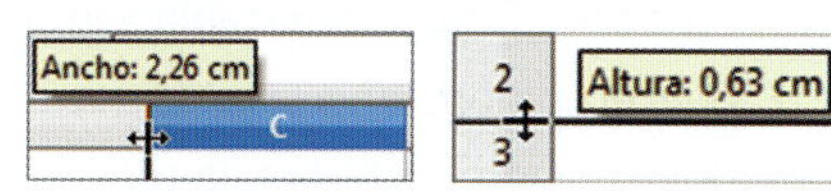

Saber más

Formato de celdas

Otra manera de dar formato a celdas es hacer clic sobre la celda o rango con el botón secundario del ratón.

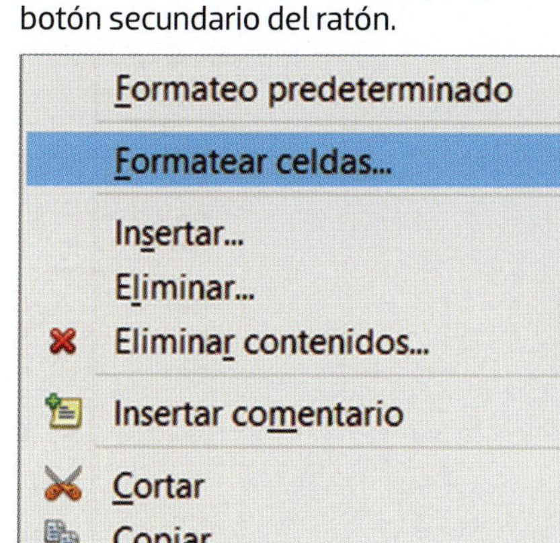

Saber más

Encabezamiento y pie

Para crearlos se debe tener activa la pestaña Encabezamiento o Pie, marcar la opción **Activar** y, a continuación, **Editar**.

5. Diseño de impresión

Desde la pestaña **Formato → Imprimir rangos** podemos definir cuál será el área de impresión o bien eliminar o editar un área de impresión anteriormente fijada.

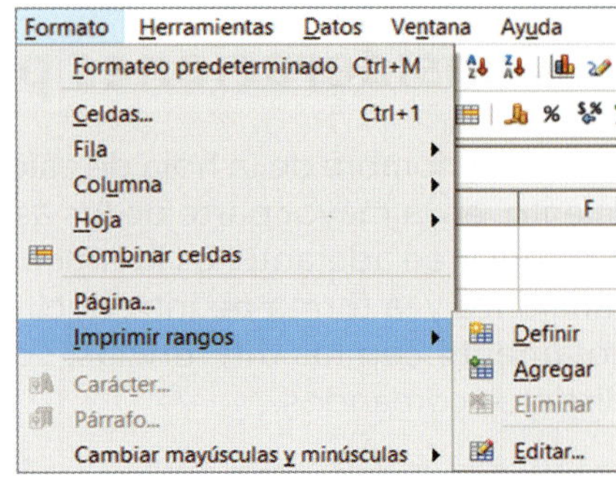

Por otra parte, dentro de la pestaña **Formato → Página,** podremos fijar los márgenes, borde o fondo de página y encabezamiento y pie de página, entre otros aspectos. En la ventana de configuración del formato de Página tenemos las siguientes pestañas:

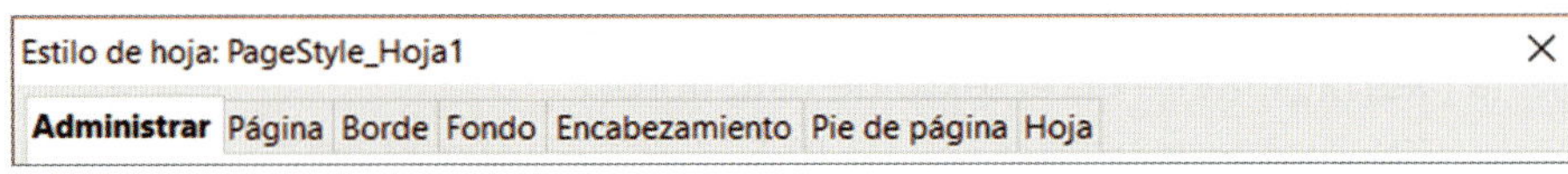

6. Autorrelleno

Lo que en Excel denominábamos Controlador de relleno, en Calc se llama Autorrelleno y funciona de la misma manera.

Actividad propuesta

Nombre del documento: **Calc Síntesis unidad 11.**

Tipo: Hoja de cálculo ODF.

1. Crea con Calc la misma tabla que se realizó en Excel con el nombre Actividad 7.
2. Dale el nombre IVA a la celda que contiene el porcentaje de IVA.
3. Utiliza el nombre de la celda IVA en la fórmula que corresponda con el fin de utilizar el Autorrelleno.
4. Define el rango ocupado por la tabla como rango de impresión.
5. Crea un encabezado de página que contenga, en la parte izquierda, el nombre del documento; en la parte central, la fecha actual, y en la parte derecha, la palabra Página seguida del número de página.
6. Haz que la tabla, cuando se vaya a imprimir, ocupe el centro del papel, tanto horizontal como verticalmente. Para este caso observa la siguiente imagen de ayuda:

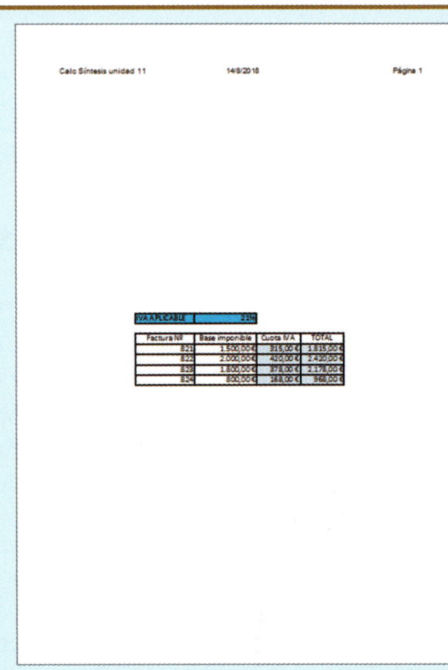

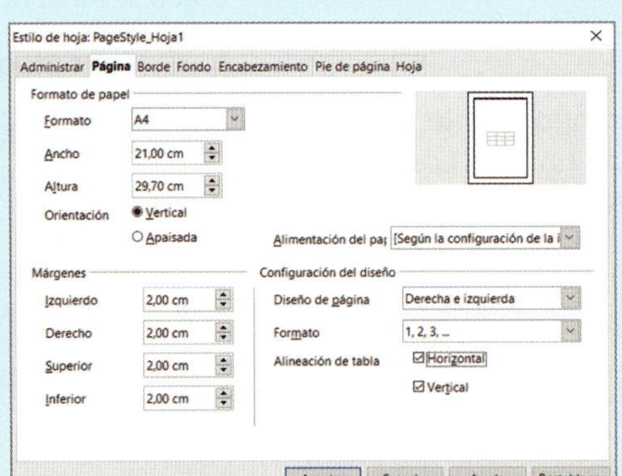

PRÁCTICA PROFESIONAL INICIAL RESUELTA

Previsión de ahorro

1. Abre un libro en blanco de Excel.
2. Agrega una hoja pulsando en el signo + en el la parte inferior de la ventana de Excel.
3. Con el botón secundario del ratón, pulsa sobre la etiqueta Hoja 1 → Cambiar nombre → **Porcentajes.** Vuelve a pulsar sobre la Hoja 1 con el botón secundario y en Color de etiqueta ponle color **rojo.**
4. Repite los pasos del punto 3 sobre la Hoja 2. Cámbiale el nombre por **Ahorro** y ponle color de etiqueta **azul.**

5. Selecciona el rango **A3:C3** y en **Formato de celdas → Número,** elige el tipo porcentaje. Introduce los datos en la hoja **Porcentajes.** Selecciona el rango A2:C3 y pulsa sobre la selección con el botón secundario del ratón. Elige **Formato de celdas.** En la pestaña borde marca el **borde fino** y pulsa sucesivamente sobre **Contorno** e **Interior.**
6. Introduce los datos de todas las celdas que no están sombreadas de la hoja **Ahorro.** Alinea el contenido de las celdas como las del modelo desde la pestaña **Inicio,** grupo **Alineación.**
7. Selecciona todos los rangos de celdas de la hoja Ahorro que llevan (o van a llevar) cifras de tipo moneda. En **Formato de celdas → Número,** aplícales el formato **Moneda.**
8. Selecciona el rango **A2:E5** y pulsa la tecla Control para agregar ahora el rango **A9:E12.** Ambos rangos deben quedar marcados. Pulsa sobre la selección con el botón secundario, elige **Formato de celdas** y, en la pestaña **Bordes,** pon borde fino al interior y al contorno. Después, quita los bordes superior e izquierdo a las celdas A2 y A9. A las celdas E6 y E13 ponles borde grueso, rojo y verde respectivamente.
9. En Formato de celdas, pestaña **Relleno,** pon el sombreado de todas las celdas y rangos que lo tienen.
10. **Celda E3:** introduce la fórmula =B3+C3+D3 y arrastra con el controlador de relleno hasta E5.
11. **Celda E6:** introduce la fórmula =E3+E4+E5.
12. **Celda B10:** introduce la fórmula =B3-B3*Porcentajes!$A$3. Arrastra la fórmula hacia la derecha hasta E10.
13. **Celda B11:** introduce la fórmula =B4-B4*Porcentajes!$B$3. Arrastra la fórmula hacia la derecha hasta E11.
14. **Celda B12:** introduce la fórmula =B5-B5*Porcentajes!$C$3. Arrastra la fórmula hacia la derecha hasta E12.
15. **Celda E13:** introduce la fórmula =E10+E11+E12.
16. **Celda H9:** introduce la fórmula =E6-E13.
17. Inserta la **forma Flecha de línea,** una vez de color **rojo** y otra de color **verde,** que apunten ambas a la palabra Ahorro.
18. Para dejar de ver las **líneas de cuadrícula** de Excel, en cada una de las hojas pulsa en la pestaña Vista y, en el grupo Mostrar, deja sin marcar la opción Líneas de cuadrícula.

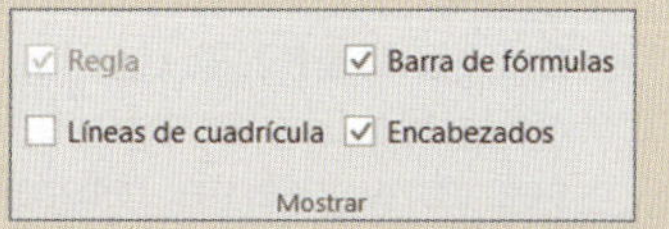

19. **Encabezado de hoja Ahorro:** selecciona la hoja Ahorro. Pestaña Insertar → grupo Texto → Encabez. pie pág. En los sectores izquierdo y central escribe el texto que se muestra en el modelo. En el sector derecho pulsa sobre la pestaña **Diseño** (de herramientas para encabezado y pie de página), grupo **Elementos del encabezado y pie de página, Fecha actual.**

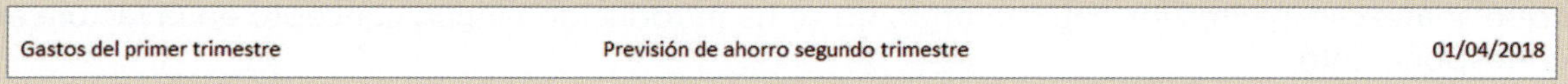

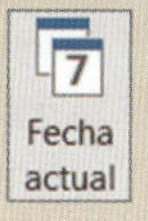

20. En la pestaña Diseño de página → grupo Configurar página → Márgenes, marca las casillas.

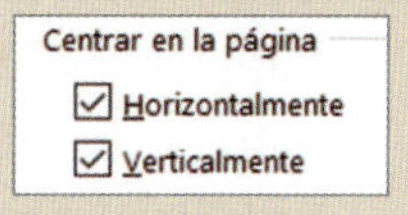

21. Una vez cerrado el libro, abre Calc, y desde ahí abre el archivo recién cerrado. Guárdalo ahora con el mismo nombre y con la extensión propia de Calc.

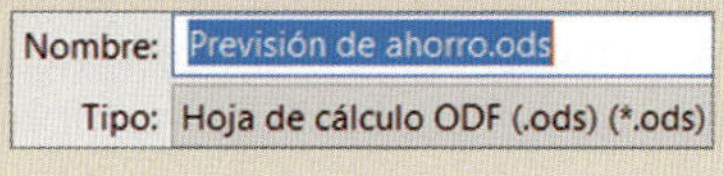

PRÁCTICA PROFESIONAL PROPUESTA

Factura

Objetivos

- Combinar celdas.
- Escribir fórmulas.
- Utilizar el controlador de relleno.
- Utilizar referencias relativas y absolutas.
- Dar formato a celdas y rangos.
- Aplicar formato condicional.
- Configuración de impresión.

Esta imagen, con las líneas de cuadrícula visibles, te ayudará a comprender y llevar a cabo las instrucciones que siguen.

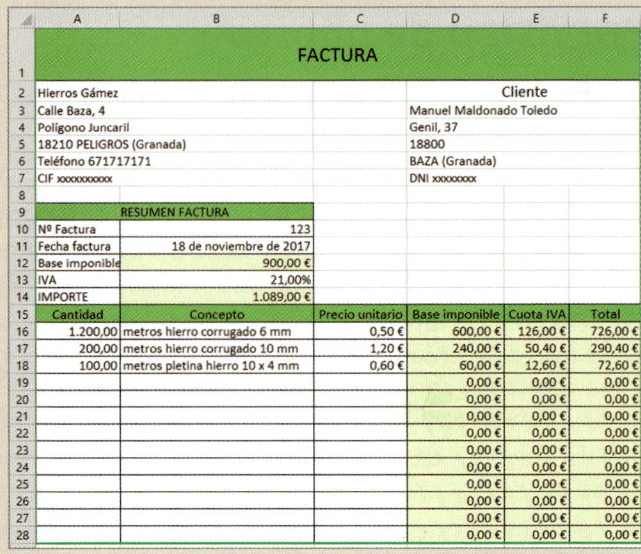

	A	B	C	D	E	F
1	FACTURA					
2	Hierros Gámez			Cliente		
3	Calle Baza, 4			Manuel Maldonado Toledo		
4	Polígono Juncaril			Genil, 37		
5	18210 PELIGROS (Granada)			18800		
6	Teléfono 671717171			BAZA (Granada)		
7	CIF xxxxxxxxxx			DNI xxxxxxxx		
8						
9	RESUMEN FACTURA					
10	Nº Factura	123				
11	Fecha factura	18 de noviembre de 2017				
12	Base imponible	900,00 €				
13	IVA	21,00%				
14	IMPORTE	1.089,00 €				
15	Cantidad	Concepto	Precio unitario	Base imponible	Cuota IVA	Total
16	1.200,00	metros hierro corrugado 6 mm	0,50 €	600,00 €	126,00 €	726,00 €
17	200,00	metros hierro corrugado 10 mm	1,20 €	240,00 €	50,40 €	290,40 €
18	100,00	metros pletina hierro 10 x 4 mm	0,60 €	60,00 €	12,60 €	72,60 €
19				0,00 €	0,00 €	0,00 €
20				0,00 €	0,00 €	0,00 €
21				0,00 €	0,00 €	0,00 €
22				0,00 €	0,00 €	0,00 €
23				0,00 €	0,00 €	0,00 €
24				0,00 €	0,00 €	0,00 €
25				0,00 €	0,00 €	0,00 €
26				0,00 €	0,00 €	0,00 €
27				0,00 €	0,00 €	0,00 €
28				0,00 €	0,00 €	0,00 €

Instrucciones

Se trata de crear un modelo de factura cuyo resultado final, en vista de impresión, es el que se muestra en la siguiente página.

1. **Ancho de las columnas. A:** 12,56 (120 píxeles). **B:** 29,89 (276 píxeles). **C:** 13,89 (132 píxeles). **D:** 14,44 (137 píxeles). **E:** 9,44 (92 píxeles). **F:** 10,67 (103 píxeles).
2. **Alto de las filas.** Todas tienen el alto predeterminado, a excepción de la fila 1, que tiene un alto de 45,60 (76 píxeles).
3. **Formato de las celdas.** Los bordes, el relleno y la alineación se corresponderán con los que se muestran en el modelo. En concreto, la fila 1 estará centrada tanto horizontal como verticalmente. En cuanto a la configuración de Número, corresponderá en cada celda o rango al tipo de datos que debe contener y con el formato que se muestra en el modelo.
4. **Fuente.** En todas las celdas será Calibri 11, a excepción de la fila 1 que tendrá fuente Calibri 18 y la palabra Cliente, que estará escrita en Calibri 14.
5. **Datos.** Los títulos y los datos de las celdas no sombreadas se introducirán manualmente. En las celdas sombreadas se introducirán las fórmulas que correspondan.
6. **Rango A16:F2.** Todas las celdas sombreadas contendrán fórmula. Cada fórmula se introducirá en las celdas de la fila 16 y se arrastrará a las que correspondan mediante el controlador de relleno, utilizando, cuando sea conveniente, referencias absolutas y referencias relativas.
7. **Celda B12.** Contendrá la suma del rango D16:D28.
8. **Celda B14.** Contendrá la suma del rango F16:F28.
9. **Formato condicional.** Se aplicará al rango D16:F28. La regla que se aplicará será la siguiente: si los números que aparecen ahí son iguales a cero, la fuente tendrá el mismo color que el relleno de esas celdas (de modo que aparezcan ocultos los datos cuando no se ha introducido ningún concepto en la factura en la línea correspondiente).
10. **Configuración de impresión.**

    Papel: tamaño A4, orientación vertical.

    Márgenes: 0,8 cm los laterales y 1,9 cm el superior y el inferior.

    La hoja se imprimirá centrada en el papel, tanto horizontal como verticalmente.
11. **Guardar archivo.** Este libro se guardará en Excel con el nombre **Factura** y tipo **Libro de Excel.** Posteriormente se abrirá con **OpenOffice Calc** y se guardará con el mismo nombre y como **Hoja de cálculo ODF.**

Vista previa de impresión

FACTURA

Hierros Gámez
Calle Baza, 4
Polígono Juncaril
18210 PELIGROS (Granada)
Teléfono 671717171
CIF xxxxxxxxxx

Cliente
Manuel Maldonado Toledo
Genil, 37
18800
BAZA (Granada)
DNI xxxxxxxx

RESUMEN FACTURA	
Nº Factura	123
Fecha factura	18 de noviembre de 2017
Base imponible	900,00 €
IVA	21,00%
IMPORTE	1.089,00 €

Cantidad	Concepto	Precio unitario	Base imponible	Cuota IVA	Total
1.200,00	metros hierro corrugado 6 mm	0,50 €	600,00 €	126,00 €	726,00 €
200,00	metros hierro corrugado 10 mm	1,20 €	240,00 €	50,40 €	290,40 €
100,00	metros pletina hierro 10 x 4 mm	0,60 €	60,00 €	12,60 €	72,60 €

12 Hojas de cálculo II

Vamos a conocer...

1. Series
2. Fórmulas y funciones
   - Funciones matemáticas y trigonométricas
   - Funciones estadísticas
   - Funciones de fecha y hora
   - Funciones lógicas
   - Funciones de búsqueda y referencia

SOFTWARE LIBRE

Apache OpenOffice. Calc II

1. Fórmulas y funciones en OpenOffice Calc
2. Actividades prácticas

PRÁCTICA PROFESIONAL INICIAL

Inserción laboral

PRÁCTICA PROFESIONAL PROPUESTA

Promoción apartamentos

Y al finalizar esta unidad...

- Sabrás crear series nuevas y utilizar las predeterminadas.
- Comprenderás el significado de la sintaxis de las funciones.
- Manejarás con habilidad las funciones más utilizadas de distintas categorías.
- Habrás adquirido la capacidad de usar correctamente otras funciones en el futuro.

Práctica profesional inicial

Inserción laboral

	A	B	C	D	E
1	Código usuario	Fecha de nacimiento	Edad actual	Situación laboral	Observaciones
2	A25	14/11/1958		Desempleo	
3	A26	31/01/1979		Activa	
4	A27	20/12/1988		Activa	
5	A28	29/04/1962		Desempleo	
6	A29	09/04/1970		Activa	
7	A30	17/02/1997		Activa	
8	A31	03/11/1974		Activa	
9	A32	19/02/1993		Desempleo	
10	A33	10/12/1995		Activa	
11	A34	09/04/1998		Desempleo	
12	A35	29/08/1967		Activa	
13	A36	14/01/1983		Activa	
14	A37	22/07/1972		Activa	
15	A38	14/10/1955		Desempleo	
16	A39	09/04/1979		Activa	
17					
18		Media de edades			
19		Nº personas Activas			
20		Edad máxima			
21		Edad mínima			
22		Fecha actual			
23		Hora actual			

Hoja 1.

	A	B
1	Introduzca código usuario	A28
2		
3	Edad	
4	Observaciones	

Hoja 2.

1. Introduce los datos de las celdas **no sombreadas** de la Hoja 1 y de la Hoja 2 tal como están en los modelos. Las celdas sombreadas se calcularán con fórmulas y funciones, según se explica a continuación, a excepción de B1 de la Hoja 2, que será un código introducido manualmente.
2. **Hoja 1**

   Columna A. Se rellenarán las celdas A2 y A3 y se completará el resto de celdas como una serie.

   Columna C. Como seguramente sabes, la edad de una persona se suele expresar en un **número entero** y hasta el día del cumpleaños no se ha cumplido un nuevo año. Por ejemplo, quien cumple 30 años mañana, hoy tiene 29. Eso deberás tenerlo en cuenta para calcular la edad actual de cada usuario a fecha de hoy.

   Columna E. Si el usuario tiene **50 años o más** y su situación laboral es **Desempleo,** en esa columna aparecerá el texto **Difícil inserción laboral.** En caso contrario, no aparecerá nada.

   Rango C18:C23. Se calcularán, con las fórmulas y funciones que correspondan, los datos que se solicitan en el rango B18:B23. La fecha actual se expresará en la forma **dd/mm/aaaa.** La hora actual se expresará en la forma **hh:mm:ss.**
3. **Hoja 2**

   Celda B1. Se insertará a mano un código de usuario de los que existen en el listado de la Hoja 1.

   Celda B3. Se insertará la fórmula o función que muestre, de forma automática, la edad de la persona a la que se refiera el código insertado en B1. Esa fórmula deberá funcionar tanto si los códigos de usuario de la Hoja 1 están ordenados como si están desordenados.

   Celda B4. Se insertará la fórmula o función que muestre, de forma automática, las observaciones relativas a la persona cuyo código se introduzca en B1. Esa fórmula deberá funcionar tanto si los códigos de usuario de la Hoja 1 están ordenados como si están desordenados.
4. Este libro de cálculo puedes realizarlo con Excel, con Calc o con ambos. Según el caso, se guardará con el **formato por defecto de la aplicación utilizada** y con el nombre **Inserción laboral.**

1. Series

Saber más

Series y controlador de relleno

Con el **controlador de relleno** se pueden **completar series** tanto a lo largo de una fila como de una columna.

Una serie es un conjunto de datos ordenados según un criterio determinado. Ejemplos de series serían:

- 1, 3, 5, 7, 9...
- Lunes, martes, miércoles...
- 15/12/2014, 15/12/2015, 15/12/2016...
- 15/12/2017, 16/12/2017, 17/12/2017...

Actividad guiada. Series

Nombre del documento: **Actividad 1.**

Tipo: Libro de Excel.

1. Abre un libro nuevo de Excel y guárdalo, con el nombre indicado, en la carpeta de ejercicios correspondiente a esta unidad didáctica.
2. **Serie 1.** En la celda A1 introduce el número 1; en la celda A2 introduce el número 2. Selecciona el rango A1:A2 y arrastra hasta A7 con el controlador de relleno.
3. **Serie 2.** En la celda B1 introduce el número 2; en la celda B2 introduce el número 4. Selecciona ambas celdas y, con el controlador de relleno, arrastra hasta B7.
4. **Serie 3.** En la celda C1 introduce el número -10; en la celda C2 introduce el número -9. Selecciona el rango C1:C2 y arrastra hasta C7 con el controlador de relleno.
5. **Serie 4.** En la celda D1 introduce la palabra **Miércoles.** Selecciona esa celda y arrastra hasta la celda D10.
6. **Serie 5.** En la celda A11 introduce **Cliente 1.** Con el controlador de relleno, arrastra hasta la celda D11.
7. **Serie 6.** En la celda A12 introduce la fecha 20/8/58. En A13 escribe la fecha 21/8/58. Selecciona el rango A12:A13 y arrastra hasta la celda D12.
8. Guarda los cambios del libro y ciérralo.

	A	B	C	D
1	1	2	-10	Miércoles
2	2	4	-9	Jueves
3	3	6	-8	Viernes
4	4	8	-7	Sábado
5	5	10	-6	Domingo
6	6	12	-5	Lunes
7	7	14	-4	Martes
8				Miércoles
9				Jueves
10				Viernes
11	Cliente 1	Cliente 2	Cliente 3	Cliente 4
12	20/08/1958	21/08/1958	22/08/1958	23/08/1958

Actividad propuesta. Series

Nombre del documento: **Actividad 2.**

Tipo: Libro de Excel.

1. Abre un libro nuevo de Excel y guárdalo, con el nombre indicado, en la carpeta de ejercicios correspondiente a esta unidad didáctica.
2. De la tabla del modelo escribe los títulos, que están en rojo, y los dos primeros valores de cada serie, que están en azul.
3. Completa las series para obtener los valores que están en negro.
4. Modifica, si es necesario, la fuente, las alineaciones o los anchos de columna para conseguir una tabla igual a la del modelo.
5. Guarda los cambios del libro.

	A	B	C	D	E	F
1	SERIES					
2	Naturales	Pares	Fin trimestre	Repetir	Meses impares	Meses pares
3	1	2	Marzo	Blanco	Enero	Febrero
4	2	4	Junio	Verde	Marzo	Abril
5	3	6	Septiembre	Blanco	Mayo	Junio
6	4	8	Diciembre	Verde	Julio	Agosto
7	5	10	Marzo	Blanco	Septiembre	Octubre
8	6	12	Junio	Verde	Noviembre	Diciembre
9	7	14	Septiembre	Blanco	Enero	Febrero
10	8	16	Diciembre	Verde	Marzo	Abril
11	9	18	Marzo	Blanco	Mayo	Junio
12	10	20	Junio	Verde	Julio	Agosto

2. Fórmulas y funciones

2.1. Introducción

Las **fórmulas** son expresiones matemáticas que nos permiten realizar cálculos de diversos tipos en las hojas de cálculo. Pueden incluir datos numéricos o de texto, referencias a celdas o a rangos, operadores (son los signos que indican el tipo de cálculo que hay que realizar; por ejemplo, matemático, lógico, estadístico, etc.), funciones y constantes.

Ejemplos de fórmulas serían:

- =A2*2+B2
- =(A2*10+B5*15)/2

Las **funciones** son fórmulas predefinidas mediante las cuales introduciremos determinados valores y obtendremos el resultado deseado sin tener que escribir fórmulas más complejas.

Por ejemplo, si usamos la función SUMA para calcular la suma de los valores del rango B1:B10, escribiríamos **=SUMA(B1:B10).** Sin embargo, para hacer el mismo cálculo sin usar ninguna función deberíamos escribir la fórmula **=B1+B2+B3+B4+B5+B6+B7+B8+B9+B10.** Sustituir funciones más complejas que esa por simples fórmulas, podría suponer un trabajo extremadamente más laborioso que el del ejemplo.

Existe una **biblioteca de funciones** predefinidas y agrupadas por tipo a la que se accede desde la pestaña **Fórmulas.**

Prioridad de operadores

En el caso de utilizar varios operadores matemáticos en una misma fórmula, Excel establece una prioridad entre ellos (al igual que se hace al trabajar con matemáticas manualmente). Por ejemplo, en ausencia de paréntesis, realizará en primer lugar las multiplicaciones y divisiones y luego las sumas y las restas.

Para cambiar las prioridades en las operaciones, se han de utilizar paréntesis y corchetes. Así, por ejemplo, si escribimos =2+3*4, el programa primero multiplicará 3*4 y al resultado le sumará 2 (resultado 14); sin embargo, si escribimos =(2+3)*4, el programa sumará 2 + 3 y multiplicará el resultado por 4 (resultado 20).

2.2. Búsqueda y sintaxis de las funciones

Naturalmente, no podemos estudiar todas las funciones que tiene Excel (alrededor de 450), pero sí aprenderemos el uso de varias y ello nos servirá para poder localizar otras y saber utilizarlas si conocemos sus sintaxis.

Para **encontrar** una función cuyo nombre y sintaxis desconocemos, podemos utilizar la *fx* que hay junto a la barra de fórmulas y, a continuación, escribir una **breve descripción** de aquello que deseamos conseguir. Excel nos mostrará algunas sugerencias de funciones con su descripción y sintaxis.

La sintaxis de una función es la forma en que se ha de escribir. Cuando seleccionamos o escribimos una función, Excel nos muestra cuál es su sintaxis y la tarea que realiza.

Saber más

Pulsar sobre la celda o seleccionar un rango en lugar de teclear, al escribir una fórmula o una función, **es importante y evita muchos errores.**

Por ejemplo, si vas a escribir la fórmula =A2+A3, no la escribas. Es mejor hacerlo así:

- Escribe el signo = (pulsa sobre A2).
- Escribe el signo + (pulsa sobre A3).

Saber más

Funciones, operadores, referencias y constantes

= PI()+(B2*2)

Es un ejemplo de fórmula en la que **PI() es una función** que devuelve el valor del número PI. La fórmula tiene, además, **dos operadores,** que son los de suma y producto (+) y (*), **una referencia** al contenido de la celda B2 **y una constante,** que es el número 2.

Saber más

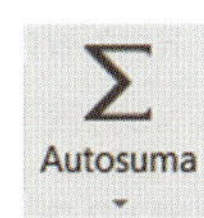

El botón de autosuma lo puedes encontrar en la pestaña **Inicio, grupo Editar,** o en la pestaña **Fórmulas, grupo Biblioteca de funciones.**

Para insertar una función conocida o para buscar alguna cuyo nombre desconocemos, pulsaremos sobre la *fx* junto a la barra de fórmulas.

Saber más

Funciones matemáticas que estudiaremos en esta unidad

ALEATORIO()
ALEATORIO.ENTRE
COCIENTE
ENTERO
LOG10
NUMERO.ROMANO
POTENCIA
PRODUCTO
RAIZ
REDONDEA.IMPAR
REDONDEA.PAR
RESIDUO
SIGNO
SUMA

Ejemplo

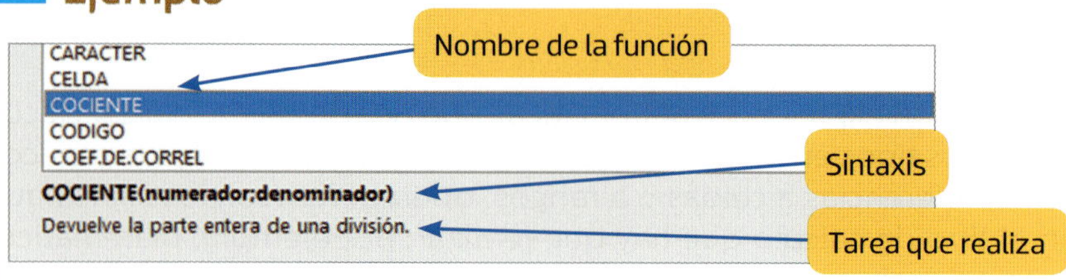

Sintaxis: COCIENTE(numerador;denominador)

En la sintaxis se mostrarán los **argumentos** entre paréntesis. Esta función tiene dos argumentos: numerador y denominador, separados por punto y coma.

Si tenemos en la celda A1 un número y en la celda B1 otro y deseamos calcular el cociente de dividir el primero entre el segundo, usaríamos la función COCIENTE de la siguiente manera: =COCIENTE(A1;B1). Al mismo tiempo que la escribimos nos aparecerá la sintaxis de la misma, como puedes ver en la siguiente imagen:

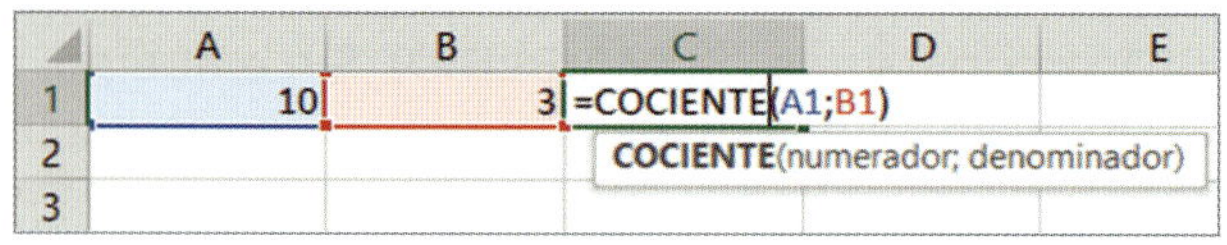

2.3. Funciones matemáticas y trigonométricas

Se utilizan, entre otras cosas, para hacer cálculos matemáticos sobre números, para convertir números o para obtener valores relativos a ángulos. En las próximas actividades trabajaremos con algunas de estas funciones.

Actividad guiada. Funciones matemáticas

Nombre del documento: **Actividad 3.**

Tipo: Libro de Excel.

1. Abre un libro nuevo de Excel y guárdalo, en tu carpeta de actividades de esta unidad, con el nombre y tipo especificados.
2. Copia la siguiente tabla, dejando libres los recuadros sombreados de la columna B, en donde insertarás las funciones que indica la columna A. Recuerda que no debes escribir los nombres de las celdas, sino pulsar sobre ellas cuando las insertes en las fórmulas.

	A	B
1	Escribe un número	456
2		
3	Raíz cuadrada	21,3541565
4	Número romano	CDLVI
5	Redondeado al impar más próximo	457
6	Redondeado al par más próximo	456
7	Logaritmo en base 10	2,65896484
8	Elevado a 2	207936
9	Signo del número	1

- B3: =RAIZ(B1)
- B4: =NUMERO.ROMANO(B1)
- B5: =REDONDEA.IMPAR(B1)
- B6: =REDONDEA.PAR(B1)
- B7: =LOG10(B1)
- B8: =POTENCIA(B1;2) o bien =B1^2
- B9: =SIGNO(B1) Si B1 fuese negativo, el resultado sería -1

3. Cambia el número de la celda B1 por 1560 y comprueba que todos los cálculos se han modificado y ahora se refieren a este nuevo número introducido. De ahí la finalidad de escribir en el argumento de las funciones una celda de referencia (en nuestro caso, B1) en lugar de haber escrito como argumento el número que aparezca en la celda B1.
4. Cambia ahora el número de la celda B1 por -45. Comprobarás que ahora algunas celdas tienen error: no existe raíz cuadrada ni logaritmo de un número negativo, ni hay manera de representar un número negativo en números romanos. Observa también el signo, que se representará como -1.
5. Guarda los cambios y cierra el libro de Excel.

Actividad guiada. Funciones matemáticas

Nombre del documento: **Actividad 4.**

Tipo: Libro de Excel.

1. Abre un libro nuevo de Excel y guárdalo, en tu carpeta de actividades de esta unidad, con el nombre y tipo especificados.
2. Copia la siguiente tabla, dejando libres los recuadros sombreados de amarillo en la columna B, en donde insertarás las fórmulas y funciones que se piden en la columna A.

	A	B
1	**Escribe un número**	**500**
2	**Escribe otro número**	**33**
3	Cociente de la división del primero entre el segundo, usando la función COCIENTE.	15
4	Cociente de la división del primero entre el segundo, sin usar ninguna función.	15,1515152
5	Parte entera del cociente de dividir el primero entre el segundo.	15
6	Resto de la división del primero entre el segundo.	5
7	Suma de los dos números.	533
8	Producto de los dos números usando la función PRODUCTO.	16500
9	Producto de los dos números sin usar ninguna función en la fórmula.	16500
10	Un número aleatorio entre el primero y el segundo de los números.	413
11	Un número aleatorio entre 0 y 1.	0,56631825

- B3: =COCIENTE(B1;B2)
- B4: =B1/B2
- B5: =ENTERO(B1/B2)
- B6: =RESIDUO(B1;B2)
- B7: =SUMA(B1:B2) o =SUMA(B1;B2)
- B8: =PRODUCTO(B1;B2) o bien =PRODUCTO(B1:B2)
- B9: =B1*B2
- B10: =ALEATORIO.ENTRE(B2;B1)
- B11: =ALEATORIO()

3. Haz pruebas cambiando los números de las celdas B1 y B2 para ver cómo cambian los resultados.
4. Cambia los números para que B1 sea más pequeño que B2 y comprueba los resultados. ¿Hay alguna celda con error? ¿Por qué se ha producido dicho error?

   La celda correspondiente a la función ALEATORIO.ENTRE ha dado un error cuando B1 es más pequeño que B2. Esto es debido a que en la **sintaxis** de esa función está establecido que el primer argumento tiene que ser el número más pequeño, y el segundo, el número más grande. Por tanto, en este caso, habría que cambiar el orden de los argumentos que se han introducido.

   =ALEATORIO.ENTRE(
   ALEATORIO.ENTRE(**inferior**; superior)

5. Guarda los cambios y cierra el libro de Excel.

Actividad propuesta. Funciones matemáticas

Nombre del documento: **Actividad 5.**

Tipo: Libro de Excel.

1. Abre un libro nuevo de Excel y guárdalo, en tu carpeta de actividades de esta unidad, con el nombre y tipo especificados.
2. Realiza la tabla que ves a continuación y escribe las fórmulas y funciones que correspondan en las celdas de azul claro de la columna B.

	A	B
1	Primer número	13
2	Segundo número	2
3	Tercer número	10
4	Resto de dividir el primer número entre el segundo.	
5	Cociente de dividir el primer número entre el segundo usando la función COCIENTE.	
6	Cociente de dividir el primer número entre el segundo sin usar ninguna función.	
7	Parte entera del cociente del primer número entre el segundo, sin usar ninguna función.	
8	Número segundo elevado a 5.	
9	Número romano del primer número.	
10	Redondeo al par más próximo al segundo número.	
11	Redondeo al impar más próximo al tercer número.	
12	Logaritmo en base 10 del primer número.	
13	Suma de los tres números.	
14	Un número al azar entre el primero y el tercero.	
15	Producto de los tres números.	
16	Signo del primer número	
17	Raíz cuadrada del tercer número.	
18	Raíz cuadrada del producto de los tres números	

Saber más

Algunas funciones estadísticas

En este libro estudiaremos las que están marcadas en color.

PROMEDIO
PROMEDIO.SI
CONTAR
CONTARA
CONTAR.BLANCO
CONTAR.SI
COVAR
PRONOSTICO
FRECUENCIA
MEDIA.GEOM
CRECIMIENTO
MEDIA.ARMO
CURTOSIS
MAX
MAXA
MEDIANA
MIN
MODA
PERCENTIL
PERMUTACIONES
PROBABILIDAD
CUARTIL
VAR

Recuerda

Al introducir una función, aparecerá, mientras escribes, la sintaxis de la misma.

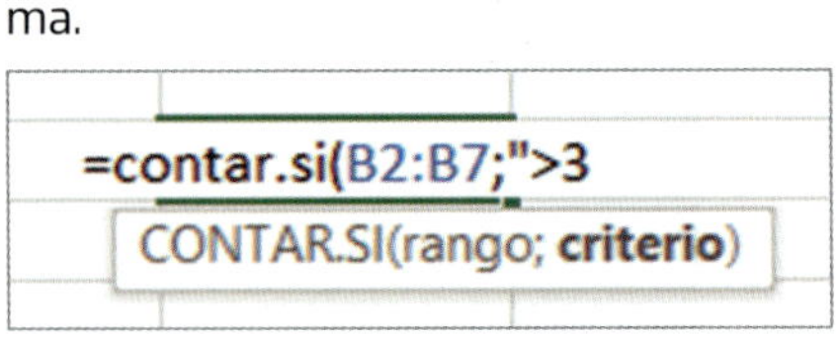

Recuerda

Las celdas no contiguas se separan mediante punto y coma (;).

=PROMEDIO(A2;D2)

En un rango, las celdas se separan con dos puntos (:).

=PROMEDIO(A2:D2)

2.4. Funciones estadísticas

La estadística es una rama de las ciencias matemáticas especializada en recopilar, organizar, analizar, comparar y procesar datos con el fin de obtener información sobre un conjunto o de predecir tendencias de futuro.

- CONTAR

  Cuenta el número de veces que aparece un **dato numérico** en una lista de datos.

- CONTARA

  Cuenta el número de **celdas no vacías** de un rango.

- CONTAR.BLANCO

  Cuenta el número de celdas de un rango que están **vacías.**

- CONTAR.SI

  Cuenta el número de veces que aparece un valor que cumple una **determinada condición** en un rango de celdas.

  La mayor parte de las veces, la condición deberá introducirse **entre comillas** y esto ocurre cuando dicha condición es compleja o se trata de un dato alfanumérico.

Ejemplo

=CONTAR.SI(A2:C2;5). Cuenta las veces que aparece 5 en el rango.

=CONTAR.SI(A2:C2;">=5"). Cuenta las veces que aparece un número mayor o igual que 5 en el rango.

=CONTAR.SI(A2:C2;"Enrique"). Cuenta las veces que aparece el nombre Enrique en el rango.

- MAX

  Esta función devuelve el **valor máximo** de una lista de números o celdas.

- MIN

  Devuelve el **valor mínimo** de una lista de celdas o números.

- MEDIANA

  Devuelve el **valor central** dentro de una **serie ordenada** de valores. Por ejemplo, en esta serie ordenada de números 1, 3, **4**, 5, 7, el valor central es **4**. Y en esta otra, 1, **2**, **3**, 4, los valores centrales son 2 y 3, con lo que la mediana será la media aritmética o promedio de esos dos valores centrales: **2,5**.

- MODA

  Devuelve el **valor más repetido** de una serie de números o de los contenidos de un rango de celdas o de celdas no adyacentes. Puede que no exista ningún valor repetido, lo que devolverá un mensaje de error en la celda que contenga la función.

- PROMEDIO

  Devuelve la **media aritmética** de varios datos, o del contenido de varias celdas o de un rango de celdas. Por ejemplo, para calcular la nota media de tres exámenes.

Actividad propuesta. Funciones estadísticas

Nombre del documento: **Actividad 6.**

Tipo: Documento de Word.

1. Abre un documento de Word y guárdalo, en la carpeta de actividades de esta unidad, con el nombre y tipo indicados.
2. Haciendo cálculos manuales (sin Excel ni calculadora) y conociendo lo que acaba de explicarse sobre las funciones estadísticas, calcula y escribe el resultado que darían las siguientes funciones en Excel:
   a) =PROMEDIO(7;8;9).
   b) =PROMEDIO(A2;H3), siendo los valores de A2=8 y H3=2.
   c) =CONTARA(B3:B8), sabiendo que en ese rango hay dos celdas vacías.
   d) =MAX(A2:D2), si los valores introducidos en ese rango son 2, 8, 1, 0.
   e) =MEDIANA(3;4;5;6).
   f) =MEDIANA(A2:A5), si en ese rango los valores introducidos son 3, 5, 6, 12.
   g) =MODA(A2:A5), si en ese rango los valores introducidos son 2, 3, 2, 8.
3. ¿Qué fórmulas y funciones utilizarías para realizar las siguientes operaciones?
   a) El mínimo valor introducido en el rango A2:A14.
   b) El número de veces que aparece el valor 4 en el rango A2:H2.
   c) La media aritmética de los valores de las celdas A2 y A7.

Actividad propuesta. Funciones estadísticas

Nombre del documento: **Actividad 7.**

Tipo: Libro de Excel.

1. Abre un libro nuevo de Excel y guárdalo, en tu carpeta de actividades de esta unidad, con el nombre y tipo especificados.
2. Copia la siguiente tabla y escribe en la columna sombreada de la derecha las fórmulas y funciones necesarias para obtener los resultados que se solicitan en la primera columna.

	A	B	C	D	E	F	G	H
1	Media aritmética de las celdas B1 y D1.	2	3	5	6	7	8	
2	Media aritmética del rango B2:G2.	3	5	6	7	8	9	
3	Número de celdas vacías del rango B3:G3.	4	6			8	0	
4	Número de celdas no vacías en el rango B4:G4	Juan	23	Enrique		Nadia	3	
5	Mediana del rango D5:G5.	24	2	5	7	4	2	
6	Moda o valor más repetido en el rango B6:G6.	2	3	5	6	8	3	
7	Moda o valor más repetido en el rango B7:G7.	2	3	4	5	6	7	
8	¿Cuántos valores numéricos hay en el rango B4:G4?							
9	¿Cuántas veces aparece el número 2 en el rango B1:G7?							
10	¿Cuál es el valor numérico máximo que aparece en el rango B1:G7?							
11	¿Y cuál es el valor numérico más pequeño del rango B1:G7?							
12	¿Cuántos valores de texto hay en el rango B1:G7?							
13	Calcula el valor mínimo de las celdas B1, D6 y G7.							
14	Calcula el valor máximo de las celdas B3 y F7.							
15	Calcula el valor máximo del rango B3:F7.							
16	¿Cuántas celdas hay en el rango B1:G7 que sean inferiores a 3?							
17	¿Cuántas celdas hay en el rango B1:G7 que sean iguales o mayores que 4?							
18	¿Cuántas celdas hay en el rango B1:G7 que sean iguales a 5?							

3. Si tienes alguna dificultad, repasa los contenidos y ejemplos de este epígrafe y ten en cuenta los cuadros **Saber más** y **Recuerda** que están en el margen.
4. Guarda los cambios del ejercicio y ciérralo.

2.5. Funciones de fecha y hora

Saber más

Algunas funciones de fecha y hora

En este libro estudiaremos las que están marcadas en color.

AHORA
AÑO
DIA
DIASEM
DIAS360
DIAS.LAB
FECHANUMERO
FIN.MES
HORA
HOY
MES
MINUTO
NUM.DE.SEMANA
SEGUNDO

Estas funciones permiten realizar cálculos con datos relativos a fechas y horas; entre otros, averiguar qué día es hoy, cuántos días naturales, laborables o festivos hay entre dos fechas, sumar y restar fechas para averiguar periodos, etc.

Para realizar estas operaciones con fechas, Excel trabaja con números contando como número 1 la fecha **1 de enero de 1900.** Por ejemplo, si en una celda escribimos el número **2,** luego vamos al Formato de celda y en la pestaña **Número** elegimos el tipo **Fecha,** comprobaremos que lo sustituye por la fecha que ese **número de serie** significa, que será el 2 de enero de 1900. Si escribimos el 12.300, nos devolverá la fecha correspondiente al día número 12.300, contando como primer día el 1 de enero de 1900: 3 de septiembre de 1933.

- **AHORA:** devuelve la fecha y hora actuales.
- **HOY:** muestra la fecha actual.
- **DIA:** convierte un número de serie en el día del mes de la fecha a la que corresponde dicho número de serie. Por ejemplo, la fecha **15** de julio de 2016 tiene como número de serie 34165. Si introducimos la función **=DIA(34165)** nos dará como resultado **15,** que es el día del mes de esa fecha.
- **MES:** funciona igual que la función DIA y lo que nos muestra es el número del mes a que corresponde el número de serie de una fecha. Ejemplo: **=MES(34165)** da como resultado 7, que es el mes de julio.
- **AÑO:** igual que DIA y MES, con la diferencia de que nos da el año al que pertenece el número de serie de una fecha. Ejemplo: **=AÑO(34165)** dará como resultado 1993, que es el año al que se refiere ese número de serie.
- **DIASEM:** nos muestra el día de la semana al que pertenece una fecha o su número de serie. El segundo argumento de esta función determinará qué día de la semana deseamos tomar como primero. (Ver **Saber más**).
- **DIAS.LAB:** devuelve el número total de días laborables que hay entre dos fechas.
- **FIN.MES:** nos muestra cuál es el último día del mes una vez transcurridos determinados meses desde una fecha, puesta en modo serie. Ejemplo: **=FIN.MES(34165;14)** nos dará como resultado una fecha que será el último día del mes una vez transcurridos 14 meses desde la serie que hemos escrito; por lo tanto: 30 de septiembre de 1994.

Saber más

Función DIASEM

¿Qué día de la semana queremos tomar como primero?

Por ejemplo, si deseamos que el primero sea el lunes, el segundo argumento de DIASEM será un 2.

Actividad guiada. Funciones de fecha y hora

Nombre del documento: **Actividad 8.**

Tipo: Libro de Excel.

	A	B
1	Tu fecha de nacimiento	15/07/1993
2	Fecha de hoy	22/08/2016
3	Hora actual	19:49:22
4	Fecha y hora actuales	22/08/2016 19:49
5	¿Cuántos días han pasado desde que naciste?	8439
6	¿Cuántos días laborables han pasado desde que naciste?	6028
7	¿En qué día de la semana naciste? Con función	4
8	¿En qué día de la semana naciste? Sin función	jueves, 15 de julio de 1993

1. Abre un libro de Excel e introduce los datos que se muestran en el modelo, a excepción de los que están en las celdas sombreadas de la derecha, en las que deberás introducir determinados datos, fórmulas y funciones, como se irá indicando más adelante.

continúa >

> continuación

- **B1.** Introduce en esta celda tu fecha de nacimiento. Puedes escribirla utilizando el separador de barra, por ejemplo: 16/8/95. Si en la celda aparece un número en lugar de la fecha, sabes que puedes acceder a Formato de celda e indicar que deseas obtener una fecha con el mismo formato que la del modelo.
- **B2.** Introduce la función HOY, cuya sintaxis es **=HOY().** Obtendrás la fecha en que estés realizando este ejercicio y, naturalmente, no será la del modelo.
- **B3.** Para escribir la hora actual, puedes utilizar la función **=AHORA()** y, a continuación, en Formato de celdas, especificar que se desea solamente la hora y con el formato del modelo.
- **B4.** También usaremos la función **=AHORA(),** que, por defecto, mostrará la fecha y la hora actuales.
- **B5.** Para saber cuántos días han pasado desde que naciste hasta la fecha presente, es necesario restar la fecha de nacimiento a la fecha de hoy. Bastará, entonces, escribir en B5: **=B2–B1.** Si el resultado aparece en modo fecha, solo hay ir a Formato de celdas y especificar que se desea de tipo General o de tipo Número sin decimales.
- **B6.** Para saber cuántos días laborables han pasado desde que naciste, deberás escribir en B6 la siguiente función: **=DIAS.LAB(B1;B2),** pues la sintaxis de la función DIAS.LAB es:

  DIAS.LAB(**fecha_inicial**; fecha_final; [vacaciones])

  cuyo tercer argumento, al estar entre corchetes, no es obligatorio, e indica el número de días, que no se consideran festivos, pero que pueden ser fiestas locales o periodos de vacaciones. Este argumento no lo vamos a tener en cuenta.
- **B7.** Para saber en qué día de la semana naciste, podemos utilizar la función DIASEM, de la siguiente manera: **=DIASEM(B1;2),** en donde el primer argumento es tu fecha de nacimiento y el segundo es el modo en que deseamos interpretar la semana (hemos decidido que la semana, para nosotros, empieza en lunes, de modo que un 4 significaría un jueves). (Ver **Saber más**).
- **B8.** También podemos conocer en qué día de la semana nacimos, simplemente configurando esa celda en modo fecha que muestre el día de la semana (desde Formato de celdas). De ese modo, no es necesario utilizar la función DIASEM.

2. Guarda esta actividad, con el nombre y tipo arriba indicados, en la carpeta correspondiente a esta unidad didáctica. Cierra el libro de Excel.

Actividad propuesta. Funciones de fecha y hora

Nombre del documento: **Actividad 9.**

Tipo: Libro de Excel.

1. Abre un libro nuevo de Excel y guárdalo, con el nombre y tipo indicados, en la carpeta correspondiente.
2. Configura las celdas para que muestren números o fechas, según convenga, y aplica los bordes y sombreados que puedes ver en el modelo. No estarán visibles las líneas de cuadrícula de Excel.
3. Completa todas las celdas y utiliza las funciones necesarias en la columna **Respuesta.**

	A	B	C
1	**Cuestión**	**Respuesta**	**Observaciones**
2	Yo nací el		Fecha en formato dd-mm-aa
3	Hoy estamos a día:		Fecha de hoy en formato dd-mm-aa
4	Y en este momento son las:		Hora de hoy en formato hh:mm:ss
5	El final de mes de dentro de 10 meses será el día:		Pues eso... y en formato dd/mm/aaaa
6	Hoy es el día de la semana:		Indica el número del día de la semana del tipo 2
7	Es el día... del mes		Debe aparecer únicamente el día de la fecha de hoy
8	Y es el mes nº ... del año:		Solo ha de aparecer el nº de mes de la fecha actual
9	El año en el que estamos es:		Aparecerá solamente el año actual
10	Desde que nací han pasado... días		Indica el número de días que han pasado hasta hoy
11	Para el 1 de julio de este año faltan ... días naturales.		Días naturales
12	Para el 1 de julio de este año faltan ... días laborables.		Días laborables según calendario, sin contar otras vacaciones

Saber más

Argumentos de tipo texto

En todas las fórmulas: cuando el argumento de una función es alfabético o alfanumérico, se deberá poner **entre comillas**.

Ejemplos:

=SI(A2="Manuel";50;150)

=SI(C5=20;"Sí";"No")

2.6. Funciones lógicas

Una de las funciones más potentes de Excel es la función **SI**. Puede utilizarse sola o combinarse con las funciones **Y**, **O**.

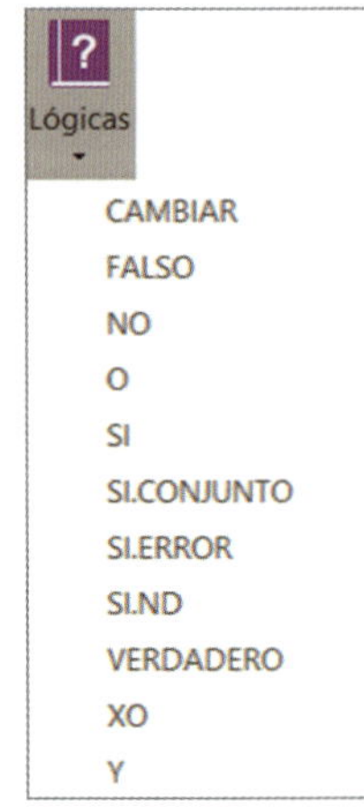

La función **SI**, en solitario, se pregunta si ocurre una determinada condición, en cuyo caso se tomará la decisión A, y si no se da esa situación, se tomará la decisión B. Por ejemplo, «Si la calificación es igual o superior a 5, está aprobado, y si no, está suspenso». Podemos traducir así su sintaxis:

=SI(ocurre-tal-cosa;haz-esto;haz-otra-cosa)

Entonces (haz-esto) — Y si no (haz-otra-cosa)

La función **SI**, combinada con **Y** y con **O**, puede atender a cuestiones y decisiones tales como: «**SI** su saldo es superior a 100€ **Y** es cliente nuestro desde hace más de tres años, le corresponde un regalo». Es decir, en este ejemplo se tienen que dar dos condiciones a la vez (esto lo indica la **Y**). También podríamos argumentar: «**SI** su saldo es superior a 100€ **O** es cliente nuestro desde hace más de tres años, le corresponde un regalo». En este último caso, basta que se dé una de las dos condiciones, y eso lo indica la función **O**.

Ejemplo

	A	B	C
1	**País**	**Capital**	**Resultado**
2	España	Madrid	Correcto
3	Francia	París	Correcto
4	Italia	Roma	Correcto
5	Grecia	Bucarest	Incorrecto

Las fórmulas se introducen en la columna C. Por ejemplo, en C2 se escribe:

=SI(B2="Madrid";"Correcto";"Incorrecto")

	A	B	C	D
1	**Usuario**	**Nº hijos**	**Salario mes**	**Ayuda**
2	Antonio	3	1.500,00 €	No le corresponde
3	Luis	2	1.000,00 €	Le corresponde
4	Juan	1	1.200,00 €	No le corresponde

Se dará una ayuda a todos los usuarios que cumplan las siguientes condiciones: tener dos o más hijos Y un salario inferior a 1.200 euros.

Las fórmulas se introducen en la columna D. Por ejemplo, en D2 se escribe:

=SI(Y(B2>=2;C2<1200);"Le corresponde";"No le corresponde")

Como puedes ver, la "Y" es el primer argumento de la función "SI". Entre paréntesis, después de "Y" se encuentran las dos condiciones que han de cumplirse, separadas por (;).

	A	B	C	D
1	**Usuario**	**Nº hijos**	**Salario mes**	**Ayuda**
2	Antonio	3	1.500,00 €	Le corresponde
3	Luis	2	1.000,00 €	Le corresponde
4	Juan	1	1.200,00 €	No le corresponde

Se dará una ayuda a todos los usuarios que cumplan las siguientes condiciones: tener dos o más hijos O un salario inferior a 1.200 euros.

Las fórmulas se introducen en la columna D. Por ejemplo, en D2 se escribe:

=SI(O(B2>=2;C2<1200);"Le corresponde";"No le corresponde")

Como puedes ver, la función "O" es el primer argumento de la función "SI". Entre paréntesis, después de "O", se encuentran las dos opciones que pueden ocurrir, o la una o la otra, separadas por (;).

Actividad guiada. Función lógica SI

Nombre del documento: **Actividad 10.**

Tipo: Libro de Excel.

1. En un libro nuevo de Excel, reproduce esta tabla, respetando el mismo formato de celdas, sombreado, fuente y bordes. La fuente es Calibri 11. Las celdas sombreadas en color naranja hay que calcularlas mediante las fórmulas que correspondan.
2. Observa que en B9 hemos introducido el 10 % de descuento. Es un descuento fijo. Pero ahora vamos a modificar esa celda para que ese descuento cambie automáticamente: será el 20 % si en la forma de pago aparece "Contado" y el 5 % si en lugar de "Contado" aparece cualquier otra cosa, por ejemplo, si la celda está vacía o está escrito "A plazos".
3. Por lo tanto, vamos a situar el cursor sobre la celda B9 y vamos a escribir la siguiente fórmula (recuerda no escribir las referencias a celdas, sino hacer clic sobre las celdas que se quieren referenciar):

   =SI(B7="Contado";20%;5%)

   Léelo de este modo: si en B7 aparece la palabra Contado, entonces aplica el 20 %, y si no, aplica el 5 %. Acostumbra a decir la palabra "Entonces" mientras escribes el primer punto y coma, y la frase "y si no" mientras escribes el segundo punto y coma.
4. Completa la tabla con esa fórmula y, a continuación, déjala con el siguiente formato y oculta las líneas de la cuadrícula de Excel.
5. Prueba a cambiar la palabra "Contado" de la celda B por otra palabra o deja esa celda en blanco. Cambiará el porcentaje de B9.
6. Guarda la tabla, con el nombre y tipo indicados, en la carpeta de actividades de esta unidad didáctica.

	A	B	C	D
1	Cantidad	Artículo	Precio	Importe
2	12	A	15,00 €	180,00 €
3	20	B	30,00 €	600,00 €
4	80	C	32,00 €	2.560,00 €
5				
6				
7	Forma de pago	Contado		
8	Total bruto			3.340,00 €
9	Dto (%)	10%	Dto (€)	334,00 €
10	Base imponible			3.006,00 €
11	IVA (%)	21,00%	IVA (€)	631,26 €
12	Total factura			3.637,26 €

	A	B	C	D
1	Cantidad	Artículo	Precio	Importe
2	12	A	15,00 €	180,00 €
3	20	B	30,00 €	600,00 €
4	80	C	32,00 €	2.560,00 €
5				
6				
7	Forma de pago	Contado		
8	Total bruto			3.340,00 €
9	Dto (%)	20%	Dto (€)	668,00 €
10	Base imponible			2.672,00 €
11	IVA (%)	21,00%	IVA (€)	561,12 €
12	Total factura			3.233,12 €

Actividad guiada. Funciones lógicas SI, Y, O

Nombre del documento: **Actividad 11.**

Tipo: Libro de Excel.

1. Abre un libro nuevo de Excel y guárdalo, con el nombre y tipo indicados, en su carpeta correspondiente.
2. Realiza los ejemplos del epígrafe 2.6 de esta unidad, cada uno de ellos en una hoja diferente.
3. La primera hoja tendrá por nombre **Ejemplo 1.** La segunda, **Ejemplo 2** y la tercera, **Ejemplo 3.**
4. Cuando sea posible, utiliza el controlador de relleno para completar fórmulas en celdas contiguas.
5. Aunque en un principio copies las fórmulas, es aconsejable borrarlas y rehacerlas hasta conseguir realizar el ejercicio de forma autónoma.

	A	B	C
1	**País**	**Capital**	**Resultado**
2	España	Madrid	Correcto
3	Francia	París	Correcto
4	Italia	Roma	Correcto
5	Grecia	Bucarest	Incorrecto

Hoja Ejemplo 1.

	A	B	C	D
1	**Usuario**	**Nº hijos**	**Salario mes**	**Ayuda**
2	Antonio	3	1.500,00 €	No le corresponde
3	Luis	2	1.000,00 €	Le corresponde
4	Juan	1	1.200,00 €	No le corresponde

Hoja Ejemplo 2.

	A	B	C	D
1	**Usuario**	**Nº hijos**	**Salario mes**	**Ayuda**
2	Antonio	3	1.500,00 €	Le corresponde
3	Luis	2	1.000,00 €	Le corresponde
4	Juan	1	1.200,00 €	No le corresponde

Hoja Ejemplo 3.

Actividad propuesta. Función lógica SI

Nombre del documento: **Actividad 12.**

Tipo: Libro de Excel.

1. Abre un libro nuevo de Excel con **dos Hojas** y guárdalo, con el nombre y tipo indicados, en su carpeta correspondiente.

   Hoja 1. Completa con fórmulas las celdas que están **sombreadas,** que estarán en formato **moneda,** teniendo en cuenta el tipo de cliente (columna B) y los descuentos que se han de aplicar según el tipo (celdas B1 y B2). Las fórmulas se han de introducir únicamente en las celdas D5 y E5 y arrastrarse hacia abajo, teniendo en cuenta las **referencias absolutas o relativas,** según corresponda.

	A	B	C	D	E
1	Descuento clientes tipo A	20%			
2	Descuento clientes tipo B	10%			
3					
4	Cliente	Tipo	Importe bruto	Descuento (€)	Importe neto
5	Almacenes Rovira	A	1.134,00 €	226,80 €	907,20 €
6	José García Antúnez	B	843,00 €		
7	Yolanda Solana Funes	A	125,00 €		
8	COFINSA, S.A.	A	700,00 €		

Hoja 1 con parte de la solución.

   Hoja 2. Completa con fórmulas las celdas sombreadas, según el siguiente criterio: si el saldo del cliente es inferior a 100 €, en la columna C aparecerá la palabra "Atención", y si no es así, en la columna C no aparecerá nada.

   NOTA: Que no aparezca nada puede interpretarse como que aparezca una cadena de caracteres vacía, que se puede expresar como: "" (comillas de apertura y comillas de cierre con nada en medio).

	A	B	C
1	Cliente	Saldo	Observaciones
2	A1	1.000,00 €	
3	A2	-100,00 €	Atención
4	A3	25,00 €	Atención
5	A4	250,00 €	
6	A5	300,00 €	

Hoja 2 con la solución.

2. Guarda los cambios y cierra el libro.

Actividad propuesta. Funciones lógicas SI, Y, O

Nombre del documento: **Actividad 13.**

Tipo: Libro de Excel.

1. Abre un libro nuevo de Excel con **dos Hojas** y guárdalo, con el nombre y tipo indicados, en su carpeta correspondiente.

   Hoja1. Se debe escribir la fórmula en la celda D2 (y arrastrar con el controlador de relleno hacia las inferiores) según el siguiente criterio: si el cliente tiene un saldo superior a 500 € y la antigüedad es superior a 5 años, le corresponde premio y en la columna D aparecerá la palabra "Sí". En caso de que no se cumplan las condiciones, en la columna D aparecerá "No".

	A	B	C	D
1	Cliente	Saldo	Antigüedad	¿Premio?
2	A1	1.000,00 €	10	Sí
3	A2	150,00 €	5	No
4	A3	3.000,00 €	2	No
5	A4	850,00 €	3	No
6	A5	300,00 €	4	No

   Copiar hoja. Como ves, las dos Hojas son iguales en su estructura y varían solamente las fórmulas. Para copiar una Hoja en otra, haz clic en la etiqueta de la Hoja con el botón secundario. Pulsa sobre **Mover o copiar.** Después, marca la casilla **Crear una copia.** Se creará una Hoja nueva igual a la anterior. Para cambiar de orden las Hojas, se arrastran las etiquetas a la izquierda o a la derecha, según convenga.

   Hoja 2. Se ha de escribir la fórmula en la celda D2 (y arrastrar con el controlador de relleno hacia las inferiores) según el siguiente criterio: si el cliente tiene un saldo superior a 500 € o la antigüedad es superior a 5 años, le corresponde premio y en la columna D aparecerá la palabra "Sí". En caso de que no se cumplan las condiciones, en la columna D aparecerá "No".

	A	B	C	D
1	Cliente	Saldo	Antigüedad	¿Premio?
2	A1	1.000,00 €	10	Sí
3	A2	150,00 €	5	No
4	A3	3.000,00 €	2	Sí
5	A4	850,00 €	3	Sí
6	A5	300,00 €	4	No

2. Guarda los cambios y cierra el libro.

2.7. Funciones de búsqueda y referencia

Con estas funciones podremos encontrar valores o información, según unos criterios, dentro de una hoja o de un rango de celdas.

Podemos encontrar todas las funciones de búsqueda y referencia dentro de la pestaña **Fórmulas** haciendo clic sobre **Búsqueda y referencia** en el grupo **Biblioteca de funciones.**

En este libro nos vamos a centrar en una de ellas, muy utilizada en las hojas de cálculo: BUSCARV. Explicaremos detalladamente la función BUSCARV (en donde la V significa Vertical) y, posteriormente, será muy fácil aplicar lo aprendido a la función BUSCARH (en donde la H significa Horizontal).

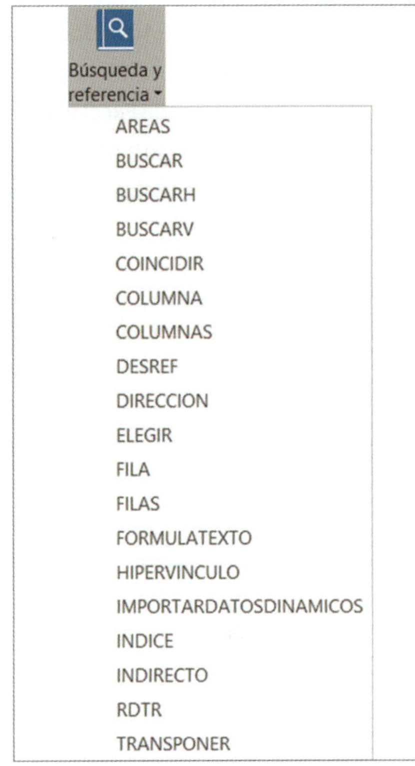

Funciones de búsqueda y referencia.

La función BUSCARV

Es una de las funciones más completas a la hora de encontrar un valor en una hoja o en un rango de celdas.

Imagina que tenemos un listado de 650 socios de un videoclub y, de cada socio, disponemos de su **código de socio,** su **nombre, apellidos** y su **número de teléfono,** cada campo en una columna distinta. La lista puede estar ordenada por cualquiera de esos tres campos o estar completamente desordenada. Si en algún momento necesitamos consultar el número de teléfono de un cliente, del cual solamente conocemos su código de socio, podríamos hacerlo repasando visualmente el listado hasta dar con él, o bien utilizar la función BUSCARV, que nos facilitaría el número de teléfono en una fracción de segundo.

La sintaxis de la función BUSCARV puede parecer muy complicada, pero la comprenderás y manejarás perfectamente tras algunas explicaciones y ejercicios. Esto es lo que nos muestra Excel como ayuda para esta función:

> **BUSCARV(valor_buscado;matriz_buscar_en;indicador_columnas;ordenado)**
> Busca un valor en la primera columna de la izquierda de una tabla y luego devuelve un valor en la misma fila desde una columna especificada. De forma predeterminada, la tabla se ordena de forma ascendente.

Podemos traducir la sintaxis para comprenderla mejor:

> BUSCARV(lo_que_yo_te_pida;en_este_rango;y_en_este_nº_de_columna)

Saber más

Datos colocados en columnas:

BUSCARV (búsqueda **V**ertical).

Datos colocados en filas:

BUSCARH (búsqueda **H**orizontal).

Ejemplo

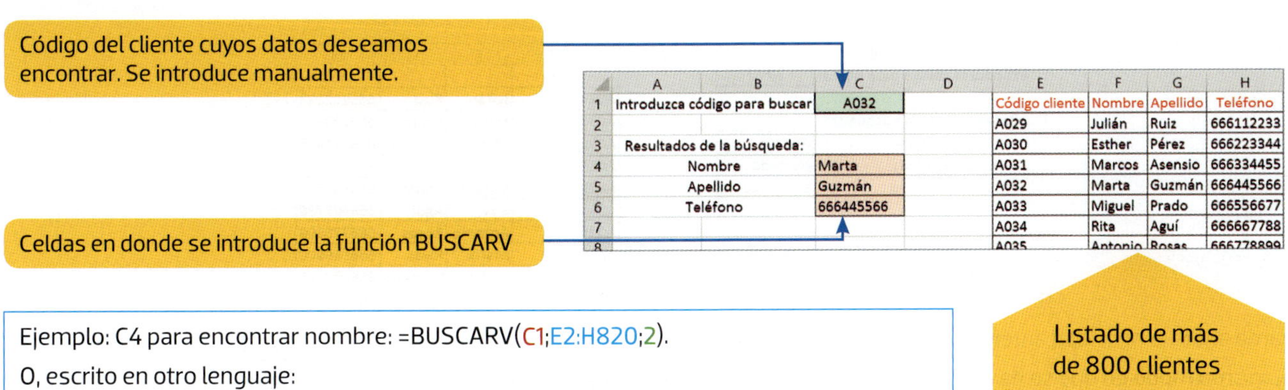

Ejemplo: C4 para encontrar nombre: =BUSCARV(C1;E2:H820;2).

O, escrito en otro lenguaje:

Busca lo que escribí en C1; en el rango E2:H820; muestra lo que haya en la columna 2. (La columna 1 SIEMPRE es donde está lo que hay en C1 o la celda donde esté el campo por el que estemos buscando algo).

Actividad guiada. BUSCARV con datos de búsqueda ordenados

Nombre del documento: **Actividad 14.**

Tipo: Libro de Excel.

1. Abre un libro nuevo de Excel y guárdalo, con el nombre y tipo indicados, en su carpeta correspondiente.
2. Vamos a realizar paso a paso un ejercicio similar al que hemos mostrado en el ejemplo anterior.
3. Copia los datos de la siguiente tabla, dejando sin escribir nada en las celdas sombreadas:

	A	B	C	D	E	F	G	H
1	Introduzca código para buscar				Código cliente	Nombre	Apellido	Teléfono
2					A029	Julián	Ruiz	666112233
3	Resultados de la búsqueda:				A030	Esther	Pérez	666223344
4		Nombre			A031	Marcos	Asensio	666334455
5		Apellido			A032	Marta	Guzmán	666445566
6		Teléfono			A033	Miguel	Prado	666556677
7					A034	Rita	Aguí	666667788
8					A035	Antonio	Rosas	666778899
9					A036	María	Rivas	666889900
10					A037	Andrés	Hurtado	666990011
11					A038	Pedro	Conde	666001122

4. OBSERVA:
   a) A la derecha tenemos un listado de clientes. Lo normal es que sea muy largo, pero, por cuestiones de espacio en este libro, esos son todos los clientes que tenemos.
   b) Celda **C1.** En ella introduciremos a mano el código del cliente cuyos datos deseamos encontrar.
   c) Celdas **C4, C5** y **C6.** En todas ellas introduciremos la función BuscarV, según veremos más adelante.
   d) El **campo por el que vamos a realizar la búsqueda,** como vemos, es el **código del cliente.** En el listado ha de estar a la izquierda de cualquier otro campo que queramos mostrar en la búsqueda. En nuestra lista están **ordenados** (ver la columna E).
   e) A la columna donde esté el campo de búsqueda (en este caso el código del cliente) la vamos a llamar **1, esté donde esté.** Por lo tanto, la del nombre será la columna **2,** la del apellido, la columna **3,** y la del teléfono será la columna **4.**
5. Vamos a introducir en C1 el código de un cliente que exista; por ejemplo, **A037.**
6. En C4 pondremos la fórmula con la función BuscarV:

   =BUSCARV(C1;E2:H11;2)

   que significa: Busca lo que haya escrito en C1; lo buscas en el rango E2:H11; y muestras el contenido de lo que haya en la columna 2 (que es la de los nombres).
7. Guarda los cambios y no cierres el libro, pues lo terminarás en la siguiente actividad.

Actividad propuesta. BUSCARV con datos de búsqueda ordenados

Nombre del documento: **Actividad 15.**

Tipo: Libro de Excel.

	A	B	C	D	E	F	G	H
1	Introduzca código para buscar		A037		Código cliente	Nombre	Apellido	Teléfono
2					A029	Julián	Ruiz	666112233
3	Resultados de la búsqueda:				A030	Esther	Pérez	666223344
4		Nombre	Andrés		A031	Marcos	Asensio	666334455
5		Apellido	Hurtado		A032	Marta	Guzmán	666445566
6		Teléfono	666990011		A033	Miguel	Prado	666556677
7					A034	Rita	Aguí	666667788
8					A035	Antonio	Rosas	666778899
9					A036	María	Rivas	666889900
10					A037	Andrés	Hurtado	666990011
11					A038	Pedro	Conde	666001122

1. Guarda ahora la actividad anterior con el nombre **Actividad 15.**
2. Del mismo modo en que se ha calculado el contenido de la celda C4, calcula los contenidos de las celdas C5 y C6.
3. Hemos trabajado buscando el código A037. Prueba a introducir otros códigos existentes y verás cómo también muestran sus correspondientes datos en las celdas de resultados.
4. Guarda los cambios y cierra el libro.

Actividad guiada. BUSCARV con datos de búsqueda desordenados

Nombre del documento: **Actividad 16.**

Tipo: Libro de Excel.

1. Abre la actividad 15 y guárdala ahora como **Actividad 16.**
2. Anteriormente hemos utilizado como **campo de búsqueda** el **código del cliente.** Los códigos del cliente estaban ordenados de menor a mayor en la columna E. Podrían estar igualmente ordenados de mayor a menor y no tendríamos que hacer nada para que **todas** las búsquedas funcionasen con BuscarV.
3. Vamos a desordenar los códigos del cliente para ver qué sucede. Selecciona el rango **G2:G11.** Pulsa sobre la pestaña Datos → Ordenar de A a Z (de menor a mayor).

   A continuación, deja seleccionado «**Ampliar selección**». Esto significa que aunque la tabla ahora vaya a estar ordenada por apellidos, queremos que esos apellidos sigan correspondiendo a sus nombres, códigos y teléfonos. Para cerrar esa ventana y aceptar, haz clic en **Ordenar.**
4. OBSERVA: Ahora la tabla está **ordenada por apellidos,** pero está **desordenada por códigos de clientes,** que es lo que utilizamos como campo de búsqueda. En este caso, si el campo de búsqueda está desordenado, no siempre van a funcionar la búsqueda. Introduce, por ejemplo, en la celda **C1** el código **A035.** ¿Corresponden los datos encontrados al listado real de clientes? Probablemente no. Prueba ahora con el código **A039.** Posiblemente obtengamos errores donde están las fórmulas. Otros códigos sí funcionarán, pero eso no es garantía de nada.
5. Cuando el campo que se utiliza para buscar otras informaciones está desordenado, hay que agregar a la función BuscarV un cuarto argumento: la palabra FALSO:
6. En **C4** escribiremos:

   =BUSCARV(C1;E2:H11;2;FALSO)

   que significa: Busca lo que haya escrito en C1; lo buscas en el rango E2:H11; y muestras el contenido de lo que haya en la columna 2; pero el campo de búsqueda está desordenado en su columna.
7. **C5:** =BUSCARV(C1;E2:H11;3;FALSO).
8. **C6:** =BUSCARV(C1;E2:H11;4;FALSO).
9. Esta será nuestra tabla de Excel con uno de los códigos introducidos y con los resultados de la búsqueda correctos.

	A	B	C	D	E	F	G	H
1	Introduzca código para buscar		A029		Código cliente	Nombre	Apellido	Teléfono
2					A034	Rita	Aguí	666667788
3	Resultados de la búsqueda:				A031	Marcos	Asensio	666334455
4	Nombre		Julián		A038	Pedro	Conde	666001122
5	Apellido		Ruiz		A032	Marta	Guzmán	666445566
6	Teléfono		666112233		A037	Andrés	Hurtado	666990011
7					A030	Esther	Pérez	666223344
8					A033	Miguel	Prado	666556677
9					A036	María	Rivas	666889900
10					A035	Antonio	Rosas	666778899
11					A029	Julián	Ruiz	666112233

10. Comprueba cualquier código, siempre que exista, para ver si ahora los resultados que obtenemos en el rango C4:C6 son los que corresponden en la lista de la derecha.
11. Guarda los cambios de este ejercicio y cierra el libro.

Apache OpenOffice. Calc II

1. Fórmulas y funciones en OpenOffice Calc

La forma de introducir las fórmulas es idéntica a la que hemos estudiado para Excel. Para buscar una determinada función, si no queremos o sabemos escribirla directamente, podemos pulsar en el **asistente de funciones,** junto a la barra de fórmulas y se mostrarán todas las funciones o bien solo las de una categoría.

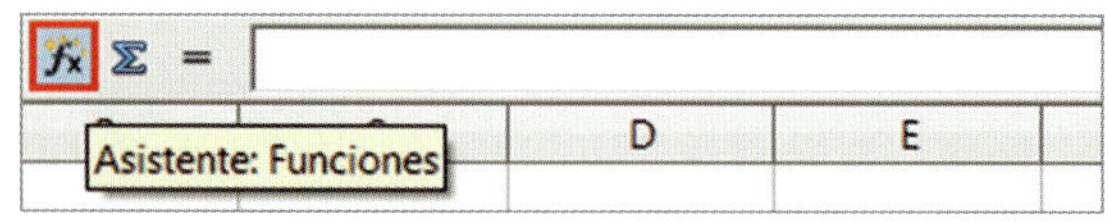

Saber más

Autosuma

El botón de SUMA automática se encuentra al principio de la barra de fórmulas.

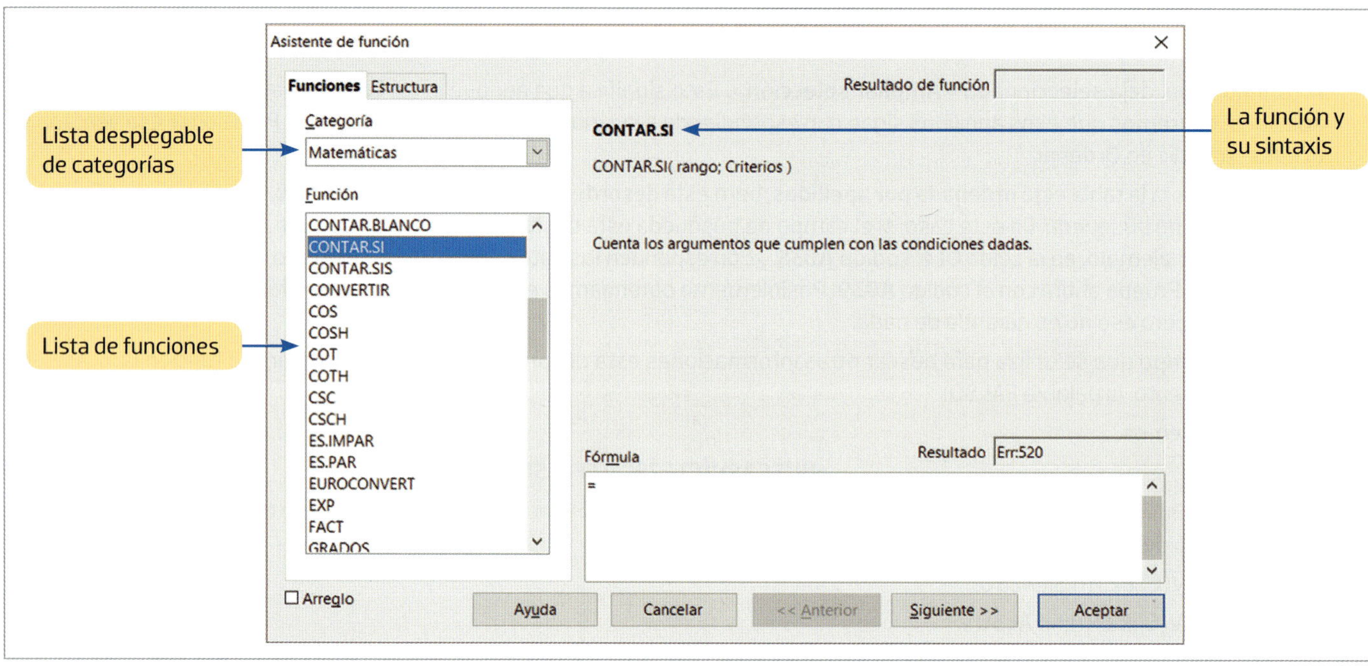

Con respecto a la **sintaxis,** podemos verla también al escribir directamente el signo = seguido de la función deseada.

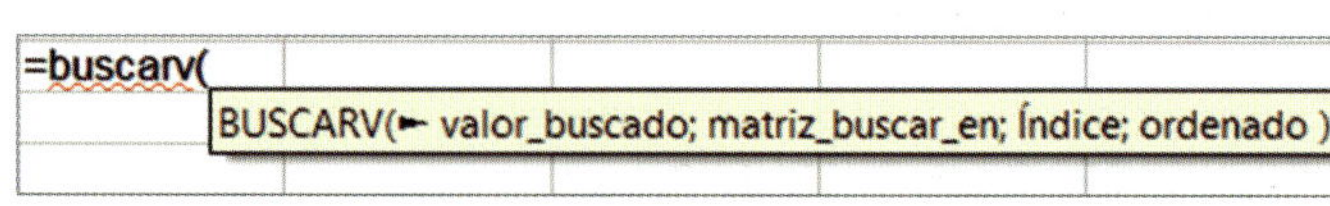

Y en lo que respecta al **número de funciones disponibles,** tenemos prácticamente las mismas, y con la misma sintaxis, que en Excel. Incluso se dispone de algunas más, como por ejemplo en el caso de las del tipo Fecha y hora, en cuya categoría Calc, en su versión 4.1.2, tiene seis funciones más que Excel 2016.

Saber más

Funciones de Fecha y hora

OpenOffice Calc, en su versión 4.1.2, dispone de 30 funciones de fecha y hora. Algunas de ellas pueden verse en la siguiente imagen:

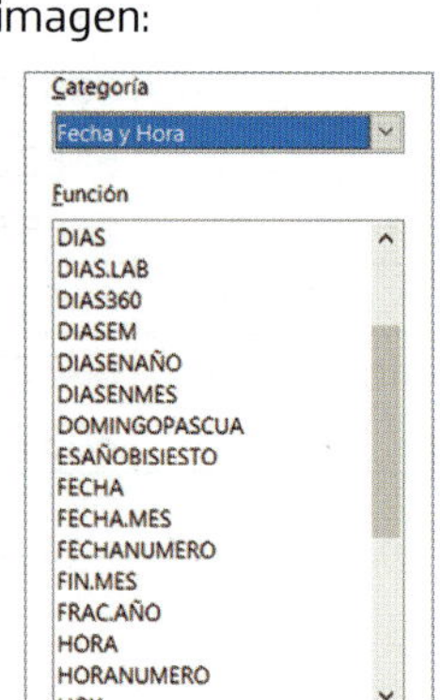

2. Actividades prácticas

Con respecto a las actividades que realizaremos en esta sección de Software libre, y dado que el modo de trabajar es idéntico al que hemos llevado a cabo con Excel, proponemos a continuación un ejercicio que podrá englobar cualquiera de los conocimientos adquiridos hasta ahora en lo referente a hojas de cálculo, con notas de ayuda solamente en caso necesario.

Actividad propuesta. Series y funciones de distintas categorías

Nombre del documento: **Calc Listado saldos clientes.**

Tipo: Hoja de cálculo ODF.

1. Crea con Calc la tabla cuya imagen puedes ver a continuación. Deja en blanco las celdas que están sombreadas porque son las que llevarán fórmulas y funciones, según se indica posteriormente.

	A	B	C	D	E	F	G	H	I
1	Introduzca DNI	11.111.122		DNI	Apellido	Nombre	Localidad	Saldo	Observaciones
2				11.111.111	Guardia	Roberto	Madrid	6.154 €	
3	Resultados			11.111.112	Heredia	Agustín	Guipúzcoa	14.188 €	
4	Apellido	Méndez		11.111.113	López	Irene	Cáceres	12.088 €	
5	Nombre	David		11.111.114	Serrano	Jaime	León	28.822 €	
6	Localidad	Avilés		11.111.115	Rodríguez	Juliana	Granada	25.089 €	
7	Observaciones	Saldo negativo		11.111.116	Estévez	Pablo	Almería	100 €	
8				11.111.117	Marín	Silvia	Córdoba	7.562 €	
9				11.111.118	Aranda	Victoria	Granada	24.243 €	
10				11.111.119	Palma	Juan Carlos	Huelva	15.472 €	
11				11.111.120	Arroyo	José	Burgos	83 €	
12				11.111.121	Arenas	Juan	Gijón	2.645 €	
13				11.111.122	Méndez	David	Avilés	-65 €	Saldo negativo
14				11.111.123	Sánchez	Rafael	Málaga	20.502 €	
15				11.111.124	González	Hugo	Logroño	27.000 €	
16				11.111.125	Hinojosa	Alejandro	Segovia	23.011 €	
17				11.111.126	Prats	Daniel	Alicante	347 €	
18				11.111.127	Martínez	Paula	Murcia	12.203 €	
19				11.111.128	Gelabert	Clara	Badajoz	17.423 €	
20				11.111.129	Llaneza	Blanca	Guadalajara	24.986 €	
21				11.111.130	Reveriego	Cinthia	Lugo	2.175 €	
22				11.111.131	Carrazoni	Raquel	Santander	-300 €	Saldo negativo
23				11.111.132	Sanz	Luisa	Barcelona	8.175 €	
24				11.111.133	Pirelli	Carmen	Albacete	513 €	
25				11.111.134	Cuenca	Néstor	Alicante	115 €	
26				11.111.135	Serrano	Rafael	Granada	27.616 €	
27				11.111.136	Pozo	Ismael	Sevilla	21.692 €	

- **Rango B4:B7.** En esas celdas aparecerán automáticamente los datos que se solicitan en el rango A4:A7, en función del DNI que se introducirá en B1.
- **Columna D (DNI).** Aunque no sea nada normal inventarse el DNI de las personas, aquí vamos a hacerlo para practicar con las series. Hazlo de modo que introduzcas los dos primeros DNI y todos los demás aparezcan automáticamente, iguales que en el modelo, al usar el controlador de relleno.
- **Columna I (Observaciones).** En esta columna aparecerán las palabras «Saldo negativo» si el saldo de la columna H es inferior a cero. En caso contrario, no aparecerá nada.

2. Ordena ahora la tabla por apellidos de clientes, de menor a mayor, sin que varíe la correspondencia entre campos. Es decir, Daniel Prats, por ejemplo, seguirá teniendo el mismo DNI, el mismo saldo y la misma localidad.

   En Calc, una vez seleccionadas las celdas que han de ordenarse, se pulsa sobre el botón **Orden ascendente** de la barra de herramientas y, para que no varíe la correspondencia entre campos, se pulsa sobre **Selección extendida.**

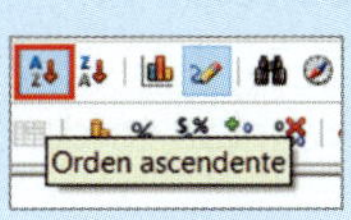

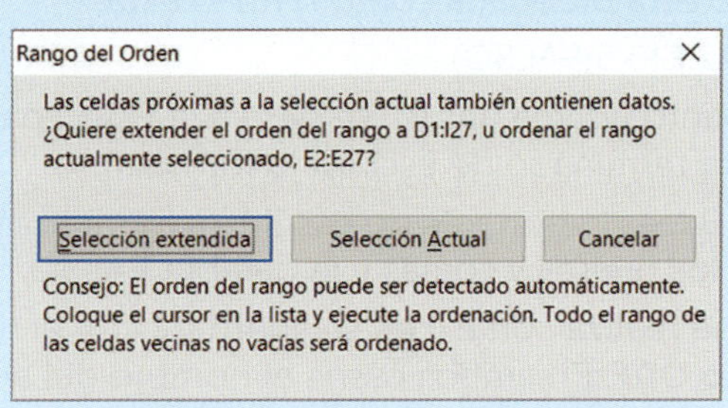

3. Una vez ordenada la tabla por apellidos, naturalmente se habrá desordenado por DNI. Comprueba si los resultados del rango **B4:B7** siguen siendo los correctos cuando introduzcas cualquier DNI. Si no es así, realiza los cambios necesarios en las fórmulas de dicho rango.
4. Guarda los cambios y cierra el libro.

PRÁCTICA PROFESIONAL INICIAL RESUELTA

Inserción laboral

1. **Hoja 1**

   Columna A. Se escribirán los contenidos de las celdas A2 y A3, se seleccionarán ambas celdas y se arrastrarán hacia abajo, con el controlador de relleno, hasta la celda A16.

   Columna C. En primer lugar hay que entender que, para calcular en días la edad de una persona, se resta la fecha de nacimiento a la fecha de hoy. Para convertir esa fecha a años habrá que dividir los días entre 365. Esto nos dará decimales y así tendríamos personas con 47,83 años, por ejemplo. Pero una persona con esa edad aún tiene 47, así que solo necesitamos la parte entera de su edad.

   Visto por partes sería así: Edad en días =HOY()-FECHA DE NACIMIENTO.

   Edad en años con decimales: =(HOY()-FECHA DE NACIMIENTO)/365.

   Edad sin decimales: =ENTERO((HOY()-FECHA DE NACIMIENTO)/365).

   Bastará, por tanto, escribir en **C2** la siguiente fórmula y después arrastrarla hacia abajo:

   =ENTERO((HOY()-B2)/365)

   Columna E. Habrá que utilizar una combinación de la función **SI** y de la función **Y:**

   =SI(Y(C2>=50;D2="Desempleo");"Difícil inserción laboral";"")

   (Hemos escrito en distintos colores los tres argumentos de la función **SI**. En rojo están las dos opciones de la función **Y**).

   Celda C18. =PROMEDIO(C2:C16).

   Celda C19. =CONTAR.SI(D2:D16;"Activa").

   Celda C20. =MAX(C2:C16).

   Celda C21. =MIN(C2:C16).

   Celda C22. =HOY().

	A	B
1	Introduzca código usuario	A28
2		
3	Edad	54
4	Observaciones	Difícil inserción laboral

   Celda C23. =AHORA(), dándole formato a la celda para que aparezca la hora en formato hh:mm:ss.

2. **Hoja 2**

   Celda B1. Se escribe manualmente cualquier código de usuario de los que tenemos en el listado de la Hoja 1.

   Celda B3. Se utilizará la función BuscarV con su cuarto argumento. De este modo funcionará tanto si la lista de códigos de usuario está ordenada como si no lo está:

   =BUSCARV(B1;Hoja1!A2:E16;3;FALSO).

   (Una vez pulsado el punto y coma tras B1, se pasa a la Hoja 1 para seleccionar el rango y ya no se abandona dicha hoja hasta haber terminado de escribir la fórmula).

   Celda B4. Se utilizará la función BuscarV con su cuarto argumento. De este modo funcionará tanto si la lista de códigos de usuario está ordenada como si no lo está:

   =BUSCARV(B1;Hoja1!A2:E16;5;FALSO).

   (Una vez pulsado el punto y coma tras B1, se pasa a la Hoja 1 para seleccionar el rango y ya no se abandona dicha hoja hasta haber terminado de escribir la fórmula).

   En ambos casos, B3 y B4, es importante no escribir la fórmula sino marcar las celdas y los rangos. Solamente se habrían de teclear los puntos y comas y la palabra FALSO.

3. Si el libro de cálculo se realiza con **Excel,** se guardará con el tipo **Libro de Excel.** Si se hace con **Calc,** con el tipo **Hoja de cálculo ODF.** En ambos casos el nombre del archivo será **Inserción laboral.**

PRÁCTICA PROFESIONAL PROPUESTA

Promoción apartamentos

Objetivos

- Dar formato a celdas.
- Utilizar funciones de fecha y hora.
- Utilizar funciones de búsqueda y referencia.
- Utilizar funciones lógicas simples.
- Utilizar referencias absolutas y relativas.
- Trabajar con dos hojas simultáneamente.

Instrucciones

1. Se debe crear un libro con dos hojas, la primera se llamará **Descuentos** y la segunda, **Consultas.** El nombre del libro será **Promoción apartamentos.**

	A	B	C	D
1	PROMOCIÓN APARTAMENTOS			
2	Descuento en tipo A	25%		
3	Descuento en tipos B, C, D	35%		
4	Tipo de vivienda	Precio	Descuento	Precio oferta
5	A	250.000,00 €		
6	B	220.000,00 €		
7	C	180.000,00 €		
8	D	150.000,00 €		
9	Fecha de hoy			
10	Fecha límite de la promoción			

Hoja Descuentos.

Descuentos	Consultas

Etiquetas de las hojas.

	A	B
1	Tipo de apartamento	Precio oferta
2	A	

Hoja Consultas.

2. **Hoja Descuentos**

   Se rellenarán a mano los datos visibles en el modelo. Se dará formato a las celdas para hacerlas similares a las del modelo. Las celdas sombreadas de las columnas C y D se calcularán mediante las fórmulas o funciones que sean necesarias, teniendo en cuenta que:

   Columna C. El **descuento** estará expresado en tipo moneda y será la cantidad resultante de aplicar al Precio los descuentos de las celdas B2 o B3, según sea el tipo de apartamento. La fórmula se deberá insertar una única vez y completar con el controlador de relleno.

   Columna D. El precio de oferta será el resultado de restar Precio – Descuento. La fórmula se introducirá una sola vez y se completará con el controlador de relleno.

   Celda C9. Es la fecha actual, en formato dd/mm/aaaa.

   Celda C10. Será el último día del mes una vez que hayan transcurrido seis meses desde la fecha actual. Estará expresado en formato dd/mm/aaaa.

3. **Hoja Consultas**

   Se rellenarán a mano los títulos y se dará formato a las celdas para hacerlas similares a las del modelo.

   Celda A2. Se introducirá manualmente un tipo de apartamento de los que hay en la lista de la hoja Descuentos.

   Celda B2. Se introducirá la fórmula necesaria para que aparezca de forma automática el precio del tipo de apartamento introducido en A2. La fórmula funcionará en todos los casos, incluso si la lista de tipos de apartamento de la hoja Descuentos estuviese desordenada.

13 Hojas de cálculo III

Vamos a conocer...

1. Hipervínculos
2. Proteger hojas y elementos del libro
3. Gráficos
4. Macros
5. Tablas y gráficos dinámicos
6. Plantillas
7. Otras herramientas

SOFTWARE LIBRE

Apache OpenOffice. Calc III

1. Proteger celdas y hojas
2. Gráficos
3. Macros

PRÁCTICA PROFESIONAL INICIAL

Resumen facturación de abril

PRÁCTICA PROFESIONAL PROPUESTA

Presupuestos de mayo. Plantilla de presupuestos. Presupuestos de junio

PRÁCTICA PROPUESTA DE BLOQUE

- Precio de vehículos
- Clínica de nutrición

Y al finalizar esta unidad...

- Habrás utilizado hipervínculos internos, externos y de correo electrónico.
- Sabrás proteger hojas y libros de cálculo y ocultar fórmulas.
- Extraerás gráficos del contenido total o parcial de tablas y podrás modificarlos.
- Crearás y eliminarás macros con destreza y asignarás macros a elementos gráficos.
- Habrás creado y modificado tablas dinámicas y sus gráficos asociados.
- Sabrás crear y modificar plantillas de hojas de cálculo.

Práctica profesional inicial

Resumen facturación de abril

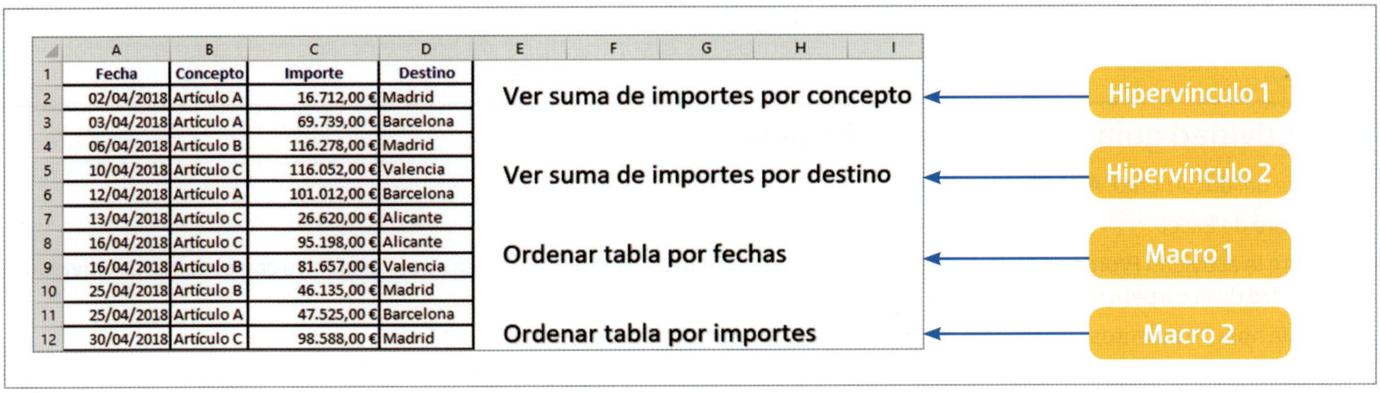

	A	B	C	D
1	Fecha	Concepto	Importe	Destino
2	02/04/2018	Artículo A	16.712,00 €	Madrid
3	03/04/2018	Artículo A	69.739,00 €	Barcelona
4	06/04/2018	Artículo B	116.278,00 €	Madrid
5	10/04/2018	Artículo C	116.052,00 €	Valencia
6	12/04/2018	Artículo A	101.012,00 €	Barcelona
7	13/04/2018	Artículo C	26.620,00 €	Alicante
8	16/04/2018	Artículo C	95.198,00 €	Alicante
9	16/04/2018	Artículo B	81.657,00 €	Valencia
10	25/04/2018	Artículo B	46.135,00 €	Madrid
11	25/04/2018	Artículo A	47.525,00 €	Barcelona
12	30/04/2018	Artículo C	98.588,00 €	Madrid

1. Crea un libro de nombre **Resumen facturación abril.** Introduce los datos del rango A1:D12 y configura las celdas como en la imagen. La hoja donde está la tabla tendrá en su etiqueta el nombre **Tabla inicial.**
2. Las cuatro líneas de texto de la derecha de la tabla se harán con WordArt en fuente Calibri 18 y estarán bien alineadas y distribuidas.
3. Del rango **A1:D12** crearás una tabla dinámica recomendada que muestre la **suma de importes por concepto.** Dicha tabla estará en una hoja diferente del mismo libro, que tendrá como etiqueta **Suma de importes por concepto.** En la misma hoja habrá un gráfico dinámico como se muestra en la imagen al final de esta página.
4. Del mismo rango anterior crearás una tabla dinámica recomendada que muestre la **suma de importes por destino.** Dicha tabla estará en una hoja distinta y tendrá como etiqueta **Suma de importes por destino.** En la misma hoja habrá un gráfico dinámico como se muestra en la imagen al final de esta página.
5. En la primera imagen de esta página, a la derecha hay unas indicaciones que no has de escribir, pero sí deberás tener en cuenta según los siguientes puntos:
   - **Hipervínculo 1.** En esa frase crearás un hipervínculo a la hoja Suma de importes por concepto.
   - **Hipervínculo 2.** En la frase crearás un hipervínculo a la hoja Suma de importes por destino.
   - **Macro 1.** Crearás una macro que ordene la tabla inicial por fechas, de menor a mayor. Dicha macro la asignarás al texto de WordArt **Ordenar tabla por fechas.**
   - **Macro 2.** Crearás una macro que ordene la tabla inicial por importes, de menor a mayor. Dicha macro la asignarás al texto de WordArt **Ordenar tabla por importes.**

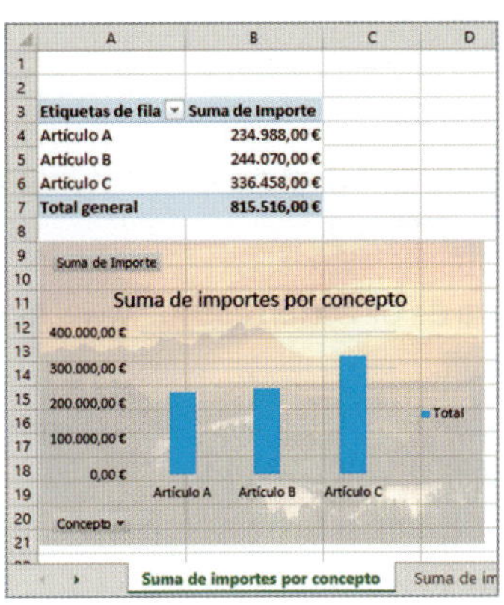

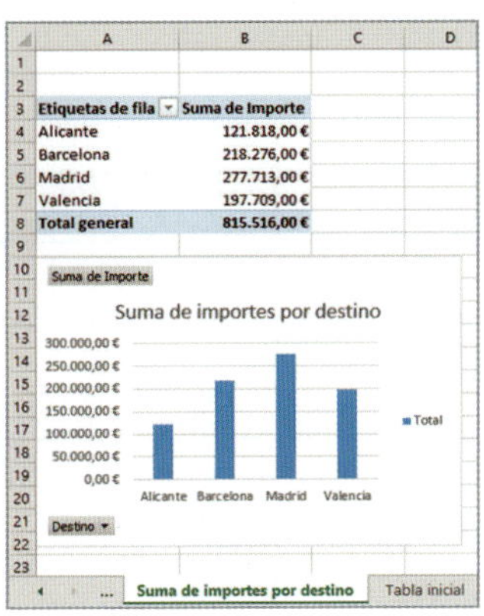

- Imágenes de las tablas dinámicas y sus correspondientes gráficos.
- Los importes deberán mostrarse en euros.
- El fondo del primer gráfico tendrá una imagen cualquiera con la transparencia adecuada que permita ver el gráfico.

1. Hipervínculos

Saber más

Insertar hipervínculos desde la pestaña Insertar, grupo Vínculos.

Al igual que vimos al estudiar Word, podemos hacer ahora el mismo tipo de hipervínculos en Excel: a otras partes del mismo documento, a diversos archivos almacenados en nuestro equipo, a sitios externos como páginas web de internet o al programa cliente de correo electrónico. Todos esos tipos de hipervínculos pueden ejecutarse sobre texto o sobre objetos (imágenes, WordArt, formas...).

Practicaremos los distintos tipos de hipervínculos mediante actividades.

Actividad guiada. Crear hipervínculos

Nombre del documento: **Actividad 1.**

Tipo: Libro de Excel.

1. Abre la actividad Promoción apartamentos, de la unidad didáctica anterior, y guarda ahora el archivo con el nombre **Actividad 1** dentro de la carpeta de ejercicios de la presente unidad.
2. En la hoja Descuentos, al final de la tabla, introduce las líneas de texto del rango A12:A15:

	A	B	C	D
1	PROMOCIÓN APARTAMENTOS			
2	Descuento en tipo A	25%		
3	Descuento en tipos B, C, D	35%		
4	Tipo de vivienda	Precio	Descuento	Precio oferta
5	A	250.000,00 €	62.500,00 €	187.500,00 €
6	B	220.000,00 €	77.000,00 €	143.000,00 €
7	C	180.000,00 €	63.000,00 €	117.000,00 €
8	D	150.000,00 €	52.500,00 €	97.500,00 €
9	Fecha de hoy		24/08/2016	
10	Fecha límite de la promoción		28/02/2017	
11				
12	Ir a hoja Consultas			
13	Abre el buscador Bing			
14	Abre el archivo Inserción laboral			
15	Envíanos un e-mail			

3. **Celda A12.** Con el botón secundario del ratón, o desde la pestaña Insertar, grupo Vínculos, haz clic sobre Hipervínculo. Después, marca **Lugar de este documento** y, en Referencia: **Consultas.** Acepta. De este modo habrás creado un hipervínculo desde la hoja Descuentos a la hoja Consultas.

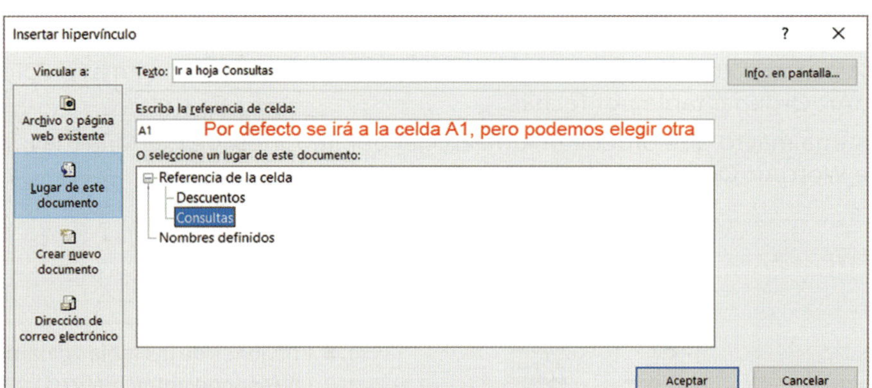

4. **Celda A13.** Selecciona la celda y haz un hipervínculo a Archivo o página web existente. En la barra de Dirección escribe www.bing.com. Acepta.
5. **Celda A14.** Hay que abrir el archivo llamado Inserción laboral, de la unidad anterior. Haz clic en Hipervínculo a un archivo o página web existente. En **Buscar,** navega por tus carpetas hasta encontrar y seleccionar el archivo mencionado. Acepta.
6. **Celda A15.** Inserta un hipervínculo a **Dirección de correo electrónico.** Escribe una dirección (por ejemplo, la tuya propia). Acepta.
7. Guarda los cambios de este libro de Excel y ciérralo.

2. Proteger hojas y elementos del libro

2.1. Proteger el libro

Hay que entrar en la pestaña **Revisar**, grupo Cambios: **Proteger libro.** A continuación, se marca la casilla Estructura si se quiere proteger la estructura del libro. La opción Ventanas está disponible para libros de cálculo realizados con versiones de Excel 2010 y anteriores.

2.2. Proteger hojas

Una hoja puede protegerse de forma total o parcial. Para proteger totalmente una hoja activamos la pestaña **Revisar** y, en el grupo Cambios, elegimos **Proteger hoja.** Si lo deseamos, escribiremos una contraseña.

Protección parcial de una hoja

Proteger parcialmente una hoja de cálculo significa dejar protegidas solamente las celdas que no queremos que el usuario final pueda modificar (para que no pueda cambiar fórmulas u otros contenidos de la celda). Las celdas no protegidas podrán ser modificadas. En esencia, el procedimiento es el siguiente:

1. Se marcan todas las celdas que van a poder ser modificadas por el usuario, es decir, que no van a estar bloqueadas. Para marcar celdas que no son contiguas, se mantiene pulsada la **tecla Control.** Una vez hecha la selección, se hace clic sobre ella con el botón secundario y se elige **Formato de celdas.** En la pestaña **Proteger,** se deja sin marcar la casilla **Bloqueada.**
2. A continuación, se protege la hoja en la pestaña **Revisar** → **Proteger hoja.**

Ocultar fórmulas

En ocasiones, sobre todo si se comparte una hoja de cálculo, puede preferirse que las fórmulas no sean visibles en la barra de fórmulas. En este caso se selecciona la celda o el grupo de celdas cuyas fórmulas se quiere ocultar y en **Formato de celdas** se marca la casilla **Oculta** de la pestaña **Proteger.**

Saber más

Proteger hoja y libro desde la pestaña Revisar, grupo Cambios.

Saber más

Para que surta efecto **bloquear** celdas y **ocultar** fórmulas, la hoja se debe proteger posteriormente.

Saber más

Cuando una hoja está protegida, el comando **Proteger hoja** cambia a **Desproteger hoja.**

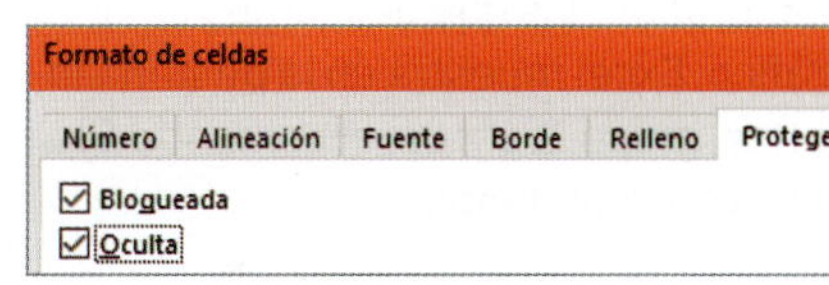

Ocultar fórmulas.

Actividad propuesta. Proteger celdas de escritura y ocultar fórmulas

Nombre del documento: **Actividad 2.**

Tipo: Libro de Excel.

1. Abre la Actividad 10 de la unidad anterior y guárdala ahora en la carpeta de ejercicios de esta unidad, con el nombre y tipo anteriormente indicados.
2. Selecciona, usando la tecla Control, todas las celdas que no sean títulos ni fórmulas, es decir, todas las que no están sombreadas. **Elimina el bloqueo** de dichas celdas desde Formato de celdas, pestaña Proteger.

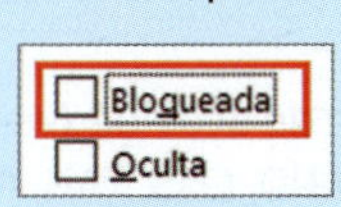

3. Selecciona ahora las celdas con sombreado anaranjado, que son las que contienen fórmulas. Con esa selección, en Formato de Celdas, pestaña Proteger, marca la opción **Oculta.**

4. Por último, desde la pestaña Revisar, grupo Cambios, pulsa sobre Proteger hoja, dejando marcadas las casillas que lo están de forma predeterminada (las dos primeras).
5. Comprueba que no es posible escribir sobre las celdas protegidas ni se pueden ver las fórmulas ocultas. Guarda los cambios y cierra el libro.

3. Gráficos

Saber más

Grupo Gráficos

El grupo Gráficos se puede desplegar desde el ángulo inferior derecho. Se abrirá una ventana con dos pestañas: **Gráficos recomendados** y **Todos los gráficos,** estos últimos agrupados por categorías.

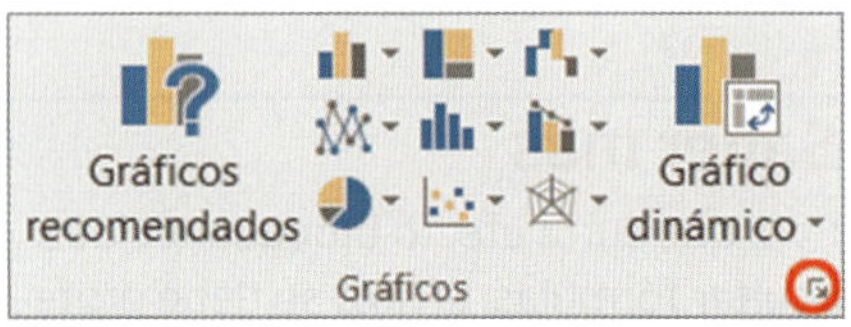

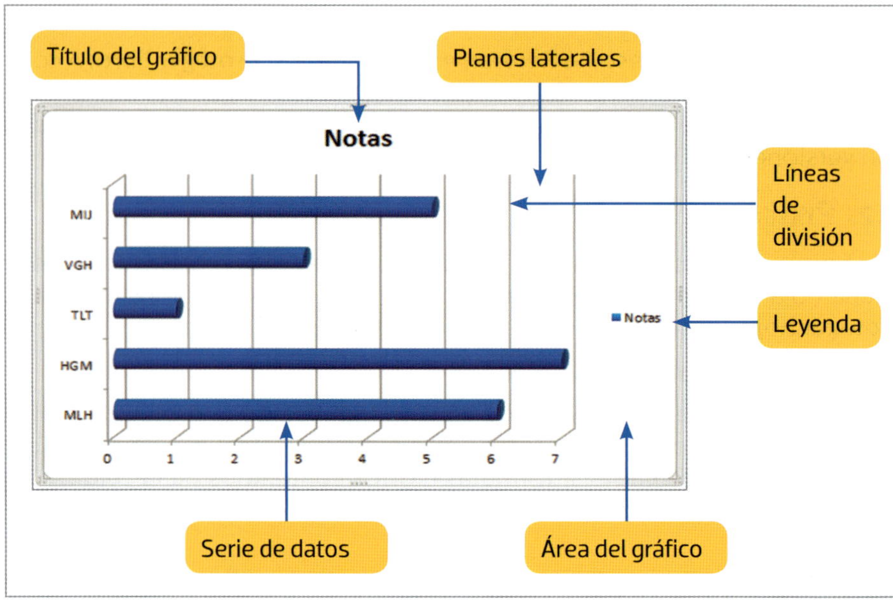

Saber más

Gráficos recomendados

Una vez que tenemos seleccionadas las celdas sobre las que deseamos crear un gráfico, Excel muestra en la pestaña Insertar, grupo Gráficos, el comando **Gráficos recomendados.**

Con algunas diferencias, dependiendo del tipo de gráfico, estas son las partes que conforman un gráfico de Excel. También es posible incluir títulos en los ejes X e Y. Cada parte puede diseñarse por separado, haciendo clic sobre ella con el botón principal del ratón o, en algunos, con el secundario.

Los gráficos son la representación del contenido de los datos de una hoja o de parte de ellos, y muestran de forma descriptiva una impresión de conjunto o la relación que esos datos mantienen entre sí. No todas las tablas de datos se adaptan a un determinado gráfico.

La manera más sencilla y rápida de crear un gráfico es seleccionar los datos de la tabla y, después, activar la pestaña **Insertar.** Del grupo **Gráficos,** se elige la **categoría** y el **tipo de gráfico.**

Cuando tenemos un gráfico ya creado y el cursor está sobre alguna parte del mismo, se abren dos pestañas adicionales en la cinta de opciones: **Diseño** y **Formato,** cada una de ellas con sus grupos de opciones para configurar los gráficos.

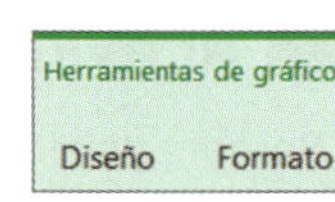

Actividad guiada. Crear y modificar gráfico

Nombre del documento: **Actividad 3.**

Tipo: Libro de Excel.

1. Abre un libro nuevo de Excel y guárdalo en tu carpeta de actividades de esta unidad con el nombre y tipo especificados. Se va a crear el gráfico de las funciones trigonométricas SENO, COS, TAN, ASENO, ACOS y ATAN, que devuelven, respectivamente, el seno, el coseno, la tangente, el arco seno, el arco coseno y el arco tangente del número que haya en la celda A3.
2. Crea la tabla de la imagen siguiente. En las celdas con fondo amarillo introduce las funciones que correspondan según los títulos de la fila 2.

	A	B	C	D	E	F	G
1				Funciones trigonométricas			
2	x	Seno (x)	Coseno (x)	Tangente (x)	Arcoseno (x)	Arcocoseno (x)	Arcotangente (x)
3	1	0,8415	0,540302	1,55740772	1,57079633	0	0,785398163

Ejemplo

Celda B3. **=SENO(A3)**

continúa >

> continuación

Realización del gráfico

3. Selecciona el rango A2:G3. Activa la pestaña **Insertar.** Pulsa sobre **Gráficos recomendados** y elige el segundo de la lista: **Columna agrupada.** Pulsa en Aceptar y el gráfico quedará insertado en la hoja. Colócalo de forma que ocupe, en anchura, lo mismo que la tabla (ver imagen).
4. Modifica el valor de x (celda A3) por **0,8** (si es necesario, amplía el ancho de la columna A para que haya espacio suficiente).
5. Ahora introduce en A3 el valor **0,5.** Comprueba que los cambios de la tabla afectan de inmediato a los valores reflejados en el gráfico.

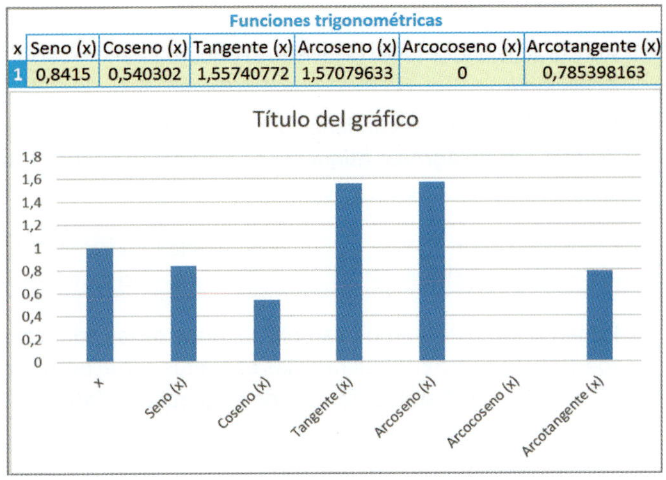

Título del gráfico

6. Nuestro gráfico aún tiene como título "Título del gráfico". Modifícalo para que sea **Funciones trigonométricas** en fuente Calibri 18 y color azul claro.

Cambio de color de la serie de datos

7. Pulsa sobre cualquiera de las barras de la serie de datos, que ahora son de color azul. Todas ellas quedarán seleccionadas. Si haces clic sobre la selección con el botón secundario y pulsas sobre **Dar formato a serie de datos,** tienes varias opciones para cambiar el relleno y los bordes, agregar sombras, líneas de iluminación, etc. Si solamente se va a cambiar cambiar el color, puedes hacerlo desde la pestaña **Inicio,** grupo **Fuente, Color de relleno.** Cambia el color a **Verde.**

Formato del área de gráfico

8. Inserta un fondo de imagen en el área del gráfico: pulsa con el botón secundario del ratón en cualquier punto del área del gráfico (ver imagen al principio del epígrafe 3 de esta unidad) y luego haz clic sobre **Formato del área del gráfico.** A la derecha se abrirá el panel. Despliega **Relleno,** selecciona **Relleno con imagen o textura** y elige una imagen de archivo o una imagen en línea. En nuestro caso, hemos elegido una imagen en línea, que ha quedado insertada como fondo. Después le hemos dado una transparencia del 62 %.

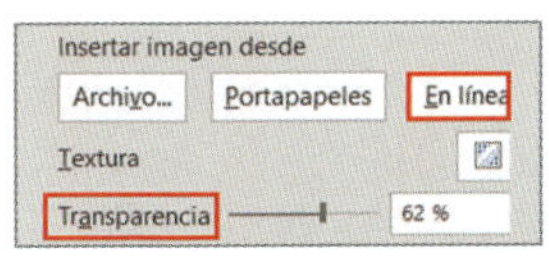

9. Como el texto de los ejes X e Y ha quedado poco visible sobre la imagen al ser de color gris, pulsa sobre uno de ellos y cambia el color de la fuente desde la pestaña **Inicio,** grupo **Fuente.** Haz lo mismo con el otro eje.

   También habríamos podido hacer clic sobre cada uno de los ejes con el botón secundario y pulsar sobre **Dar formato al eje.**

10. En tu caso, haz los arreglos que consideres convenientes, según la imagen que hayas introducido, para que todas las partes del gráfico queden bien visibles.
11. En la última imagen puedes ver el gráfico tal como ha quedado tras los cambios.
12. Guarda los cambios del libro y ciérralo.

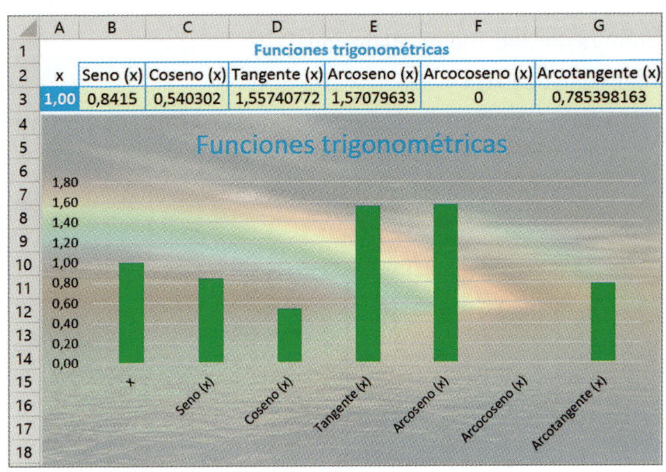

Actividad guiada. Agregar etiquetas de datos y cambiarles la forma

Nombre del documento: **Actividad 4.**

Tipo: Libro de Excel.

1. Abre la actividad anterior (actividad 3) y guárdala ahora con el nombre Actividad 4.
2. Pulsa con el botón secundario sobre cualquiera de las columnas de la serie. Clic en **Agregar etiquetas de datos** y se pondrá sobre cada columna el valor que corresponde de la tabla.

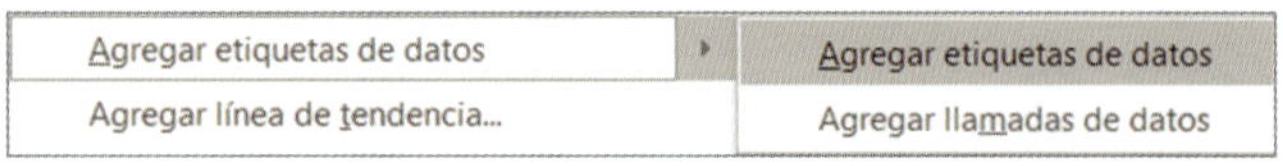

3. Podemos, si lo deseamos, cambiar la forma de las etiquetas de datos. Haz clic sobre cualquiera de las etiquetas con el botón secundario y luego elige **Cambiar formas de etiquetas de datos.** Selecciona cualquiera de las formas que te guste.
4. Guarda los cambios y cierra el libro.

Funciones trigonométricas						
x	Seno (x)	Coseno (x)	Tangente (x)	Arcoseno (x)	Arcocoseno (x)	Arcotangente (x)
0,90	0,7833	0,62161	1,26015822	1,11976951	0,451026812	0,732815102

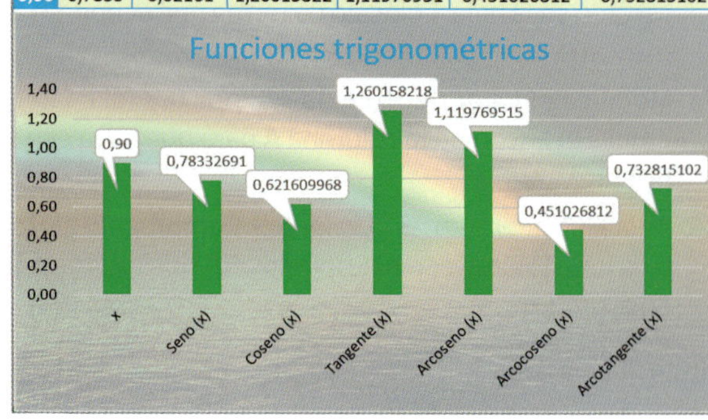

Actividad propuesta. Crear y modificar gráficos a partir de tablas

Nombre del documento: **Actividad 5.**

Tipo: Libro de Excel.

1. Abre el libro llamado Actividad 3 de la unidad 11 y guárdalo en la carpeta de actividades de la **unidad actual** con el nombre **Actividad 5.**
2. Haz los gráficos de las dos primeras tablas para que tengan una apariencia similar a la del modelo, teniendo en cuenta que el primero de ellos tiene como fondo un degradado y el segundo, una imagen con transparencia aplicada.

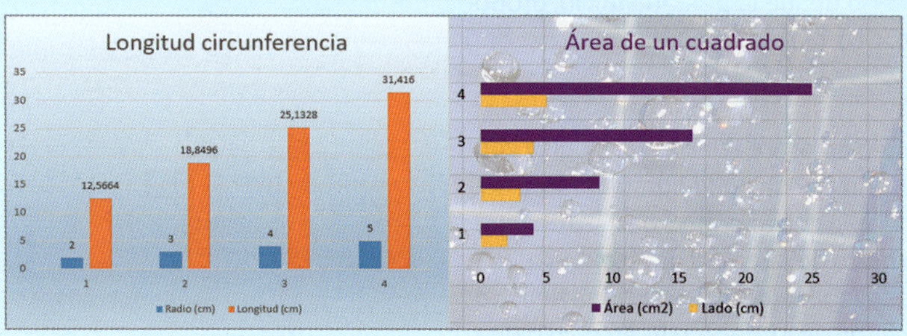

Actividad propuesta. Crear y modificar gráficos a partir de tablas

Nombre del documento: **Actividad 6.**

Tipo: Libro de Excel.

1. Abre un libro nuevo de Excel y guárdalo, con el nombre y tipo indicados, en la carpeta de esta unidad.
2. Escribe los datos de la tabla y obtén de ella un gráfico circular 3D como el del modelo.

Gastos de enero	
Comida	250,00 €
Transporte	100,00 €
Educación	80,00 €
Sanidad	120,00 €
Mantenimiento	69,00 €
Electricidad	80,00 €
Agua	20,00 €
Varios	40,00 €

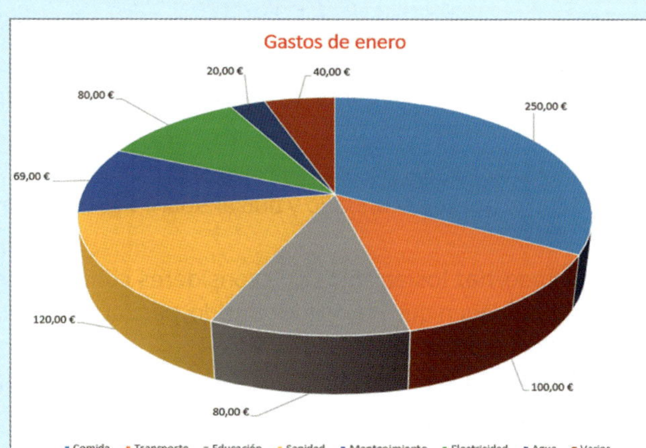

4. Macros

Recordemos, de Word, que las macros se crean para realizar tareas repetitivas. Ejecutando las macros ahorramos tiempo y esfuerzo.

Acceso

Se accede a las macros de dos posibles formas:

- Desde la pestaña **Vista**, grupo **Macros**.

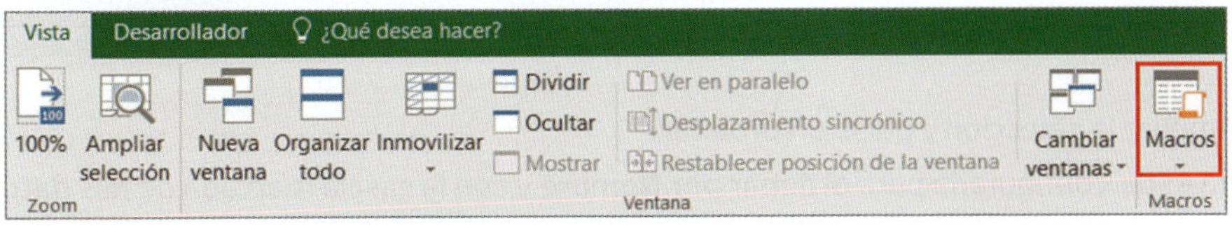

  Como podemos ver, en la parte inferior del comando **Macros** hay una flecha pequeña. En ella encontramos las dos opciones principales que utilizaremos en nuestras actividades: ver las macros grabadas anteriormente y grabar una nueva macro.

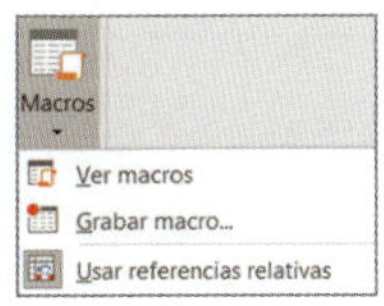

- La otra forma es desde el grupo **Código** de la pestaña **Desarrollador**, en donde hay comandos no solo para ver y grabar macros, sino también para establecer el nivel de seguridad de macros y acceder a Visual Basic para programar macros, entre otras cosas.

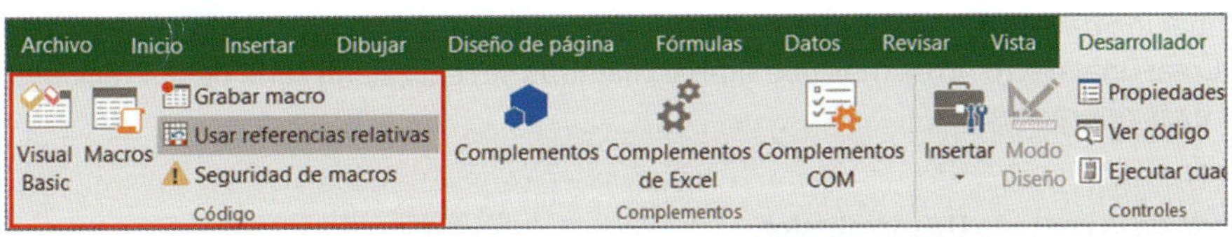

Las macros se crean de la misma forma que en Word. En nuestro caso, para las actividades, vamos a utilizar el método de realizar macros con **combinación de teclas** y **asignar macros a imágenes y texto de WordArt**, aunque también se pueden crear con **botones de control** desde la pestaña Desarrollador o directamente desde objetos (imágenes, botones, formas, etc.).

Cuando se crea una macro **que sirva para todos los libros**, en adelante, al abrir un archivo de Excel, se mostrará automáticamente el archivo PERSONAL.XLSB (observa la dirección al margen o busca en internet **personal.xlsb support office**).

Recuerda

Pestaña Desarrollador

Si no está visible en la cinta de opciones, será necesario activarla desde **Archivo → Opciones → Personalizar cinta de opciones.** En la columna de la derecha se marcará la casilla **Desarrollador**.

Saber más

Depurador VBA

Si al ejecutar una macro nos aparece el depurador de macros, significa que la macro no está bien creada. En el depurador está la macro en lenguaje VBA, que no es objeto de este libro. En ese caso, cierra el depurador, elimina la macro defectuosa y vuelve a crearla correctamente.

Navega

PERSONAL.XLSB

- <https://support.office.com/es-es/article/Crear-y-guardar-todas-las-macros-en-un-solo-libro-aa439b90-f836-4381-97f0-6e4c3f5ee566>

Actividad guiada. Crear macros con combinación de teclas. Eliminar macros

Nombre del documento: **Actividad 7.**

Tipo: Libro de Excel habilitado para macros.

1. Abre un libro nuevo de Excel y guárdalo, con el nombre y tipo indicados, en la carpeta de esta unidad. **Atención** en guardar el libro **habilitado para macros,** pues en caso contrario las macros no funcionarán.
2. Haz visible la ficha **Desarrollador** y escribe una tabla como la que mostramos a la derecha.
3. Vamos a crear dos macros:
   a) Una para que la lista se ordene de forma ascendente por nombres.
   b) Otra para que la lista se ordene de forma ascendente por apellidos.
   Ambas macros deberán funcionar con listas más largas y más cortas.

	A	B
1	Nombre	Apellidos
2	Janire	Urquijo
3	Raúl	Molinero
4	Gustavo	Lérida
5	Julián	Márquez
6	Eugenia	Pérez
7	Joana	Ramos
8	Idelfonso	Enríquez
9	Eduardo	Rosas

continúa >

> continuación

Cómo ordenar una lista que tiene títulos

4. **Antes de crear la macro.** Hay que plantearse cómo indicarle a Excel que ordene una lista. Si deseamos ordenar la columna A, por ejemplo, debemos tener en cuenta que esa columna tiene el título **Nombre** y no queremos que ese título se ordene alfabéticamente con los nombres, sino que se quede arriba, en el lugar que le corresponde como título.
   - Pulsa sobre el nombre de la columna A y toda la columna quedará seleccionada. Ordena alfabéticamente, de menor a mayor, la columna de los nombres.
   - Pulsa en la parte inferior del comando **Ordenar y filtrar,** de la pestaña **Inicio,** grupo **Editar.** Elige **Orden personalizado.**
   - En la siguiente ventana deja marcado **Ampliar la selección** y pulsa en **Ordenar.**
   - Tendrás una nueva ventana, que deberá estar configurada para **ordenar por Nombre** y con la casilla marcada de **Mis datos tienen encabezados.** Pulsa en aceptar.

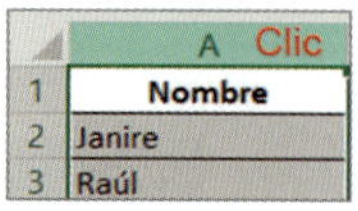

Pues bien, ya sabes cómo es posible ordenar los datos de una columna, sea cual sea la longitud de una lista, de modo que los títulos no se ordenen como un dato más. Crear una macro no es más que grabar mientras se realiza una serie de operaciones y detener la grabación cuando terminamos esas operaciones.

Crear la macro para ordenar la lista de nombres

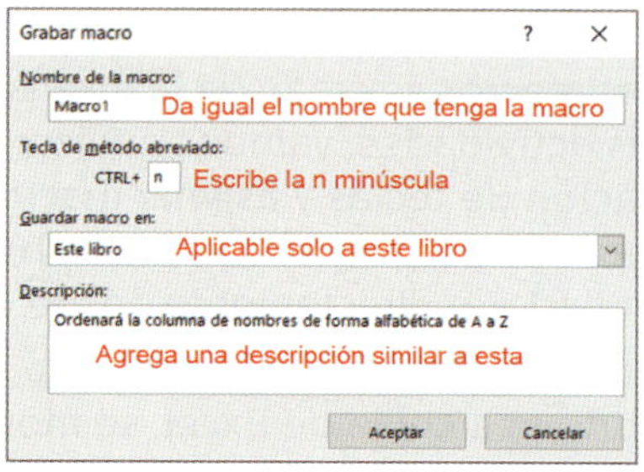

5. Pulsa sobre **Grabar macro,** del grupo **Código** de la pestaña **Desarrollador.**
6. Configura la ventana de Grabar macro, tal como ves en la imagen. Le hemos puesto una combinación de teclado con las teclas **Control + n** (n de nombre), pero habríamos podido poner otra combinación. Es importante agregar una **descripción,** pues cuando tengamos varias macros escritas, podremos consultar qué función realiza cada una de ellas.
7. Una vez que se pulsa Aceptar en la ventana de Grabar macro, la macro ya se estará grabando. Lo sabemos porque en la parte inferior izquierda de la ventana de Excel tenemos un **cuadrado relleno.**

8. Ahora, mientras se graba la macro, sigue meticulosamente los **pasos indicados en el punto 4** de esta actividad. No hagas otra cosa distinta, ni cambiar de ventana, ni abrir aplicaciones... Cualquier cosa quedaría grabada en la macro.
9. Cuando hayas terminado de hacer los pasos del punto 4, **detén la grabación** pulsando sobre ese cuadrado relleno de la parte inferior de la pantalla de Excel. Al pulsar en él, cambiará de forma:

Crear macro para ordenar la lista de apellidos

10. Haz lo necesario para crear **otra macro** que ordene la tabla por apellidos, mediante la combinación de teclas **Control + a.** No olvides detener la grabación cuando hayas terminado.
11. Comprueba que cuando pulsas la tecla **control** y, mientras la mantienes pulsada, pulsas la **n,** la tabla se ordena por nombres y que, cuando pulsas Control + a la tabla, se ordena por apellidos.
12. Si todo es correcto, puedes guardar los cambios y cerrar el libro.
13. **Si alguna macro falla,** puedes **eliminarla** desde la pestaña Desarrollador, Macros. Selecciona la macro que no funciona y pulsa en **Eliminar,** para luego crearla de nuevo siguiendo los pasos correctos.

Actividad guiada. Asignar una macro a un objeto

Nombre del documento: **Actividad 8.**

Tipo: Libro de Excel habilitado para macros.

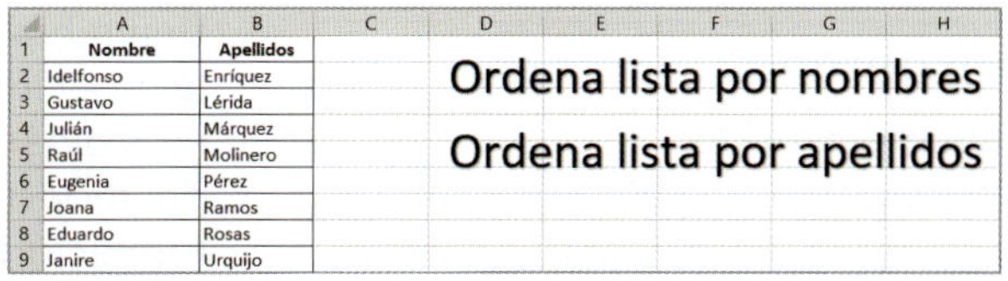

1. Abre la Actividad 7. Si te aparece el mensaje de advertencia de seguridad, pulsa en Habilitar contenido.

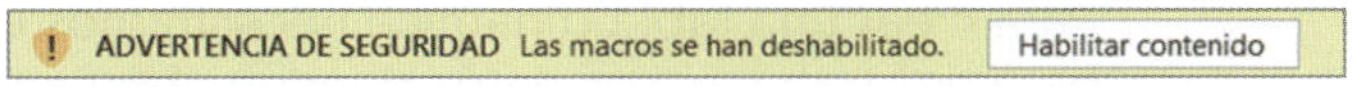

2. Guarda ahora el archivo como Actividad 8 e, igualmente, como tipo Libro de Excel habilitado para macros.
3. Inserta un texto de WordArt en fuente Calibri 28: Ordena lista por nombres.
4. Copia el texto y pégalo debajo. Cambia el texto por Ordena lista por apellidos.
5. Selecciona el borde del primer texto de WordArt con el botón secundario. Pulsa sobre **Asignar Macro.** Veremos la lista de macros disponibles. Selecciona la macro que ordena la lista por nombres. Acepta.
6. Haz lo mismo con el segundo texto de WordArt y asígnale la macro que ordena la lista por apellidos.
7. Comprueba que al pulsar sobre cualquiera de los dos textos de WordArt, hacen su función de ordenar las listas por nombre y por apellidos, respectivamente.
8. Guarda el libro y ciérralo.

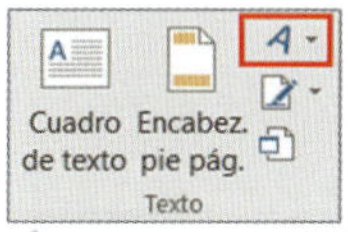

WordArt en pestaña Inicio.

Ejemplo. Cómo crear una macro que sirva para todos los libros

Si se realiza este ejemplo como actividad, no generará ningún documento.

Advertencia: *Esta actividad no tendrá efecto alguno tras apagar el ordenador si este se encuentra congelado (con programas DeepFreeze o similares).*

1. Abre un libro nuevo en el que vas a crear una macro que sirva para **cualquier libro de Excel** que se realice en el mismo ordenador. La macro consistirá en **duplicar la hoja que esté activa** y poner la copia de dicha hoja al final.
2. Abre la pestaña Vista → Macros → Grabar macro. Configura la macro como ves en la **imagen 1,** en la que hay explicaciones adicionales.
3. Tras aceptar la ventana de Grabar macro, comienza la grabación:
   - Pulsa sobre la etiqueta de la hoja con el botón secundario del ratón y selecciona Mover o copiar.
   - Configura la siguiente ventana como en la imagen 2. En la imagen, donde aparece Libro 2, no es importante, será el nombre del libro en el que estés realizando la macro.
   - Una vez hayas pulsado en Aceptar habrás finalizado la macro. Detén la grabación.
4. Cierra el libro. Te preguntará si quieres guardar el libro. Responde **No.** Te preguntará si quieres grabar la macro en la carpeta personal de macros de Excel. Responde **Sí.**

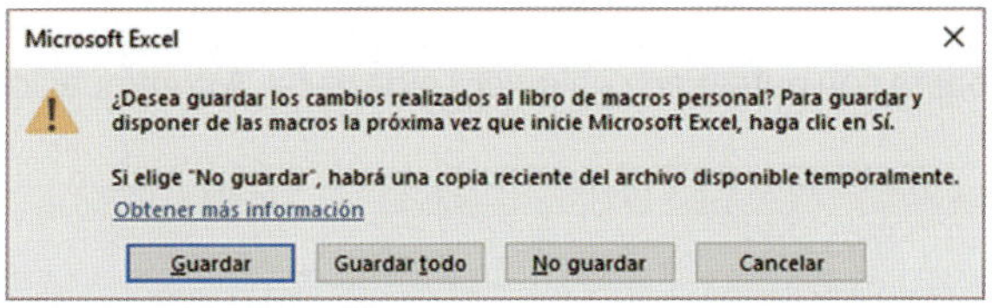

5. **Comprobación.** Abre un libro nuevo de Excel y comprueba si al pulsar la combinación de teclas Control + m se duplica la página.

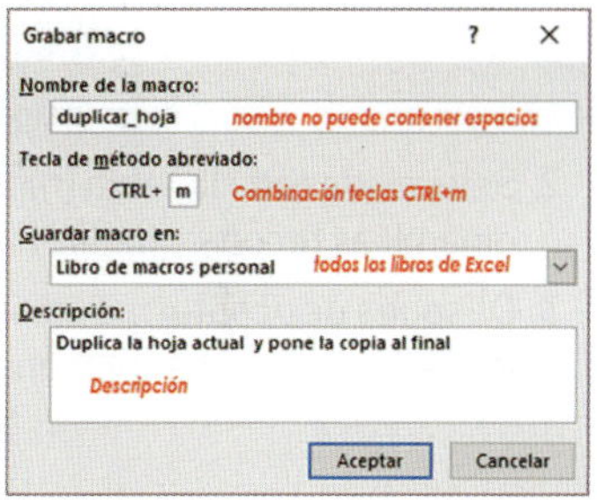

Imagen 1.

Imagen 2.

5. Tablas y gráficos dinámicos

Una tabla dinámica es una tabla de doble entrada, con ciertos criterios de agrupación para ayudarnos a interpretar los datos que contiene. La llamamos dinámica porque permite agrupar los datos en categorías y los resume del modo en que se le especifique. Los gráficos dinámicos muestran la información de las tablas dinámicas.

5.1. Tablas dinámicas

Para crear una tabla dinámica necesitamos unos datos sobre los que deberemos trabajar. Los datos pueden obtenerse de la tabla que tenemos en la hoja con la que estamos trabajando, de otra hoja del mismo libro o de una fuente externa.

Con respecto a la ubicación de la tabla dinámica, también podemos elegir dónde se situará, en la misma hoja de nuestro libro o en otra nueva.

Recuerda

Tablas dinámicas

En la pestaña **Insertar** tenemos el grupo Tablas desde donde podemos crear tablas dinámicas personalizadas o utilizar alguna de las recomendadas de la galería.

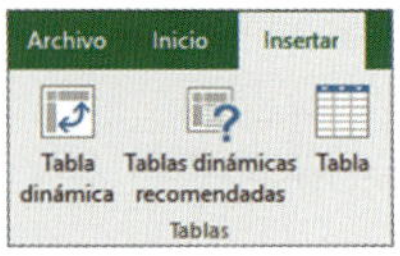

Actividad guiada. Crear una tabla dinámica recomendada

Nombre del documento: **Actividad 9.**

Tipo: Libro de Excel.

1. Abre un libro nuevo de Excel y guárdalo en la carpeta de actividades de esta unidad con el nombre y tipo indicados. A continuación, crea la tabla de la imagen 1, en donde **los importes deberán ser calculados con fórmula.**

	A	B	C	D	E
1	Semestres	Artículo	Unidades	Precio	Importe
2	Primer semestre	Mesas	345	200	69.000,00 €
3	Primer semestre	Sillas	456	80	36.480,00 €
4	Primer semestre	Sillones	342	560	191.520,00 €
5	Segundo semestre	Mesas	357	200	71.400,00 €
6	Segundo semestre	Sillas	124	80	9.920,00 €
7	Segundo semestre	Sillones	255	560	142.800,00 €

Imagen 1.

Suma de Importe por Semestres y Artículo		
Suma de Importe	Etiquetas de columna	
Etiquetas de fila	Mesas	Sillas
Primer semestre	69000	3648
Segundo semestre	71400	992
Total general	140400	4640

Imagen 2.

2. Selecciona toda la tabla (rango A1:E7). Pulsa sobre la pestaña **Insertar → Tablas dinámicas recomendadas.** Recorre las tablas dinámicas recomendadas hasta encontrar la que se llama **Suma de Importe por Semestres y Artículo** (imagen 2).
3. Después de aceptar, se creará una nueva hoja con la tabla dinámica, que puede dejarse tal y como está o agregar campos como los que puedes observar en el primer cuadrante de la derecha.

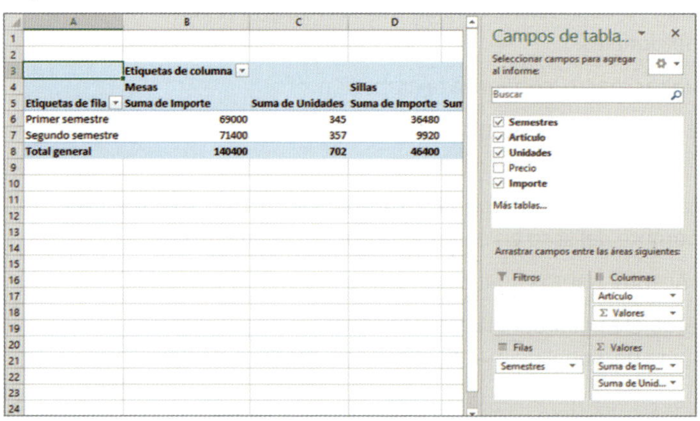

4. Deja la tabla dinámica como ha quedado. Para ello, basta con pulsar en cualquier celda vacía. A continuación, guarda los cambios y cierra el libro.

	A	B	C	D	E	F	G	H	I
1									
2									
3		Etiquetas de columna							
4		Mesas		Sillas		Sillones		Total Suma de Importe	Total Suma de Unidades
5	Etiquetas de fila	Suma de Importe	Suma de Unidades	Suma de Importe	Suma de Unidades	Suma de Importe	Suma de Unidades		
6	Primer semestre	69000	345	36480	456	191520	342	297000	1143
7	Segundo semestre	71400	357	9920	124	142800	255	224120	736
8	Total general	140400	702	46400	580	334320	597	521120	1879
9									

Actividad propuesta. Crear una tabla dinámica recomendada. Filtrar datos

Nombre del documento: **Actividad 10.**

Tipo: Libro de Excel.

1. Abre un libro nuevo de Excel y guárdalo en la carpeta de actividades de esta unidad con el nombre y tipo indicados. A continuación, crea la tabla de la imagen 1.
2. Selecciona el rango A3:E9 y crea una tabla dinámica recomendada que muestre en vista previa los datos como en la imagen 2.
3. Despliega cada etiqueta de fila **Huesca, Teruel** y **Zaragoza** (pulsando en el signo +) y podrás ver el desglose de las ventas por vendedores de cada una de esas ciudades (imagen 3).

	A	B	C	D	E
1	Vendedores de Aragón, primer trimestre				
2					
3	Vendedor	Ciudad	Enero	Febrero	Marzo
4	Rocío Ramos	Huesca	18.250,00 €	17.894,00 €	19.890,00 €
5	José Alonso	Huesca	17.432,00 €	19.100,00 €	18.789,00 €
6	Carlota Casillas	Teruel	19.234,00 €	18.743,00 €	18.675,00 €
7	Antonio Canales	Teruel	19.789,00 €	17.456,00 €	18.425,00 €
8	Ana Gutiérrez	Zaragoza	22.678,00 €	23.890,00 €	24.567,00 €
9	Luis González	Zaragoza	23.125,00 €	22.732,00 €	23.789,00 €

Imagen 1.

Suma de Marzo, Suma de Febrero y Suma de Enero por Ciudad (+)

Etiquetas de fila	Suma de Marzo	Suma de Febrero	Suma de Enero
⊞ Huesca	38679	36994	35682
⊞ Teruel	37100	36199	39023
⊞ Zaragoza	48356	46622	45803
Total general	124135	119815	120508

Imagen 2.

	Etiquetas de fila	Suma de Marzo	Suma de Febrero	Suma de Enero
3	Etiquetas de fila	Suma de Marzo	Suma de Febrero	Suma de Enero
4	⊟ Huesca	38679	36994	35682
5	José Alonso	18789	19100	17432
6	Rocío Ramos	19890	17894	18250
7	⊟ Teruel	37100	36199	39023
8	Antonio Canales	18425	17456	19789
9	Carlota Casillas	18675	18743	19234
10	⊟ Zaragoza	48356	46622	45803
11	Ana Gutiérrez	24567	23890	22678
12	Luis González	23789	22732	23125
13	Total general	124135	119815	120508

Imagen 3.

Aplicar filtros a la tabla dinámica

4. En la fila 3, junto a **Etiquetas de fila,** hay una flecha desde la que podemos aplicar filtros a la tabla dinámica, para que muestre todos los campos disponibles, varios de ellos o uno solo. Si pulsas sobre esa flecha verás las posibilidades que hay, marcando o desmarcando las casillas inferiores.
5. Por ejemplo, así seleccionaríamos ver solo Teruel y Zaragoza:

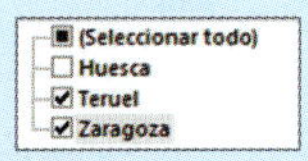

6. Guarda los cambios y cierra el libro.

Actividad guiada. Crear una tabla dinámica de forma manual

Nombre del documento: **Actividad 11.**

Tipo: Libro de Excel.

1. Abre la Actividad 10 y selecciona el rango A1:E9 de la tabla de la imagen 1 de la actividad anterior (es decir, selecciona toda la tabla).
2. Abre un libro nuevo de Excel y pega la tabla copiada. Ahora puedes cerrar el libro Actividad 10, sin guardar. Modifica, si es necesario, los anchos de columnas del libro nuevo y guárdalo con el nombre y tipo anteriormente indicados.
3. Selecciona el rango **A3:E9** y pulsa sobre la pestaña **Insertar → Tabla dinámica.** Tendrás una nueva ventana como la de la imagen 1, en donde aparece arriba el rango ya seleccionado. Deberás marcar **Hoja de cálculo existente** (pues deseamos que la tabla dinámica se inserte en la misma hoja en donde está la tabla original), y en **Ubicación,** pulsa la celda A12, que es donde se insertará la tabla dinámica. Tras haberla pulsado, aparecerá con el nombre de Hoja y referencias absolutas (Hoja1!$A$12).
4. Acepta y verifica que están marcados todos los campos en el panel de tareas (imagen 2). Obtendrás como resultado una tabla dinámica como la de la imagen 3. Guarda los cambios y cierra el libro.

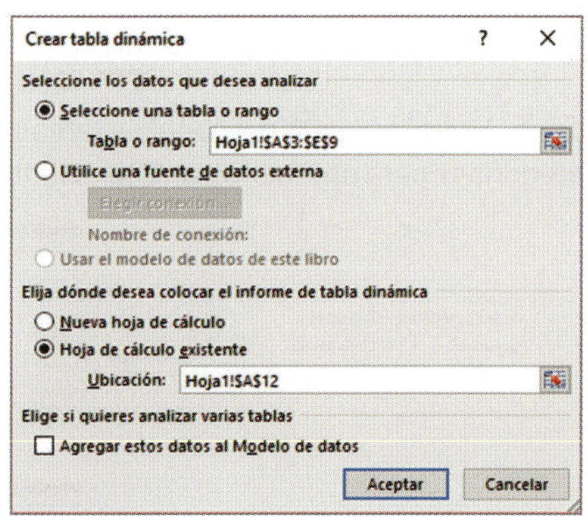

Imagen 1.

	Etiquetas de fila	Suma de Enero	Suma de Febrero	Suma de Marzo
12	Etiquetas de fila	Suma de Enero	Suma de Febrero	Suma de Marzo
13	⊟ Ana Gutiérrez	22678	23890	24567
14	Zaragoza	22678	23890	24567
15	⊟ Antonio Canales	19789	17456	18425
16	Teruel	19789	17456	18425
17	⊟ Carlota Casillas	19234	18743	18675
18	Teruel	19234	18743	18675
19	⊟ José Alonso	17432	19100	18789
20	Huesca	17432	19100	18789
21	⊟ Luis González	23125	22732	23789
22	Zaragoza	23125	22732	23789
23	⊟ Rocío Ramos	18250	17894	19890
24	Huesca	18250	17894	19890
25	Total general	120508	119815	124135

Imagen 3.

Imagen 2.

5.2. Gráficos dinámicos

Un gráfico dinámico es el resultado gráfico de una tabla dinámica. Para crearlo hay que tener activa la pestaña **Insertar → Gráfico dinámico,** del grupo Gráficos.

Actividad guiada. Crear gráfico de una tabla dinámica

Nombre del documento: **Actividad 12.**

Tipo: Libro de Excel.

1. Abre la Actividad 9 y guárdala con el nombre Actividad 12.
2. Selecciona toda la tabla dinámica y, a continuación, pulsa sobre la pestaña **Insertar → Gráfico dinámico → Gráfico dinámico,** dentro del grupo Gráficos. Selecciona **Columna agrupada,** de la categoría Columnas. Acepta y el gráfico quedará insertado en la hoja. Colócalo de forma que esté debajo de la tabla y que ocupe todo el ancho de la misma.

	Etiquetas de columna							
	Mesas		Sillas		Sillones		Total Suma de Importe	Total Suma de Unidades
Etiquetas de fila	Suma de Importe	Suma de Unidades	Suma de Importe	Suma de Unidades	Suma de Importe	Suma de Unidades		
Primer semestre	69000	345	36480	456	191520	342	297000	1143
Segundo semestre	71400	357	9920	124	142800	255	224120	736
Total general	**140400**	**702**	**46400**	**580**	**334320**	**597**	**521120**	**1879**

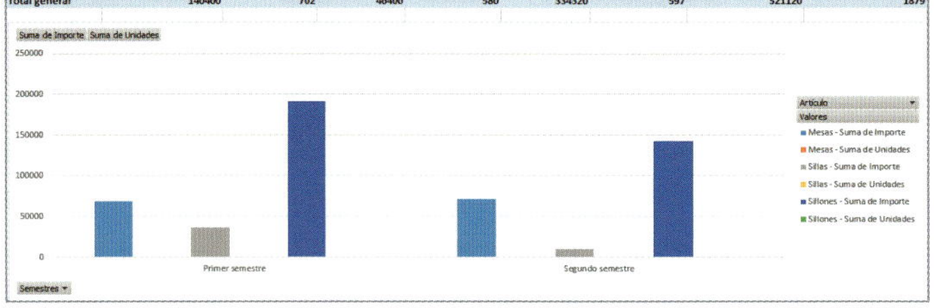

3. Verás que puedes desplegar **Semestres** (ángulo inferior izquierdo del gráfico) y **Artículo** (a la derecha del gráfico). Comprueba distintas combinaciones, por ejemplo, Sillas de los dos semestres o Mesas y Sillones del primer semestre. Lo que vayas viendo en el gráfico se verá igualmente en la tabla dinámica y los cambios que se pudieran realizar en la gráfica afectan al gráfico.
4. Pulsa en cualquier lugar del gráfico para ver el panel de tareas de la derecha. Deja sin seleccionar Unidades y Precio para tener un gráfico más fácil de interpretar. Prueba ahora a poner filtros en Semestres y en Artículo y comprueba las distintas combinaciones.

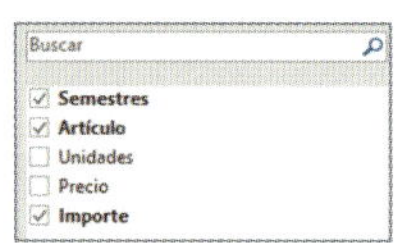

5. Puedes arrastrar campos de la parte superior del panel de tareas a distintos puntos de la parte inferior, por ejemplo, tener Artículo y Semestres en Ejes (categorías), para obtener otra vista distinta del gráfico:

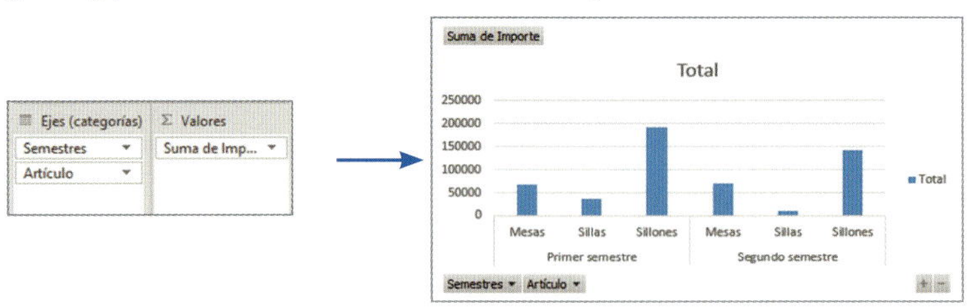

6. Guarda los cambios y cierra el libro.

Actividad propuesta. Crear gráfico de una tabla dinámica

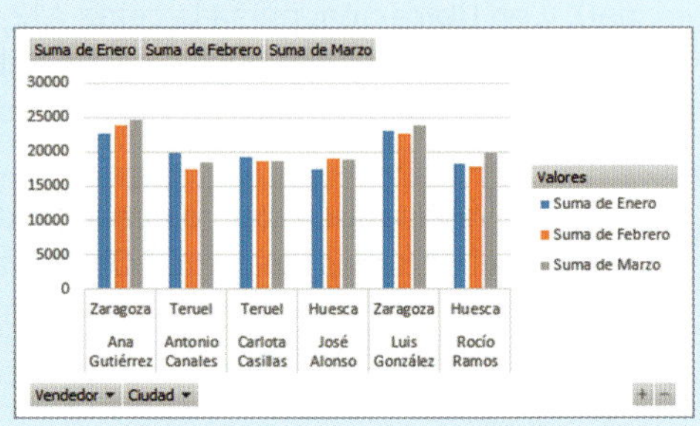

Nombre del documento: **Actividad 13.**

Tipo: Libro de Excel.

1. Abre la Actividad 11 y guárdala con el nombre Actividad 13.
2. Crea un gráfico dinámico (de columnas agrupadas) de la tabla dinámica.
3. Guarda los cambios y cierra el libro.

6. Plantillas

Al igual que las utilizamos en Word, las plantillas son documentos base que se utilizarán para crear documentos idénticos o muy parecidos. En Excel se dispone de infinidad de plantillas prediseñadas y que se pueden descargar en línea. Además, podemos crear nuestras propias plantillas desde cero, desde otras plantillas o desde un documento previamente guardado.

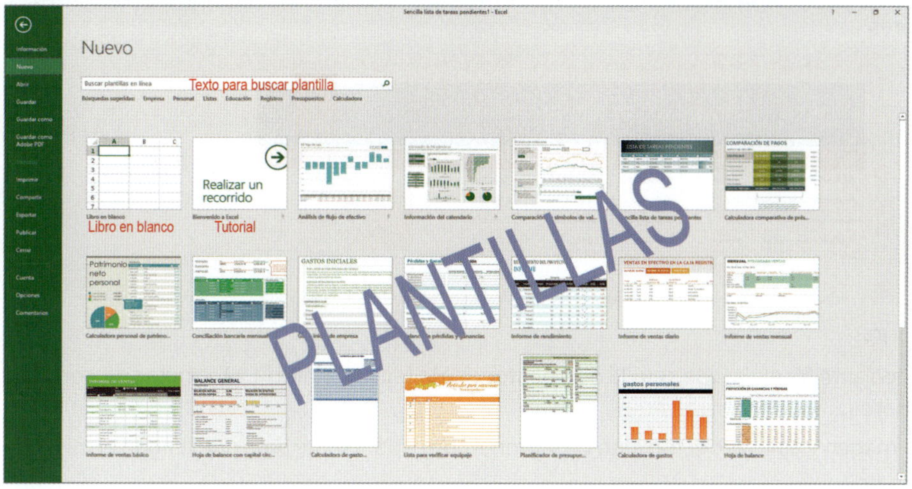

Las plantillas se guardan por defecto en la carpeta **Plantillas personalizadas de Office,** dentro de la carpeta Documentos, al igual que las de Word, aunque podemos colocar una copia en otra carpeta o dispositivo.

Saber más

Libro nuevo, tutorial o plantilla

Al abrir Excel o crear un archivo nuevo, podemos elegir entre:

- Abrir un libro en blanco.
- Hacer un recorrido o tutorial.
- Utilizar una plantilla prediseñada de las que están a la vista.
- Buscar una plantilla prediseñada en línea mediante introducción de un texto descriptivo en la línea de búsqueda.

(Ver imagen izquierda).

Saber más

Cuando tenemos plantillas personales, al hacer **Archivo** → **Nuevo,** las veremos bajo la carpeta **Personal.**

Actividad propuesta. Crear plantilla desde plantilla prediseñada

Nombre del documento: **Actividad 14.**

Tipo: Plantilla de Excel.

1. Abre Excel y en la línea «Buscar plantillas en línea» escribe la frase **Sencilla lista de tareas pendientes.** Deberá aparecer una plantilla que tiene ese nombre. Haz clic sobre ella y pulsa sobre **Crear.**

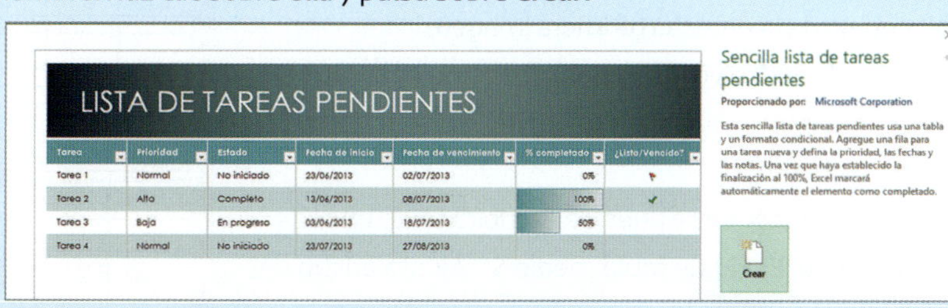

2. Modifica el año que muestra la plantilla por el año actual y elimina la columna H. Después de hacerlo, comprueba que el contenido de las columnas **C**, **D** y **G** puede elegirse de entre distintas opciones. Las fechas de **inicio** y **vencimiento** tienen una fórmula que podemos modificar si lo deseamos y la nueva columna H sirve para hacer anotaciones.
3. Puedes cambiar, si lo prefieres, el color de la forma que bordea el título de la tabla.
4. Guarda la plantilla en la carpeta de actividades de esta unidad con el nombre y tipo indicados.

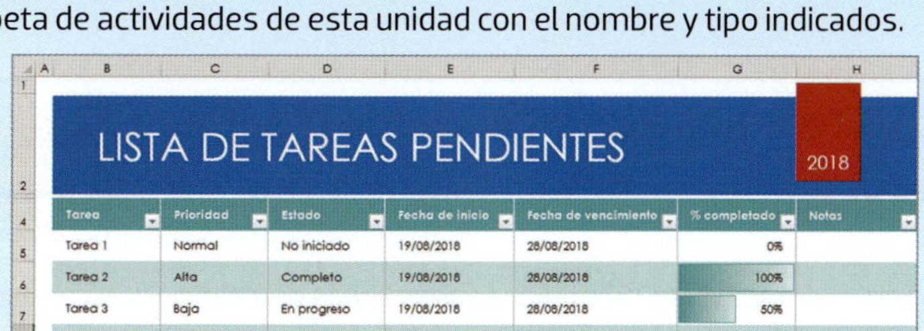

Actividad propuesta. Aplicar estilos de tabla. Crear PDF desde plantilla

Nombre del documento: **Actividad 15.**

Tipo: PDF.

1. Abre la plantilla creada en la actividad anterior (Actividad 14).
2. Selecciona el rango **B4:H8**. Desde la pestaña **Inicio,** grupo **Estilos,** pulsa sobre **Dar formato como tabla.** Escoge el **Estilo de tabla medio 3.** A continuación, completa el contenido del rango B5:E8 como en la siguiente imagen. Las marcas numeradas en rojo sirven de guía a las instrucciones posteriores:

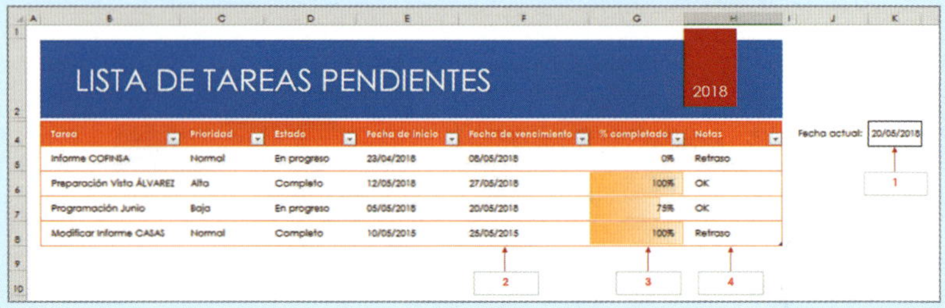

Tarea	Prioridad	Estado	Fecha de inicio	Fecha de vencimiento	% completado	Notas
Informe COFINSA	Normal	En progreso	23/04/2018	08/05/2018	0%	Retraso
Preparación Vista ÁLVAREZ	Alta	Completo	12/05/2018	27/05/2018	100%	OK
Programación Junio	Baja	En progreso	05/05/2018	20/05/2018	75%	OK
Modificar Informe CASAS	Normal	Completo	10/05/2015	25/05/2015	100%	Retraso

(1) Inserta la fecha que aparece en la celda K4.

(2) La fecha de vencimiento se calculará mediante fórmula, que será 15 días posterior a la fecha de inicio. La fórmula se insertará en la celda F5 y se arrastrará a las inferiores.

(3) Completa las celdas como están en la imagen y aplícales el formato condicional correspondiente para que tengan el mismo aspecto.

(4) En H5 introduce una función que dé como resultado **Retraso** si la fecha de vencimiento es anterior a la de K4 y **OK** en caso contrario.

3. Una vez terminado el documento, guárdalo en formato PDF con el nombre indicado y en la carpeta de actividades de esta unidad didáctica. Cierra el documento PDF y el libro de Excel.

Actividad propuesta. Aplicar estilos de tabla. Crear plantilla nueva

Nombre del documento: **Actividad 16.**

Tipo: Plantilla de Excel.

	A	B	C	D
1	Registro de llamadas telefónicas recibidas			
2	Fecha	Hora	Llamó	Extracto del asunto de la llamada
3				
4				
5				
6				
7				

	A	B	C	D
1	Columna1	Columna2	Columna3	Columna4
2	Registro de llamadas telefónicas recibidas			
3	Fecha	Hora	Llamó	Extracto del asunto de la llamada
4				
5				
6				
7				
8				
9				
10				
11				
12				
13				
14				
15				
16				
17				
18				
19				
20				
21				

1. Crea una tabla igual que el modelo de la derecha (primera imagen).
2. Configura las columnas hasta la fila 20 (salvo los títulos) de la siguiente forma:
   - Columna A. Tipo fecha formato dd/mm/aaaa.
   - Columna B. Tipo hora formato hh:mm.
   - Las columnas C y D no deberán configurarse pues se escribirá texto en ellas.
3. Aplica a la tabla el estilo Medio "Oro, Estilo de tabla medio 5". Ajusta ancho de columnas y alineación de celdas si es necesario.
4. Después de aplicar el estilo, protege la tabla resultante. Deja sin protección el rango A4:D21.
5. Guarda la tabla como plantilla con el nombre indicado en la cabecera de esta actividad y guarda una copia en la carpeta de actividades de esta unidad.

Actividad propuesta. Crear hoja de Excel desde plantilla

	A	B	C	D
1	Columna1	Columna2	Columna3	Columna4
2	Registro de llamadas telefónicas recibidas			
3	Fecha	Hora	Llamó	Extracto del asunto de la llamada
4	16/05/2018	11:32	Antonio Martín	Reclamación de pedido no recibido
5	16/05/2018	11:45	María Molina	Pide que la llame el Sr. Salcedo
6	16/05/2018	12:31	Ernesto Portillo	Pedido telefónico (nº 1234)
7				

Nombre del documento: **Actividad 17.**

Tipo: Libro de Excel.

1. Abre la plantilla de la actividad anterior (Actividad 16) y rellena varias líneas de información con llamadas recibidas que te inventes.
2. Guarda el documento como Actividad 17 y Libro de Excel en la carpeta de actividades de esta unidad didáctica.

7. Otras herramientas

Vamos a dedicar las últimas páginas de esta unidad didáctica a tratar algunas herramientas y procedimientos que se utilizan frecuentemente en la práctica y que resultan muy útiles para trabajar con las hojas de cálculo.

7.1. Filtrar datos

Podemos utilizar Excel como una base de datos para filtrar campos y mostrar todos o parte de ellos.

Saber más

Filtro en la pestaña Datos

Actividad guiada. Poner filtros

Nombre del documento: **Actividad 18.**

Tipo: Libro de Excel.

1. Crea la tabla de la imagen 1 con sus colores de fuente, bordes y sombreado.
2. Selecciona la fila 2, pulsando sobre el número de fila o seleccionando el rango A2:D2. Abre la pestaña **Datos** y pulsa sobre **Filtro,** del grupo **Ordenar y Filtrar.**
3. Junto a cada título de la fila 2 se habrá colocado una flecha, que sirve de filtro para cada una de las columnas, como ves en la imagen 2.
4. Pulsa sobre el filtro del título Comercial y muestra solo los registros correspondientes a Lorena Torres. Observa los resultados y vuelve a seleccionar todos los comerciales.

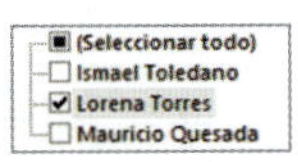

5. Filtra los meses para mostrar solo el mes de marzo. Observa los resultados y vuelve a seleccionar en el filtro todos los meses.
6. Guarda el libro con el nombre y tipo indicados al principio.

	A	B	C	D
1	Ventas por comerciales primer trimestre			
2	Comercial	Provincia	Mes	Importe
3	Mauricio Quesada	Soria	Enero	23.981,00 €
4	Lorena Torres	Segovia	Enero	27.007,00 €
5	Ismael Toledano	Ávila	Enero	31.530,00 €
6	Mauricio Quesada	Soria	Febrero	54.862,00 €
7	Lorena Torres	Segovia	Febrero	24.980,00 €
8	Ismael Toledano	Ávila	Febrero	45.628,00 €
9	Mauricio Quesada	Soria	Marzo	30.314,00 €
10	Lorena Torres	Segovia	Marzo	51.157,00 €
11	Ismael Toledano	Ávila	Marzo	9.410,00 €

Imagen 1.

	A	B	C	D
1	Ventas por comerciales primer trimestre			
2	Comercial ▾	Provincia ▾	Mes ▾	Importe ▾
3	Mauricio Quesada	Soria	Enero	23.981,00 €
4	Lorena Torres	Segovia	Enero	27.007,00 €
5	Ismael Toledano	Ávila	Enero	31.530,00 €
6	Mauricio Quesada	Soria	Febrero	54.862,00 €
7	Lorena Torres	Segovia	Febrero	24.980,00 €
8	Ismael Toledano	Ávila	Febrero	45.628,00 €
9	Mauricio Quesada	Soria	Marzo	30.314,00 €
10	Lorena Torres	Segovia	Marzo	51.157,00 €
11	Ismael Toledano	Ávila	Marzo	9.410,00 €

Imagen 2.

7.2. Validación de datos

La validación de datos sirve para controlar el contenido de las celdas, de modo que solamente se puedan introducir los tipos o los rangos de datos que están permitidos.

La validación de datos se encuentra en la pestaña **Datos,** grupo **Herramientas de datos.** La ventana de validación cuenta con tres pestañas:

- **Configuración.** En esta pestaña se indica el tipo de valor permitido.
- **Mensaje de entrada.** Aparece cuando se selecciona la celda que tiene el criterio. Hay un espacio para introducir el mensaje deseado.
- **Mensaje de error.** Se introduce en el espacio que hay al efecto y aparecerá si no se cumple el criterio de validación.

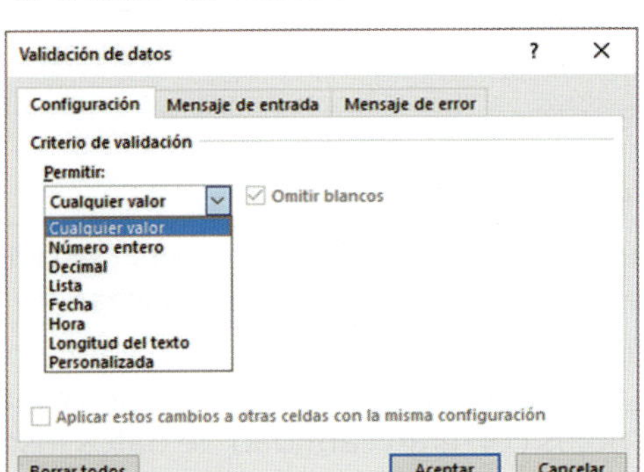

Saber más

Validación de datos

Al pulsar en Validación de datos podemos crear nuevos criterios de validación, rodear con un círculo datos no válidos y borrar círculos de validación. Los dos últimos funcionan solo si el criterio de validación se aplica sobre celdas previamente escritas.

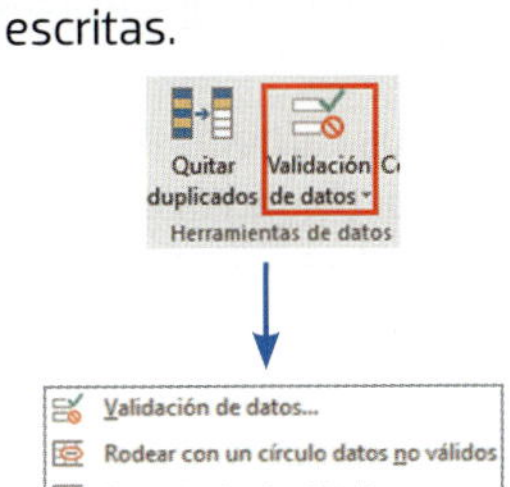

Actividad guiada. Validar datos

Nombre del documento: **Actividad 19.**

Tipo: Libro de Excel.

1. En un libro nuevo, crea la tabla de la imagen 1.
2. Selecciona el rango **A3:A7.** Los códigos de opositores son de tipo alfanumérico y tienen entre 3 y 5 caracteres (imagen 2). No se introducirán mensajes de entrada ni de error.
3. Para escribir el sexo de cada persona, se marcará la opción Hombre o la opción Mujer. Para ello, con el rango **B3:B7** seleccionado, en la pestaña Configuración se elegirá Lista, y en Origen se seleccionará con el ratón el rango **F2:F3** (imagen 3). No habrá mensaje de entrada ni de error.
4. Para la edad solo se permitirán **números enteros** entre 18 y 65 años. Por lo tanto, selecciona el rango **C3:C7** y configura el apartado Permitir y el rango de edad en la pestaña Configuración. El mensaje de entrada será **Introduzca una edad entre 18 y 65 años, sin decimales.** El título del mensaje de entrada será **ATENCIÓN.** El mensaje de error: **La edad introducida no es admisible para esta oposición.** Y su título: ¡Error! (imagen 4).

	A	B	C	D	E	F
1	Listado de opositores					
2	Código	Sexo	Edad	Puntuación		Hombre
3						Mujer
4						
5						
6						
7						

Imagen 1.

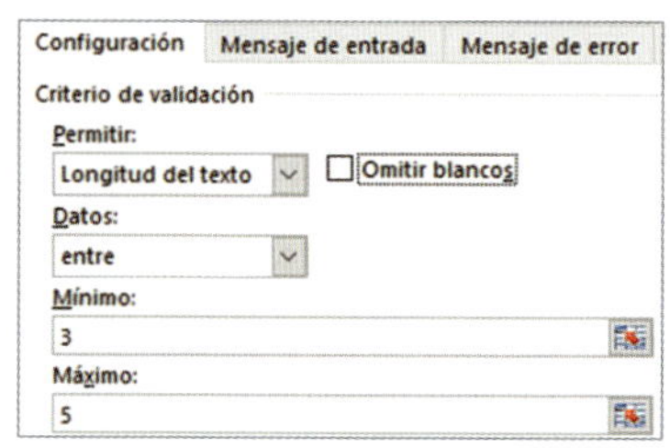

Imagen 2.

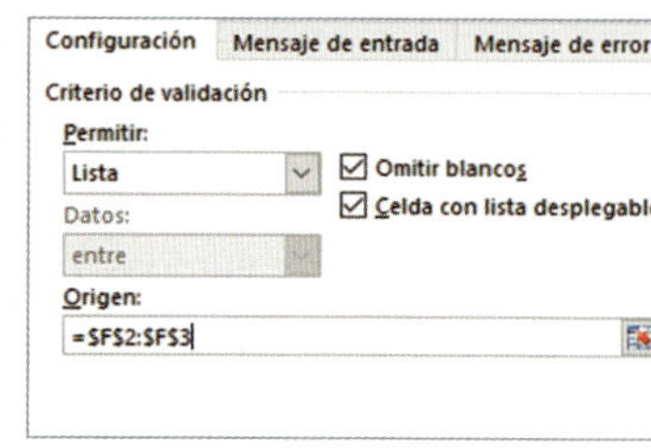

Imagen 3.

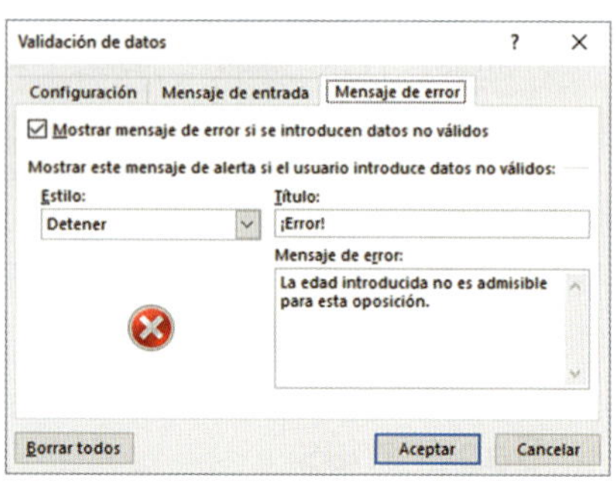

Imagen 4.

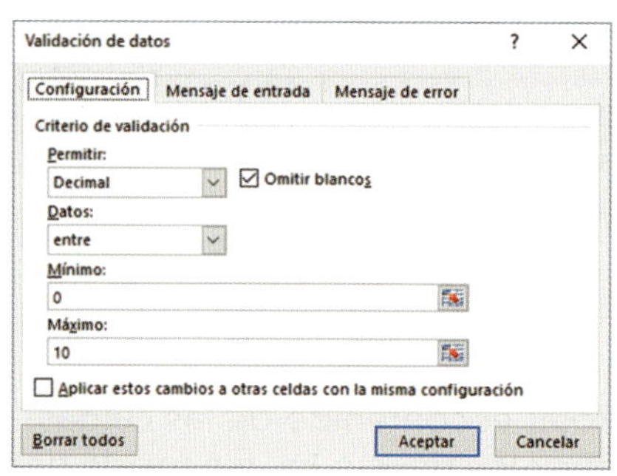

Imagen 5.

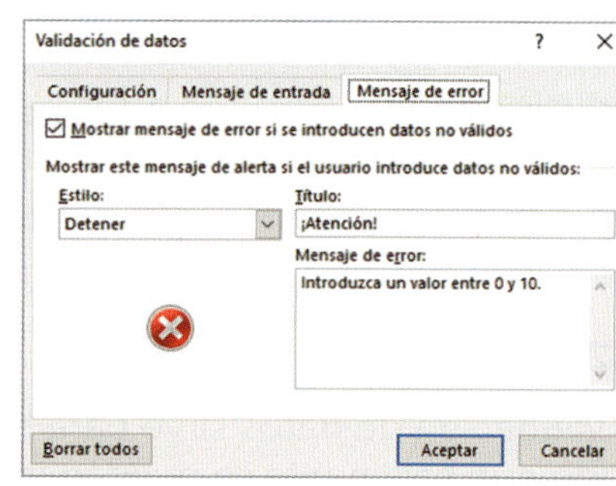

Imagen 6.

5. Rango **D3:D7.** La puntuación podrá ser entre 0 y 10, con decimales. Deberá rellenarse la pestaña configuración como número decimal entre 0 y 10 (imagen 5). No habrá mensaje de entrada. El mensaje de error tendrá como título: **¡Atención!,** y como texto: **Introduzca un valor entre 0 y 10** (imagen 6).
6. Los datos finales quedarán como en el modelo que mostramos en la última imagen. No obstante, prueba a introducir datos no permitidos para ver qué ocurre.
7. Guarda los cambios de este libro, con el nombre y tipo indicados, en la carpeta de actividades de esta unidad.

	A	B	C	D
1	Listado de opositores			
2	Código	Sexo	Edad	Puntuación
3	A1234	Hombre	45	8,5
4	A3851	Mujer	20	7,3
5	C855	Mujer	19	9,76
6	B0233	Hombre	34	5,27
7	A1201	Mujer	38	10

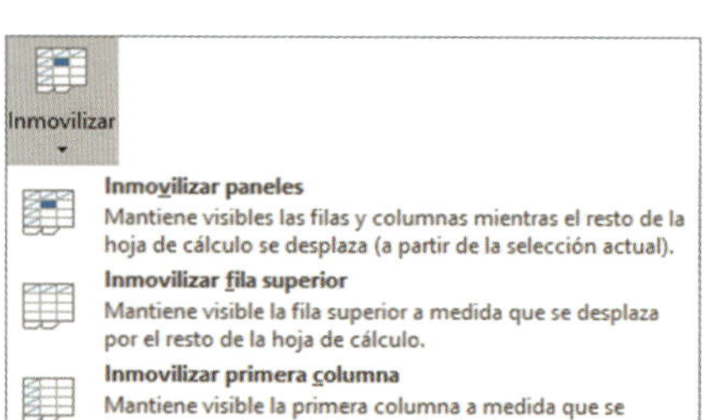

7.3. Inmovilizar paneles

Para inmovilizar paneles debemos tener activa la pestaña **Vista**. Dentro del grupo **Ventana** se encuentra el comando **Inmovilizar.**

Como más vale un hecho comprobado que mil palabras, vamos a comprender mediante una actividad qué útil resulta la inmovilización de paneles cuando utilizamos hojas con gran cantidad de datos insertados en muchas filas y columnas.

Actividad guiada. Inmovilizar paneles, series y pegado especial

Nombre del documento: **Actividad 20.**

Tipo: Libro de Excel.

1. Deberás crear una hoja de cálculo como la siguiente..., pero más grande. ¡No empieces todavía! En total estará rellena **hasta la columna Z** y **hasta la fila 50,** es decir, todo el rango **A1:Z50.** Para aprender a inmovilizar paneles no nos importan las notas que tienen esas personas, así que vamos a poner notas aleatorias. En cuanto a los títulos superiores, los harás mediante una **serie.** Igualmente se completarán como una **serie** los títulos de la izquierda.

	A	B	C	D	E	F	G	H	I	J	K	L	M	N	O	P	Q	R
1		Nota 1	Nota 2	Nota 3	Nota 4	Nota 5	Nota 6	Nota 7	Nota 8	Nota 9	Nota 10	Nota 11	Nota 12	Nota 13	Nota 14	Nota 15	Nota 16	Nota 17
2	Nombre 1	8	10	1	6	0	8	5	10	0	4	9	6	9	3	5	1	1
3	Nombre 2	1	9	1	4	8	0	1	7	9	8	3	1	8	4	8	9	4
4	Nombre 3	8	6	0	3	9	9	10	3	6	8	6	6	6	7	1	7	10
5	Nombre 4	2	7	2	6	7	10	3	7	10	0	7	4	5	8	0	4	1
6	Nombre 5	6	5	5	0	7	3	8	1	4	3	1	2	10	10	2	10	6
7	Nombre 6	2	7	4	1	9	3	7	10	6	2	4	2	2	7	0	1	5
8	Nombre 7	8	7	9	3	1	5	7	5	10	6	9	2	5	6	10	4	10
9	Nombre 8	2	5	3	4	7	9	4	9	8	4	2	6	3	1	9	7	5
10	Nombre 9	7	10	2	9	4	9	10	1	5	0	1	9	8	4	2	1	8
11	Nombre 10	6	9	5	6	0	8	9	5	1	4	7	10	10	2	0	1	6
12	Nombre 11	6	3	8	8	0	2	10	5	4	0	4	10	2	10	3	1	2
13	Nombre 12	1	3	9	4	10	5	8	8	10	5	2	10	0	1	3	0	8
14	Nombre 13	2	6	2	10	7	10	0	1	8	8	5	2	1	2	4	2	1
15	Nombre 14	7	2	8	10	5	1	7	6	1	5	7	4	8	7	6	6	9
16	Nombre 15	4	6	10	8	9	0	2	4	2	7	1	1	6	3	10	9	6
17	Nombre 16	6	2	3	6	2	3	1	5	3	0	0	7	2	10	8	3	7
18	Nombre 17	8	2	9	8	8	7	9	10	10	7	7	0	10	1	2	2	4
19	Nombre 18	2	1	10	7	6	6	10	5	7	1	8	10	10	2	6	6	5
20	Nombre 19	6	2	2	0	0	1	9	5	7	8	6	0	2	3	4	8	10
21	Nombre 20	3	0	3	5	7	8	6	10	3	0	1	10	6	10	7	7	8
22	Nombre 21	8	2	10	0	0	4	3	7	3	6	8	5	3	8	6	9	6
23	Nombre 22	9	5	4	5	2	10	3	7	0	9	8	9	8	3	6	10	6
24	Nombre 23	5	10	2	7	0	5	4	8	3	4	5	9	5	2	6	0	3
25	Nombre 24	9	3	4	10	3	6	3	4	0	0	4	3	4	2	6	8	2
26	Nombre 25	2	9	7	6	1	1	10	8	5	8	1	3	8	5	9	3	10
27	Nombre 26	10	4	10	4	2	10	7	2	4	8	7	4	2	1	0	1	1

2. Vamos a crear los títulos de la fila 1. Escribe Nota 1 en la celda B1 y Nota 2 en la celda C1. Selecciona ambas celdas y arrastra hasta la columna Z. ¿Has recordado cómo se hacían las series? Pues bien, por el mismo procedimiento, completa la columna A hasta la fila 50.
3. En la celda **B2** escribe la primera nota utilizando la fórmula =ALEATORIO.ENTRE(0;10). Arrastra la fórmula hasta la columna Z y hasta la fila 50, todo a la vez; primero completa la fila y luego sigue hacia abajo.
4. Para que esas notas que ya estarán escritas **dejen de ser aleatorias** las vamos a **convertir en fijas:** selecciona todas las notas (rango B2:Z50), pulsa sobre la selección con el botón secundario del ratón y elige **Copiar.** Ahora pulsa sobre la celda **B2** con el botón secundario del ratón (debe quedar sin seleccionar el resto de celdas) y elige **Pegado especial** → marca la opción **Valores.** Así esas celdas dejarán de contener fórmulas y mostrarán valores.

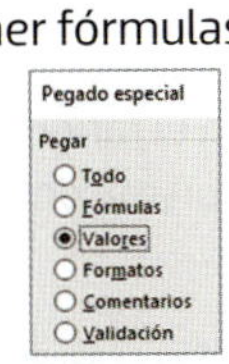

	A	B	
1		Nota 1	Nota
2	Nombre 1	8	
3	Nombre 2	1	

5. Bien. ¿Podrías decir cuál es la Nota 24 del Nombre 42? Nos perdemos en la tabla. Mediante el comando inmovilizar podríamos inmovilizar la primera fila o la primera columna, no ambas cosas a la vez. Pero en este caso nos interesa inmovilizar las dos. ¿Cómo hacerlo? Hay que preguntarse: ¿Cuál es la primera celda debajo de los títulos superiores que también es la primera celda a la derecha de los títulos izquierdos? ¡La celda B2! Sitúa el cursor del ratón sobre esa celda. Pulsa **Inmovilizar paneles → Inmovilizar paneles.**
6. Ahora, navegues por donde navegues dentro de la tabla, siempre tendrás visibles los títulos superiores y los títulos de la primera columna.
7. Ahora sí podremos responder fácilmente a la pregunta ¿Cuál es la Nota 24 del Nombre 42?

	A	S	T	U	V	W	X	Y	Z
1		Nota 18	Nota 19	Nota 20	Nota 21	Nota 22	Nota 23	Nota 24	Nota 25
38	Nombre 37	8	10	9	2	2	5	5	2
39	Nombre 38	8	4	7	9	1	3	7	2
40	Nombre 39	1	0	0	3	4	4	7	10
41	Nombre 40	3	4	8	0	4	8	1	7
42	Nombre 41	9	7	7	10	0	2	10	9
43	Nombre 42	6	10	8	5	5	0	3	9
44	Nombre 43	6	2	4	10	7	8	9	8
45	Nombre 44	1	1	5	5	2	0	6	0
46	Nombre 45	9	4	1	0	9	10	8	3
47	Nombre 46	1	5	10	8	8	9	3	0
48	Nombre 47	8	7	8	10	5	7	5	0
49	Nombre 48	6	5	4	5	2	10	5	0
50	Nombre 49	0	4	4	4	6	3	5	9

8. Guarda los cambios del libro y ciérralo.

Apache OpenOffice. Calc III

1. Proteger celdas y hojas

Saber más

Proteger celdas

Se puede proteger una celda o conjunto de celdas:

- Para evitar modificaciones.
- Para ocultar fórmulas.
- Para que no se impriman las celdas protegidas.

Para proteger una celda o un conjunto de celdas seleccionadas se hace clic con el botón secundario sobre la selección y se elige **Formatear celdas.** Luego hay que activar la pestaña **Protección de celda.** También se puede hacer desde el menú **Formato → Celdas.**

El último paso, al igual que vimos en Excel, es **proteger la hoja,** desde **Herramientas → Proteger documento → Hoja.** También es posible introducir una contraseña.

2. Gráficos

Saber más

Botón Gráfico

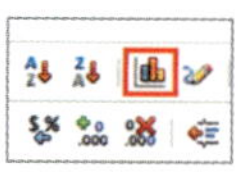

Cuando deseamos obtener un gráfico del total de datos de una tabla o parte de ellos, tenemos que seleccionar las celdas que van a reflejarse en el gráfico y, a continuación, pulsar sobre el botón **Gráfico** de la barra de herramientas estándar. También puede hacerse mediante **Insertar → Gráfico.** A continuación, se elige el tipo de gráfico en el **Asistente de gráficos.**

Modificar un gráfico

Para ponerle borde a un gráfico, un color de relleno, títulos y otras características de configuración, primero se hace doble clic sobre el gráfico para seleccionarlo; después se hace clic con el botón secundario del ratón en la zona del gráfico que se desea modificar y se realizan los cambios necesarios.

Actividad guiada. Hacer gráfico. Proteger celdas y hoja

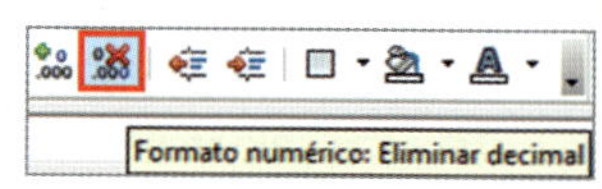

Nombre del documento: **Calc Gráfico.**

Tipo: Hoja de cálculo ODF.

1. Crea la Hoja de la imagen 1 y centra el contenido de todas las celdas. Selecciona el rango sombreado de amarillo y reduce decimales, pulsando sucesivamente en el botón **Eliminar decimal,** para que tengan un máximo de 2. Calcula los valores de ese rango mediante fórmulas y usa el autorrelleno.

	A	B	C	D	E	F
1	Número	Seno	Coseno	Al cuadrado	Al cubo	Raíz cuadrada
2	1	0,84	0,54	1,00	1,00	1,00
3	2	0,91	-0,42	4,00	8,00	1,41
4	3	0,14	-0,99	9,00	27,00	1,73

Imagen 1.

2. Protege el rango sombreado para ocultar las fórmulas y evitar modificaciones.
3. **Deseamos crear un gráfico solamente del contenido de las columnas A, D y F:** selecciona, utilizando la tecla Control, los siguientes rangos: A1:A4, D1:D4 y F1:F4. Inserta un gráfico de columna (el primer modelo que muestra el asistente para gráficos). Cuando hayas seleccionado el tipo de gráfico, sin cerrar esa ventana, pulsa sobre Siguiente hasta el último paso, en donde insertarás el **título del gráfico: Cuadrado y raíz de un número.**
4. Cuando hayas terminado, deberás haber obtenido un gráfico como el de la imagen 2.

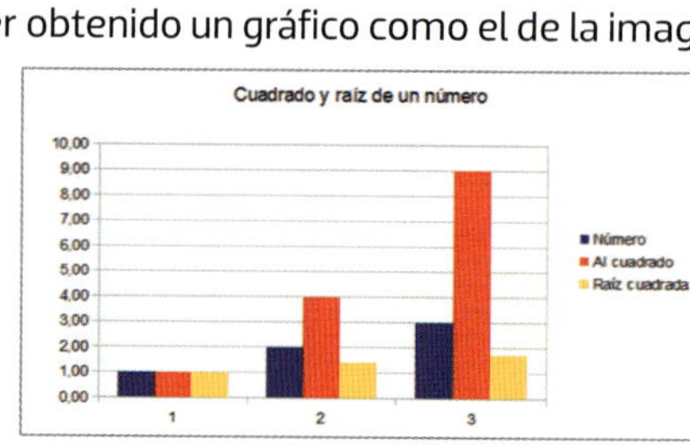

Imagen 2.

3. Macros

Creamos una macro desde **Herramientas → Macro → Grabar macro.** Una vez que hayas seguido los pasos que contendrá la macro, se debe detener la grabación. Entonces aparecerá la ventana de macros en donde pondremos nombre a la macro, sin espacios, y la guardaremos, pulsando en Guardar y dejando seleccionado Module1.

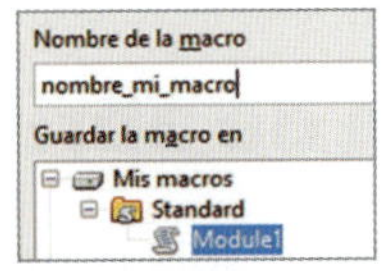

Podemos **asignar la macro** a una ilustración (por ejemplo, a una imagen o a un texto de Fontwork). Veremos todo esto mediante una actividad guiada.

Saber más

Detener grabación

Habrá que pulsar sobre Finalizar grabación, que aparece, mientras grabamos la macro, en la barra de herramientas.

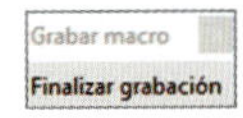

Actividad guiada. Grabar macro, asignar macro, borrar macro

Nombre del documento: **Calc Macro.**

Tipo: Hoja de cálculo ODF.

1. Crea la tabla de la primera imagen. Vamos a hacer una macro que ordene de menor a mayor el contenido de la columna A (por apellidos), teniendo en cuenta que el título Apellido no debe incluirse en la ordenación.

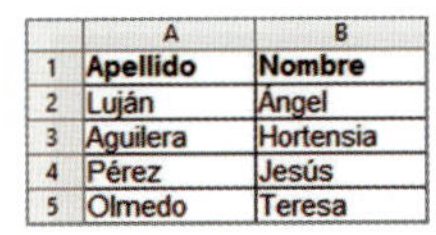

	A	B
1	Apellido	Nombre
2	Luján	Ángel
3	Aguilera	Hortensia
4	Pérez	Jesús
5	Olmedo	Teresa

Grabar la macro

2. Pulsa sobre Herramientas → Macro → Grabar Macro. Pulsa sobre la letra A de la columna para seleccionar toda la columna A.
3. Menú **Datos → Ordenar → Selección extendida** (para que cada nombre quede con su apellido y no con otro). En la pestaña **Opciones** de la ventana Ordenar, deja marcado **El rango contiene etiquetas de columna** (esto sirve para que el título Apellido no se ordene como un apellido más). En la pestaña **Ordenar por criterios,** selecciona Apellido. Acepta.

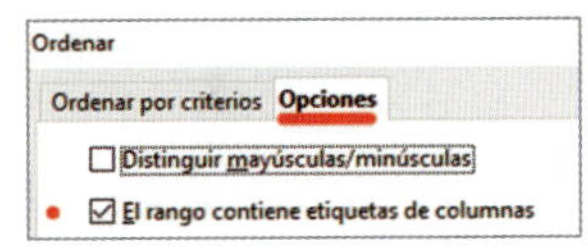

4. Para deseleccionar el rango, pulsa sobre cualquier celda vacía. Finaliza la grabación en **Detener grabación.**

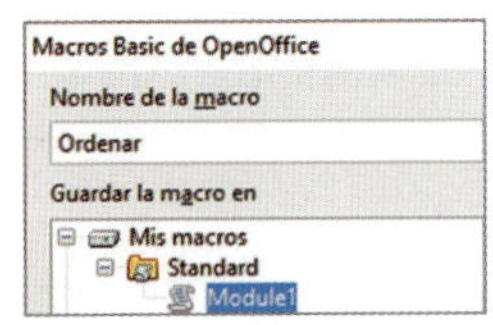

5. Pon a la macro el nombre **Ordenar,** dejando seleccionado Module1, y pulsa en **Guardar.** Hemos terminado de crear la macro.

Asignar la macro a texto de Fontwork

6. Inserta un texto de Fontwork: **Ordenar por apellidos.** Recuerda que debes tener visible la barra de herramientas de dibujo para ir a la galería de Fontwork. (Igualmente puede hacerse con una imagen).

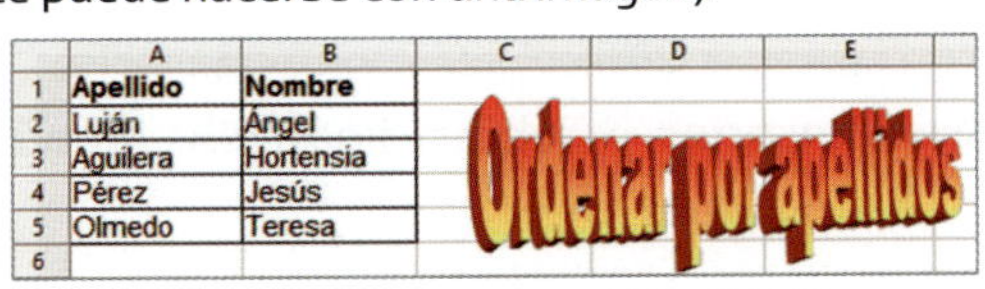

7. Clic con el botón secundario sobre el texto de Fontwork. Pulsa sobre **Asignar macro** y se abrirá la ventana de macros, en donde deberás pulsar sobre la macro **Ordenar,** habiendo desplegado Mis macros → Standard → Module1. Pulsa en **Asignar** y **Aceptar.**

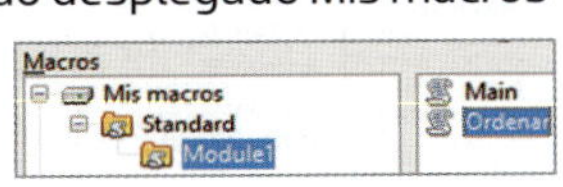

Comprobación de la macro

8. Para ver si la macro funciona correctamente al pulsar sobre la imagen, ordena la lista por nombres, pulsando sobre la B de la columna B y luego ordenando la lista de la A a la Z como ya sabes hacer. Ahora los apellidos están desordenados. Pulsa sobre el texto de WordArt y comprueba si la lista se ordena por apellidos. Si la macro no funciona correctamente, bórrala como verás en el punto siguiente y repite las operaciones.

   NOTA: Puedes agregar más nombres y apellidos a la lista y verificar que se siguen ordenando independientemente del número de filas que hayas rellenado.

Eliminar macro

9. Para eliminar una macro, pulsa sobre Herramientas → Macros → Organizar macros → OpenOffice Basic. Pulsa sobre la macro que deseas borrar y luego sobre el botón **Eliminar.** Salvo que la macro que acabamos de crear no funcione, no es necesario que elimines la macro. En todo caso, queda a tu criterio eliminarla o no.

PRÁCTICA PROFESIONAL INICIAL RESUELTA

Resumen facturación de abril

1. Abre Excel y copia el contenido de la tabla completa.
2. Pon bordes a las celdas.
3. Guarda el libro con el nombre **Resumen Facturación Abril** y el tipo **Libro de Excel habilitado para macros.**

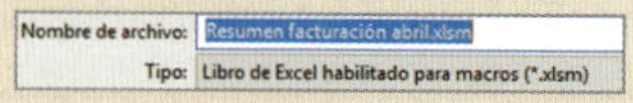

4. Cambia el nombre de la primera hoja por **Tabla inicial.**

5. Para economizar tiempo escribe el primer texto de WordArt, selecciona y cambia la fuente en Inicio → Fuente. Luego copia y pega tres veces y modifica el contenido de los demás textos.
6. Para alinear los textos (por ejemplo, al que esté más a la izquierda) y distribuirlos (para que haya la misma distancia entre todos ellos), selecciónalos uno a uno, con la tecla Control pulsada hasta tenerlos todos, y utiliza las opciones del comando **Alinear** (pestaña Formato grupo Organizar).

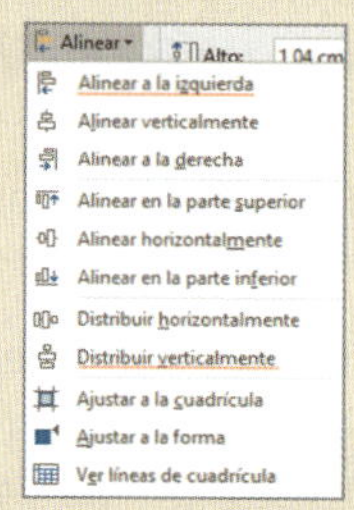

7. Selecciona el rango **A1:D12**. Pestaña Insertar → Tablas dinámicas recomendadas. Escoge la **primera de la lista.**

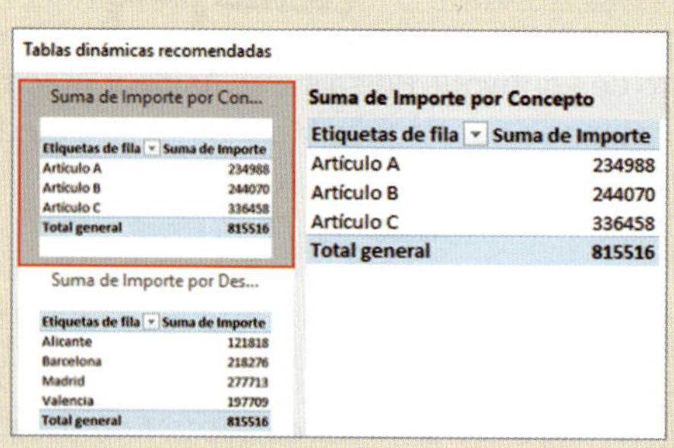

Se creará en una hoja nueva a la izquierda de la anterior. Cambia el nombre de la hoja nueva en su etiqueta.

8. Selecciona la tabla dinámica completa → Insertar → Gráfico dinámico → Gráfico dinámico → Columna agrupada. Acepta. Cambia el título al gráfico.

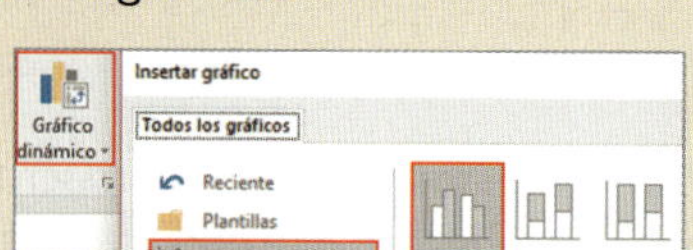

9. Selecciona **Formato del área del gráfico** con el botón secundario sobre el gráfico. En el panel de tareas de la derecha, marca Relleno → Relleno con imagen o textura (escoge una imagen de archivo o en línea). Una vez insertada la imagen, en el mismo panel de tareas mueve la barra de la transparencia hasta que el contenido del gráfico sea bien visible. Se puede seleccionar el eje X, el eje Y y el título y ponerle color negro para que resalten más (desde Inicio → Fuente).

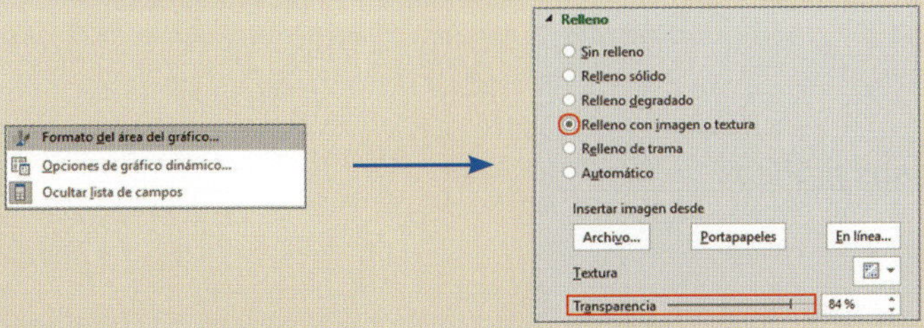

10. Procede del mismo modo que en el punto anterior, pero selecciona la segunda tabla dinámica recomendada. En la Hoja nueva cambia el nombre en la etiqueta. Para insertar el gráfico, haz lo mismo que en el punto 3 pero esta vez no harás modificaciones, salvo el título.
    - **Hipervínculo 1.** En la Tabla inicial selecciona el texto de WordArt por el borde y con el botón secundario del ratón pulsa sobre Hipervínculo. A la izquierda de la ventana insertar hipervínculo, marca **Lugar de este documento.** En el centro marca **Suma de importes por concepto.** Acepta.
    - **Hipervínculo 2.** Igual que hipervínculo 1, pero seleccionando **Suma de importes por destino.**
    - **Macro 1.** En la hoja Tabla Inicial. Se puede hacer creando primero la macro y después asignando la macro al texto de WordArt o **Crear directamente la macro desde el texto de WordArt.** Decidimos hacerlo mediante la segunda opción. Selecciona el texto de WordArt con el botón secundario → Asignar macro. Aparecerá la ventana Asignar macro. Pon nombre a la macro **(Ordenar_fechas),** aplicada solo a **Este libro** y pulsa en **Grabar.** En la ventana Grabar macro solo pulsa en Aceptar. ¡La macro empieza a grabarse!

      Selecciona **el nombre de la columna A** (fechas). Después activa la pestaña **Datos,** pulsa sobre el comando **Ordenar.** A continuación, **Ampliar selección** (para que cada fecha siga correspondiendo con lo que se hizo en dicha fecha). Pulsa Ordenar.

      Configura la siguiente ventana como en la imagen. Acepta.

      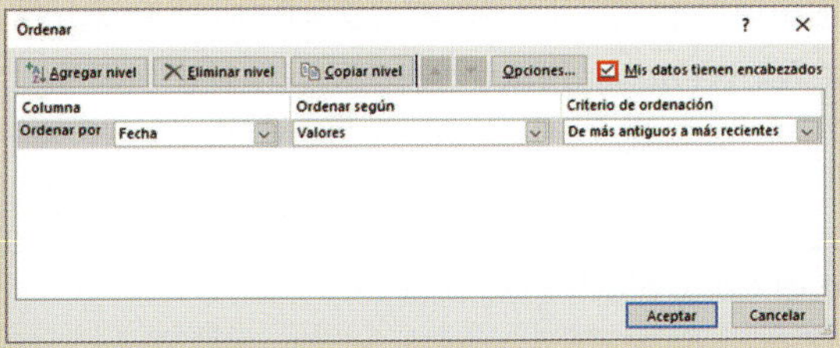

      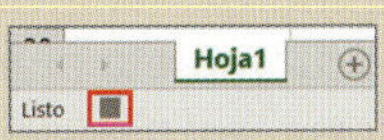

      Pulsa en cualquier celda vacía para deseleccionar la columna A. Detén la grabación (puede hacerse desde el ángulo inferior izquierdo de la ventana de Excel, pulsando sobre el cuadrado "Detener grabación".
    - **Macro 2.** Sobre el último texto de WordArt, sigue los mismos pasos que en Macro 1, con solo estas diferencias: el nombre de la macro será **Ordenar_importes.** La ventana Ordenar se ordenará por **Importe.**

11. Comprueba que las macros funcionan correctamente pulsando sobre un texto de WordArt o sobre el otro sucesivamente. Si no funcionan, elimina las macros y vuelve a crearlas. Recuerda que mientras se graba la macro no puedes ir a otros documentos del ordenador (por ejemplo, para leer instrucciones) ni hacer otra cosa que seguir los pasos de la macro.
12. En cada una de las tablas dinámicas, marca el rango de importes y configura las celdas para que aparezcan en formato moneda. Recuerda guardar el libro con el tipo **Libro de Excel habilitado para macros.**

PRÁCTICA PROFESIONAL PROPUESTA

Presupuestos de mayo. Plantilla presupuestos. Presupuestos de junio

Objetivos

- Crear plantilla.
- Usar hipervínculos.
- Crear tablas dinámicas y sus gráficos.
- Modificar gráficos.
- Proteger celdas.
- Crear macros y aplicarlas a elementos gráficos.
- Utilizar funciones.
- Validación de datos.

Instrucciones

Resumen del trabajo a realizar. Tenemos que crear un libro con tres Hojas para hacer la lista de los presupuestos realizados en el mes de mayo por una floristería. Partiremos del documento elaborado para crear una plantilla que nos sirva para llevar a cabo los presupuestos de otros meses. De esta plantilla vamos a crear un nuevo libro de Excel con la lista de presupuestos del mes de junio.

Primer documento. Presupuestos de mayo (las imágenes de referencia están al final de la siguiente página).

1. **Hoja Artículos y precios** (imagen 1). Diseña la tabla e introduce los datos. En D2 inserta un texto con un hipervínculo al listado de presupuestos (imagen 2). En D4, el hipervínculo enlazará con la tabla dinámica y su gráfico (imagen 3). Mediante una forma, a la cual le daremos el estilo que puedes ver en la imagen 1, crea una macro que elimine los precios de la columna B (por ejemplo, si los precios han cambiado y se deben introducir más adelante los nuevos).
2. **Hoja Listado de presupuestos** (imagen 2). El logotipo de la empresa está creado con WordArt y una imagen prediseñada en línea. En **B2** y en **D2** escribe, respectivamente, el mes y el año a que hace referencia el listado de presupuestos. Los títulos de la fila 3 y los datos del rango **A4:C12** se introducen de forma manual.

   Rango **D4:D12**. Se podrá elegir entre los diversos artículos que hay en la hoja Artículos y precios. Lo harás mediante validación de datos que permita una lista (la del rango **A2:A8** de la imagen 1).

   Rango **E4:E12**. Los precios se obtendrán de forma automática después de haber insertado en E4 la función correspondiente, de forma que según el artículo que se haya seleccionado en **D4**, aparezca el precio que tiene en la hoja Artículos y precios. Completa el rango con el controlador de relleno.

   Rango **F4:F12**. El importe se introducirá mediante fórmula en **F4**, y será el resultado de multiplicar la cantidad por el precio. Completa el rango con el controlador de relleno.
3. **Hoja Tabla dinámica y gráfico** (imagen 3). Del rango **A3:F12** de la hoja Listado de presupuestos, haz una tabla dinámica que tendrá la configuración de la imagen 4. En la etiqueta escribe Tabla dinámica y gráfico.

   Gráfico dinámico. Modifica el título por el que aparece en la imagen 3. El gráfico dinámico tendrá en el área de gráfico un fondo degradado "Foco de luz superior énfasis 4" y un borde de línea degradado "Foco de luz inferior énfasis 5". El borde será de tipo compuesto **Sencillo** con un ancho de **10 puntos**.

Degradado del área de gráfico.

Degradado del borde del gráfico.

4. El trabajo realizado hasta ahora debe guardarse con el nombre **Presupuestos de mayo** y con el tipo con el que obligatoriamente se ha de guardar para que todo funcione correctamente.

Segundo documento. Plantilla presupuestos

5. **Hoja Listado de presupuestos.** De la hoja Listado de presupuestos, elimina el contenido de la celda **B2** y el de la celda **D2,** así como el del rango **A4:D12.** Protege de escritura las celdas que permanecerán fijas (fórmulas y títulos). Guarda el documento ahora como Plantilla de Excel habilitada para macros, con el nombre **Plantilla presupuestos.**

   NOTA: Al no tener datos de referencia, el contenido de las columnas E y F mostrará error. Esto puede ser subsanado si escribes antes de la fórmula que hay en esas celdas, la función SI.ERROR (indaga cómo funciona o pregunta a tu profesor o profesora. En cualquier caso, no es obligatorio utilizarla y habrá que asumir que aparezca error en esas celdas).

6. Al guardar la plantilla, recibirás un aviso de Excel. Los datos externos a los que se refiere son los de las otras dos hojas. Pulsa en **Sí**. Haz una copia de la plantilla desde su ubicación automática hasta tu carpeta de actividades de esta unidad.

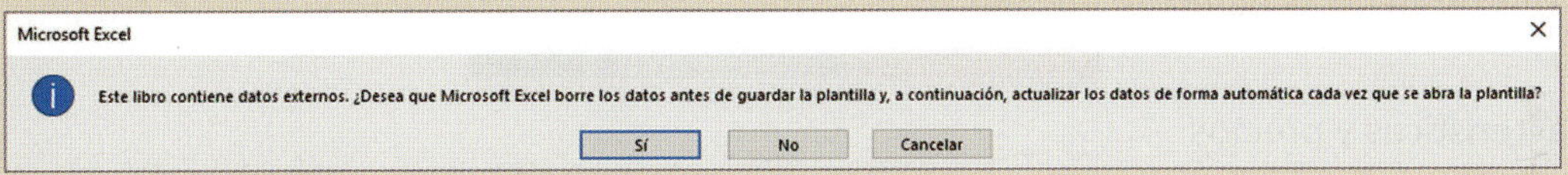

Tercer documento. Presupuestos de junio

7. Utiliza la plantilla anterior para crear un Libro de Excel habilitado para macros con el nombre **Presupuestos de junio.** Rellena con fechas de junio, cantidades y artículos a tu elección. Para que la tabla dinámica y su gráfico se adapten al nuevo presupuesto, deberás seleccionar toda la tabla dinámica con el botón secundario y pulsar en **Actualizar.**

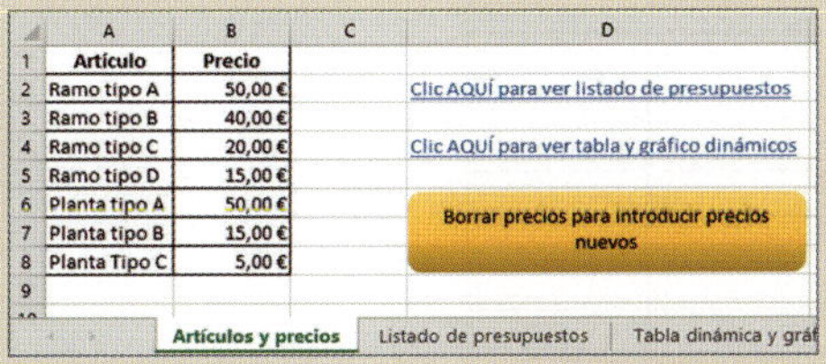

Imagen 1.

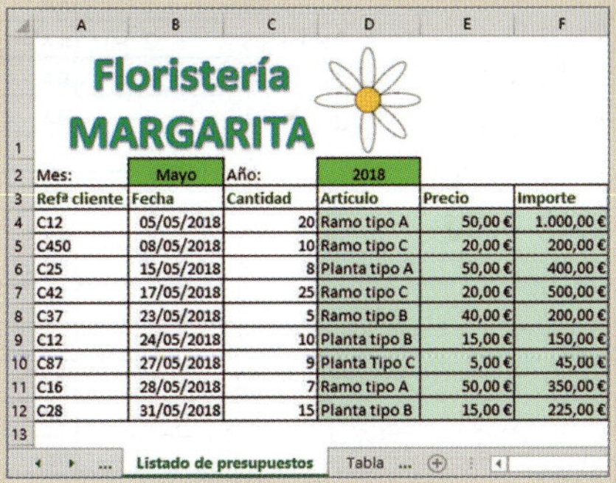

Imagen 2.

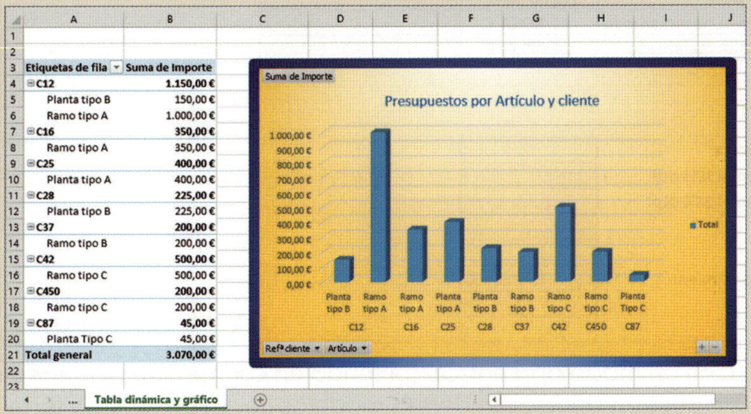

Imagen 3.

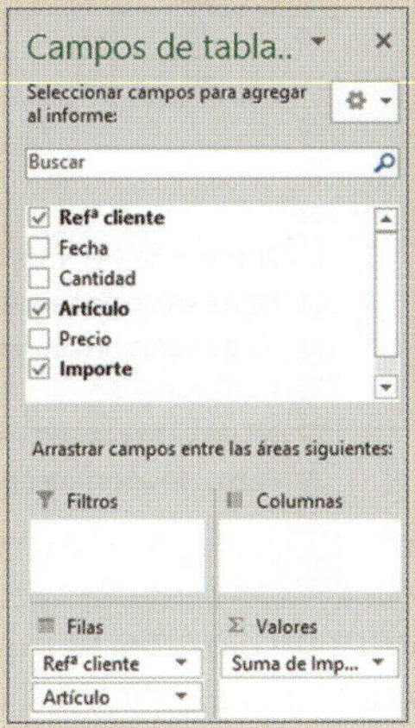

Imagen 4.

Precio de vehículos

Objetivo

Realizar distintos casos prácticos que incluyan contenidos de cualquiera de las unidades didácticas del bloque Hojas de cálculo. En este caso vamos a generar un libro de Excel que se llamará **Precio de vehículos.**

Instrucciones

El libro de cálculo, cuyas instrucciones se darán a continuación, se llamará **Precio** de **vehículos** y se guardará como el tipo de archivo que se considere conveniente.

1. **Hojas**

   Todo el libro tiene sus celdas escritas en fuente Calibri 11, negrita o de color, a excepción del gráfico, que tendrá la fuente predeterminada del mismo. El libro constará de tres Hojas cuyos nombres y color de etiqueta se muestran en la siguiente imagen:

Características y precios	Tabla dinámica y gráfico	Búsqueda

2. Hoja **Características y precios**

   Se completarán manualmente las celdas en fuente roja y las no sombreadas. Se aplicarán los formatos de celdas que se pueden apreciar en la imagen. Las sombreadas se rellenarán según las instrucciones que siguen a la imagen.

	A	B	C	D	E	F
1	Código	Modelo	Color	Precio	Descuento	PVP
2	1	AA	Blanco	8.000,00 €		
3	2	AA	Color no metalizado	8.300,00 €		
4	3	AA	Color metalizado	9.000,00 €		
5	4	BB	Blanco	10.000,00 €		
6	5	BB	Color no metalizado	10.200,00 €		
7	6	BB	Color metalizado	13.000,00 €		
8	7	CC	Blanco	12.000,00 €		
9	8	CC	Color no metalizado	12.500,00 €		
10	9	CC	Color metalizado	15.000,00 €		
11	10	DD	Blanco	20.000,00 €		
12	11	DD	Color no metalizado	20.100,00 €		
13	12	DD	Color metalizado	21.000,00 €		
14	13	EE	Blanco	21.000,00 €		
15	14	EE	Color no metalizado	21.000,00 €		
16	15	EE	Color metalizado	22.000,00 €		
17	16	FF	Blanco	22.000,00 €		
18	17	FF	Color no metalizado	22.400,00 €		
19	18	FF	Color metalizado	24.000,00 €		
20						
21						
22						
23	El coche de PVP más alto cuesta:					
24	Nº de vehículos en venta con el 10% dto:					
25	Nº de vehículos en venta con el 20% dto:					
26	PVP promedio:					
27	Nº de vehículos en venta:					
28	Fecha de apertura del establecimiento:			15-mar.-95		
29			¡Hoy cumplimos	x.xxx	días!	
30						

- **Columna E.** Deberá mostrarse la información en modo porcentaje, teniendo en cuenta que, si el modelo es del tipo AA o del tipo EE, llevará un 20 % del descuento. Los demás modelos llevan un 10 %. La fórmula se escribirá una sola vez y se actualizará al resto de celdas de la columna.

- **Columna F.** El PVP es el resultado de aplicar el descuento de la columna E al precio de la columna A. Los resultados de esa columna tendrán un formato condicional **Barra de datos naranja de color sólido.**
- Rango **D23:D28.** Se responderá a la cuestión que hay en la misma línea. La fecha de apertura del establecimiento es la que hay escrita y deberá aparecer con ese formato.
- En la celda **D29** deberán aparecer los días que han transcurrido desde la fecha de apertura hasta la fecha de hoy, en rojo, centrados y en formato automático de miles sin decimales. Los textos "¡Hoy cumplimos" y "días!", se escriben a mano.

3. Hoja **Búsqueda**
   - Se deben configurar los bordes y sombreados como se ven en la imagen. No serán visibles las líneas de cuadrícula.
   - En **C2** se escribirá un código cualquiera de vehículo de los que aparecen en la hoja Características y precios.
   - En las demás celdas sombreadas se introducirán las fórmulas y funciones que convengan, manteniendo la alineación y el formato de texto y números que se indica con "x" en la imagen.

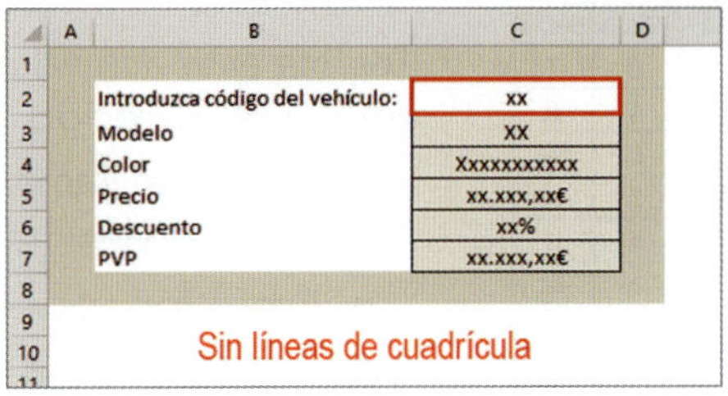

	A	B	C	D
1				
2		Introduzca código del vehículo:	xx	
3		Modelo	XX	
4		Color	Xxxxxxxxxxx	
5		Precio	xx.xxx,xx€	
6		Descuento	xx%	
7		PVP	xx.xxx,xx€	
8				
9				
10		Sin líneas de cuadrícula		

4. Hoja **Tabla dinámica y gráfico**
   - Se creará una tabla dinámica del rango **A1:F19** de la hoja Características y precios.
     - Las columnas de la tabla combinada que tengan importes, se deberán mostrar en formato moneda (Euro).
     - Se marcarán o se dejarán de marcar los campos que mostramos en la imagen lateral y se arrastrarán hacia las áreas inferiores.
   - De la tabla dinámica se hará un gráfico dinámico de tipo **Cuadro combinado → Columna agrupada-Línea.**
   - El gráfico dinámico se colocará a la derecha de la tabla dinámica.
   - El formato de la serie de datos del gráfico **Suma de precios** se pondrá en color rosa fucsia, y la línea **Suma de PVP,** en verde.

5. **Miniaturas de las soluciones**

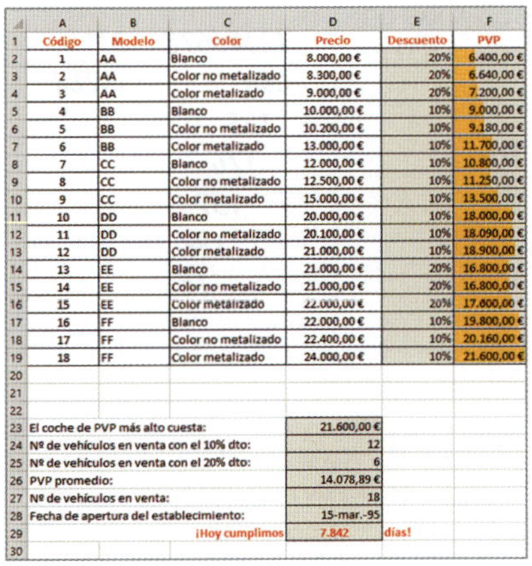

	A	B	C	D	E	F
1	Código	Modelo	Color	Precio	Descuento	PVP
2	1	AA	Blanco	8.000,00 €	20%	6.400,00 €
3	2	AA	Color no metalizado	8.300,00 €	20%	6.640,00 €
4	3	AA	Color metalizado	9.000,00 €	20%	7.200,00 €
5	4	BB	Blanco	10.000,00 €	10%	9.000,00 €
6	5	BB	Color no metalizado	10.200,00 €	10%	9.180,00 €
7	6	BB	Color metalizado	13.000,00 €	10%	11.700,00 €
8	7	CC	Blanco	12.000,00 €	10%	10.800,00 €
9	8	CC	Color no metalizado	12.500,00 €	10%	11.250,00 €
10	9	CC	Color metalizado	15.000,00 €	10%	13.500,00 €
11	10	DD	Blanco	20.000,00 €	10%	18.000,00 €
12	11	DD	Color no metalizado	20.100,00 €	10%	18.090,00 €
13	12	DD	Color metalizado	21.000,00 €	10%	18.900,00 €
14	13	EE	Blanco	21.000,00 €	20%	16.800,00 €
15	14	EE	Color no metalizado	21.000,00 €	20%	16.800,00 €
16	15	EE	Color metalizado	22.000,00 €	20%	17.600,00 €
17	16	FF	Blanco	22.000,00 €	10%	19.800,00 €
18	17	FF	Color no metalizado	22.400,00 €	10%	20.160,00 €
19	18	FF	Color metalizado	24.000,00 €	10%	21.600,00 €
20						
21						
22						
23	El coche de PVP más alto cuesta:			21.600,00 €		
24	Nº de vehículos en venta con el 10% dto:			12		
25	Nº de vehículos en venta con el 20% dto:			6		
26	PVP promedio:			14.078,89 €		
27	Nº de vehículos en venta:			18		
28	Fecha de apertura del establecimiento:			15-mar.-95		
29			¡Hoy cumplimos	7.842	días!	
30						

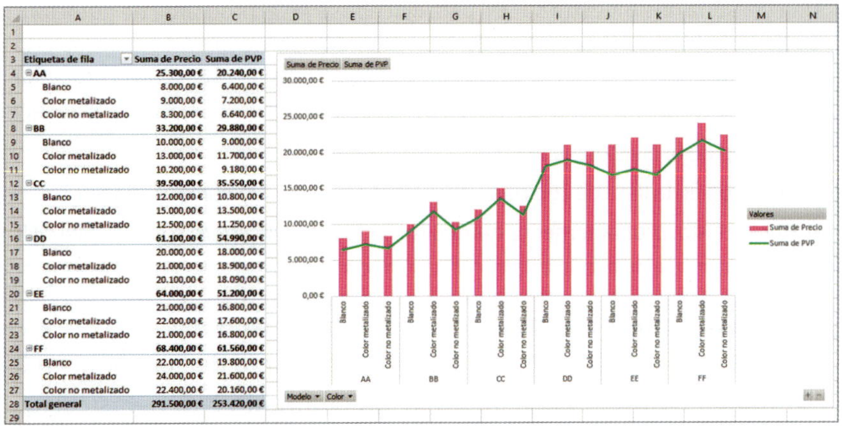

	A	B	C
1			
2			
3	Etiquetas de fila	Suma de Precio	Suma de PVP
4	⊟AA	25.300,00 €	20.240,00 €
5	Blanco	8.000,00 €	6.400,00 €
6	Color metalizado	9.000,00 €	7.200,00 €
7	Color no metalizado	8.300,00 €	6.640,00 €
8	⊟BB	33.200,00 €	29.880,00 €
9	Blanco	10.000,00 €	9.000,00 €
10	Color metalizado	13.000,00 €	11.700,00 €
11	Color no metalizado	10.200,00 €	9.180,00 €
12	⊟CC	39.500,00 €	35.550,00 €
13	Blanco	12.000,00 €	10.800,00 €
14	Color metalizado	15.000,00 €	13.500,00 €
15	Color no metalizado	12.500,00 €	11.250,00 €
16	⊟DD	61.100,00 €	54.990,00 €
17	Blanco	20.000,00 €	18.000,00 €
18	Color metalizado	21.000,00 €	18.900,00 €
19	Color no metalizado	20.100,00 €	18.090,00 €
20	⊟EE	64.000,00 €	51.200,00 €
21	Blanco	21.000,00 €	16.800,00 €
22	Color metalizado	22.000,00 €	17.600,00 €
23	Color no metalizado	21.000,00 €	16.800,00 €
24	⊟FF	68.400,00 €	61.560,00 €
25	Blanco	22.000,00 €	19.800,00 €
26	Color metalizado	24.000,00 €	21.600,00 €
27	Color no metalizado	22.400,00 €	20.160,00 €
28	Total general	291.500,00 €	253.420,00 €
29			

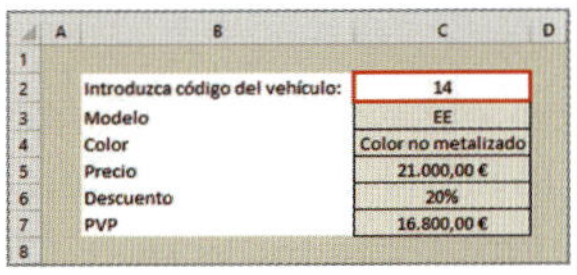

	A	B	C	D
1				
2		Introduzca código del vehículo:	14	
3		Modelo	EE	
4		Color	Color no metalizado	
5		Precio	21.000,00 €	
6		Descuento	20%	
7		PVP	16.800,00 €	
8				

Clínica de nutrición

Objetivo

Realizar distintos casos prácticos que incluyan contenidos de cualquiera de las unidades didácticas del bloque Hojas de cálculo. En este caso vamos a generar un libro de Excel que se llamará **Clínica de nutrición.**

	A	B
1	Resto	Letra
2	0	T
3	1	R
4	2	W
5	3	A
6	4	G
7	5	M
8	6	Y
9	7	F
10	8	P
11	9	D
12	10	X
13	11	B
14	12	N
15	13	J
16	14	Z
17	15	S
18	16	Q
19	17	V
20	18	H
21	19	L
22	20	C
23	21	K
24	22	E

Hoja Códigos DNI.

Instrucciones

Realiza esta actividad con Excel y con Calc. Las imágenes corresponden a Excel y en Calc deberá ser parecido. Ten en cuenta la NOTA del punto 4 con respecto a Calc.

1. Este libro se llamará **Clínica de nutrición** y tendrá tres Hojas que se llamarán:
   - Códigos DNI.
   - Evolución pacientes.
   - Gráfico evolución.

   Colores de las etiquetas: Códigos DNI | Evolución pacientes | Gráfico evolución

   - Códigos DNI: **Rojo.**
   - Evolución pacientes: **Verde.**
   - Gráfico evolución: **Azul.**
2. Hoja **Códigos DNI**
   - Es una **hoja informativa** donde no hay que hacer cálculos. Para calcular la letra del DNI se divide el número del DNI entre 23. Esta división da un cociente y un resto. Los posibles restos de la anterior división son números entre 0 y 22. A cada uno se le asocia una letra diferente, según figura en la imagen de la izquierda.
   - Al rango **A2:B24** se le llamará **Códigos** en el **cuadro de nombres.** Recuerda que de ese modo evitarás tener que hacer uso de referencias absolutas al referenciar el rango en alguna fórmula o función.

Ejemplo. Verificación manual de la letra de un DNI

Una persona nos muestra su DNI para inscribirse en el programa de nutrición. Lo anotamos en su ficha: 12.345.678 H. Sin embargo, hemos podido cometer un error al copiarlo y vamos a hacer la verificación. Si hacemos la operación con papel y lápiz, este sería el proceso:

Dividimos 12.345.678 entre 23 sin poner decimales en el cociente, y obtenemos esto:

- El resto de la división es 14.
- Miramos en la lista de códigos DNI y vemos que al 14 le corresponde la Z.
- Por lo tanto, probablemente hemos tomado mal el número o la letra del DNI.

```
12345678 | 23
084        536768
 155
  176
   157
    198
     14
```

3. Hoja **Evolución pacientes**
   - En la cabecera hay una imagen de WordArt (o de Fontwork en Calc).
   - Rango **B3:B10.** Con la información del punto 2 deberás calcular la letra del DNI de cada paciente, haciéndolo una sola vez y arrastrando la fórmula.
   - Rango **C3:C10.** Para rellenar esas celdas con el sexo del paciente, se recurrirá a la validación de datos mediante la lista **Hombre, Mujer,** que introducirás en cualquier lugar de la hoja fuera de la tabla principal.

	A	B	C	D	E	F	G
1	Clínica de nutrición Nuria Delgado						
2	Nº DNI	Letra DNI	Sexo	Peso idóneo	Peso inicial	Peso final	Objetivo
3	11.111.111		Hombre	80	94	88	
4	22.222.222		Hombre	75	80	75	
5	33.333.333		Mujer	62	75	75	
6	44.444.444		Mujer	67	85	67	
7	55.555.555		Hombre	78	95	77	
8	66.666.666		Hombre	75	87	85	
9	77.777.777		Mujer	55	65	58	
10	88.888.888		Hombre	70	89	69	
11							
12			Ver códigos DNI				
13			Ver gráficos de evolución				
14							

Hoja Evolución pacientes.

- Rango **G3:G10**. La fórmula se escribirá una sola vez y se completará mediante el controlador de relleno. Hay que tener en cuenta los **pesos idóneos** y los **pesos finales**, después de haber completado una etapa de tratamiento. Si el peso final es menor o igual que el peso idóneo, en la columna **Objetivo** se mostrará la palabra **Conseguido**. Si no se cumple esa condición, en la columna **Objetivo** se mostrará la frase **Continuar tratamiento.**

- Al final de la tabla hay dos hipervínculos de texto normal hacia las otras dos hojas.
- Las celdas sombreadas de amarillo estarán protegidas de escritura y con las fórmulas ocultas.

4. Hoja **Gráfico evolución.** Se realizará un gráfico con la evolución de los pacientes, tomando como datos el **DNI**, el **peso inicial** y el **peso final.** El área de gráfico tendrá una imagen transparente como fondo. El gráfico estará en la tercera hoja del libro. Se puede utilizar un gráfico recomendado.

NOTA: Recomendaciones para hacer esta actividad con Calc

Se aconseja poner el gráfico en la misma hoja **Evolución pacientes** en lugar de crear una hoja nueva para él. En ese caso, elimina el segundo hipervínculo. Hay que tener en cuenta, además, que en el paso 2 de creación del gráfico se debe marcar **Primera columna como etiqueta.**

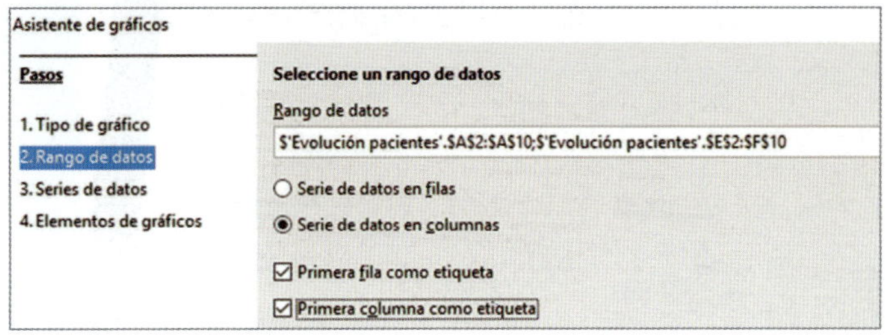

5. **Miniaturas de soluciones**
   - Excel

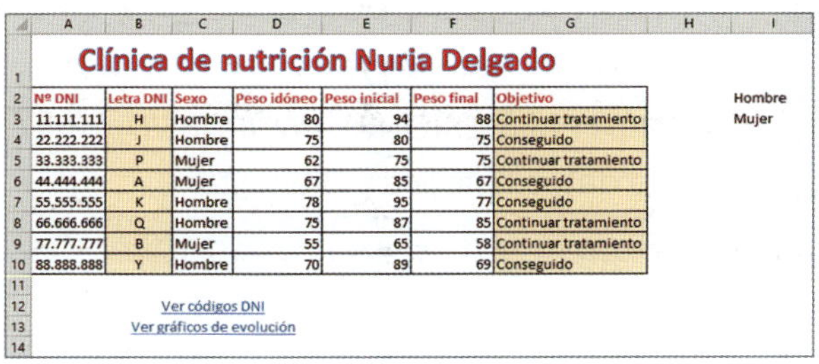

Clínica de nutrición Nuria Delgado

Nº DNI	Letra DNI	Sexo	Peso idóneo	Peso inicial	Peso final	Objetivo
11.111.111	H	Hombre	80	94	88	Continuar tratamiento
22.222.222	J	Hombre	75	80	75	Conseguido
33.333.333	P	Mujer	62	75	75	Continuar tratamiento
44.444.444	A	Mujer	67	85	67	Conseguido
55.555.555	K	Hombre	78	95	77	Conseguido
66.666.666	Q	Hombre	75	87	85	Continuar tratamiento
77.777.777	B	Mujer	55	65	58	Continuar tratamiento
88.888.888	Y	Hombre	70	89	69	Conseguido

Hombre
Mujer

Ver códigos DNI
Ver gráficos de evolución

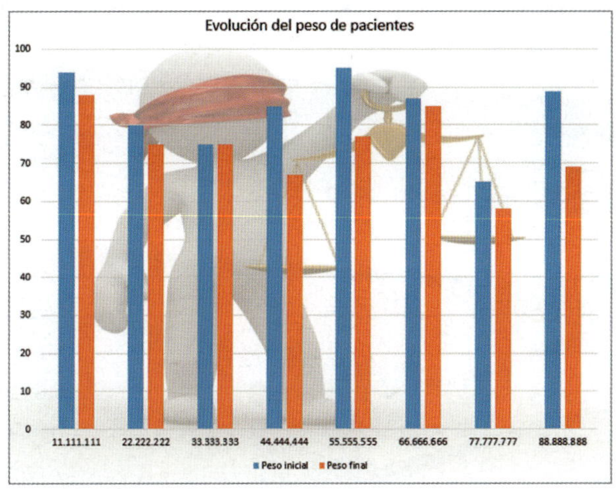

   - Calc

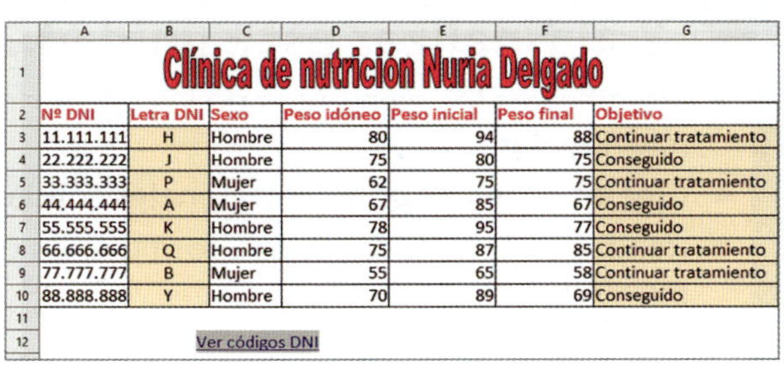

Clínica de nutrición Nuria Delgado

Nº DNI	Letra DNI	Sexo	Peso idóneo	Peso inicial	Peso final	Objetivo
11.111.111	H	Hombre	80	94	88	Continuar tratamiento
22.222.222	J	Hombre	75	80	75	Conseguido
33.333.333	P	Mujer	62	75	75	Continuar tratamiento
44.444.444	A	Mujer	67	85	67	Conseguido
55.555.555	K	Hombre	78	95	77	Conseguido
66.666.666	Q	Hombre	75	87	85	Continuar tratamiento
77.777.777	B	Mujer	55	65	58	Continuar tratamiento
88.888.888	Y	Hombre	70	89	69	Conseguido

Ver códigos DNI

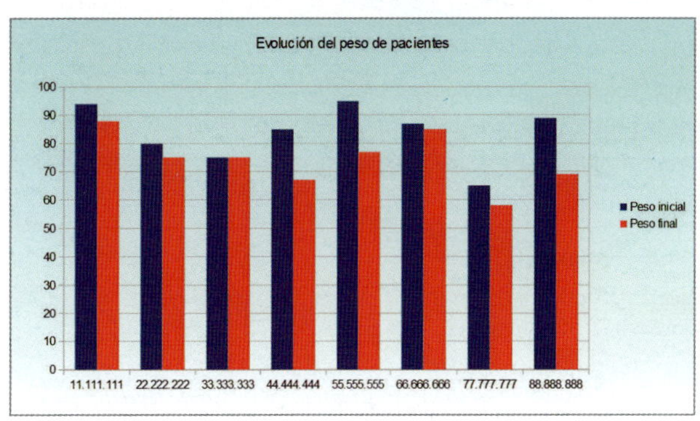

14 Bases de datos

Vamos a conocer...

1. Introducción a las bases de datos
2. Modelos relacionales de bases de datos
3. Crear una base de datos con Access
4. Botones de comando y otros controles
5. Panel de control

SOFTWARE LIBRE

Apache OpenOffice. Base

1. Crear una base de datos
2. Creación y configuración de los objetos

PRÁCTICA PROFESIONAL INICIAL

Base de datos Alquila ropa

PRÁCTICA PROFESIONAL PROPUESTA

Base de datos Estética y Bienestar

Y al finalizar esta unidad...

- Identificarás los elementos de las bases de datos relacionales.
- Crearás bases de datos relacionales sólidas.
- Realizarás tablas, consultas, formularios e informes mediante asistentes.
- Modificarás objetos de la base de datos.
- Habrás creado macros mediante botones de comando.
- Sabrás crear paneles de control para las bases de datos.

Base de datos Alquila ropa

Una empresa, que se dedica a alquilar ropa de gala para eventos, nos pide crear una base de datos para gestionar los alquileres de ropa a sus clientes.

Nombre de la base de datos: **Alquila ropa.**

La base de datos tendrá las siguientes tablas y campos:

Artículos

Nombre del campo	Tipo de datos
Código artículo	Autonumeración
Nombre artículo	Texto corto
Precio por día	Moneda

Clientes

Nombre del campo	Tipo de datos
Código cliente	Autonumeración
Nombre	Texto corto
Apellidos	Texto corto
Teléfono	Texto corto

Alquileres

Nombre del campo	Tipo de datos
Código alquiler	Autonumeración
Fecha alquiler	Fecha/Hora
Fecha devolución	Fecha/Hora
Código del cliente	Número
Código del artículo	Número

1. Diseña y relaciona las tablas para que cumplan todas las reglas que den consistencia a la base de datos. Posteriormente, introduce en las tablas los registros como en las imágenes del final de esta página.
2. Crea un formulario directo de cada una de las tablas. Los formularios se llamarán, respectivamente, **Formulario Clientes, Formulario Artículos** y **Formulario Alquileres.**
3. Haz una consulta sencilla, **Consulta importe alquileres,** que muestre los siguientes campos:

Campo:	Nombre	Apellidos	Teléfono	Nombre artículo	Precio por día	Fecha alquiler	Fecha devolución
Tabla:	Clientes	Clientes	Clientes	Artículos	Artículos	Alquileres	Alquileres

   A esta consulta deberás agregarle posteriormente **dos campos calculados: Días** (que calculará los días que transcurren entre el alquiler y la devolución) e **Importe** (que multiplicará el número de días por el precio del alquiler diario y que se mostrará en formato moneda).

4. Crea un informe a partir de la "Consulta importes de alquileres" con los campos: Nombre cliente, Apellidos, Fecha alquiler, Nombre artículo, Días, Importe. Sin nivel de agrupamiento y ordenada por fecha de alquiler. Distribución tabular. Orientación horizontal. Nombre del informe: **Informe importes alquileres.**

Informe importes alquileres

Fecha	Cliente		Prenda	Días	Importe
10/05/2018	Nieves	Durero Fortuna	Traje de novio	1	120,00 €
10/05/2018	Nieves	Durero Fortuna	Traje de novia	1	80,00 €
11/05/2018	Ismael	Valbuena Antúnez	Chaqueta esmoquin	3	225,00 €
11/05/2018	Ismael	Valbuena Antúnez	Pantalón esmoquin	3	114,00 €
15/05/2018	Josefa	Yeguas López	Vestido largo tipo B	2	120,00 €
24/05/2018	Nieves	Durero Fortuna	Chaqueta frac	1	60,00 €
24/05/2018	Nieves	Durero Fortuna	Pantalón frac	1	40,00 €
24/05/2018	Ana	Pintos Dorado	Vestido largo tipo A	2	160,00 €
24/05/2018	Ángeles	Romero Puebla	Vestido largo tipo C	1	30,00 €

lunes, 12 de septiembre de 2016 — Página 1 de 1

Consigue un resultado similar al de este modelo de referencia.

Registros de las tablas

Artículos

Código artículo	Nombre artículo	Precio por día
1	Traje de novia	80,00 €
2	Traje de novio	120,00 €
3	Pantalón frac	40,00 €
4	Chaqueta frac	60,00 €
5	Pantalón esmoquin	38,00 €
6	Chaqueta esmoquin	75,00 €
7	Vestido largo tipo A	80,00 €
8	Vestido largo tipo B	60,00 €
9	Vestido largo tipo C	30,00 €

Clientes

Código cliente	Nombre	Apellidos	Teléfono
1	Nieves	Durero Fortuna	111 11 11 11
2	Josefa	Yeguas López	222 22 22 22
3	Ismael	Valbuena Antúnez	333 33 33 33
4	Ana	Pintos Dorado	444 44 44 44
5	Ángeles	Romero Puebla	555 55 55 55

Alquileres

Código alquiler	Fecha alquiler	Fecha devolución	Código del cliente	Código del artículo
1	10/05/2018	11/05/2018	1	1
2	10/05/2018	11/05/2018	1	2
3	11/05/2018	14/05/2018	3	5
4	11/05/2018	14/05/2018	3	6
5	15/05/2018	17/05/2018	2	8
6	24/05/2018	25/05/2018	5	9
7	24/05/2018	26/05/2018	4	7
8	24/05/2018	25/05/2018	1	3
9	24/05/2018	25/05/2018	1	4

1. Introducción a las bases de datos

El objetivo de esta unidad es aprender de manera práctica a crear bases de datos y a trabajar con ellas, configurando y agregando objetos.

Aunque las actividades que vas a encontrar están desarrolladas paso a paso con ejemplos e imágenes, es importante conocer, en cuanto a nomenclatura y significado, los conceptos que explicamos a continuación.

Recuerda

Para realizar las actividades es necesario conocer y consultar a menudo las referencias teóricas de esta unidad didáctica.

1.1. Conceptos básicos

En una base de datos hay tres elementos fundamentales que debemos aprender a nombrar e identificar: **tabla** (o fichero), **registro** y **campo**.

Fichero o tabla	Es un conjunto de información que participa de las mismas características. Una base de datos puede tener una o más tablas.	Ejemplos: tabla de clientes, tabla de proveedores, tabla de personal.
Registro	Cada tabla (o fichero) está compuesta de registros. El registro es la unidad elemental de una tabla. Cada registro contiene uno o más campos.	Ejemplo: el registro de un cliente, que es el conjunto de todos los campos de clientes, como nombre, apellidos, código, edad, etc.
Campo	Es la unidad elemental de cada registro	Ejemplos: el DNI de una persona es un campo; también son campos cada uno de los siguientes: nombre, peso, tamaño...

Saber más

Tabla, registros y campos

Esta **tabla,** que podemos llamar Alumnos, contiene **tres registros** (las tres filas de información) y cada registro tiene **tres campos** (Nombre, Apellido, Edad).

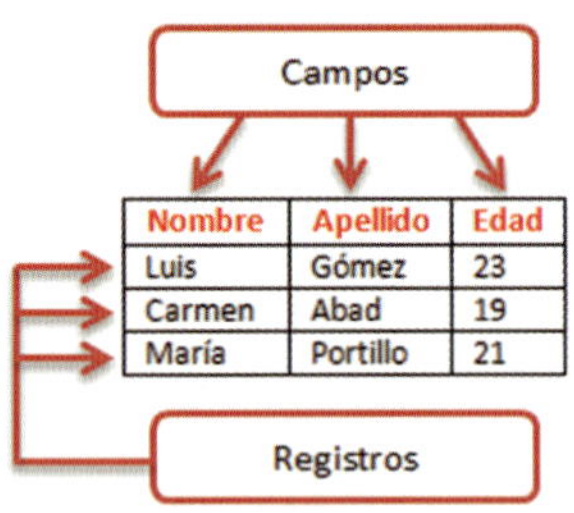

1.2. Objetos de Access

Las bases de datos de Access pueden tener los siguientes tipos de objetos, que corresponden a otros tantos grupos de opciones en la pestaña **Crear:**

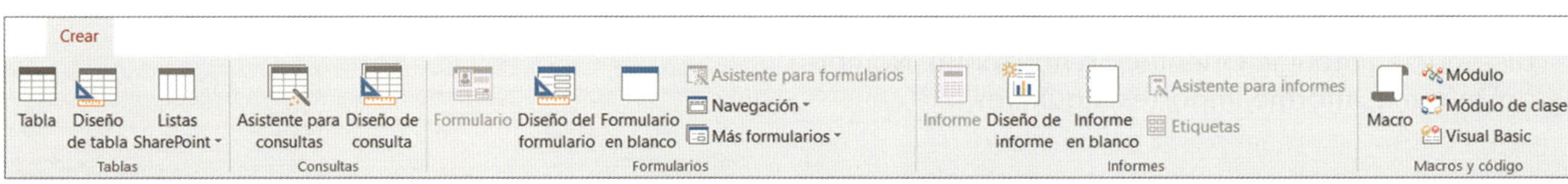

- **Tablas.** Conjunto de datos estructurados que forman el contenido elemental de una base de datos.
- **Consultas.** También son tablas que se crean sobre la información contenida en una o más tablas originales de la base de datos que estén relacionadas. Las consultas permiten catalogar, ordenar, extraer y modificar la información, y filtrarla según unas condiciones.
- **Formularios.** Son diseños que realizamos para poder introducir, modificar o visualizar registros de una tabla o consulta.
- **Informes.** Son extractos de datos procedentes de tablas o de consultas que se diseñan principalmente para ser impresos, aunque también se pueden crear para verlos en pantalla.
- **Macros y código.** Las macros son, como ya sabemos, conjuntos de operaciones grabadas que pueden ejecutarse en cualquier momento para realizar de forma automática tareas repetitivas. El código se refiere a módulos creados mediante el lenguaje Visual Basic para Aplicaciones (VBA), cuyo aprendizaje no es objeto de este libro.

Saber más

En los **formularios** y en los **informes** se pueden introducir **botones** y **otros comandos de control** para ejecutar acciones de **macros y código.**

1.3. Nombres de campos y sus características

Daremos nombre a los campos de modo que queden claramente identificados.

Ejemplo

Nombre	Apellido	Edad
Luis	Gómez	23
Carmen	Abad	19
María	Portillo	21

Campos bien identificados.

Campo1	Campo2	Campo3
Luis	Gómez	23
Carmen	Abad	19
María	Portillo	21

Campos identificados de forma imprecisa.

Un nombre de campo puede contener hasta 64 caracteres, incluidos espacios en blanco, números, letras y otros caracteres especiales, excluidos los puntos (.), los signos de exclamación (!) y los corchetes ([ ]). Tampoco puede comenzar con un espacio.

1.4. Tipos de datos de los campos

- **Texto corto.** (Predeterminado) Texto o combinaciones de texto y números, así como números que no requieren cálculos, como por ejemplo números de teléfono. Un campo de tipo texto corto puede contener hasta un máximo de 255 caracteres.
- **Texto largo.** Si conoces versiones antiguas de Access, el texto largo es el equivalente al que anteriormente se llamaba Memo. Se suele utilizar para escribir textos largos, como comentarios u observaciones.
- **Número.** Un campo de tipo número sirve para almacenar en él información numérica con la que se pueden realizar operaciones matemáticas. El tamaño por defecto del campo **Número** es Entero largo.
- **Fecha/Hora.** Admite valores para distintos formatos de fechas y de horas.
- **Moneda.** Sirve para introducir valores monetarios. El formato por defecto utiliza el separador de miles con dos decimales y el tipo de moneda con el que esté configurado el sistema operativo.
- **Autonumeración.** Se asigna a cada registro un número secuencial, correlativo o aleatorio, según se determine.
- **Sí/No.** Un campo de este tipo solo acepta valores Sí/No, Verdadero/Falso, Activado/Desactivado.
- **Objeto OLE.** Es un tipo que puede contener un objeto incrustado o vinculado, como por ejemplo una imagen, un gráfico, una hoja de cálculo, sonidos, etc.
- **Hipervínculo.** La información que contenga el campo se puede vincular a un archivo o página web, a una dirección de correo electrónico o a un generador de hipervínculos.
- **Datos adjuntos.** Es similar al tipo Objeto OLE, pero permite una mayor flexibilidad, pues almacena los archivos adjuntos en su formato original (y no en modo objeto) y no requiere de otros programas adicionales para poder ver los archivos desde la base de datos.
- **Calculado.** Sirve para contener campos que se calculan operando con otros campos de una o más tablas o consultas, así como constantes, funciones y operadores.
- **Asistente para búsquedas.** Se crea un campo que permite seleccionar los datos de campos de otra tabla o bien crear una lista de valores en el momento en que se está configurando el campo de tipo Asistente para búsquedas.

Saber más

Ejemplos nombre de campo

Cód cliente	Permitido
Cod_cliente	Permitido
Cod [cliente]	No permitido
Cod. cliente	No permitido

Saber más

Tipo de datos de un campo

Al crear una tabla, tras haber dado nombre al campo, debemos especificar el **tipo de datos** que contendrá.

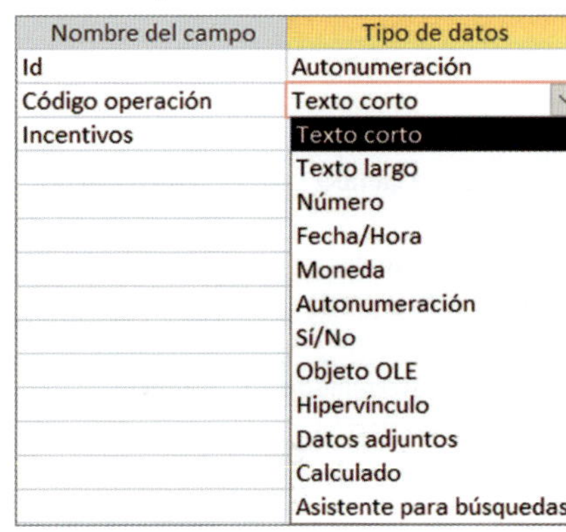

Saber más

Tamaño de un campo de tipo número

- Byte
- Entero
- Entero largo
- Simple
- Doble
- Id. de replicación
- Decimal

Saber más

Objeto OLE

OLE son las siglas de *Object Linking and Embedding*, que, traducido al español, sería **incrustación y enlazado de objetos.**

1.5. Propiedades de los campos

Al editar una tabla en vista Diseño, mientras se selecciona el tipo de campo, Access muestra en su parte inferior las propiedades del mismo, que pueden ser modificadas. Las propiedades difieren según el tipo de campo. Por ejemplo, un campo de tipo número contendrá como propiedad «lugares decimales», que, en cambio, no tendrá uno de tipo texto. En el margen puedes encontrar algunos tipos de campo con las propiedades predeterminadas.

1.6. Máscaras de entrada

Una máscara de entrada sirve para que los datos introducidos en una tabla se ajusten a un formato concreto, que es el que se determina en la entrada.

Ejemplo

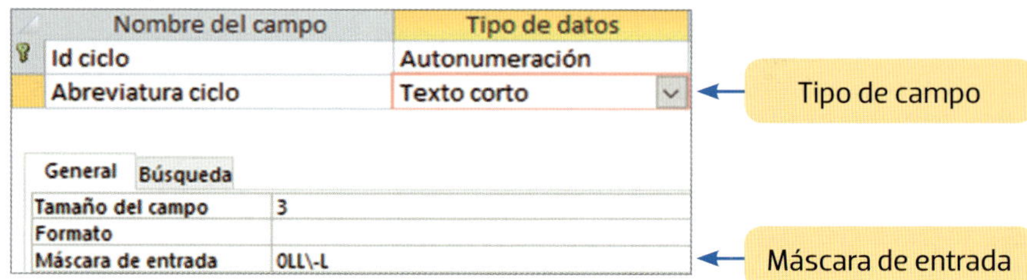

La máscara 0LL\-L se compone de: un número obligatorio (representado por un 0), dos letras obligatorias (representadas por L), un guion y una letra obligatoria (representada por L). Permitiría introducir datos del tipo: 1GA-A, 1GA-B, 2AF-C...

Caracteres que se pueden utilizar para crear una máscara de entrada

Carácter	Representa
0	Admitirá un solo dígito de entrada obligatoria.
9	Admite un dígito opcional.
#	En su posición admite un dígito, un espacio, un signo + o un signo –.
L	Admite una letra obligatoria.
?	Cada símbolo (?) equivale a una letra. Las letras en esa posición son opcionales.
A	Admitirá una letra o un dígito y es de entrada opcional.
&	Admite cualquier carácter o espacio y es de entrada obligatoria.
C	Admite cualquier carácter o espacio y es de entrada opcional.
.,:;-/	Son marcadores de posición de decimales y millares o separadores de fecha y hora.
>	Todos los caracteres subsiguientes estarán en mayúsculas.
<	Todos los caracteres subsiguientes estarán en minúsculas.
!	Hace que la máscara de entrada se rellene de derecha a izquierda en lugar de hacerlo de izquierda a derecha.
\	Obliga a Access a mostrar el carácter que aparece inmediatamente detrás. Es lo mismo que incluir el carácter entre comillas.
«Texto literal»	Si se incluye un texto entrecomillado en la máscara, será ese el que se vea como valor del campo.
Contraseña	Se creará un cuadro de entrada de contraseña. Cuando se escriba una contraseña, Access almacenará los caracteres, pero solo mostrará asteriscos (*).

Saber más

Propiedades predeterminadas de los campos según su tipo

Tipo texto corto

General | Búsqueda

Tamaño del campo	255
Formato	
Máscara de entrada	
Título	
Valor predeterminado	
Regla de validación	
Texto de validación	
Requerido	No
Permitir longitud cero	Sí
Indexado	No
Compresión Unicode	Sí
Modo IME	Sin Controles
Modo de oraciones IME	Nada
Alineación del texto	General

Tipo número

General | Búsqueda

Tamaño del campo	Entero largo
Formato	
Lugares decimales	Automático
Máscara de entrada	
Título	
Valor predeterminado	0
Regla de validación	
Texto de validación	
Requerido	No
Indexado	No
Alineación del texto	General

Tipo texto largo

General | Búsqueda

Formato	
Título	
Valor predeterminado	
Regla de validación	
Texto de validación	
Requerido	No
Permitir longitud cero	Sí
Indexado	No
Compresión Unicode	Sí
Modo IME	Sin Controles
Modo de oraciones IME	Nada
Formato del texto	Texto sin formato
Alineación del texto	General
solo anexar	No

2. Modelos relacionales de bases de datos

Access utiliza un modelo relacional de bases de datos, es decir, un conjunto de tablas con campos y registros en donde las tablas están relacionadas entre sí mediante campos comunes.

Ejemplo. Base de datos en una sola tabla

Una base de datos tiene una sola tabla en la que se van anotando cada día las ventas realizadas durante el ejercicio 2018. En la imagen se muestra solamente el listado parcial del mes de marzo.

Fecha	Nº factura	Código cliente	Nombre cliente	Apellidos cliente	Domicilio fiscal	Forma de pago	Importe
01/03/2018	240	180	Mauricio	Morales Ros	Ceuta	Cheque	1.200,00 €
01/03/2018	241	331	Antonio	García Lobato	Madrid	Aplazado	600,00 €
03/03/2018	242	331	Antonio	García Lobato	Madrid	Cheque	350,00 €
05/03/2018	243	418	CAMP, S.A.		Sevilla	Aplazado	2.400,00 €
06/03/2018	244	121	Gabriel	Acosta Serrano	Granada	Transferencia	854,00 €
06/03/2018	245	180	Mauricio	Morales Ros	Ceuta	Contado	251,00 €
15/03/2018	246	45	Juana	Lucero Fuentes	Alicante	Contado	3.251,00 €
23/03/2018	247	418	CAMP, S.A.		Huesca	Cheque	323,00 €
28/03/2018	248	0	Rosario	Núñez Conde	Getafe	Transferencia	432,00 €

Observa que:

- Los números de las facturas que genera una empresa, son correlativos.

  Convendría que en cada línea se escribiesen de forma automática siguiendo el orden natural de los números de factura, lo que evitaría equivocaciones y simplificaría el trabajo.

- En ese período se han realizado ventas a varios clientes, algunos de los cuales en más de una ocasión. En todo caso, cada vez que se da de alta una nueva venta, tendrás que introducir su código de cliente, los apellidos, el nombre y la ciudad de su domicilio fiscal. Es fácil que, en alguno de los registros se cometa un error.

  Sería aconsejable dar de alta al cliente una sola vez y que sus datos se reflejasen de forma automática en todas sus compras.

- Las formas posibles de pago que hay en la empresa no son muchas: cheque, contado, transferencia, reembolso... Sin embargo, cada vez que se tiene lugar una venta, hay que teclear la forma de pago de la operación.

  Resultaría más eficaz elegir la forma de pago de una tabla ya creada previamente. Se ahorraría tiempo y se evitarían errores, como por ejemplo introducir en un registro la palabra "Contado" y en otro "Al contado".

- En la venta del 23 de marzo el cliente es CAMP, S.A., que desde ahora tiene su domicilio fiscal en Huesca (anteriormente en Sevilla). Para tener la tabla actualizada sería necesario volver atrás en los registros para sustituir Sevilla por Huesca en todas las ventas que se hayan realizado a ese cliente.

  Sería mucho más efectivo que bastase actualizar el domicilio de un cliente una sola vez y que este cambio se actualizara de forma automática en todos los registros de ventas referidos a él.

Conclusión:

Esta tabla en concreto podría dividirse en dos: Una de clientes y otra de ventas, ambas **relacionadas** entre sí.

Actividad propuesta. ¿Qué puedes decir ya de una base de datos?

Nombre del documento: **Teoría 1.**

Tipo: Documento de Word.

Responde a las siguientes preguntas en un documento nuevo de Word.

1. ¿Qué valores acepta un campo de tipo Sí/No?
2. Si deseamos insertar como campo la imagen de un logotipo, ¿qué tipo de campo elegirías?
3. ¿Las propiedades de todos los campos son las mismas independientemente del tipo de campo de que se trate?
4. ¿Qué carácter se utilizaría para crear la máscara de un campo cuyo valor deberá ser una letra?
5. ¿Los campos de tipo Autonumeración pueden ser aleatorios?
6. ¿El campo de tipo Asistente para búsquedas creará una lista de valores o seleccionará los valores de otra tabla?

No olvides guardar el documento, con el nombre y tipo indicados, en la carpeta de actividades de esta unidad didáctica.

3. Crear una base de datos con Access

3.1. Interfaz

Al abrir Access 2016 nos encontramos con una ventana similar a la de la imagen, con una lista de bases de datos recientes, la posibilidad de abrir una base de datos nueva, utilizar plantillas o buscar plantillas en línea.

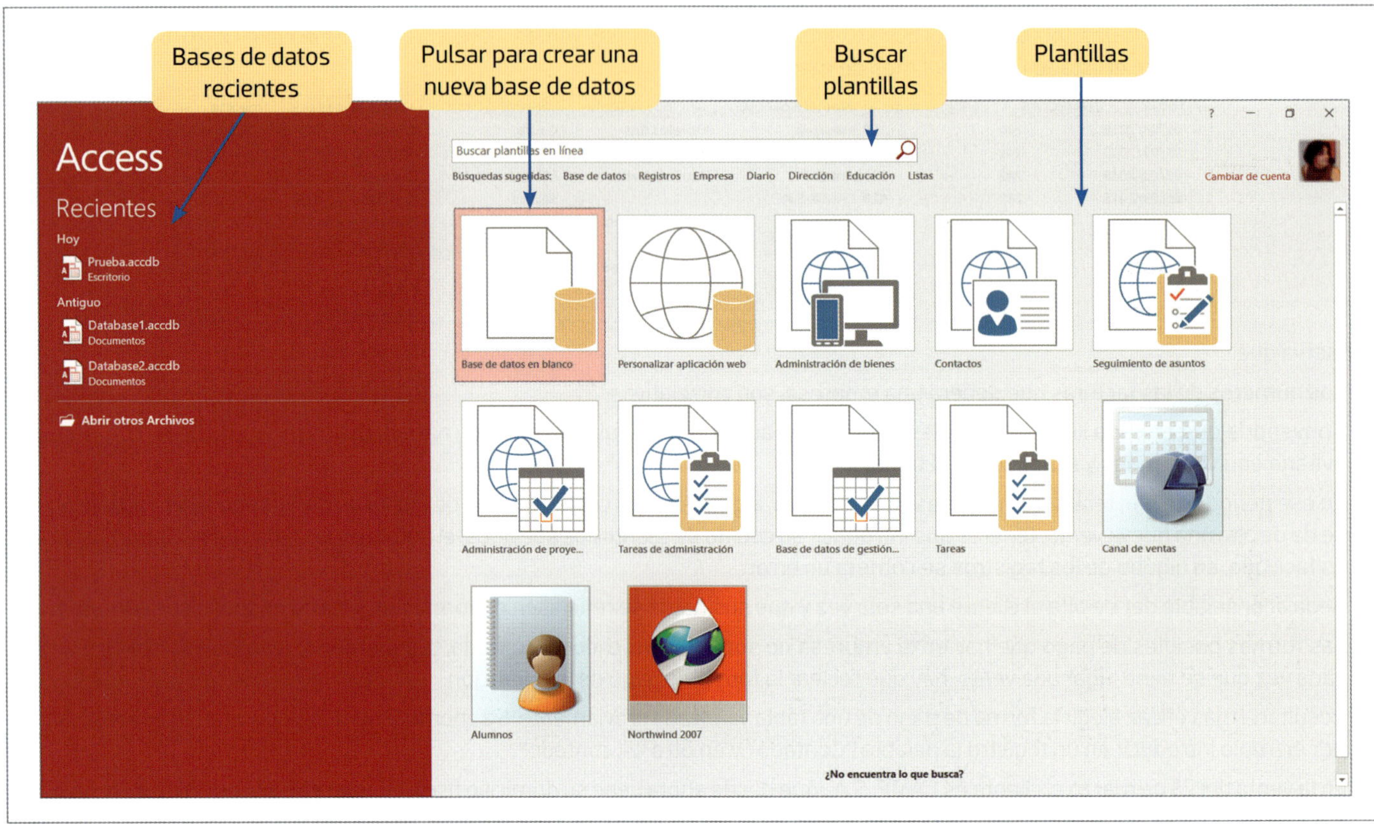

Pasos para base de datos nueva

Al pulsar en "Base de datos en blanco" aparecerá esta nueva ventana. Los pasos a seguir son:

1. Dar nombre a la base de datos.
2. Pulsar en la carpeta para elegir dónde guardarla.
3. Pulsar sobre **Crear.**

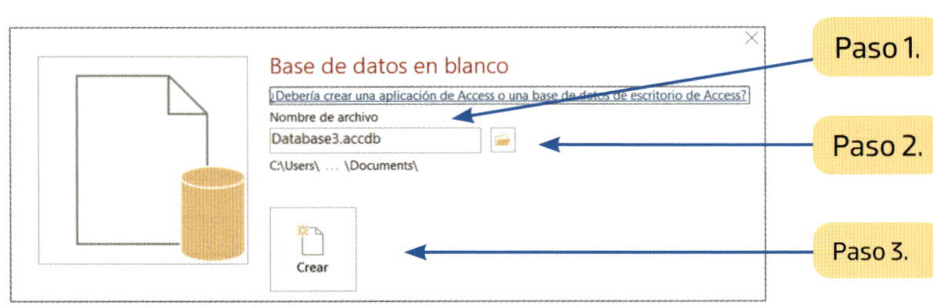

Actividad propuesta. Crear base de datos

Nombre del documento: **Ventas.**

Tipo: Base de datos de Microsoft Access 2007-2016.

Esta actividad consiste en crear una base de datos nueva, con la que trabajaremos a lo largo de esta unidad didáctica.

1. Abre Access.
2. Con las explicaciones que se han dado previamente en esta misma página, crea una base de datos nueva. El nombre de la base de datos será **Ventas** y se guardará en la carpeta de actividades de esta unidad didáctica.
3. Access abrirá una primera tabla. No cierres la base de datos y continúa con la siguiente actividad después de leer y entender la parte teórica que la precede.

3.2. Tablas. Clave principal y clave externa

La **clave principal** es un campo de la tabla que proporciona a Access un identificador exclusivo para cada tabla.

El campo candidato a clave principal de una tabla no deberá contener datos susceptibles de repetirse. Por ejemplo, no es recomendable usar como clave principal el campo **Nombre** en una tabla de **Proveedores,** porque puede haber varios clientes con el mismo nombre, pero sí podría ponerse el **NIF,** pues no habrá dos personas o empresas con el mismo NIF (ver ejemplo del epígrafe 2).

La **clave externa** es un campo que está relacionado con el campo que es clave principal de otra tabla. Eso ocurre entre tablas que, entre sí, están relacionadas. Por ejemplo, si tenemos una tabla **Compras,** naturalmente está relacionada con la tabla **Proveedores,** pues se compra a los proveedores. Así, el campo que sea clave principal en Proveedores, se deberá incluir en la tabla Compras, sin que ahí sea clave principal. No obstante, se le llamará clave externa porque es la clave principal de una tabla relacionada.

Veamos gráficamente el ejemplo que hemos ido detallando en este epígrafe.

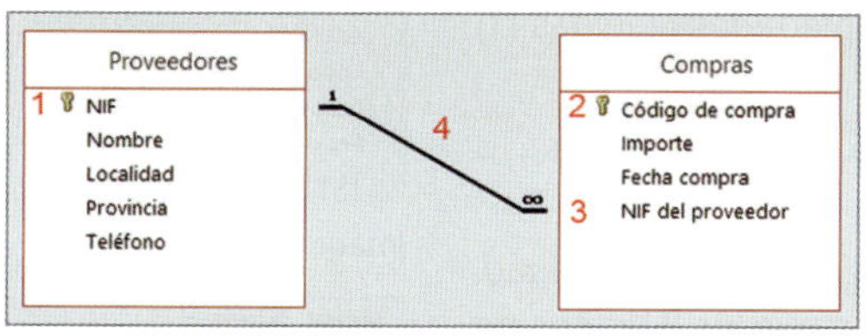

1. Clave principal de la tabla Proveedores.
2. Clave principal de la tabla Compras.
3. Clave externa de la tabla Compras. No tiene la llave, pero el campo debe ser **del mismo tipo** que la clave principal de Proveedores, pues ambas están relacionadas. No es necesario que tenga el mismo nombre, pero debe referirse al mismo concepto que la clave principal de Proveedores.
4. Relación que estableceremos entre ambas tablas.

Saber más

Asignar clave principal

Hay dos formas de asignarle a un campo la clave principal en Vista Diseño:

- Con el botón secundario sobre el nombre del campo → **Clave principal.**
- Con el campo seleccionado, pestaña **Diseño → Clave principal.**

Recuerda

Nombre de campo en clave principal y externa

No es necesario que el campo que es clave externa de una tabla se llame igual que su correspondiente clave principal en otra tabla, pero sí han de **ser del mismo tipo.** Por ejemplo, la clave principal de **Proveedores** puede llamarse **NIF,** y en la tabla **Compras,** ese campo puede llamarse **NIF del proveedor** y ambos campos serán del mismo tipo, por ejemplo, texto.

Actividad guiada. Crear la tabla Clientes

1. Durante la realización de esta actividad deberás repasar los contenidos de los epígrafes 1.3 a 1.6 y el 3.2 de esta unidad.
2. Habrá que crear una tabla con las siguientes propiedades, dejando las predeterminadas si no se indica nada al respecto. Pero todo esto se hará más adelante.

Nombre campo	Tipo	Propiedades
Código cliente	Autonumeración	Las predeterminadas. Será clave principal de la tabla.
DNI	Texto corto	Tamaño 12. Requerido. Crear máscara de entrada adecuada para que, por ejemplo, el DNI 12345678H quede en la forma 12.345.678-H, con la letra mayúscula.
Nombre	Texto corto	Tamaño 20. Requerido.
Apellidos	Texto corto	No requerido.
Localidad	Texto corto	No requerido.
C Postal	Texto corto	Tamaño 5. No requerido.
Provincia	Texto corto	Requerido. Valor predeterminado: GRANADA.
Teléfono	Texto corto	Requerido.

continúa >

> continuación

3. Se habrá creado una tabla nueva, lista para ser diseñada. Lo haremos, en Vista Diseño, de cualquiera de las dos formas siguientes:

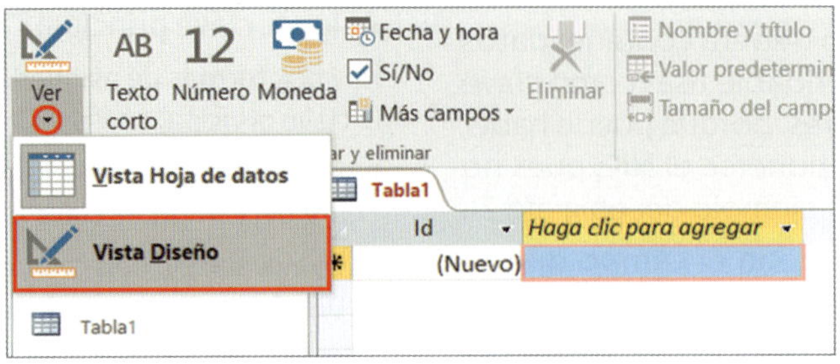

Clic en Ver → Vista Diseño.

Clic con el botón secundario en el nombre Tabla 1 → Vista Diseño.

4. Se deberá dar nombre a la tabla. Escribe **Clientes.** Acepta.
5. Ahora, con la tabla en Vista Diseño, escribe los campos y su tipo (imagen 1).
6. Después, uno a uno, pulsa sobre cada campo y observa sus propiedades en la parte inferior de la ventana de Access. Ahí debes configurar las propiedades exigidas en la tabla del principio de esta actividad.
   - **Código cliente.** Solo debes verificar que tiene la llave junto al nombre. En caso contrario, se la deberás poner.
   - **DNI.** Le pones el tamaño indicado (12). Ahora, repasa el epígrafe 1.6 de esta unidad. ¿Qué carácter representa un dígito obligatorio? Suponemos que los 8 dígitos de un DNI son obligatorios. Es el 0. ¿Y qué carácter representa a una letra obligatoria? Es la L. Por último, para que la letra del DNI salga escrita en mayúsculas, ¿qué carácter deberías usar para la máscara? El símbolo >.
   - Los demás caracteres que estarán en el DNI son los puntos entre números y el guion antes de la letra. Esos se escriben tal como son.
   - Por lo tanto, un DNI en el formato en que se ha pedido, tendrá la máscara 00.000.000->L
   - En resumen, las propiedades del campo DNI están en la imagen 2.
   - **Resto de los campos.** Ya puedes poner las propiedades que se piden a los demás campos. No olvides escribir GRANADA en "valor predeterminado" del campo Provincia.

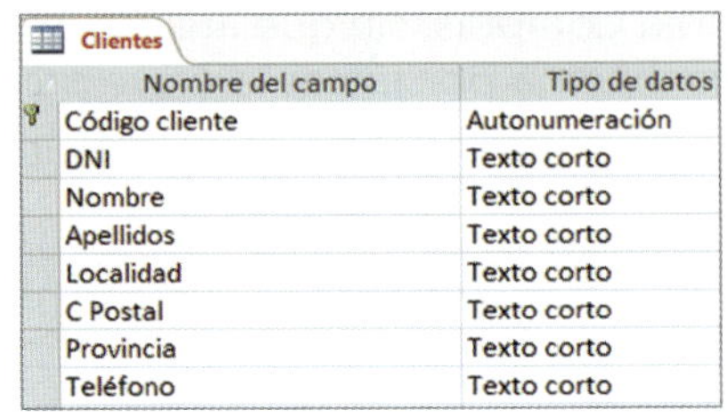

Clientes

Nombre del campo	Tipo de datos
Código cliente	Autonumeración
DNI	Texto corto
Nombre	Texto corto
Apellidos	Texto corto
Localidad	Texto corto
C Postal	Texto corto
Provincia	Texto corto
Teléfono	Texto corto

Imagen 1.

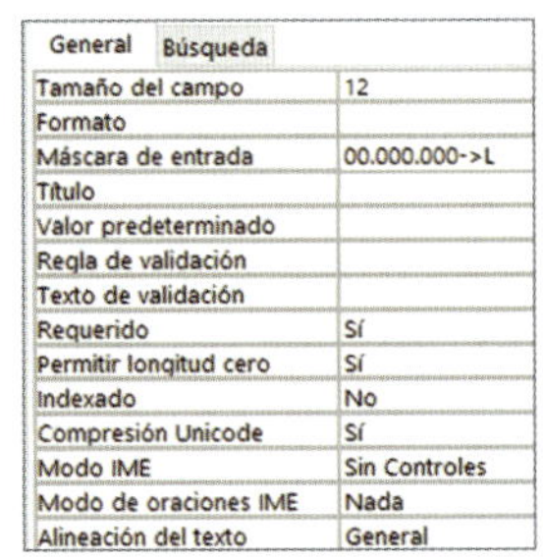

General | Búsqueda

Tamaño del campo	12
Formato	
Máscara de entrada	00.000.000->L
Título	
Valor predeterminado	
Regla de validación	
Texto de validación	
Requerido	Sí
Permitir longitud cero	Sí
Indexado	No
Compresión Unicode	Sí
Modo IME	Sin Controles
Modo de oraciones IME	Nada
Alineación del texto	General

Imagen 2.

7. Una vez que hayas terminado de configurar la tabla, pulsa sobre su nombre, con el botón secundario → **Guardar.** Para cerrarla también haz clic con el botón secundario sobre su nombre → **Cerrar.**
8. Puedes dejar abierta la base de datos porque más adelante continuarás creando tablas. Si lo deseas, puedes cerrarla. Basta abrirla más adelante desde la carpeta donde se ha guardado.

Actividad propuesta. Seguro que ya puedes responder a estas cuestiones

Nombre del documento: **Teoría 2.**

Tipo: Documento de Word.

1. ¿Qué hay que hacer para ver una tabla en vista Diseño?
2. ¿Cómo se llama la otra vista de una tabla?
3. ¿Cómo se quita o se pone la llave junto al campo que va a ser clave principal de una tabla?
4. ¿Por qué hemos elegido el campo Código cliente como clave principal de la tabla?
5. ¿Qué máscara de entrada habrías escrito para el DNI si te dijéramos que debería mostrarse como, por ejemplo, 12 345 678 H?
6. ¿Cómo se llama nuestra base de datos?
7. ¿Qué objeto hemos creado y cómo se llama dicho objeto?

No olvides guardar la actividad en la carpeta de esta unidad.

Actividad propuesta. Crear tabla Formas de pago

1. Abre, si no está abierta, la base de datos Ventas. Desde la pestaña **Crear,** pulsa sobre **Diseño de tabla,** del grupo Tablas.

2. Crea una tabla que tendrá el nombre **Formas de pago** con las siguientes condiciones.

Nombre campo	Tipo	Propiedades
Código forma de pago	Autonumeración	Clave principal.
Forma de pago	Texto corto	Propiedades predeterminadas.

3. Guarda la tabla y ciérrala.

Formas de pago

Nombre del campo	Tipo de datos
Código forma de pago	Autonumeración
Forma de pago	Texto corto

Actividad propuesta. Crear tabla Ventas

1. Crea en Vista Diseño una tabla que llamarás **Ventas** (no confundas este objeto con la base de datos, que también se llama Ventas. Un objeto puede llamarse igual que la base de datos a la que pertenece).
2. La tabla Ventas tendrá las siguientes características:

Nombre campo	Tipo	Propiedades
Nº venta	Autonumeración	Clave principal.
Fecha	Fecha/hora	Formato: fecha mediana.
Importe	Moneda	Propiedades predeterminadas.
Cod cliente	Número	Entero largo.
Forma de pago	Asistente para búsquedas	Seleccionar **Deseo que la columna de búsqueda busque los valores en una tabla o consulta.** Siguiente. Elegir la tabla Formas de pago. Siguiente. Selecciona el campo **Forma de pago** y lo pasas a la derecha con la flecha simple. Siguiente. Siguiente. Finalizar. Guarda la tabla como se solicita.

3. Como habrás podido observar, la tabla Ventas tiene unos **campos que son propios de ella** (el número de venta, la fecha en que esta se produjo y el importe de lo vendido), y **otros campos que son propios de otras tablas** (el código del cliente, que es de la tabla Clientes, y la forma de pago, que es de la tabla Formas de pago). Y es que **una venta guarda relación con los clientes y con las formas de pago.** Por lo tanto, en la tabla Ventas, que relaciona a las otras dos, se introducen las claves principales de las dos, pero aquí no son claves primarias (no se les pone llave), sino que las llamaremos **claves externas.**
4. El tipo **Asistente para búsquedas** del campo Forma de pago facilita luego la tarea de completar con datos las tablas. Cuando estemos rellenando la tabla Ventas no habrá que escribir manualmente qué forma de pago tiene cada una de ellas, sino que se abrirá un desplegable con las distintas modalidades de formas de pago y se elegirá la que corresponda. Este tipo Asistente para búsquedas es recomendable cuando la tabla con la que enlazamos tiene pocos registros (como es el caso de las formas de pago, pues habrá solo unas cuantas modalidades posibles).
5. Guarda la tabla y ciérrala.

Ventas

Nombre del campo	Tipo de datos
Nº venta	Autonumeración
Fecha	Fecha/Hora
Importe	Moneda
Cod Cliente	Número
Forma de pago	Número

Recuerda

Relacionar una clave principal de tipo Autonumeración con una clave externa de otra tabla:

Clave	Tipo de campo	Tamaño
Principal	Autonumeración	Entero largo
Externa	Número	Entero largo

3.3. Relacionar un campo de tipo Autonumeración

Como hemos explicado en el epígrafe 3.2, para poder relacionar la clave principal de una tabla con la clave externa de otra, ambas han de ser del mismo tipo y, en caso de ser número, también del mismo tamaño.

En el caso de que la clave principal sea un campo de tipo Autonumeración, hay que fijarse en las propiedades que tiene ese campo, concretamente en el **tamaño del campo** que, si no se cambia, será **Entero largo.**

La clave externa de la otra tabla, con la que irá relacionada la clave principal, **no debe ser Autonumeración, sino Número,** pero tiene que ser **Entero largo.** De ese modo, podrán relacionarse ambas.

Actividad guiada. Crear y perfeccionar las relaciones

Ver objetos creados en la base de datos

1. Abre, si no está abierta, la base de datos Ventas. A la izquierda están los objetos ya creados, que son tres tablas: Clientes, Formas de pago y Ventas (imagen 1).
2. Los objetos que contiene una tabla de datos se pueden organizar de distintas formas si pulsas en la parte superior, en la flechita que hay junto a **Todos los objetos de Access.** Déjalos marcados como ves en la imagen 2 y los verás agrupados por tipo de objeto, es decir, todas las tablas juntas, todos los formularios juntos...

Ver y configurar las relaciones

3. Abre la pestaña **Herramientas de base de datos** y haz clic sobre **Relaciones.**

   Probablemente no veas aún las relaciones, pero sí una ventana en donde están las tablas creadas, **Mostrar tabla.** Si es así, selecciona una de las tablas y haz clic en **Agregar.** Repite con cada tabla para que todas queden visibles en la ventana **Relaciones,** como en la imagen 3. Cierra la ventana Mostrar tabla.
4. Observa que ya hay una relación creada, la que hay entre las tablas **Formas de pago** y **Ventas.** El que haya una relación ya creada se debe a que has aplicado el Asistente para búsquedas (ver punto 4 de la actividad anterior).
5. Pero la relación entre Formas de pago y Ventas está incompleta. Para que las relaciones sean eficientes, deben cumplirse tres condiciones:

   a) Exigir entidad referencial.

   b) Actualizar en cascada los campos relacionados.

   c) Eliminar en cascada los registros relacionados.

   Vamos a **perfeccionar la relación** entre Formas de pago y Ventas: haz doble clic en la línea de relación que hay entre ambas tablas y **marca las tres condiciones** que acabamos de mencionar (imagen 4). Al final, pulsa en Aceptar.

   Hemos relacionado la clave principal de Formas de pago con su clave externa de Ventas, haciendo que se cumplan las tres reglas de las relaciones.
6. Guarda las relaciones haciendo clic secundario en el nombre Relaciones → Guardar.

Imagen 1.

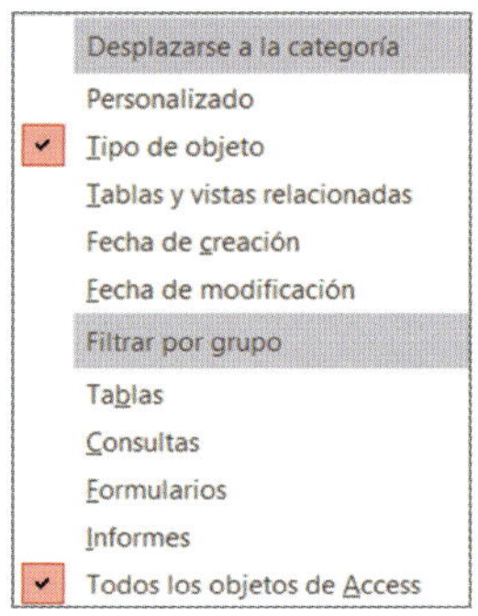

Imagen 2.

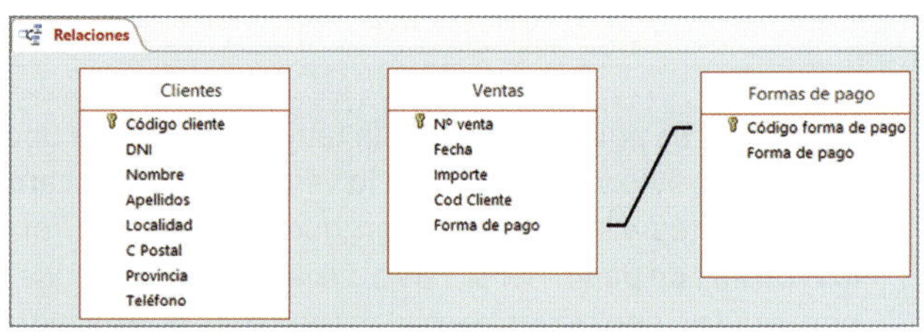

Imagen 3.

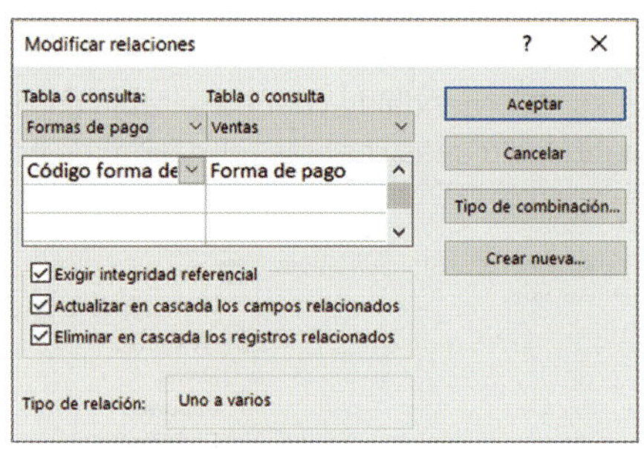

Imagen 4.

Actividad guiada. Crear y completar relación

1. Por ahora las relaciones están así:

   Hay una relación entre la **clave principal** de Formas de pago y su **clave externa** en Ventas. Antes de aplicar las tres reglas, era una relación 1 a 1. Ahora ya es 1 a infinito.

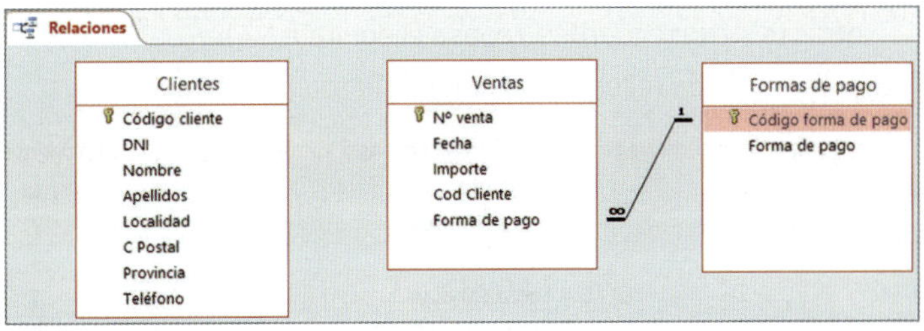

2. Intenta responder mentalmente a estas preguntas:

   ¿Qué campos están relacionados entre la tabla Ventas y la tabla Clientes? O, lo que es lo mismo, ¿cuál es la clave principal en Clientes y cuál es su clave externa en la tabla Ventas?

   ¿Tienen el mismo nombre la clave principal de Clientes y su correspondiente clave externa en la tabla Ventas? ¿Es importante que tengan el mismo nombre?

   ¿Deben ser del mismo tipo y tamaño? ¿Lo son? (para ver eso tendrías que repasar las propiedades de ambas tablas en vista diseño).
3. Pulsa sobre **Código cliente** de la tabla **Clientes,** y sin dejar de tener pulsado el botón del ratón, arrastra hasta **Cod cliente** de la tabla **Ventas.** Se abrirá la ventana **Modificar relaciones** en la que deberás tener marcadas las tres reglas que completen la relación. Pulsa en **Crear.**

Ordenar las tablas en las relaciones

Las tablas que se muestran en las Relaciones pueden cambiarse de orden para que podamos establecer y ver más claramente las relaciones entre ellas. Si no es por eso, da igual el orden.

¡Base de datos bien configurada!

Cuando una base de datos tiene sus tablas bien diseñadas y las relaciones se han hecho de forma correcta, **ya está bien configurada la base de datos** y tendremos la garantía de que los siguientes objetos que introduzcamos funcionarán correctamente (si están bien diseñados).

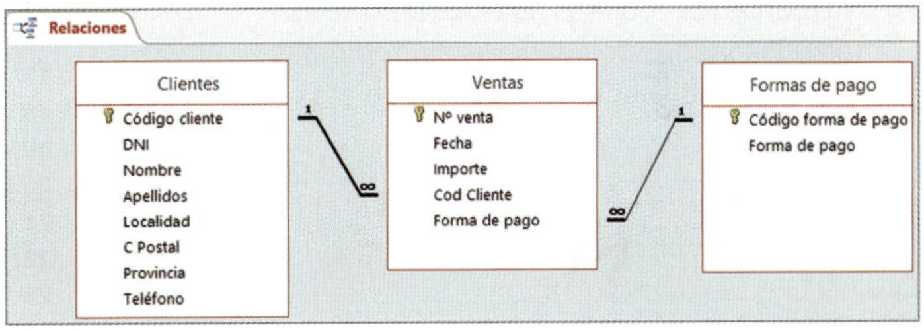

4. Guarda y cierra las relaciones.

3.4. Introducir datos en las tablas

La introducción de datos en una tabla se hace en **Vista Hoja de datos.** El proceso lógico es insertar en primer lugar los registros de las tablas que son independientes dentro de una relación, es decir, las que tienen el **1** en el extremo de la línea de relación con otras tablas. Esto es lógico, basta observar la relación que hemos creado en la base de datos Ventas para saber que no podemos vender, por ejemplo, a un cliente que no existe. Por lo tanto, antes de introducir datos de una venta, hay que tener al cliente dado de alta (consulta problema 1 a continuación).

Problemas que pueden producirse al insertar datos en las tablas

1. Si el sistema te muestra este mensaje, se debe a lo que acabamos de explicar en el epígrafe 3.4: en la tabla X (en nuestro caso Clientes) no está el dato que estamos poniendo en otra tabla. Por ejemplo, se estaría intentando vender al cliente código 4, que no tenemos dado de alta en la tabla clientes.

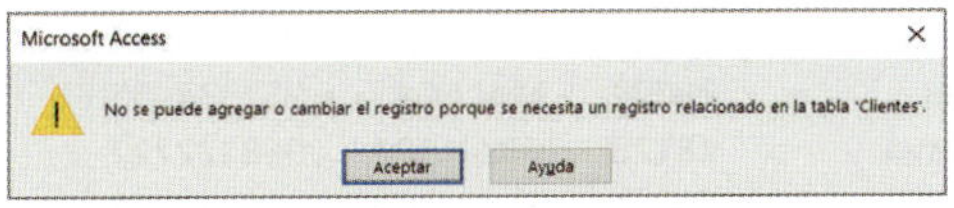

2. Los registros de tipo Autonumeración empiezan por un número distinto de 1 o se saltan números (consulta **Saber más,** al margen).

Saber más

Si un campo de tipo **Autonumeración** no comienza por 1 o se salta números, se debe a que un registro se ha introducido y borrado una o más veces, entre otras razones.

1. Si de ese campo hay relación directa hacia otra tabla: elimina la relación, elimina la llave, elimina la fila del campo.
2. Inserta fila, crea el campo, ponle la llave (clave principal), rehaz la relación.

Si el campo no es clave principal o no tiene relación, basta eliminar el campo y volver a crearlo.

Actividad propuesta. Introducir registros en las tablas

1. Introduce en las tablas los registros que se muestran a continuación. Recuerda que unas tablas deberán rellenarse antes que otras (si no lo recuerdas, repasa el epígrafe 3.4).
2. Al terminar de rellenar cada tabla, guárdala y ciérrala.

Código forma de pago	Forma de pago
1	Contado
2	Letra 30 días
3	Letra 60 días
4	Letra 90 días
5	Letras 30, 60, 90
6	Letra otros vencimientos
7	Contra reembolso
8	Transferencia
9	Giro postal
10	Cheque
11	Tarjeta de crédito

Formas de pago.

No mantengas objetos abiertos si no se están utilizando. Esto puede crear problemas al crear, modificar o borrar otros objetos o las relaciones.

Nº Venta	Fecha	Importe	Cod Cliente	Forma de pago
1	08-ene.-18	1.350,00 €	3	Letras 30, 60, 90
2	12-ene.-18	235,00 €	5	Letra 30 días
3	14-ene.-18	132,00 €	20	Contado
4	14-ene.-18	436,00 €	18	Cheque
5	14-ene.-18	1.100,00 €	16	Letra 60 días
6	15-ene.-18	80,00 €	14	Contado
7	16-ene.-18	47,00 €	12	Contado
8	19-ene.-18	122,00 €	5	Tarjeta de crédito
9	19-ene.-18	36,00 €	13	Contado
10	20-ene.-18	689,00 €	17	Tarjeta de crédito
11	21-ene.-18	152,00 €	3	Cheque
12	21-ene.-18	37,00 €	14	Contado
13	22-ene.-18	45,00 €	20	Contado
14	22-ene.-18	100,00 €	11	Contado
15	22-ene.-18	1.340,00 €	10	Letras 30, 60, 90
16	23-ene.-18	456,00 €	15	Contra reembolso
17	26-ene.-18	201,00 €	19	Transferencia
18	26-ene.-18	143,00 €	4	Contado
19	26-ene.-18	155,00 €	7	Contado
20	27-ene.-18	89,00 €	18	Giro postal
21	28-ene.-18	30,00 €	12	Contado
22	28-ene.-18	900,00 €	6	Letra otros vencimientos
23	28-ene.-18	224,00 €	3	Contra reembolso
24	29-ene.-18	31,00 €	2	Contado
25	29-ene.-18	83,00 €	1	Contado
26	29-ene.-18	2.679,00 €	16	Letra otros vencimientos
27	29-ene.-18	13,00 €	17	Contado
28	30-ene.-18	87,00 €	13	Contado
29	30-ene.-18	46,00 €	11	Cheque
30	30-ene.-18	403,00 €	4	Cheque

Ventas.

Código cliente	DNI	Nombre	Apellidos	Localidad	C Postal	Provincia	Teléfono
1	12.345.678-J	Antonio	Moreno Sevilla	Moclín	18247	GRANADA	958112233
2	23.456.789-H	Luisa	Campaña Almirón	Granada	18004	GRANADA	958223344
3	34.567.890-V	Enrique	Zafra Lapeza	Granada	18001	GRANADA	958334455
4	45.678.901-L	Elías	Blanca Lozano	Granada	18011	GRANADA	958445566
5	56.789.012-Y	Chess, S.A.		Alcalá la Real		JAÉN	957112233
6	78.902.123-R	Felgar, S.L.		Algodonales		CÁDIZ	956112233
7	78.901.234-U	Carmen	Montes Cuerda	Purchil	18102	GRANADA	958556677
8	89.012.345-T	Pedro	Pastor Borrego	Huétor Vega	18198	GRANADA	958667788
9	90.123.456-P	Tomás	Blanco Carrasco	Úbeda		JAÉN	957223344
10	01.234.567-E	Sonia	Sevilla Más	Granada	18002	GRANADA	958778899
11	09.876.543-M	Roberto	Ruiz Fuentes	Granada	18012	GRANADA	958889900
12	98.765.432-N	Julián	Collados Fon	Albolote	18220	GRANADA	958990011
13	87.654.321-A	Otero y Cía		Armilla	18140	GRANADA	958001122
14	76.543.210-R	Gonzalo	Entrena Torres	Dos Hermanas		SEVILLA	954112233
15	65.432.109-C	Carmen	Toro Bravo	La Zubia	18100	GRANADA	958111111
16	54.321.098-K	Eugenia	León Carrasco	Ronda	29400	MÁLAGA	952112233
17	43.210.987-X	Ricardo	González Puig	Cártama	29570	MÁLAGA	952223344
18	32.109.876-A	Luis Carlos	Bene Guzmán	Málaga	29004	MÁLAGA	952334455
19	21.098.765-W	Orlando	Palacios Quero	Zafarraya	18128	GRANADA	958222222
20	10.987.654-Z	Silvia	Lanchas Nevada	Granada	18001	GRANADA	958333333

Clientes.

Actividad guiada. Crear el formulario simple Formas de pago

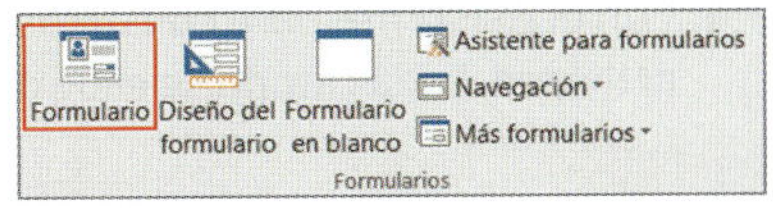

1. Consulta el epígrafe **1.2.** Después, con todas las tablas cerradas, marca la que lleva por nombre Formas de pago.
2. Abre la pestaña **Crear** y pulsa sobre **Formulario.** Se habrá creado de forma automática un formulario simple de Formas de pago.
3. Como recordarás, o podrás comprobar, la tabla Formas de pago está **relacionada** directamente con la tabla Ventas y es la que lleva el 1 en la línea de la relación. Por esta razón, los datos de Ventas se muestran en la parte inferior del formulario cuando cumplen la condición que se indica en Formas de pago. En la imagen puedes ver que, como forma de pago, aparece **Contado.** Pues bien, **todos los registros de Ventas que se han hecho al contado** se mostrarán en la tabla inferior.

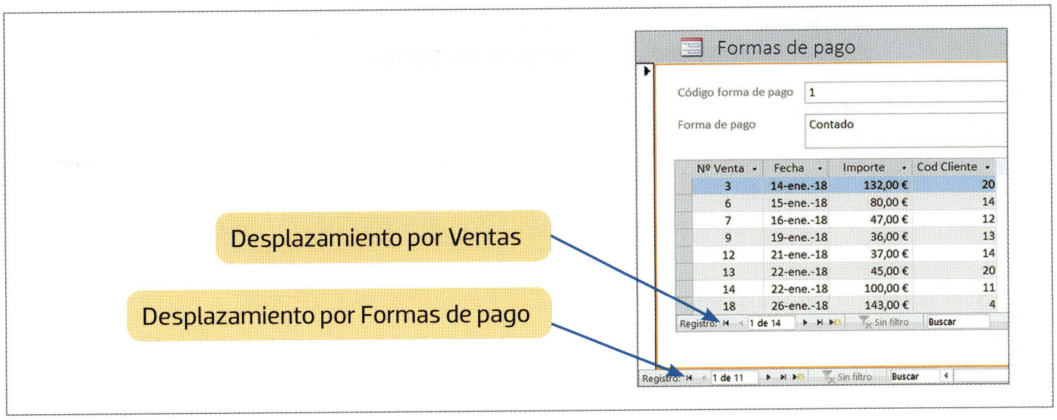

4. Guarda el formulario con el nombre **Formulario Formas de pago.** Ciérralo.

Actividad propuesta. Crear los formularios simples Clientes y Ventas

1. Crea un formulario simple de la tabla Clientes y guárdalo con el nombre **Formulario Clientes.**
2. Crea un formulario simple de la tabla Ventas y guárdalo con el nombre **Formulario Ventas.**
3. Cierra ambos formularios antes de continuar.

Actividad guiada. Crear consulta sencilla con Asistente

1. Abre, si no lo está ya, la base de datos Ventas. Consulta el epígrafe **1.2.**
2. Activa la pestaña **Crear** → **Asistente para consultas,** del grupo Consultas.

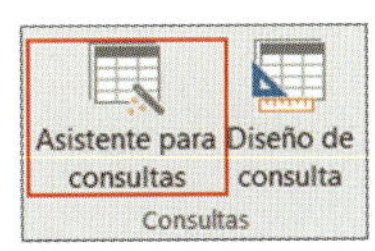

Recuerda que en una consulta podemos utilizar campos de una o de varias tablas. Es posible mezclar datos de distintas tablas gracias a que la base de datos está relacionada. Si las relaciones no se hubiesen creado o fueran erróneas o incompletas, la información obtenida de las consultas podría ser errónea.

Necesitamos diseñar una consulta para obtener un listado de todas las ventas que se han hecho, pero con los siguientes campos y en este orden:

Nº Venta	Nombre del cliente	Apellidos del cliente	Fecha de la venta	Importe	Forma de pago

Como puedes ver, en esta consulta están implicadas todas las tablas de la base de datos:

a) **De Clientes:** Nombre, Apellidos.

b) **De Ventas:** Nº Venta, Importe, Fecha.

c) **De Formas de Pago:** Forma de pago.

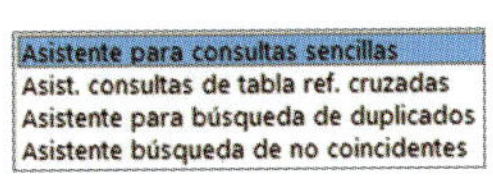

3. Pulsa sobre Asistente para consultas sencillas.

continúa >

> continuación

4. Con el Asistente para consultas sencillas, vamos a ir seleccionando los campos en el orden que tienen en el punto 2 de esta actividad. Cada campo se elige de la tabla a la que pertenece. Comienza con el campo **N° Venta,** que pertenece a la tabla **Ventas.**

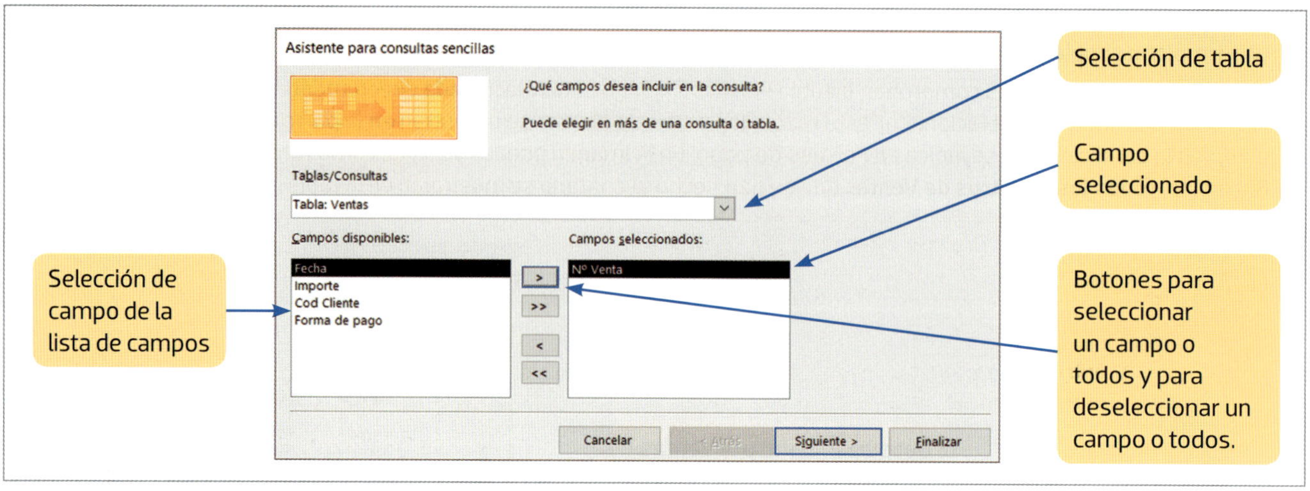

5. Continúa hasta haber agregado todos los campos.

   Observa que, cuando le llegue el turno a Forma de pago, este campo se encuentra presente en dos tablas: **Formas de pago** y **Ventas.** Deberás seleccionarlo de su tabla de origen, que es **Formas de pago.**

   Recuerda: Salvo para situaciones muy concretas, que no vamos a estudiar, los campos para las consultas se deben seleccionar de su tabla de origen y no de otra tabla o consulta.

6. Una vez seleccionados todos los campos, tendremos la lista completa como la de la imagen.

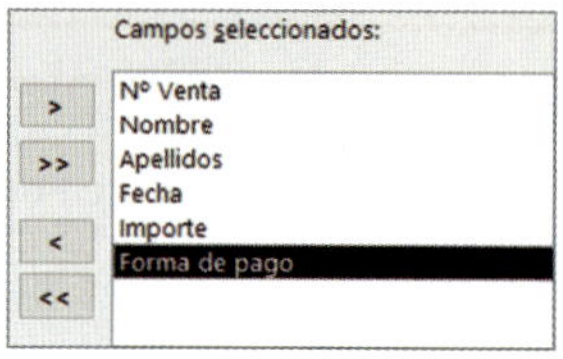

7. Pulsa **Siguiente.** En la próxima ventana, deja seleccionado **Detalle.** Pulsa **Siguiente.**
8. El título (nombre) de la consulta será **Consulta 1** y se dejará listo para que se abra tras pulsar Finalizar.

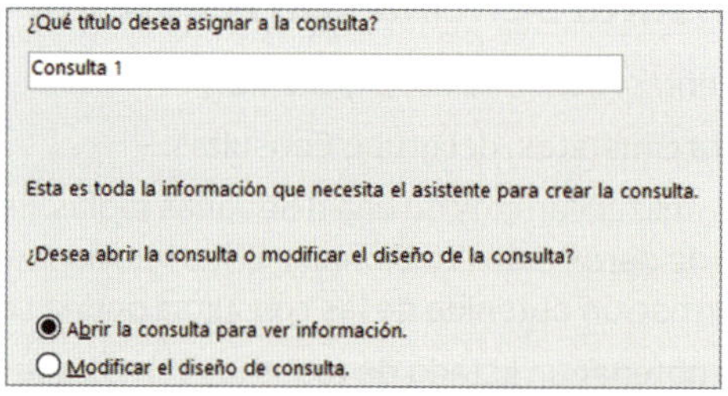

9. Pulsa **Finalizar** y se abrirá la consulta, de la que te mostramos solo los 8 primeros registros.

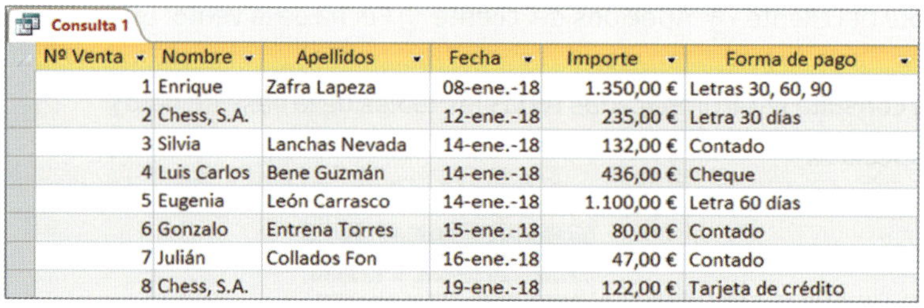
Consulta 1

Nº Venta	Nombre	Apellidos	Fecha	Importe	Forma de pago
1	Enrique	Zafra Lapeza	08-ene.-18	1.350,00 €	Letras 30, 60, 90
2	Chess, S.A.		12-ene.-18	235,00 €	Letra 30 días
3	Silvia	Lanchas Nevada	14-ene.-18	132,00 €	Contado
4	Luis Carlos	Bene Guzmán	14-ene.-18	436,00 €	Cheque
5	Eugenia	León Carrasco	14-ene.-18	1.100,00 €	Letra 60 días
6	Gonzalo	Entrena Torres	15-ene.-18	80,00 €	Contado
7	Julián	Collados Fon	16-ene.-18	47,00 €	Contado
8	Chess, S.A.		19-ene.-18	122,00 €	Tarjeta de crédito

10. Guarda los cambios de la consulta y ciérrala.

Actividad propuesta. Crear consulta sencilla con Asistente

1. Crea una consulta sencilla, utilizando el Asistente para consultas, que muestre estos datos de clientes y el importe de las ventas en el mismo orden que indicamos a continuación.

Nombre	Apellidos	Teléfono	Importe

2. La información de la consulta se mostrará en Detalle.
3. Guarda la consulta con el nombre **Consulta de clientes por importe de ventas.** Ciérrala.

Actividad guiada. Crear consulta con filtro partiendo de otra consulta

Podemos utilizar una consulta ya hecha anteriormente para crear una consulta nueva que nos muestre solamente la información que cumpla determinadas condiciones.

1. Vamos a hacer una consulta con los mismos campos que Consulta 1, así que podemos hacer una copia de dicha consulta. A la copia le daremos un nombre distinto.
2. Con **todos los objetos cerrados,** pulsa con el botón secundario sobre el nombre **Consulta 1 → Copiar.**
3. En la pestaña Inicio haz clic en **Pegar.** A la copia le vamos a poner como nombre **Consulta Ventas inferiores a 100 €.**

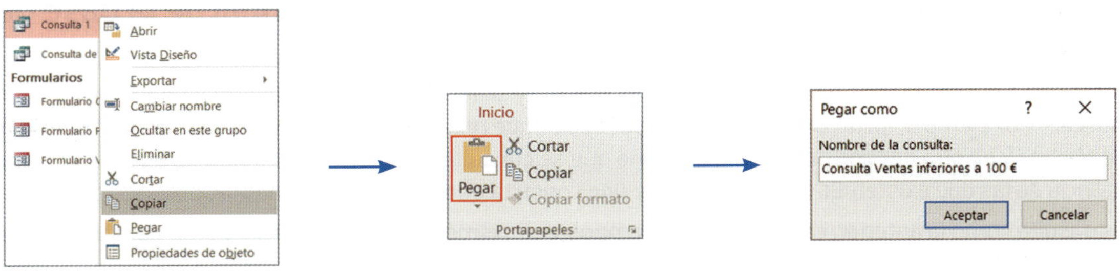

4. Ambas consultas (Consulta 1 y Consulta Ventas inferiores a 100 €) tienen ahora la misma información, son idénticas.
5. Vamos a **modificar la Consulta Ventas inferiores a 100 €** para aplicarle unos **criterios,** de modo que muestre solo la información de las ventas que se han realizado con un **importe inferior a 100 €.** Para ello pulsa sobre la consulta con el botón secundario y muéstrala en **Vista Diseño.**

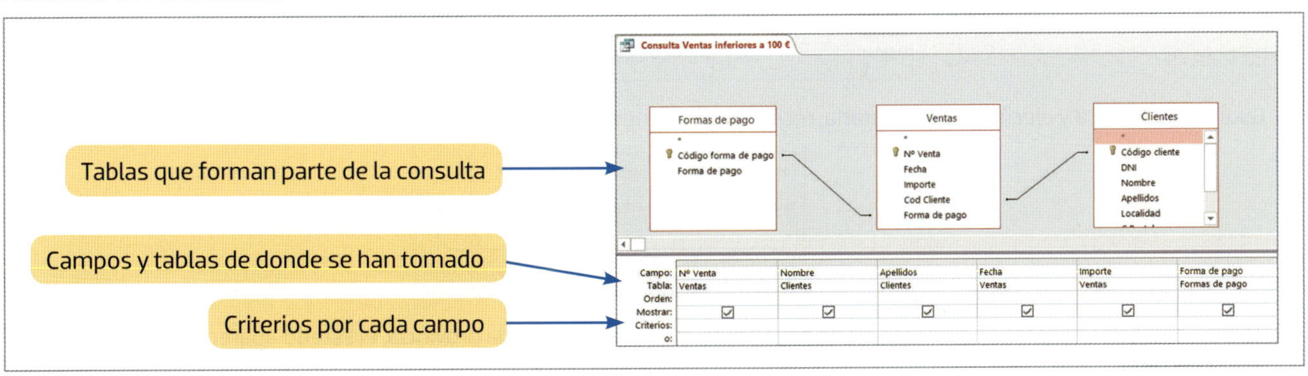

6. Ahora hay que preguntarse: ¿A qué campo le queremos aplicar un criterio? Al campo importe, pues deseamos que la consulta muestre solo los importes inferiores a 100 €.
7. En **Criterios,** debajo del campo **Importe,** introduce la siguiente expresión <100.

Campo:	Nº Venta	Nombre	Apellidos	Fecha	Importe	Forma de pago
Tabla:	Ventas	Clientes	Clientes	Ventas	Ventas	Formas de pago
Orden:						
Mostrar:	☑	☑	☑	☑	☑	☑
Criterios:					<100	
o:						

8. Guarda los cambios y pulsa sobre **Ejecutar,** en la pestaña **Diseño.** Verás que ya solo se muestran los campos que cumplen la condición impuesta. Guarda la consulta y ciérrala.

Actividad propuesta. Crear consulta sencilla nueva con filtro

1. Crea una consulta sencilla, utilizando el Asistente para consultas, que muestre estos campos de la base de datos:

Fecha de la venta	Provincia del cliente	Importe de la venta

2. La consulta deberá mostrar solamente las ventas que se han hecho a clientes de la provincia de Málaga cuyo importe sea superior a 300 €.

Ventas superiores a 300 € en la provincia de Málaga

Fecha	Provincia	Importe
14-ene.-18	MÁLAGA	436,00 €
14-ene.-18	MÁLAGA	1.100,00 €
20-ene.-18	MÁLAGA	689,00 €
29-ene.-18	MÁLAGA	2.679,00 €

Atención: Hay dos campos a los que hay que aplicar criterios y, además, se debe tener en cuenta que Access discrimina por acentos igual que Excel (no es lo mismo Paris que París).

3. El nombre de la consulta será **Ventas superiores a 300 € en la provincia de Málaga.**

Actividad guiada. Consulta con filtro que elegirá el usuario final de la base de datos

Hasta ahora hemos aprendido que se pueden poner filtros a las consultas, pero solo hemos creado consultas con filtro "estáticas". Es decir, siempre van a dar resultados por el mismo criterio. Pero... ¿y si dejamos que sea el usuario final quien determine qué criterio quiere aplicar? Por ejemplo, en la consulta anterior, puede ser que una vez se necesite saber las ventas que se han hecho en la provincia de Málaga y en otra ocasión puede ser necesario que se consulte una provincia distinta. No es lógico crear una consulta para cada provincia de las que existen. Lo lógico sería crear una consulta que sirviera para todas las provincias.

1. Crea una consulta como la anterior, con los mismos campos y el mismo orden. Utiliza el asistente para búsquedas y recuerda tomar los campos de sus tablas de origen.
2. Guarda la consulta con el nombre **Consulta de ventas por provincia.**
3. En Vista Diseño escribe en Criterios, debajo de Provincia, lo siguiente: [Escriba el nombre de la provincia].

Campo:	Fecha	Provincia	Importe
Tabla:	Ventas	Clientes	Ventas
Orden:			
Mostrar:	☑	☑	☑
Criterios:		[Escriba el nombre de la provincia]	
o:			

4. Guarda la consulta y ejecútala. Al ejecutarla, recibirás como mensaje el mismo que has escrito en los criterios de provincia.

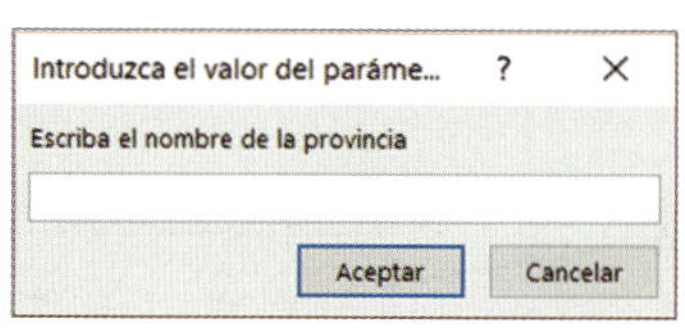

5. Escribe cualquier nombre de provincia. Si no hay ventas en una determinada provincia, el listado aparecerá vacío. Ejemplo: Provincia de Jaén:

Consulta de ventas por provincia

Fecha	Provincia	Importe
12-ene.-18	JAÉN	235,00 €
19-ene.-18	JAÉN	122,00 €

Conclusión: Cuando queremos que sea la persona que vaya a manejar las bases de datos quien elija qué filtro desea ponerle a una consulta, tenemos que escribir entre corchetes la pregunta que le hará la base de datos.

Esa pregunta hay que escribirla en Criterios y debajo del campo que el usuario tendrá que utilizar como filtro.

Lo que hay dentro de los corchetes puede ser cualquier pregunta o cualquier sugerencia, no tiene por qué incluir ninguna característica especial.

Actividad guiada. Consulta con filtro de registros que tienen un campo vacío

1. Crea una consulta con los siguientes campos:

Nombre cliente	Apellidos cliente	Localidad	Código postal	Provincia	Teléfono

2. La consulta se llamará **Clientes de los que se desconoce el Código postal.**
3. Una vez creada la consulta, la mostrarás en Vista Diseño e introducirás el criterio ES NULO debajo del campo Código postal. La función **ES NULO muestra los registros que tienen vacío el campo** al que se le aplica el criterio.
4. Aunque el campo Código postal está presente en la consulta, pues es necesario para introducir el criterio, no deseamos que ese campo se muestre en el listado, por lo tanto, se desmarca la casilla "Mostrar". Así quedaría configurada la consulta:

Campo:	[Nombre]	[Apellidos]	[Localidad]	[C Postal]	[Provincia]	[Teléfono]
Tabla:	Clientes	Clientes	Clientes	Clientes	Clientes	Clientes
Orden:						
Mostrar:	☑	☑	☑	☐	☑	☑
Criterios:				Es Nulo		

5. Guarda la consulta y ejecútala. Obtendrás un listado como el siguiente:

Clientes de los que se desconoce el Código Postal

Nombre	Apellidos	Localidad	Provincia	Teléfono
Chess, S.A.		Alcalá la Real	JAÉN	957112233
Felgar, S.L.		Algodonales	CÁDIZ	956112233
Tomás	Blanco Carrasco	Úbeda	JAÉN	957223344
Gonzalo	Entrena Torres	Dos Hermanas	SEVILLA	954112233

6. Cierra la consulta.

Actividad propuesta. Consulta con filtro de registros que tienen un campo vacío

1. Crea una consulta con los siguientes campos:

Nombre cliente	Apellidos cliente	Localidad	Código postal	Provincia	Teléfono

2. La consulta se llamará **Consulta clientes sin apellidos.**
3. Se mostrarán los registros en donde no está escrito el apellido del cliente, que normalmente serán empresas. No se mostrará el campo Apellidos en el listado.
4. Guarda y ejecuta la consulta para comprobar los resultados.
5. Cierra la consulta.

Actividad propuesta. ¿Qué sabes ya de una base de datos con Access?

Nombre del documento: **Teoría 3.**

Tipo: Documento de Word.

1. ¿Cuántos objetos tiene actualmente la base de datos Ventas? Especifica cuántos hay de cada tipo de objeto.
2. ¿Qué información muestra un formulario creado a partir de una tabla completa de la base de datos?
3. ¿Corresponde la información de la tabla con la de su correspondiente formulario?
4. ¿Qué ocurre si eliminas un registro de un formulario? ¿Se elimina igualmente de la tabla correspondiente? ¿Y si se elimina de la tabla, también lo hace del formulario?
5. ¿Para qué sirven las consultas?
6. ¿Dónde hay que poner un criterio cuando se desea hacer una consulta filtrada según la condición que indica el criterio?
7. ¿Qué procedimiento se sigue para que sea el usuario final quien decida el filtro que se va a poner a una consulta?

   Guarda el documento con su nombre y tipo en la carpeta de actividades de esta unidad.

Actividad guiada. Consulta con filtro por rango de valores

1. Crea una consulta con los siguientes campos:

Fecha venta	Provincia	Importe

2. La consulta se llamará **Consulta por rango de fechas.**
3. Deseamos que se muestren los registros de la consulta que cumplan la condición de estar entre dos fechas determinadas, que vamos a decidir ya: del 15 al 30 de enero.

Campo:	Fecha	Provincia	Importe
Tabla:	Ventas	Clientes	Ventas
Orden:			
Mostrar:	☑	☑	☑
Criterios:	Entre 15/1/18 y 30/1/18		
o:			

4. Cuando se hayan introducido ambas fechas, se verán en Criterios encerradas entre almohadillas (#).
5. Guarda y ejecuta la consulta para comprobar los resultados.
6. Cierra la consulta.

Actividad guiada. Consulta con filtro por rango de valores a elegir por el usuario

1. Copia la consulta anterior y pégala con el nombre **Consulta por rango de fechas a elegir.**
2. Deseamos que se muestren los registros de la consulta que cumplan la condición de estar entre dos fechas determinadas, que elegirá la persona que vaya a manejar la base de datos. En este caso, en lugar de escribir una fecha y otra, se realizan dos preguntas en los criterios del campo Fecha. Elimina el criterio que había escrito y sustitúyelo por el que corresponde.

Campo:	Fecha
Tabla:	Ventas
Orden:	
Mostrar:	☑
Criterios:	Entre [escriba la fecha inferior] y [escriba la fecha superior]
o:	

3. Guarda y ejecuta la consulta introduciendo dos fechas de las que están en el listado de ventas. Las fechas se deben escribir de modo que Access las identifique como fechas, por ejemplo, en formato dd/mm/aa.
4. Comprueba que los resultados son correctos.
5. Cierra la consulta.

Actividad guiada. Informe del contenido completo de una tabla

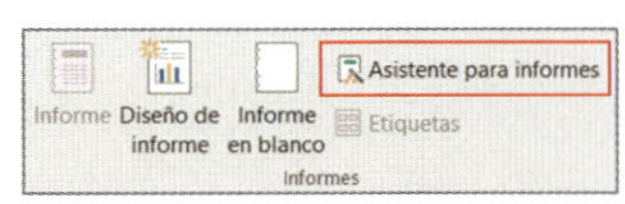

1. Consulta el epígrafe 1.2. para recordar el concepto de Informe.

Seleccionar origen de datos y campos

2. Desde la pestaña Crear, grupo Informes, haz clic sobre **Asistente para informes.** Selecciona la tabla **Ventas** y todos sus campos (imagen 1).

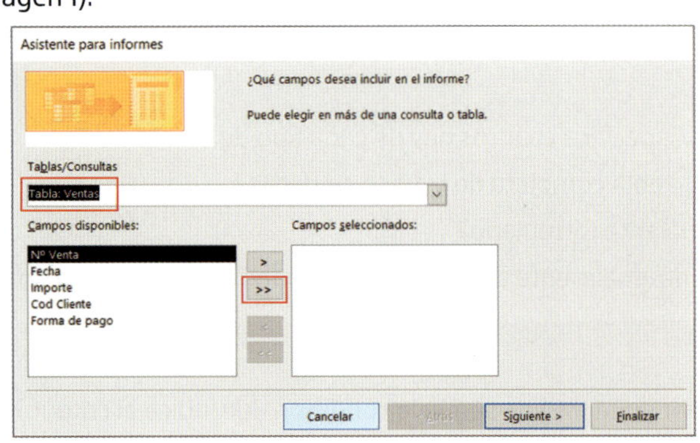

Imagen 1.

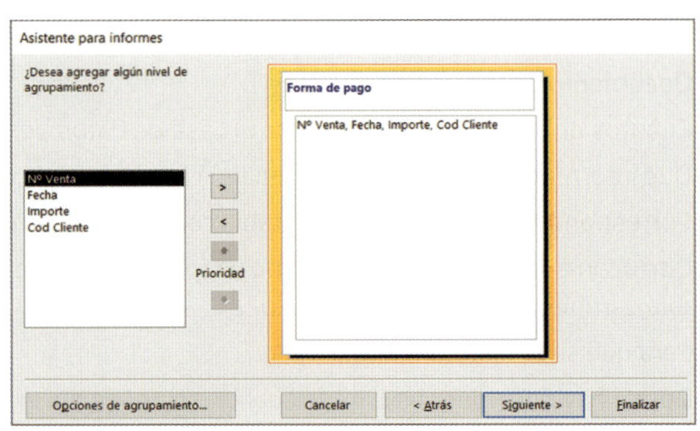

Imagen 2.

continúa >

> continuación

Elegir (o no) el nivel de agrupamiento de los datos

3. Tras haber seleccionado todos los campos de la tabla Ventas, pulsa en **Siguiente.** En la próxima ventana (imagen 2) verás que nos pregunta si deseamos algún nivel de agrupamiento. Por defecto, el informe estará agrupado por **Formas de pago.** Podemos no querer elegir ningún nivel de agrupamiento, dejar el que viene por defecto o elegir otro.

   Para quitar el nivel de agrupamiento por Formas de pago, pulsa sobre la flecha < de la *imagen* 2. Habrás dejado el informe sin ningún nivel de agrupamiento.

   Para poner otro nivel de agrupamiento, pulsa sobre el campo que agrupará los datos del informe y pulsa sobre la flecha > de la imagen 2. En nuestro caso vamos a agruparlo por **Fecha.** Selecciona fecha, pulsa en la flecha > y aparecerá el nuevo nivel de agrupamiento Fecha por Mes (imagen 3). Pulsa en **Siguiente.**

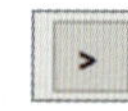

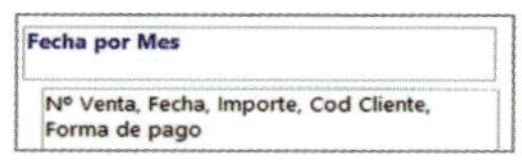

Imagen 3.

Elegir (o no) el modo en que estarán ordenados los registros dentro de su nivel de agrupamiento

4. Tras haber pulsado en siguiente, el asistente preguntará si queremos ordenar los registros. Puede hacerse hasta por cuatro campos. Hazlo por Fecha en orden ascendente (imagen 4). Pulsa en **Siguiente.**

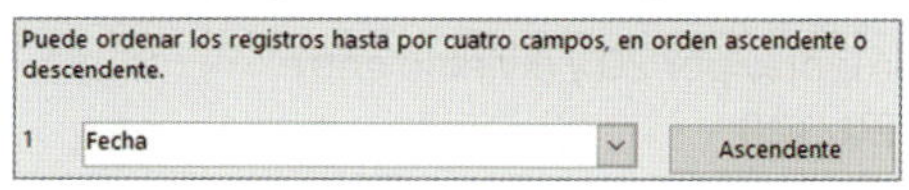

Imagen 4.

5. En la siguiente ventana el asistente pregunta por el modo en que se presentará la información y si se hará en un papel vertical u horizontal. Deja la configuración predeterminada: Distribución **En pasos** y Orientación **Vertical.** Es importante mantener marcada la casilla **Ajustar el ancho del campo para que quepan todos los campos en una página** (imagen 5).

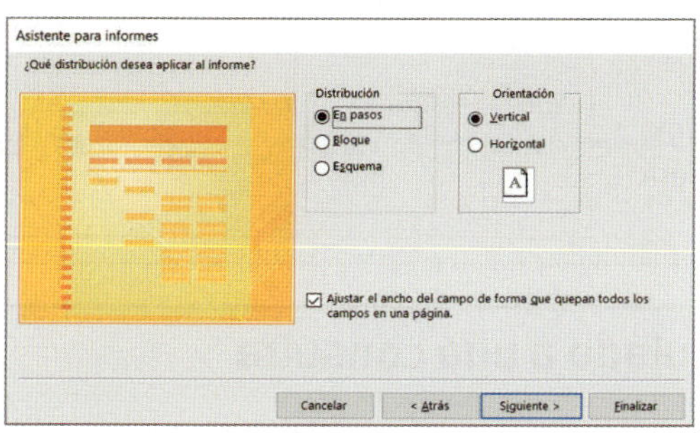

Imagen 5.

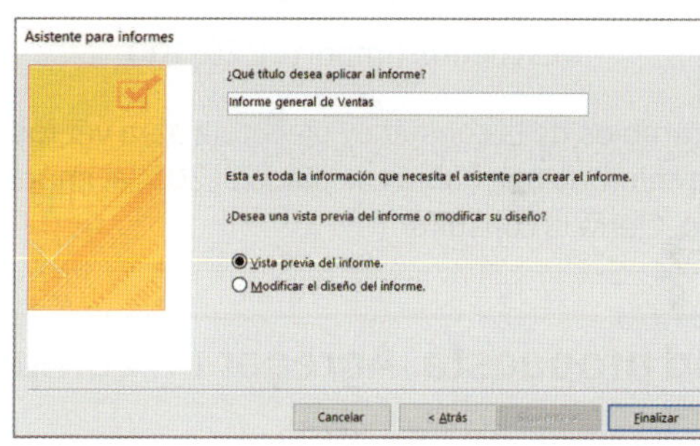

Imagen 6.

Dar nombre al informe y vista previa

6. Tras pulsar en Siguiente, deberás darle título al informe. Llámalo **Informe general de Ventas** y deja marcado **Vista previa del informe** (imagen 6). Pulsa en **Finalizar.**

   Como hemos elegido el nivel de agrupamiento por meses y solo tenemos registros de ventas del mes de enero, solamente aparecerá dicho mes y, dentro de ese mes, las fechas estarán en orden ascendente, como hemos elegido al diseñar el informe.

   Vista parcial del informe (imagen 7).

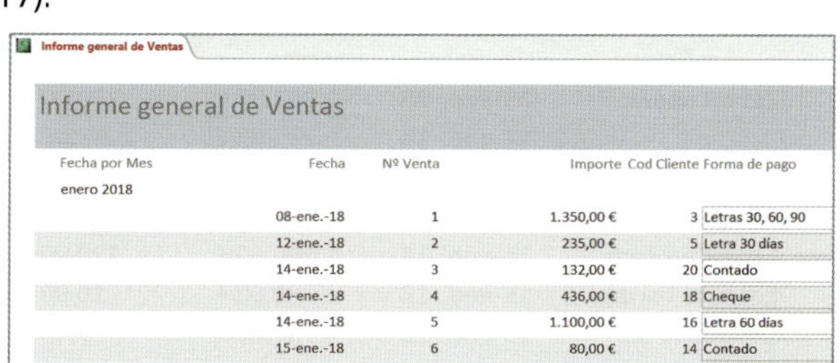

Fecha por Mes	Fecha	Nº Venta	Importe	Cod Cliente	Forma de pago
enero 2018					
	08-ene.-18	1	1.350,00 €	3	Letras 30, 60, 90
	12-ene.-18	2	235,00 €	5	Letra 30 días
	14-ene.-18	3	132,00 €	20	Contado
	14-ene.-18	4	436,00 €	18	Cheque
	14-ene.-18	5	1.100,00 €	16	Letra 60 días
	15-ene.-18	6	80,00 €	14	Contado
	16-ene.-18	7	47,00 €	12	Contado

Imagen 7.

7. Cierra la vista previa y asegúrate de que el informe ha quedado guardado.

Actividad guiada. Consulta con campos calculados

1. Crea una consulta sencilla con los campos siguientes y en este orden: Nombre, Apellidos, Fecha, Importe. Guárdala con el nombre **Consulta cálculo descuentos.**
2. Esta consulta tiene por objeto ver el total a pagar por cada cliente una vez aplicado un descuento del 20 %. Para ello, crearás dos campos calculados. En esta actividad vas a configurar el primero de ellos de forma guiada, lo que te ayudará a crear con autonomía el segundo en la próxima actividad propuesta.
3. Pulsa con el botón secundario en la celda señalada en la imagen y selecciona **Generar.**

Campo:	Nombre	Apellidos	Fecha	Importe	
Tabla:	Clientes	Clientes	Ventas	Ventas	
Orden:					
Mostrar:	☑	☑	☑	☑	☐
Criterios:					
o:					

Generar...

4. Se habrá abierto el Generador de expresiones. Asegúrate de que en la columna de la izquierda está seleccionada la **Consulta cálculo descuentos.** Haz doble clic en **Importe,** en la columna central. La palabra Importe habrá subido arriba al recuadro superior y estará entre corchetes.
5. Agrega lo necesario para multiplicar ese importe por 20 y dividirlo entre 100. La fórmula quedará así: **[Importe] *20/100.**
6. Pulsa en Aceptar y la fórmula aparecerá en la celda que habías seleccionado, comenzando por Expr1: sustituye **Expr1** por **Descuento.**

Expr1: [Importe]*20/100

se ha convertido en

Descuento: [Importe]*20/100

7. Guarda los cambios de la consulta y ejecútala para ver los resultados. Tendrás una columna que habrá calculado el 20 % al importe. Ese será el descuento. Cierra la consulta.

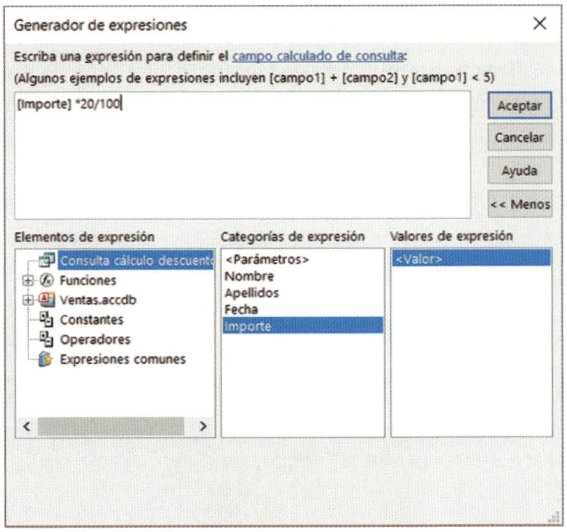

Actividad propuesta. Agregar un campo calculado a una consulta

1. Abre la consulta anterior en vista diseño.
2. Agrega en la primera columna libre un campo calculado que se llamará **Neto.** Será el resultado de hacer la operación Importe – Descuento.

   (Descuento es el campo calculado de la actividad anterior)
3. Guarda los cambios de la consulta, que conservará el mismo nombre.
4. La consulta, una vez ejecutada, debe quedar como la imagen (parcial) siguiente:

Consulta cálculo descuentos

Nombre	Apellidos	Fecha	Importe	Descuento	Neto
Enrique	Zafra Lapeza	08-ene.-18	1.350,00 €	270,00 €	1.080,00 €
Chess, S.A.		12-ene.-18	235,00 €	47,00 €	188,00 €
Silvia	Lanchas Nevada	14-ene.-18	132,00 €	26,40 €	105,60 €
Luis Carlos	Bene Guzmán	14-ene.-18	436,00 €	87,20 €	348,80 €
Eugenia	León Carrasco	14-ene.-18	1.100,00 €	220,00 €	880,00 €
Gonzalo	Entrena Torres	15-ene.-18	80,00 €	16,00 €	64,00 €
Julián	Collados Fon	16-ene.-18	47,00 €	9,40 €	37,60 €
Chess, S.A.		19-ene.-18	122,00 €	24,40 €	97,60 €

Para que un campo calculado sea visible cuando se vaya a insertar otro campo calculado, es necesario que la consulta se haya guardado previamente.

3.5. Modificar formularios e informes

Los formularios y los informes se pueden modificar en **Vista diseño.** En ambos casos podemos cambiar el tipo, el tamaño y el color de las fuentes, la distribución, la posición y los colores de fondo.

Para cambiar los nombres **es importante** saber que se pueden modificar los nombres de los títulos del formulario o del informe, así como los nombres de los campos, pero no los nombres del contenido de los registros. En las imágenes siguientes hay vistas parciales de un formulario y de un informe. En ambas hemos subrayado en rojo aquello que se puede cambiar de nombre. Por ejemplo, en la primera imagen, el título **Código cliente** podría llamarse **Cliente,** pero el contenido, que está a su derecha, se tiene que seguir llamando **Código cliente** o la base de datos no reconocería a qué nos estamos refiriendo.

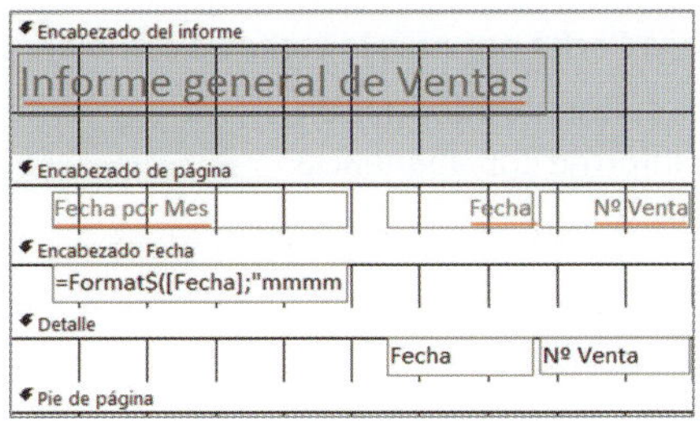

Recuerda

No cambies el nombre del contenido de los registros en la vista Diseño de formularios e informes.

3.6. Diseño de impresión de un informe

Para establecer, entre otras cosas, el tamaño y orientación del papel y los márgenes del informe, lo mostramos en **Vista previa de impresión:** se selecciona el nombre del informe con el botón secundario del ratón y se pulsa sobre vista previa de impresión. También puede hacerse desde la **Vista Diseño** en la pestaña **Configurar página.**

Los ajustes que hemos referido se encuentran en los grupos **Tamaño de página** y **Diseño de página** de la pestaña **Vista preliminar.**

La vista previa de impresión se cierra pulsando en **Cerrar vista previa de impresión,** dentro de la misma pestaña Vista preliminar.

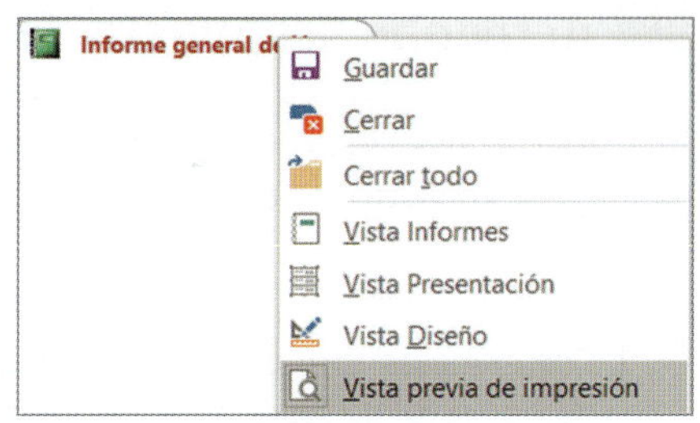

Actividad guiada. Modificar la apariencia de un informe en Vista Diseño

1. Abre en vista diseño el Informe general de ventas.
2. Pulsa con el botón secundario del ratón sobre el fondo azulado donde está el título. Selecciona **Propiedades.** A la derecha se desplegará la hoja de propiedades de ese elemento. Deja activa la pestaña **Todas** de la Hoja de propiedades. Observa que hay mucha información acerca del fondo, tanto para consultarla como para cambiarla.
3. Ahora, sin cerrar la hoja de propiedades, pulsa sobre cualquier elemento del informe, como puede ser el título o a cualquiera de los demás recuadros de títulos y datos. La hoja de propiedades cambia la información para referirla al nuevo elemento seleccionado.
4. Deja marcado el color de fondo del título y observa que podemos cambiarlo en la hoja de propiedades haciendo clic en la columna derecha de **Color del fondo.** En la flechita se muestran los nombres de fondos. En los puntos suspensivos, los colores.

5. Pulsa sobre los puntos suspensivos y elige un color verde claro. El fondo del título habrá cambiado.
6. De este modo, se pueden modificar todos los elementos del informe. Para cambiar solamente colores, fuentes y distribución, no es necesario entrar en la hoja de propiedades. A continuación veremos cómo podemos hacer estos cambios simples de una forma distinta.

continúa >

> continuación

7. Seguimos en Vista Diseño.
8. Selecciona el título Informe general de ventas. En la pestaña Formato, grupo Fuente, pon el título de color negro.

Informe general de Ventas

Fecha por Mes	Fecha	Nº Venta	Importe	Cod Cliente	Forma de pago
enero 2018					
	08-ene.-18	1	1.350,00 €	3	Letras 30, 60, 90
	12-ene.-18	2	235,00 €	5	Letra 30 días

9. Desplaza el título, arrastrándolo por su borde, hasta dejarlo centrado. Vamos a ver cómo va quedando la apariencia del informe mostrándolo en **Vista Informes.**
10. Vemos que los títulos **Importe, Cod Cliente** y **Forma de pago** están demasiado juntos. Podemos desplazar el título Importe hacia la izquierda y acortar el tamaño del recuadro que lo contiene. De forma similar podemos cambiar la posición tanto de los títulos como de los datos.
11. Volvemos a Vista diseño. El título del campo **Fecha por mes** lo vamos a cambiar por **Mes.**
12. Con lo que hemos hecho hasta ahora tienes suficiente información para realizar cambios hasta conseguir un informe con apariencia similar a la de la siguiente imagen (parcial).

Para seleccionar a la vez varios elementos del informe, se selecciona uno y, con la tecla Control pulsada, se van seleccionando los demás.

Informe general de Ventas

Mes	Fecha	Nº Venta	Importe	Cod Cliente	Forma de pago
enero 2018					
	08-ene.-18	1	1.350,00 €	3	Letras 30, 60, 90
	12-ene.-18	2	235,00 €	5	Letra 30 días
	14-ene.-18	3	132,00 €	20	Contado
	14-ene.-18	4	436,00 €	18	Cheque
	14-ene.-18	5	1.100,00 €	16	Letra 60 días
	15-ene.-18	6	80,00 €	14	Contado
	16-ene.-18	7	47,00 €	12	Contado
	19-ene.-18	8	122,00 €	5	Tarjeta de crédito

13. Guarda los cambios del informe y ciérralo.

Actividad propuesta. Crear y modificar informes a partir de consultas

Existe la posibilidad de crear informes con filtros, al igual que se hizo en las consultas, pero la forma más sencilla de obtener un informe con filtros (o criterios) es realizar previamente una consulta que los tenga y, a continuación, crear el informe a partir de esa consulta.

1. Con el Asistente para informes, crea un informe con todos los campos de la Consulta de ventas por provincia. No se le asignará ningún nivel de agrupamiento y estará ordenado por importes en orden ascendente. Distribución tabular. Orientación vertical. Guárdalo con el nombre **Informe de ventas por provincia.** Modifica el informe para que tenga una presentación final similar a la de la imagen 1 teniendo en cuenta que el listado será de la provincia que se escriba al ejecutar el informe. (En la imagen, se trata de la provincia de Sevilla).

Informe de ventas por provincia

Importe	Fecha	Provincia
37,00 €	21-ene.-18	SEVILLA
80,00 €	15-ene.-18	SEVILLA

sábado, 10 de septiembre de 2016 — Página 1 de 1

Imagen 1.

2. Crea, con las mismas condiciones que en el punto 1, un informe de la Consulta por rango de fechas a elegir. Llámalo **Informe por rango de fechas a elegir** (imagen 2).

Ventas realizadas en un rango de fechas

Importe	Fecha	Provincia
45,00 €	22-ene.-18	GRANADA
100,00 €	22-ene.-18	GRANADA
456,00 €	23-ene.-18	GRANADA
1.340,00 €	22-ene.-18	GRANADA

sábado, 10 de septiembre de 2016 — Página 1 de 1

Imagen 2.

4. Botones de comando y otros controles

Mediante la Vista diseño se pueden introducir en los **formularios** e **informes** botones de comando, cuadros combinados, gráficos y otros controles.

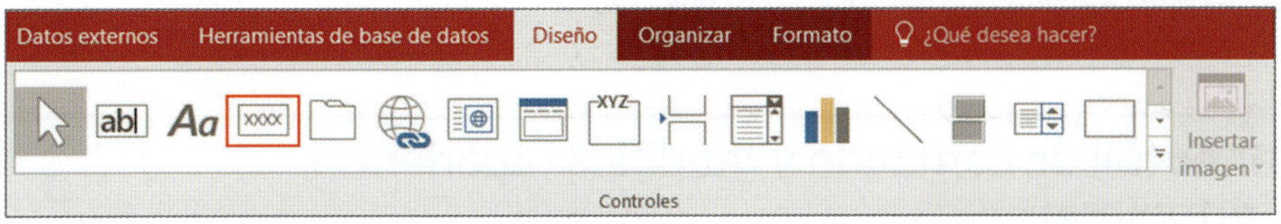

Para las actividades vamos a utilizar solamente el **botón de comando,** que está enmarcado en rojo en la imagen anterior. Lo insertaremos en formularios, pues es más frecuente usarlo en ellos que en los informes, ya que, como recordarás, los informes suelen estar enfocados a su impresión en papel, en donde no tendrían sentido los controles (no se podrían pulsar).

Una vez insertado un botón de comando, en Vista Diseño, se abrirá una lista de **categorías.** Cada categoría tiene varias **acciones** asociadas. Se determinará la categoría y, dentro de ella, su acción, según sea el objetivo que se pretenda al pulsar el botón de control.

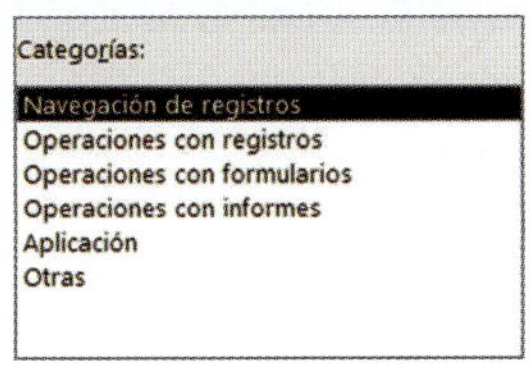

Saber más

Pestañas Herramientas de diseño, cuando el formulario o el informe están en Vista

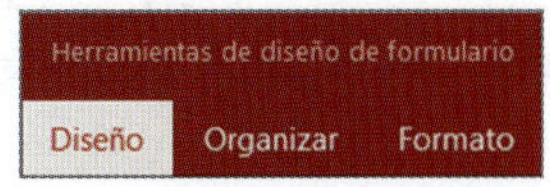

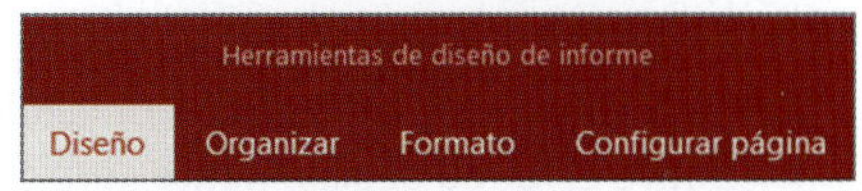

Actividad guiada. Insertar botones de comando en un formulario. Agregar registro

1. Abre el **Formulario Clientes** en Vista Diseño y arrastra la línea que en la imagen hemos señalado en color rojo hasta la posición que está marcada en color verde. Esto lo hacemos para dejarle espacio a los botones que insertaremos más adelante.

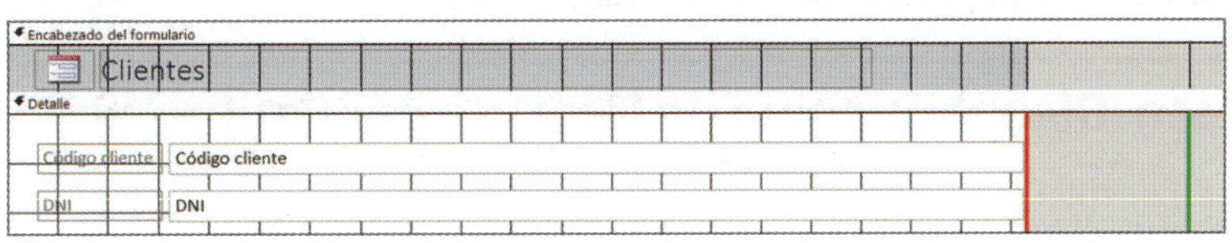

2. Se va a insertar un botón que al pulsarlo nos permita **agregar un nuevo cliente.** Por lo tanto, se trata de hacer una **operación con registros.** Pulsa sobre **Botón,** en el grupo Controles de la pestaña Diseño. Traza un rectángulo en la parte superior del espacio que hemos añadido al formulario. Al terminar de trazar el rectángulo se abrirá el Asistente para botones de comando. Deja marcada la categoría **Operaciones con registros** y la acción **Agregar nuevo registro.** Clic en Siguiente.

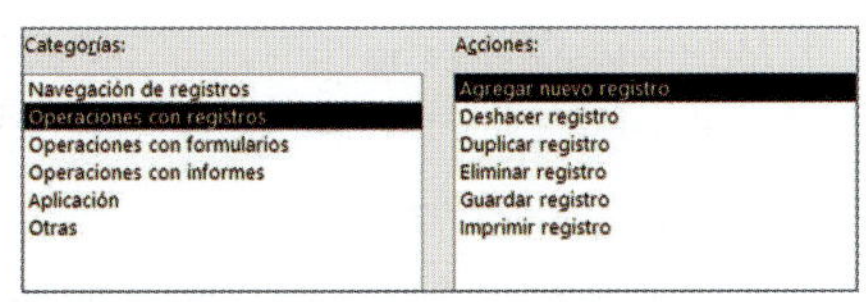

3. El asistente preguntará si deseas que el botón muestre una imagen (de varias a elegir) o bien un texto. Escribe el texto **Agregar nuevo cliente.** Pulsa en Siguiente y verás el nombre del comando, que no es necesario modificar. Clic en Finalizar.

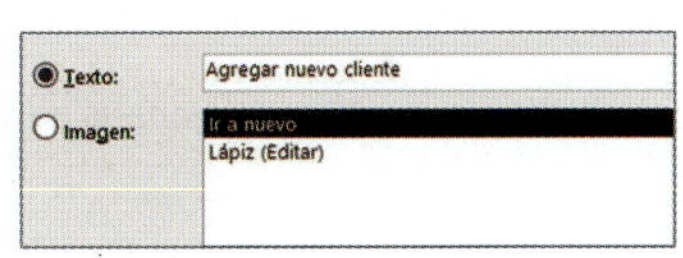

4. Podremos modificar el alto y ancho del botón según nuestra preferencia.

5. Sin salir de la Vista Diseño, inserta un nuevo botón debajo del anterior. Este nuevo botón tendrá como acción asociada la de abrir el **Informe general de ventas.** ¿Qué categoría debemos elegir? Naturalmente, Operaciones con informes → Abrir informe y, a continuación, pulsa sobre el informe. Siguiente. De nuevo será de tipo texto: **Abrir el Informe general de ventas.**
6. Guarda los cambios del formulario y ábrelo en modo formulario para ver que funcionan los botones. **Agrega un nuevo cliente,** con los datos que prefieras, usando el botón. Por último, cierra el formulario.

Actividad propuesta. Comprobar equivalencia de tabla y formulario

En la actividad anterior has agregado un nuevo cliente a través del **formulario Clientes.** Ya vimos en su momento que, cuando se crea el formulario simple de una tabla, los cambios que se realicen en la tabla se verán reflejados en el formulario, y viceversa.

Abre la **tabla Clientes** y comprueba que el cliente insertado anteriormente aparece en la tabla.

Actividad propuesta. Insertar botón de comando y modificar apariencia de un formulario

1. Inserta un botón de comando en el **formulario Ventas** para que, al pulsarlo, se abra el **formulario Clientes** y muestre todos los registros.
2. Para las zonas sombreadas de azul hemos utilizado el fondo llamado **Tema de Access 7** (puede hacerse desde Propiedades). Sobre el fondo azul la fuente será de color blanco. La fuente del botón de comando será Calibri (detalle) 16.
3. La apariencia final del formulario será como en la imagen que mostramos a continuación.

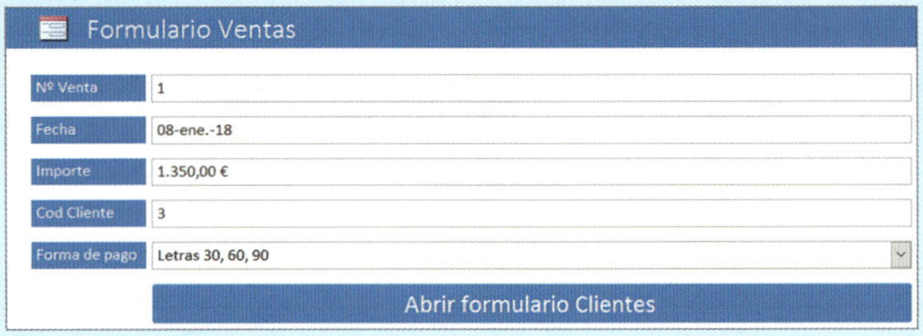

4. Comprueba que todo está correcto y que funciona el botón. En caso de haber algún error, realiza los cambios pertinentes.
5. Guarda y cierra el formulario.

Actividad propuesta. Diseñar página de informe para imprimir

1. Para realizar esta actividad, consulta el epígrafe 3.6.
2. Configura para impresión el Informe general de ventas según las siguientes indicaciones:

   Márgenes: Estrecho.

   Tamaño: A5.

   Orientación: Horizontal.
3. El resultado final será de dos páginas, tal como vemos a continuación:

Informe general de Ventas

Mes	Fecha	Nº Venta	Importe	Cod Cliente	Forma de pago
enero 2018					
	08-ene.-18	1	1.350,00 €	3	Letras 30, 60, 90
	12-ene.-18	2	235,00 €	5	Letra 30 días
	14-ene.-18	3	132,00 €	20	Contado
	14-ene.-18	4	436,00 €	18	Cheque
	14-ene.-18	5	1.100,00 €	16	Letra 60 días
	15-ene.-18	6	80,00 €	14	Contado
	16-ene.-18	7	47,00 €	12	Contado
	19-ene.-18	8	122,00 €	5	Tarjeta de crédito
	19-ene.-18	9	36,00 €	13	Contado
	20-ene.-18	10	689,00 €	17	Tarjeta de crédito
	21-ene.-18	11	152,00 €	3	Cheque
	21-ene.-18	12	37,00 €	14	Contado
	22-ene.-18	15	1.340,00 €	10	Letras 30, 60, 90
	22-ene.-18	13	45,00 €	20	Contado

sábado, 10 de septiembre de 2016 Página 1 de 2

Mes	Fecha	Nº Venta	Importe	Cod Cliente	Forma de pago
	22-ene.-18	14	100,00 €	11	Contado
	23-ene.-18	16	456,00 €	15	Contra reembolso
	26-ene.-18	17	201,00 €	19	Transferencia
	26-ene.-18	18	143,00 €	4	Contado
	26-ene.-18	19	155,00 €	7	Contado
	27-ene.-18	20	89,00 €	18	Giro postal
	28-ene.-18	21	30,00 €	12	Contado
	28-ene.-18	22	900,00 €	6	Letra otros vencimi
	28-ene.-18	23	224,00 €	3	Contra reembolso
	29-ene.-18	24	31,00 €	2	Contado
	29-ene.-18	25	83,00 €	1	Contado
	29-ene.-18	26	2.679,00 €	16	Letra otros vencimi
	29-ene.-18	27	13,00 €	17	Contado
	30-ene.-18	30	403,00 €	4	Cheque
	30-ene.-18	28	87,00 €	13	Contado
	30-ene.-18	29	46,00 €	11	Cheque

sábado, 10 de septiembre de 2016 Página 2 de 2

4. Guarda los cambios y cierra el informe.

5. Panel de control

5.1. Modificar la cinta de opciones

Para poder configurar el panel de control de una base de datos, es necesario tener el **Administrador del panel de control** en la cinta de opciones, algo que no aparece de forma predeterminada.

Actividad propuesta. Mostrar el Administrador del panel de control en la cinta de opciones

1. Para realizar esta actividad deberás consultar, si lo crees necesario, la Unidad 5.
2. Se creará un nuevo grupo de opciones en la pestaña **Crear**. Al nuevo grupo se le llamará **Panel de control**.
3. Dentro del grupo se insertará el comando **Administrador del panel de control**.
4. La pestaña Crear contendrá ahora el nuevo grupo y el nuevo comando.

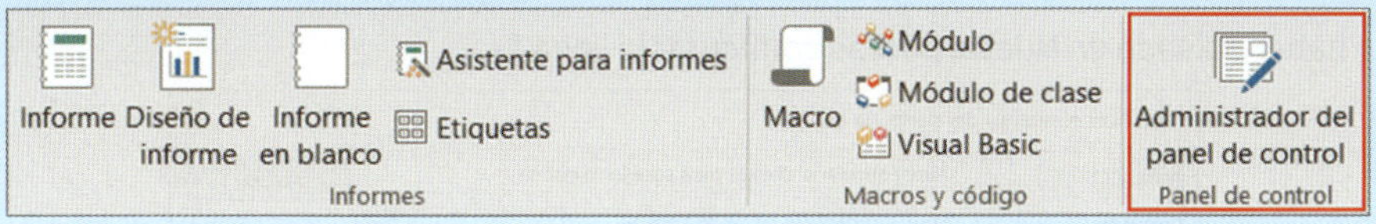

5.2. El panel de control

El panel de control es un menú desde el que se podrá dar acceso a los formularios y los informes que se hayan creado previamente. A su vez, el panel de control es un formulario.

Actividad guiada. Crear un panel de control y configurar la primera línea del menú

1. Abre la base de datos Ventas, si no estuviera abierta.
2. Pulsa sobre el Administrador del panel de control. Recibirás un mensaje al que deberás responder Sí.

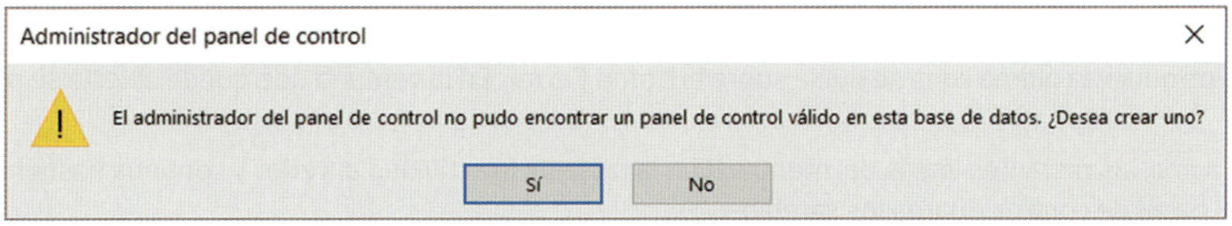

3. Empieza la creación del panel de control: en la siguiente ventana del Administrador de panel de control, pulsa sobre **Modificar**. Cambia el nombre predeterminado por el de **Menú Ventas**. Pulsa en **Nueva**.

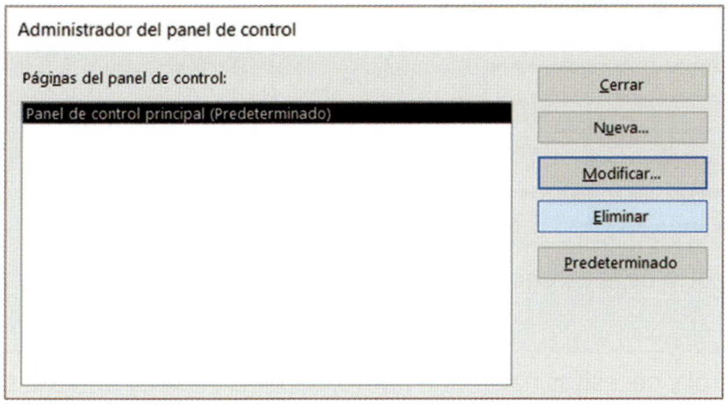

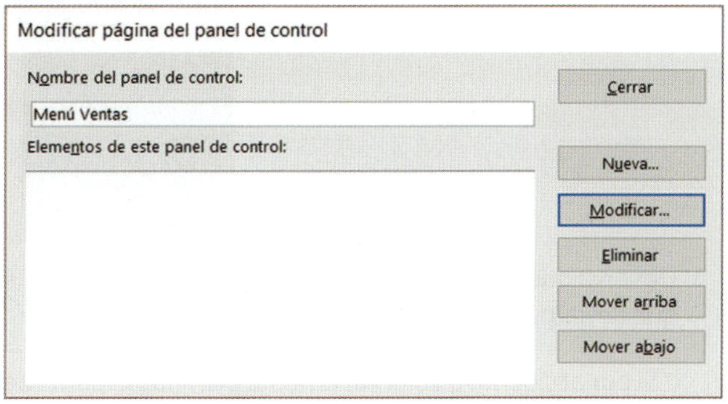

continúa >

> continuación

Ahora tenemos que ir introduciendo el texto de cada una de las líneas del menú y qué comando se ejecutará al pulsar sobre la línea. En nuestro caso vamos a crear un menú de seis líneas, con las acciones que se muestran a continuación (las instrucciones para configurar la línea 1 están en el punto 4):

Línea	Texto	Acción
1	Abrir Formulario Clientes para agregar registros	Abre Formulario Clientes en modo Agregar
2	Abrir Formulario Ventas	Abre Formulario Ventas en modo Edición
3	Ver Informe de ventas por provincia	Abre Informe de ventas por provincia
4	Ver Informe general de ventas	Abre Informe general de ventas
5	Ver Informe de ventas por rango de fechas	Abre Informe por rango de fechas a elegir
6	Cerrar la base de datos Ventas	Cierra la base de datos Ventas

4. **Línea 1.** Después de haber pulsado en Nueva, podrás configurar la línea 1.

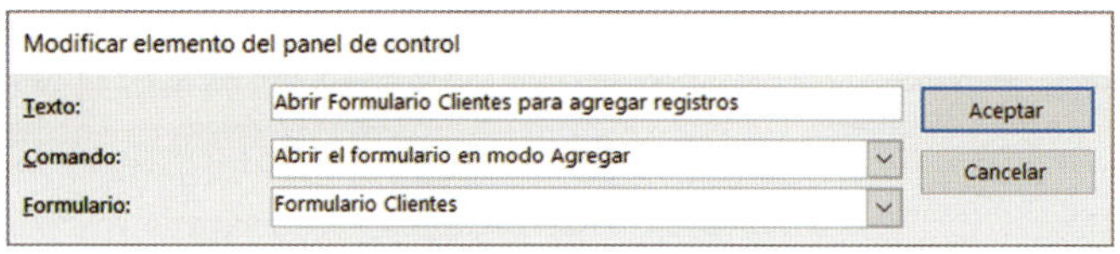

Un formulario se puede abrir en modo **Agregar** y en modo **Edición.** En el primer caso mostrará el formulario en blanco para introducir nuevos registros. En el segundo caso se verán todos los registros. Basta elegir en **Comando** el modo en que se quiere abrir el formulario.

5. No cierres el Administrador del panel de control porque continuarás creando el menú en la siguiente actividad.

Actividad propuesta. Terminar de crear el menú o panel de control de la base de datos Ventas

Consulta la tabla de la actividad anterior para configurar el resto de las líneas del menú.

1. Tras haber introducido los datos para la primera línea del menú, se pulsa en **Aceptar.** A continuación, se pulsa sobre **Nueva** para crear una nueva línea.
2. Al terminar de introducir la última línea se pulsa sobre el botón **Cerrar.** En la ventana que queda abierta se pulsa también sobre **Cerrar.**
3. Introduce, una a una, las restantes líneas del menú según la tabla de la actividad anterior y continúa hasta haber cerrado el Administrador del panel de control. Guarda los cambios.
4. Así será el panel de control que acabas de hacer:

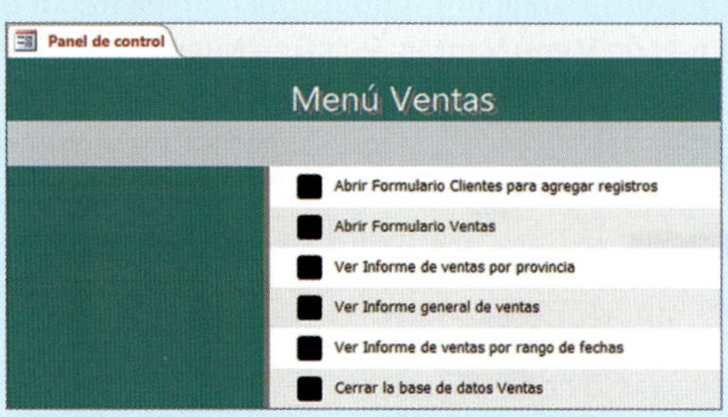

5. Observa que el panel de control es un objeto nuevo incluido dentro de la categoría **Formularios.** Asimismo, hay una tabla nueva que se llama **Switchboard Items.**

Si por accidente o voluntariamente eliminas el panel de control y necesitas hacer uno nuevo, deberás eliminar antes la tabla Switchboard Items.

Modificar el panel de control

Si se desea hacer cambios en las fuentes y en los sombreados, la mejor opción es editar el panel de control en Vista Diseño, como un formulario que es, y cambiar lo que sea necesario desde el **grupo Fuente** o desde las **propiedades** de cada elemento.

Si los cambios afectan al texto de las líneas de menú o al del título que encabeza el panel de control, es necesario hacerlo a partir del **Administrador del panel de control**.

La modificación del título que encabeza el panel de control es complicada pues va en varias capas de texto, sombra y fondo. No se debe cambiar el nombre de ese título cuando se muestra en Vista Diseño.

Recuerda

El texto del título del panel de control se debe modificar desde el Administrador del panel de control.

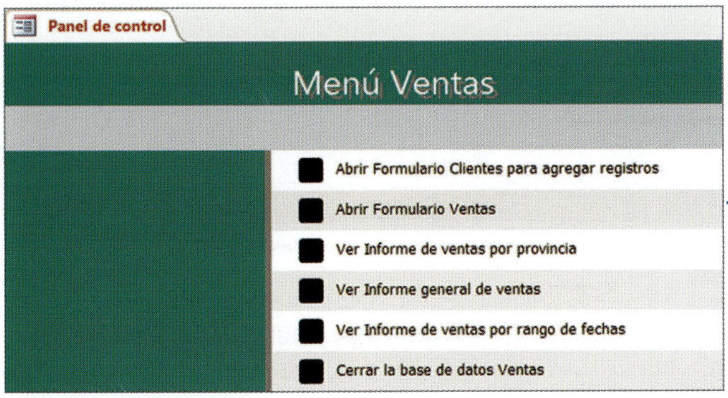

Título del panel de control de Ventas en Vista Formulario.

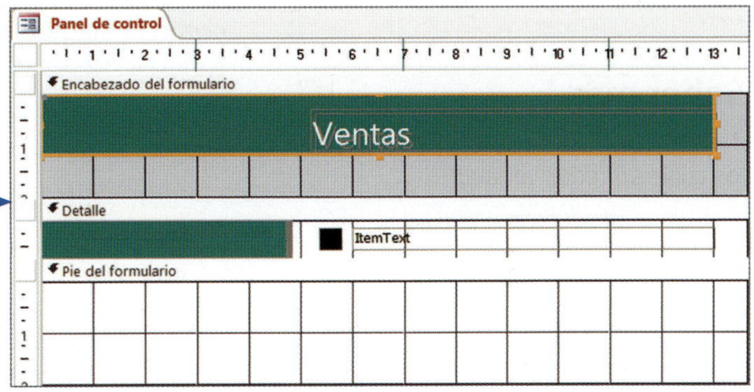

Título del panel de control de Ventas en Vista Diseño.

Actividad propuesta. Modifica la apariencia del panel de control

1. Modifica el panel de control de la base de datos Ventas para que tenga una apariencia lo más parecida posible a la del modelo.
   - Utiliza la Vista Diseño o el Administrador del panel de control, según convenga.

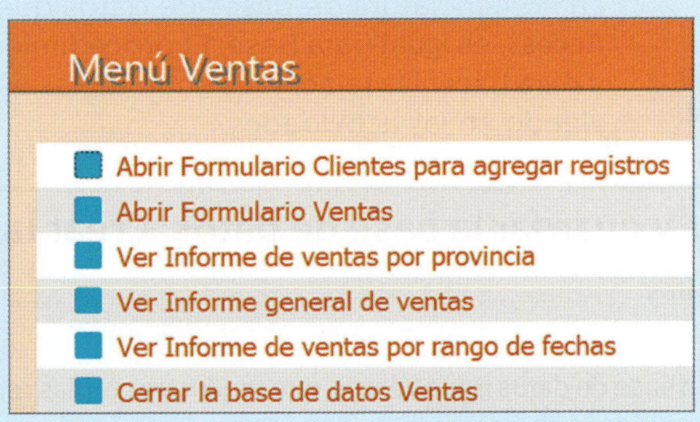

   - La fuente de las líneas del menú es Tahoma 12.
   - La fuente del menú es la predeterminada (Segoe UI 18).
2. Comprueba, al terminar, que el panel de control funciona correctamente.
3. Si al abrir el panel de control se produce un error, deberás eliminar el panel de control (y algo más que deberías saber) y volver a comenzar a diseñarlo.
4. Cuando hayas conseguido que el panel de control sea parecido al del modelo y funcione bien, guarda los cambios y cierra Access.

Apache OpenOffice. Base

1. Crear una base de datos

Lo primero que vemos al abrir el programa es el Asistente para bases de datos de Apache OpenOffice. Para crear una base de datos nueva, tenemos que dejar marcado **Crear una nueva base de datos.**

Al hacer clic en **Siguiente** se nos ofrecen varias posibilidades, que dejaremos como vienen predeterminadas: **Sí, registrar la base de datos** y **Abrir la base de datos para editar.**

Al hacer clic en **Finalizar,** tenemos que darle un nombre y una ubicación a nuestra base de datos. Al abrirla, lo primero que vemos es una ventana como la siguiente:

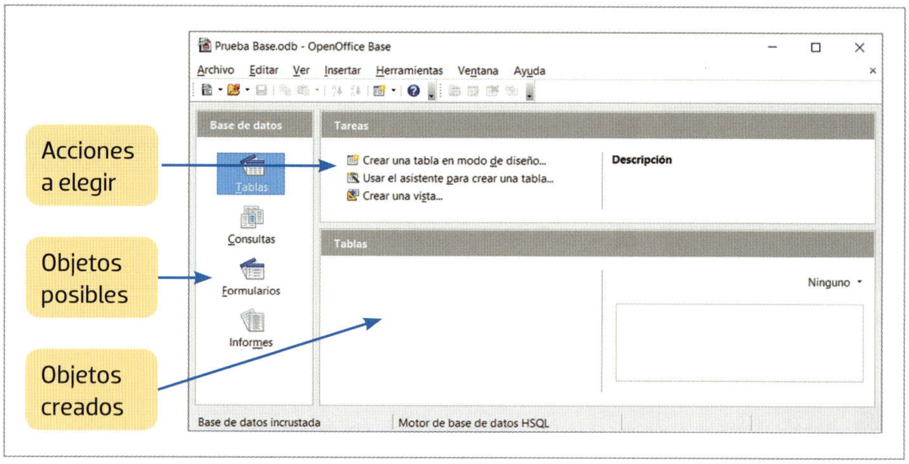

Saber más

Apache OpenOffice Base utiliza el modelo relacional de bases de datos.

Saber más

Base utiliza 21 tipos de campo, algunos de los cuales puedes ver aquí:

Entero minúsculo [TINYINT]
Entero grande [BIGINT]
Imagen [LONGVARBINARY]
Binario [VARBINARY]
Binario(fijo) [BINARY]
Nota [LONGVARCHAR]
Texto (fijo) [CHAR]
Número [NUMERIC]
Decimal [DECIMAL]
Entero [INTEGER]
Entero pequeño [SMALLINT]
Coma flotante [FLOAT]
Real [REAL]
Doble precisión [DOUBLE]
Texto [VARCHAR]

2. Creación y configuración de los objetos

La nomenclatura de bases de datos que hemos estudiado al trabajar con Access, es igual para Base. El procedimiento para crear los distintos objetos y para hacer las relaciones entre tablas es, asimismo, muy similar y lo iremos viendo en las actividades.

Saber más

Nomenclatura

En Base se denomina **Clave primaria** a lo que en Access llamamos **Clave principal.**

Actividad guiada. Crear y guardar la base de datos. Crear la primera tabla

Nombre de la base de datos: **Base Ventas.**

Tipo: Base de datos ODF.

En toda esta sección se trabajará con la base de datos Base Ventas, que tendrá tres tablas relacionadas: **Clientes, Flores** y **Pedidos,** de las que se irá dando la información necesaria en las sucesivas actividades.

1. Abre OpenOffice Base y sigue el procedimiento explicado en el epígrafe 1 de esta sección de software libre para crear la base de datos **Base Ventas,** que colocarás en la carpeta de actividades de esta unidad.
2. Al llegar a la última ventana, en el apartado Tareas, pulsa sobre **Crear una tabla en modo diseño.**
3. Crea la tabla **Clientes.** Al terminar, pulsa en el menú Archivo → Guardar como. Cierra la tabla.
   - Las propiedades de cada campo están en la parte inferior de la ventana mientras se tiene seleccionado el campo, pero solo deberás modificar las del Código cliente: longitud 3.
   - El campo **Código cliente** es clave primaria de la tabla. Pulsa a la izquierda del nombre del campo con el botón secundario del ratón y selecciona **Clave primaria.**

	Nombre del campo	Tipo del campo
🔑	Código cliente	Texto (fijo) [CHAR]
	Nombre	Texto [VARCHAR]
	Apellidos	Texto [VARCHAR]

Actividad propuesta. Crear dos tablas

Al terminar la actividad anterior y cerrar el diseño de la tabla Clientes, queda abierta la ventana principal de la base de datos, a la que se habrá agregado el primer objeto ya creado: la tabla Clientes.

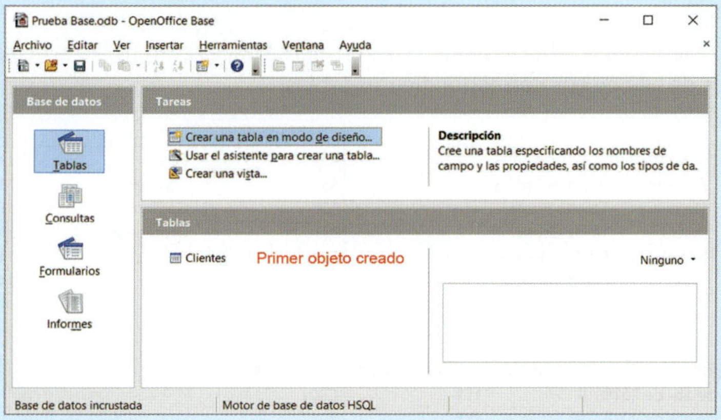

Para modificar las características de los campos de una tabla ya creada, se hace clic sobre su nombre con el botón secundario del ratón y se elige **Editar.**

Puedes proseguir creando las otras dos tablas en modo diseño, al igual que la primera.

1. Tabla **Flores.** En la tercera columna indicamos las características particulares de cada campo.

Nombre del campo	Tipo del campo	
Código artículo	Texto (fijo) [CHAR]	Longitud 3, Clave primaria.
Nombre artículo	Texto [VARCHAR]	Propiedades predeterminadas.
Precio	Real [REAL]	Formato: Moneda (€)

2. Tabla **Pedidos.** En la tercera columna indicamos las características de cada campo. Antes de crear la tabla trata de responder a estas cuestiones: ¿Sabrías decir cuáles son las claves externas (o secundarias) de la misma? ¿Cumplen estas claves externas con las condiciones necesarias para, posteriormente, hacer las relaciones?

Nombre del campo	Tipo del campo	
Nº pedido	Entero pequeño [SMALLINT]	Propiedades predeterminadas
Fecha pedido	Fecha [DATE]	Formato 31 de dic de 1999 (dd de mmm de aaaa)
Cantidad	Entero [INTEGER]	Entrada requerida
Código cliente	Texto (fijo) [CHAR]	Longitud 3
Código artículo	Texto (fijo) [CHAR]	Longitud 3

Actividad guiada. Hacer las relaciones

Has podido ver que hemos insertado en la tabla **Pedidos** las **claves primarias** de **Clientes** y **Flores,** respectivamente. En la tabla Pedidos ambos campos son **claves externas** o secundarias y deben tener las mismas características que en sus tablas originales.

1. Accede a **Relaciones** desde el menú **Herramientas** (imagen 1). Agrega una a una las tres tablas a la ventana de relaciones.
2. Ensancha o alarga las tablas de las relaciones para que se pueda ver todo su contenido. Coloca la tabla Pedidos en el centro para facilitar la tarea de enlazar las claves primarias y las externas.
3. Enlaza los campos como en la *imagen* 2.
4. Haz doble clic sobre cada línea de relación y marca las opciones **Actualizar cascada** y **Eliminar cascada** (imagen 3).
5. Desde la ventana Relaciones, pulsa en Archivo → Guardar.
6. Cierra la ventana Relaciones.

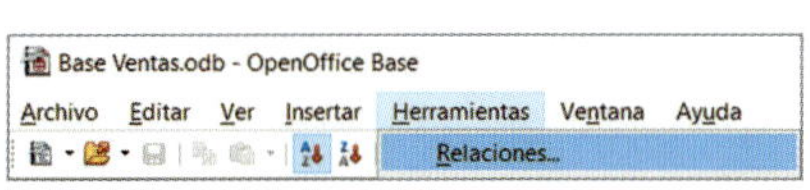

Imagen 1.

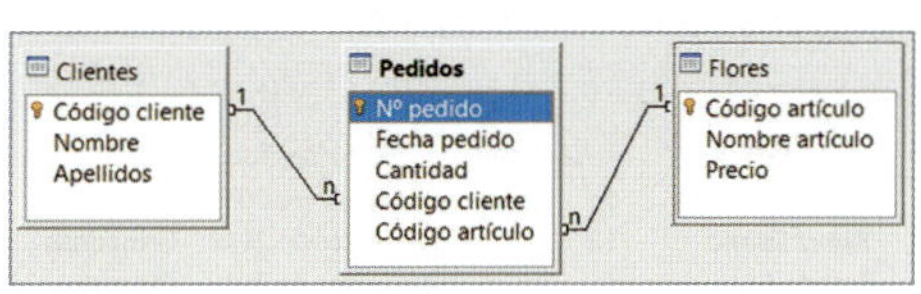

Imagen 2.

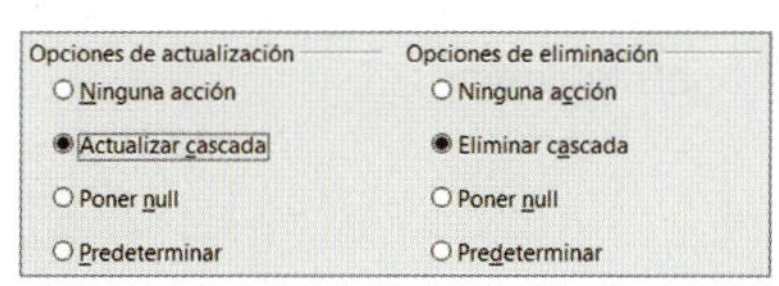

Imagen 3.

Actividad propuesta. Introducir registros en las tablas

1. En la ventana principal de la base de datos, teniendo seleccionado a la izquierda **Tablas,** podrás ver las tres tablas que hemos creado. Para introducir registros en cada una de ellas, haz doble clic sobre su nombre y procede a teclear la información.
2. La última tabla que se debe rellenar es la tabla Pedidos, pues en ella se hace referencia a artículos y a clientes que deben estar antes dados de alta en sus correspondientes tablas.

Código cliente	Nombre	Apellidos
111	Antonio	Guzmán Padilla
112	Herminia	Toledo Rosas
113	Josefa	Yáñez Osorio
114	Miguel	Estéban Sánchez
115	Julia	Otero Valdivia

Tabla Clientes.

Código artículo	Nombre artículo	Precio
A30	Rosas	50 €
A31	Claveles	20 €
B30	Gardenias	35 €
B31	Orquídeas	20 €
C30	Ranúnculos	30 €
C31	Iris	40 €

Tabla Flores.

Nº pedido	Fecha pedido	Cantidad	Código cliente	Código artículo
1	23 de abr de 2018	5	111	C30
2	23 de abr de 2018	12	113	B31
3	24 de abr de 2018	6	112	A31
4	25 de abr de 2018	100	111	C31
5	26 de abr de 2018	30	114	C30
6	27 de abr de 2018	5	115	B30
7	28 de abr de 2018	70	112	A30
8	29 de abr de 2018	16	111	B31
9	1 de may de 2018	60	113	B30
10	3 de may de 2018	8	113	A30

Tabla Pedidos.

Actividad guiada. Consulta de una tabla con filtro

1. Pulsa en la izquierda sobre **Consultas → Crear una consulta en modo de diseño**.

Campo	Código artículo	Nombre artículo	Precio
Alias			
Tabla	Flores	Flores	Flores
Orden			
Visible	☑	☑	☑
Función			
Criterio			> 30

2. Agrega la tabla **Flores** (botón **Añadir)** y cierra la ventana Agregar tabla o consulta.
3. Introduce los siguientes campos en cada columna, haciendo clic sobre ellos: Código artículo, Nombre artículo y Precio.
4. Agrega en Criterio, debajo de Precio, **>30,** pues queremos que la consulta nos muestre qué flores cuestan más de 30 euros.
5. Guarda la consulta con el nombre **Consulta superior a 30.**
6. Cierra la consulta y ábrela haciendo doble clic en su nombre para ver los resultados.

Actividad propuesta. Consulta de varias tablas con filtro

1. Crea una consulta con los siguientes campos:

Nombre y **Apellidos** del cliente, **Cantidad** de ramos pedidos, **Fecha** del pedido, **Nombre** de la flor y **Precio.**

2. Deseamos que la consulta muestre los pedidos que se han producido entre el 23 y el 25 de abril.
3. Solo te indicaremos que el criterio entre dos valores tiene el mismo formato que en Access y que el resultado de la consulta es el siguiente:

Nombre	Apellidos	Cantidad	Fecha pedido	Nombre artículo	Precio
Antonio	Guzmán Padilla	5	23 de abr de 2018	Ranúnculos	30 €
Josefa	Yáñez Osorio	12	23 de abr de 2018	Orquídeas	20 €
Herminia	Toledo Rosas	6	24 de abr de 2018	Claveles	20 €
Antonio	Guzmán Padilla	100	25 de abr de 2018	Iris	40 €

Actividad guiada. Crear formularios

1. Crearemos un formulario para cada una de las tablas originales de Base Ventas.
2. A la izquierda, marca **Formularios** y, después, **Usar el asistente para crear un formulario.**
3. Elige la tabla **Clientes.** Pasa todos los campos a la derecha de la ventana y pulsa **Siguiente** hasta llegar al **paso 5,** en donde se pedirá **Organice los campos de control del formulario**. Ahí elige la disposición del formulario principal, que será la primera de todas, llamada **En columnas – etiqueta a la izquierda.** Pulsa en Siguiente hasta llegar al **paso 7,** en donde aplicarás el estilo **Azul hielo** en **3D.** Pulsa siguiente para llegar al **paso 8** en donde darás nombre al formulario: **Formulario Clientes**. Pulsa en **Finalizar.**

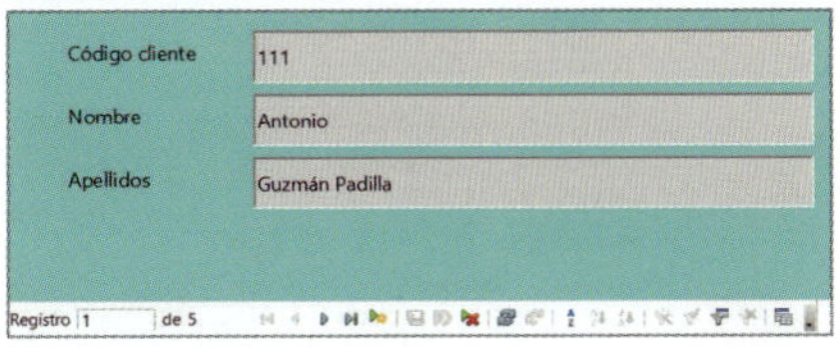

4. Siguiendo los mismos pasos, crea un formulario para la tabla Flores y otro más para la tabla Pedidos, que se llamarán, respectivamente, **Formulario Flores** y **Formulario Pedidos.** Todos ellos irán en columnas y con las etiquetas a la izquierda. Aplica a cada formulario el estilo que prefieras.
5. Cierra cada formulario al terminar de diseñarlo.

Actividad guiada. Crear informe

1. Como ya tienes creadas dos consultas, vas a hacer el informe de una de ellas, Consulta superior a 30.
2. Selecciona **Informes** a la izquierda de la pantalla principal. Usa el **Asistente para crear un informe.**
3. Elige la Consulta superior a 30 y pasa a la derecha todos sus campos. Pulsa Siguiente hasta llegar al **paso 5.** En Diseño de datos selecciona el primero, **Azul y rojo – alineado a la izquierda.** En Diseño de encabezados y pies de página, elige **Burbujas.**
4. En el paso 6 escribe como nombre **Informe superior a 30.** Si se quiere modificar el informe, que es lo que vamos a hacer, es mejor dejar marcada la opción correspondiente en este paso 6. No obstante, si se hubiera guardado ya, se puede editar desde la ventana principal pulsando sobre el nombre del informe con el botón secundario y eligiendo Editar. Realízalo de cualquiera de las dos formas para tener el informe en modo editar.
5. Mientras estamos editando el informe es posible que la información que veamos contenga errores, pero eso no importa porque en modo informe aparecerá correctamente.
6. En la cabecera del informe aparece Autor y Fecha de creación. Elimina esas dos etiquetas y escribe en su lugar **Ramos superiores a 30 €,** con fuente de color rojo.
7. Guarda los cambios del informe y cierra la vista en modo diseño.
8. Haz doble clic sobre el nombre del informe en la ventana principal de Base y el resultado podrá ser muy similar al del modelo.
9. Con todos los objetos ya guardados, puedes cerrar el informe y, también, OpenOffice Base.

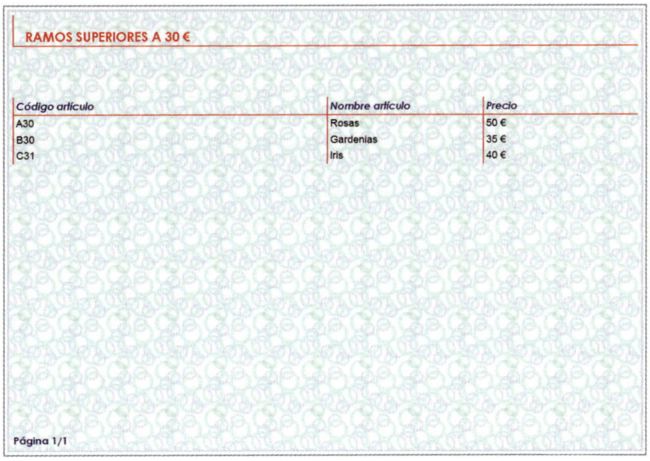

PRÁCTICA PROFESIONAL INICIAL RESUELTA

Base de datos Alquila ropa

1. Abre Access y pulsa sobre Base de datos en blanco.
2. Pon nombre a la base de Datos: **Alquila ropa.** Pulsa en **carpeta** de la derecha para fijar su ubicación, que será en la carpeta de actividades de esta unidad. Por último, pulsa sobre **Crear.**

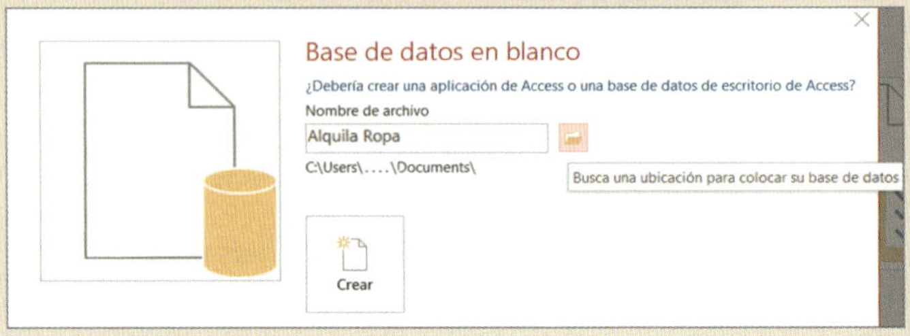

Tabla Artículos

3. Aparece la primera tabla, en Vista Hoja de datos. Cambia a **Vista diseño** desde la pestaña Inicio → Ver.
4. Deberás ponerle nombre a la tabla, que será **Artículos.** Acepta. Ahora puedes configurar la tabla como en la primera imagen de las instrucciones. El primer campo ya viene con la llave puesta (clave principal). Deberás dejarla ahí.
5. Pulsa sobre la pestaña Artículos de la tabla con el botón secundario del ratón. Haz clic en **Guardar.** Repite la operación para **Cerrar.**

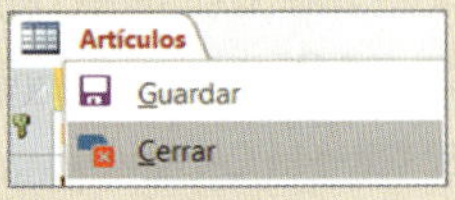

Tabla Clientes

6. En la pestaña **Crear** pulsa sobre **Diseño de tabla.** Tendrás la tabla en Vista Diseño y podrás crearla como en la segunda imagen de las instrucciones.

Tabla Alquileres

7. Se crea del mismo modo que la tabla Clientes. Están incluidas como claves externas las claves principales de las tablas Artículos y Clientes. Aquí ambas deben ser de tipo Número y tamaño Entero largo, como corresponde al tipo autonumeración donde son claves principales.

Relaciones

8. Después de haber diseñado las tablas, hay que formar las relaciones. En la pestaña Herramientas de la base de datos pulsa sobre Relaciones y agrega las tres tablas. Enlaza los campos que son clave principal y clave externa. Haz doble clic sobre **cada línea** de relación y marca las reglas de integridad referencial, actualización en cascada y eliminación en cascada. Entonces la relación quedará consolidada y segura.

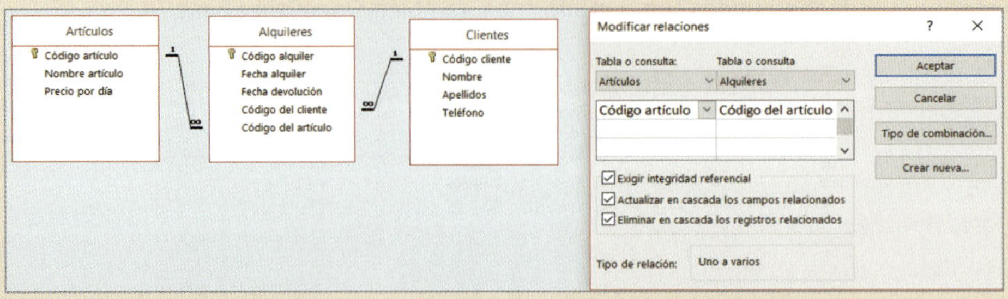

Introducción de registros en las tablas

9. Basta abrir cada tabla con doble clic y la veremos en Vista Hoja de datos, que es el modo en que se introducen registros en una tabla. Introduce los registros, dejando para el final la tabla Alquileres, porque no pueden introducirse datos en ella hasta tener las otras dos (no se puede alquilar un traje que no ha sido de alta o a un cliente que aún no existe en la base de datos). Recuerda cerrar cada tabla después de haber terminado de introducir datos en ella.

Formularios

10. Con todos los objetos cerrados, señala una de las tablas, por ejemplo, **Alquileres.** Pulsa sobre la pestaña **Crear** y después sobre **Formulario.** El formulario de la tabla Alquileres se creará de inmediato. Hay que ponerle el nombre indicado, Formulario Alquileres.

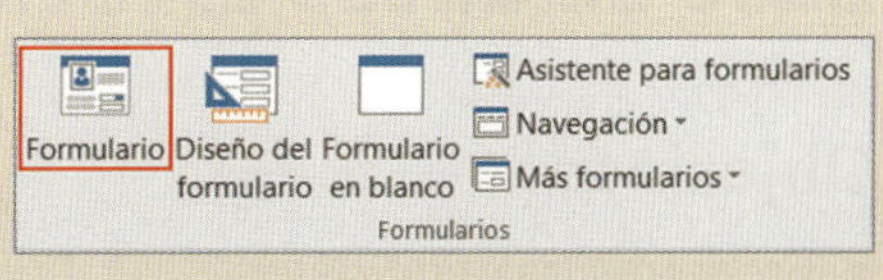

De la misma forma se crearán los otros dos formularios. Cierra los formularios una vez creados.

Consulta importe alquileres

11. Desde la pestaña **Crear** pulsa sobre **Asistente para consultas.** Se deja marcado **Asistente para consultas sencillas.** Clic en Aceptar. En la ventana siguiente hay que ir seleccionando las tablas de donde se van a obtener los campos de esta consulta. Cada campo se tomará de su tabla original.

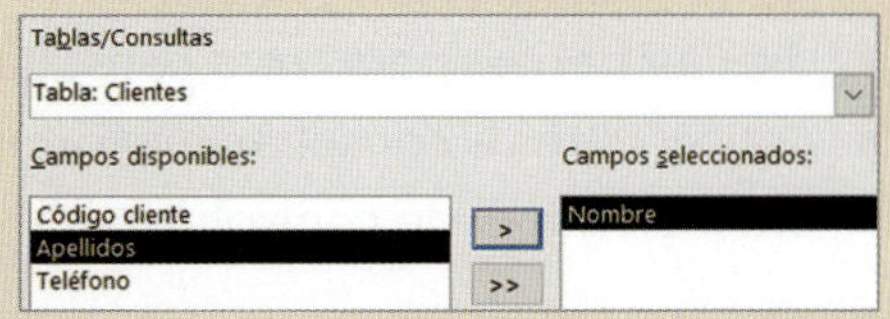

Los campos de cada tabla que se necesitan para la consulta se señalan en la columna izquierda y se pasan a la derecha con la flecha > que está entre ambas columnas. Se van poniendo en el mismo orden que se indica en las instrucciones. Por ejemplo, en la imagen hemos seleccionado el campo nombre de la tabla Clientes, el primero que se solicita para la consulta.

12. Cuando hayas introducido todos los campos guarda la consulta con el nombre Consulta importe alquileres y ciérrala.

13. **Campo calculado Días.** Abre la consulta anterior en Vista Diseño. En la primera fila de la primera columna libre pulsa con el botón secundario y selecciona **Generar.** Se abrirá el Generador de expresiones.

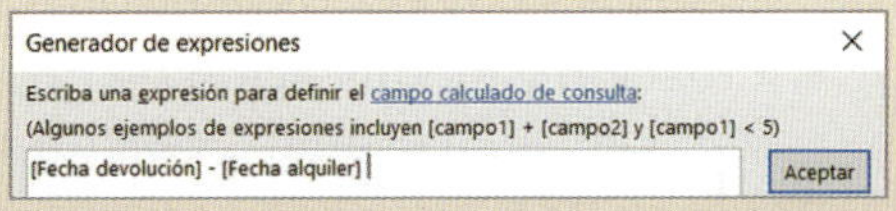

Se debe realizar la operación Fecha devolución – Fecha alquiler, para calcular los días que hay entre ambas fechas. Haz doble clic sobre **Fecha devolución** (se subirá arriba). Escribe el signo menos (–) y haz doble clic sobre **Fecha alquiler.** Clic en Aceptar. La fórmula habrá quedado insertada en la primera fila de la columna que antes estaba libre. Solo habrá que cambiar el principio de la fórmula (**Expr1**) por la palabra **Días.** Ten cuidado de no eliminar los dos puntos que seguían a Expr1.

14. **Campo calculado Importe.** Guarda la consulta y ciérrala. Después vuelve a abrirla en Vista Diseño para realizar en la siguiente columna la misma operación, pero esta vez calculando Precio por día x Días. Cambia Expr1 por **Importe.** Guarda la consulta y ejecútala para ver los resultados. Cierra la consulta.

Consulta importes alquileres

Nombre	Apellidos	Teléfono	Nombre artículo	Precio por día	Fecha alquiler	Fecha devolución	Días	Importe
Nieves	Durero Fortuna	111 11 11 11	Traje de novia	80,00 €	10/05/2018	11/05/2018	1	80,00 €
Nieves	Durero Fortuna	111 11 11 11	Traje de novio	120,00 €	10/05/2018	11/05/2018	1	120,00 €
Ismael	Valbuena Antúnez	333 33 33 33	Pantalón esmoquin	38,00 €	11/05/2018	14/05/2018	3	114,00 €
Ismael	Valbuena Antúnez	333 33 33 33	Chaqueta esmoquin	75,00 €	11/05/2018	14/05/2018	3	225,00 €
Josefa	Yeguas López	222 22 22 22	Vestido largo tipo B	60,00 €	15/05/2018	17/05/2018	2	120,00 €
Ángeles	Romero Puebla	555 55 55 55	Vestido largo tipo C	30,00 €	24/05/2018	25/05/2018	1	30,00 €
Ana	Pintos Dorado	444 44 44 44	Vestido largo tipo A	80,00 €	24/05/2018	26/05/2018	2	160,00 €
Nieves	Durero Fortuna	111 11 11 11	Pantalón frac	40,00 €	24/05/2018	25/05/2018	1	40,00 €
Nieves	Durero Fortuna	111 11 11 11	Chaqueta frac	60,00 €	24/05/2018	25/05/2018	1	60,00 €

Informe importe alquileres

15. Señala la consulta en la lista de objetos. Pestaña Crear → Asistente para informes. En el asistente solo seleccionarás los campos de la consulta que están indicados en esta imagen.

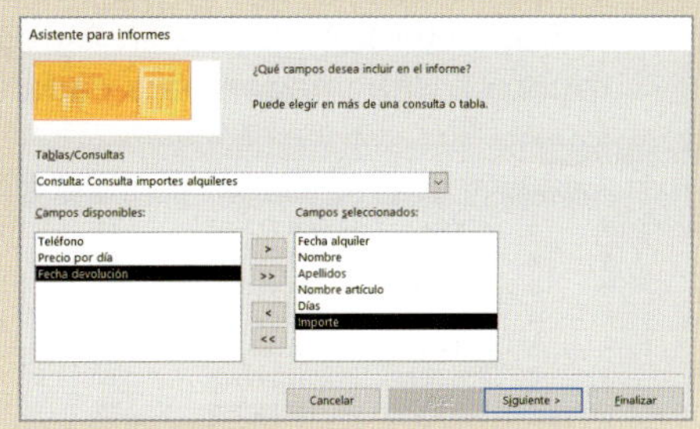

16. Pulsando **Siguiente** irás configurando los datos que se piden en las instrucciones. Al pulsar en Finalizar, verás el Informe en Vista Previa. Cierra la Vista Previa y muéstralo en Vista Diseño para realizar cambios en los títulos y equilibrar la distribución de las columnas, arrastrando los campos y disminuyendo el recuadro que los contiene, si es necesario. Recuerda que puedes cambiar el nombre de los títulos, pero nunca el nombre de los campos.

17. Puedes guardar todos los cambios y cerrar la base de datos.

PRÁCTICA PROFESIONAL PROPUESTA

Base de datos Estética y Bienestar

Objetivos

- Crear una base de datos.
- Crear y configurar tablas y relaciones.
- Crear formularios.
- Usar asistentes para crear consultas e informes.
- Aplicar filtros a consultas e informes.
- Crear un panel de control.

Instrucciones

1. **Resumen del trabajo**
   - **Nombre de la base de datos.** Estética y bienestar.
   - **Requisitos imprescindibles.** Configurar las tablas correctamente y realizar las relaciones para que cumplan con las reglas Exigir integridad referencial, Actualizar en cascada los campos relacionados y Eliminar en cascada los registros relacionados.
   - **Creación y modificación de objetos.** Posteriormente se introducirán registros en las tablas y se crearán y modificarán distintos objetos para la base de datos.
2. **Descarga de imágenes.** Descarga cuatro imágenes libres que representen, respectivamente: Limpieza facial, Manicura, Masaje relajante y Maquillaje.
3. **Tablas**

   a) **Diseño.** Las propiedades que se han de modificar quedan especificadas a la derecha del tipo de datos.

Clientes

Nombre del campo	Tipo de datos	
Id cliente	Autonumeración	
Nombre	Texto corto	
Teléfono	Texto corto	
Descuento (%)	Número	Tamaño Entero largo, Formato Número general

Servicios

Nombre del campo	Tipo de datos
Id servicio	Autonumeración
Nombre servicio	Texto corto
Imagen	Datos adjuntos
Precio	Moneda

Citas

Nombre del campo	Tipo de datos	
Id cita	Autonumeración	
Fecha	Fecha/Hora	Formato: Fecha mediana
Hora	Fecha/Hora	Formato: Hora corta
Servicio	Número	Asistente para búsquedas a Tabla servicios, Nombre servicio
Cliente	Número	Asignar tipo necesario

   b) **Registros.** Para insertar **datos adjuntos** en la tabla Servicios, haz doble clic sobre el clip del campo Dato adjunto y luego pulsa en **Agregar** para insertar la imagen que corresponda de las descargadas en el punto 1. Una imagen para cada servicio.

Clientes

Id cliente	Nombre	Teléfono	Descuento (%)
1	Rosa	111 222 333	10
2	Aurelio	111 333 444	15
3	Eusebio	111 444 555	0
4	Inés	111 555 666	20
5	Lucía	111 666 777	0
6	Antonio	111 777 888	0
7	Emma	111 888 999	10

Servicios

Id servicio	Nombre servicio		Precio
1	Limpieza facial	(1)	40,00 €
2	Manicura	(1)	20,00 €
3	Masaje relajante	(1)	40,00 €
4	Maquillaje	(1)	30,00 €

Citas

Id cita	Fecha	Hora	Servicio	Cliente
1	23-may.-18	9:00	Limpieza facial	1
2	23-may.-18	11:00	Maquillaje	1
3	23-may.-18	13:30	Limpieza facial	4
4	30-may.-18	9:00	Masaje relajante	3
5	30-may.-18	13:00	Limpieza facial	5
6	06-jun.-18	10:30	Manicura	7
7	13-jun.-18	17:30	Limpieza facial	6
8	13-jun.-18	19:30	Maquillaje	6
9	20-jun.-18	18:00	Masaje relajante	2
10	27-jun.-18	9:00	Limpieza facial	1
11	27-jun.-18	12:00	Manicura	4
12	04-jul.-18	9:30	Limpieza facial	7

4. **Consultas**

a) **Consulta citas sin descuento.** Tendrá los siguientes campos (campo descuento no visible) y mostrará únicamente aquellas citas que se han producido con clientes a los que no se les aplica descuento.

Campo:	Nombre	Nombre servicio	Fecha	Hora	Descuento (%)
Tabla:	Clientes	Servicios	Citas	Citas	Clientes

b) **Consulta citas e importes netos.** Tendrá al principio los siguientes campos:

Campo:	Nombre	Fecha	Nombre servicio	Imagen	Precio	Descuento (%)
Tabla:	Clientes	Citas	Servicios	Servicios	Servicios	Clientes

Posteriormente se introducirán dos campos calculados:

- **Descuento (€).** Se mostrará en euros. Será el resultado de la operación **Precio*Descuento (%)/100.**
- **Neto.** Se mostrará en euros. Será el resultado de realizar la operación **Precio-Descuento (€).**

5. **Formulario**

Formulario citas e importes netos. Usa el Asistente para formularios, tomando los siguientes campos de la Consulta citas e importes netos: Nombre cliente, Nombre servicio, Imagen, Precio y Neto. La distribución será Tabular. Haz modificaciones en alto y ancho de campos para dar una apariencia similar a la esta imagen parcial:

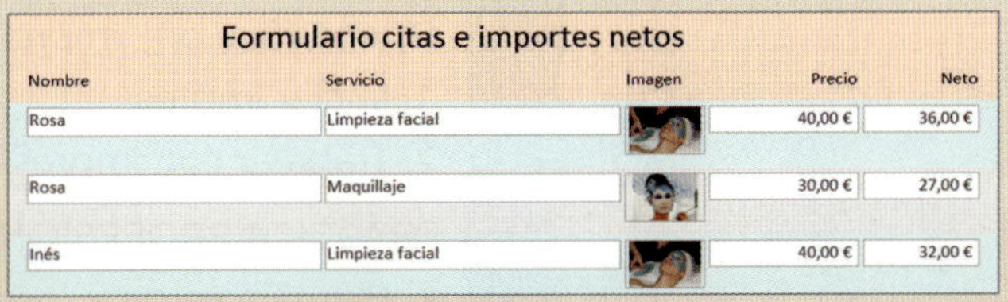

6. **Informe**

Informe citas sin descuento. Toma como punto de partida la Consulta citas sin descuento. Haz las modificaciones necesarias para conseguir una apariencia similar a la de la siguiente imagen:

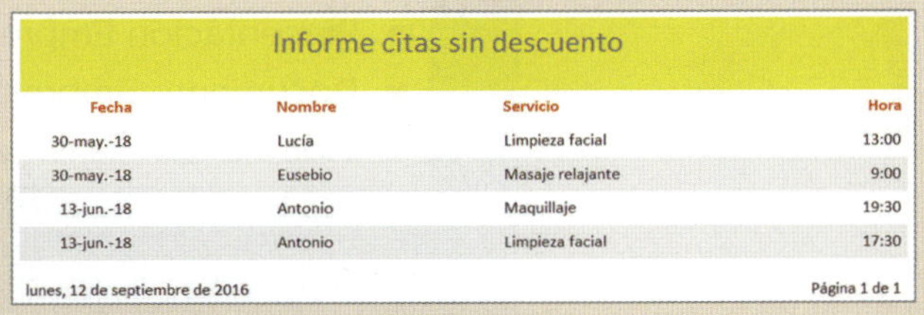

7. **Panel de control**

Al empezar a crear el panel de control, ponle como título **Clínica Estética y Bienestar.**

El panel debe tener dos líneas, cuyas acciones respectivas son:

- Abrir el Formulario de citas e importes netos en modo Edición.
- Abrir el Informe de citas sin descuento.

Haz las modificaciones necesarias en **fondos** (colores) y **fuentes** (tamaño y color), para conseguir una apariencia similar a la de la siguiente imagen.

Recuerda que no debes cambiar el texto del título en Vista Diseño.

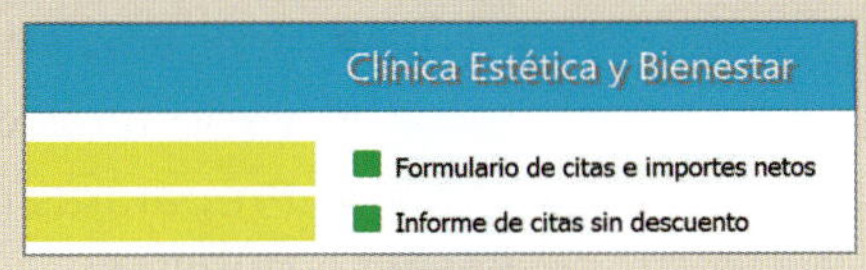

15 Presentaciones multimedia

Vamos a conocer...

1. Presentaciones multimedia: planificación y aspectos formales
2. Introducción a PowerPoint 2016
3. Transición de diapositivas y animación de objetos
4. Diseño de diapositivas y presentaciones
5. Otras herramientas y comandos

SOFTWARE LIBRE

OpenOffice.org. Impress

1. Iniciar Impress
2. Trabajar con Impress

PRÁCTICA PROFESIONAL INICIAL

- Plantilla verde y rosa
- Presentación verde y rosa

PRÁCTICA PROFESIONAL PROPUESTA

- Plantilla Empresa.dotx
- Presentación Empresa.pptx
- Documento Empresa.pdf
- Vídeo Empresa.wmv

Y al finalizar esta unidad...

- Diseñarás y editarás diapositivas.
- Formatearás diapositivas, textos y objetos.
- Aplicarás efectos de transición y animación.
- Insertarás sonido y vídeo.
- Utilizarás plantillas y asistentes.
- Crearás patrones de diapositivas.
- Grabarás en pantalla.
- Exportarás diapositivas en formato vídeo.
- Prepararás presentaciones para presentación al público.

Práctica profesional inicial

Plantilla verde y rosa. Presentación verde y rosa

Esta práctica consiste en analizar una plantilla prediseñada de Office, modificar el patrón, crear una plantilla personalizada a partir de las modificaciones y, con ella, elaborar una pequeña presentación.

1. A partir de la plantilla **Faceta,** de la galería de plantillas disponibles en Office, pulsa en **Crear** y se mostrará la nueva presentación en **Vista Patrón de diapositivas.**
2. Observa cómo están diseñados los dibujos geométricos que contienen tanto la diapositiva principal de la jerarquía como cualquiera de las inferiores. Trata de dar respuestas a las siguientes preguntas: ¿Esos dibujos son iguales en la primera y en las demás? ¿Cómo se han podido realizar esos dibujos? ¿Cuántos diseños de diapositivas contiene la plantilla? ¿Alguna de las diapositivas de rango inferior puede ser editada para seleccionar sus dibujos geométricos?

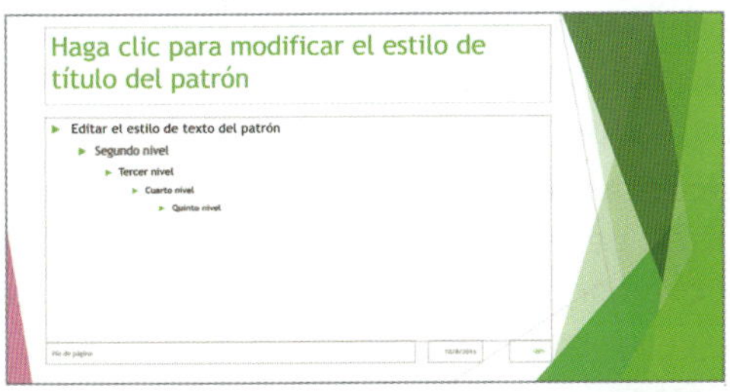

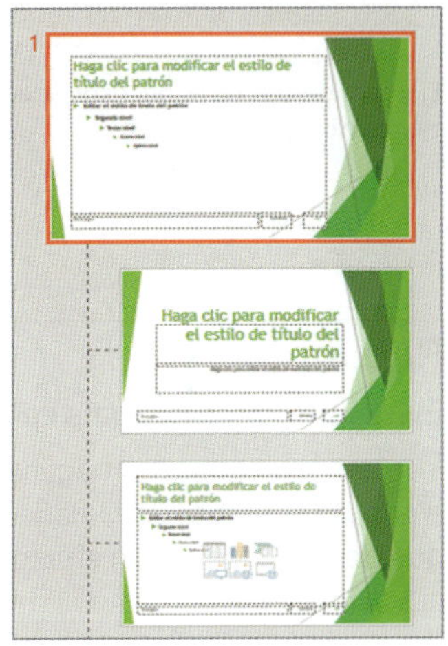

3. Modifica en la diapositiva patrón el color del triángulo que hay en la parte izquierda. Ponlo de color rosa. Haz lo mismo en la primera diapositiva de rango inferior (diapositiva título).
4. Guarda el diseño obtenido con el nombre **Plantilla verde y rosa** y con el tipo **Plantilla de PowerPoint** (.potx).

   Las plantillas se guardan de forma automática en la carpeta Plantillas personalizadas de Office, dentro de Documentos. No obstante, guarda una copia de la plantilla en la carpeta de actividades de esta unidad.
5. Crea una presentación partiendo de la Plantilla verde y rosa. La presentación tendrá como nombre **Presentación verde y rosa** y como tipo **Presentación de PowerPoint** (.pptx). Constará de cuatro diapositivas con un contenido igual al de las siguientes imágenes.

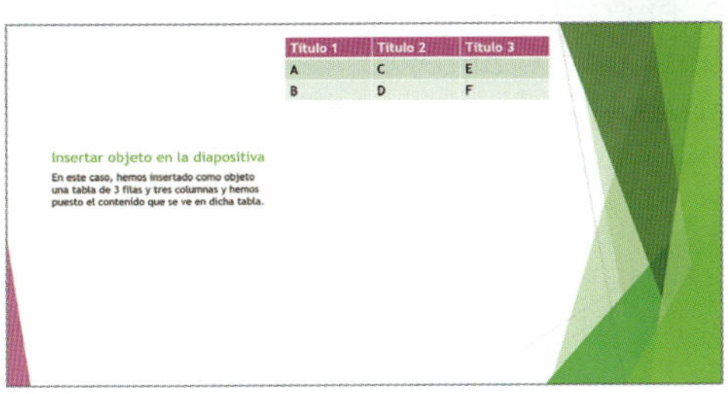

Se aplicarán efectos de transición a las diapositivas y animaciones a los objetos que no sean de texto. Ni los efectos de transición ni las animaciones se reproducirán haciendo clic con el ratón.

1. Presentaciones multimedia

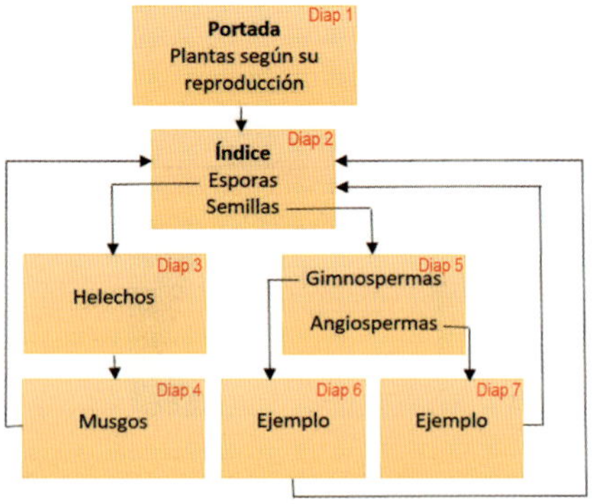

Ejemplo de planificación: esquema con transiciones e hipervínculos.

Se entiende como presentación multimedia el conjunto de imágenes, vídeos y otros objetos presentados en forma de diapositivas que se preparan, por lo general, para ser mostradas en el monitor de un ordenador o para proyectarlas sobre una pantalla, con objeto de informar o entretener.

1.1. Planificación

Antes de elaborar una presentación con diapositivas es necesario planificar el trabajo y prepararse un esquema escrito o mental del orden en el que se mostrarán las diferentes diapositivas, el contenido de cada una de ellas, los hipervínculos que debemos introducir, el tiempo de exposición de cada diapositiva, si el avance de diapositivas será manual o automático, si introduciremos sonidos o música o si la exposición irá acompañada de explicaciones verbales.

En general, podríamos resumirlo así:

- **El objetivo o idea que se presente transmitir.** Debemos pensar en cuáles son las ideas y las impresiones que deseamos transmitir: vender, animar, recordar, reflexionar, informar...
- **De qué forma se pretende hacer la exposición.** De forma secuencial, por temas, partiendo de una idea general para llegar a una conclusión o a la inversa, comentada por orador o con explicaciones incluidas en la propia presentación, etc.
- **A qué tipo de personas va dirigida.** A un grupo profesional o empresarial, al alumnado de una universidad, instituto o escuela infantil, a la familia o amistades, etc.

Recuerda

Evita imágenes de mala calidad

Insertar miniaturas de imágenes pretendiendo que ocupen un tamaño mayor del que tienen, produce un efecto *pixelado*, sin calidad.

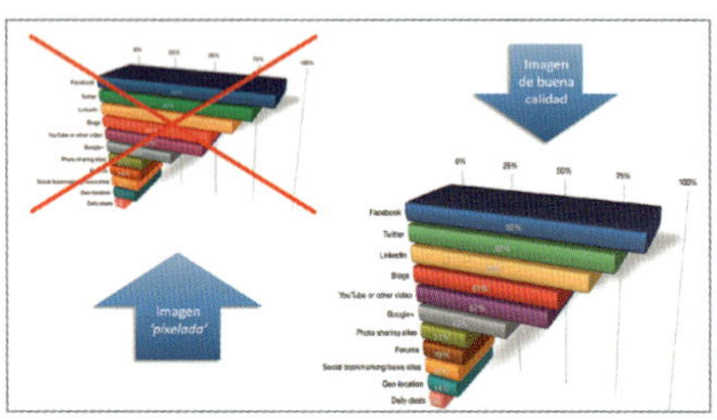

1.2. Aspectos formales de una presentación

- **Imágenes.** Las imágenes que se utilicen deben ser de buena calidad y mantener sus proporciones originales. Es un error colocar una imagen de pequeño tamaño y pretender que ocupe toda la pantalla. Se debe adaptar el espacio a la imagen y no la imagen al espacio disponible.
- **Música.** Es necesario que exista cierta relación entre la idea que se transmite y el tipo de música que se inserta.
- **Transición entre diapositivas.** La transición entre una diapositiva y otra podrá ser manual o automática. En el segundo caso, el tiempo de exposición hasta saltar a la siguiente diapositiva ha de ser el mínimo suficiente para que el receptor tenga tiempo de leer y captar la idea, mientras que un tiempo excesivo le haría perder el interés.
- **Contenido de texto.** No es conveniente introducir mucho contenido en una sola diapositiva. Las presentaciones deben ser esquemáticas y no recargadas. Si es necesario, el contenido de una diapositiva puede dividirse en varias sucesivas. En cuanto al texto, cabe decir que «una imagen vale más que mil palabras».
- **Armonía en el conjunto.** Toda la presentación debe tener en su conjunto un diseño agradable y armónico, evitando sobresaltos en las transiciones y en la animación de imágenes y otros objetos. Del mismo modo, se debe evitar dotar a los objetos y al texto de animaciones largas y aburridas.

Recuerda

Evita exceso de texto e imágenes distorsionadas

Demasiado texto aburre. Las imágenes no han de perder sus proporciones a no ser que sea justo eso lo que pretendamos.

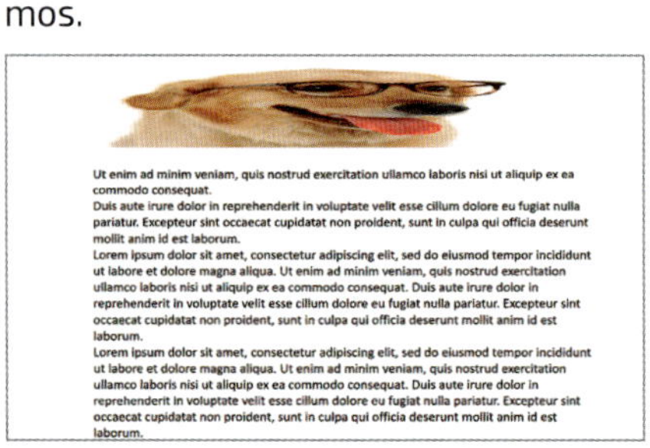

2. Introducción a PowerPoint 2016

2.1. Inicio

Al abrir PowerPoint 2016 encontramos la ventana de inicio, desde la que podemos abrir alguna presentación reciente, una presentación en blanco, alguno de los temas y plantillas mostrados (en la imagen siguiente los hemos señalado con fondo verde), buscar plantillas y temas en línea o crear una presentación con un pequeño tutorial de sugerencias, que aparece con el título «Realizar un recorrido».

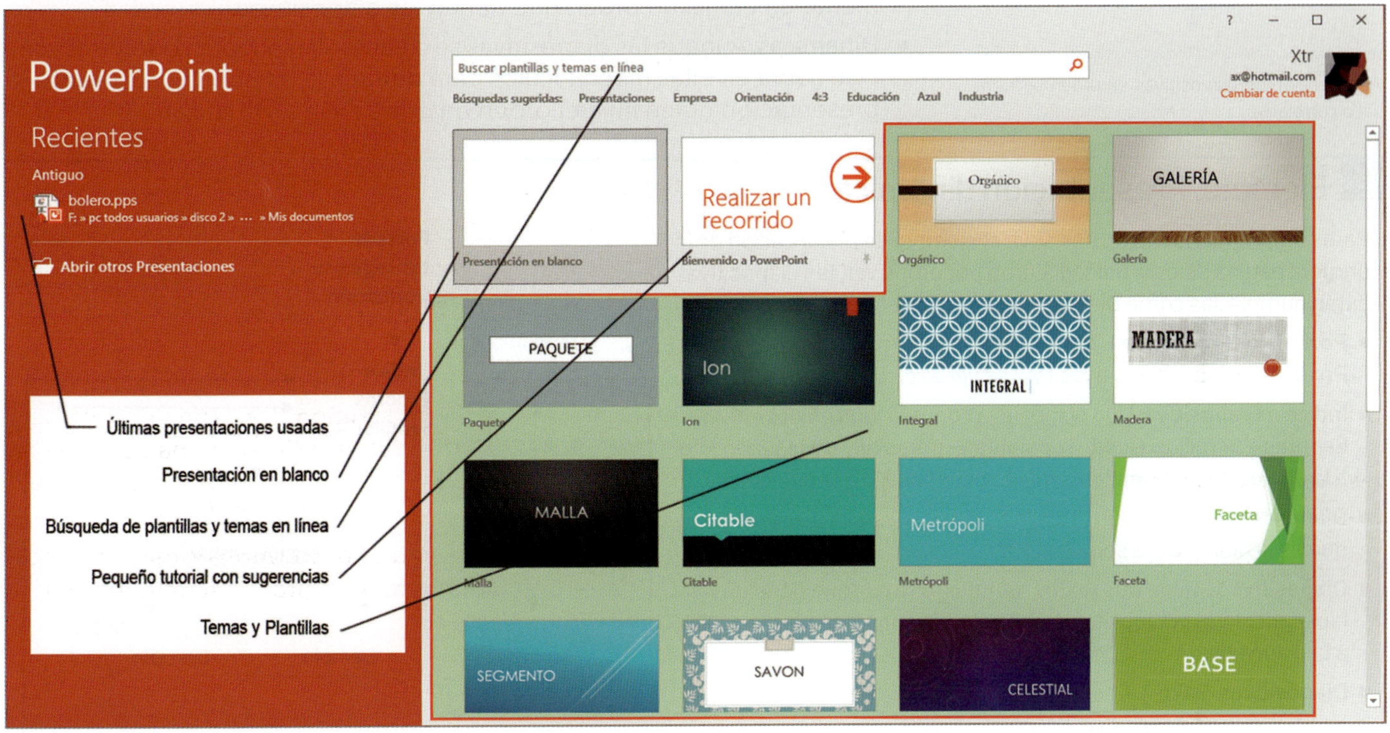

2.2. Ventana de presentación

Una vez que hayamos abierto una presentación existente o estemos trabajando con una nueva, tendremos a la vista la ventana de presentación.

En la imagen siguiente hemos numerado y explicado brevemente las áreas que son específicas de PowerPoint. Las no mencionadas siguen la misma dinámica, que ya conocemos, de todas las aplicaciones del paquete Office.

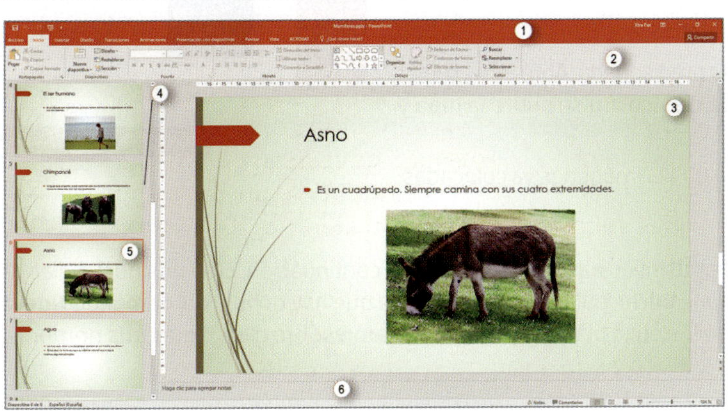

1. Barra con las pestañas, nombre de archivo, herramientas de acceso rápido, compartir y ayuda.
2. **Cinta de opciones** de PowerPoint.
3. Diapositiva activa.
4. En todo el lateral izquierdo está la columna **Vistas de presentación.** Las diapositivas pueden cambiarse de orden arrastrándolas hasta el punto deseado.
5. La **diapositiva activa** está señalada con un marco en el grupo de miniaturas. Como puede verse, se corresponde con la que está visible en el área de trabajo.
6. Cuadro para escribir notas. Se ve o se oculta pulsando al fondo sobre 'Notas'.

Visualización de diapositivas en orden secuencial o correlativo.

3. Transición de diapositivas y animación de objetos

3.1. Transición de diapositivas

Es la forma en que la **diapositiva anterior** se comporta antes de avanzar a la **actual**. Según el **orden** en que ocurre la transición entre las diapositivas, podemos diferenciar las presentaciones entre:

- **Secuenciales o correlativas.** Cuando la presentación se muestra linealmente en el mismo orden que tienen las diapositivas.
- **Dinámicas.** Aunque las diapositivas se crearán siguiendo un orden secuencial, habrá en ellas hipervínculos para que sea la persona que exponga la presentación quien elija el orden en que se van a visualizar.

Ejemplo. Presentación dinámica

Para comprenderlo mejor, nos sirve el ejemplo de planificación de la primera página de esta unidad. Como podemos ver, las diapositivas están numeradas como Diap 1, Diap 2...

- **Portada o Diapositiva 1.** Tiene transición directa a la diapositiva 2. Por lo tanto, las diapositivas 1 y 2 se verán en un orden secuencial.
- **Índice o Diapositiva 2.** La dispositiva contiene dos enlaces: Esporas y Semillas. Desde la palabra **Esporas** hay un hipervínculo a la diapositiva 3. **Semillas** tiene un hipervínculo a la diapositiva 5.
- **Diapositiva 3.** Seguirá un orden secuencial hasta la diapositiva 4, que es la última de la serie Esporas.
- **Diapositiva 5.** Tiene dos textos, **Gimnospermas,** que tiene un hipervínculo a la diapositiva 6, y **Angiospermas**, con hipervínculo a la diapositiva 7.
- **Diapositivas 4, 6 y 7.** Cada una de ellas tendrá un hipervínculo hacia el índice (diapositiva 2).

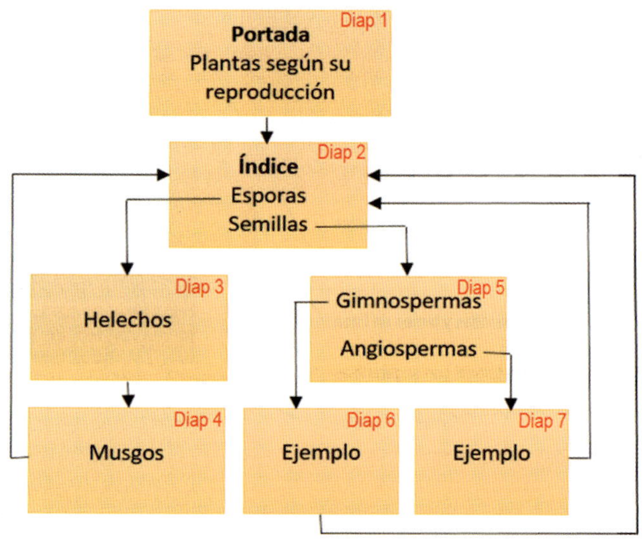

Actividad guiada. Crear presentación a partir de una plantilla prediseñada

Nombre del documento: **Viaje a África.**

Tipo: Presentación de PowerPoint.

1. En primer lugar, crea una carpeta en la que descargarás tres fotos de naturaleza, **a color** y en **formato horizontal,** o bien utiliza imágenes propias de las mismas características.

Buscar y abrir una plantilla prediseñada

2. Harás una presentación de tipo **lineal** a partir de una plantilla prediseñada. Abre PowerPoint y escribe en la línea de búsqueda la frase **Álbum de fotos clásico.** Pulsa sobre la **lupa** y luego sobre la plantilla que lleva ese nombre.
3. Haz clic en el botón **Crear** y se abrirá una presentación con algunas imágenes ya colocadas.

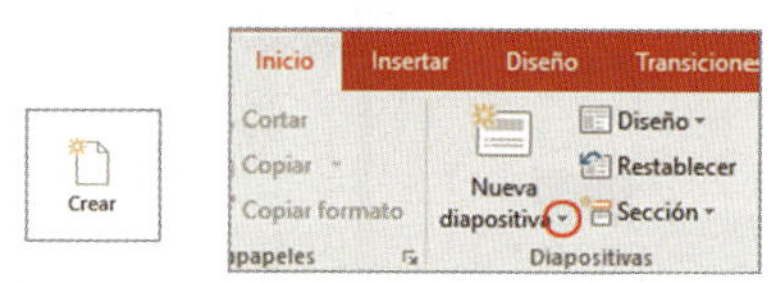

Crear nueva diapositiva

4. En Vistas de presentación, pulsa sobre la última de las diapositivas para seleccionarla. A continuación, crea una nueva diapositiva. Debes hacerlo de la siguiente forma: desde la pestaña **Inicio**, pulsa sobre la flechita que hay debajo del comando **Nueva diapositiva.** Se desplegarán los distintos diseños disponibles en la plantilla. Al pasar el ratón sobre ellos, verás sus nombres. Pulsa sobre el que se llama **3: en horizontal con título.**

continúa >

> continuación

5. En la nueva diapositiva, haz clic en el icono de alguno de los cuadrantes de imagen e inserta una de las fotografías que guardaste en el punto 1. Haz lo mismo en los otros dos espacios con otras fotos y habrás obtenido una diapositiva de apariencia similar a la de la imagen 1.

Cambiar color de las imágenes

6. Las fotos de esta diapositiva no guardan armonía con las demás, que están en blanco y negro. Selecciona una de las imágenes. Activa la pestaña **Formato** y, en el grupo Ajustar, pulsa la flecha debajo de **Color.** Aplícale el **Gris claro, Color de texto 2 oscuro** (imagen 2). Utiliza el mismo color para las otras dos fotos. Agrega el título. Para que quede centrado en su cuadrante, reduce el alto del cuadro de texto (imagen 3).

Imagen 1.

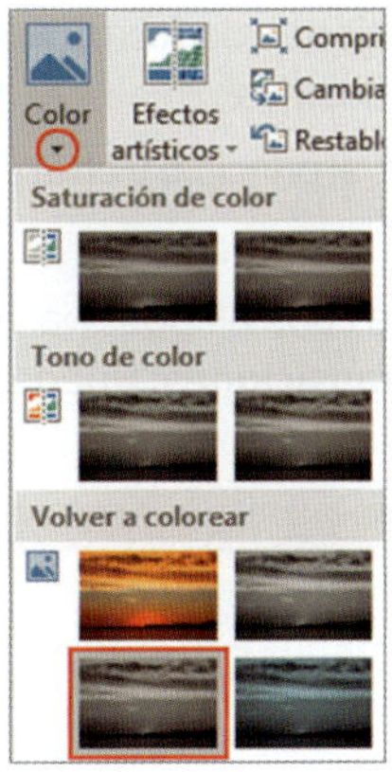

Imagen 2.

Imagen 3

Modificar texto y aplicar efectos artísticos y estilos de imagen

7. Ahora repasa las diapositivas desde la primera. Presta atención al contenido de los textos, pues algunos son pequeños tutoriales:
   - **Diapositiva 1.** Cambia el título por el de **PAISAJES DEL VIAJE A ÁFRICA.** El subtítulo será **Primavera 2016** (imagen 4).
   - **Diapositivas 2 y 3.** Cambia los textos a tu elección.
   - **Diapositiva 4.** Lee el texto de la diapositiva. Selecciona la imagen y activa la pestaña **Formato.** En el grupo Ajustar → **Efectos artísticos,** selecciona el efecto **Plastificado.** Ahora modifica el texto por alguno que tú elijas.
   - **Diapositiva 5.** Lee el texto. Selecciona la primera imagen y activa la pestaña Formato. Despliega el grupo **Estilos de imagen** y aplícale el efecto **Perspectiva biselada.** Luego cambia el texto. La diapositiva quedará como en la imagen 5.

Imagen 4.

Imagen 5.

8. Guarda la presentación, con el nombre y tipo indicados al principio de la actividad, en la carpeta correspondiente a esta unidad didáctica.

Actividad guiada. Transición por tiempo, igual para todas las diapositivas

Nombre del documento: **Viaje a África con tiempo de transición.**

Tipo: Presentación de PowerPoint.

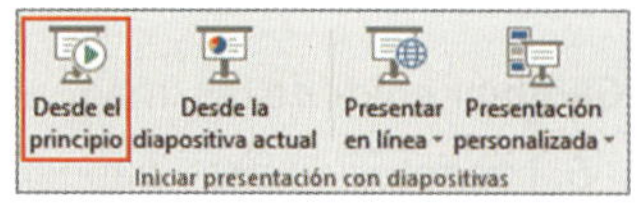

1. Si no estuviera abierto, abre **Viaje a África.** Para ver la presentación completa, activa la pestaña **Presentación con diapositivas.** Pulsa sobre el comando **Desde el principio,** del grupo Iniciar presentación con diapositivas.
2. Habrás observado que, para ver todas las diapositivas, hay que hacer clic con el ratón sobre cada una de ellas. Esto no es un problema ni un error: podríamos dejar así la presentación si queremos ir explicando algo verbalmente al exponer una diapositiva u otra. Pero, si no vamos a hacer una exposición oral, pueden configurarse las transiciones de forma automática de modo que, después de un cierto tiempo, se vea la siguiente diapositiva.
3. **Guarda la presentación** con el nombre y tipo indicados al principio y en la carpeta correspondiente.

Configurar tiempo de transición

4. A continuación pondremos un tiempo de transición a cada diapositiva. Selecciona la primera de ellas en Vistas de diapositivas. Activa la pestaña **Transiciones.** Puedes ver tres grupos: **Vista previa, Transición a esta diapositiva** e **Intervalos.**

5. Observa que en el grupo **Transición a esta diapositiva** está marcado **Desvanecer.** Esa es la transición que viene predeterminada para todas las diapositivas de esta plantilla. La vamos a dejar así porque es la más adecuada.
6. En esta actividad solo se trata de eliminar la transición mediante clic y ponerla por tiempo y esto se hace en el grupo **Intervalos.** Quita la marca **Al hacer clic con el mouse.** Marca **Después de** y fija en 4 segundos. Por último, pulsa sobre **Aplicar a todo.** De esa forma, el intervalo de transición quedará igual para todas las diapositivas de la presentación.

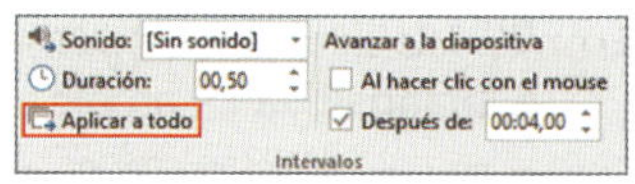

7. Activa la pestaña Presentación con diapositivas → Desde el principio. Ahora puedes ver la presentación de principio a fin sin tener que utilizar el ratón.
8. Guarda los cambios y cierra la presentación.

Actividad propuesta. Crear presentación desde plantilla prediseñada y modificarla

Nombre del documento: **Álbum de fotografías de familia.**

Tipo: Presentación de PowerPoint.

1. Abre PowerPoint y busca una plantilla que contenga el nombre **Álbum.** De entre las que aparecen en la lista, abre la que se llama **Álbum de fotos familiar (diseño natural con hojas)** y crea una presentación.
2. Guarda la presentación con el nombre y el tipo que se han indicado al principio.
3. En Vistas de presentación, elimina las diapositivas 10 a 17 (puedes marcarlas todas manteniendo pulsada la tecla Control).
4. Deja las fotografías de la plantilla e introduce las tuyas propias en las diapositivas 7, 8 y 9.
5. Introduce textos a tu gusto en los espacios de texto, así como el título y el subtítulo que desees darle a la presentación (en la primera diapositiva).
6. Cambia el color de algunas imágenes y pon algún efecto artístico en otras.
7. Establece un tiempo de transición igual para todas las diapositivas.
8. Guarda los cambios. Muestra la presentación desde el principio y, posteriormente, haz los ajustes que creas convenientes, en caso necesario.
9. Cierra PowerPoint.

3.2. Animación de objetos

A las imágenes, al texto o a cualquier otro objeto insertado en una diapositiva se les pueden aplicar animaciones. Estas se encuentran bajo la pestaña **Animaciones**.

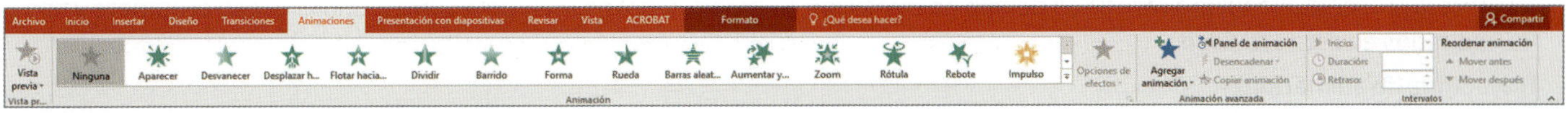

Aunque trabajaremos con las animaciones en las actividades, conviene saber previamente que existen cuatro tipos:

- **Entrada.** La imagen, o cualquier otro objeto, **entra en la diapositiva** (aparece) y se produce el movimiento o efecto que se le haya aplicado de entre los que se encuentran en el grupo Animación.
- **Énfasis.** El objeto no sale ni entra de la diapositiva, pero en la posición en la que se encuentre se producirá en él el efecto o movimiento de la animación asignada al mismo.
- **Salida.** El objeto **sale de la diapositiva** (desaparece) al efectuarse la animación que se le haya aplicado.
- **Trayectorias de animación.** El objeto se desplazará por la diapositiva siguiendo una trayectoria que se habrá diseñado cuando se configura su animación.

Un mismo objeto puede tener **más de una animación**. Por ejemplo, puede tener una animación de entrada y, a continuación, una de salida. El número de animaciones se muestra en recuadros junto al objeto animado.

Los distintos tipos de animaciones pueden verse si se despliega el grupo Animaciones desde su ángulo inferior derecho.

Saber más

Los comandos de la pestaña Animación estarán activos si se tiene seleccionado algún elemento de la diapositiva al que se le pueden aplicar animaciones.

Comandos inactivos

Comandos activos

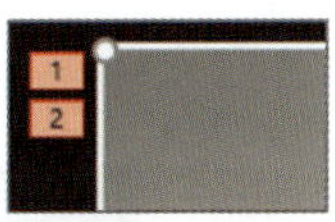

Objeto con dos animaciones.

Al final de la cinta de opciones tenemos los grupos **Animación avanzada** e **Intervalos**, cuyos comandos utilizaremos en las actividades.

Si se pulsa sobre **Panel de animación**, este será visible a la derecha de la pantalla.

Recuerda

Es aconsejable haber leído el contenido del epígrafe 3.2 y revisarlo mientras se realizan actividades con animación de objetos.

Actividad guiada. Animar objetos de una presentación

Nombre del documento: **Viaje a África animado.**

Tipo: Presentación de PowerPoint.

1. Abre la presentación **Viaje a África con tiempo de transición**. Guárdalo ahora en la carpeta correspondiente con el nombre y tipo indicados en esta actividad.

Trayectoria de animación

2. Selecciona la primera diapositiva y luego la imagen. Despliega el grupo Animación. Haz clic en **Líneas,** de Trayectorias de animación (imagen 1). Se habrá creado una animación vertical.
3. Pero deseamos que la imagen se mueva hacia la izquierda: Haz clic sobre **Opciones de efectos,** a la derecha del grupo Animación, y luego pulsa sobre **Izquierda** (imagen 2).
4. Tendremos ahora una línea de trayectoria desde la imagen hacia la izquierda (imagen 3), aunque queremos que el recorrido sea mayor. Pulsa sobre la punta roja de la línea para que se convierta en un punto (imagen 4). Arrastra el punto rojo hacia la izquierda hasta que veas un duplicado de la imagen en el punto en donde se detendrá. Ten como referencia el título que está debajo (imagen 5).

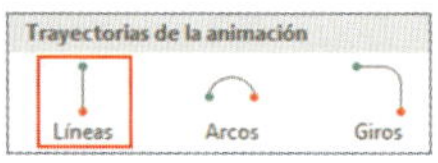

Imagen 1.

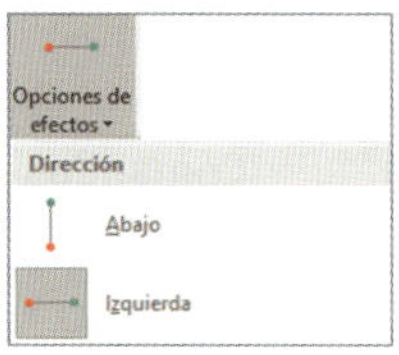

Imagen 2.

Imagen 3.

Imagen 4.

Imagen 5.

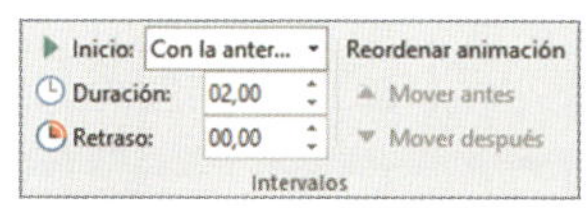

Imagen 6.

5. Vuelve a seleccionar la imagen. Activa la pestaña Animaciones y configura el grupo Intervalos (ver imagen 6):

El **inicio** de una animación puede hacerse **Al hacer clic** sobre la diapositiva, **Con la anterior** (al mismo tiempo que la animación anterior de la diapositiva) y **Después de la anterior** (después de la anterior animación de la diapositiva). En nuestro caso causaría el mismo efecto **Con la anterior** que **Después de la anterior,** pues no hay otra animación. Lo que no queremos es que sea necesario hacer clic para que se desplace.

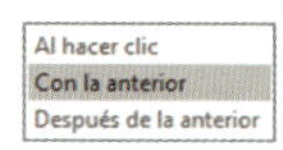

Prueba la animación

6. Puedes probar el efecto de animación desde el Panel de animación, pulsando en **Reproducir todo,** o bien pulsando el icono **Presentación con diapositivas** de la parte inferior derecha de la pantalla.

7. **Guarda los cambios** y continúa creando las animaciones que se irán explicando.

continúa >

> continuación

Animación sucesiva de varios objetos en una diapositiva

8. Selecciona la diapositiva 3. A las tres imágenes de la diapositiva les vamos a aplicar un **Efecto de entrada.** Pulsa sobre la primera imagen y activa la pestaña Animaciones. Aplícale el efecto **Forma.** A la segunda, el efecto **Zoom** y a la tercera, el efecto **Flotar hacia arriba.**
9. Observa que ahora cada una de las imágenes tiene un efecto (solo tiene un número en su lateral) y que hay tres efectos en la presentación, que se reproducirán en el orden en que se han ido aplicando. Pero este orden se puede cambiar: si no está visible el **Panel de animación,** haz que se muestre.

Cambiar el orden de aparición de las animaciones

10. En el Panel de animación vemos que el orden está así:

11. Selecciona, en el Panel de animación, la primera de la lista. Pulsa sobre la flecha hacia abajo que hay a la derecha del panel y esta animación pasará al segundo lugar. En la diapositiva ya vemos que los números que se encuentran junto a cada imagen también han cambiado (cuando guardemos la presentación probablemente veremos un cero [0] junto a cada diapositiva).

Esto también puede hacerse desde el grupo **Intervalos** de la pestaña **Animaciones** si se pulsa sobre **Mover antes** o **Mover después.**

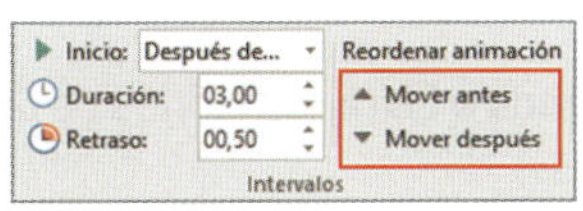

Configurar aparición de animaciones con tiempo (y no con clic)

12. Observa también que, en el Panel de animación, delante del nombre de cada imagen está el dibujo de un ratón. Esto es porque están prediseñadas para que cada animación se produzca haciendo clic en la diapositiva. Cambiarlo para que se reproduzcan automáticamente puede hacerse desde el mismo Panel de animación, pero es más fácil hacerlo desde el grupo **Intervalos** de la pestaña **Animaciones.**
13. En el Panel de animación selecciona una de las imágenes y, en el grupo Intervalos, fija las animaciones (todas iguales) de forma que se reproduzcan **Después de la anterior,** para que cada animación dure **3 segundos** y con un retraso respecto de la anterior **de 0,25** segundos.

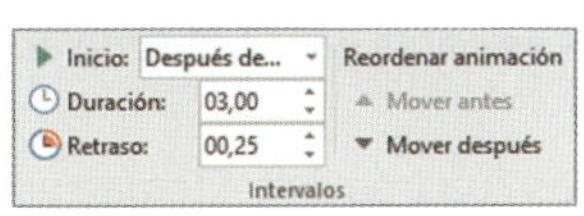

Probar la animación

14. Prueba las animaciones de esta diapositiva, teniéndola activa en la pantalla. Recuerda que puedes hacerlo desde el icono **Presentación con diapositivas** de la parte inferior derecha de la pantalla, o desde la pestaña **Presentación con diapositivas → Desde la diapositiva actual.**
15. Guarda los cambios y cierra la presentación.

Actividad propuesta. Animar objetos de una presentación. Guardar en otro formato

Nombre del documento: **Álbum de familia animado.**

Tipos: Presentación de PowerPoint y Presentación con diapositivas de PowerPoint.

Abre la presentación Álbum de fotografías de familia. **Guárdalo** ahora en la carpeta correspondiente con el nombre Álbum de familia animado y con el tipo **Presentación de PowerPoint** (pptx).

1. **Diapositiva 4.** Aplica las siguientes animaciones y en el mismo orden en que se indican, teniendo en cuenta que en **ninguna** de ellas se utilizará la opción **Al hacer clic.**
   - **Imagen derecha.** Animación de entrada: **Dividir.** Duración: 0,5 segundos.
   - **Imagen central.** Animación de entrada: **Rebote.** Duración: 2 segundos. Retraso: 2 segundos.
   - **Imagen central.** Animación de salida: **Flotar hacia afuera.** Duración: 1 segundo. Retraso: 1 segundo.
   - **Imagen izquierda.** Animación de énfasis: **Tambalear.** Duración: 1 segundo. Retraso: 1 segundo.
   - **Imagen central.** Animación de entrada: **Desplazar hacia arriba.** Duración: 1 segundo. Retraso: 1 segundo.

Instantáneas de la diapositiva durante su reproducción

2. Guarda los cambios realizados.

Guardar como Presentación con diapositivas de PowerPoint

3. Guarda ahora la presentación con el mismo nombre Álbum de familia animado, pero esta vez con el tipo **Presentación con Diapositivas de PowerPoint** (ppsx).

Cuando se ha guardado una presentación con el tipo Presentación con Diapositivas de PowerPoint (extensión .ppsx), al abrir el archivo, la presentación aparecerá de inmediato en modo Vista.

Para **editar** una presentación del tipo Presentación con diapositivas de PowerPoint, hay que abrir PowerPoint y desde ahí abrir la presentación.

Si mostramos la carpeta en vista **Iconos pequeños** o **Lista,** los iconos de la **Presentación de PowerPoint** y de la **Presentación con Diapositivas de PowerPoint** son diferentes:

Actividad propuesta. Editar presentación con diapositivas de PowerPoint. Animar texto

Nombre del documento: **Álbum de familia animado.**

Tipo: Presentación con diapositivas de PowerPoint.

1. Abre la presentación de la actividad anterior que se había guardado con el tipo **Presentación con diapositivas de PowerPoint** y con el nombre **Álbum de familia animado.**
2. Aplica animaciones a los títulos, subtítulos y otros cuadros de texto que encuentres en todas las diapositivas.
3. Las animaciones se deberán reproducir, en todos los casos, sin necesidad de hacer clic con el ratón.
4. Puedes utilizar animaciones de entrada, de salida, de énfasis y trayectorias.
5. A uno de los textos, el que prefieras, le deberás aplicar dos animaciones sucesivas.
6. Cuando hayas terminado y verificado que las animaciones funcionan correctamente, guarda los cambios de la presentación, manteniendo tanto el nombre como el tipo de archivo.

4. Diseño de diapositivas y presentaciones

4.1. Diseño general de la presentación

La pestaña **Diseño** cuenta con cuatro grupos de opciones:

- **Temas.** Se utilizan para dotar a todas las diapositivas de la presentación de un diseño común en lo que respecta a colores, fondo, efectos y posición de textos y objetos. Algunos objetos, como los textos de WordArt, gráficos estadísticos o de SmartArt, se adaptarán al tema elegido.
- **Variantes**. Dentro de un tema que se haya seleccionado para la presentación, se puede escoger entre algunas variantes que se ofrecen, así como modificar colores, fuentes, efectos y estilo de fondo.

Saber más

Cualquier variación introducida en un tema puede guardarse como tema nuevo desplegando el grupo Temas y pulsando en **Guardar tema actual.**

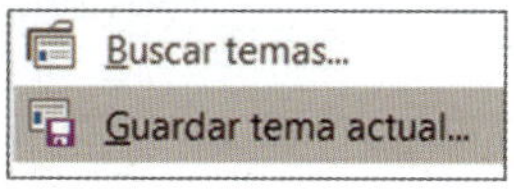

Ejemplo

Variaciones de un gráfico de SmartArt en el tema predeterminado de Office al aplicar otro tema o alguna de sus variantes. Esos cambios se producen con un solo clic de ratón.

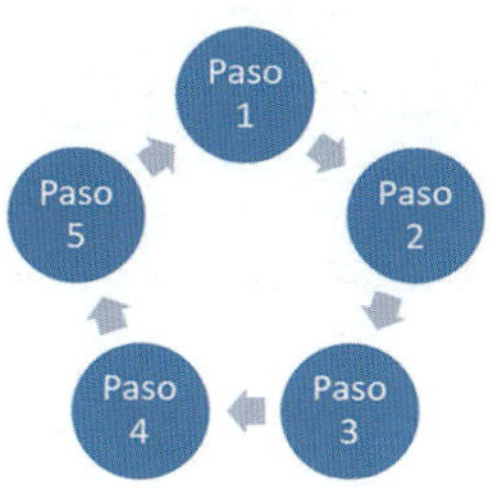

Tema de Office.

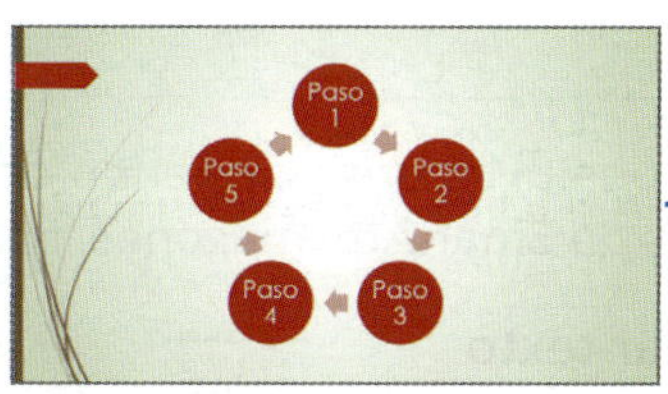
Tema Espiral.

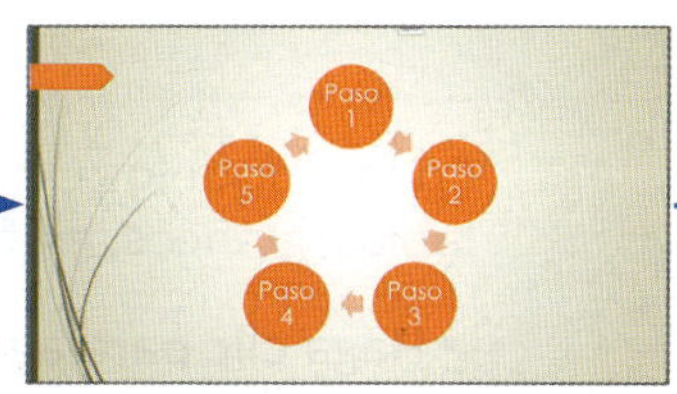
Espiral, variante 1.

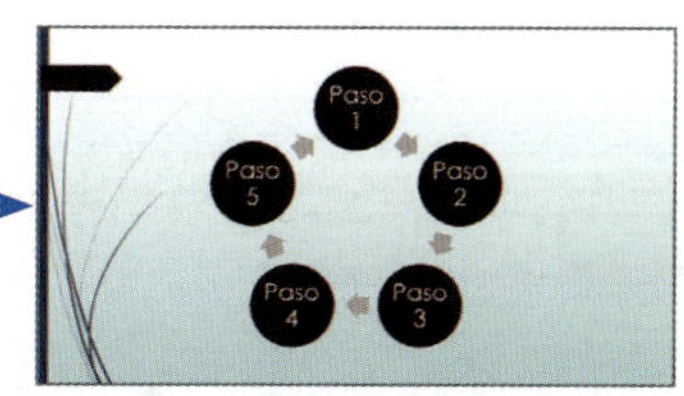
Espiral, variante 2.

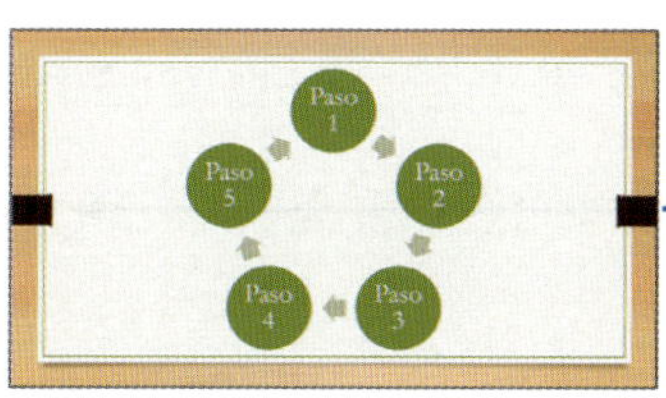
Tema Orgánico.

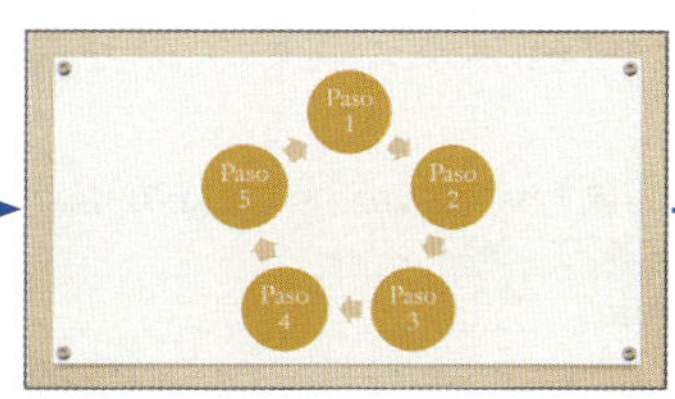
Orgánico, variante 1.

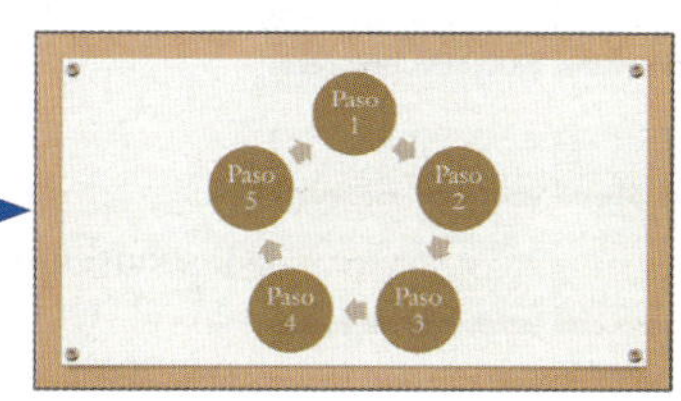
Orgánico, variante 2.

- **Personalizar.** Se puede diseñar el **fondo** de las diapositivas seleccionadas aplicando colores sólidos o degradados, imágenes o tramas. También puede cambiarse el **tamaño** de las diapositivas de la presentación.

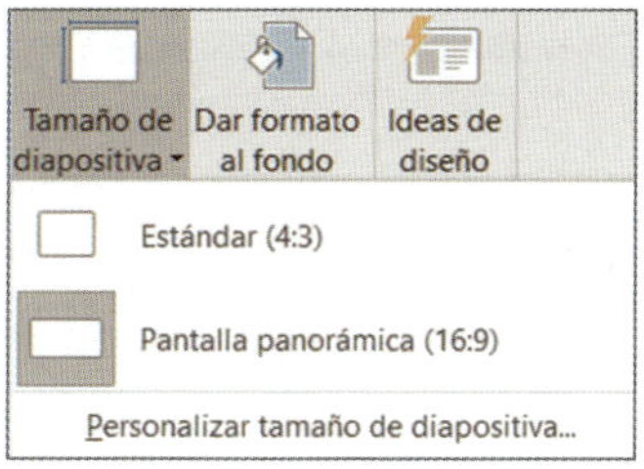

- **Diseñador,** con el comando **Ideas de diseño.**

Saber más

Ideas de diseño solo está disponible para suscriptores de Office 365.

4.2. Diseño de una diapositiva

En la pestaña **Inicio** se puede elegir el diseño que tendrá la diapositiva actual o la que se vaya a insertar a continuación. Basta pulsar, respectivamente, en las flechas que hay junto a **Diseño** o **Nueva diapositiva.** Esto podemos verlo de forma gráfica en la siguiente imagen, en la que los distintos diseños disponibles pertenecen al Tema de Office. Cada tema tiene sus propios modelos de diapositivas.

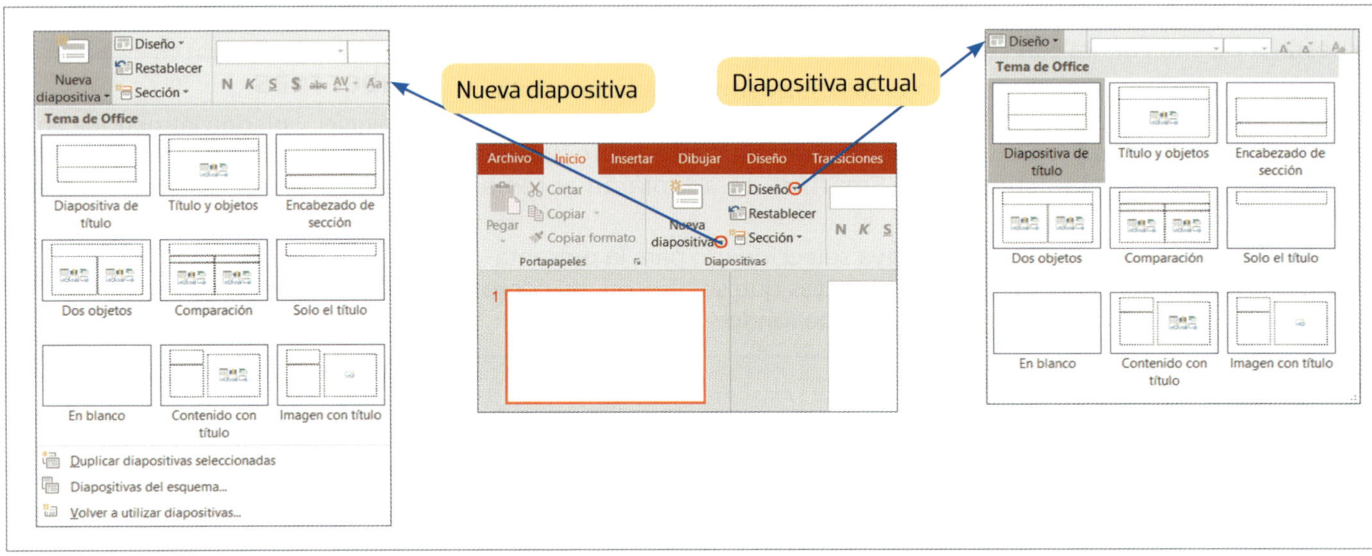

Diseños disponibles en el tema Evento principal.

En los modelos de diapositivas que contienen objetos, estos pueden ser tablas, gráficos, gráficos de SmartArt, imágenes, imágenes en línea y vídeos.

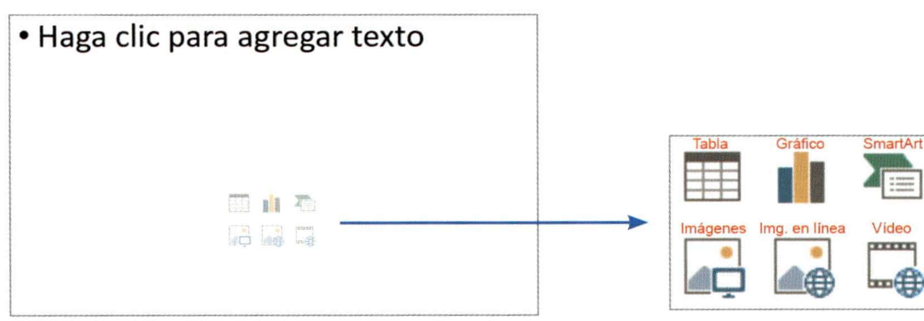

Actividad guiada. Presentación en blanco con objetos y tema de diseño

Nombre del documento: **Informe trimestral.**

Tipo: Presentación de PowerPoint.

1. Abre PowerPoint y crea una **presentación en blanco.** Se abrirá la nueva presentación con la primera diapositiva, de la que se puede cambiar el diseño, aunque se va a dejar como está. Escribe **Informe trimestral** como título y **Departamento de Recursos Humanos** como subtítulo.

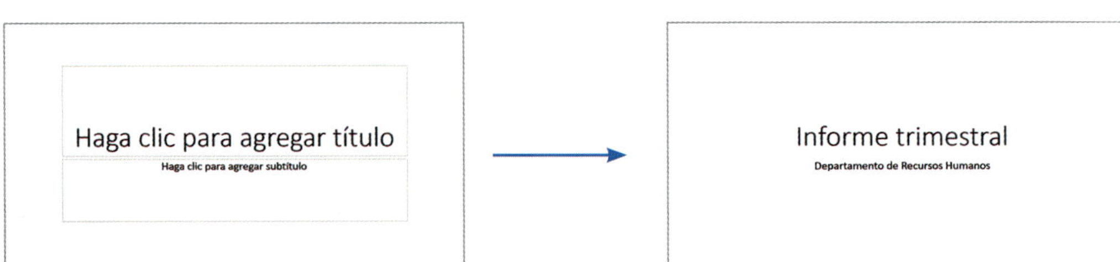

continúa >

> continuación

2. Desde la pestaña **Inicio** inserta una nueva diapositiva con el diseño **Título y objetos**. Pon el título **Equipo de trabajo.** Inserta como objeto un gráfico de SmartArt **Jerarquía con imágenes en círculos.** Utiliza imágenes propias o en línea para colocar en los círculos. Completa la diapositiva.

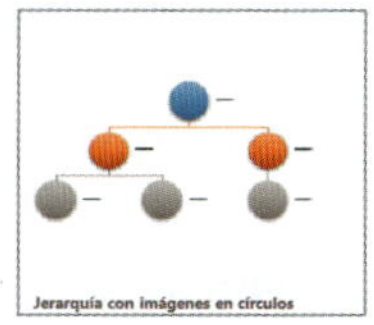

Para eliminar las formas sobrantes de SmartArt, primero completa las que están en la diapositiva. A continuación, borra el cuadro de texto de las que sobran y se irán eliminando.

3. Inserta una nueva diapositiva con el mismo diseño de la anterior. En ella pondrás como título **Personas entrevistadas.** El contenido del área de objeto será un gráfico de **columna agrupada.**

Tras haber aceptado se abrirá una hoja de Excel. Elimina la fila 5 pulsando en el nombre de la fila con el botón secundario → Eliminar.

Completa la hoja como puedes ver a continuación y, al terminar, ciérrala. El gráfico habrá quedado insertado en su lugar.

Agrega al gráfico título y etiquetas de datos.

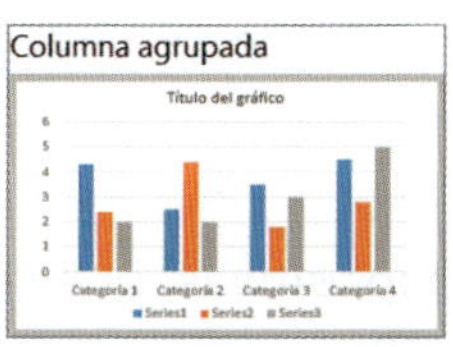

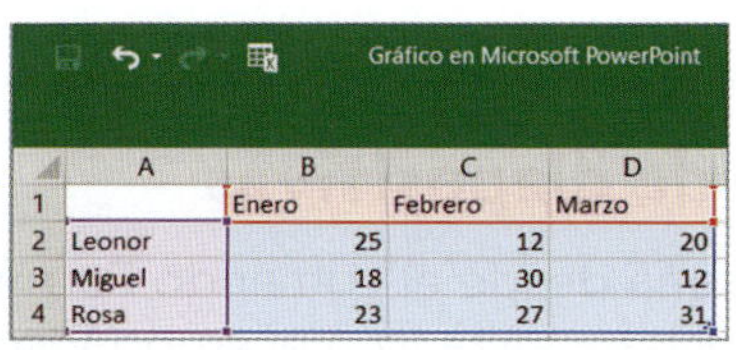

	A	B	C	D
1		Enero	Febrero	Marzo
2	Leonor	25	12	20
3	Miguel	18	30	12
4	Rosa	23	27	31

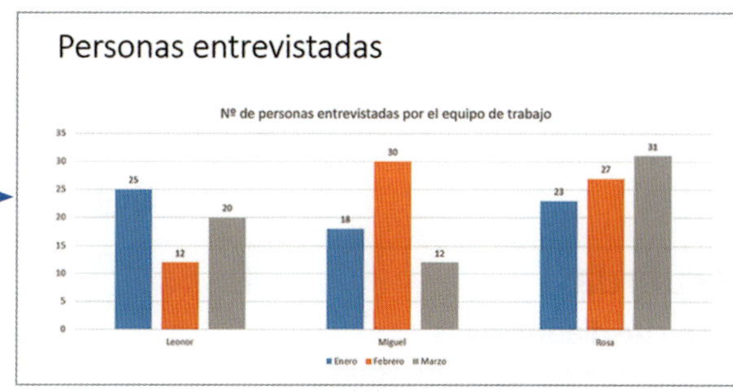

4. Fuera de la presentación crea un vídeo de corta duración en el que expliques el sistema de entrevistas llevadas a cabo, el perfil más común de las personas entrevistadas y el número de contrataciones producidas tras las entrevistas en los meses de enero, febrero y marzo. El vídeo puede hacerse con imágenes ilustrativas de cada parte explicada o bien solo a modo de reportaje en el que una persona habla y se graba lo que explica.

Si así se considera conveniente, en lugar de un vídeo propio, puede descargarse de internet un vídeo corto Creative Commons y utilizarlo para la diapositiva.

5. Inserta una nueva diapositiva de título y objetos. El título será **Método de selección y contrataciones.** Como objeto, inserta el vídeo del punto 4.

6. Desde la pestaña **Diseño** pasa el ratón por los diferentes temas para ver directamente el efecto que tendrían sobre el conjunto de diapositivas.

Selecciona el tema **Parallax.** Una vez aplicado el tema, en la misma pestaña, pulsa sobre la segunda variante del grupo Variantes. Observa cómo los distintos elementos de las diapositivas se modifican: posición, fuente, colores utilizados para los gráficos, fondo...

7. Guarda la presentación con el nombre y tipo indicados al principio. Teniendo en cuenta las diferencias que pueda haber en las imágenes que hayamos utilizado, la vista de las cuatro diapositivas de la presentación sería muy similar a las que se muestran en las miniaturas siguientes. Cierra la presentación.

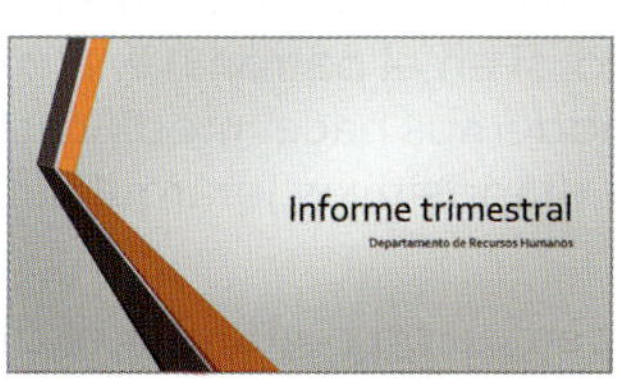

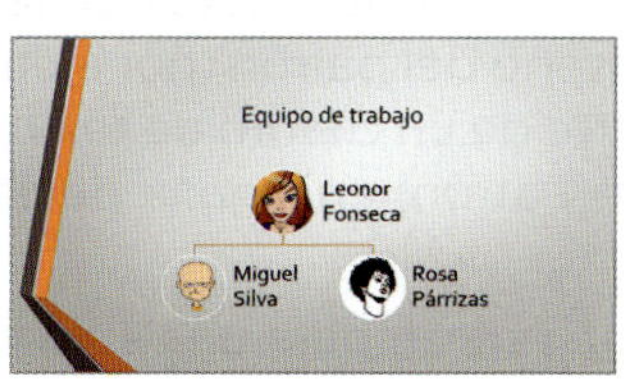

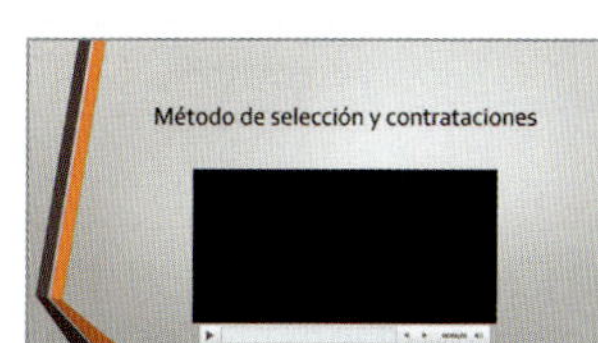

Actividad guiada. Modificar fuente y colores del tema. Guardar tema

Nombre del documento: **Informe trimestral modificado.**

Tipo: Presentación de PowerPoint.

1. Abre la presentación de la actividad anterior, **Informe trimestral,** y guárdala ahora con el nombre y tipo indicados. No olvides colocarla en la carpeta de actividades de esta unidad didáctica.
2. Despliega el grupo Variantes de la pestaña Diseño. En **Colores,** selecciona el que lleva por nombre **Violeta.**
3. De la misma manera que en el punto 2, pulsa sobre **Fuentes** y selecciona **Candara.**
4. La presentación habrá adoptado la forma que mostramos en el modelo de la derecha **(Vistas de presentación** en modo normal).
5. Guarda los cambios de la presentación.

Guardar el tema personalizado

6. Para conservar los cambios realizados en el tema guardándolo como tema nuevo: despliega el grupo Temas y, al final del mismo, pulsa sobre **Guardar tema actual.** El nombre del nuevo tema será **Tema1**. A partir del momento en que se guarde, estará visible en la galería de temas y disponible para utilizarlo en otras presentaciones si se utiliza el mismo ordenador.

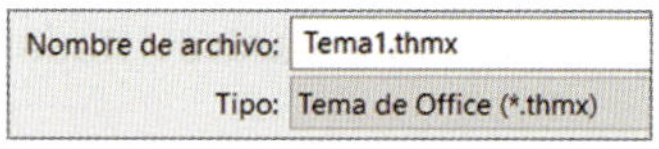

Recuerda

Patrón de diapositivas

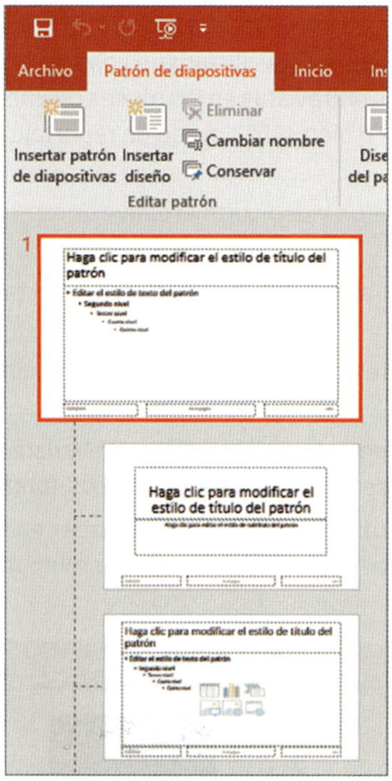

La primera diapositiva es el patrón principal de la presentación.

4.3. Patrón de diapositivas

El patrón se diseña desde el comando **Patrón de diapositivas,** que se encuentra en la pestaña **Vista** y en el grupo **Vistas Patrón.**

En esta vista, llamamos patrón de diapositivas a la diapositiva principal de una presentación o, lo que es lo mismo, la primera de la jerarquía, aunque una presentación puede contener más de un patrón.

En este patrón se almacena información acerca de las fuentes utilizadas, formas, colores, tamaño y posición de los elementos, etc., y los cambios que se realicen en su diseño afectarán a las demás diapositivas de la presentación.

Diseñar el patrón, además de dotar a la presentación de un diseño homogéneo y personalizado, evita realizar tareas repetitivas. Por ejemplo, si deseamos que todas las diapositivas contengan un pie de página, idéntico en formato y posición, deberíamos copiarlo de una y pegarlo en las demás, salvo que se introduzca en el patrón de diapositivas.

Si observamos que algunos objetos de las diapositivas secundarias no se ajustan bien al diseño del patrón (por ejemplo, si en el patrón hay algún dibujo que tapa parte de un cuadro de texto), podemos hacer modificaciones (también en Vista Patrón) en alguna de esas diapositivas jerárquicamente inferiores.

Se puede crear un patrón para una sola presentación o guardar el diseño como **plantilla** para usarla en otras presentaciones futuras.

Actividad guiada. Crear un Patrón de diapositivas

Nombre del documento: **Plantilla con patrón de diapositivas.**

Tipo: Plantilla de PowerPoint.

1. Abre PowerPoint con una **presentación en blanco.**
2. Activa la pestaña **Vista** y pulsa sobre el comando **Patrón de diapositivas,** del grupo **Vistas Patrón.**
3. En la columna Vistas de presentación, selecciona la primera de ellas, que tiene un 1 a su izquierda.

Poner fondo de imagen

4. En el área de trabajo, pulsa con el botón secundario del ratón en la diapositiva y marca Formato del fondo (imagen 1).
5. En el panel de la derecha, selecciona **Relleno con imagen o textura → Insertar imagen desde.** Escoge una imagen de archivo o bien una imagen en línea con predominio de amarillo. (Como ejemplo, hemos puesto un fondo amarillo con bolas blancas). Aplica a la imagen una transparencia adecuada, que permita ver bien el contenido de todos los elementos. En nuestro caso, hemos aplicado una transparencia del 80 % (imagen 2).
6. Activa la pestaña **Insertar → Formas.** En el ángulo superior derecho, inserta la forma **Cubo,** que tendrá unas dimensiones de 2,2 x 2,2 (imagen 3).

   Desde la pestaña **Formato,** aplícale un **estilo de forma** Relleno degradado – Oro, Énfasis 4, sin contorno (imagen 4). Inserta en la forma el texto I+D.

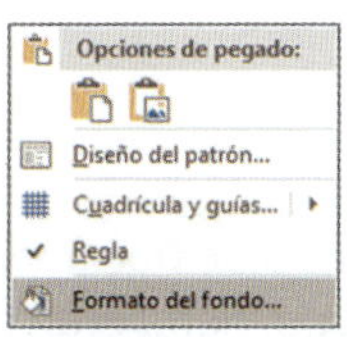

Imagen 1.

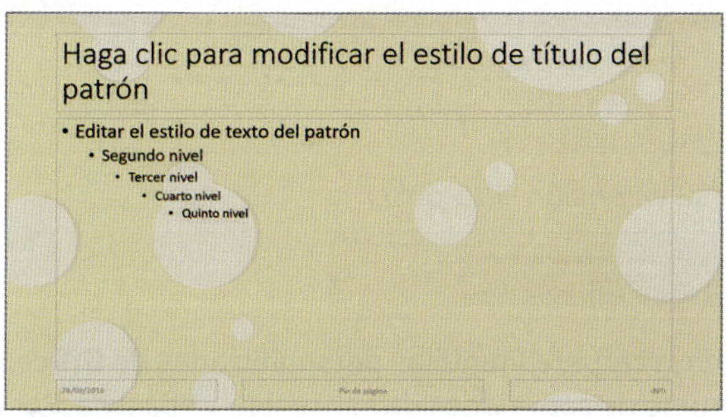

Imagen 2.

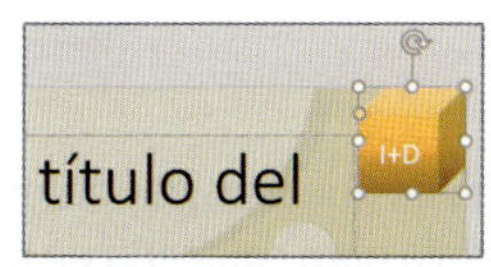

Imagen 3.

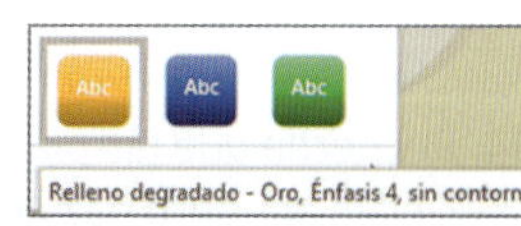

Imagen 4.

7. Observa, en la columna Vistas de presentación, cómo todas las diapositivas de la jerarquía van adquiriendo el mismo formato del patrón.
8. Modifica los colores del texto con viñetas como se especifica a continuación. Si después de haber aplicado los colores, no resultan bien visibles, modifica la transparencia del fondo.

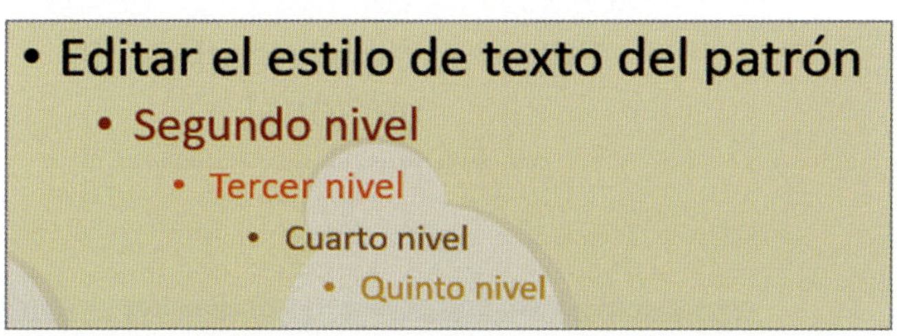

Primer nivel: Negro
Segundo nivel: Naranja, Énfasis 2, Oscuro 50%.
Tercer nivel: Naranja, Énfasis 2, Oscuro 25%.
Cuarto nivel: Oro, Énfasis 4, Oscuro 50%.
Quinto nivel: Oro, Énfasis 4, Oscuro 25%.

9. Desde la pestaña **Insertar,** inserta una forma Rectángulo de ángulos redondeados. Coloca la forma de lado a lado en la posición que puedes ver en la siguiente imagen y aplícale el estilo Relleno degradado – Azul, Énfasis 5, sin contorno (en la pestaña Formato).
10. En el pie de página, deja como están el recuadro fecha y el de número de diapositiva. En el Pie de página escribe **I+D Asociados.** Cambia el color de la fuente de este último elemento para que sea negro (se hará desde la pestaña Inicio, grupo Fuente).

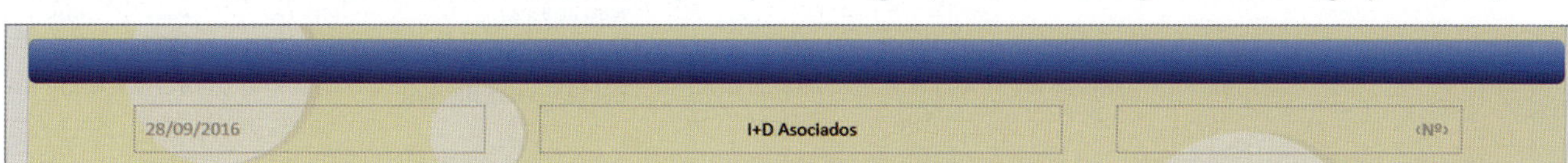

continúa >

> continuación

Los encabezados y pies de página que se han configurado con el Patrón de diapositivas no serán visibles si no se activan.

Para activarlos, pulsa en la pestaña **Insertar → Encabezado y pie de página** (grupo Texto). Se marcan las casillas de los elementos que deberán ser visibles.

Observa que en la Vista previa (recuadro superior derecho) están en negro los recuadros que hemos marcado como visibles: **Fecha y hora** y **Pie de página.**

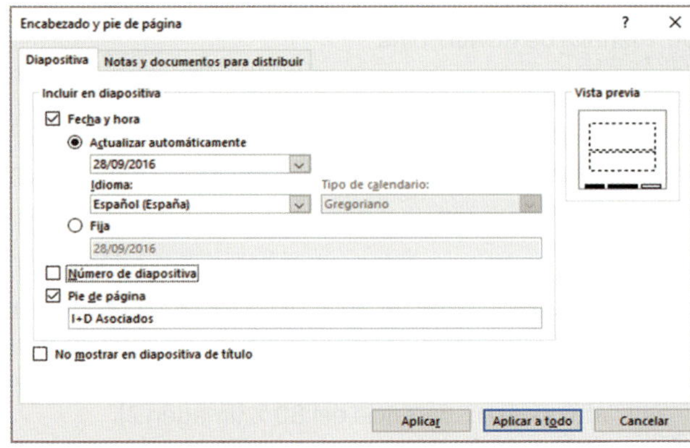

11. Haz que sean visibles, en el pie de página, **Fecha y hora** y **Pie de página.** Pulsa sobre **Aplicar.**
12. Vuelve a activar la pestaña **Patrón de diapositivas** y pulsa sobre **Cerrar vista Patrón.**

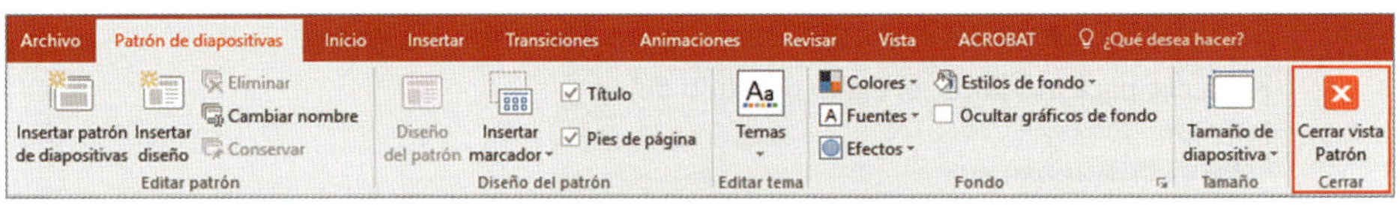

13. Guarda el documento como Plantilla de PowerPoint (su extensión será .potx).

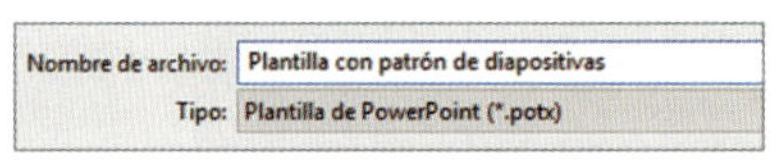

14. Recuerda que las plantillas se guardan por defecto en la carpeta **Plantillas personalizadas de Office,** dentro de Documentos. Déjala ahí, pero haz una copia para colocarla en la carpeta de actividades de esta unidad didáctica. Por último, cierra el archivo.

Actividad propuesta. Crear presentación con plantilla personal

Nombre del documento: **Presentación con plantilla personal.**

Tipo: Presentación con diapositivas de PowerPoint.

1. Abre PowerPoint y pulsa en Personal para seleccionar la plantilla elaborada en la actividad anterior. También puedes seleccionarla de tu carpeta de actividades.
2. Crea una presentación de tres diapositivas como ves en las imágenes. Guarda la presentación y ciérrala.

1

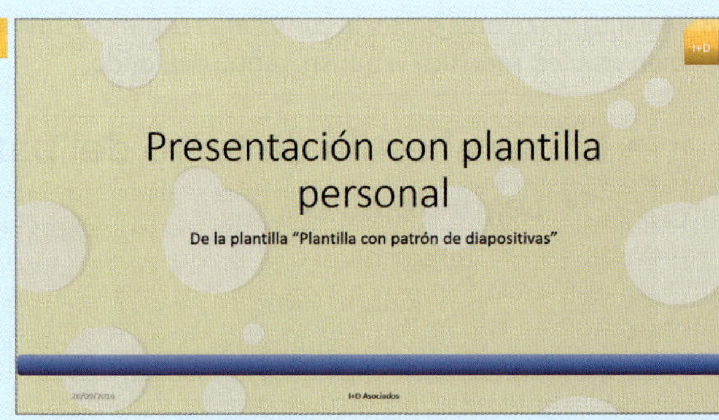

2

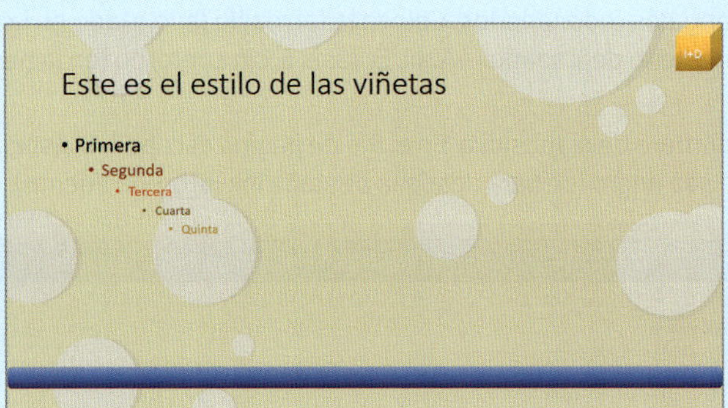

3

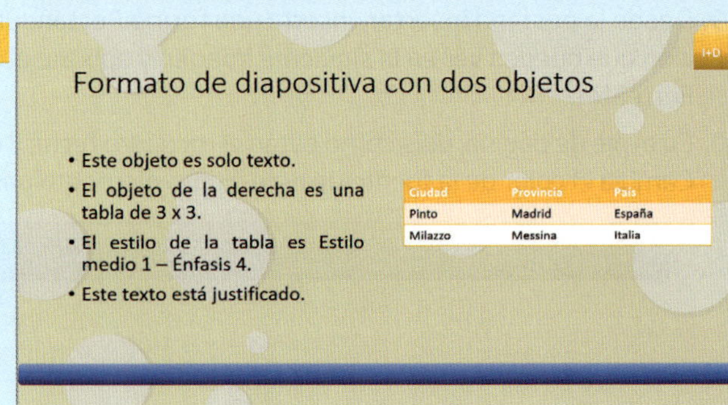

4.4. Botones de acción

Son formas que se insertan en las diapositivas para crear hipervínculos entre ellas. Algunos botones tienen **hipervínculos predefinidos**, aunque **se pueden modificar**:

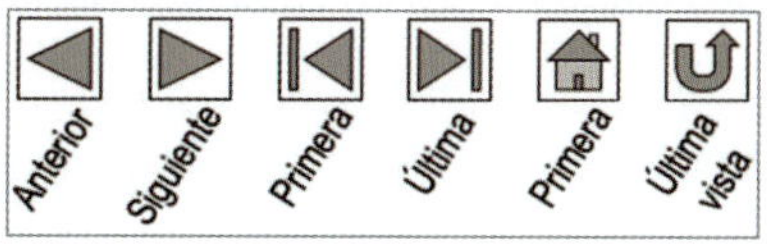

Los demás no tienen hipervínculos asignados.

Otros hipervínculos

Además de los hipervínculos que puedan introducirse mediante botones de acción, también se pueden colocar otros hipervínculos en las diapositivas, los mismos que se utilizan en diversas aplicaciones del paquete Office: archivo o página web existente, lugar de este documento, crear nuevo documento y dirección de correo electrónico.

Todos ellos pueden hacerse sobre texto, formas, imágenes y otras ilustraciones.

Cuando el enlace se hace a un **Lugar de este documento,** se dirigirá el enlace hacia otra diapositiva de la presentación.

Saber más

Botones de acción

Se encuentran en la pestaña **Insertar → Formas,** al final de la galería de formas.

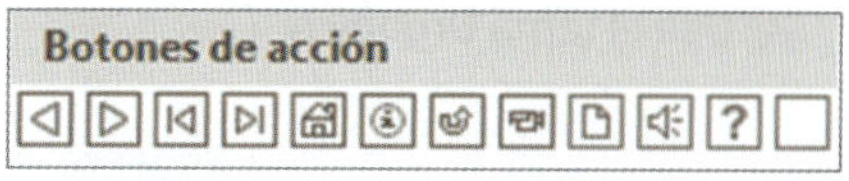

Actividad guiada. Planificar y crear presentación dinámica con botones de acción

Nombre del documento: **Presentación dinámica. Invertebrados.**

Tipo: Presentación con diapositivas de PowerPoint.

Planificación

1. Cuando vayamos a planificar la presentación, realizaremos un esquema de la misma con la numeración secuencial de las diapositivas, un resumen de sus contenidos y el trazado de los hipervínculos.

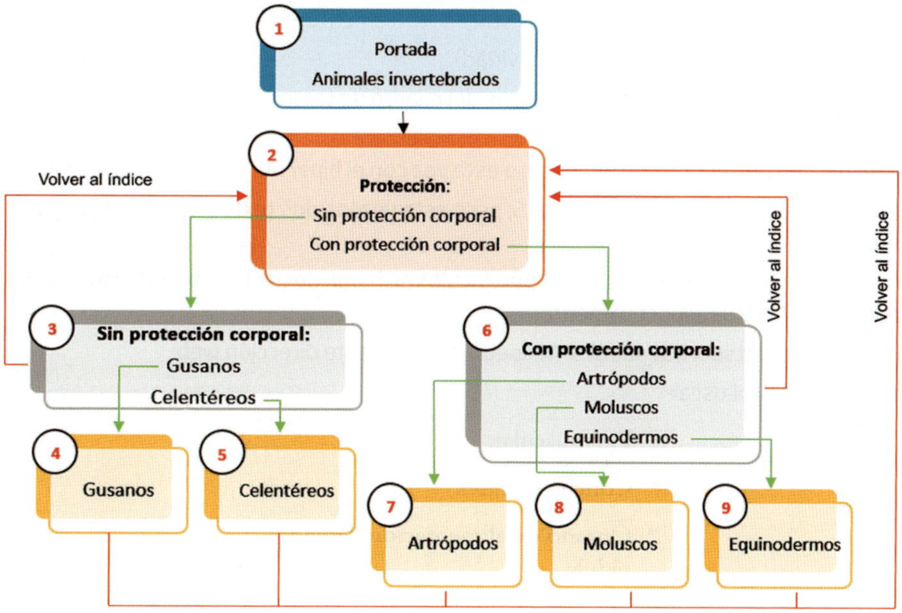

continúa >

> continuación

Elaboración de las diapositivas

2. Crea las diapositivas en el orden que se ha decidido durante la planificación.
3. Utiliza el diseño que consideres más apropiado para cada una de las diapositivas. En caso necesario, elimina elementos de diseño, muévelos o ajusta su tamaño.
4. Usa el tema **Orgánico.**

Aspecto de las diapositivas cuando terminemos de crear la presentación

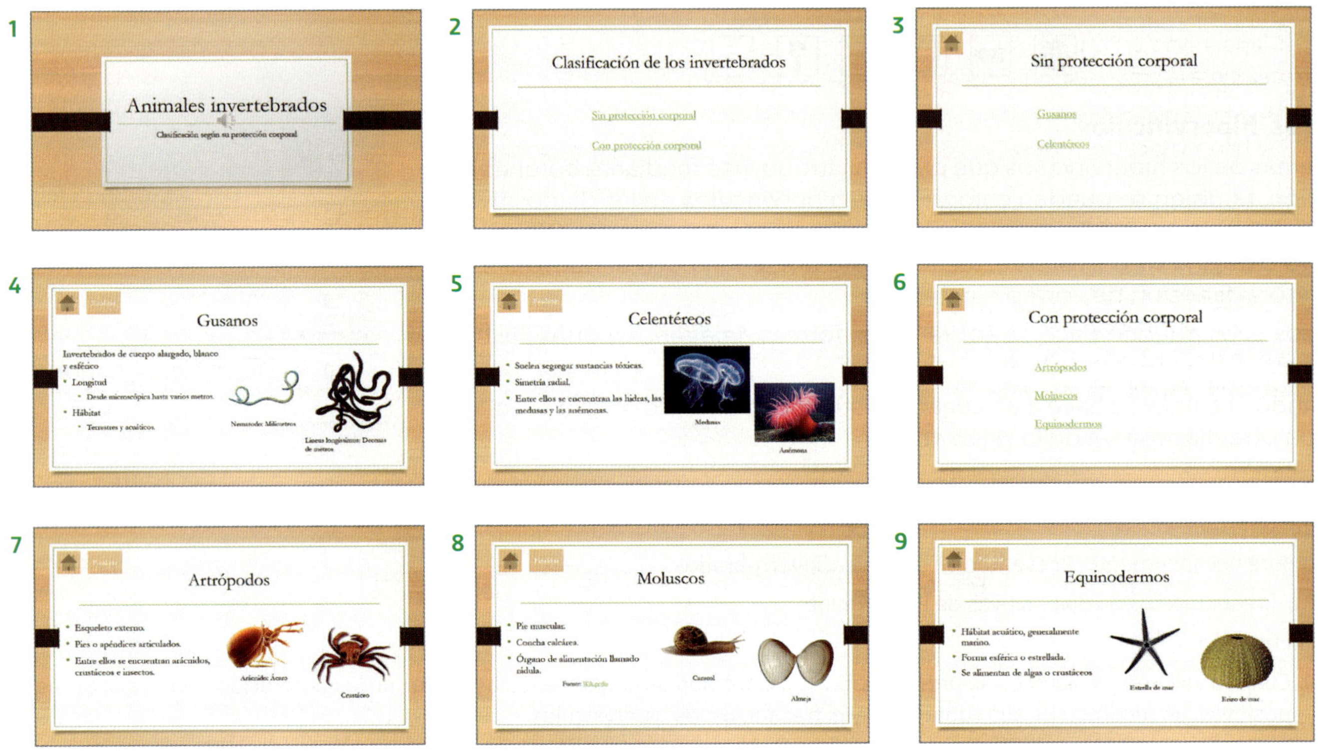

Realizar hipervínculos (ver esquema del punto 1 de esta actividad).

5. **Diapositiva 2.** Con el botón secundario, pulsa sobre el borde del cuadro de texto "Sin protección corporal". Elige **Hipervínculo → Lugar de este documento.** Marca la diapositiva 3. Acepta.

   Haz lo mismo con el texto "Con protección corporal", pero esta vez con el hipervínculo dirigido a la diapositiva 6.
6. **Diapositiva 3.** Sigue los mismos pasos que en el punto 5, pero esta vez los dos textos llevarán hipervínculos a las diapositivas 4 y 5 respectivamente.
7. **Diapositiva 6.** Igual que en los puntos anteriores. Los hipervínculos se harán desde los textos "Artrópodos", "Moluscos" y "Equinodermos" a las diapositivas 7, 8 y 9 respectivamente.
8. **Diapositiva 8.** Crea un hipervínculo sobre la palabra Wikipedia a la siguiente dirección web:

   <https://es.wikipedia.org/wiki/Mollusca>

- Pie muscular.
- Concha calcárea.
- Órgano de alimentación llamado rádula.

Fuente: Wikipedia

continúa >

> continuación

Configurar las transiciones e incluir botones de acción

9. Hemos decidido establecer las siguientes transiciones entre diapositivas:

- **Diapositiva 1.** Se mantendrá en pantalla y pasará a la siguiente diapositiva después de 3 segundos.

  Ten la diapositiva en el área de trabajo. Activa la pestaña **Transiciones** y configura el grupo **Intervalos,** tal como se indica en la imagen.

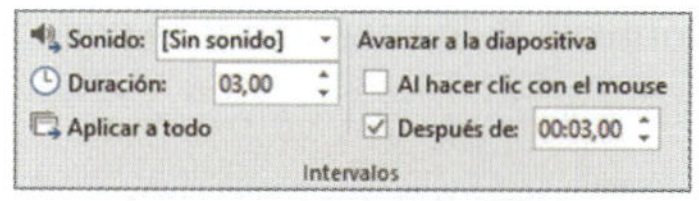

- **Diapositivas 2, 3 y 6.** No tendrán transición ni con tiempo ni con clic de ratón, pues son índices con enlaces. Por lo tanto, se detendrá la presentación ahí hasta que se pulse sobre alguno de los hipervínculos.

  Mantén la diapositiva 2 en el área de trabajo y configura el grupo Intervalos como en la imagen siguiente, dejando sin marcar "Al hacer clic con el mouse" y "Después de". Sigue los mismos pasos para las diapositivas 3 y 6.

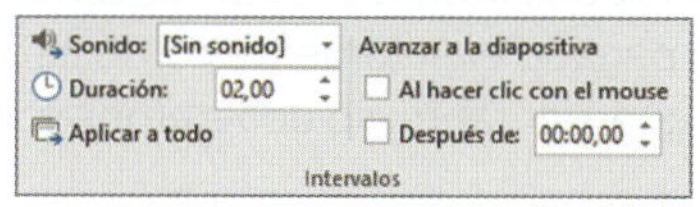

- **Diapositivas 4, 5, 7, 8 y 9.** No tendrán transición ni con tiempo ni con clic de ratón. Tras cada una de ellas tendremos dos opciones: volver al índice o finalizar la presentación. Para este último caso no habíamos previsto una diapositiva de despedida. Podemos incluirla ahora en nuestro esquema como diapositiva 10. Veamos cómo podría ser esta diapositiva y elabórala, teniendo en cuenta que debe estar al final de todas:

Selecciona para el área de trabajo la **diapositiva 4.** Vamos a poner dos botones de acción como puedes ver a continuación. **El botón de la izquierda** tendrá un **enlace a la diapositiva número 2,** que es el índice principal de la presentación. **El de la derecha** nos llevará hasta la última diapositiva (la última que hemos agregado recientemente).

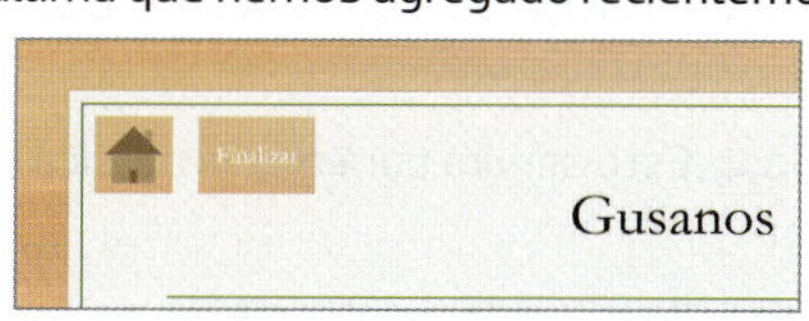

Desde **Insertar → Formas,** selecciona el botón de acción con forma de casa y traza sobre él un cuadrado en el ángulo superior izquierdo de la diapositiva. Con el botón seleccionado, despliega el grupo **Tamaño** de la pestaña **Formato** y aplícale el tamaño, posición y relleno siguientes:

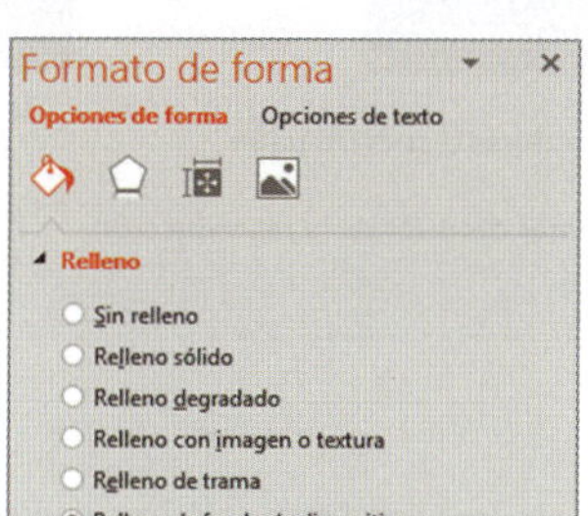

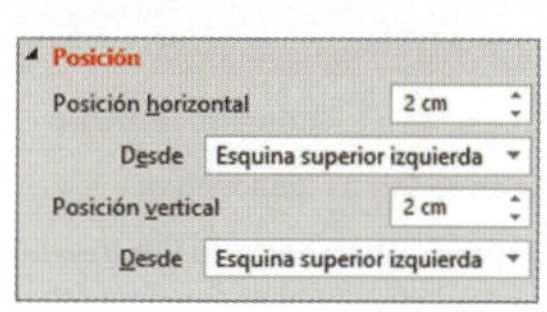

continúa >

> continuación

A la derecha del botón recién configurado, inserta el botón de acción **En blanco.** Debe estar alineado con el anterior. Su tamaño será: alto 2 cm, ancho 3 cm. Una vez insertado, haz clic sobre él con el botón secundario → Editar texto. Escribe la palabra **Finalizar.** El relleno de este nuevo botón será como el anterior (Relleno de fondo de diapositiva).

Ahora solo queda configurar los enlaces de ambos botones. Serán enlaces internos (Lugar de este documento), por tanto, no son necesarias más explicaciones.

Selecciona ambos botones (usando la tecla Control). Pulsa con el botón secundario del ratón en la selección y elige **Copiar.**

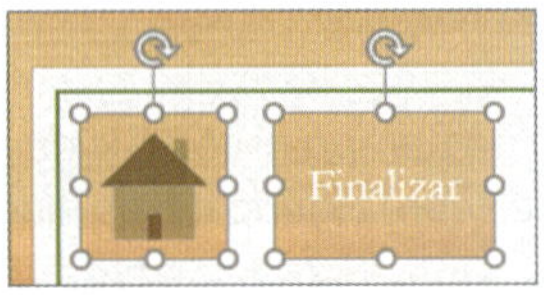

Pon la diapositiva 5 en el área de trabajo. Pega los dos botones (botón secundario en la diapositiva → Pegar o bien pulsando las teclas Control+V. Los dos botones se habrán pegado exactamente como estaban en la diapositiva 4, con el mismo tamaño e igual posición. Conservarán los hipervínculos que, por tanto, no deberemos volver a hacer.

Pega también en las diapositivas 7, 8 y 9. Copia solo el botón Casa y pégalo en las diapositivas 3 y 6.

Insertar audio

10. Vamos a insertar una música que se irá reproduciendo a lo largo de toda la presentación.

Es el momento de hacer una reflexión con respecto a la inserción de sonidos musicales que se reproduzcan mientras se esté exponiendo la presentación. ¿Por qué hemos insertado una diapositiva de portada por la que nunca se vuelve a pasar? Además de por una cuestión estética, la razón principal es que, si la música se inserta en una diapositiva "de paso", se detendrá en el punto por donde estaba y comenzará a sonar desde cero al pasar por esa diapositiva.

Con la primera diapositiva en el área de trabajo, activa la pestaña **Insertar → Audio → Audio en mi PC,** del grupo Multimedia. Busca en tu equipo un archivo musical (por ejemplo, en formato MP3) y pulsa en el botón **Insertar.** Se habrá colocado el icono de audio en el centro de la pantalla y se habrán abierto dos pestañas de Herramientas de audio: **Formato** y **Reproducción.**

Pestaña **Reproducción:** deja marcado **Reproducir en el fondo.** De esta manera la música se reproducirá a lo largo de la presentación.

Marca la casilla **Rebobinar después de la reproducción,** para que, en caso de que finalice la música antes de haber terminado, vuelva a comenzar.

Marca igualmente la casilla **Oculta durante presentación** para que el icono no sea visible cuando se esté mostrando la presentación.

Pon un **Fundido de entrada** de 0,50 segundos. Esto servirá para que la música comience suavemente y vaya aumentando el volumen en esos 0,50 segundos.

En resumen, la configuración quedará así, dejando por defecto el resto de los comandos.

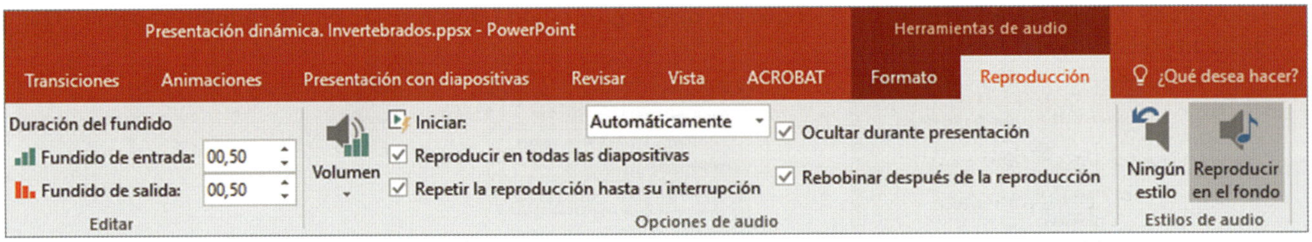

11. Guarda y cierra la presentación con el nombre y tipo que se han indicado.
12. A continuación, ábrela y comprueba que todo funciona correctamente. En caso contrario, realiza los cambios que sean necesarios.

Actividad propuesta. Animaciones y transiciones. Cambiar tamaño de diapositiva

Nombre del documento: **Presentación dinámica animada. Invertebrados.**

Tipo: Presentación con diapositivas de PowerPoint.

1. Abre PowerPoint y desde ahí abre **Presentación dinámica. Invertebrados.** Guárdala ahora con el nombre y tipo que se han indicado al principio.
2. Como ya sabes, las transiciones que se configuran para una diapositiva indican en qué modo actuará la diapositiva anterior para llegar a la presente. Aplica a todas o algunas de las diapositivas las transiciones que prefieras, teniendo en cuenta, en todo caso, que todas las transiciones seguirán respetando los criterios "por tiempo" o "por clic", que ya estaban asignados anteriormente.
3. En las **diapositivas que contienen imágenes,** aplica efectos de **animación de entrada** a las imágenes y a los cuadros de texto que hay debajo de cada una de ellas, con los siguientes criterios:
   a) Primero se animará el cuadro de texto de la imagen de la izquierda. Con un retraso de 0,30 segundos comenzará la animación de la imagen con el mismo estilo de animación que tuviese su cuadro de texto.
   b) Un segundo después de lo anterior, se hará lo mismo con la imagen del lado derecho: primero el texto y después la imagen.
   c) Todos los efectos se reproducirán automáticamente y no mediante clic de ratón.
   d) Aplica los tiempos de animación que creas oportunos.
   e) Puedes aplicar más de una animación a un mismo objeto (de salida o de énfasis).

Copiar animación

Si deseas copiar una animación ya creada a otro objeto de la misma diapositiva o de otra, lo puedes realizar fácilmente desde la pestaña Animaciones, grupo Animación avanzada, **Copiar animación.** Al posicionar el ratón sobre otro objeto, adquirirá todas las características de animación del original.

4. Cambia el tamaño de diapositiva a Estándar 4:3 desde la pestaña Diseño, grupo Personalizar, asegurando el ajuste.
5. Guarda los cambios y cierra PowerPoint.

Actividad propuesta. Insertar audio en presentación

Nombre del documento: **Álbum de familia animado con música.**

Tipo: Presentación con diapositivas de PowerPoint.

1. Abre PowerPoint y desde ahí abre la presentación **Álbum de familia animado** (ppsx). Guárdala ahora con el nombre y tipo que se han indicado al principio.
2. Introduce una música en la primera diapositiva de la presentación, cuya reproducción tendrá las siguientes características:
   a) El icono de audio será invisible cuando se reproduzca la presentación.
   b) Se reproducirá de forma automática en todas las diapositivas hasta su interrupción.
   c) La música tendrá un fundido de entrada de 00,75.
3. Guarda los cambios y recuerda que el archivo debe estar en la carpeta de actividades de esta unidad.

Actividad propuesta. Insertar audio en presentación

Nombre del documento: **Viaje a África animado con música.**

Tipo: Presentación con diapositivas de PowerPoint.

1. Abre la presentación **Viaje a África animado** (pptx). Guárdala ahora con el nombre y tipo que se han indicado al principio.
2. Introduce una música en la primera diapositiva de la presentación, cuya reproducción tendrá las mismas características que la de la actividad anterior. Guarda la presentación y cierra PowerPoint.

5. Otras herramientas y comandos

5.1. Vistas

Hasta ahora hemos estudiado algunos comandos de la pestaña **Vista,** cuya imagen podemos ver a continuación. No obstante, es interesante conocer otros grupos y opciones de esta pestaña.

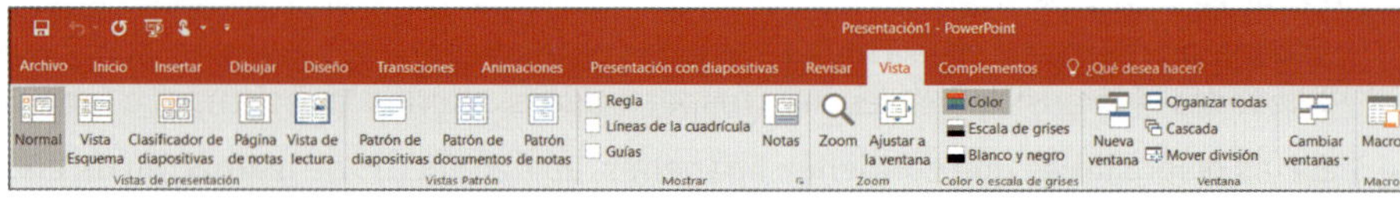

Vistas de presentación

- **Vista Normal.** Es la que mejor conocemos ya que es la que aparece por defecto al abrir PowerPoint o al editar alguna presentación.
- **Vista Esquema.** En las **Vistas de presentación** se muestran las diapositivas en forma de títulos y contenido de texto.
- **Clasificador de diapositivas.** Miniaturas de las diapositivas ocupan toda la pantalla. Cada diapositiva contiene información, en su parte inferior, acerca del tiempo y efectos de transición.
- **Página de notas.** Veremos el área de trabajo dividida en dos partes: en la superior está la diapositiva actual y en la inferior se encuentra el espacio donde está escrita o se escribirá la nota de moderador de la diapositiva.
- **Vista de lectura.** Es similar al modo presentación, con la diferencia de que en este último modo la diapositiva ocupa toda la pantalla y en vista de lectura la ocupa casi toda, a excepción de una barra superior de título y una inferior con pequeños controles para pasar a otra diapositiva o para cambiar a una vista diferente.

Vistas Patrón

- **Patrón de diapositivas.** Ya lo conocemos y hemos trabajado con él.
- **Patrón de documentos.** Se utiliza para diseñar el modo en el que se imprimirá una presentación en modo documento.

  Se puede decidir, entre otras cosas, la orientación de la página, el tamaño de las diapositivas, el número de diapositivas por página o incluir encabezados y pies de página u otros marcadores de posición.

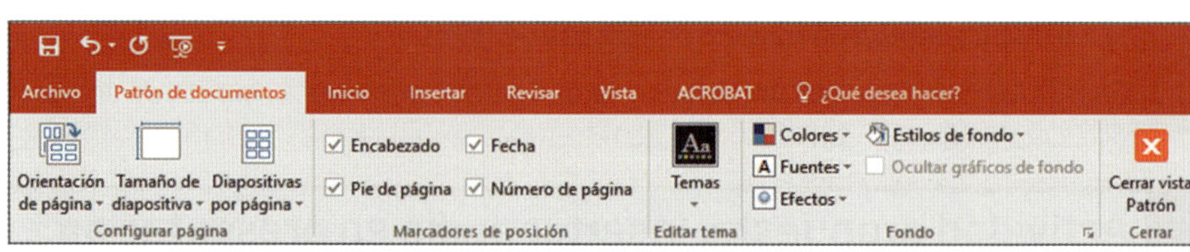

- **Patrón de notas.** Prepara el formato de impresión de cada diapositiva junto a sus notas de orador. Puede incluir, o no, marcadores de posición: encabezados y pies de página, fecha actual y otros.

Tanto el patrón de documentos como el de notas se imprimen para entregarlos impresos a la audiencia o para servir de guía a la persona que expone la presentación.

Saber más

Notas de orador o moderador

Son anotaciones que se hacen en una diapositiva y que sirven de guía para el moderador al hacer su exposición.

En las versiones de Office **2013** y **2016,** cuando se conecta un proyector, las notas de moderador estarán visibles **de forma automática** en el ordenador desde donde se expone la presentación, pero invisibles en la pantalla sobre la que se proyecta.

Navega

Utilización de la vista moderador en la proyección pública:

- <https://www.youtube.com/watch?v=X2HZZ3sbLHA>

Saber más

Imprimir

En la configuración de impresión se decidirá el número de diapositivas por página y si se deberán imprimir las notas de orador.

5.2. Grupo Mostrar

- **Cuadrículas y guías.** En este grupo pueden hacerse visibles **cuadrículas y guías**, que son útiles para colocar y alinear elementos de la diapositiva mientras se está diseñando. Las guías dividen el marco de trabajo en cuatro partes iguales delimitadas por una línea de puntos. El tamaño de las cuadrículas se puede definir al desplegar el grupo Mostrar.
- **Regla.** Si está marcada esta opción, se mostrarán dos reglas, una horizontal (arriba) y otra vertical (a la izquierda), en la unidad de medida que se tenga configurada por defecto, generalmente en centímetros.

5.3. Macros

En la pestaña **Vista** se encuentran las macros. En PowerPoint se deben realizar necesariamente mediante el lenguaje de programación VBA, cuyo aprendizaje no es objeto de este libro.

Saber más

Grupo Mostrar desplegado

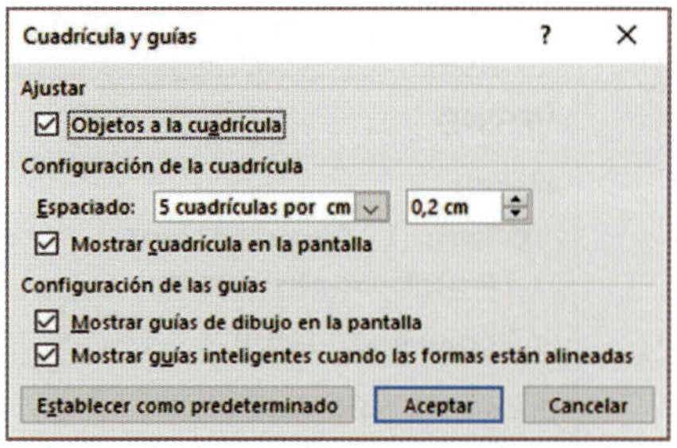

Actividad propuesta. Cuestiones sobre las vistas de una presentación

Nombre del documento: **Vistas de presentación.**

Tipo: Documento de Word.

1. Abre un documento en blanco de Word y guárdalo con el nombre y tipo indicados en la carpeta correspondiente a esta unidad didáctica. En el documento escribe las siguientes preguntas y sus respuestas:
   a) Abre con PowerPoint la presentación **Viaje a África animado.** Muéstrala en **Vista Esquema.** Describe con el mayor detalle qué información encuentras en la columna Vistas de presentación.
   b) Describe ahora cada detalle que observes en Vista **Clasificador de diapositivas.**
   c) En Vista Normal, selecciona la tercera diapositiva y ahora observa la vista **Página de notas.** ¿Qué hay el área de trabajo?
   d) ¿Qué se ve en Vista de lectura? Cuando se va a reproducir la presentación, ¿qué diferencia o diferencias encuentras entre la **Vista de lectura** de la pestaña Vistas y **Desde el principio** de la pestaña Presentación con diapositivas?
2. Guarda y cierra el documento con las preguntas y respuestas.

Actividad guiada. Imprimir presentación en PDF con patrón de documentos

Nombre del documento: **Imprimir patrón de documento de África.**

Tipo: Documento PDF.

1. Abre la presentación **Viaje a África animado** y muéstralo en vista **Patrón de documentos.** Introduce:
   a) En el ángulo superior izquierdo, la frase: Viaje a África.
   b) En el ángulo superior derecho: deja la fecha actual.
   c) En el ángulo inferior izquierdo: agosto 2015.
   d) En el ángulo inferior derecho: deja el número de página.
2. Selecciona la pestaña Archivo → Guardar como. Pon el nombre de archivo y el tipo que se han indicado, pero antes de guardar pulsa sobre el botón **Opciones.**

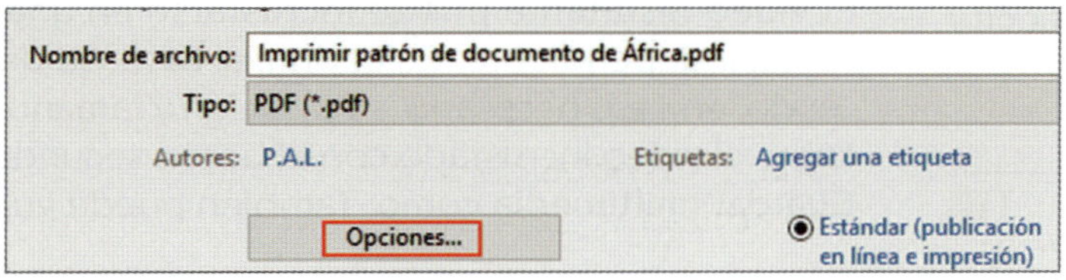

continúa >

> continuación

3. Configura la ventana de Opciones para que se imprima el **documento** y con **dos** diapositivas por página (imagen 1).
4. Pulsa en **Aceptar** y, a continuación, en la ventana de guardado pulsa en **Guardar**.
5. Se habrá generado un documento PDF de cuatro páginas, la primera de las cuales te mostramos en la imagen 2.

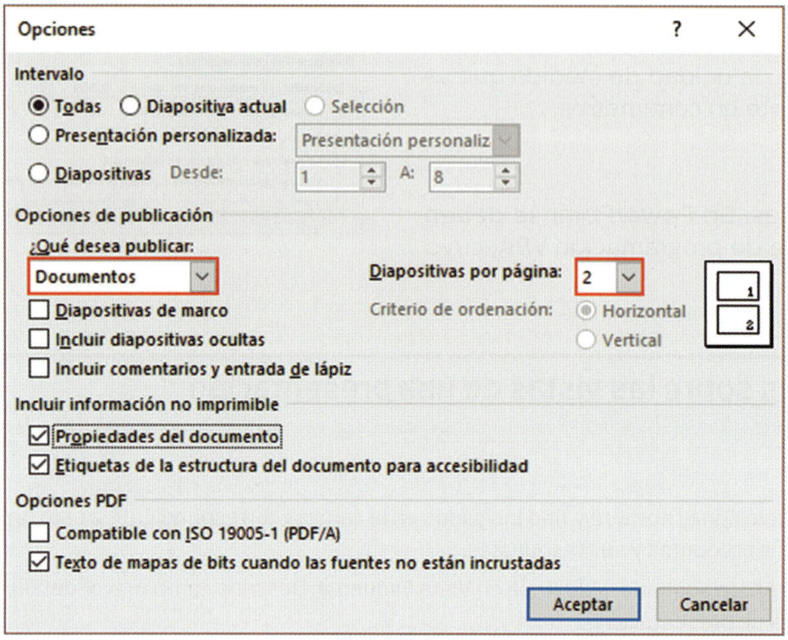

Imagen 1.

Imagen 2.

6. Ahora el documento está convertido a PDF y listo para ser enviado a la impresora. Si no se modifica ningún otro parámetro de impresión, obtendremos cuatro hojas de papel con la misma apariencia que la de la imagen 2.
7. Imprime el documento (opcional). Cierra la vista Patrón, guarda los cambios y cierra la presentación.

Saber más

Finalizar grabación

Para finalizar la grabación de pantalla, se puede pulsar la combinación de teclas Windows+Mayús+Q.

Pulse la tecla del logotipo de Windows+Mayús+Q para detener la grabación

O bien subir con el ratón hasta el borde superior de la pantalla hasta que aparezca el cuadro de controles de grabación y pulsar sobre el botón cuadrado.

Navega

Grabar vídeo de pantalla

- <https://www.youtube.com/watch?v=hSRh6dGOnOg>

5.4. Grabar pantalla

En **vista Normal**, desde la pestaña **Insertar**, se puede grabar un vídeo de lo que ocurre en la pantalla del ordenador **o en el área que previamente se seleccione**.

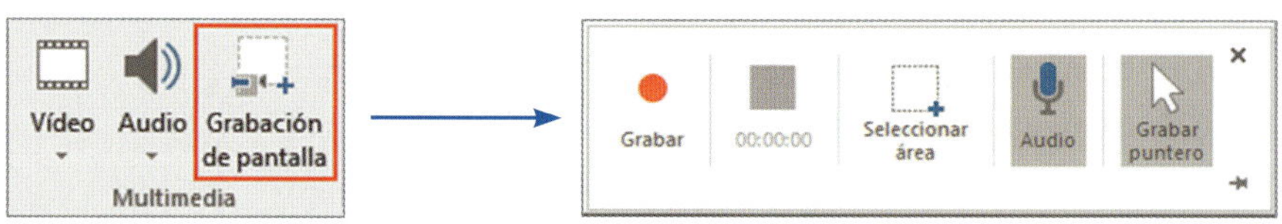

Es una herramienta muy útil cuando se trata de dar explicaciones, a modo de vídeo-tutorial, al exponer la presentación.

El vídeo resultante puede incrustarse en una diapositiva o guardarse de forma independiente. En el primer caso, se deja en la diapositiva, modificando, en caso necesario, su posición y tamaño. En el segundo caso se pulsa sobre el vídeo incrustado con el botón secundario del ratón y se selecciona **Guardar multimedia como.** También puede guardarse como imagen.

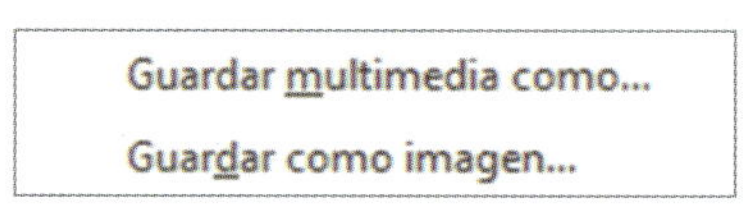

5.5. Proyectar presentación en una pantalla

La forma más fácil es con un portátil, utilizando el conector de la tarjeta de vídeo con un proyector. En caso de hacerlo desde un equipo de sobremesa, deberá tener dos puertos de vídeo o, si solo hubiese uno, colocar un duplicador. En el margen puedes ver un ejemplo de cómo conectar dos monitores. Se haría del mismo modo si uno de ellos es un proyector.

Navega

Ver en dos pantallas

- <https://www.youtube.com/watch?v=5SXLZwwJ4wQ>

Actividad propuesta. Presentación con grabación de pantalla

Nombre del documento: **Grabación de pantalla.**

Tipo: Presentación de PowerPoint.

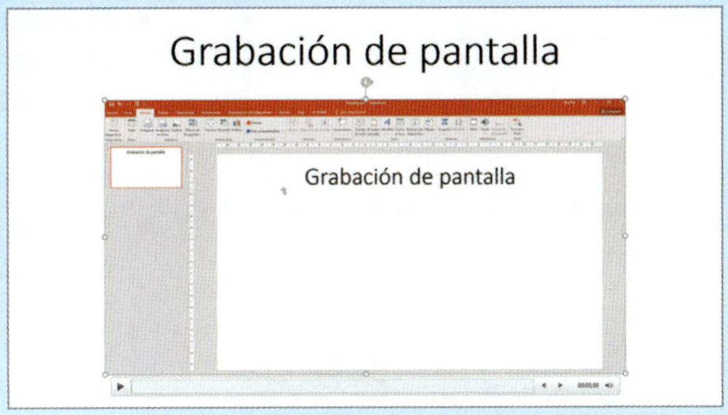

1. **Indicaciones previas.** Vamos a crear una presentación con una única diapositiva. Con las indicaciones que se han explicado en el epígrafe 5.4, se creará un vídeo que quedará incrustado en la diapositiva. Si dispones de un portátil con micrófono incorporado, podrás grabar tu propia voz. Igualmente, puedes conectar al equipo un micrófono de sobremesa o unos auriculares con micrófono. También podrás hacer el vídeo sin sonido, solo con los movimientos del puntero sobre la pantalla y la actividad que en esta se produzca.
2. Abre una presentación de PowerPoint en blanco con una sola diapositiva con el diseño **Diapositiva de título.** Cambia el título y desplázalo hacia arriba. Elimina el cuadro de subtítulo.
3. Graba la pantalla seleccionando toda la pantalla del ordenador. Una vez seleccionada el área, en la barra de tareas, pulsa sobre la presentación para tenerla a la vista. Haz clic en el botón rojo Grabar y muestra las distintas vistas de la presentación.
4. Finaliza la grabación y ajusta el tamaño del vídeo como puedes ver en la imagen.
5. Guarda la presentación con el nombre y tipo que se han indicado al principio de esta actividad.

Actividad propuesta. Crear vídeo de una presentación

Nombre del documento: **Informe trimestral.**

Tipo: Vídeo MPEG-4.

1. Abre la presentación **Informe trimestral.** Pulsa en Archivo → Exportar → Crear un vídeo (imagen 1). Ajusta las características con las que se desee grabar el vídeo (por ejemplo, las de la imagen 2) y pulsa sobre **Crear vídeo.**

Imagen 1.

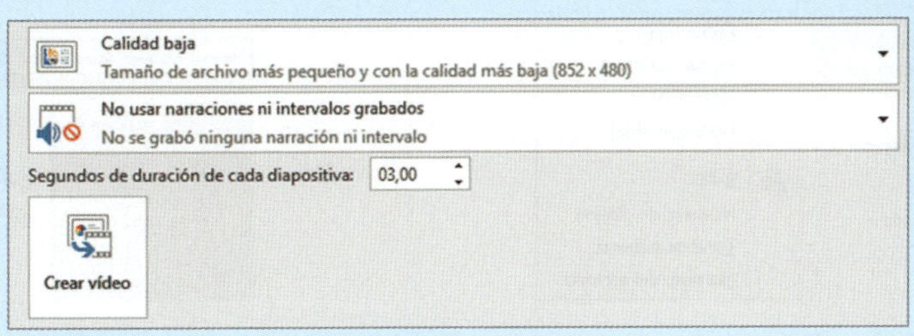

Imagen 2.

2. Dale el nombre y el tipo que se han indicado al principio de la actividad y haz clic en Guardar.
3. En la parte inferior de la pantalla de la presentación podrás ver el avance de la grabación del vídeo. Habrá que esperar hasta que su producción haya finalizado.

OpenOffice.org. Impress

1. Iniciar Impress

1.1. Crear una presentación

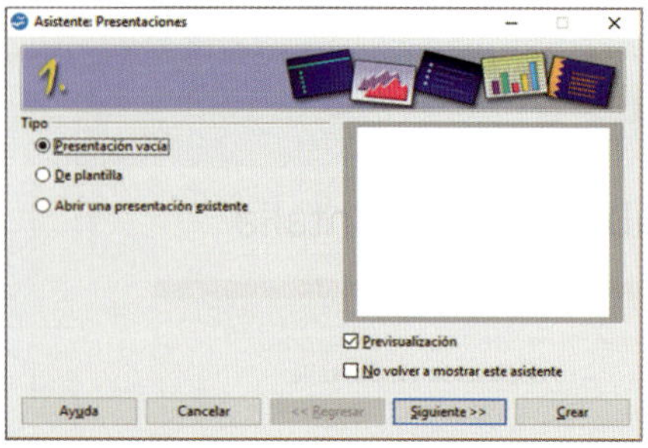

Imagen 1.

Al abrir Impress, la primera pantalla que vemos nos permite escoger entre crear una presentación vacía, de plantilla o abrir una presentación existente (imagen 1).

- **Presentación vacía.** Si optamos por una presentación vacía, tendremos una ventana en la que se elegirá un diseño de diapositiva: **Fondos de presentación** o **Presentaciones** (imagen 2). Cada uno de los diseños tiene sus propias opciones. En esa misma ventana se puede seleccionar el medio de presentación, que por defecto es Pantalla.
- **De plantilla.** En diseño de diapositiva, al igual que ocurre al optar por la presentación vacía, se permite elegir Fondos de presentación o Presentaciones y con los mismos diseños que si se hubiera optado por la presentación.

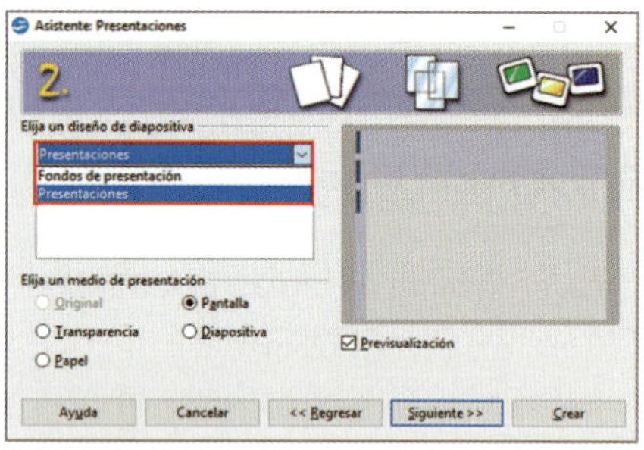

Imagen 2.

2. Trabajar con Impress

2.1. Guardar una presentación

Desde Archivo → Guardar como, podemos darle nombre y ubicación a una presentación, así como elegir su tipo. Por defecto se guardará como Presentación ODF, pero hay otras posibilidades, incluida guardarla como plantilla de Impress o de PowerPoint y en formato PowerPoint 97/2000/XP (imagen 3).

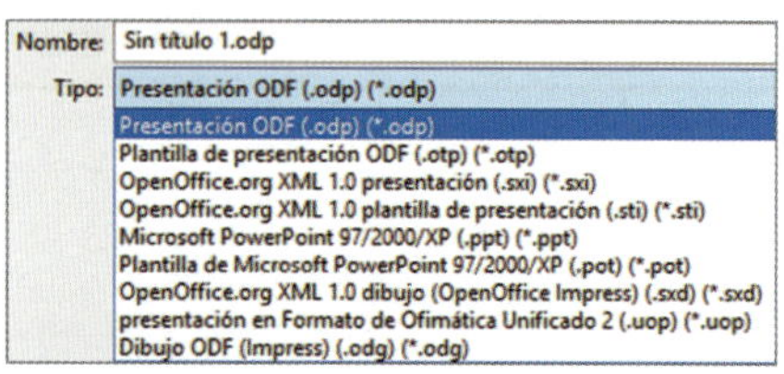

Imagen 3.

2.2. Menú insertar

Este menú es importante en la confección de presentaciones. Desde él se pueden insertar **nuevas diapositivas** en la presentación, **numerar** las diapositivas en páginas, insertar **comentarios** e **hiperenlaces, imágenes** y **otros objetos.** Además, ofrece posibilidades interesantes en lo que respecta a inserción de **campos** en las diapositivas (imagen 4).

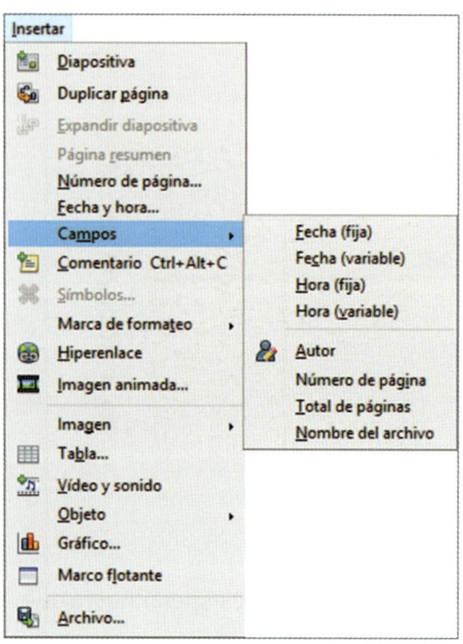

Imagen 4.

2.3. Vistas

Al igual que vimos en PowerPoint, disponemos de distintas vistas de una presentación, que se pueden seleccionar en la parte superior del área de trabajo.

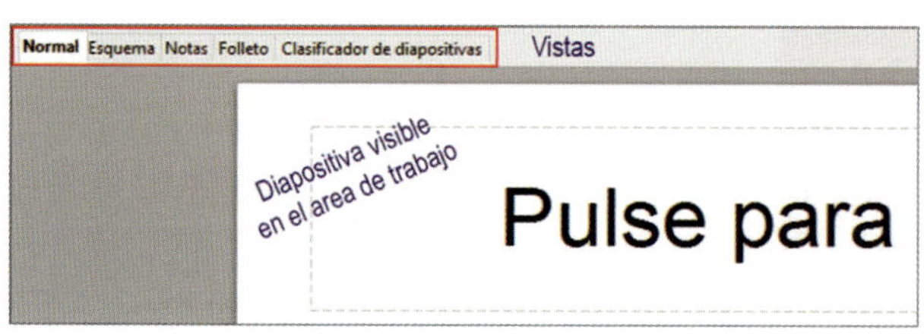

2.4. Otras herramientas

Para conocer las diferentes posibilidades que se pueden aplicar a una presentación de diapositivas, como inserción de sonidos y texto, transición entre diapositivas y animación de objetos, trabajaremos directamente en las actividades.

Actividad guiada. Crear una presentación

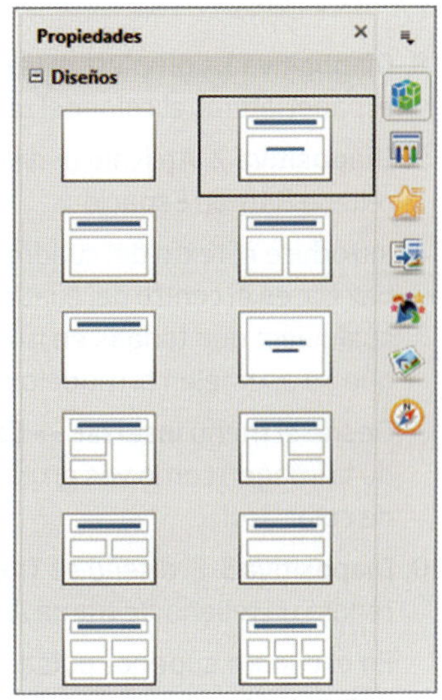

Paleta lateral.

Nombre del documento: **Impress 1.**

Tipo: Presentación ODF.

Diseño de las diapositivas

1. Ventana 1. Crea una **Presentación vacía.** Pulsa en **Siguiente.**
2. Ventana 2. Selecciona Fondos de presentación → Mar glacial. Clic en **Siguiente.**
3. Ventana 3. En **Efecto** de transición, selecciona **Desvanecer suavemente. Velocidad: Media.** Deja el resto de parámetros de esa ventana como vienen por defecto. Clic en **Crear.** Con este paso, el efecto de transición quedará aplicado a todas las diapositivas de la presentación.
4. Ya está la primera diapositiva situada en el área de trabajo. Observa que, en el panel de la derecha se puede elegir el **diseño de diapositiva.** Más a la derecha se encuentran otros comandos en forma de iconos. Pasa el ratón por encima de cada uno para saber lo que representan. Luego pulsa sobre cada uno de ellos y se abrirán a su izquierda las posibilidades que ofrece. Para regresar a la vista normal del panel, pulsa sobre el primero de los iconos, **Propiedades.**
5. Para que sirvan como referencia a las explicaciones posteriores, se muestran a continuación las miniaturas de las diapositivas que se van a crear.

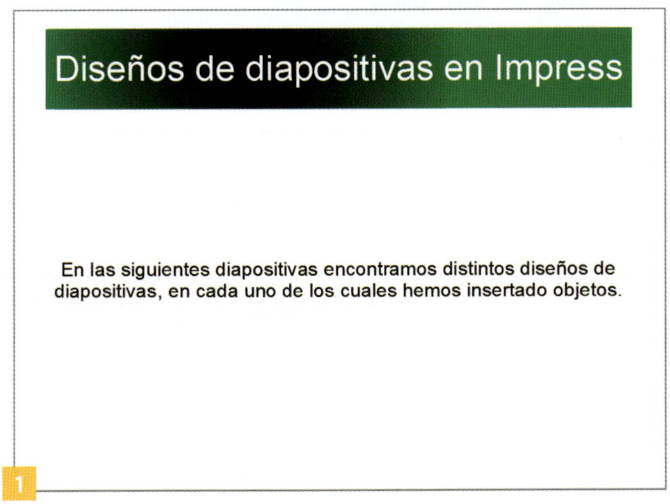

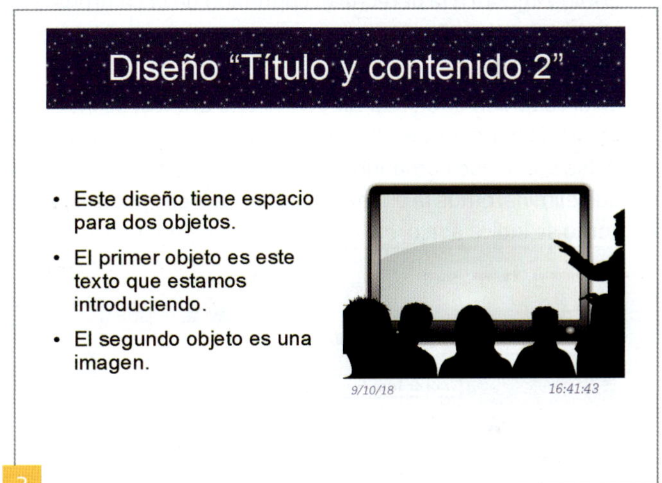

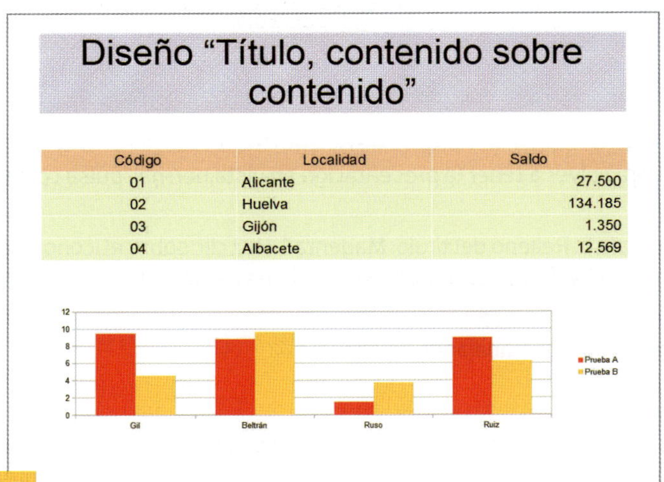

6. Cada vez que haya que insertar una nueva diapositiva, pulsa sobre **Insertar → Diapositiva.**
7. En la diapositiva activa se selecciona, en el panel lateral, el tipo de diseño que tendrá.

continúa >

> continuación

8. **Diapositiva 1.** Completa el texto del título y del subtítulo. Marca el borde del título y cambia, en el panel lateral, el color del texto (blanco) y el relleno del área (Gradiente radial verde/negro).
9. **Diapositiva 2.** Aplícale el diseño **Título y contenido 2.** Escribe el título con fuente blanca y relleno Bitmap Espacio.

   Introduce el texto del cuadro de la izquierda en fuente Arial 26. Para el cuadro de la derecha haz clic en el centro del cuadro sobre el icono que representa la imagen e inserta una imagen cualquiera que tengas en tu equipo. Adapta la posición y el tamaño de ambos cuadros para que se asemejen al modelo del punto 5.

   Desde el menú **Insertar → Campos,** introduce fecha variable y hora variable, ambas debajo de la imagen como ves en el modelo. La fuente de ambos campos es Chaparral Pro Light 16 de color azul.
10. **Diapositiva 3.** El diseño es **Título, contenido sobre contenido.** Introduce el título, que esta vez tendrá un relleno de trama Azul red simple 90 grados. El color del texto es negro.

    En el cuadro superior pulsa sobre el icono **Tabla.** Inserta una tabla de 5 filas y 3 columnas. Completa los datos de tabla que están en el modelo. Centra la fila de títulos y la columna Código. Ajusta a la derecha el contenido de la columna Saldo. Al terminar, aplica a la tabla el último de los diseños que aparecen en el panel lateral, dejando marcada solo la opción Línea de cabecera.

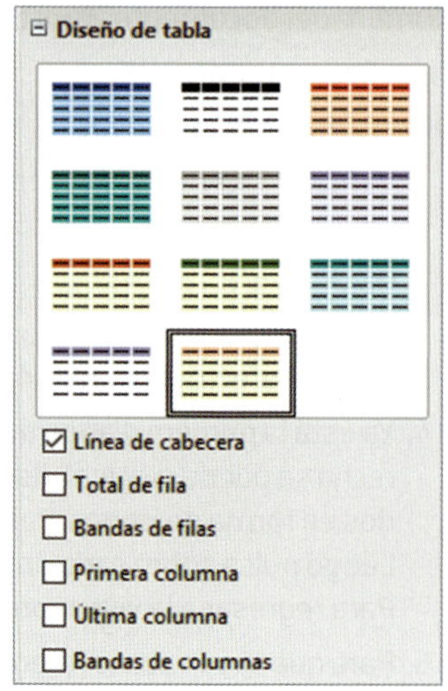

Diseño de tabla.

    En el cuadro inferior, haz clic en el icono **Gráfico.** Se insertará un gráfico predeterminado que se puede modificar de la siguiente forma: al hacer doble clic sobre el gráfico, en la barra de herramientas encontramos el comando **Tabla de datos del gráfico.** Pulsa sobre ese comando y se abrirá una tabla. Vamos a necesitar solamente una tabla de tres columnas y cuatro filas, por lo que eliminaremos la última columna. Para ello pulsa sobre el título de la columna y luego sobre el icono de eliminar columna, tal como se indica abajo, en la imagen correspondiente.

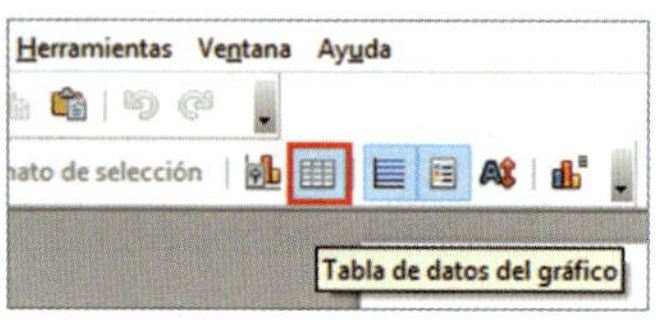

Tabla de datos de gráfico.

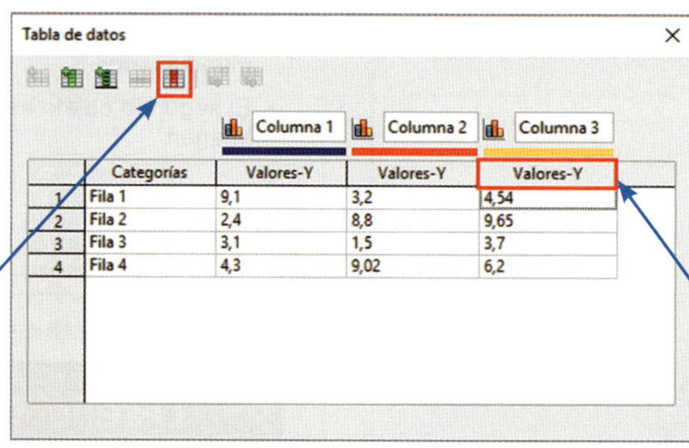

Eliminar columna.

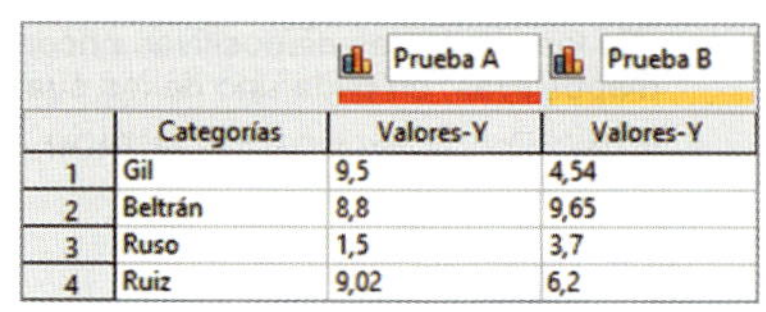

Introducir datos.

    Por último, introduce los datos correctos en la tabla y ciérrala. Para volver a tener la presentación en vista normal, pulsa con el ratón fuera de la diapositiva que estás configurando.
11. **Diapositiva 4.** Diseño **Título, Contenido.** Texto del título en color blanco. Relleno del título: Magenta 1. Haz clic sobre el icono que representa vídeo e introduce un vídeo corto. (Es conveniente tener el vídeo ya preparado en la misma carpeta de actividades antes de enlazarlo en la diapositiva).
12. Guarda la presentación con el nombre y tipo arriba indicados. Continuamos trabajando en ella.

Crear una diapositiva índice

13. Selecciona en el margen izquierdo (visor de diapositivas) todas las diapositivas. Pulsa en el menú **Insertar → Página resumen.** Se generará una diapositiva con un título y un texto. El texto será el título de todas las diapositivas seleccionadas anteriormente. Como título, escribe **Índice.** Traslada la diapositiva a la primera posición. Haz hiperenlaces desde cada línea de texto a la diapositiva que representa (ya sabes crear hiperenlaces internos en OpenOffice, por lo tanto, no son necesarias otras explicaciones. Solo debes saber que aquí las diapositivas se llaman Páginas).

continúa >

> continuación

Modificar las transiciones

14. Haz clic en el menú Presentación → Transición de diapositivas (o en el panel lateral, sobre el icono que representa las transiciones).

    En el panel veremos una lista de transiciones. Dejamos el mismo efecto que habíamos configurado al principio para todas ellas, pero ahora se va a proceder a modificar en la parte inferior del panel el **Avance de diapositiva.**

    - Diapositivas 1 (índice) y 5: Al hacer clic con el ratón.
    - Resto de diapositivas: Automáticamente después de... Establece, para cada una de las diapositivas, el tiempo que consideres prudente para que pueda verse el contenido con tranquilidad y sin llegar a aburrir.

Animación de objetos

15. Selecciona cada diapositiva y agrega animaciones a cada objeto que no sean texto ni vídeo. Una vez seleccionado el objeto, haz clic en el menú Presentación → Animación personalizada (o en el panel lateral, sobre el icono que representa las animaciones).

    En el panel lateral, haz clic en **Agregar.** Una vez agregado el efecto, en Inicio del efecto elige **Con anterior** o **Después de anterior,** así como la velocidad de reproducción.

Introducción de sonido en la presentación

16. La introducción de sonido, si es para una sola diapositiva, puede hacerse desde el menú Insertar → Vídeo y sonido.

    No obstante, deseamos introducir una música que se reproduzca a lo largo de toda la presentación: activa la primera diapositiva y muestra las transiciones en el panel lateral. En **Modificar transición** → **Sonido,** haz clic sobre **Otro sonido.**

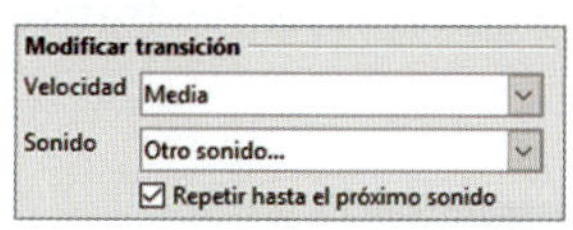

    Se abrirá el explorador de archivos para que encuentres el sonido que desees insertar. Una vez encontrado, selecciónalo y pulsa **Abrir.** Deja marcado **Reproducir hasta el próximo sonido.**

    Pon atención en **no marcar** Aplicar a todas las diapositivas, pues en ese caso, en cada diapositiva volverá a iniciarse el sonido en lugar de seguir su reproducción normal.

17. Guarda los cambios en la presentación. Selecciona la primera diapositiva y haz clic en el menú **Presentación** → **Presentación** para reproducirla.

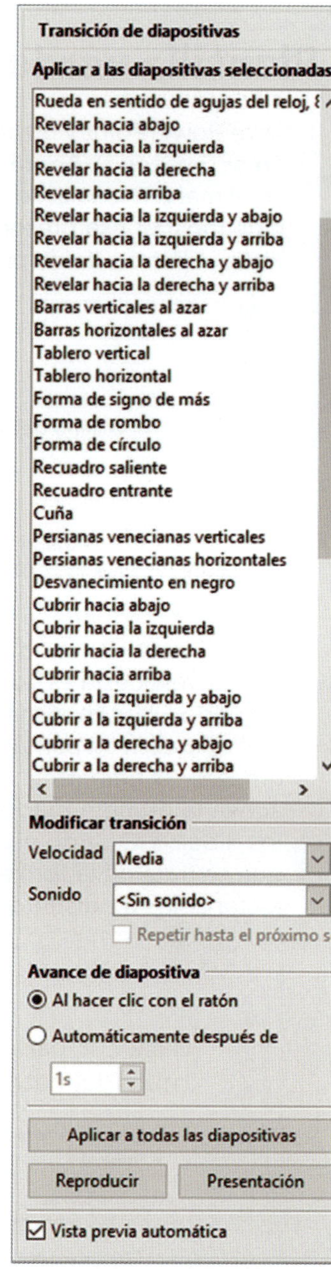

Panel lateral. Transiciones.

Actividad propuesta. Crear una presentación

Nombre del documento: **Impress 2.**

Tipo: Presentación ODF.

1. Crea una presentación de cuatro o más diapositivas con Impress que tenga, como mínimo, las siguientes características:
   - Configuración de las transiciones por tiempo o por clic, según consideres conveniente.
   - Animación de algunos objetos o de todos ellos, con clic de ratón o no, según convenga.
   - Sonido que se reproducirá de forma ininterrumpida desde la primera diapositiva.
2. Guarda la presentación, con el nombre y tipo indicados, en la carpeta de actividades de esta unidad.

PRÁCTICA PROFESIONAL INICIAL RESUELTA

Plantilla verde y rosa. Presentación verde y rosa

1. Abre PowerPoint y busca la plantilla **Faceta.** Una vez que la hayas encontrado, selecciónala y pulsa sobre **Crear** (imagen 1). Ahora tendremos la presentación en la ventana de PowerPoint con una sola diapositiva en el margen izquierdo, que corresponde a la que se muestra en la zona de trabajo (imagen 2). Pero se nos pide mostrar esa presentación en Vista Patrón de diapositivas. Por lo tanto, hay que pulsar en la pestaña **Vista → Patrón de diapositivas,** del grupo Vistas Patrón.

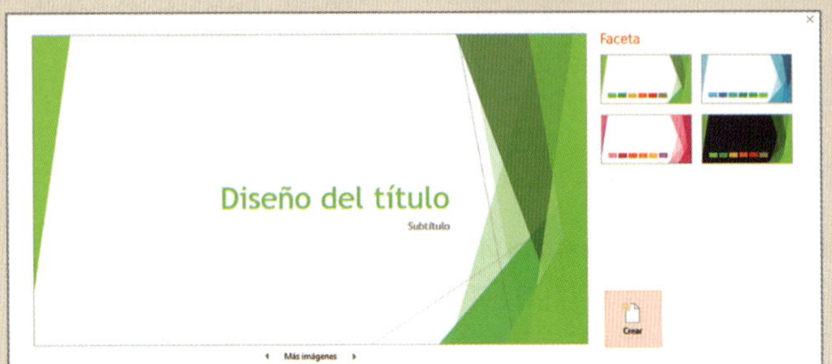

Imagen 1.

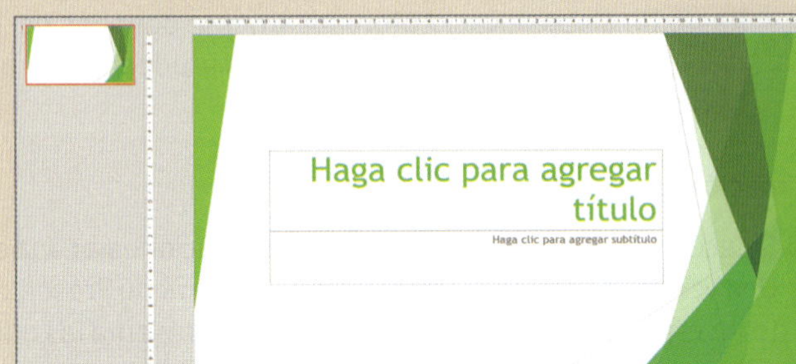

Imagen 2.

2. Debemos responder a las siguientes cuestiones que se nos plantean: ¿Son iguales los dibujos geométricos que hay en la diapositiva número 1 que en las demás diapositivas? La respuesta es **no,** pues hay una diapositiva diferente a las demás: la que está en segundo lugar en el margen izquierdo de la pantalla, que será la primera diapositiva que aparezca en pantalla cuando se quiera hacer una presentación con esta plantilla (imagen 3). Otra pregunta es: ¿Cómo se han podido realizar esos dibujos? Dejamos activa la primera diapositiva (el patrón) y hacemos doble clic sobre cualquiera de los dibujos. Cuando el dibujo está seleccionado, vemos que podemos desplazarlo y que se trata de la **forma triángulo rectángulo.** Observamos que todos son triángulos rectángulos de distintos tonos de verde y con diferentes transparencias (imagen 4).

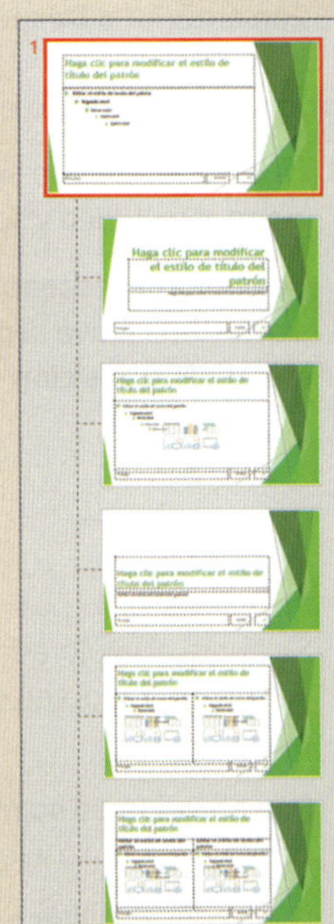

Imagen 3.

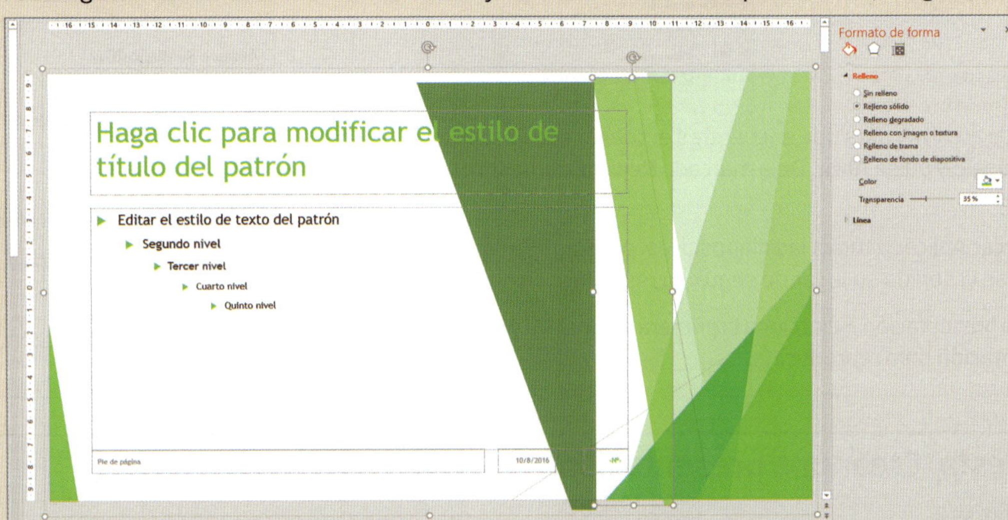

Imagen 4. Desplazamos varios triángulos. El triángulo seleccionado tiene a la derecha sus características.

La tercera pregunta es: ¿Cuántos diseños de diapositivas contiene la plantilla? En el margen izquierdo contamos 16 diapositivas diferentes, además de la que lleva el número 1 (el patrón). Y la última pregunta: **¿Alguna de las diapositivas de rango inferior puede ser editada para seleccionar sus dibujos geométricos?** Navegamos entre las diapositivas y probamos a seleccionar alguno de los triángulos. Vemos que solo se puede hacer en la diapositiva número 1 (el patrón) y en la primera de las diapositivas de rango inferior (diapositiva título). Con ello deducimos que tanto el patrón como la diapositiva título pueden modificarse. Los cambios en el patrón afectarán a las diapositivas que no sean la de título.

3. **Modificación del patrón.** Seguimos en Vista Patrón de diapositivas. Podemos cambiar el tono del triángulo izquierdo empezando por la diapositiva 1 (patrón) o por la 2 (primera diapositiva de rango inferior o diapositiva título). Decidimos empezar por la 2. Haz doble clic sobre el triángulo de la izquierda. Activa la pestaña **Formato → Relleno de forma** (flecha lateral) **→ Más colores de relleno.** Selecciona algún tono de rosa (imagen 5). A continuación, selecciona la diapositiva 1 y sigue el mismo procedimiento, solo que ya estará seleccionado el color rosa de la vez anterior y únicamente tendrás que pulsar a la izquierda de Relleno de Forma (imagen 6).

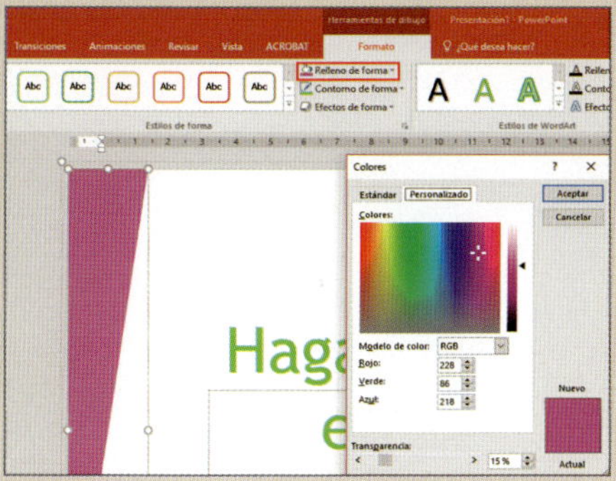

Imagen 5.

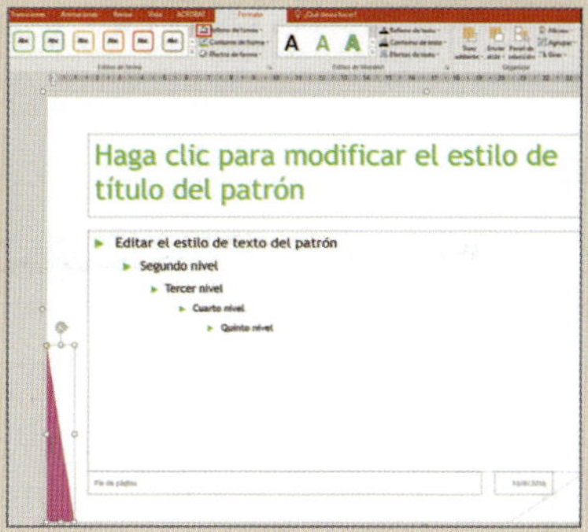

Imagen 6.

4. Antes de guardar el diseño como plantilla, es necesario hacer clic en **Cerrar vista Patrón.**

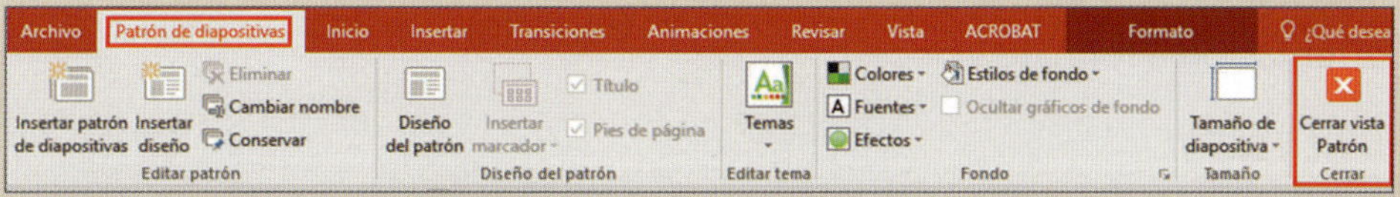

Ahora es el momento de guardar la plantilla personalizada. En la presentación que tienes a la vista haz clic en Archivo → Guardar como. Escribe como nombre **Plantilla verde y rosa,** y como tipo, **Plantilla de PowerPoint.** Cierra PowerPoint. Ve a la carpeta **Plantillas personalizadas de Office** (dentro de Documentos) y copia en tu carpeta de actividades de esta unidad la plantilla recién guardada.

5. Abre PowerPoint. En **Personalizado,** escoge la plantilla recién guardada. Crea la presentación para obtener el mismo resultado que se ve en las imágenes de la actividad propuesta. Todas las diapositivas, excepto la del título, tendrán el diseño **Contenido con título.** Guarda la presentación con el nombre **Presentación verde y rosa,** y el tipo, **Presentación de PowerPoint.**

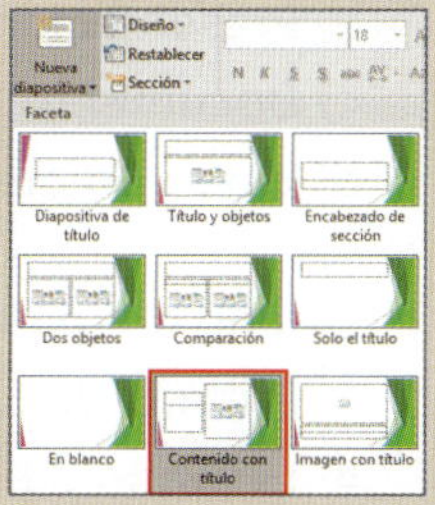

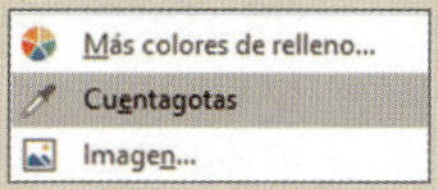

a) Diapositiva 1. Basta escribir el título y el subtítulo.

b) Diapositiva 2. En ella escribimos los textos. El gráfico de SmartArt es una **Matriz básica** a la que se le aplica el estilo **Escena llana.** Dos de los cuadrados se colorearán de rosa, en el mismo tono que el triángulo. En el comando Sombreado (pestaña Diseño), utiliza la herramienta **Cuentagotas** para seleccionar el tono exacto del triángulo haciendo clic con el cuentagotas sobre él.

c) Diapositiva 3. Escribe los textos y deja la tabla con el diseño que tiene por defecto, aunque modificando el sombreado de la fila de títulos por el color rosa que se ha utilizado para los cuadrados de SmartArt y el triángulo izquierdo de la plantilla.

d) Diapositiva 4. Escribe el texto e inserta alguna imagen de la Tierra.

6. Aplica los efectos de transición que desees, dando un tiempo de transición como en la imagen 1. Aplica también efectos de animación a los objetos que no sean texto, configurando cada uno de ellos con el inicio, duración y retraso de la imagen 2. Al terminar, guarda los cambios y cierra PowerPoint.

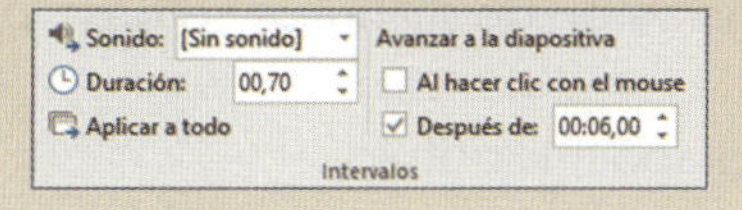

Imagen 1.

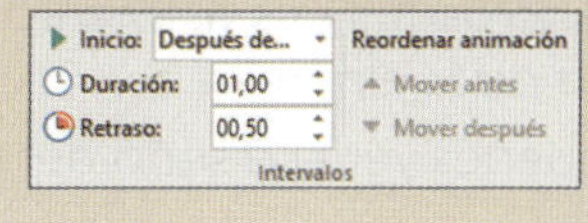

Imagen 2.

PRÁCTICA PROFESIONAL PROPUESTA

Plantilla Empresa.potx
Presentación Empresa.pptx
Documento Empresa.pdf
Vídeo Empresa.wmv

Objetivos

- Crear un patrón de diapositivas desde una presentación en blanco.
- Elaborar una plantilla basada en el patrón de diapositivas.
- Crear una presentación de PowerPoint.
- Dar formato a diapositivas, textos y objetos.
- Aplicar efectos de transición y de animación.
- Insertar objetos: imágenes, vídeos y gráficos.
- Exportar la presentación a formato PDF.
- Exportar la presentación a formato vídeo.

Instrucciones

1. **Resumen del trabajo**

   En esta práctica profesional se generarán cuatro archivos, cuyos nombres y tipos se indican a continuación:

   a) **Plantilla Empresa.** Tipo plantilla de PowerPoint.

   b) **Presentación Empresa.** Tipo Presentación de PowerPoint.

   c) **Documento Empresa.** Tipo PDF.

   d) **Vídeo Empresa.** Tipo WMV.

2. **Diseño del patrón de diapositivas**

   - Partirás de una presentación en blanco.
   - El **fondo** de todas las diapositivas será una textura de arena, de las que vienen en la galería de texturas de PowerPoint.
   - Utilizarás un logo creado por ti, con fondo transparente, que represente a una empresa ficticia. En las imágenes que insertamos a modo de ejemplo, hemos utilizado el logo de la cadena de televisión norteamericana CNBC.
   - Los títulos de todos los diseños de diapositiva se modificarán en anchura para que no se superpongan al logo.
   - El texto de las viñetas conservará su formato y color original pero la viñeta tendrá distinto color dependiendo de su nivel, utilizando los mismos colores que el logo de la empresa.
   - En todas las diapositivas, excepto en la Diapositiva Título, será visible, **al exponer la presentación,** el pie de página completo (fecha actual, pie de página y número de diapositiva).
   - Los fondos de cada uno de los tres elementos del pie de página serán de distintos colores, pero adaptándose a los del logo de la empresa.

   En la página siguiente puedes ver el diseño del patrón y el de la diapositiva título.

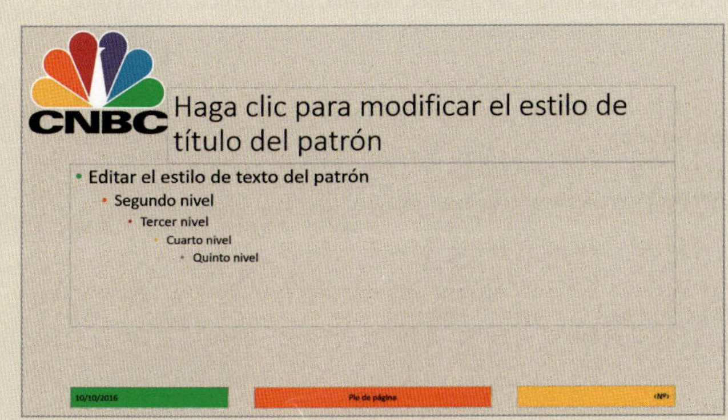

Patrón de diapositivas

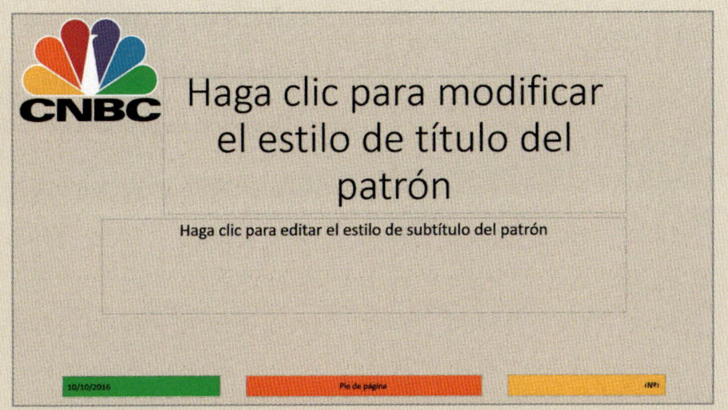

Diseño diapositiva título

3. Una vez cerrado el patrón, crea una **plantilla de PowerPoint** con el resultado. El nombre de la plantilla será **Plantilla Empresa.** Guarda la plantilla en la ubicación por defecto y haz una copia de la misma para la carpeta de actividades de esta unidad didáctica.
4. Con la plantilla anterior, crea una **presentación de PowerPoint** de nombre **Presentación Empresa,** que contendrá tantas diapositivas como desees, con un mínimo de cuatro. En las diapositivas se insertarán como mínimo los siguientes objetos: vídeo, gráfico estadístico, gráfico de SmartArt e imagen. Se aplicarán transiciones de diapositivas y animación de objetos que se reproduzcan por tiempo o clic de ratón, según convenga.

   A modo de ejemplo, insertamos las imágenes de cuatro posibles diapositivas.

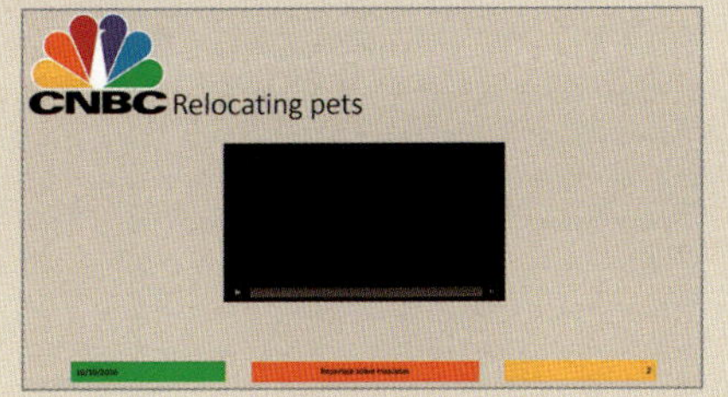

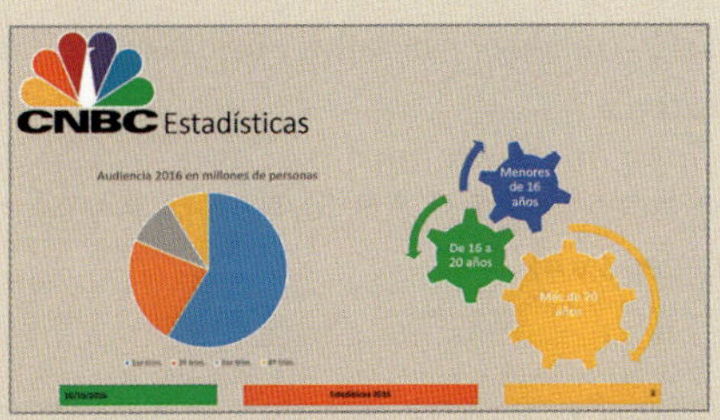

5. Crea un documento **PDF** de la presentación, en cuyas **opciones** se indicará que aparezcan **dos diapositivas por cada página.** El nombre será **Documento Empresa** (ver opciones en imagen al final de esta página).
6. Convierte la presentación a vídeo. El vídeo tendrá por nombre **Vídeo empresa** y será del tipo **WMV.**

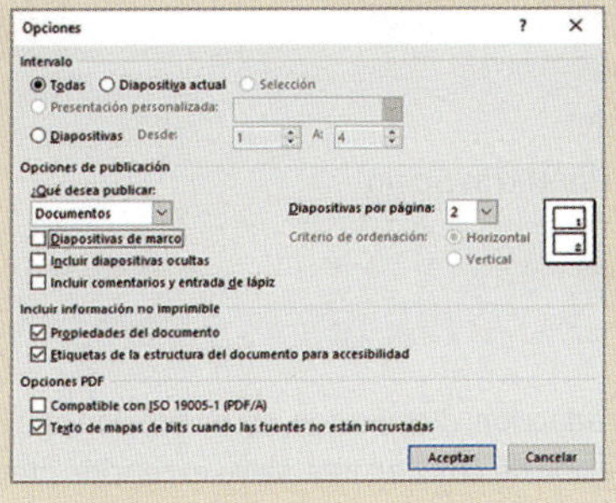

Coordinación editorial y edición: Gonzalo Morlanes

Diseño de colección: Juan Pablo Rada / Paso de Zebra

Fotocomposición, maquetación y realización de gráficos: Seshat, producción gráfica y visual

Fotografías: 123RF, Adobe, Gimp, Google, Inkscape, Microsoft, Mozilla, OpenOffice, Thinkstock, VideoLan y archivo Editex

Preimpresión: José Ciria

Dirección de producción: Santiago Agudo

Vía Dos Castillas, 33. C.E. Ática 7, edificio 3, planta 3ª, oficina B
28224 Pozuelo de Alarcón (Madrid)

ISBN: 978-84-9161-017-5

Depósito Legal: M-6954-2017

Imprime: Gráficas Muriel
Impreso en España - *Printed in Spain*